Conferências sobre a história
da filosofia política

JOHN RAWLS

Conferências sobre a história da filosofia política

Organização
Samuel Freeman

Tradução Fabio M. Said

SÃO PAULO 2012

Esta obra foi publicada originalmente em inglês com o título
LECTURES ON THE HISTORY OF POLITICAL PHILOSOPHY
por Harvard University Press, Cambridge, U.S.A.
Copyright © 2007 by the President and Fellows of Harvard College
Todos os direitos reservados. Este livro não pode ser reproduzido, no todo ou em parte,
armazenado em sistemas eletrônicos recuperáveis nem transmitido por nenhuma
forma ou meio eletrônico, mecânico ou outros, sem a prévia autorização por escrito do Editor.
Publicado por acordo com Harvard University Press
Copyright © 2012, Editora WMF Martins Fontes Ltda.,
São Paulo, para a presente edição.

1ª edição 2012

Organização
SAMUEL FREEMAN

Tradução
FABIO M. SAID

Acompanhamento editorial
Márcia Leme
Revisões gráficas
Ana Maria de O. M. Barbosa
Marisa Rosa Teixeira
Edição de arte
Katia Harumi Terasaka
Produção gráfica
Geraldo Alves
Paginação
Studio 3 Desenvolvimento Editorial

Dados Internacionais de Catalogação na Publicação (CIP)
(Câmara Brasileira do Livro, SP, Brasil)

Rawls, John, 1921-2002.
    Conferências sobre a história da filosofia política / John Rawls ; organização Samuel Freeman ; tradução Fabio M. Said. – São Paulo : Editora WMF Martins Fontes, 2012.

    Título original: Lectures on the history of political philosophy.
    Bibliografia
    ISBN 978-85-7827-626-3

    1. Ciência política – Filosofia – História I. Freeman, Samuel. II. Título.

12-10752   CDD-320.01

Índices para catálogo sistemático:
1. Ciências políticas : Filosofia : História   320.01

Todos os direitos desta edição reservados à
Editora WMF Martins Fontes Ltda.
Rua Prof. Laerte Ramos de Carvalho, 133 01325.030 São Paulo SP Brasil
Tel. (11) 3293.8150 Fax (11) 3101.1042
e-mail: info@wmfmartinsfontes.com.br http://www.wmfmartinsfontes.com.br

A meus alunos
JOHN RAWLS

Sumário

Prefácio do organizador	IX
Observações introdutórias	XIX
Textos citados	XXI
Introdução: Observações sobre a filosofia política	1

CONFERÊNCIAS SOBRE HOBBES

CONFERÊNCIA I: O moralismo secular hobbesiano e o papel do contrato social em Hobbes	25
CONFERÊNCIA II: A natureza humana e o estado de natureza	45
CONFERÊNCIA III: A doutrina hobbesiana da razão prática	60
CONFERÊNCIA IV: O papel e os poderes do Soberano	81
APÊNDICE: Índice remissivo – Hobbes	104

CONFERÊNCIAS SOBRE LOCKE

CONFERÊNCIA I: A doutrina da lei natural em Locke	113
CONFERÊNCIA II: A ideia do regime legítimo em Locke	134
CONFERÊNCIA III: Propriedade e estado de classes	152

CONFERÊNCIAS SOBRE HUME

CONFERÊNCIA I: "Do contrato original"	175
CONFERÊNCIA II: A utilidade, a justiça e o espectador judicioso	190

CONFERÊNCIAS SOBRE ROUSSEAU

CONFERÊNCIA I: O problema do contrato social	207
CONFERÊNCIA II: O contrato social: os pressupostos e a vontade geral (I)	232
CONFERÊNCIA III: A vontade geral (II) e a questão da estabilidade	248

CONFERÊNCIAS SOBRE MILL
   CONFERÊNCIA I: A concepção da utilidade em Mill ... 273
   CONFERÊNCIA II: A ideia da justiça em Mill ... 289
   CONFERÊNCIA III: O princípio da liberdade ... 309
   CONFERÊNCIA IV: A doutrina de Mill como um todo ... 323
   APÊNDICE: Observações sobre a teoria social de Mill [c. 1980] ... 341

CONFERÊNCIAS SOBRE MARX
   CONFERÊNCIA I: A ideia do capitalismo como sistema social em Marx ... 347
   CONFERÊNCIA II: A concepção do direito e da justiça em Marx ... 364
   CONFERÊNCIA III: O ideal de Marx: uma sociedade de produtores livremente associados ... 384

APÊNDICES
Quatro conferências sobre Henry Sidgwick
   CONFERÊNCIA I: Sidgwick e *Os métodos da ética* ... 407
   CONFERÊNCIA II: As teses de Sidgwick sobre a justiça e sobre o princípio clássico da utilidade ... 418
   CONFERÊNCIA III: O utilitarismo de Sidgwick ... 426
   CONFERÊNCIA IV: Resumo do utilitarismo ... 447

Cinco conferências sobre Joseph Butler
   CONFERÊNCIA I: A constituição moral da natureza humana ... 451
   CONFERÊNCIA II: A natureza e autoridade da consciência ... 457
   CONFERÊNCIA III: A economia das paixões ... 468
   CONFERÊNCIA IV: O argumento butleriano contra o egoísmo ... 475
   CONFERÊNCIA V: O suposto conflito entre a consciência e o amor-próprio ... 482
   APÊNDICE: Notas adicionais sobre Butler ... 488

Ementa do curso ... 495

Índice remissivo ... 497

Prefácio do organizador

ESTE LIVRO deriva de conferências escritas e apontamentos de John Rawls para um curso de Filosofia Política Moderna (disciplina Filosofia 171) que ele ministrou na Universidade Harvard de meados dos anos 1960 até se aposentar, em 1995. No final dos anos 1960 e nos anos 1970, Rawls passaria a dar aulas sobre sua própria teoria da justiça, a teoria da justiça como equidade, além de cursos sobre outras obras contemporâneas e históricas. Em 1971, por exemplo, seu curso tinha como tema não só A Theory of Justice [*Uma teoria da justiça**] como também obras de Locke, Rousseau, Hume, Berlin e Hart. Mais tarde, nos anos 1970 e início dos anos 1980, o curso consistiu inteiramente de conferências sobre a maioria dos grandes expoentes históricos da filosofia política incluídos neste livro. Em 1983, último ano em que ensinou sobre as figuras históricas sem relacioná-las com *Uma teoria da justiça*, o curso era sobre Hobbes, Locke, Hume, Mill e Marx. Nos anos anteriores, o curso muitas vezes discutiria Sidgwick (1976, 1979, 1981) e Rousseau, mas nesse caso a discussão não incluiria Hobbes e/ou Marx. Em 1984, Rawls mais uma vez incluiu no curso aulas sobre partes de *Uma teoria da justiça* juntamente com aulas sobre Locke, Hume, Mill, Kant e Marx. Pouco depois, excluiu Kant e Hume de seu curso de filosofia política e acrescentou as conferências sobre Rousseau. Durante esse período, escreveu as versões finais das conferências aqui apresentadas sobre Locke, Rousseau, Mill e Marx, juntamente com as conferências publicadas em 2000 com o título de *Justice as Fairness: A Restatement* [*Justiça como equidade: uma reformulação***]. (Isso explica as comparações ocasionais com a teoria da justiça como equidade encontradas nas conferências publicadas neste livro.) Como foram ministradas regularmente durante os últimos dez a doze anos da carreira docente de Rawls, as conferências deste livro sobre Locke, Rousseau, Mill e Marx são as mais

* Trad. bras., São Paulo: Martins Editora, 2008. (N. do E.)
** Trad. bras., São Paulo: Martins Editora, 2003. (N. do E.)

acabadas e completas. Rawls as digitou em arquivos eletrônicos, ajustando-as e refinando-as no decorrer dos anos, até 1994. Por esse motivo, elas precisaram de muito pouco trabalho de organização.

Um pouco menos acabadas são as conferências mais antigas sobre Hobbes e Hume, datadas de 1983, que não parecem ter sido escritas como um conjunto contínuo e completo de conferências (com exceção da maior parte da primeira conferência sobre Hume). As conferências sobre Hobbes e Hume aqui apresentadas têm como origem principal transcrições de fitas gravadas das conferências de Rawls durante aquele semestre, complementadas por notas manuscritas e apostilas distribuídas aos alunos[1]. Rawls geralmente dava a seus alunos resumos manuscritos que sintetizavam os principais pontos de suas conferências. Antes do início dos anos 1980 (quando começou a digitar suas conferências com um processador de textos), essas apostilas eram escritas à mão, em letra muito elegante, e quando digitadas preenchiam mais de duas páginas com espaçamento simples. Elas foram usadas para complementar as conferências sobre Hobbes e Hume, além de fornecer a maior parte do conteúdo das duas primeiras conferências sobre Sidgwick, incluídas no Apêndice.

Um grande proveito destas conferências é que elas revelam como Rawls concebia a história da tradição do contrato social e sugerem como ele situava sua própria obra em relação à de Locke, Rousseau, Kant e, de certa forma, Hobbes. Rawls também discute e responde à reação utilitarista de Hume à doutrina do contrato social em Locke, incluindo aí o argumento humiano de que o contrato social seria superficial, um "artifício desnecessário" (Rawls) – argumento este que estabeleceu um padrão de crítica que persiste até os dias de hoje. Outro proveito substancial deste livro é a discussão empreendida por Rawls sobre o liberalismo de J. S. Mill. A discussão sugere um paralelo entre as teses do próprio Rawls e as de Mill, incluindo não apenas as semelhanças evidentes entre o princípio da liberdade de Mill e o primeiro princípio da justiça de Rawls, como também os paralelos menos tangíveis entre a economia política em Mill e a ideia da justiça distributiva e da democracia de cidadãos-proprietários em Rawls.

---

1. O organizador deste livro foi um dos alunos de pós-graduação que atuaram como assistentes acadêmicos de Rawls (juntamente com Andrews Reath) no semestre de primavera de 1983 e gravou as conferências sobre Hobbes e Hume aqui transcritas. As conferências sobre Locke, Mill e Marx também foram gravadas em 1983. Essas fitas, assim como as das conferências ministradas por Rawls em 1984, foram preservadas em formato digital e depositadas no Arquivo Rawls da Biblioteca Widener, na Universidade Harvard.

As conferências sobre Marx talvez tenham evoluído mais que as outras com o passar dos anos. No início dos anos 1980, Rawls endossava a opinião (defendida por Allen Wood, entre outros) de que Marx não tinha uma concepção da justiça e que, ao contrário, considerava a justiça um conceito ideológico necessário para sustentar a exploração da classe trabalhadora. Nas conferências incluídas neste livro, ele revê esse posicionamento, sob a influência de G. A. Cohen e outros. A interpretação de Rawls para a Teoria do Valor-Trabalho de Marx busca isolar a antiquada doutrina econômica ali contida daquilo que para ele é o principal propósito dessa teoria. Ele a traduz como uma vigorosa resposta à Teoria da Justa Distribuição na Produtividade Marginal e outras clássicas concepções libertárias de viés liberal e de direita, segundo as quais a mera propriedade contribui de modo tangível para a produção. (Ver Marx, Conferência II.)

As conferências sobre o bispo Joseph Butler e Henry Sidgwick não foram deixadas em estado tão acabado quanto as outras conferências aqui publicadas. Não obstante, pouco antes de seu falecimento, em novembro de 2002, Rawls concordou que elas fossem publicadas e por isso elas foram incluídas no Apêndice deste livro. Em seu curso de filosofia política, Rawls lecionou durante vários anos sobre Sidgwick (inclusive em 1976, 1979 e 1981), além de Hume e J. S. Mill, para dar a seus alunos uma ideia das obras daqueles que eram (em sua opinião) os três grandes filósofos utilitaristas. Ele via em Sidgwick o ponto culminante da tradição utilitarista clássica iniciada com Bentham. Também via no método comparativo de Sidgwick em *The Methods of Ethics* [Os métodos da ética] um modelo a ser imitado pela filosofia moral. As duas primeiras conferências sobre Sidgwick aqui incluídas foram retiradas, em sua maior parte, das notas manuscritas que Rawls reproduziu e distribuiu entre seus alunos. Ele usava essas apostilas como apontamentos para as conferências e depois as elaborava oralmente durante as próprias conferências. Por essa razão, as duas primeiras conferências sobre Sidgwick não podem ser consideradas, em nenhum aspecto, trabalhos completos. A terceira conferência dessa série (1975) revê parte do mesmo material já visto na breve discussão sobre o utilitarismo em Sidgwick, Conferência II, mas discute com muito mais detalhes os pressupostos e as implicações das teses utilitaristas clássicas. Parte considerável do material sobre o utilitarismo nessa conferência e na curta conferência seguinte (1976) não aparece em nenhum dos demais trabalhos sobre o utilitarismo publicados por Rawls em *Uma teoria da justiça*, no capítulo "Unidade social e bens primários"², nem em nenhum outro lugar.

As cinco conferências sobre Butler estavam entre os manuscritos de Rawls. Elas foram usadas no curso sobre a história da filosofia moral ministrado por Rawls na primavera de 1982, ocasião em que ele também lecionou sobre Kant e Hume. Rawls achava que Butler representava a principal resposta utilitarista a Hobbes oferecida por um filósofo inglês. Além disso, para Rawls, Butler estava entre as grandes figuras da filosofia moral moderna. Entre seus apontamentos para uso próprio (não incorporados às conferências propriamente ditas) ele escreveu o seguinte: "Pontos importantes em Butler: (Hobbes e Butler, as duas grandes fontes da filosofia moral moderna: Hobbes apresentou o problema – é o autor a ser refutado. Butler ofereceu uma penetrante resposta a Hobbes)." Além disso, Rawls encontrou certa relação entre as doutrinas da consciência em Kant e em Butler, e talvez isso o tenha levado a acreditar que a concepção não naturalista e não intuicionista da moral em Kant não era peculiar à filosofia do Idealismo alemão³. Por fim, as conferências sobre Butler são indicativas do papel central que tinha a ideia de uma "psicologia moral razoável" na concepção da filosofia moral e política de Rawls. (Podem ser encontrados paralelos também nas conferências sobre Mill e Rousseau.) Uma das principais ideias por trás da obra de Rawls é a de que a justiça e a moral não são contrárias à natureza humana, mas parte dela, e efetivamente são, ou ao menos podem ser, essenciais para o bem humano. (Ver *Uma teoria da justiça*, Capítulo 8, "O sentido da justiça", e Capítulo 9, "O bem da justiça".) Vale observar que a discussão empreendida por Rawls acerca da reconciliação entre virtude moral e "amor-próprio" em Butler encontra paralelos no argumento do próprio Rawls em favor da congruência entre o Certo e o Bom.

2. Ver John Rawls, *Collected Papers* [Escritos reunidos], org. Samuel Freeman (Cambridge, Mass.: Harvard University Press, 1999), Cap. 17.

3. Agradeço a Joshua Cohen por sugerir essa interpretação, confirmada em apontamentos que Rawls fez para si mesmo. Entre as referências a Kant nos apontamentos de Rawls sobre Butler estão as seguintes anotações:

(4) Egoísmo × Hobbes: para Butler, os projetos morais são elementos do eu assim como qualquer outro, tais como os desejos naturais etc. Kant aprofunda esse aspecto, relacionando a LM [Lei Moral] ao eu como R + R [Racional e Razoável]...

(9) Fazer a relação disso com Kant; incluir a noção de crença razoável.

Entre seus escritos, Rawls deixou um trabalho curto intitulado "Some Remarks About My Teaching" [Algumas observações sobre minha atividade docente] (1993), que discute suas conferências sobre filosofia política. Abaixo, são reproduzidos alguns trechos relevantes desse trabalho[4]:

> Ensinei principalmente filosofia moral e filosofia política, ministrando cursos sobre cada uma dessas disciplinas anualmente durante muitos anos... Pouco a pouco, passei a dar cada vez mais ênfase à filosofia política e à filosofia social, vindo a falar de partes da teoria que chamei de justiça como equidade, lado a lado com outros pensadores que já haviam escrito sobre o tema, a começar por Hobbes, Locke, Rousseau e, ocasionalmente, Kant, embora tenha sido difícil incluir Kant nesse curso. Às vezes, incluía Hume e Bentham, J. S. Mill e Sidgwick. Entretanto, geralmente a filosofia moral de Kant era discutida em outro curso junto com outros autores, que mudavam de tempo em tempo, mas muitas vezes o curso abrangia Hume e Leibniz como exemplos de doutrinas espantosamente diferentes das quais Kant com certeza conhecia um pouco. Outros autores contemplados ocasionalmente foram Clarke e o bispo Joseph Butler, além de outros pensadores britânicos do século XVIII, tais como Shaftesbury e Hutcheson. Às vezes, eu incluía Moore e Ross ou Broad e Stevenson como exemplos modernos.
>
> Ao falar desses autores, sempre tentei fazer duas coisas em especial. Uma delas era expor os problemas filosóficos desses autores da maneira como eles próprios os viam, com base na compreensão que tinham da filosofia moral e política de sua época. Desse modo, tentava distinguir quais eram seus principais problemas na sua própria opinião. Muitas vezes citava Collingwood, que em sua autobiografia afirmava que a história da filosofia política não é a história de uma série de respostas para a mesma pergunta, mas de uma série de respostas a diferentes perguntas: em suas próprias palavras, a filosofia "é a histó-

---

4. Trechos de uma versão relativamente parecida do relato de Rawls sobre sua atividade docente foram publicados no Prefácio do Organizador de *Lectures on the History of Moral Philosophy*, org. Barbara Herman (Cambridge, Mass.: Harvard University Press, 2000), pp. xvi-xviii, livro que serve de acompanhamento à presente obra. Esse relato tem como origem os comentários publicados por Rawls sobre sua atividade docente em John Rawls, "Burton Dreben: A Reminiscence" [Burton Dreben: memórias], em *Future Pasts: Perspectives on the Place of the Analytic Tradition in Twentieth-Century Philosophy*, org. Juliet Floyd e Sanford Shieh (Nova York: Oxford University Press, 2000).

ria de um problema em mutação mais ou menos constante e cuja solução o acompanhou também em mutação"[5]. Essa observação não é exatamente correta, mas nos diz que devemos atentar para o ponto de vista de um autor sobre o mundo político em que ele viveu para podermos enxergar o modo como e por que a filosofia política se desenvolve no decorrer do tempo. Em minha opinião, cada um desses autores contribui para o desenvolvimento de doutrinas favoráveis ao pensamento democrático, e aí se inclui Marx, que sempre discuti no curso de filosofia política moderna.

Outra coisa que tentei fazer foi apresentar o pensamento de cada autor em sua forma, a meu ver, mais robusta. Levei a sério a observação de Mill em sua resenha da obra de [Alfred] Sedgwick: "Uma doutrina não é julgada de fato até que o tenha sido em sua melhor forma" (*CW*: X, p. 52). Foi exatamente isso que tentei fazer. Contudo, eu não disse – pelo menos não intencionalmente – aquilo que, a meu ver, eles deveriam ter dito, mas aquilo que eles realmente disseram, com base no que era, para mim, a interpretação mais razoável dos textos originais. Estes tinham de ser conhecidos e respeitados, e as doutrinas tinham de ser apresentadas em sua melhor forma. Deixar o texto de lado parecia uma ofensa, uma espécie de faz de conta. Se me afastasse dele – não que haja algo de errado nisso –, essa intenção deveria estar explícita. Com essa forma de ensino, acredito que os pontos de vista dos autores se tornavam mais firmes e convincentes e seriam um tema mais digno de estudo para os alunos.

Nesse procedimento, guiei-me por várias máximas. Por exemplo, sempre parti do pressuposto de que os autores que estávamos estudando eram mais espertos que eu. Se não fossem, por que então estaria perdendo meu tempo e o tempo de meus alunos estudando-os? Se encontrasse um erro em seus argumentos, pressupunha que eles [os filósofos] também viram esse erro e devem ter lidado com ele em algum lugar – mas onde? Assim, buscava a saída que os próprios filósofos haviam encontrado, e não eu mesmo. Às vezes, essa saída fora histórica: no tempo em que viveram esses pensadores, a pergunta não precisava ser respondida, ou não havia surgido ou sido discutida de modo produtivo. Ou então havia uma parte do texto que eu havia omitido ou não havia lido.

5. R. G. Collingwood, *An Autobiography* (Oxford Clarendon Press, 1939), p. 62.

Ao fazer isso, segui o que Kant disse na *Primeira crítica* (B866). Diz ele que a filosofia é mera ideia de uma ciência possível que não existe em lugar algum *in concreto*. Então, como podemos reconhecê-la e aprendê-la? "[...] não se pode aprender nenhuma filosofia; pois onde está ela? Quem a possui? E como podemos reconhecê-la? Podemos apenas aprender a filosofar, isto é, a exercer o talento da razão na aplicação de princípios gerais em certas tentativas reais, mas sempre com a reserva do direito que a razão tem de procurar esses princípios e confirmá-los ou rejeitá-los em suas próprias fontes." Assim, aprendemos a filosofia moral e política e, de resto, qualquer disciplina filosófica através do estudo dos modelos – aquelas figuras notáveis que fizeram tentativas caprichadas –, procurando aprender com eles, mas somente se tivermos sorte de encontrar um modo de ir além deles. Minha tarefa era explicar Hobbes, Locke e Rousseau, ou Hume, Leibniz e Kant do modo mais claro e enérgico que conseguisse, sempre escutando atentamente aquilo que eles realmente disseram.

O resultado foi que fiquei relutante em levantar objeções aos modelos – isso é muito fácil e deixa escapar o essencial –, embora fosse importante chamar a atenção para as objeções que pensadores da mesma tradição em épocas posteriores procuraram corrigir, ou ainda indicar teorias que pensadores de outra tradição julgaram equivocadas. (Nesse aspecto, penso na teoria do contrato social e no utilitarismo como duas tradições distintas.) Caso contrário, o pensamento filosófico não consegue se desenvolver e seria um mistério o porquê das críticas de autores posteriores.

No caso de Locke, por exemplo, eu comentava a respeito do fato de que a teoria lockiana permitia um tipo de desigualdade política que hoje não seria aceitável – a desigualdade de direitos básicos de sufrágio – e que Rousseau havia tentado superar esse impasse, e discutia de que modo ele fez isso. Contudo, eu enfatizava que Locke, com seu liberalismo, estava à frente de seu tempo e se opunha ao absolutismo real. Ele não recuou diante do perigo e foi leal a seu amigo Lorde Shaftesbury, acompanhando-o até mesmo, ao que parece, como participante da conspiração de Rye House para assassinar Carlos II no verão de 1683. Fugiu para a Holanda para salvar a própria vida, escapando por pouco da execução. Locke teve a coragem de levar uma vida abnegada, e foi talvez o único entre as grandes figuras a assumir riscos tão grandes.

Nenhuma dessas conferências foi escrita com a intenção de ser publicada. De fato, ao discutir Kant no parágrafo imediatamente posterior a suas observações sobre Locke citadas acima, Rawls mencionou: "A última versão das conferências [sobre Kant] (1991) é, sem dúvida, melhor que as versões anteriores, mas eu não suportaria vê-la publicada no estado atual (como sugeriram alguns). Ela mal faz justiça a Kant nessas questões e tampouco chega à altura daquilo que outros podem fazer hoje em dia." Como se vê nessa frase, Rawls resistiu durante anos à ideia de publicar suas conferências. Foi somente após ser persuadido a publicar suas *Conferências sobre a filosofia moral* (organizadas por Barbara Herman e publicadas pela Harvard University Press em 2000) e depois que esse livro estava essencialmente concluído que Rawls concordou em autorizar também a publicação de suas conferências sobre a história da filosofia política.

Por fim, na conclusão de seu texto "Algumas observações sobre minha atividade docente", Rawls disse (e o que ele diz aqui sobre Kant teria dito, com toda a sua modéstia, sobre os filósofos contemplados neste livro):

> Contudo, como eu disse antes, nunca me senti satisfeito com a compreensão que pude alcançar da teoria kantiana em geral. Isso gera certa infelicidade, fazendo-me lembrar de uma historieta sobre John Marin, grande aquarelista americano, equiparado a Homer e Sargent. As pinturas de Marin, que a maioria dos leitores já deve ter visto, são uma espécie de expressionismo figurativo. No final dos anos 1940, ele era considerado um dos grandes pintores norte-americanos, talvez o maior. Observando suas aquarelas, pode-se identificar o objeto que elas representam: por exemplo, um arranha-céu de Nova York, a região montanhosa de Taos, no Novo México, ou as escunas e os portos do Maine. Durante oito anos, na década de 1920, Marin ia a Stonington, no Maine, para pintar; e Ruth Fine, que escreveu um livro brilhante sobre Marin, conta que foi até lá para ver se conseguia encontrar alguém que o houvesse conhecido naquela época. Ela acabou encontrando um pescador de lagostas que lhe disse: – Claro que sim! Todo o mundo aqui conheceu esse moço. Ele saía com seu barquinho para pintar todo santo dia, todos os dias da semana, todo verão. E sabe de uma coisa? O pobre coitado até caprichava, mas nunca pegou jeito.

Isso sempre exprimiu com precisão o modo como me sinto, depois de tanto tempo: "Nunca pegou jeito."[6]

Mardy Rawls fez a maior parte do trabalho de organização das conferências publicadas neste livro, e sem sua ajuda e orientação eu não poderia tê-lo concluído. Especialmente a partir de 1995 (após o primeiro ataque cardíaco de Jack), Mardy assumiu um papel inestimável para que muitos projetos viessem à luz. Leu cuidadosamente cada uma das conferências e trabalhou arduamente para esclarecer e chamar a atenção para frases que poderiam ser interpretadas erroneamente. Antes de Jack me pedir, em 2000, para ser organizador deste livro, Mardy já havia concluído mais ou menos a organização das conferências sobre Locke, Rousseau, Mill e Marx. Jack repassou cuidadosamente essas conferências e deu sua aprovação. Anne Rawls transcreveu (em 2001) as fitas com as gravações das conferências de 1983 sobre Hobbes e Hume. Em seguida, Mardy as pôs em forma legível, e depois disso fiz novas revisões e acréscimos a partir dos apontamentos e apostilas de Rawls, digitados e manuscritos. As conferências sobre Sidgwick e Butler foram digitadas a partir dos apontamentos manuscritos de Rawls. Fiz acréscimos à primeira conferência sobre Sidgwick com base em outros apontamentos sobre Sidgwick nos arquivos das conferências de Rawls. Em geral, quaisquer retificações nesses textos envolviam o reposicionamento de parágrafos e frases escritas pelo próprio Rawls.

Agradeço a Mark Navin por decifrar os apontamentos digitados e manuscritos sobre Sidgwick e Butler, bem como por digitar as correções feitas durante a organização das conferências sobre Locke, Rousseau, Mill e Marx. Também sou especialmente grato a Kate Moran, que digitou apontamentos manuscritos para as conferências sobre Hobbes e Hume, conferiu cuidadosamente as citações de todos os filósofos e preparou o manuscrito para a entrega final. Matt Lister, Thomas Ricketts e Kok Chor Tan também ajudaram de diversas maneiras. Obrigado a Warren Goldfarb e Andy Reath pela valiosa orientação sobre a relação dos cursos dados por Rawls. T. M. Scanlon e especialmente Joshua Cohen deram-me orientações muito úteis para organizar as conferências, no que diz respeito àquilo

---

6. [Pensando nas muitas vezes que Jack contou essa história a seus alunos, escolhemos a pintura de Marin intitulada "Deer Isle, Islets" para a capa de *Justiça como equidade: uma reformulação*. (N. de Mardy Rawls.)]

que deveria ser incluído e àquilo que deveria ser deixado sem publicar; por isso sou extremamente grato a ambos.

Finalmente, sou, mais uma vez, grato a minha esposa, Annette Lareau--Freeman, pelos sábios conselhos e constante apoio ao me ajudar a tornar concreta a publicação destes importantes documentos.

Samuel Freeman

Observações introdutórias

Ao preparar estas conferências, aprimoradas no decorrer de vários anos ensinando Filosofia Política e Social, procurei contemplar o modo como seis autores – Hobbes, Locke, Rousseau, Hume, Mill e Marx – tratam certos tópicos discutidos em meus próprios escritos sobre filosofia política. De início, dediquei aproximadamente a metade das aulas do curso a tópicos relevantes de *Uma teoria da justiça*[1]. Mais tarde, enquanto aprimorava o texto de *Justiça como equidade: uma reformulação*[2], essas aulas passaram a ter como tema trabalhos mais recentes, e resolvi disponibilizar aos alunos cópias xerográficas do manuscrito.

    Como *Justiça como equidade: uma reformulação* já se encontra publicado, resolvi não incluir neste livro os textos dessas aulas. Há pouquíssimas passagens nas quais faço referência à relação entre as obras e ideias discutidas e minha própria obra; mas nas passagens que mencionam a teoria da justiça como equidade são feitas referências de pé de página a seções do livro, acompanhadas, onde parecer proveitoso, da definição e explicação das ideias e conceitos importantes. Uma conferência introdutória com algumas observações gerais sobre filosofia política e algumas reflexões sobre as ideias principais do liberalismo pode ajudar a lançar os fundamentos para uma discussão dos seis autores.

    Tentarei identificar as características mais centrais do liberalismo como expressão de uma concepção política da justiça, analisando-o do ponto de vista da tradição do constitucionalismo democrático. Uma corrente dessa tradição, a doutrina do contrato social, é representada por Hobbes, Locke e Rousseau; outra corrente, a do utilitarismo, é representada por Hume e J. S. Mill; enquanto a corrente social-democrata é repre-

---

    1. John Rawls, *A Theory of Justice* (Cambridge, Mass.: Harvard University Press, 1971; revised edition, 1999).

    2. John Rawls, *Justice as Fairness: A Restatement* (Cambridge, Mass.: Harvard University Press, 2001).

sentada por Marx, que tratarei principalmente como um crítico do liberalismo.

As conferências possuem escopo restrito, tanto do ponto de vista histórico como do ponto de vista sistemático. Não constituem uma introdução equilibrada às questões da filosofia política e social. Não há nelas uma tentativa de estudar diferentes interpretações dos filósofos discutidos; como critério de escolha das interpretações propostas elas deveriam parecer razoavelmente fiéis aos textos estudados e produtivas no sentido do limitado objetivo proposto para sua apresentação. Além disso, muitas questões importantes da filosofia política e social não são sequer discutidas. Tenho esperança de que esse escopo restrito seja perdoável se ele conseguir estimular um modo proveitoso de tratar as questões efetivamente discutidas e nos permitir obter maior profundidade de entendimento do que se poderia obter com outra abordagem.

JOHN RAWLS

Textos citados

Joseph Butler, *The Works of Joseph Butler*, org. W. E. Gladstone (Bristol, Inglaterra: Thoemmes Press, 1995).

Thomas Hobbes, *De Cive*, org. Sterling P. Lamprecht (Nova York: Appleton-Century-Crofts, 1949).

Thomas Hobbes, *Leviathan*, org. C. B. MacPherson (Baltimore: Penguin Books, 1968).

David Hume, *Enquiries Concerning the Human Understanding and Concerning the Principles of Morals*, 2. ed., org. L. A. Selby-Bigge (Oxford: Oxford University Press, 1902).

David Hume, *Treatise of Human Nature*, 2. ed., org. L. A. Selby-Bigge (Oxford University Press, 1978).

Immanuel Kant, *Groundwork of the Metaphysics of Morals*, trad. para o inglês e org. H. J. Paton (Londres: Hutchinson, 1948).

John Locke, *A Letter Concerning Toleration*, org. James H. Tully (Indianápolis: Hackett, 1983).

John Locke, *Two Treatises of Government*, org. Peter Laslett (Cambridge: Cambridge University Press, 1960).

Karl Marx, *Capital: A Critique of Political Economy* (Nova York: International Publishers, 1967).

John Stuart Mill, *Collected Works* (citados como *CW*) (Toronto: University of Toronto Press, 1967).

Jean-Jacques Rousseau, *The First and Second Discourses*, org. Roger D. Masters, trad. para o inglês Roger D. e Judith R. Masters (Nova York: St. Martin's Press, 1964).

Jean-Jacques Rousseau, *On the Social Contract, with Geneva Manuscript and Political Economy*, org. Roger D. Masters, trad. para o inglês Judith R. Masters (Nova York: St. Martin's Press, 1978).

Henry Sidgwick, *The Methods of Ethics* (Londres: Macmillan, 1907).

Robert C. Tucker, org., *The Marx-Engels Reader*, 2. ed. (Nova York: W. W. Norton, 1978).

INTRODUÇÃO

Observações sobre a filosofia política

§ 1. Quatro perguntas sobre a filosofia política

1. Comecemos com diversas perguntas gerais sobre a filosofia política. Por que teríamos interesse na filosofia política? Quais são nossas razões para refletir sobre ela? Que ganhamos com isso? É nesse espírito que examinarei algumas perguntas mais específicas que talvez se revelem frutíferas.

Primeiro, a pergunta é: qual é o público da filosofia política? A quem ela se dirige? Visto que seu público muda de uma sociedade para outra a depender da estrutura social e dos problemas prementes, qual é esse público em uma democracia constitucional? Comecemos observando nosso próprio caso.

Em uma democracia, a resposta a essa pergunta só pode ser: todos os cidadãos em geral, ou os cidadãos como corporação de todos os indivíduos que com seu voto exercem a autoridade institucional definitiva em todas as questões políticas – ainda que por emenda constitucional, se necessário. O fato de o público da filosofia política em uma democracia constitucional ser a corporação de cidadãos tem importantes consequências.

Ele significa, em primeiro lugar, que uma filosofia política liberal, que logicamente aceita e defende a ideia da democracia constitucional, não deve ser vista como uma teoria, por assim dizer. Quem escreve sobre esse tipo de doutrina não deve ser visto como especialista em um assunto especial, como no caso das ciências. A filosofia política não tem acesso especial a verdades fundamentais – e tampouco a ideias racionais – sobre a justiça e o bem comum ou outras noções básicas. Seu mérito, quando muito, é que por meio do estudo e reflexão ela é capaz de elaborar concepções mais profundas e mais esclarecedoras acerca das ideias políticas fundamentais que nos ajudam a explicar nossos juízos sobre as instituições e políticas públicas de um regime democrático.

2. Uma segunda pergunta é: ao se dirigir a esse público, que credenciais tem a filosofia política? Quais são suas pretensões de autoridade? Estou

INTRODUÇÃO

usando aqui o termo "autoridade" porque alguns autores já afirmaram que os pensadores da filosofia moral e política têm uma pretensão de certa autoridade, pelo menos implicitamente. Alguém já disse que a filosofia política transmite uma pretensão de saber e que a pretensão de saber é uma pretensão de dominar[1]. Essa afirmação, creio, é completamente equivocada. Ao menos em uma sociedade democrática, a filosofia política não possui nenhuma autoridade, quando se entende por autoridade certo *status* jurídico e a posse de certa influência dominante sobre determinados temas políticos; ou quando, por outro lado, autoridade significa uma autoridade sancionada por antigos costumes e práticas e considerada possuidora de poder de evidência.

A expressão "filosofia política" só pode significar a tradição da filosofia política; e, em uma democracia, tal tradição é sempre obra conjunta dos autores e seus leitores. Esse trabalho é conjunto porque são os autores e leitores conjuntamente que produzem e apreciam as obras de filosofia política com o passar do tempo, cabendo sempre aos eleitores decidir se devem incorporar as ideias desse grupo em instituições básicas da sociedade.

Assim, em uma democracia, os autores de filosofia política não têm mais autoridade que nenhum outro cidadão e não devem ter maiores pretensões. A meu ver, isso é perfeitamente óbvio e não necessitaria de nenhum comentário, não fosse pelo fato de que ocasionalmente se afirma justamente o contrário. Menciono esse tema apenas para afastar receios sobre ele.

Obviamente, poder-se-ia dizer que a filosofia política aspira às credenciais da razão humana e invoca implicitamente a autoridade desta. Tal razão é nada mais que as faculdades comuns do pensamento racional, do juízo e da inferência, faculdades estas que são empregadas por quaisquer pessoas plenamente normais que chegaram à idade da razão, isto é, por todos os cidadãos adultos normais. Vamos supor que concordemos com essa definição e digamos que a filosofia política de fato invoca essa autoridade. Essa autoridade, porém, é invocada igualmente por todos os cidadãos que se exprimem com razão e escrúpulo perante outras pessoas sobre questões políticas e até sobre outras questões. Buscar o que chamamos de autoridade da razão humana significa tentar apresentar nossas concep-

---

1. Ver a interessante resenha que Michael Walzer fez de *The Conquest of Politics: Liberal Philosophy in Democratic Times*, de Benjamin Barber (Princeton, N.J.: Princeton University Press, 1988), publicada no *New York Review of Books* em 2 de fevereiro de 1989, p. 42.

ções e seus motivos de modo racional e sólido para que outros possam julgá-las com inteligência. O empenho em possuir as credenciais da razão humana não distingue a filosofia política de nenhum outro tipo de discussão racional sobre qualquer tema. Todo pensamento racional e criterioso busca a autoridade da razão humana.

Na verdade, a filosofia política, conforme encontrada em uma sociedade democrática em textos que resistem ao tempo e continuam sendo estudados, pode ser expressa em formulações extraordinariamente sistemáticas e completas de doutrinas e ideias democráticas fundamentais. Esses textos podem ter melhores argumentos e ser apresentados com maior clareza que os textos que não resistem ao tempo. Nesse sentido, eles podem invocar com maior sucesso a autoridade da razão humana. Contudo, a autoridade da razão humana é um tipo muito especial de autoridade. Isso porque o sucesso do apelo de um texto de filosofia política é resultado de um juízo coletivo, feito no decorrer do tempo, no âmbito da cultura geral de uma sociedade, à medida que os cidadãos individualmente, um por um, julgam esse tipo de texto como digno de estudo e reflexão. Nesse caso, não há autoridade no sentido de um órgão público, tribunal ou corpo legislativo autorizado a ter a palavra final ou mesmo a emitir juízos com poder probatório. Não cabe a organismos oficiais nem a organismos sancionados por antigos costumes e práticas avaliar o trabalho da razão.

Não se trata de uma situação especial. O mesmo se aplica à comunidade de todos os cientistas ou, para ser mais específico, de todos os físicos. Não há nenhum organismo institucional entre eles que tenha a autoridade de declarar, por exemplo, que a teoria da relatividade geral seja correta ou incorreta. O papel do corpo de cidadãos em relação à justiça política em uma democracia é semelhante ao do corpo de todos os físicos em relação à teoria da relatividade geral. Esse fato é característico do mundo democrático moderno, em cujas ideias de liberdade política e igualdade se situam suas raízes.

3. Uma terceira pergunta é: em que momento e de que modo a filosofia política ingressa na política democrática e afeta seus resultados? Como a filosofia política deve encarar a si mesma nesse sentido?

Nesse quesito, há pelo menos duas concepções: a platônica, por exemplo, é a concepção de que a filosofia política apura a verdade a respeito da justiça e do bem comum. Ela então passa a buscar um agente político para realizar essa verdade na forma de instituições, independentemente da livre aceitação ou mesmo da compreensão dessa verdade. Nessa concepção,

INTRODUÇÃO

o conhecimento que a filosofia política obtém acerca da verdade a autoriza a moldar e mesmo a controlar os resultados da política – se necessário, até por persuasão ou coação. Basta observar o exemplo do rei filósofo de Platão ou da vanguarda revolucionária de Lênin. Nesses exemplos, entende-se que a pretensão de verdade traz consigo não apenas a pretensão de saber, como também a de controlar e de agir politicamente.

Outra concepção, que chamaremos de concepção democrática, vê a filosofia política como parte da cultura geral de fundo de uma sociedade democrática, embora em alguns casos certos textos clássicos fundamentais se tornem parte da cultura política pública. Frequentemente citados e mencionados, eles fazem parte do saber coletivo e constituem um cabedal de ideias políticas fundamentais da sociedade. Como tal, a filosofia política pode contribuir para a cultura da sociedade civil, na medida em que suas ideias básicas e sua história são discutidas e estudadas, podendo, em certos casos, também entrar na discussão política pública.

Alguns autores[2] que não gostam da forma e do estilo da filosofia política acadêmica, muito em voga atualmente, são da opinião de que ela tenta evitar a política do cotidiano da democracia – o grande jogo da política[3] – e transmitir a ideia de que esta é desnecessária. Na visão desses autores, a filosofia política acadêmica é, para todos os efeitos, platônica: ela tenta encontrar verdades e princípios fundamentais para responder pelo menos às principais questões ou solucionar essas questões, tornando assim desnecessária a política cotidiana. Esses autores, críticos da filosofia, também pensam que a política cotidiana faria melhor se prosseguisse sem o benefício da filosofia ou sem se preocupar com as controvérsias da filosofia. Pensam eles que agir dessa forma resultaria em uma vida pública mais vibrante e intensa e em um corpo de cidadãos mais comprometidos.

Ora, dizer que uma filosofia política liberal é platônica (conforme a definição acima) é seguramente incorreto. Como o liberalismo endossa a ideia de governo democrático, ele não tentaria invalidar os resultados da política democrática cotidiana. Enquanto houver democracia, o único modo de a filosofia liberal invalidar esses resultados seria influenciando um agente político legítimo e estabelecido constitucionalmente e em seguida persuadindo esse agente a anular a vontade da maioria democrática.

2. Por exemplo, Benjamin Barber, *op. cit.*
3. "The Great Game of Politics" foi o nome de uma coluna escrita no *Baltimore Sun* por Frank R. Kent nos anos 1920 e 1930.

Uma possibilidade de isso acontecer é quando os autores da filosofia liberal influenciam os juízes da Suprema Corte de um regime constitucional como o norte-americano. Autores acadêmicos liberais como Bruce Ackerman, Ronald Dworkin e Frank Michelman podem dirigir seus discursos à Suprema Corte, mas assim também fazem muitos conservadores e outros autores não liberais. Poderíamos dizer que eles estão praticando a política constitucional. Em razão da função da Suprema Corte em nosso sistema constitucional, aquilo que parece uma tentativa de anular a política democrática pode representar, na verdade, a aceitação do controle judicial de constitucionalidade e da ideia de que a Constituição coloca certos direitos e liberdades fundamentais além do alcance das maiorias legislativas comuns. Assim, a discussão dos autores acadêmicos muitas vezes é sobre a abrangência e os limites do governo de maioria e sobre a função peculiar da Suprema Corte ao definir e proteger as liberdades constitucionais básicas.

Muito dependerá, assim, da nossa aceitação do controle judicial de constitucionalidade e da ideia de que uma Constituição democrática deve colocar certos direitos e liberdades fundamentais além do alcance das maiorias legislativas da política cotidiana, mas não da política constitucional. Tendo a aceitar o controle judicial de constitucionalidade no caso americano, mas ambos os lados têm bons argumentos, e esta é uma questão sobre a qual os cidadãos democráticos devem refletir por si sós. O que está em jogo é uma decisão entre duas concepções de democracia: a constitucional e a majoritária. De todo modo, até mesmo aqueles que apoiam o controle judicial de constitucionalidade dão por certo que na política cotidiana as maiorias legislativas geralmente são as que estão exercendo o poder de governo.

Nossa terceira pergunta era: em que momento e de que modo a filosofia política ingressa na política democrática e afeta seus resultados? Respondendo, podemos dizer: em um regime com controle judicial de constitucionalidade, a filosofia política tende a ter uma função pública mais ampla, pelo menos em matérias constitucionais; e as questões políticas mais frequentemente discutidas são questões constitucionais relativas a direitos e liberdades fundamentais dos cidadãos de uma democracia. Mais que isso, a filosofia política tem uma função educativa como parte da cultura de fundo. Essa função é o assunto de nossa quarta pergunta.

4. Uma concepção política é uma concepção da justiça política e do bem comum, assim como das instituições e políticas públicas que melhor

INTRODUÇÃO

as promovem. Os cidadãos devem de alguma forma se apropriar dessas ideias e compreendê-las para ser capazes de emitir juízos sobre os direitos e liberdades fundamentais. Nesse sentido, cabe a pergunta: que concepções básicas de pessoa e sociedade política e que ideais de liberdade e igualdade, de justiça e cidadania, os cidadãos possuem de antemão quando ingressam na política democrática? Como eles adquirem vínculos com essas concepções e ideais e que atitudes mentais sustentam esses vínculos? De que modo aprendem sobre o sistema de governo e que concepção de governo adquirem?

Será que eles ingressam na política com uma concepção dos cidadãos como indivíduos livres, iguais e capazes de se dedicar à razão pública e expressar através do voto sua opinião refletida sobre aquilo que é exigido pela justiça política e pelo bem comum? Ou será que sua concepção da política não vai além da ideia de que as pessoas simplesmente votam em favor de seus interesses econômicos e de classe e contra interesses opostos em assuntos religiosos e étnicos, com base em ideais de hierarquia social segundo os quais algumas pessoas são inferiores a outras por natureza?

Parece-me que um regime constitucional talvez não consiga resistir ao tempo a menos que seus cidadãos ingressem na política democrática com concepções e ideais fundamentais que endossem e fortaleçam suas instituições políticas básicas. Além disso, tais instituições estão em maior segurança quando sustentam, por sua vez, aquelas concepções e ideais. Contudo, é certo que os cidadãos adquirem essas concepções e ideais em parte (embora somente em parte) em escritos de filosofia política, os quais, por sua vez, pertencem à cultura geral de fundo da sociedade civil. Eles deparam com tais escritos em suas conversas e leituras, nas escolas, universidades e instituições de educação profissional. E leem editoriais e discussões que debatem essas ideias em jornais e periódicos especializados em opinião.

Alguns textos alcançam um patamar que os insere na cultura pública de fundo e não na cultura geral da sociedade civil. Quantos norte-americanos tiveram de decorar partes da Declaração da Independência, o Preâmbulo da Constituição e o Discurso de Lincoln em Gettysburg? Embora não tenham caráter impositivo – visto que o Preâmbulo não é parte da Constituição como lei –, esses textos influenciam de várias maneiras nossa compreensão da Constituição.

Além disso, em tais textos e outros com *status* semelhante (se é que os há), os valores expressos são o que podemos chamar de valores políticos.

Essa não é uma definição, mas apenas uma indicação. Por exemplo, o Preâmbulo da Constituição menciona o seguinte: uma união mais perfeita, a justiça, a tranquilidade interna, a defesa comum, o bem-estar geral e as bênçãos da liberdade. A Declaração da Independência acrescenta o valor da igualdade, vinculando-o aos direitos naturais de todos.

É seguro chamar tais valores de valores políticos. A concepção da justiça que tenho em mente é aquela que tenta oferecer uma interpretação razoavelmente sistemática e coerente de tais valores e expor de que modo eles devem ser ordenados ao serem aplicados em instituições políticas e sociais básicas. A vasta maioria das obras de filosofia política, mesmo as que possuem certa resistência ao tempo, pertence à cultura geral de fundo. Entretanto, as obras regularmente citadas nos autos da Suprema Corte e em discussões públicas sobre questões fundamentais podem ser vistas como pertencentes à cultura política pública ou situadas nos limites desta. De fato, algumas delas – como o *Segundo tratado*, de Locke, e *Sobre a liberdade*, de Mill – parecem realmente fazer parte da cultura política, pelo menos nos Estados Unidos.

Já sugeri que é melhor que os cidadãos aprendam as concepções e ideais fundamentais da sociedade civil antes de ingressarem na política democrática. Do contrário, um regime democrático, caso venha a existir de algum modo, poderá ter curta duração. Uma das muitas razões do fracasso da Constituição da República de Weimar foi que nenhuma das principais correntes intelectuais da Alemanha estava preparada para defendê-la, inclusive os principais filósofos e escritores, tais como Heidegger e Thomas Mann.

Para concluir: não é insignificante a função da filosofia política como parte da cultura geral de fundo, na medida em que ela oferece uma fonte de princípios e ideais políticos essenciais. Ela contribui para o fortalecimento das raízes do pensamento e das atitudes em uma democracia. Essa contribuição dá-se menos na prática política do dia a dia e mais ao educar os cidadãos sobre certas concepções ideais de pessoa e sociedade política antes de eles ingressarem na política e também em seus momentos de reflexão no decurso da vida[4].

5. Existe algo na política que encoraje o apelo sincero a princípios da justiça e do bem comum? Por que a política não é simplesmente a luta por poder e influência – todos tentando se dar bem? Como disse Harold

---

4. Minha resposta a essa pergunta acompanha a de Michael Walzer, citada na n. 1, acima.

Lasswell, "a política é o estudo de quem leva o que e como"[5]. Por que as coisas não são tão simples? Será que somos ingênuos, como quer o cínico, em pensar que a política poderia ser outra coisa? Se assim for, por que é que todo discurso sobre a justiça e o bem comum não é uma simples manipulação de símbolos que tenham o efeito psicológico de convencer as pessoas a compartilhar de nossas concepções, não por boas razões e com sinceridade, mas por estarem de certa forma hipnotizadas por nosso discurso?

O que o cínico diz sobre os princípios e ideais morais e políticos não pode estar correto[6]. Se estivesse, teriam caído em desuso há muito tempo a linguagem e o vocabulário dos sistemas morais e da política que se reportam a tais princípios e ideais e para eles apelam. As pessoas não são tão obtusas a ponto de não perceberem quando certos grupos e seus líderes apelam para essas normas de modo puramente manipulador e em vista de seus próprios interesses. Obviamente, isso não nega o fato de que amiúde se fazem apelos manipuladores aos princípios da justiça, da equidade e do bem comum. Muitas vezes, esse apelo manipulador pega carona, por assim dizer, na invocação sincera desses mesmos princípios por parte de quem acredita neles e é digno de confiança.

Ao que parece, duas coisas afetam de modo importante as ideias que os cidadãos têm ao ingressarem pela primeira vez na política: uma delas é a natureza do sistema político na qual são criados; a outra é o conteúdo da cultura de fundo, isto é, em que medida esta os torna familiarizados com as ideias políticas democráticas e os leva a refletir sobre o significado dessas ideias.

A natureza do sistema político ensina formas de conduta política e princípios políticos. Em um sistema democrático, por exemplo, os cidadãos notam que os líderes de partido, ao formarem maiorias políticas operantes, são refreados por certos princípios da justiça e do bem comum, ao menos no que tange a seu programa político explícito e público. Aqui, mais uma vez, o cínico pode dizer que tais apelos aos princípios públicos da justiça e do bem comum são movidos por interesses particulares, porque, para continuar sendo relevante, um grupo deve ser reconhecido como "par-

---

5. Harold Lasswell, *Politics: Who Gets What, When, and How* (Nova York: McGraw-Hill, 1936).
6. Ver John Elster, *The Cement of Society* (Cambridge: Cambridge University Press, 1989), pp. 128 ss.

ticipante do sistema", e isso significa que sua conduta deve respeitar várias normas sociais em consonância com esses princípios. Essa afirmação é verdadeira, mas omite o seguinte: em um sistema político razoavelmente bem-sucedido, os cidadãos com o tempo se apegam a esses princípios da justiça e do bem comum; e, como acontece com o princípio da tolerância religiosa, sua lealdade a eles não é puramente motivada por interesses particulares, ainda que possa sê-lo parcialmente.

6. Assim, uma pergunta importante que se pode fazer é: que possíveis características das instituições políticas e sociais tendem a impedir que haja um apelo sincero à justiça e ao bem comum ou aos princípios justos da cooperação política? Quanto a esse tema, proponho aprendermos com o fracasso da Alemanha em lograr um regime democrático constitucional.

Considere a situação dos partidos políticos na Alemanha guilhermina da época de Bismarck. O sistema político de então tinha seis características dignas de nota:

(1) Era uma monarquia hereditária com enormes poderes, embora não absolutos.
(2) A monarquia tinha caráter militar, visto que o exército (conduzido pela nobreza prussiana) lhe dava garantia contra uma vontade geral adversa.
(3) O chanceler e o ministério serviam à Coroa e não ao Reichstag, como seria de esperar em um regime constitucional.
(4) Os partidos políticos haviam sido fragmentados por Bismarck, que apelou para seus interesses econômicos em troca de apoio, transformando-os em grupos de pressão.
(5) Como nada mais eram do que grupos de pressão, os partidos políticos nunca aspiraram a governar, defendendo ideologias políticas exclusivas que tornavam difícil um acordo com outros grupos.
(6) Não era considerado impróprio que os membros do governo, mesmo o chanceler, atacassem certos grupos como inimigos do império: católicos, social-democratas, minorias nacionais tais como franceses (da Alsácia-Lorena), dinamarqueses, poloneses e judeus.

Considere a quarta e quinta características, segundo as quais os partidos políticos nada mais eram que grupos de pressão: como nunca aspiraram a mandar – isto é, a formar um governo –, não estavam dispostos a entrar em acordo ou negociação com outros grupos sociais. Os liberais nunca estavam prontos a apoiar programas desejados pelas classes trabalhadoras, enquanto os social-democratas sempre insistiam na nacionalização da indústria e no desmantelamento do sistema capitalista, o que afugentava os liberais. Essa incapacidade dos liberais e social-democratas de trabalhar juntos para formar um governo foi fatal para o fim da democracia alemã, pois persistiu até a época do regime de Weimar, com resultados desastrosos.

Uma sociedade política com uma estrutura desse tipo passará a desenvolver enorme hostilidade entre classes sociais e grupos econômicos. Estes nunca aprendem a cooperar uns com os outros para formar um governo sob um regime propriamente democrático. Sempre agem como estranhos ao sistema, solicitando do chanceler o atendimento de seus interesses em troca de apoio ao governo. Alguns grupos, como os social-democratas, nunca eram vistos como possíveis patrocinadores do governo; simplesmente ficavam de fora do governo, mesmo quando obtinham a maioria de votos, como efetivamente tiveram antes da Primeira Guerra Mundial. Como não havia partidos políticos genuínos, também não havia políticos, isto é, pessoas cuja função não é agradar a um grupo especial, mas organizar uma maioria operante com amparo em um programa político e social de base democrática.

Além dessas características do sistema político, a cultura de fundo e as inclinações gerais do pensamento político (assim como a estrutura social) indicavam que nenhum dos grupos principais estava disposto a empreender um esforço político para lograr um regime constitucional; ou então, quando esses grupos efetivamente apoiavam um esforço assim, sua vontade política era fraca e poderia ser comprada pelo chanceler através da concessão de favores econômicos[7].

---

7. Para textos com referência às características (1)-(5), ver os seguintes: Hajo Holborn, *History of Modern Germany, 1840-1945* (Nova York: Knopf, 1969), por exemplo, pp. 141 s., 268-75, 296 s., 711 s., 811 s.; Gordon Craig, *Germany: 1866-1945* (Oxford: Oxford University Press, 1978), caps. 2-5; ver também os comentários do autor sobre Bismarck, pp. 140-4; Hans-Ulrich Wehler, *The German Empire: 1871-1918* (Nova York: Berg, 1985), pp. 52-137, 155-70, 232-46; A. J. P. Taylor, *The Course of German History*, 1. ed., 1946 (Nova York: Capricorn, 1962), pp. 115-59, e do mesmo autor: *Bismarck: The Man and the Statesman*, 1. ed., 1955 (Nova York: Vintage Books, 1967), caps. 6-9; D. G. Williamson: *Bismarck and Germany: 1862-1890* (Londres: Longman, 1986). Sobre a característica (6), a respeito dos judeus, ver: Peter Pulzer, *Rise of Political Anti-Semitism in Germany and Austria before WW I*, 2. ed. (Cambridge, Mass.: Harvard University Press, 1988); Werner Angress, "Prussia's Army and Jewish Reserve Officer's Controversy before WW I", ensaio publicado em *Imperial Germany*, org. J. T. Sheehan (Nova York: Watts, 1976).

§ 2. Quatro papéis da filosofia política

1. Vejo quatro papéis que a filosofia política pode desempenhar como parte da cultura política pública de uma sociedade. Eles são discutidos minuciosamente em § 1 de *Justiça como equidade: uma reformulação*. Desse modo, aqui tratarei deles apenas brevemente.

(a) O primeiro é o *papel prático*, resultado de um conflito político divisor que surge quando a filosofia política tem como tarefa focalizar questões profundamente controversas e verificar a possibilidade de revelar, apesar das aparências, alguma base subjacente de acordo filosófico e moral ou pelo menos reduzir as diferenças para que ainda possa ser mantida a cooperação social, com base no respeito mútuo entre os cidadãos.

(b) O segundo papel, que chamo de *orientação*, é o da razão e reflexão. A filosofia política pode contribuir para a reflexão das pessoas sobre suas instituições políticas e sociais como um todo, sobre si mesmas como cidadãos e sobre seus objetivos e propósitos básicos como membros de uma sociedade possuidora de uma história – uma nação –, e não do aspecto de seus objetivos e propósitos como indivíduos ou membros de famílias e associações.

(c) Um terceiro papel, enfatizado por Hegel em sua *Filosofia do direito* (1821), é o da *reconciliação*: a filosofia política pode tentar apaziguar nossa frustração e fúria contra nossa sociedade e sua história, mostrando-nos o caminho no qual as instituições da sociedade, quando propriamente compreendidas, do ponto de vista filosófico, são racionais e se desenvolveram com o passar do tempo até obter sua forma racional atual. Quando a filosofia política atua nesse papel, ela deve se proteger contra o perigo de ser uma simples defesa de um *status quo* injusto e indigno. Isso faria dela uma ideologia (uma falsa construção mental), no sentido marxista[8].

---

8. Para Marx, ideologia é uma falsa construção mental que às vezes ajuda a ocultar dos indivíduos que fazem parte do sistema social o modo como ele funciona, tornando-os incapazes de penetrar mais fundo além da aparência superficial de suas instituições. Nesse caso, ela serve de suporte para uma ilusão, como no exemplo da economia clássica, que, na visão de Marx, ajudou a ocultar o fato de que um sistema capitalista é um sistema de exploração. A ideologia pode também servir para solidificar um engano necessário: os capitalistas decentes não querem acreditar que seu sistema seja explorador; assim, passam a acreditar na doutrina clássica da economia política, que lhes assegura ser um sistema de livres intercâmbios nos quais todos os fatores de produção – terra, capital e trabalho – são recompensados apropriadamente na proporção de sua contribuição para o produto social. Nesse caso, a ideologia serve de suporte para uma ilusão. [Ver Marx, Conferência III, neste volume, com uma discussão sobre a falsa consciência. (N. do Org.)]

(d) O quarto papel é o de *testar os limites da possibilidade política praticável*. Nesse papel, vemos a filosofia política como uma utopia realista. Nossa esperança no futuro da sociedade se ampara na crença de que o mundo social permite pelo menos uma ordem política decente, de modo que seja possível um regime democrático razoavelmente justo, embora não perfeito. Assim, cabe a pergunta: como seria uma sociedade democrática justa sob condições razoavelmente favoráveis, mas ainda assim historicamente possíveis, permitidas pelas leis e tendências do mundo social? Que ideais e princípios uma sociedade desse tipo tentaria realizar, dadas as particularidades da justiça observadas na cultura democrática tal como a conhecemos?

§ 3. Principais ideias do liberalismo: suas origens e conteúdo

1. Como boa parte destas conferências tratará de concepções do liberalismo, de quatro das principais figuras do liberalismo e de um de seus maiores críticos, talvez eu deva dizer algo sobre a compreensão que tenho dessa doutrina. Não há acordo pacífico sobre o que é liberalismo; são muitas as suas formas e características e diferentes as suas caracterizações pelos autores.

As três principais origens históricas do liberalismo são as seguintes: a Reforma e as guerras religiosas dos séculos XVI e XVII, que resultaram na aceitação, inicialmente relutante, do princípio da tolerância e liberdade de consciência; a gradual mitigação do poder real por parte das classes médias e o estabelecimento de regimes constitucionais de monarquia limitada; e a adesão das classes trabalhadoras às ideias de democracia e governo da maioria[9]. Esses desdobramentos se deram em diferentes países da Europa e da América do Norte em diferentes épocas; contudo, no caso da Inglaterra, é mais ou menos verdade que a ideia de liberdade de consciência estava prestes a ser conquistada no final do século XVII, a de governo constitucional, durante o século XVIII e a de democracia e governo da maioria com a de sufrágio universal, durante o século XIX. Obviamente, esse movimento ainda não se concluiu. Alguns de seus aspectos importantes ainda não foram conquistados até hoje, e outros ainda parecem es-

---

9. Essa é uma versão esquemática da história especulativa sob o ponto de vista de um filósofo, e é como tal que deve ser entendida.

tar longe disso. Todas as democracias existentes que se dizem liberais são altamente imperfeitas e estão muito aquém daquilo que a justiça democrática parece exigir.

Por exemplo, indiquemos cinco reformas necessárias nos Estados Unidos: reforma do sistema de financiamento eleitoral para superar o sistema atual em que o dinheiro compra o acesso ao poder; igualdade justa de oportunidades de educação; alguma forma de assistência à saúde garantida para todos; alguma forma de trabalho garantido e socialmente útil; justiça igual para as mulheres e igualdade entre os sexos. Essas reformas diminuiriam muito ou até eliminariam os piores aspectos da discriminação e do racismo. Outras pessoas terão sua própria lista de reformas essenciais de inegável importância.

2. Expresso de modo amplo, o conteúdo da concepção da justiça segundo a política liberal tem três elementos principais: uma lista de direitos e liberdades básicos para todos, uma prioridade para essas liberdades e uma garantia de que todos os membros da sociedade terão meios adequados e com múltiplas finalidades para fazer uso desses direitos e liberdades. Note-se que as liberdades são dadas por uma lista. Mais tarde tentaremos definir mais precisamente esses elementos.

Captemos a ideia geral: fazem parte das liberdades básicas para todos as liberdades políticas para todos – isto é, o direito de votar e se candidatar a cargo público e o direito à livre expressão política de qualquer espécie. Também fazem parte delas as liberdades civis – isto é, o direito à livre expressão não política, o direito à livre associação e, claro, a liberdade de consciência. Acrescente a essas liberdades a igualdade de oportunidade, a liberdade de ir e vir, o direito ao gozo da própria mente e corpo (integridade da pessoa), o direito à propriedade pessoal e, finalmente, as liberdades cobertas pelo Estado de direito e o direito a um julgamento justo.

Obviamente, essa lista de liberdades básicas é familiar. A parte difícil está em especificá-las de forma mais exata e ordená-las umas em relação às outras quando elas entram em conflito. No momento, o essencial é enfatizar o grande significado que o liberalismo acrescenta a determinada lista de liberdades e não à liberdade como tal. Com isso em mente, o segundo elemento do conteúdo do liberalismo é que nele as liberdades ganham certa prioridade, isto é, certa força e peso. Isso significa, efetivamente, que em circunstâncias normais elas não podem ser sacrificadas com vistas a um maior bem-estar social ou com base em valores perfeccionistas; essa restrição é praticamente absoluta.

O terceiro elemento do conteúdo do liberalismo é que, conforme indicado acima, seus princípios conferem a todos os membros da sociedade o direito a meios materiais adequados e com múltiplas finalidades para fazer uso de suas liberdades, conforme detalhado e priorizado pelos elementos anteriores. Esses meios com múltiplas finalidades se enquadram naquilo que chamarei de bens primários. Aí se incluem, além das liberdades básicas e oportunidades iguais, a renda, a riqueza e ainda, conforme for apropriado, o direito a bens em espécie, tais como educação e assistência à saúde.

Ao dizer que o conteúdo das concepções liberais tem esses três elementos, quero dizer que o conteúdo de qualquer concepção liberal familiar se enquadraria mais ou menos nessa descrição geral. O que distingue os diferentes tipos de liberalismo é o modo como eles definem esses elementos e os argumentos gerais usados para tal fim. Há concepções, muitas vezes descritas como liberais, tais como as concepções libertárias, que não servem de exemplo do terceiro elemento, isto é, o de garantir aos cidadãos os meios adequados com múltiplas finalidades para fazer uso de suas liberdades. Mas é isso, entre outras coisas, que confere a uma concepção seu caráter libertário e não liberal. O libertarismo não se encaixa no terceiro elemento. Obviamente, isso não é um argumento contra o libertarismo, mas um simples comentário sobre seu conteúdo.

§ 4. Uma tese central do liberalismo

1. Sem dúvida, há várias candidatas ao posto de tese central do liberalismo – uma delas é seguramente a proteção das liberdades básicas –, e quanto a isso haverá divergência entre os autores. Um elemento indubitavelmente central é o seguinte:

Um regime legítimo é aquele em que as instituições políticas e sociais são justificáveis para todos os cidadãos – para cada um deles em particular – recorrendo à razão dessas instituições, teórica e prática. Repetindo: uma justificativa das instituições do mundo social deve ser, em princípio, disponibilizada a todos, de modo que elas sejam justificáveis como tais para todos os indivíduos por elas afetados. A legitimidade de um regime liberal depende de tal justificativa[10].

---

10. Para uma discussão desse assunto, ver o esclarecedor ensaio de Jeremy Waldron sob o título de "The Theoretical Foundations of Liberalism", *Philosophical Quarterly*, abril de 1987, pp. 128, 135, 146, 149.

Embora o liberalismo político (do qual a justiça como equidade[11] é um exemplo) não rejeite nem questione a importância da religião e da tradição, ele insiste que os requisitos e deveres políticos impostos por lei devam obedecer à razão e ao juízo dos cidadãos.

Esse requisito de justificativa submetida à razão de cada cidadão vincula-se à tradição do contrato social e à ideia de que uma ordem política legítima se ampara no consentimento por unanimidade. O objetivo da justificativa contratual é mostrar que cada membro da sociedade tem uma razão suficiente para concordar com essa ordem ou para reconhecê-la, com a condição de que outros cidadãos também a reconheçam. Isso gera o consentimento por unanimidade. As razões invocadas devem ser razões do ponto de vista de cada pessoa razoável e racional.

"Sendo os homens, como já foi dito, todos livres, iguais e independentes por natureza, ninguém pode ser expulso desse estado e submetido ao poder político de outra pessoa sem dar seu *consentimento*. A única maneira em razão da qual uma pessoa renuncia à sua liberdade natural e *se reveste dos laços da sociedade civil* é concordando com outros indivíduos em se juntarem e se unirem em comunidade para viverem com conforto, segurança e paz uns com os outros, gozando garantidamente de suas propriedades e desfrutando de maior proteção contra qualquer um que não faça parte dela." Locke: *Segundo tratado sobre o governo*, § 95.

Nesse trecho da obra de Locke, parece que o consentimento é algo efetivamente realizado em algum momento pelos cidadãos; pelo menos não se exclui essa interpretação. Em Kant, a ideia é diferente. Kant diz que não se pode supor que o contrato original seja gerado por uma coalizão real de todos os indivíduos particulares que existem, pois não há possibilidade de isso acontecer.

[O contrato original], na verdade, é uma mera *ideia* da razão, que, não obstante, tem indubitável realidade prática; pois ele pode forçar o legislador a conceber suas leis de tal forma que seja possível que elas tenham sido produzidas pela vontade unificada de toda a nação [...]. Este é o teste de legitimidade de cada lei pública. Pois se a lei for tal que seja *impossível* que um povo inteiro concorde com ela (por exemplo, se ela determinasse que certa classe de *súditos* deve ser a *classe*

---

11. Justiça como equidade é o nome que dei à concepção política da justiça desenvolvida em *Uma teoria da justiça* e em *Justiça como equidade: uma reformulação*.

governante), ela será injusta; mas, se ao menos for *possível* que um povo concorde com ela, é nosso dever considerá-la justa, mesmo que o povo esteja em tal posição ou atitude mental que torne provável que ele se recuse a consentir nela caso seja consultado. Kant, *Teoria e prática* (1793): Ak: VIII:297 (Reiss, 79).[12]

2. Aqui, noto algumas distinções que nos possibilitam compreender o significado das diferentes concepções do contrato social e isolá-las umas das outras.

Em primeiro lugar, a distinção entre *acordos reais e acordos não históricos*. O primeiro é encontrado, aparentemente, em Locke (discutiremos se isso é verdade quando tratarmos de Locke). O último é encontrado em Kant, que tem em mente um acordo que pode ser gerado apenas a partir de uma coalizão de todas as vontades, mas, como as condições históricas nunca permitem que isso aconteça, o contrato social é não histórico.

Em segundo lugar, a distinção entre o modo como é determinado o conteúdo: através dos termos de *um contrato real ou de um contrato por análise* (isto é, determinando, a partir da situação dos indivíduos que são partes do contrato, aquilo com o que eles concordariam ou poderiam concordar), ou através de uma combinação dos dois. Em parte, Kant chama o contrato original de ideia da razão porque é apenas através da razão – tanto teórica quanto prática – que podemos determinar em que assuntos é possível obter o acordo das pessoas. Nesse caso, o contrato é *hipotético*.

Uma terceira distinção é se o conteúdo do contrato social é relativo àquilo que as pessoas *poderiam fazer* – ou não lhes seria possível fazer – ou àquilo que elas *hipoteticamente fariam*. Aqui, há uma grande diferença: é muito mais difícil elaborar o conteúdo de um contrato hipotético dizendo o que as pessoas fariam hipoteticamente do que dizendo aquilo que elas poderiam fazer ou aquilo que não lhes seria possível fazer. Assim, quando Locke ataca Carlos II, ele está interessado principalmente em indicar que ao instituir uma forma de governo é impossível que o povo tenha concordado com o absolutismo real. Então, o comportamento do rei como soberano possuidor de tais poderes torna ilegítima sua conduta. Locke não tem necessidade de indicar aquilo com o qual as pessoas teriam concordado; ele apenas infere o que elas não fariam a partir daquilo que

---

12. Immanuel Kant, *Political Writings*, org. H. S. Reiss e H. B. Nesbit (Cambridge: Cambridge University Press), p. 79.

não lhes seria possível fazer. (Aqui ele se apoia no seguinte raciocínio: se não nos fosse possível fazer X, então não faríamos X.)[13]

Uma quarta distinção é entre a crença de que o conteúdo do contrato social especifica quando uma forma de governo é *legítima* e a crença de que ele determina os *deveres (políticos)* de todos os cidadãos para com seu governo. A ideia do contrato social pode servir a dois propósitos distintos: gerar uma concepção de *legitimidade política* ou oferecer uma doutrina dos *deveres políticos dos cidadãos*. Obviamente, uma doutrina do contrato social pode servir a ambos; mas a distinção entre os dois é significativa: em primeiro lugar, a ideia do contrato social funciona de modo diferente nos dois casos e pode ser bastante satisfatória em um caso e não no outro[14]. Creio que a crítica que fez Hume à ideia do contrato social é plenamente aceitável para a doutrina lockiana dos deveres políticos[15], mas não toca na doutrina da legitimidade em Locke, pelo menos a meu ver.

É possível encontrar outras distinções e aspectos no contrato social. Por exemplo, quem são as partes do contrato? São todos os cidadãos uns com os outros, ou todos os cidadãos com o soberano? Ou será que há dois ou mais contratos, um contrato dos cidadãos uns com os outros e outro dos cidadãos com o soberano? Em Hobbes e Locke, as partes são todos os cidadãos pactuando uns com os outros; o soberano sequer é parte desse contrato. Além disso, não há um segundo contrato. Mas essa e outras distinções podem ser discutidas à medida que avançarmos.

§ 5. Situações iniciais

1. Toda doutrina do contrato social precisa explicar a situação em que o contrato, seja ele histórico ou não histórico, deve ser feito. Chamemos essa situação de situação inicial. Para desenvolver uma doutrina de modo minimamente claro, devem ser preenchidos expressamente numerosos aspectos dessa situação. Caso contrário, eles precisam ser inferidos a partir da natureza daquilo que é objeto do acordo ou daquilo que deve ser pressuposto se o raciocínio estiver correto, e isso pode resultar em um mal-entendido.

---

13. Logo: a impossibilidade de fazer X implica a hipótese de não fazer X; mas a possibilidade de fazer X não implica a hipótese de fazer X.
14. Sobre esse assunto, ver Waldron, "Theoretical Foundations of Liberalism", pp. 136-40.
15. Ver "Do contrato original", de Hume (1752).

Temos muitos pontos a especificar; por exemplo: qual é a natureza das partes envolvidas na situação inicial e quais são suas faculdades intelectuais e morais? Quais são suas crenças gerais e qual o seu grau de informação acerca de suas circunstâncias particulares? Que alternativas têm elas diante de si; ou quais são os diversos contratos dos quais elas podem participar? De algum modo, devem ser oferecidas respostas a essas perguntas e a muitas outras. E em cada caso há várias possibilidades.

2. Considere, em primeiro lugar, a natureza das partes. Elas são pessoas no estado de natureza, como em Locke? São todos os membros da sociedade, como em Kant? Ou será que não são nada disso, mas sim representantes de cada um dos cidadãos da sociedade, conforme é pressuposto na teoria da justiça como equidade?

Qual o objeto de acordo no contrato original? É um acordo sobre o que é uma forma legítima de governo, como em Locke? Ou, como em Kant, é uma compreensão da vontade possível de todos os membros da sociedade coletivamente, sendo essa compreensão usada pelo legislador como um teste de legitimidade de uma lei? (Em Kant, esse teste deve ser seguido pelo soberano ao decretar leis.) Ou talvez ele seja, como em Rousseau, um acordo sobre o conteúdo daquilo que ele chama de vontade geral, isto é, a vontade da vontade geral?

Ou será que esse acordo é, segundo a teoria da justiça como equidade, um acordo sobre o conteúdo de uma concepção política da justiça – os princípios e ideais da justiça e do bem comum – a ser aplicado à estrutura básica da sociedade como um sistema unificado de cooperação social? Será ele, mais que isso, ainda segundo a teoria da justiça como equidade, uma compreensão das restrições da razão pública relativas a questões políticas fundamentais e ao dever da civilidade? Qualquer doutrina do contrato social tem de decidir sobre essas questões e se posicionar diante delas de modo tal que as vincule umas às outras de maneira uniforme.

3. Em seguida, consideremos a questão do grau de informação das partes do contrato. O mais razoável seria supor que as partes estejam tão bem informadas ao firmarem o contrato social quanto ao conduzirem sua vida cotidiana. Por outro lado, o acordo certamente será pior para todos se as pessoas forem privadas de informações! De fato, como o desconhecimento pode levar a um acordo que seja mais razoável e melhor para todos?

Ora, geralmente é correto que, ao aplicar a concepção da justiça já aceita e disponível, via de regra queremos todas as informações disponíveis.

Caso contrário, não podemos aplicar seus princípios e padrões de modo apropriado[16]. Mas concordar com uma concepção da justiça ou adotá-la antes de tudo é outra coisa. Aqui, o objetivo é obter consenso, e a posse de todas as informações muitas vezes impede que isso seja feito. A explicação é que as informações que as pessoas muitas vezes têm podem levar a altercações infindáveis e possibilitar que alguns indivíduos consigam impor seus interesses, preparando o terreno para que os indivíduos mais torpes obtenham mais do que merecem.

É fácil ver de que modo isso acontece observando os casos em que as pessoas possuem informações demais. No exemplo proposto por Elster, um jogo de tênis é interrompido pela chuva após o terceiro *set*, quando o primeiro jogador está ganhando por 2 *sets* a 1. De que modo eles devem dividir o prêmio, já que o jogo é obrigado a parar? O primeiro jogador reivindica o prêmio inteiro; o segundo jogador diz que o prêmio deve ser dividido igualmente, com o argumento de que está em ótima forma, sempre tem reserva de energia e adquire maior fôlego no quarto e quinto *sets*; os espectadores dizem que o prêmio deve ser dividido em três partes, cabendo 2/3 ao primeiro jogador e 1/3 ao segundo. Evidentemente, o assunto deveria ter sido discutido antes do início do jogo, quando nenhum dos envolvidos tinha nenhuma informação sobre as condições específicas da situação diante da qual se encontram[17].

Entretanto, ainda assim não teria sido fácil, pois o segundo jogador vai preferir enfaticamente a divisão do prêmio em partes iguais, dados os fatos mencionados acima, especialmente se o primeiro jogador for mais velho e tiver tendência a se cansar mais rapidamente e ambos estiverem cientes disso. Além disso, se o prêmio for muito grande e um jogador for rico e o outro for pobre, essas informações geram outras dificuldades. Assim, os jogadores precisam imaginar uma situação em que nenhum deles sabe das capacidades do outro, nem de sua condição física, sua riqueza e muitos outros fatores, e, além disso, determinar as regras independentemente das circunstâncias específicas e com validade para todos os jogadores em geral. Desse modo, eles são conduzidos a uma situação que se aproxima do véu da ignorância da teoria da justiça como equidade.

16. Uma exceção é o julgamento criminal, quando as regras de prova podem excluir alguns tipos de informações disponíveis, tais como na impossibilidade de um cônjuge testemunhar contra o outro. O objetivo aqui é ajudar a garantir um julgamento justo.

17. Ver Jon Elster, *Local Justice* (Nova York: Russell Sage Foundation, 1992), pp. 205 s.

INTRODUÇÃO

4. Mencionarei dois casos de importância política genuína para ilustrar os mesmos argumentos. Considere o fenômeno do "gerrymandering" em distritos eleitorais. "Gerrymandering" significa o redesenho de um Estado, condado ou distrito eleitoral local de modo que resulte em ganho de vantagem partidária. O termo surgiu em 1812 quando os seguidores jeffersonianos do governador Elbridge Gerry (que era antifederalista), do estado de Massachusetts, tentaram manter seu controle político sobre o estado. Para fazer isso, redesenharam distritos eleitorais para que estes pudessem abranger enclaves antifederalistas. Isso resultou em uma forma grotesca que sugeria, para um cartunista da época, a figura de uma salamandra – *gerrymander*, em inglês.

Esse é um caso evidente em que é aconselhável adotar previamente um sistema de regras para regulamentar os distritos eleitorais. Ele também ilustra a distinção crucial entre o tipo de informação adequado para a adoção de regras e o tipo de informação adequado para a aplicação dessas regras. A depender do caso, são necessárias informações diferentes e em menor quantidade.

O mesmo argumento explica por que é tão difícil aprovar leis sobre reforma eleitoral e regulamentação de financiamento público. Nesse exemplo, é óbvio que o partido que conseguir angariar a maior quantidade de dinheiro terá menos desejo de reformas desse tipo e que se ele estiver no poder poderá bloquear as tentativas reformistas. Se ambos os partidos em um sistema bipartidário forem corruptos e puderem angariar fundos em grande quantidade, essas tentativas de reforma podem ser praticamente impossíveis sem uma grande mudança política proporcionada por, digamos, um terceiro partido.

Chamo a atenção também para a discussão empreendida por Daniels sobre a assistência médica e para o plano de seguridade em Dworkin[18]. A ideia geral aqui é que as pessoas devem decidir até que ponto a sociedade deve proporcionar assistência à saúde em uma situação em que ninguém sabe a idade dos outros, mas sabe apenas que viverão diferentes fases da vida – da juventude à velhice – durante as quais terão diferentes necessidades desse tipo de assistência. Elas devem pesar as necessidades que terão em

---

18. Ver Norman Daniels, *Am I My Parent's Keeper?* (Nova York: Oxford University Press, 1988), com resumos nas pp. 63-7 e 81 s.; e Ronald Dworkin, "Will Clinton's Plan be Fair?", *New York Review of Books*, 13 jan. 1994 [publicado novamente como "Justice and the High Cost of Health Care", Cap. 8, em Ronald Dworkin, *Sovereign Virtue* (Cambridge, Mass.: Harvard University Press, 2000), trad. bras.: *A virtude soberana*. São Paulo: WMF Martins Fontes, 2011].

uma época contra as necessidades que terão em outra época, bem como as necessidades da sociedade em relação a outras coisas. Segui uma abordagem semelhante quando discuti a flexibilidade dos bens primários[19].

5. Todos esses exemplos sugerem que há necessidade de algo que se assemelhe ao chamado véu da ignorância. Contudo, há muitos véus da ignorância, alguns mais espessos que outros (com exclusão de mais informações), e outros que excluem diferentes tipos de informação. Pensemos no véu da ignorância na meritocracia, em Elster, no qual são permitidas informações sobre as habilidades e aptidões naturais dos cidadãos, e as restrições propostas por Dworkin, as quais permitem, ainda assim, que os cidadãos sejam informados sobre suas ambições e aspirações. Menciono apenas essas concepções, mas é possível obter delas diferentes conclusões[20].

Também devo dizer que é possível obter grande parte do mesmo efeito do véu da ignorância através da combinação de outros elementos. Assim, em vez de excluir informações, podemos permitir que ao firmar o contrato social as pessoas tenham o mesmo grau de informação que possuem no momento atual e ainda assim tornar o contrato vinculante por toda a eternidade e, além disso, supor que as partes queiram proteger seus descendentes infinitamente, mesmo aqueles que viverão em futuro distante[21]. Ao proteger seus descendentes e não somente a si mesmas, elas se veem diante de uma situação de grande incerteza. Assim, são válidos aqui mais ou menos os mesmos argumentos, ligeiramente modificados, que se aplicam ao caso do véu espesso da ignorância.

Por fim, chamo a atenção para a ideia da ética do discurso de Jürgen Habermas e para uma ideia afim de Bruce Ackerman[22]. A ideia é que, com certas regras do discurso restringindo os participantes em uma situação

---

19. Ver Rawls, *Justice as Fairness: A Restatement* (Cambridge, Mass.: Harvard University Press, 2001), pp. 168-76.

20. Ver Elster, *Local Justice*, pp. 206 s.

21. Na verdade, foi essa a forma que assumiu a ideia dos limites à informação em meus primeiros artigos sobre a teoria da justiça como equidade. Ver "Justice as Fairness", em Rawls, *Collected Papers*, org. Samuel Freeman (Cambridge, Mass.: Harvard University Press, 1999), pp. 47-72.

22. Ver Jürgen Habermas, *Moralbewusstsein und kommunikatives Handeln* (Frankfurt am Main: Suhrkampf, 1983), especialmente o Capítulo 3, intitulado "Diskursethik – Notizen zu einem Begründungsprogramm. Erläuterungen zur Diskursethik" (Suhrkampf, 1991), e em especial o Capítulo 6, pp. 119-222. Ver também Bruce Ackerman, *Social Justice and the Liberal State* (New Haven: Yale University Press, 1980); "What is Neutral about Neutrality?", *Ethics*, jan. 1983; "Why Dialogue?", *Journal of Philosophy*, jan. 1989.

ideal de fala, apenas as normas com conteúdo moral adequado podem ser endossadas por todos em geral. Uma norma válida é aquela que pode ser estabelecida – ou resgatada, como diz Habermas – nessa situação ideal de discurso. Não há véu da ignorância, nem nenhuma outra restrição além das regras do discurso ideal. São essas regras que servem de filtro para todas as normas que não podem ter aceitação geral e que, nesse sentido, não promovem interesses generalizáveis.

O objetivo da menção a essas várias concepções é indicar como é difundida a ideia de uma situação inicial. De fato, não se trata de uma ideia estranha, nem de capricho de filósofo, mas de uma ideia comum e altamente intuitiva. Ela é claramente prenunciada, creio, em Rousseau e Kant, e sem dúvida também em outros autores clássicos.

Na teoria da justiça como equidade, chamei a situação inicial de "posição original". Ela caracteriza-se de modo tal que o acordo nela obtido pelas partes, que são vistas como representantes dos cidadãos, expressa o conteúdo – isto é, os princípios e ideais – da concepção política da justiça que determina os termos justos da cooperação social.

Como observação final, enfatizo que a posição original, conforme já disse muitas vezes, é um dispositivo de representação. Se observarmos a história da tradição do contrato social, descobriremos que a situação inicial tem sido usada para representar muitas coisas diferentes, mesmo que a ideia de um dispositivo de representação não seja esclarecida ou sequer compreendida pelo autor. É com esse sentido que ela tem sido usada, compreendida ou não como tal.

HOBBES

HOBBES I

O moralismo secular hobbesiano e o papel do contrato social em Hobbes

§ 1. Introdução

Por que iniciar um curso de filosofia política com Hobbes?[1] Obviamente, não por ele ter sido criador da doutrina do contrato social, que remonta aos gregos da Antiguidade e foi admiravelmente desenvolvida pelos escolásticos tardios, tais como Suarez, de Vittoria, Molina e outros. Na época de Hobbes, essa doutrina já era extremamente desenvolvida. Começo com Hobbes porque *Leviatã*, em minha opinião e na de muitos outros, é a maior obra do pensamento político em idioma inglês. Ao dizer isso, não quero dar a entender que *Leviatã* seja a obra que se aproxima mais da verdade ou que seja a mais coerente. Antes, quis dizer que, considerando o conjunto – aí incluídos o estilo e a linguagem, a abrangência, a argúcia e a interessante vivacidade de observação, a intrincada estrutura de análise e princípios, bem como a exposição daquilo que para mim é uma visão terrível sobre a sociedade que bem poderia ser verdadeira e que é uma possibilidade bastante aterradora –, juntando tudo isso, *Leviatã* deixa, a meu ver, uma impressão de enorme fascínio. De modo geral, esse livro é capaz de produzir um efeito de enorme reverência e espanto sobre nosso modo de pensar e sentir. Há outros autores que talvez mereçam maiores elogios. De certo modo, inclino-me a dar mais valor à obra de J. S. Mill que à de Hobbes, mas mesmo assim não há uma única obra de Mill que se compare a *Leviatã*. Nenhuma obra de Mill sequer consegue se aproximar desse efeito de grandiosidade. É possível que o *Segundo tratado* de Locke seja mais coerente, mais ponderado, em certos aspectos, e até mais próximo da exatidão ou da verdade. Mas essa também é uma obra que carece da universalidade e do poder de apresentação de uma concepção política

---

1. Transcrição da aula de 11 de fevereiro de 1983, com acréscimos de apontamentos manuscritos feitos por John Rawls em 1979 e 1983. (N. do Org.)

semelhante à de Hobbes. E, embora tenham existido outros escritores admiráveis, tais como Kant e Marx, eles não escreviam em inglês. Em idioma inglês, creio que *Leviatã* seja a obra individual mais impressionante. Portanto, seria uma lástima assistir a um curso de filosofia política e não ler essa obra.

Uma segunda razão para iniciar o curso estudando a obra de Hobbes é que é útil pensar que esse filósofo e a reação a sua obra tenham representado o início da filosofia moral e política da Modernidade. Hobbes escreveu *Leviatã* durante um período de grande turbulência política, publicando-o em 1651, durante o período de transição entre a Guerra Civil Inglesa (1642-48), que derrubou Carlos I, e a restauração da monarquia, com a coroação de Carlos II, em 1660. A obra inspirou forte reação intelectual. Os críticos de Hobbes o tinham como o principal representante do pensamento moderno, caracterizado pela falta de fé no cristianismo. A época era cristã, e a ortodoxia cristã percebia que se opunha a Hobbes em diversos aspectos doutrinários muito importantes e demarcados (ver Figura 1).

Cudworth e a ortodoxia	Hobbes
Teísmo	Ateísmo
Dualismo (mente e corpo)	Materialismo
Livre-arbítrio	Determinismo
Concepção corporativa do Estado e da sociedade	Concepção individualista do Estado e da sociedade
Moral eterna e imutável	Relativismo e subjetivismo
As pessoas são capazes de sensibilidade moral e benevolência	As pessoas são egoístas, dotadas de racionalidade e incapazes de atos de benevolência

Figura 1.

Por exemplo, os ortodoxos, naturalmente, eram teístas e viam Hobbes como um ateu. Defendiam uma concepção dualista e faziam distinção entre alma e corpo, ao passo que Hobbes, para eles, era um materialista. Acreditavam também na liberdade do arbítrio, da alma e do espírito, mas viam Hobbes como um determinista que reduzia o arbítrio a uma sequência de apetites ou a alguma variação cultural. Defendiam ainda uma concepção corporativa da sociedade humana (não seria correto chamá-la "orgânica"). Viam a sociedade essencialmente como um aspecto da natureza humana e, em contraposição, viam Hobbes como defensor de uma concepção individualista da sociedade. Até hoje, Hobbes é visto como defensor de um individualismo um tanto radical. Os ortodoxos também eram partidários da ideia da moral eterna e imutável, segundo a qual existem certos princípios morais baseados na razão divina, assimiláveis e compreensíveis graças à razão, e existe somente uma única interpretação para tais princípios. Ainda segundo essa ideia, os princípios morais são como os axiomas da geometria, no sentido de que podem ser assimilados somente pela razão. Hobbes, em contraposição, era visto como relativista e subjetivista, de visão totalmente oposta. E, por fim, os ortodoxos acreditavam que as pessoas são capazes de atos de benevolência e se importam com o bem alheio, além de serem capazes de agir com base nos princípios da moral eterna e imutável considerados em termos absolutos; em contraposição, acreditavam que Hobbes presumia que as pessoas são psicologicamente egoístas e se importam apenas com seus próprios interesses.

Não creio que essa imagem de Hobbes, essa interpretação de seu pensamento, seja particularmente exata, mas menciono-a porque era assim que os contemporâneos do filósofo, até mesmo pessoas altamente instruídas, o interpretavam. Isso explica por que ele foi tão duramente atacado e até mesmo temido. Naquela época, em certas rodas, era uma questão de afronta pessoal ser confundido com hobbista. Era uma acusação da qual muitos se viam na obrigação de se defender, bem parecida com o sentimento que as pessoas tinham nos Estados Unidos por volta de 1950, quando se tinha como obrigação defender-se da acusação de comunismo. Locke, por exemplo, achava que Newton o tinha como hobbista, e ambos tiveram de resolver esse detalhe antes de conseguirem se tornar amigos. Era muito sério ser visto desse prisma.

Fato é que imediatamente após a época de Hobbes havia duas linhas de reação contra ele. Uma delas é a reação ortodoxa dos filósofos morais cristãos, que pertenciam à Igreja ou dela eram simpatizantes. Talvez os membros mais importantes desse grupo tenham sido Cudworth, Clarke e Butler, que atacaram o que acreditavam ser as teses principais de Hobbes, a saber:

1. o suposto egoísmo psicológico e ético;
2. o relativismo e o subjetivismo, bem como a negação do livre-arbítrio;
3. aquilo que eles pensaram ser o *resultado* da doutrina hobbesiana, qual seja, a ideia de que a *autoridade política* é legitimada por um *poderio superior* ou então por *acordos* feitos quando há *confronto* com esse poderio.

Esses filósofos também rejeitaram a ideia de que a autoridade política pudesse *hipoteticamente* se basear em qualquer coisa parecida com um *contrato* social.

A outra linha de reação foi a do utilitarismo: Hume, Bentham, Hutcheson, Adam Smith e assim sucessivamente. Os membros desse grupo não discordavam de Hobbes por razões ortodoxas, e todos, com exceção de Hutcheson, assumiram uma postura secular. O que os utilitaristas queriam atacar era o egoísmo de Hobbes. Queriam também argumentar que o princípio da utilidade é um princípio moral objetivo e, desse modo, atacar o suposto subjetivismo e relativismo de Hobbes. Por fim, argumentavam em favor do princípio da utilidade como um princípio que pode escolher as bases da autoridade política, justificá-las e explicá-las. Segundo uma das interpretações utilitaristas da doutrina hobbesiana, para Hobbes as ideias de obrigação política e autoridade política tinham por fundamento a ideia de poderio superior. Repito: não estou dizendo que qualquer uma dessas alegações represente que de fato está na obra de Hobbes, mas era assim que o filósofo era amplamente interpretado.

Desse modo, Hobbes era atacado por todos os lados – pelos ortodoxos e pelos não ortodoxos –, e, sendo *Leviatã* uma obra tão fantástica, desencadeou uma espécie de reação: as pessoas se sentiam *obrigadas* a ter uma opinião sobre o sistema do pensamento hobbesiano. Dadas essas circunstâncias, é útil pensar em Hobbes e na reação a sua obra como o início da filosofia política e moral da Modernidade.

§ 2. O moralismo secular hobbesiano

Para ter tempo de discutir alguns dos pontos essenciais de *Leviatã*, vou me concentrar naquilo que chamo de "Sistema moral secular hobbesiano". Omitirei certos elementos e explicarei por quê. O primeiro elemento que vou ignorar são os pressupostos teológicos hobbesianos. Hobbes muitas vezes fala como se tivesse fé no cristianismo, e não questiono nem nego que ele de fato a tenha tido, embora à medida que se lê o livro se entenda por que algumas pessoas tenham negado isso. Essas pessoas no mínimo se perguntavam como foi possível Hobbes ter afirmado aquilo que afirmou e ainda assim ter tido fé, no sentido ortodoxo do termo. Dessa forma, vou desconsiderar esses pressupostos teológicos e partir do princípio de que o livro contém um sistema político e moral de caráter secular. Esse sistema é plenamente inteligível no que tange à estrutura de ideias e ao teor de seus princípios quando se desconsideram os pressupostos teológicos. Em outras palavras, não é necessário levar em consideração tais pressupostos para poder entender a natureza do sistema secular hobbesiano. Na verdade, é precisamente – ou parcialmente – devido ao fato de poder desconsiderar esses pressupostos que a doutrina hobbesiana representava uma ofensa aos ortodoxos de sua época. No pensamento ortodoxo, a religião deve desempenhar um papel essencial na compreensão do sistema das ideias políticas e morais. Quando isso não acontece, esse simples fato acaba sendo incômodo.

A religião, segundo o pensamento ortodoxo, não desempenhava um papel *essencial* na doutrina de Hobbes. Dessa forma, acredito que todas as ideias usadas por Hobbes – por exemplo, as ideias de direito natural, lei natural, estado de natureza e assim por diante – podem ser definidas e explicadas independentemente de qualquer doutrina teológica. E o mesmo se aplica ao teor do sistema moral, sendo que "teor" é entendido aqui como aquilo que os princípios desse sistema de fato expressam. Isso significa que o teor das leis da natureza, que a reta razão nos manda seguir, e o teor das virtudes morais, tais como as virtudes da justiça, honra e similares, podem ser explicados sem se recorrer a pressupostos teológicos e podem ser compreendidos no âmbito do próprio sistema secular.

Hobbes vê a lei da natureza como "um preceito ou regra geral encontrado pela razão, que proíbe ao homem fazer tudo o que possa destruir sua vida ou privá-lo dos meios necessários para preservá-la" (*Leviatã*, p. 64 da edição original de 1651)[2]. Tais preceitos, quando seguidos de modo geral, são o meio de atingir a paz e harmonia e são necessários à "conservação" e defesa da "sociedade humana" (*Leviatã*, Cap. 15, p. 78). Todas as leis da natureza podem ser compreendidas sem menção a pressupostos teológicos. Entretanto, isso não quer dizer que não seja possível acrescentar certos pressupostos teológicos ao sistema secular hobbesiano; quando se

---

2. As referências remetem a páginas da primeira edição de *Leviatã*, conhecida como edição Lionshead (ou simplesmente "Head"), de 1651 [essas referências foram incluídas no texto da edição Penguin organizada por C. B. MacPherson, que foi usada por Rawls em seu curso]. A paginação da edição Head é incluída nas margens de todas as principais edições modernas de *Leviatã*. "Todas as principais edições modernas (a de A. R. Waller, de 1904, a da Oxford University Press, de 1909, a de Michael Oakeshott, de 1946, e a de C. B. MacPherson, de 1968) se basearam, corretamente, na edição Head", assim como Molesworth em sua edição de 1839. Richard Tuck, p. xviii de sua edição de *Leviatã* (Cambridge: Cambridge University Press, 1991).

acrescentam tais pressupostos, eles podem nos levar a descrever de modo diferente certas partes desse sistema secular. Por exemplo, Hobbes diz que *no sistema secular* (terminologia minha) as leis da natureza são, propriamente falando, "ditames da razão", conclusões ou "teoremas" relativos àquilo que é necessário à nossa conservação e à paz da sociedade. Elas são propriamente chamadas de "leis" *apenas* quando as vemos como *comandos* de Deus, que por direito tem autoridade legítima sobre nós (*Leviatã*, Cap. 15, p. 80). Mas o elemento crucial aqui é: a interpretação desses ditames da razão como Leis de Deus não altera de forma alguma seu *teor*, isto é, aquilo que eles nos *instruem* a fazer; mesmo interpretando-os dessa forma, eles nos dizem exatamente a mesma coisa de antes sobre o que devemos fazer. Essa interpretação tampouco altera o teor das virtudes, assim como também não altera o *modo* pelo qual somos *obrigados* a seguir esses ditames da razão. De antemão, já somos obrigados pela reta razão a segui-los (pelo menos *in foro interno*); além disso, a justiça, juntamente com a capacidade de pactuar, é uma virtude *natural*[3]. Como leis de Deus, os ditames da razão simplesmente adquirem uma *sanção* especialmente poderosa (*cf. Leviatã*, Cap. 31, pp. 187 s.). Em outras palavras, existe outra razão poderosa e forçosa que faz com que esses preceitos devam ser seguidos: a ameaça da punição divina. Mas a sanção não afeta o teor e as ideias em jogo.

O sistema teológico que permeia o pensamento secular hobbesiano só alteraria o teor e a estrutura formal deste se aquilo que é *necessário* à salvação de todos, do ponto de vista religioso, fosse diferente dos ditames da razão e conflitasse com estes no que tange aos elementos necessários à paz e à harmonia da sociedade. Se a doutrina teológica for tal que obrigue o indivíduo a fazer certas coisas que conflitem com os preceitos das leis da natureza ou com os ditames da razão, para que haja salvação, então haveria aí um conflito. Mas acredito que não era assim que Hobbes pensava. Hobbes diria que qualquer doutrina religiosa incompatível com os ditames da razão – considerados como teoremas sobre aquilo que é necessário à conservação dos homens em grupos – é supersticiosa e irracional. No Capítulo 12 (pp. 54-7), ele discute sobre a religião, observando como os primeiros patriarcas e legisladores do Estado ("*commonwealth*"),

---

3. "As Leis da Natureza obrigam *in foro interno*, isto é, impõem o desejo de que sejam cumpridas; mas *in foro externo*, isto é, impondo um desejo de pô-las em prática, nem sempre obrigam." *Leviatã*, p. 79.

na Antiguidade, se esforçaram para que as pessoas acreditassem amplamente que aquilo que é necessário à paz e à união da sociedade também agrada aos deuses e que as *mesmas* coisas que eram proibidas pelas leis não agradavam aos deuses. Fica claro que Hobbes aprova essa orientação e pensa ser exatamente essa a maneira de agir que os antigos deveriam ter adotado.

Mais adiante, no Capítulo 15, Hobbes oferece uma resposta ao "tolo" que acredita não haver justiça (*Leviatã*, pp. 72 s.). Segundo Hobbes, o tolo diz, entre várias outras coisas, que a felicidade assegurada e perpétua do paraíso pode ser obtida mediante o não cumprimento dos pactos (daqueles contraídos com os hereges, por exemplo). (Naquela época, era prática comum dizer que não há obrigação de cumprir os pactos firmados com hereges, e que tais pactos são exceções.) Hobbes responde que essa ideia é frívola. Diz ele que não há modo imaginável de alcançar a salvação, exceto honrando os pactos assumidos (*Leviatã*, p. 73). Em seguida, rejeita as teses daqueles que acham que os pactos com os hereges e outros não são vinculantes e daqueles que acham que os ditames da razão (as leis da natureza) podem ser anulados pelos fins religiosos (*Leviatã*, pp. 73-4). Para Hobbes, portanto, esse rompimento de pacto não seria justificável. Assim, a busca da salvação não altera, de forma alguma, na visão de Hobbes, o teor das Leis da Natureza consideradas ditames da razão. Os pressupostos teológicos podem *impor* esse sistema secular, acrescentando aos ditames da razão uma sanção divina, e podem também nos permitir descrever esse sistema de maneira um tanto diferente, para que seja possível chamar de "leis" os ditames da razão; não alteram, porém, a estrutura fundamental dos conceitos e o teor de seus princípios, nem aquilo que tais princípios exigem de nós. Em suma, é com base nessa argumentação que proponho que podemos desconsiderar os pressupostos teológicos.

Outro aspecto da doutrina hobbesiana que desconsiderarei é seu suposto materialismo. Não acredito que isso não tenha tido nenhuma influência significativa no teor daquilo que chamo de sistema secular hobbesiano. A psicologia de Hobbes tem origem principalmente nas observações do senso comum e na leitura dos clássicos: Tucídides, Aristóteles e Platão. Seu pensamento político, isto é, sua concepção da natureza humana, nasceu provavelmente aí; não apresenta nenhum sinal de ter sido elaborado nos mínimos detalhes e derivado dos princípios mecanicistas do materialismo, isto é, do chamado método científico. Embora ocasionalmente haja menção do contrário, o materialismo de Hobbes não afeta a concepção hobbesiana da natureza humana e das paixões (ou algo semelhante) que a motivam[4].

É possível admitir, porém, que o materialismo de Hobbes e a ideia de que existe um princípio mecanicista que explique a causação lhe deram maior convicção na ideia do contrato social como método analítico. Talvez ele tenha visto uma inter-relação entre esses dois elementos. Por exemplo, no *De Cive* [*Do cidadão*], obra anterior a *Leviatã*, menos completa e elaborada que esta e apresentando a mesma doutrina, Hobbes começa com uma discussão sobre a "substância mesma do governo civil", para em seguida discutir a geração e forma do governo civil e a origem da justiça, acrescentando mais adiante a seguinte frase: "Tudo é mais bem compreendido a partir de suas causas constitutivas."[5] Assim, para que seja possível compreender a sociedade civil, isto é, o grande Leviatã, devemos separá-la, reduzi-la a seus elementos constitutivos, ou sua substância – isto é, os seres humanos – e visualizar esses elementos como se estivessem decompostos. Esse método permite compreender quais são as qualidades da natureza humana e de que modo elas nos tornam capazes ou incapazes de viver na sociedade civil, e ver de que modo os homens devem entrar em acordo entre si a fim de formar um Estado de sólidas bases (idem). A ideia de Hobbes é que interpretar a sociedade civil como se estivesse decomposta ou dividida em seus elementos constitutivos conduz à ideia do estado de natureza. Em seguida, já com a noção de estado de natureza, Hobbes sugere que o contrato social é um modo de conceber a unidade de um Estado de sólidas bases. O materialismo causal, com suas ideias e princípios mecanicistas, pode ter reforçado essa linha de pensamento em Hobbes e, em certo sentido, pode até tê-lo levado a pensar dessa forma. Claramente, porém, essa base mecanicista não é essencial e não afeta o teor dessas ideias. As ideias de estado de natureza e contrato social susten-

---

4. Assim, parece em grande parte correto aquilo que Robertson disse muito tempo atrás: "Toda a doutrina política de Hobbes [...] pouco aparenta ter sido elaborada nos mínimos detalhes com base nos princípios fundamentais de seu sistema filosófico [...]. Sem dúvida, ela já havia desenvolvido suas linhas principais quando Hobbes ainda era um mero observador dos homens e dos costumes e ainda não havia se tornado um filósofo mecanicista." George Croom Robertson, *Hobbes* (Philadelphia: J. B. Lippincott, 1886), p. 57.

5. Thomas Hobbes, *De Cive*, org. Sterling P. Lamprecht (Nova York: Appleton-Century-Crofts, 1949), pp. 10-1. Segundo o próprio Hobbes, ele parte da "substância mesma do governo civil", para então discutir a "geração e forma do governo civil e a origem da justiça, pois tudo é mais bem compreendido por suas causas constitutivas".

tam-se sobre suas próprias bases. De resto, essas ideias foram abraçadas por muitos autores que rejeitaram o mecanicismo e o materialismo.

Para resumir, discutirei o sistema moral secular de Hobbes como algo essencialmente fechado em si mesmo e independente de pressupostos teológicos e de princípios da mecânica (materialismo).

§ 3. Interpretações do estado de natureza e do contrato social

Antes de me dedicar ao problema de como interpretar o contrato social, discutirei a teoria hobbesiana do estado de natureza. Não se deve interpretar o estado de natureza como uma realidade, tampouco se deve interpretar o contrato social como um acordo que existiu de fato. Sem dúvida, Hobbes admite que tenha havido em algum momento algo semelhante ao estado de natureza e diz que esse estado existe atualmente em algumas partes do mundo, além de existir entre Estados nacionais, príncipes e reis na atualidade (*Leviatã*, p. 63). Nesse sentido, pois, o estado de natureza existe de fato. Mas não acho que Hobbes esteja preocupado em oferecer uma exposição ou explicação histórica de como se desenvolveram a sociedade civil e seu governo. O melhor modo de analisar a doutrina do contrato social hobbesiana é vendo-a não como uma explicação da origem e desenvolvimento de Leviatã, mas como uma tentativa de oferecer "*conhecimento filosófico*" sobre Leviatã, para que possamos compreender melhor nossas obrigações políticas e as razões pelas quais devemos apoiar um Soberano efetivo, quando existe tal Soberano.

Perto do fim de *Leviatã*, Hobbes diz: "A filosofia é [...] o conhecimento adquirido pela razão, partindo do modo de geração de uma coisa qualquer para chegar às suas propriedades, ou então partindo das propriedades de uma coisa qualquer para chegar a um modo possível de gerá-la, para afinal ser possível produzir, conforme o permitirem a matéria e a força humana, os efeitos necessários à vida humana" (*Leviatã*, p. 367). A ideia é que é possível adquirir conhecimento filosófico de uma coisa quando se compreende de que modo se podem gerar as propriedades dessa coisa, a partir de seus elementos conhecidos. O objetivo de Hobbes em *Leviatã* seria nos transmitir conhecimento filosófico – entendido nesse sentido – acerca da sociedade civil.

Para isso, Hobbes analisa a sociedade como se estivesse fragmentada, decomposta em seus elementos constitutivos, que são os seres humanos em estado de natureza. Em seguida, examina detalhadamente como seria o estado de natureza, diante das inclinações e dos traços desses seres humanos, os impulsos naturais ou paixões que motivam suas ações, bem como diante do modo como eles se comportam quando vivem em estado de natureza. O objetivo, então, é avaliar as *condições* de geração e existência da sociedade civil e seu governo, diante do estado de natureza descrito anteriormente pelo filósofo. Na visão de Hobbes, se pudermos explicar as condições para a existência da sociedade civil e do Soberano a partir de um estado de natureza, teremos então conhecimento filosófico acerca da sociedade civil. Ou seja, compreenderemos a sociedade civil quando tivermos compreendido um modo possível de gerá-la que explique suas propriedades reconhecidas e perceptíveis. Nessa interpretação, a ideia de um contrato social introduz um modo pelo qual seria *possível* a geração da sociedade civil – não um modo pelo qual ela de fato foi gerada, mas um modo pelo qual ela poderia ter sido gerada. A sociedade tem propriedades reconhecidas e requisitos: por exemplo, os poderes necessários do Soberano, isto é, o fato de o Soberano ter de possuir certos poderes para que haja coesão na sociedade; trata-se de uma propriedade do grande Leviatã. Reconhecemos essas propriedades e as interpretamos como elementos que as pessoas que vivem em um estado de natureza considerariam essenciais para que o contrato social cumpra seu objetivo planejado de estabelecimento da paz e da harmonia. Assim, o contrato social outorga esses poderes necessários ao Soberano. Segundo Hobbes, tudo isso, explicado dessa forma esquemática e completa, nos permite adquirir *conhecimento filosófico* acerca da sociedade civil.

 Então, repito, a ideia é que se deve ver o contrato social como um modo de pensar sobre como o estado de natureza poderia ser transformado em sociedade civil. Podemos, assim, explicar as propriedades atuais do Estado, isto é, do grande Leviatã, bem como compreender por que é necessário que o Soberano tenha os poderes que tem – isso se dará ao compreendermos a razão pela qual as pessoas racionais vivendo em um estado de natureza concordariam em atribuir esses poderes ao Soberano. É assim que seremos capazes de compreender as propriedades do Estado – a partir do seu processo de geração – e também por que ele tem os poderes que tem. Isso, na definição de conhecimento filosófico em Hobbes, proporciona conhecimento filosófico acerca da natureza do Estado, isto é, do grande Leviatã. Tal definição da filosofia e do conhecimento filosófico é muito mais ampla que a da atualidade. Na época de Hobbes, ela abrangia a ciência, então conhecida como "filosofia natural".

Consideremos agora um segundo modo de interpretar o contrato social de Hobbes. No Capítulo 13 de *Leviatã* (p. 63), Hobbes reconhece a possível objeção de que nunca houve um estado de natureza. ("Nunca existiu tal tempo, nem uma condição de guerra como esta.") A resposta que ele dá é que pelo menos os reis e soberanos estão em estado de natureza uns com os outros, pois o estado de natureza se dá entre Estados nacionais. Além disso, ele indica que para seu argumento é suficiente que o estado de natureza seja um estado que *hipoteticamente* existiria *hoje* caso não houvesse autoridade soberana que subjugasse os homens pela reverência e pelo temor[6]. Desse modo, o estado de natureza é condição que sempre haveria na ausência de exercício efetivo da soberania. Concebido dessa forma, o estado de natureza é uma *possibilidade sempre presente* de resvalo em discórdia e guerra civil, embora isso seja bastante improvável em uma sociedade "de sólidas bases". Ora, sendo o estado de natureza, na prática, um estado de guerra, a possibilidade constante de um estado de natureza proporciona a plena *razão suficiente* para se desejar que continue havendo um Soberano efetivo. Segundo Hobbes, todos temos fortes motivos para temer o fracasso de nossos acordos atualmente em vigor, e isso gera uma razão suficiente para que todos apoiem esses acordos. Assim, nessa interpretação, o estado de natureza não é um estado de coisas *passado*, nem nenhuma condição real, mas uma *possibilidade sempre presente* a ser *evitada*.

A segunda interpretação do contrato social é a seguinte. Suponhamos que todos sejam plenamente racionais e entendam a condição humana do modo descrito por Hobbes. Suponhamos também que exista na atualidade um Soberano efetivo com os poderes indispensáveis para manter os acordos atualmente em vigor. Nesse sentido, Hobbes acredita que todos possuem uma razão suficiente baseada em sua própria autopreservação e interesses fundamentais para pactuar com todos os demais sobre a *autorização* a ser dada ao Soberano para continuar exercendo seus poderes perpetuamente. Um pacto assim é a coisa racional que todos devem fazer; ele

---

6. "Poderá porventura pensar-se que nunca existiu tal tempo, nem uma condição de guerra como esta, e acredito que jamais tenha sido geralmente assim, no mundo inteiro; mas há muitos lugares onde atualmente se vive nessas condições. [...] De toda sorte, é fácil conceber como seria a vida sem um poder comum para temer; basta observar em que espécie de vida costumam resvalar os homens que vivem em guerra civil e que anteriormente viviam sob um governo pacífico." *Leviatã*, p. 63.

é, por assim dizer, *coletivamente* racional, posto que racional para todos e cada um.

Desse ponto de vista, não precisamos pensar o contrato social como algo que se origina *durante* o estado de natureza. Assim, não precisamos refletir se um contrato social é *suficiente* para transformar um estado de natureza em sociedade civil. (Por exemplo, como poderemos ter certeza de que as pessoas cumprirão suas promessas?) Em vez disso, podemos pensar o contrato social como um pacto que visa assegurar e efetivamente assegura um governo estável já existente. O argumento de Hobbes é que, dadas as condições *normais* da vida humana, e o perigo sempre presente de conflito civil e resvalo em estado de natureza, toda pessoa racional tem um interesse suficiente e fundamental em apoiar um *soberano efetivo*. E, dado esse interesse, toda pessoa racional *hipoteticamente* celebraria o contrato social quando houvesse oportunidade.

Neste ponto, devemos fazer a seguinte pergunta: é preciso haver um contrato social real, na visão de Hobbes? Não bastaria pensar o contrato social com esse caráter hipotético, conforme o qual todos os membros de uma sociedade existente com um Soberano efetivo teriam, *em hipótese*, razão suficiente para celebrar um pacto autorizando o Soberano, e assim por diante? Essa linha de raciocínio considera o *contrato social* propriamente dito e o estado de natureza como puramente hipotéticos, isto é, como um acordo que, *hipoteticamente*, teríamos razão suficiente para celebrar caso fosse possível, e assim por diante. Ora, é claro que Hobbes não expressa sua doutrina do contrato social explicitamente dessa maneira. Além disso, devemos ter cautela ao pôr palavras em sua boca. Não obstante, é aconselhável refletir se a interpretação do contrato social como hipotético é suficiente para expressar o essencial da doutrina hobbesiana. Afinal, o contrato social, quando compreendido dessa forma, de fato oferece uma concepção da harmonia social e explica como seria possível a união da sociedade civil e por qual motivo, uma vez existindo um Soberano efetivo, os cidadãos apoiariam os acordos em vigor, e assim por diante. Embora não explique como seria possível a *geração* da sociedade civil a partir das partes que a constituem, essa interpretação talvez explique por que não há uma *degeneração* da sociedade civil e um regresso a suas partes constitutivas. O contrato social oferece um ponto de vista que revela por que motivo todos temos um interesse *predominante* e *fundamental* em apoiar o Soberano efetivo. Por que essa interpretação do contrato social não é suficiente para os objetivos de Hobbes?

Isso depende, é claro, de quais eram os objetivos do filósofo. Creio que a intenção de Hobbes era apresentar um argumento filosófico convincente que levasse à conclusão de que um *Soberano efetivo e poderoso* – com *todos* os poderes que, na visão hobbesiana, um Soberano deveria ter – é a *única solução* para o grande mal da guerra civil, um mal que todos necessariamente querem evitar porque ele contraria seus interesses fundamentais. Hobbes pretende nos convencer de que a existência de tal Soberano proporciona o único caminho para a paz e a harmonia civis. E diante dessa conclusão e do fato de que a Lei Fundamental da Natureza é "buscar a paz e segui-la" (*Leviatã*, p. 64) e de que a segunda Lei da Natureza é "contentar-se com a mesma liberdade diante dos outros quanto [permitiríamos que] os outros tenham [diante de nós]", todos temos a *obrigação* (independente do contrato social) de cumprir as leis do Soberano. As ideias de Hobbes focalizam a agitação e as disputas civis de sua época; é isso que o preocupa antes de mais nada. Ele acredita que a compreensão dos poderes necessários do Soberano e uma visão clara de que as Leis da Natureza se baseiam em nossos interesses fundamentais podem ajudar a lidar com essa situação. O contrato social, interpretado de forma puramente hipotética, permite que Hobbes exponha sua argumentação. Para esse propósito, a interpretação do contrato social como hipotético de fato *parece* ser suficiente.

Resumindo, há três interpretações possíveis do contrato social. Na primeira, ele é um relato de algo que de fato aconteceu e de como de fato se formou o Estado. Acredito que não seja esta a intenção de Hobbes. Uma segunda interpretação, mais plausível, em favor da qual há várias evidências textuais, é que Hobbes estava tentando explicar filosoficamente as condições para o surgimento do Estado. Uso a expressão "condições para o surgimento", ou possibilidade de existência do Estado, em vez de me referir ao surgimento factual do Estado. Hobbes pretendia nos oferecer conhecimento filosófico acerca do Estado, decompondo-o em suas partes e descrevendo os seres humanos em sua constituição psicológica, para então demonstrar como seria possível o estado de natureza se transformar no grande Leviatã, isto é, em uma sociedade de pessoas vivendo sob um Estado. Por fim, uma terceira interpretação possível que sugeri é a seguinte. Suponhamos que o grande Leviatã de fato já exista. Sendo assim, devemos pensar o estado de natureza como uma possibilidade sempre presente que poderia se concretizar caso o Soberano efetivo deixasse de ser efetivo. Diante dessa possibilidade e daqueles que, segundo Hobbes, são os interesses fundamentais de todos nós em nossa autopreservação, nossas "afeições conjugais" e nosso desejo de adquirir os meios para uma vida confortável, Hobbes explica por que motivo todos nós temos uma razão suficiente e predominante para querer que o grande Leviatã continue a existir e atue de modo efetivo. Nessa interpretação, Hobbes tenta nos instigar à aceitação do Soberano efetivo e existente. É possível entender essa intenção à luz da Guerra Civil Inglesa e do clima que existia naquela época.

Essas duas interpretações são possibilidades de compreensão do contrato social. Não é sem certa hesitação que as ofereço aqui. Nunca me satisfaço completamente a ponto de considerar corretas minhas afirmações sobre esses livros, pois estamos diante de uma visão extremamente ampla e complexa, que pode ser lida de vários modos. Dessa forma, qualquer opinião segura demais sobre a correta interpretação dessa visão deve ser vista com suspeita.

Hobbes – Conferência I: Apêndice A

APOSTILA: TRAÇOS DA NATUREZA HUMANA QUE
TORNAM INSTÁVEL O ESTADO DE NATUREZA

A. Duas observações introdutórias:

1. Discutirei apenas *Leviatã* e nenhuma outra obra de Hobbes; partirei do pressuposto de que a doutrina hobbesiana do contrato social, presente nessa obra, pode ser plenamente compreendida independentemente de qualquer ponto de vista teológico ou religioso. Nem a estrutura formal, tampouco o conteúdo material da doutrina hobbesiana recebem influência de concepções teológicas ou religiosas. Tal afirmação, naturalmente, é discutível e não será objeto de minha argumentação. Recomendo a leitura cuidadosa dos Capítulos 12 e 31.

2. Além disso, desconsiderarei o materialismo de Hobbes e suas outras teses metafísicas, exceto quando algumas observações ocasionais sobre esses elementos forem úteis no esclarecimento da doutrina do contrato social e do modo como esta é organizada.

B. Dois modos de interpretar o estado da natureza em Hobbes:

1. Primeiro, como um *estado de coisas* que *existiria* na ausência de autoridade política efetiva, isto é, de um Soberano com *todos* os poderes que, na opinião de Hobbes, um Soberano deve ter.

2. Como *um ponto de vista* que pode ser admitido pelas pessoas vivendo em sociedade, através do qual cada indivíduo seria capaz de entender por que é racional pactuar com todos os demais para estabelecer um Soberano efetivo (nos termos da definição de Hobbes). Nesse sentido, o contrato social é coletivamente racional; do ponto de vista do estado de natureza, isto é, das condições que refletem os traços permanentes (e, portanto, existentes) da natureza humana, cada membro da sociedade de *hoje* tem uma razão suficiente para desejar que continue havendo um Soberano efetivo e assim assegurar a estabilidade e viabilidade das instituições existentes.

C. *Traços desestabilizadores da natureza humana* (vistos conjuntamente no estado de natureza):

1. Os seres humanos são suficientemente iguais em dons naturais e faculdades do espírito (incluindo a prudência), bem como suficientemente vulneráveis em relação à hostilidade uns dos outros, para produzir temor e insegurança. 13: 60-2.

2. Os desejos e necessidades humanos são tais que, além da escassez de meios para sua satisfação, as pessoas devem estar em situação de competição umas com as outras. 13: 60-2.

3. A psicologia humana é, em vários aspectos, egocêntrica e egoísta, e quando diante de uma escolha refletida todas as pessoas tendem a dar prioridade a sua própria *preservação* e segurança, bem como a obter os meios para uma vida confortável.

4. Os seres humanos são, em vários aspectos, incapazes de se associar pacificamente em sociedade:

    i. Eles tendem ao orgulho e à vaidade, sentimentos que surgem na associação com outros indivíduos e que são irracionais. Ou seja, tal tendência muitas vezes os faz agir contrariamente aos princípios da reta razão (as Leis da Natureza), e essas paixões os persuadem a cometer atos de grande perigo para eles próprios e para outros.

    ii. Ao que parece, eles não têm desejos originais ou naturais de se associar, nem formas naturais de solidariedade. Há sentimentos parecidos, mas estes derivam de nosso egoísmo. Por outro lado, Hobbes não acha que somos maliciosos, isto é, que nos deleitamos com o sofrimento alheio por si mesmo.

5. Defeitos e fragilidades da racionalidade humana:

    i. Oriundos da falta de método filosófico (científico) propriamente dito: 5: 20-1. Observa-se aqui o ataque de Hobbes às Escolas (indiretamente a Aristóteles, por meio da Escolástica).

ii. Tendência da racionalidade humana, supostamente mesmo quando se conhece uma filosofia propriamente dita, de ser distorcida e debilitada por nossa propensão ao orgulho e à vaidade: 17: 86-7.

iii. Natureza frágil da razão prática quando se refere à conduta de seres humanos em grupos e às instituições sociais condizentes. Essa forma da razão prática é frágil porque deve ter, na opinião de Hobbes, uma base *convencionalista*. Ou seja, todos devem chegar ao consenso sobre *a quem* cabe estipular os meios de alcançar o bem comum, e o que for estipulado por essa pessoa deve ser aceito por todos. É impossível que todos reconheçam livremente, pelo exercício da razão, o certo e o errado e os meios de alcançar o bem comum e sejam simultaneamente fiéis a esse conhecimento. A cooperação social visando ao bem comum exige a presença de um Soberano efetivo.

Hobbes – Conferência I: Apêndice B

[A versão que Rawls preparou em 1978 para esta conferência continha a seguinte discussão, que complementa a seção 2, "O moralismo secular hobbesiano", da conferência de 1983, acima. (N. do Org.)]

Simplificações: Proponho fazer *duas* simplificações em minha discussão sobre Hobbes:

1. *Primeiro*, partirei do pressuposto de que é possível compreender a *estrutura formal essencial* e o *conteúdo* da filosofia política de Hobbes (como concepção contratualista) se pensarmos que seu alvo são os seres humanos *racionais* capazes de assimilar seu sentido e interpretação através do uso correto da *razão natural*. Assim, creio que a doutrina hobbesiana é *plenamente inteligível*, no que tange à estrutura e ao conteúdo, como parte de um sistema *secular* e não *teológico* nem religioso.

Assim, na maior parte do tempo desconsiderarei a questão controversa da interpretação de Hobbes levantada pela tese de Taylor-Warrender, segundo a qual a ideia de autoridade e obrigação políticas em Hobbes está ligada, em seu âmago, à ideia das leis naturais como leis de Deus, que tem autoridade *legítima* sobre nós[7].

---

7. A. E. Taylor, "The Ethical Doctrine of Hobbes", *Philosophy* 53 (1938); reimpresso em Hobbes Studies, org. Keith Brown (Cambridge, Mass.: Harvard University Press, 1965); e Howard Warrender, *The Political Philosophy of Hobbes* (Oxford: Clarendon Press, 1957). O ponto de vista

Ao me referir acima ao *caráter secular* da filosofia política hobbesiana, quero dizer, *grosso modo*, o seguinte.

(a) A *estrutura formal de conceitos* e definições da doutrina hobbesiana do Soberano, do direito e da liberdade etc., independe dos *pressupostos teológicos*. Essa estrutura é capaz de sustentar a si própria. Por exemplo, na definição de direito natural pode-se dizer:

α tem o *direito natural* de fazer x = df o fato de α fazer x está em harmonia (inicialmente, isto é, antes de eventos ou ações que limitem o direito) com a *reta razão*[8].

(b) O conteúdo *material* da concepção política de Hobbes e da filosofia política que o ampara é igualmente independente dos pressupostos teológicos. Também ele é capaz de sustentar a si próprio e ser compreendido pela razão natural graças à interpretação psicológica da natureza humana oferecida por Hobbes. Por exemplo, tomemos a definição do direito natural:

α tem o *direito natural* de fazer x = (df material) o fato de α fazer x é (tido escrupulosamente por α como) vantajoso ou necessário à preservação de α.

Entretanto, não há razão de antemão para que a doutrina de Hobbes não possa ser *complementada* por doutrinas teológicas. Porém, se tais pressupostos forem introduzidos, haverá duas possibilidades:

(i) Primeira situação: as conclusões inferidas quando essas doutrinas são *incorporadas* ao sistema de estrutura formal e ao conteúdo material *não* são plenamente *compatíveis* com as conclusões inferidas exclusivamente a partir do *sistema secular*. (Caso isso aconteça, as condições materiais do sistema não seriam independentes da doutrina teológica – e isso, como é de esperar, faria uma grande diferença. A tese (b), acima, necessitaria de revisão, mas não a tese (a).)

(ii) Segunda situação: as conclusões inferidas quando as doutrinas teológicas são incorporadas são as *mesmas* que as do sistema puramente secular (sem os pressupostos teológicos). Caso isso aconteça, tanto a tese (a)

que sigo é mais ou menos o de David Gauthier em *The Logic of Leviathan* (Oxford: Clarendon Press, 1969).

8. ["= df" é um símbolo geralmente usado para introduzir equivalências de definições e significa "é definido com o sentido de". Assim, a frase de Rawls acima deve ser lida como "'α tem o direito natural de fazer x' é definido com o sentido de 'o fato de α fazer x está em harmonia com a reta razão'". (N. do Org.)]

como a tese (b) se mantêm. (*Cf.* Hobbes, *Leviatã*, Livro I: Cap. 12, 96-7, I: 15, último parágrafo, pp. 57-80.)

A ideia a ressaltar aqui é que Hobbes aceita a situação (ii). No *sistema secular*, as conclusões inferidas dependem de quais instituições etc. são necessárias para que haja *paz* e *concórdia* entre as pessoas que vivem em sociedade. No *sistema teológico*, as conclusões dependem não apenas do que é necessário para que haja paz e concórdia, como *também* do que é necessário para a *salvação* humana. A primeira situação (i) se sustentaria, então, *apenas se* o que é necessário para a paz e concórdia na sociedade for diferente do que é *necessário* para a *salvação*.

Creio que Hobbes negaria a verdade de *qualquer* doutrina teológica que tornasse os pré-requisitos da salvação *incompatíveis* com as condições para a preservação das pessoas que vivem em grupos. Uma doutrina religiosa que os declare incompatíveis é (na opinião de Hobbes) *supersticiosa* e, como tal, *irracional*. Baseia-se no temor irracional oriundo da falta de conhecimento verdadeiro sobre as causas naturais das coisas. (Ver toda essa discussão sobre as fontes naturais da religião em I: 12 – "Da religião".)

No Capítulo 12 do Livro I, Hobbes discute como "os patriarcas e primeiros legisladores dos Estados entre os pagãos, que visavam somente manter as pessoas em obediência e paz" se esforçaram para "fazer com que todos acreditassem que as mesmas coisas que são proibidas pelas leis desagradam a Deus" (*Leviatã*, p. 57). Há todas as razões para supor que Hobbes aprova essa orientação do mundo antigo (greco-romano) de usar a religião para reforçar as condições necessárias para preservar a paz e a concórdia da sociedade. Nesse sentido, a doutrina hobbesiana tem caráter secular. (Ver também II: 31, 528 s., na parte referente à obediência às Leis da Natureza como adoração) [1. ed., 192 s.].

Entretanto, deve-se ter o cuidado de não duvidar que Hobbes tenha sido (até onde se sabe) um cristão sincero e obediente. Devemos interpretar o cristianismo hobbesiano de modo que ele não seja incompatível com a *estrutura secular* e o conteúdo da concepção moral e política do filósofo. Para resumir, toda a ordem da exposição de Hobbes parece sugerir que o filósofo via a *estrutura secular e o conteúdo* de sua doutrina como elementos de base. Se os pressupostos teológicos tivessem caráter de *fundamento* em sua doutrina, aparentemente seria com esses pressupostos que ele teria iniciado a exposição.

Isso explica, portanto, por que parece correto interpretar a doutrina de Hobbes considerando que ela tem como alvo os seres humanos *racionais* etc.

2. A segunda simplificação (sobre a qual serei breve) é que é possível (talvez) interpretar o método de Hobbes em *Leviatã* (e em suas outras obras políticas) como aplicação de uma doutrina *mecanicista geral* dos modos de operação próprios da *natureza* a uma concepção moral e política. Muitas vezes, percebe-se que Hobbes tenta desenvolver uma *ciência unificada* (unificada não apenas na *metodologia geral*, como também nos princípios primeiros).

Assim, talvez seja possível interpretar a obra de Hobbes da seguinte maneira: ela se inicia com o estudo dos corpos e seus movimentos em geral (explicados de um modo mecanicista qualquer), passa, em seguida, ao estudo de um tipo específico de corpo – os seres humanos como indivíduos –, para finalmente se dedicar ao estudo dos corpos artificiais, que são os governos civis criados pelos homens. Os governos civis são um resultado da *obra humana*, um *artefato*. Dessa forma, *Leviatã* é o Estado, que, por sua vez, é uma obra humana.

No estudo dos corpos artificiais – Estados, governos civis etc. –, o método de Hobbes é observar as *partes* desses corpos, os quais, em sua visão, são os seres humanos (indivíduos com suas capacidades, desejos etc.). Em *Do cidadão*, Hobbes afirma que tudo é mais bem compreendido a partir de suas causas constitutivas e ilustra essa observação com o comentário de que compreendemos um relógio entendendo como suas várias partes formam um sistema organizado e funcionam mecanicamente. Do mesmo modo, para compreender um Estado, não é necessário desmontá-lo *de fato* (pois isso dificilmente seria possível, ou somente pode ser feito a um custo grande demais); em vez disso, devemos considerar o Estado *como se ele estivesse decomposto*, isto é, na forma de estado de natureza.

Isto é, queremos compreender quais são os traços dos seres humanos e de que modos esses traços (qualidades etc.) tornam as pessoas *capazes* ou *incapazes* para o governo civil. Queremos compreender também de que modo as pessoas devem chegar a um *acordo* entre si se desejam que sejam concretizados seu propósito e seu objetivo de se tornar um Estado de sólidas bases (*EW*, p. xiv; ed. Lamprecht, pp. 10 s.).

Desconsiderarei, de certa forma, o resto da filosofia hobbesiana, assim como o grau de adequação da filosofia moral e política de Hobbes em relação à metafísica geral por ele desenvolvida.

Hobbes – Conferência I: Apêndice C

TRECHOS RELACIONADOS COM O IDEAL DAS NATUREZAS GENEROSAS
[Referências à edição Head]

A. *Possibilidade das afeições:*
Hobbes afirma a possibilidade da *benevolência* – aparentemente, para com os homens em geral; quando a benevolência se aplica aos homens em geral, ela é a chamada "boa natureza" (26).

Ele reconhece várias paixões do amor, inclusive o amor a pessoas específicas (26).

Reconhece também as afeições conjugais, que ocupam segundo lugar na ordem de importância, após a autopreservação e *antes* das riquezas e dos meios de vida: 179.

B. *Relacionado ao que foi dito acima*: não significa que se deva sentir prazer com o infortúnio alheio (isso é dito a respeito da crueldade): 28.

A curiosidade é um deleite na contínua geração de conhecimento; ela distingue o homem dos animais: 26, *cf.* 51, 52.

C. *Atitude generosa expressa nas virtudes:*

1. No "*sabor*" da justiça: quando um homem *se recusa* a dever seu bem-estar de vida à fraude e ao rompimento de promessas: 74.

2. No caso das grandes mentes, uma obra condizente é ajudar as pessoas a libertá-las de serem alvo de escárnio público; essas mentes se comparam apenas aos mais capazes: 27.

3. Dois modos de assegurar que os homens honrem seu pacto: temor das consequências do rompimento do pacto, ou "uma jactância ou orgulho em parecer não ter a necessidade de rompê-lo". Mas "este último é uma *generosidade rara demais para ser tida como certa* [...]" (70).

4. A honra dos grandes indivíduos consiste em ser valorizados por sua beneficência e pelo auxílio que prestam a indivíduos de posições inferiores, ou então em não ser valorizados de modo algum. A grandeza torna piores nossos atos de violência e opressão, pois nesse caso temos *menos necessidade* de cometê-los: Cap. 30 (180).

HOBBES II
A natureza humana e o estado de natureza

§ 1. Observações preliminares

A tese geral de Hobbes, muito importante para sua doutrina, era de que o estado de natureza tende a se transformar muito facilmente em um estado de guerra. Em vários trechos, ele se refere ao estado de natureza (estado no qual não há Soberano efetivo que sujeite os homens pela reverência e pelo temor e mantenha suas paixões sob controle) essencialmente como um estado de guerra. Aqui, é importante observar que para Hobbes um estado de guerra consiste "não somente na batalha, ou no ato de lutar [...], mas na conhecida disposição para tal, durante todo o tempo em que não há garantia do contrário" (*Leviatã*, p. 62). O que doravante chamarei de "a Tese de Hobbes" é a de que o estado de natureza é, essencialmente e para todos os efeitos práticos, um estado de guerra. Mas por que Hobbes pensa dessa forma?

Hobbes comenta que pode nos parecer estranho "que a natureza provoque desunião e torne os homens capazes de invadir e destruir uns aos outros" (isto é, que o estado de natureza se torne *tão facilmente* um estado de guerra). Ele diz, porém, que isso talvez se explique por meio de algo que ele chama de "inferência, feita a partir das paixões" (*Leviatã*, p. 62). É possível confirmar que fazemos essa inferência a partir das paixões atentando para as experiências reais da vida cotidiana e observando como é nossa conduta quando vivemos em sociedade civil, com um Soberano existente de fato, leis e agentes do poder público armados. Diz Hobbes que quando estamos em viagem, nos armamos; quando vamos dormir, trancamos a porta; mesmo em nossa própria casa fechamos à chave nossos cofres; e assim por diante (*Leviatã*, p. 62). Através desses atos, acusamo-nos uns aos outros e demonstramos nossa aceitação, por assim dizer, dessa inferência a partir das paixões, cujo teor é o seguinte: *se houver um estado de natureza, então também haverá um estado de guerra*, para todos os efeitos práticos.

Assim, creio que o que Hobbes diz é: se considerarmos a natureza humana como ela é, poderemos inferir que o estado de natureza se torna um estado de guerra. Para ele, a verdadeira face da natureza humana é evidente nos traços essenciais, habilidades, desejos e outras paixões das pessoas quando observadas *no estado atual*, em sociedade civil; e assim Hobbes supõe, para efeito de sua doutrina política, que esses traços humanos essenciais são mais ou menos determinados e imutáveis. Não nega que as instituições sociais, a educação e a cultura possam mudar significativamente nossas paixões e alterar nossos objetivos, pelo menos em alguns casos bastante significativos. Porém, supõe, para efeito de sua doutrina política, isto é, para efeito daquilo que eu chamo de sistema moral secular hobbesiano, que as linhas gerais e traços essenciais da natureza humana são mais ou menos imutáveis ou determinados. A existência de instituições sociais e, em especial, de um Soberano efetivo muda nossas circunstâncias objetivas e, consequentemente, muda nosso conceito de ação prudente e racional. Por exemplo, graças à existência do Soberano, estamos agora protegidos e não temos razão para deixarmos de honrar nossos pactos. Isso significa que, na suposição de que o Soberano de fato existe, passamos a ter uma razão que não tínhamos antes para honrar nossos pactos, cumprir nossas promessas e assim por diante. Entretanto, as instituições sociais não são tidas como capazes de mudar os traços mais essenciais de nossa natureza. Elas não mudam nossos interesses mais fundamentais na autopreservação, nas afeições conjugais e nos meios para uma vida confortável. Assim, ao considerar esses elementos como mais ou menos determinados, para os efeitos de sua doutrina política, Hobbes está inferindo como seria o estado de natureza considerando as pessoas como elas são, ou como ele pensa que elas são; e, em seguida, descreve o estado de natureza como um estado de "constante temor e perigo de morte violenta. E a vida do homem é solitária, pobre, sórdida, embrutecida e curta" (*Leviatã*, p. 62), mas, ainda assim, provavelmente mais longa do que se poderia desejar nessas condições. A partir de que *traços dos seres humanos (reais) é feita essa inferência com base nas paixões?*

§ 2. Principais traços da natureza humana

Mencionarei e comentarei os quatro traços da natureza humana segundo Hobbes, para em seguida discorrer brevemente sobre o argumento básico daquilo que chamei antes de "a Tese de Hobbes".

O primeiro é o fato da igualdade humana em termos de dons naturais, força física e vivacidade de espírito. Naturalmente, Hobbes não considerava esses dons como equivalentes em termos literais ou estritos; em vez disso, o que ele quer dizer é que eles são suficientemente equivalentes. Assim, mesmo o indivíduo mais fraco em termos de força física ainda será forte o bastante para matar o mais forte, seja por secreta maquinação, seja através de intriga, aliando-se a outros que estejam sendo ameaçados do mesmo modo pelo mais forte. Observemos aqui que a expressão "suficientemente equivalentes" não significa equivalentes em sentido estrito, mas suficientemente equivalentes para sustentar aquela inferência com base nas paixões, segundo a qual as pessoas se sentem ameaçadas e por isso são levadas a atacar umas às outras. É o bastante para dar origem aos temores e perigos do estado de natureza. Observemos também que, segundo Hobbes, as pessoas são ainda mais igualmente dotadas de vivacidade de espírito, em muitos aspectos, do que em termos de força física. Aqui, os atributos em questão são perspicácia e prudência, que Hobbes acredita derivarem da experiência; além disso, todos os indivíduos possuem, segundo Hobbes, oportunidade igual de adquirir experiência e aprender.

Repito: Hobbes não acha que todas as pessoas sejam igualmente dotadas de vivacidade de espírito. Para ele, as diferenças surgem da diversidade de costumes, educação e constituição física, as quais, por sua vez, causam diversidade de paixões, isto é, do desejo de riquezas, glória, honra, conhecimento etc. Em sua doutrina política, Hobbes tende a reduzir todos esses desejos humanos que causam diferenças de perspicácia a apenas um: o desejo de "poder e mais poder", no qual poder, neste caso, quer dizer os meios para obtenção de nosso bem ou daquilo que for objeto de nossos desejos (*Leviatã*, pp. 35, 41). Muitos e diferentes tipos de coisas – as coisas que, em nossa concepção, nos tornam felizes – são formas de poder para Hobbes, no sentido de que elas nos permitem obter nosso bem. São os diferentes graus de força dos desejos e poder das pessoas que determinam, na visão de Hobbes, sua vivacidade de espírito. Como as diferenças são suficientemente equivalentes, assim também o é a vivacidade de espírito. Aqui, mais uma vez, "suficientemente equivalentes" quer dizer suficientemente equivalentes para fazer o estado de natureza se transformar em um estado de guerra.

Uma última observação relativa à igualdade de dons é que Hobbes admite que, se de fato houvesse desigualdade natural substancial que possibilitasse a uma ou algumas pessoas dominar as demais, elas automaticamente seriam governantes. Nesse caso, segundo Hobbes, essas pessoas governariam por direito natural. Ou então, se essa situação parecer fantasiosa, o governo também poderia ser exercido por um grupo dominante de pessoas, desde que soubessem se manter em união e compartilhar da mesma opinião. É isso que Hobbes diz ao discutir os direitos pelos quais Deus reina sobre os homens. Deus não possui esse direito em virtude do Direito de Criação – admitido por Locke, que será objeto de nossa discussão mais adiante – como um princípio moral. Ou seja, o fato de termos sido criados por Deus, conforme acredita Locke, nos impõe a obrigação moral de obedecer, e essa obrigação depende do princípio de que se A cria B, então B tem uma obrigação para com A. Em Hobbes, não encontramos tal Direito de Criação. Não encontramos em Hobbes uma obrigação para com Deus que se baseie seja no fato de Deus nos ter criado ou em nossa gratidão para com Ele, mas simplesmente no poder irresistível de Deus. Nas palavras de Hobbes: "Por outro lado, se houvesse um homem de poder irresistível, não haveria razão para ele não governar [...] conforme seu próprio critério. Pois para aqueles cujo poder é irresistível, o domínio sobre todos os homens é naturalmente condizente com sua excelência de poder; e consequentemente é a partir desse poder que o reino dos homens [...] pertence naturalmente a Deus Todo-poderoso, não como criador e generoso, mas como onipotente" (*Leviatã*, p. 187).

Desse modo, o que Hobbes tem de demonstrar é que dado o estado de igualdade que existe, entre outras coisas, no estado de natureza, a tendência é em direção ao estado de guerra; e, para evitar que isso aconteça, é necessária a existência do grande Leviatã, com seu poder efetivo sobre todos, ou de um soberano.

O segundo traço ou elemento da natureza humana tem a ver com o fato de que a escassez de recursos e a natureza de nossas necessidades geram uma competição. Isso pode ser explicado da seguinte maneira: dada a natureza das necessidades e desejos das pessoas, bem como a tendência de mudança e expansão (embora não necessariamente expansão sem limites) das necessidades e desejos, existe uma tendência permanente de que essas necessidades e desejos passem a exigir, para sua satisfação, mais do que a natureza pode fornecer. Isso produz uma escassez de recursos naturais, que, naturalmente, é uma relação na qual a quantidade ou total agregado de necessidades e desejos é maior que a quantidade de recursos disponíveis. Essa escassez, segundo Hobbes, leva à competição entre as pessoas. Se esperarmos que os outros tomem quanto desejarem, não sobrará nada para nós. Desse modo, em um estado de natureza devemos estar prontos para vigiar e defender nossas pretensões.

A sociedade civil, na doutrina hobbesiana, não elimina essa relação de escassez. Hobbes acredita, ou pelo menos admite, que a escassez é um traço permanente da vida humana. Ela é relativa e pode ser mais ou menos urgente, de modo que as carências e necessidades não saciadas na sociedade civil são menos prementes e menos urgentes que as que não são saciadas no estado de natureza. Assim, o Estado civil no qual existe um Soberano efetivo é mais agradável.

No final do Capítulo XIII, Hobbes diz que "as paixões que fazem os homens tenderem à paz são o temor da morte, o desejo das coisas necessárias a uma vida confortável e a esperança de obtê-las através do trabalho" (*Leviatã*, p. 63). A existência de um Soberano efetivo elimina o temor da morte violenta; e, através do estabelecimento das condições nas quais o trabalho é recompensado e assegurado, a existência do Soberano encoraja a obtenção dos meios para uma vida confortável. A esse respeito, Hobbes diz no início do Capítulo XXX que o fim, ou propósito, para o qual a dignidade de Soberano é incumbida de poder soberano, é "trazer *segurança às pessoas*, e para isso ele [o Soberano] está sujeito às leis da natureza e à prestação de contas de seus atos a Deus, autor das mesmas leis, e a ninguém mais além d'Ele. Mas que não se entenda segurança aqui como uma simples preservação; ela inclui também todas as outras formas de bem-estar da vida que todos os homens devem adquirir através de trabalho lícito, sem perigo ou injúria ao Estado" (*Leviatã*, p. 175).

Portanto, uma característica da sociedade civil que a torna coletivamente racional é que ela introduz condições que facilitam muito a produção dos frutos do trabalho ou dos meios para uma vida confortável. Naturalmente, isso muda ou torna menos urgente a escassez de recursos naturais, que continua a existir. O Soberano não elimina a escassez; ele apenas produz as condições objetivas, segundo Hobbes, para a realização de trabalho lícito, manutenção e garantia da propriedade, e assim por diante.

O terceiro traço da natureza humana em favor da inferência com base nas paixões, segundo Hobbes, é que a constituição psicológica dos seres humanos é, em sua maior parte ou predominantemente, egocêntrica. Especificamente, quando as pessoas deliberam sobre assuntos básicos de natureza política e social, tendem a dar prioridade, em seu modo de pensar e agir, a sua própria preservação e segurança, às de sua família e, novamente nas palavras de Hobbes, aos "meios para uma vida confortável".

Pode ser difícil entender essa argumentação em Hobbes; vale a pena refletir um pouco mais sobre ela. Hobbes não diz em *Leviatã* que as pessoas são psicologicamente egoístas ou que buscam e se preocupam apenas com seu próprio bem. O que ele diz, no Capítulo VI, é que somos capazes de praticar a benevolência, de desejar o bem dos outros (boa vontade) e de praticar a caridade (*Leviatã*, p. 26). Diz ainda que somos capazes de amar os outros e, no Capítulo XXX, classifica as afeições conjugais em segundo lugar na ordem de importância, após a autopreservação e antes dos meios para uma vida confortável (*Leviatã*, p. 179). Portanto, ele acredita que as pessoas são capazes de benevolência e afeição genuína para com outras pessoas ou capazes de ter interesse no bem dessas pessoas. Ele também diz que algumas pessoas são virtuosas, ou que nós somos capazes de praticar a virtude – que as pessoas praticam o que é justo, nobre ou honroso porque desejam agir dessa maneira ou ser reconhecidas como tais. Isso é exemplificado significativamente no Capítulo XV, quando Hobbes discorre sobre a virtude de praticar a justiça e de agir de acordo com ela. Para Hobbes, a justiça equivale a cumprir promessas e honrar pactos; em suas próprias palavras, "aquilo que confere às ações humanas o sabor da justiça é certa nobreza ou requinte de coragem (raras vezes encontrados), em razão dos quais um homem se recusa a dever seu bem-estar de vida à fraude e ao rompimento de promessas" (*Leviatã*, p. 74).

Essa é uma afirmação importante. Há várias outras em *Leviatã*, nas quais Hobbes claramente afirma que temos a capacidade de agir com base na justiça por si mesma. Nesses exemplos, ele não nega essa capacidade, nem nega que tenhamos as capacidades da benevolência ou afeição. Entretanto, muitas vezes, parece negar isso. Pode-se dizer, talvez, que suas teses são inconsistentes quando interpretadas estritamente. Acredito, porém, que seja melhor dizer que ele enfatiza certos aspectos da natureza humana de modos que favorecem seus propósitos, ou seja, sua doutrina política. Ele pretende expor o que exatamente possibilita a coesão da sociedade civil e explicar por que um Soberano efetivo é necessário à paz e à harmonia da sociedade. Ou seja, ele está preocupado primordialmente com a política, com questões políticas, e com as estruturas institucionais básicas de um governo.

Naturalmente, a política é apenas parte da conduta humana; e Hobbes não precisa negar que podemos ser, e muitas vezes somos, benevolentes e capazes das virtudes da justiça, fidelidade etc. Para ele, não se deve confiar nessas capacidades humanas para elaborar uma teoria da sociedade civil ou constituir a base da união social. Ou seja, há outros interesses fundamentais que devem formar, quando possível, a base da união da sociedade civil. A visão de Hobbes, então, seria a de que as instituições políticas devem se enraizar em certos interesses fundamentais e se adequar a tais interesses, quais sejam: em primeiro lugar, nosso interesse em preservar a própria vida; em seguida, nosso interesse em garantir o bem daqueles de quem somos próximos (Hobbes chama isso de "afeição conjugal"); e finalmente, nosso interesse em adquirir os meios para uma vida confortável (*Leviatã*, p. 179). Ele lista essas três coisas que chamei de "interesses fundamentais" nessa ordem de importância e apela para eles. Dizer que atribuímos grande peso a esses interesses em assuntos políticos e que a teoria da sociedade civil deve se concentrar neles não significa negar que sejamos capazes de ter outros interesses e que muitas vezes agimos com base neles em outras circunstâncias, nas quais, talvez, eles sejam extremamente imperiosos.

Assim, parto do pressuposto de que a teoria hobbesiana da natureza humana, que a entende principalmente como egocêntrica ou voltada para si, serve na verdade para enfatizar os propósitos de uma concepção política. Trata-se de uma ênfase que acompanha o desejo de poder salientado por Hobbes, no qual o poder de uma pessoa é definido como os meios atuais que ela tem para alcançar algum bem futuro e aparente (*Leviatã*, p. 41). Esses meios podem ser vários, tais como as faculdades naturais do corpo e do espírito e outros elementos adquiridos por essas faculdades. Desses últimos fazem parte as riquezas, as reputações e até mesmo "amigos e a obra secreta de Deus a que os homens dão o nome de sorte" (*Leviatã*, p. 41). Não surpreende, então, com essa definição ampla de "poder", que tenhamos o desejo de possuí-lo.

O peso que Hobbes atribui a nossa autopreservação em sua teoria política é usado por ele para explicar por que certos direitos, na sua definição, são inalienáveis. Hobbes diz que não se pode esperar que alguém faça, deliberada e intencionalmente, algo contrário a sua autopreservação. Os contratos (transferência ou renúncia de direitos em contrapartida por algum outro direito ou bem) são atos deliberados e voluntários e, como tais, diz Hobbes, devem ter por objeto alguma espécie de bem em favor do agente. Hobbes prossegue: "Portanto, há alguns direitos que é impossível admitir que algum homem, por quaisquer palavras ou outros sinais, possa abandonar ou transferir." Ele nos dá como exemplo o direito de resistir a quem nos ataca. E diz: "E, por último, o motivo e fim devido ao qual se introduz essa renúncia ou transferência do direito não é mais que a segurança da pessoa de cada um, quanto a sua vida e quanto aos meios de preservá-la de maneira tal que não acabe por dela se cansar. E, portanto, se através de palavras ou outros sinais um homem parecer despojar-se do fim para o qual esses sinais foram criados, não se deve entender que é isso que ele tenha querido dizer, ou que tenha sido essa a sua vontade, mas que ele ignorava a maneira como essas palavras e ações viriam a ser interpretadas" (*Leviatã*, p. 66).

Neste ponto, de certa forma, Hobbes concebe como um princípio de interpretação jurídica dentro de sua doutrina política o fato de se dever presumir que as pessoas visam a seu próprio bem e, dessa forma, à preservação de suas próprias vidas. Entretanto, ao menos com base em afirmações que fez em outras obras suas, ele sabe perfeitamente bem que as pessoas às vezes fazem coisas irracionais; e acredita que algumas, com plena consciência, preferem a morte a cair em desgraça ou desonra. A maioria dos homens, diz Hobbes, preferiria perder sua vida a sofrer difamação; e um filho preferiria morrer a obedecer a ordem de matar seu próprio pai, com base no argumento de que se o filho obedecesse tal ordem ele seria considerado vil e seria odiado por todos, e isso, por humilhação ou desonra, ele não pode suportar (essas são ideias presentes em *Do cidadão*, obra anterior a *Leviatã*).

Talvez o que Hobbes esteja dizendo é que o desejo de autopreservação é o mais forte de todos os desejos naturais, mas que, embora isso explique a primazia que ele confere a esse desejo em sua teoria política, isso não implica que o desejo de autopreservação seja sempre o mais forte de todos os desejos, em termos absolutos. Em outras palavras, estou fazendo uma diferenciação entre dizer que algo é o mais forte dos desejos naturais e dizer que algo é o mais forte de todos os nossos desejos, em termos absolutos. Assim, Hobbes diz em *Do cidadão*, uma obra anterior, que buscamos evitar a morte através de certo impulso da natureza, exatamente como o impulso que faz uma pedra se mover para baixo. Mas, como todos sabemos, as pedras às vezes se movem lateralmente ou são arremessadas para cima. As instituições sociais, os costumes sociais, a educação e a cultura podem, por assim dizer, nos influenciar de determinada maneira, de modo que, como pessoas civilizadas, podemos agir de forma não natural – ou, se preferirmos, contrária à natureza – afetados pelas instituições e pela cultura do mesmo modo que pela palavra da razão.

Hobbes parece admitir essa possibilidade e diz isso em várias passagens. Entretanto, em sua concepção política, ele quer enfatizar elementos muito básicos. Está ciente que vive em uma época na qual as pessoas apelam para muitos tipos de interesse – interesses religiosos, políticos, interesses que, segundo ele, são baseados, afinal, no orgulho, na vaidade e no amor ao domínio – e tenta introduzir uma categoria de interesses comuns a todos. Ou seja, embora possamos diferir uns dos outros em termos de opiniões religiosas e políticas e possamos ter vários outros interesses que são muito importantes para nós, ainda assim compartilhamos certos interesses fundamentais: autopreservação, afeição conjugal e meios para uma vida confortável. Hobbes quer desconsiderar todos os demais interesses e ver que tipo de argumento esses interesses, e só eles, nos forneceriam para justificar a existência de um Soberano efetivo. O importante a ressaltar é que Hobbes não está dizendo que outros interesses importantes – religiosos, por exemplo – não existam ou não sejam importantes para as pessoas. Ele sabe perfeitamente bem que esses interesses existem e são importantes e os vê em todo o seu redor. Mas tenta criar uma base sobre a qual seja possível um consenso entre as pessoas quanto à afirmação de que um Soberano efetivo é, acima de tudo, antes de qualquer coisa, algo que se deve desejar ter – aqui se remete à ideia do contrato social no terceiro sentido, conforme discutido anteriormente (isto é, como um argumento pelo qual as pessoas devam aceitar um Soberano existente para evitar o resvalo em estado de natureza, caso o Soberano perca seu poder).

§ 3. O argumento em favor da tese de Hobbes

Passarei, agora, a juntar todos esses elementos e a expor de forma mais concisa o argumento de Hobbes em favor de sua tese de que o estado de natureza conduz a – e de fato é – um estado de guerra. Antes disso, porém, vale lembrar que no estado de natureza não há um Soberano efetivo para sujeitar os homens pela reverência e pelo temor e disciplinar suas paixões, e que o estado de guerra é uma condição na qual a vontade de disputa por meio de batalha é reconhecida publicamente. Além disso, conforme as palavras de Hobbes citadas anteriormente, o estado de guerra consiste "não somente na batalha, ou no ato de lutar [...], mas na conhecida disposição para tal, durante todo o tempo em que não há garantia do contrário. Todo o tempo restante é de paz" (*Leviatã*, p. 62). Aqui, entendo a expressão "reconhecida publicamente" no sentido de que todos sabem – e todos sabem que todos os demais sabem – que este é um estado de guerra; trata-se de conhecimento comum.

O argumento em favor da Tese de Hobbes pode ser resumido da seguinte maneira:

(a) A igualdade de dons naturais e de faculdades do espírito conduz à igual esperança de concretizar nossos fins, dado o lugar central que ocupa na doutrina política de Hobbes o desejo de autopreservação e de obtenção dos meios para uma vida confortável. A igualdade de esperança, dada a escassez de meios naturais e produzidos para sustento da vida, cria competição entre as pessoas e as torna possíveis inimigas umas das outras.

(b) A competição, dadas a grande incerteza relativa aos objetivos dos outros e a possibilidade de que eles formem alianças e coalizões contra nós, dá origem à "difidência", termo que na Era Moderna significava um estado de desconfiança mútua.

(c) A difidência – ampliada pela possibilidade de que outras pessoas possam ser movidas por orgulho e vaidade para obter domínio sobre os outros e aliada ao fato de que nenhum pacto ou contrato pode fornecer segurança na ausência de um Soberano que o garanta – faz parecer menos vantajoso o trabalho produtivo e mais produtiva a rapacidade, o que leva as pessoas a acreditar que sua segurança será mais bem defendida por meio de ataques preventivos.

(d) A prevenção – isto é, o estado de coisas no qual há disposição para atacar primeiro quando as circunstâncias parecerem propícias – é conhecida ampla e publicamente e é, por definição, um estado de guerra.

Passarei agora a comentar esse esquema do argumento hobbesiano:

(i) Observemos o significado de *difidência* [*diffidence*]. Hoje, esse termo em inglês significa acanhamento, timidez ou falta de autoconfiança. Mas a raiz latina é *diffidere*, que significa desconfiar. É nesse sentido que ele aparece em Hobbes. (Comparemos o uso que Hobbes faz de "mediocridade das paixões" (*Leviatã*, p. 80) no penúltimo parágrafo do Capítulo 15, com o sentido de *moderação* das paixões.)

(ii) Note-se atentamente que em minha exposição do argumento em favor da tese de Hobbes fica evidente a suposição de que no estado de natureza todos se *comportam* de modo perfeitamente *racional*. (Discutirei isso com mais detalhe adiante.) Não há a suposição de que todos de fato *sejam* movidos pelo amor ao domínio ou tenham suas deliberações de fato *distorcidas* pelo *orgulho e vaidade*. Nesse argumento, supõe-se que ninguém age irracionalmente. Na verdade, se houver oportunidade, o ataque preventivo é a resposta mais racional às circunstâncias. O argumento tampouco supõe que as pessoas possuem desejos ilimitados de obter cada vez mais meios para uma vida confortável. Tudo o que se supõe é que elas desejam ter o bastante para assegurar a satisfação de suas necessidades e carências presentes e futuras.

No item (d), supõe-se possível que algumas pessoas sejam movidas pelo orgulho e vaidade visando ao domínio sobre os outros, ou então que essa possibilidade deva ser considerada nas deliberações pessoais. Pode ser que ninguém seja de fato movido dessa forma; o importante é que muitos acreditam que algumas pessoas o são. Se não pudermos excluir essa possibilidade, temos de levá-la em consideração e nos proteger dela. Essa possibilidade é uma base para a suspeita mútua. Por exemplo, no caso de duas potências nacionais em competição, há naturalmente uma tendência à desconfiança mútua. Pode ser que nenhuma dessas potências seja motivada pelo domínio e que seus governantes não estejam sendo influenciados por essas paixões. Mas quando uma das partes pensa isso sobre a outra, é o bastante para exacerbar o estado de natureza e transformá-lo em estado de guerra. É assim que eu interpretaria a ênfase de Hobbes no orgulho e na vaidade. Ao contrário do que talvez pensem alguns de seus intérpretes, Hobbes não precisa, para seus propósitos, basear sua teoria política nessa ênfase. Podemos dizer que, se o orgulho, a vaidade e a vontade de dominar forem possibilidades, isso já será o bastante para os propósitos de Hobbes. Assim, a dificuldade no estado de natureza é a grande *incerteza* quanto aos objetivos e às intenções dos outros. Dessa forma, enquanto o amor ao domínio e à vaidade for uma *possibilidade psicológica*, essas paixões serão fator de complicação no estado de natureza. Este é caracterizado por um *estado geral de incerteza* quanto aos objetivos e às intenções dos outros, de modo que nosso interesse na autopreservação nos força a levar em conta as *piores* possibilidades.

(iii) Além disso, Hobbes também não precisa supor que as pessoas em geral têm o desejo de obter mais "poder" (no sentido de meios para obter seu bem pessoal = meios para satisfazer seus desejos) sem *limite*. A maioria das pessoas talvez se contente com meios modestos (para uma vida confortável). Enquanto *algumas* realmente se empenharem em obter domínio, todas terão de se empenhar em obter domínio como meio de defesa de sua *própria* segurança. Nas palavras de Gibbon: "Roma conquistou o mundo antigo como uma forma de autodefesa" (*no caso dele*, essa observação foi sarcástica).

(iv) A importância do argumento de Hobbes está em parte no fato de que ele se ampara em suposições bastante plausíveis sobre as condições normais da vida humana. Para exemplificar: o argumento não supõe que todos sejam de fato movidos por orgulho e vaidade para buscar o domínio sobre os outros; essa seria uma suposição discutível que possibilitaria a conclusão pretendida por Hobbes, mas de modo fácil demais. O que torna o argumento assustador e lhe atribui importância e força dramática é que ele acredita que pessoas normais, até mesmo as mais agradáveis, podem ser inadvertidamente lançadas nesse tipo de situação, que resvalará, então, em um estado de guerra. A importância dessa tese passa despercebida por quem atribui ênfase exagerada ao desejo de poder e domínio. A *força* da tese de Hobbes e a razão pela qual ela é uma façanha tão *significativa* (ainda que Hobbes não a conceba de maneira tão cuidadosa e rigorosa) é que suas premissas se amparam unicamente nas circunstâncias *normais* mais ou menos permanentes da vida humana, na forma que essas circunstâncias *muito possivelmente* assumiriam no estado de natureza. O raciocínio é que não precisamos ser *monstros* para estar em grandes apuros.

(v) Vale lembrar também que as suposições de Hobbes, psicológicas ou de outra natureza, não precisam ser necessariamente verdadeiras para todas as formas de conduta humana. Como já vimos, Hobbes não é um egoísta psicológico consumado. Suas suposições sobre os interesses fundamentais da humanidade precisam apenas ser suficientemente exatas na representação das grandes influências sofridas pela conduta humana nos tipos de situações sociais e políticas que o preocupam. Na interpretação proposta, o sistema moral secular hobbesiano é concebido como uma doutrina política; e, como tal, é condizente ele enfatizar certos aspectos da vida humana. A questão relevante é: as suposições de Hobbes são suficientemente verdadeiras para representar fielmente algumas das grandes forças psicológicas e institucionais que influenciam o comportamento humano em situações políticas?

(vi) Hobbes tenta transmitir a ideia de que, mesmo que *todos* fossem movidos por carências *normalmente* modestas e que todos fôssemos pessoas perfeitamente racionais, ainda estaríamos vivendo em um estado de guerra na ausência de um Soberano efetivo dotado de *todos* os poderes que, segundo Hobbes, um Soberano *tem de* ter para ser efetivo. Por *piores* que sejam alguns Soberanos, o estado de guerra é *ainda pior*. Ganância, apego ao domínio, orgulho e vaidade podem ser sérios elementos de complicação, mas não são realmente necessários para permitir que o estado de natureza se torne um estado de guerra. A mera *possibilidade* de que *algumas* pessoas sejam movidas por esses sentimentos já é suficiente.

(vii) Há um *exercício útil* que consiste em analisar de que modo é possível enfraquecer ainda mais a suposição da tese de Hobbes no sentido de que as pessoas em estado de natureza vivem em um estado de guerra mesmo que sua psicologia seja *menos* egocêntrica e mesmo que elas sejam mais virtuosas ou movidas por sentimentos mais amplos de afinidades e afeições. Por exemplo, suponhamos que todos sejamos motivados segundo a teoria do *altruísmo* limitado de Hume. Consideremos, para esse efeito, o caso das *guerras religiosas*, como as dos séculos XVI e XVII. Nesse caso, podemos supor que todos os indivíduos são devotados e fiéis a sua concepção da obrigação religiosa, mas ainda assim podem ser lançados em um estado de guerra. Vale lembrar que é nesse contexto histórico e no da Guerra Civil Inglesa que Hobbes escreveu *Leviatã*.

Finalmente, como um aparte, gostaria de dizer que ao analisar um texto desse tipo, tão abrangente e com tantos elementos, deve-se tentar interpretá-lo da melhor e mais interessante maneira possível se a intenção for usufruir o máximo desse texto. Não há sentido em tentar derrotar *Leviatã*, nem em mostrar que o autor estava equivocado de alguma maneira ou que seu argumento não é coerente. O que se deve fazer é tirar o máximo proveito dele e tentar captar a melhor maneira de expor a visão geral da obra. Sem essa intenção, creio que seria perda de tempo ler *Leviatã* ou, de resto, qualquer obra de um filósofo importante.

Hobbes – Conferência II: Apêndice A

APOSTILA: ESQUEMA DA IDEIA DE HOBBES PARA PROVAR
QUE ESTADO DE NATUREZA → ESTADO DE GUERRA

1. Estado de natureza = df. estado de coisas no qual não há um poder soberano para sujeitar a todos pela reverência e pelo temor. Estado de guerra = df. estado de coisas no qual a vontade de disputa por meio de batalha é reconhecida publicamente. Um estado de guerra consiste não em batalhas reais, mas na conhecida disposição para tal, durante um período de tempo em que não há garantia do contrário. Todo o tempo restante é de paz.

2. Argumento em favor da ideia de que estado de natureza → estado de guerra:

(a) A igualdade (de dons naturais e faculdades do espírito) – dado o lugar central que ocupa na doutrina política de Hobbes o desejo de autopreservação e de obtenção dos meios para uma vida confortável – conduz à igual esperança de concretizar nossos fins.

(b) A igualdade de esperança – dada a escassez de meios naturais e produzidos para sustento da vida – cria competição entre as pessoas e as torna possíveis inimigas umas das outras.

(c) A competição – dadas a grande incerteza relativa aos objetivos dos outros e a possibilidade de que eles formem alianças e coalizões contra nós – dá origem à "dificência", isto é, ao estado geral de desconfiança.

(d) A dificência, ampliada pela possibilidade de que algumas pessoas podem ser movidas por orgulho e vaidade para obter domínio sobre os outros e aliada ao fato de que nenhum pacto ou contrato pode fornecer segurança na ausência de um Soberano que garanta a sua execução, faz parecer menos vantajoso o trabalho produtivo (a rapacidade pode se tornar mais produtiva), levando as pessoas a acreditar que sua segurança será mais bem defendida por meio de ataques preventivos.

(e) A prevenção – isto é, o estado de coisas no qual há disposição para atacar primeiro quando as circunstâncias parecerem propícias – é conhecida ampla e publicamente e é, por definição, um estado de guerra.

3. Note-se:

(i) O argumento não supõe que as pessoas ajam irracionalmente. Tampouco supõe que as pessoas tenham o desejo ilimitado de obter cada vez mais meios para uma vida confortável.

(ii) No item (d), supõe-se possível que algumas pessoas sejam movidas pelo orgulho e vaidade visando ao domínio sobre os outros, ou então que essa possibilidade deva ser considerada; mas pode ser que ninguém seja de fato movido dessa forma. (Outro elemento para reflexão é se a suposição dessa possibilidade é necessária ou não para argumento de Hobbes.)

(iii) A importância do argumento de Hobbes está em parte no fato de que ele se ampara em suposições bastante plausíveis sobre as condições normais da vida humana. Para exemplificar: o argumento não supõe que todos são de fato influenciados por orgulho e vaidade para buscar o domínio sobre os outros. Essa suposição discutível possibilitaria a conclusão pretendida por Hobbes, mas a tornaria menos interessante.

(iv) É preciso lembrar que as suposições de Hobbes, psicológicas ou de outra natureza, não precisam ser necessariamente verdadeiras para todas as formas de conduta humana. Como já vimos, Hobbes não defende, por exemplo, o egoísmo psicológico. Suas suposições sobre os interesses fundamentais da humanidade precisam apenas representar de modo suficientemente exato as grandes influências sofridas pela conduta humana nos tipos de situações sociais e políticas que o preocupam. Recomenda-se não esquecer que, na interpretação proposta, o sistema moral secular hobbesiano é concebido como uma doutrina política; e, como tal, é cabível que ele enfatize determinados aspectos da vida humana.

HOBBES III

A doutrina hobbesiana da razão prática

§ 1. O razoável e o racional

Hoje discutirei a doutrina hobbesiana da razão prática na forma como ela foi apresentada no âmbito daquilo que chamo de sistema moral secular hobbesiano ou doutrina política hobbesiana. Para Hobbes, a razão prática é uma forma de racionalidade, e nessa compreensão, que atribuirei também a Locke, a razão prática traz em si uma espécie de razoabilidade. Ou seja, creio ser possível diferenciar duas formas da razão prática. Podemos pensá-la como racional ou como razoável. Por ora, "racional" [*rational*] e "razoável" [*reasonable*] são simples palavras ou rótulos, cuja diferenciação ainda não nos é conhecida. Na linguagem comum, ambos os termos se referem a algo que não apresenta contradições com a razão ou que se baseia na razão. Mas, ao usar esses termos no dia a dia, parece que percebemos, sim, a diferença entre eles. Geralmente, eles não são usados como sinônimos. Tome-se como exemplo a situação em que alguém diz: "Beltrano usou uma tática muito agressiva de negociação, agindo de modo extremamente irrazoável; porém, é preciso admitir que esse comportamento, na perspectiva pessoal de Beltrano, foi perfeitamente racional." Nessa frase é possível, de certa forma, reconhecer a diferença. Temos a tendência de usar "razoável" para indicar uma mentalidade imparcial, ponderação, capacidade de perceber o ponto de vista dos outros etc.; "racional", ao contrário, tem mais o sentido de agir de acordo com a lógica, visando ao próprio bem ou aos interesses pessoais. Em meus trabalhos e na presente discussão, o conceito de razoável abrange os termos justos da cooperação; o racional, por outro lado, abrange a promoção do bem ou vantagem para si próprio ou para cada pessoa envolvida na cooperação.

Hobbes é um dos defensores da tese de que é a *razão prática* que *delibera* qual é o comportamento *racional* que os indivíduos devem ter (racional ≠ razoável). Muitas das Leis da Natureza listadas por Hobbes se enquadram naquilo que consideramos intuitivamente como o *Razoável*. As Leis da Natureza formulam os preceitos da justa cooperação, ou seja, elas nos fazem ter inclinação para virtudes e hábitos mentais e comportamentais favoráveis a tal cooperação. Por exemplo, a primeira lei manda procurar a paz e segui-la para nos defendermos a nós mesmos na medida do necessário; a segunda diz que um homem deve estar disposto, quando outros também estiverem, a renunciar a seu direito a todas as coisas, contentando-se com ter, em relação aos outros, a mesma liberdade que aos outros permite em relação a si mesmo; a terceira diz respeito a honrar os pactos celebrados. As demais leis, da quarta à décima, têm a ver com uma ou outra virtude relacionada à cooperação: gratidão, adaptação aos outros, clemência e perdão; não desprezar os outros, reconhecê-los como nossos iguais; e outras virtudes semelhantes. A décima Lei da Natureza diz que *não* devemos reservar para nós mesmos um direito que não aceitemos que outros também tenham, e assim por diante. Todas elas têm a ver com os preceitos da cooperação necessários para a vida social e para uma sociedade pacífica (*Leviatã*, Capítulos 14 e 15). Mas Hobbes enfatiza que é *racional* seguir esses princípios *razoáveis*, com a condição de que os outros os sigam da mesma forma. O papel do Soberano é, em parte, garantir que esses princípios sejam seguidos por outros indivíduos (em número suficiente) para que seja *racional* que cada um os siga. Assim, Hobbes justifica os princípios *Razoáveis* (com *conteúdo* razoável) em termos do *Racional*.

Entretanto, Hobbes enfatiza que só será racional seguirmos esses princípios razoáveis com a condição de que outros também os sigam. É com a ajuda deles que obteremos nosso bem pessoal. Em outras palavras, a argumentação hobbesiana tenta provar que esse grupo de princípios, que poderíamos aceitar como razoáveis, no sentido que atribuí ao termo, são princípios racionais que devem ser seguidos, com base em nossos interesses fundamentais, desde que outros indivíduos também os sigam. Aqui, apela-se para algo que contribua para a autopreservação, afeições conjugais e meios para uma vida confortável ou, em outras palavras, para o bem essencial de nossa pessoa. O papel do Soberano é, assim, em parte, garantir que outras pessoas em número suficiente sigam as leis da natureza de modo que se torne racional que nós também as sigamos, garantindo, dessa forma, a paz.

Mais adiante, trataremos do contrato social e de suas consequências práticas, quais sejam, designar o Soberano, dotando-o de poderes suficientes para obter efetivamente as condições necessárias para essa garantia.

A existência do Soberano muda as circunstâncias de tal modo que deixam de existir motivos razoáveis, ou racionais, para não obedecer às leis da natureza. Mas a dificuldade, que, em minha opinião, Hobbes foi um dos primeiros a ver, é que é difícil imaginar que no estado de natureza propriamente dito seja possível existir um órgão que torne racional celebrar ou cumprir à risca os pactos. Logo, um dos argumentos básicos de *Leviatã* é que devemos assumir esses princípios razoáveis da cooperação social e justificá-los em termos do racional.

Tentarei explicar um pouco mais detalhadamente o contraste entre os princípios racionais e os princípios razoáveis. Isso pode ser feito de dois modos:

(a) através do *papel* peculiar que eles desempenham na razão prática e na vida humana; e

(b) através de seu *conteúdo*, ou seja, daquilo que eles efetivamente dizem e nos mandam fazer – conteúdo este que geralmente se pode reconhecer intuitivamente como pertencente ao âmbito do Racional ou do Razoável.

A peculiaridade (a) dos papéis que esses princípios desempenham consiste, a meu ver, no fato de que as concepções da cooperação social são bem diferentes de outra noção, a da *coordenação* meramente *eficiente e produtiva da atividade social,* tal como acontece com as abelhas de uma colmeia ou com os trabalhadores da linha de montagem de uma fábrica. As abelhas e os trabalhadores desempenham uma atividade coordenada produtiva e até, pode-se dizer, social. Mas não se trata necessariamente de uma cooperação. É uma atividade *coordenada socialmente*, talvez com alguma espécie de regras públicas que as pessoas sabem que devem seguir, mas não uma cooperação no sentido normal do termo. Qual é, então, a noção de cooperação que a distingue da atividade coordenada socialmente e até mesmo da atividade produtiva?

Cada concepção de *cooperação social* (ao contrário da atividade social meramente *eficiente, produtiva* e *coordenada*) tem *duas* partes:

(a) A primeira parte define uma ideia de *vantagem racional* para os indivíduos participantes da cooperação, isto é, certa ideia do bem ou bem-estar de *cada indivíduo* ou *cada associação* etc. Neste ponto surge uma enumeração dos *princípios de escolha racional* como elemento *essencial*, mas não *único*, da definição de vantagem racional. A vantagem racional traz em si uma ideia daquilo que cada indivíduo ou cada associação participante de uma cooperação ganhará ao participar dessa atividade. Suponhamos que eles sejam racionais e tenham refletido sobre isso. Trata-se de uma ideia de seu próprio bem e que não lhes foi imposta por outras pessoas, que eles próprios tiveram depois de refletir; essa mesma ideia faz com que eles estejam dispostos a aceitar o segundo aspecto da noção de cooperação.

(b) A segunda parte define os termos *justos* da *cooperação social*. Esses termos trazem em si uma noção de *mutualidade* ou *reciprocidade*, bem como o modo específico pelo qual essa noção deve ser interpretada *na prática*. Isso não significa que haja uma única interpretação para a reciprocidade ou a mutualidade. É possível haver várias interpretações adequadas para diferentes situações. Essas situações serão expressas em termos dos *controles* que os termos justos impõem à atividade social eficiente, produtiva e coordenada, de modo que essa atividade seja *também* uma justa cooperação social. Os *princípios* que definem os termos da *justa cooperação social* são referidos aqui como o *razoável*. Seu *papel* é interpretar tal noção de razoabilidade.

Note-se ainda que a concepção da cooperação social também pressupõe que as pessoas sejam *capazes* de *participar* da cooperação e honrar os termos desta. Ela explica também o que torna possível a cooperação entre essas pessoas. Mais adiante discutiremos o papel do senso de certo e errado – ou seja, do senso de justiça – em possibilitar que as pessoas participem da cooperação social.

Ora, os preceitos ou princípios que definem os termos justos da cooperação em qualquer caso particular serão razoáveis. Assim, quando dizemos que uma pessoa agiu de modo desarrazoado ao negociar com outra pessoa, mesmo tendo sido perfeitamente racional sob sua perspectiva pessoal, o que queremos dizer é que de algum modo essa pessoa se aproveitou de alguma posição favorável, talvez acidental, para impor termos desarrazoados (injustos) para ter sucesso na negociação. Mesmo descrevendo a pessoa dessa forma, temos de admitir que, com base na situação em questão e observando as coisas sob a perspectiva da pessoa, talvez seu comportamento tenha sido racional (no sentido de promover o próprio bem).

Já mencionei algumas das características da doutrina hobbesiana da razão prática como *racionais*, no sentido usado em nossa discussão sobre a natureza autorreferente dos fins perseguidos pelos seres humanos na visão de Hobbes. Vale lembrar quais eram esses fins: autopreservação, afeições conjugais e meios para uma vida confortável. Passarei agora a tratar deles um pouco mais detalhadamente.

No sistema moral secular hobbesiano, ou seja, em sua concepção política, os fins últimos perseguidos pelas pessoas são as circunstâncias e atividades que elas se empenham em ver concretizadas e que as satisfazem por si sós. O foco desses fins recai sobre o eu, sobre a preocupação com nossos desejos de manter nossa própria saúde, vigor e bem-estar; com o bem-estar de nossa família; ou com a obtenção dos meios para viver uma vida confortável. É uma preocupação relativamente mesquinha, e é nesse sentido que Hobbes elabora uma doutrina egocêntrica da natureza humana para os propósitos de sua teoria política. Analisemos a seguir duas ideias sobre esses fins ou desejos últimos:

Em primeiro lugar, (a) esses fins ou desejos últimos são todos autorreferentes e *dependentes do objeto*, na definição que atribuo a essa expressão. Dizer que eles são dependentes do objeto significa dizer que eles podem ser descritos sem fazer referência ou menção a qualquer princípio razoável ou racional, nem a qualquer noção moral, em termos gerais. Tomemos como exemplo o desejo de comer e beber, ou o de ter amigos e companhia. Posso descrever uma circunstância que me interessa em termos destes e outros "objetos", em um sentido amplo; por exemplo, uma circunstância em que tenha tudo o que desejo comer ou beber, uma circunstância em que eu ou minha família estejamos em segurança, ou algo semelhante. Aí não há referência a ideias do tipo "ser tratado justamente", nem a direitos ou outras ideias de cunho moral. (b) Na visão de Hobbes, os fins ou desejos últimos mais importantes que as pessoas têm não são de natureza social: são desejos que as pessoas supostamente têm quando vivem no estado de natureza, e não como membros da sociedade civil. Eles continuariam sendo traços característicos dos seres humanos ainda que imaginássemos a sociedade como algo fragmentado ou decomposto em seus elementos. Isso significa que a teoria social de Hobbes, isto é, sua visão da doutrina política, não se baseará, de modo geral, em fins e desejos gerados por instituições sociais. Hobbes vê esses desejos como pertencentes a uma categoria mais basilar, como partes dos elementos (seres humanos) que formam a sociedade. Os fins são aspectos das partes – isto é, dos indivíduos – a partir das quais o *Estado* é, por assim dizer, *montado mecanicamente* como um corpo *artificial* (*cf. Do cidadão EW* ii, p. xiv). (Aqui vale a pena relembrar as *três* partes do sistema de Hobbes: *corpo, homem, cidadão* – cada qual composta a partir da anterior.)

Em segundo lugar, na visão de Hobbes, as pessoas também têm, além desses desejos dependentes do objeto, certos *desejos dependentes do prin-*

cípio. Trata-se de princípios de ordem superior que pressupõem desejos de ordem inferior, tais como os desejos dependentes do objeto, discutidos acima. Em Hobbes, os únicos desejos dependentes do princípio são aqueles definidos pelos princípios da escolha racional, e não pelos princípios da conduta razoável. Dou-lhes o nome de dependentes do princípio porque para descrevê-los é preciso citar um ou outro princípio. Eles são racionais e não razoáveis porque são desejos de agir ou de deliberar de acordo com um princípio da racionalidade que pode ser descrito e declarado. Por exemplo, seria um princípio racional o de que devemos usar os meios mais eficazes para alcançar nossos fins. O desejo de deliberar e de agir de acordo com esse princípio seria um desejo racional. Penso nesses desejos também como desejos ou fins últimos, no sentido de que desejamos agir com base neles e deliberar de acordo com eles independentemente de tudo o mais.

Relembremos agora o que diz Hobbes no Capítulo 11, p. 47 (1º parágrafo): "[...] o objeto do desejo do homem não é usufruir somente uma vez e por apenas um instante, mas garantir eternamente a fruição de seus desejos futuros. Portanto, as ações voluntárias e inclinações de todos os homens tendem não apenas à busca como também à garantia de uma vida plenamente satisfeita". Assim, cada um de nós temos uma *inclinação geral* que Hobbes descreve como "[...] um perpétuo e irrequieto desejo de poder e mais poder que cessa apenas com a morte". Não há um objetivo máximo que, uma vez alcançado, nos permita *descansar* no repouso de um espírito satisfeito.

Neste ponto, há várias questões a observar:

(1) Primeiro, entendo que Hobbes está dizendo também que, por termos a faculdade da razão, possuímos uma concepção de nós mesmos como indivíduos vivendo uma vida em determinada época e nos vemos com um futuro diante de nós, talvez um futuro bem distante. Não apenas somos movidos por certos desejos agora, como também prevemos e entendemos a possibilidade de sermos movidos por toda uma série infinita de desejos no futuro. Esses desejos futuros não são desejos que temos agora. Neste momento, eles não estão psicologicamente ativos; porém, prevemos *neste momento* que (muito provavelmente) os teremos em determinadas circunstâncias no futuro. Posso, por exemplo, achar que no futuro desejarei ter comida para me alimentar e por isso posso querer garantir que sejam tomadas as providências necessárias para manter a despensa abastecida, mas esse desejo não se baseia em um estado atual de fome. Existe um desejo de *ordem superior* que temos agora e sempre, na medida em que

somos seres racionais; trata-se de um desejo que temos de garantir neste momento, através de alguma forma de conduta adequada no presente, com base em algum princípio racional conforme descrito anteriormente, que teremos condições de satisfazer nossos desejos futuros. Com isso, não estamos sendo movidos no presente por esses desejos futuros, mas sim pelos desejos de ordem superior; a fim de descrever o objeto desse tipo de desejo, isto é, aquilo que eles tentam concretizar, é necessário nos reportarmos a certos princípios da deliberação racional. Os desejos de ordem superior nos movem e se expressam através de atos da mesma forma que os demais tipos de desejos.

Hobbes diz que os homens têm "um perpétuo e irrequieto desejo de poder e mais poder que cessa apenas com a morte. E isto nem sempre é porque há no homem a esperança de um deleite mais intenso do que aquele já alcançado, ou porque ele não consegue se contentar com um poder moderado, mas porque não consegue assegurar o poder e os meios para viver bem que atualmente possui sem adquirir ainda mais" (*Leviatã*, p. 47). Vale lembrar que "*o poder de um homem* [...] consiste nos meios de que dispõe atualmente para obter um bem futuro qualquer" (*Leviatã*, p. 41). O desejo de "poder e mais poder" sugere que não há um objetivo máximo que, uma vez alcançado, nos permita descansar na suposição de estarmos completamente satisfeitos.

(2) A segunda questão é: a inclinação geral que se expressa como um desejo de poder e mais poder (devido às circunstâncias da vida humana) é um desejo *dependente do princípio*, no sentido de que para *descrever* o *objeto* do desejo, isto é, aquilo que ele se esforça para obter, é necessário nos reportarmos a certos *princípios da deliberação racional* (ou escolha racional) na concepção de nossos desígnios e intenções. Os desejos de ordem superior são desejos de conceber e seguir um plano de conduta *racional* definido por certos *princípios*. Os desejos fundamentais, egocêntricos (inferiores ou de primeira ordem) *não podem* servir de base para esses desejos de ordem superior, nem explicar a conduta na qual eles se expressam.

Alguns exemplos ajudarão a entender melhor esse raciocínio: no caso dos *princípios* da *escolha racional*, eles talvez possam ser definidos apenas por meio de uma *lista*:

(i) Princípio da transitividade etc.: (ordenamento completo) aplicado às preferências (ou em detrimento de outras opções)

(ii) Princípio dos meios eficazes
(iii) Princípio de preferir a maior probabilidade para o resultado mais almejado
(iv) Princípio da opção dominante

Um ser *racional* compreende e aplica esses e outros princípios *racionais*; seus desejos de ordem superior, definidos por esses princípios, podem ser vistos como desejos de *regular* a busca de concretização da totalidade de seus desejos (naturais) dependentes do objeto através desses princípios.

Assim, parece correto chamar esses desejos de *racionais*. Não tentarei *definir* o que é "racional" ou "racionalidade". Em vez disso, prossigamos recorrendo a *exemplos* e *listas*. Por exemplo, a lista dos princípios há pouco apresentada. Note-se a diferença entre os princípios *racionais* e outros tipos de princípios, tais como os princípios *razoáveis*. Tomemos como exemplo o princípio que Hobbes usa para afirmar uma espécie de *diretiva* para reconhecer a peculiaridade da *força* das leis da natureza:

"*Não faz aos outros aquilo que não te farias a ti mesmo.*" I: 15, p. 79 (trecho após a 19ª e última Lei da Natureza, L: 79).

Esse é um exemplo possível de um princípio *razoável*: alguém que não tome medidas eficazes em favor de seus fins estará sendo (por assim dizer) *irracional* (*ceteris paribus*); por outro lado, quem faz aos outros aquilo que não faria a si mesmo (talvez por pensar que pode sair incólume) estará agindo de modo *desarrazoado*. Isso não quer dizer que esse indivíduo esteja sendo *irracional*, pois possui objetivos que está tentando promover. Mas, ao violar esse princípio, estará agindo de modo *desarrazoado*.

Todos os princípios que Hobbes chama de "Leis da Natureza" poderiam ser chamados plausivelmente de princípios *razoáveis*. Ver especialmente os seguintes trechos:

(i) *Leviatã*, p. 64, primeira parte da primeira Lei da Natureza: todos devem empenhar-se pela paz, na medida em que se tem esperança em obtê-la.

(ii) *Leviatã*, pp. 64-5, segunda Lei da Natureza: devemos concordar, quando outros também assim o fizerem, em renunciar a nosso direito a todas as coisas e nos contentar, em relação aos outros homens, com a mesma liberdade que aos outros homens permitimos em relação a nós mesmos. Esse é um princípio de *reciprocidade*.

E assim por diante com as demais Leis da Natureza, da 10ª à 19ª.

Podemos não aceitar a formulação hobbesiana desses princípios; ainda assim, porém, em sua formulação original ou na forma modificada acima, parece adequado designar esses princípios como *razoáveis* e o desejo de agir com base neles de forma absoluta, como desejo *razoável*. Além disso, os desejos razoáveis são desejos *dependentes do princípio* no mesmo sentido que os desejos *racionais* o são. Ambos os tipos de desejos são determinados pela referência a *princípios* racionais ou razoáveis.

Vejamos agora o que diz Hobbes a respeito das *ações voluntárias*:

(a) Hobbes afirma que o objeto das ações voluntárias dos seres humanos, quando estes são plenamente racionais e têm tempo para deliberar, é sempre algum bem aparente para eles próprios. Em suas palavras: "[...] e o objetivo de todos os atos voluntários de todo homem é algum *bem para si mesmo*" (*Leviatã*, p. 66). Em outras palavras, não agimos de modo *voluntariamente* contrário a nosso próprio bem. Quando o bem aparente demonstra não ser verdadeiro, Hobbes, ignorando os casos em que as pessoas são motivadas por orgulho e vaidade, pressupõe que existe nessa situação algum erro ou infortúnio que não é culpa do agente, embora a ação tenha se revelado desfavorável (*Leviatã*, p. 66). Admite, contudo, que *alguns* atos voluntários são *contrários à razão*. Em algum momento, nossas deliberações terminam, e o último desejo (efetivo) nesse momento é definido por Hobbes como *vontade*; além disso, nossas deliberações – nossa vontade, portanto – podem ser distorcidas pelo orgulho e pela vaidade, por exemplo. Porém, creio que o raciocínio hobbesiano é de que, em *qualquer circunstância*, os atos voluntários têm como objeto tácito algum bem *aparente* para nós mesmos. Mesmo um indivíduo movido pelo orgulho e pela vaidade se empenha em obter algo que ele *acredita* visar a seu próprio bem, embora esse raciocínio seja incorreto.

Hobbes faz essa afirmação sobre as ações voluntárias quando tenta explicar por que alguns direitos jamais podem ser renunciados nem transferidos. Por exemplo, o direito de resistir ao Soberano em autodefesa e de fazer aquilo que acharmos necessário para preservar nossa própria vida. Hobbes diz que "à transferência mútua de direitos os homens chamam de contrato" (*Leviatã*, p. 66), e nos contratos sempre reservamos alguns direitos básicos para nós mesmos.

(b) Como definir, então, um ser humano como *racional*, visto que o raciocínio de um indivíduo *também pode* estar incorreto, isto é, visto que se pode chegar a uma falsa conclusão? A diferença está na *explicação* para o fato de o raciocínio estar incorreto, isto é, na explicação do *porquê* de o bem aparente não ser o bem verdadeiro para o indivíduo em questão. Se a explicação for incapacidade do indivíduo de se autodisciplinar e admitir suas inclinações para a vaidade etc., então ele não é (plenamente) racional. Se, contudo, a explicação residir (por exemplo) na *falta de informação* que *não pode ser evitada* e *não é falha* do agente, o indivíduo ainda estará agindo de modo *perfeitamente racional*, mesmo que a conclusão a que chegue seja incorreta.

Para resumir, na *Concepção política* de Hobbes:

(i) O *objeto* das ações voluntárias de pessoas perfeitamente racionais é *sempre* visto por essas pessoas como uma espécie de *bem aparente para si próprias* (como indivíduos). Esse bem é identificado pelos princípios da deliberação racional com toda a vasta sequência de nossos desejos autorreferentes e dependentes do *objeto* (que pertencem a nós como indivíduos), com base tanto nos desejos atuais como nos desejos futuros previsíveis. (Vale lembrar aqui os nossos interesses fundamentais, em sua ordem de prioridade: autopreservação, afeições conjugais, riquezas e meios para uma vida confortável.)

(ii) Quando o *bem aparente* demonstra não ser um bem *real*, a explicação disso, no caso de um indivíduo *racional*, não reside em alguma *falha* ou *deficiência* do raciocínio que seja *propriamente* atribuída ao indivíduo (não resulta, por exemplo, do orgulho ou da vaidade). Em vez disso, ela reside na falta inevitável de informação ou em alguma outra circunstância inevitável.

(iii) Os atos voluntários de pessoas racionais são movidos em parte pelos desejos de ordem superior e dependentes do princípio, e não exclusivamente pelos desejos dependentes do objeto. Em uma pessoa perfeitamente *racional*, esses desejos de ordem superior são plenamente reguladores – *plenamente efetivos e em posição de controle*.

Assim, a *deliberação* racional pode chegar a uma *falsa* conclusão e ter *consequências desastrosas*. Mas o fato de a conclusão ser falsa e ter consequências desastrosas é resultado de *infortúnio* e não de falha da pessoa, visto não ter havido *erros* no raciocínio nem *distorções* por meio das paixões etc.

§ 2. A base *racional* das cláusulas *razoáveis* da harmonia civil

Uma concepção da cooperação social é uma concepção do modo como a atividade social coordenada pode ser elaborada para promover o bem (racional) de todos de forma justa (razoável) para todos. Ela traz em si uma noção dos termos justos da cooperação (o razoável) e uma noção do bem ou vantagem de cada pessoa envolvida na cooperação (o racional). Na concepção política, o modo como Hobbes vê os seres humanos determina mais detalhadamente como devem ser compreendidas as noções de cooperação social, racionalidade e razoabilidade. Nosso problema, então, é descobrir como Hobbes vê a relação entre a deliberação racional dos indivíduos e as leis da natureza, cujos conteúdos são intuitivamente razoáveis porque formulam preceitos da justa cooperação ou predispõem-nos a hábitos mentais favoráveis a tal cooperação. Tradicionalmente, as Leis da Natureza são interpretadas da seguinte maneira:

(a) As *Leis da Natureza* são os decretos (normas) (*de caráter legislativo*) daquela pessoa (Deus) que tem *autoridade legítima* sobre o mundo e sobre todas as suas criaturas, inclusive sobre os seres humanos.

(b) Como esses decretos se originam dessa autoridade legítima, eles são *mandamentos* e, portanto, *leis* no sentido estrito (e não princípios), visto que, por definição, entende-se por "lei" o mandamento emitido por alguém que tem autoridade legítima.

(c) Essas leis são leis *naturais* (e não *reveladas*), pois é possível averiguar o *objeto* de seu mandamento e o próprio *fato* de *serem* mandamentos através do uso correto das faculdades *naturais* da razão, que os seres humanos, como seres *racionais*, possuem quando usam suas faculdades para refletir sobre os fatos da *natureza* visivelmente *acessíveis*, deles retirando conclusões adequadas. Isto é, através da razão natural é possível chegar à conclusão de que Deus existe e de que deve ter tido a intenção de que as pessoas sejam felizes e vivam em sociedade, e assim por diante. Portanto, se forem necessários certos preceitos para esse propósito fundamental, eles serão leis da natureza, ou leis naturais, e terão força de lei.

Nessa linha de interpretação, Hobbes diz: os mandamentos de Deus, que tem autoridade legítima sobre nós, são as *Leis da Natureza* quando estas nos são, por assim dizer, decretadas pela razão natural e através dela, em virtude do fato da natureza, isto é, dos fatos da natureza humana etc.

Hobbes tem em mente essa interpretação das Leis da Natureza (ou uma interpretação semelhante) quando afirma no final do Capítulo 15, p. 80: "A estes ditames da razão os homens costumam dar o nome de leis, mas isso não é apropriado, pois eles nada mais são que conclusões ou teoremas relativos ao que contribui para a conservação e defesa dos homens. Por outro lado, a lei, em sentido próprio, é a palavra daquele que tem direito de mando sobre os outros. Contudo, se considerarmos que os mesmos teoremas são transmitidos pela palavra de Deus, que tem direito de mando sobre todas as coisas, nesse caso eles serão propriamente chamados leis."

No início da última conferência, expliquei por que acredito que a interpretação *secular* do sistema hobbesiano é a *primordial*. A interpretação teológica adicional não afeta *nem* a estrutura *formal* da teoria hobbesiana das instituições políticas *nem* seu *teor substancial*; aquilo que é indispensável para a *autopreservação de cada um* no mundo *não* conflita com aquilo que é *necessário* para a *salvação*. Nessa linha de interpretação, o argumento de Hobbes se dirige a pessoas *racionais* que usam sua razão *natural*. As referências de Hobbes às Leis da Natureza como, *simultaneamente*, sob outro ponto de vista, leis de Deus, podem ser interpretadas da seguinte maneira: a introdução de questões teológicas não afetará a criação do Estado.

Assim, proponho considerar as Leis da Natureza *primordialmente* como conclusões sobre os princípios e padrões da cooperação social aos quais *todos* deveriam *racionalmente* se sujeitar para *preservar* a si próprios e obter os meios para uma vida satisfeita. Essa sujeição é *racional* para *cada um*, desde que *outros também se sujeitem da mesma forma*. Assim, quando há sujeição *geral* de todos às Leis da Natureza, e quando essa sujeição é *conhecida* publicamente por cada um, as Leis da Natureza se tornam *coletivamente racionais*. Em outras palavras, fazendo referência à discussão sobre a razão prática, pode-se dizer que as Leis da Natureza, na medida em que seu conteúdo e papel sejam distinguíveis, definem uma família de princípios *razoáveis*, e a sujeição *geral* a esses princípios é *racional* para todas as pessoas e para cada uma.

Para descrever as Leis da Natureza de outra forma[1], pode-se dizer que elas são *muito parecidas* com o que Kant chama de imperativos hipotéticos *assertóricos*. Trata-se de imperativos hipotéticos *válidos* para todos em virtude do fato de que todos nós temos, como seres racionais, determinado fim, qual seja, nossa própria *felicidade* (que, para Kant, é a satisfação ordenada de nossos muitos e diversos fins)[2]. Para Kant, obter nossa própria felicidade é o nosso fim como seres *racionais*, por *necessidade natural*. Não sei ao certo o que Kant quis dizer com isso. Para ele, a ideia de felicidade traz em si certa concepção de como organizar e planejar visando à

---

1. Leitura de Kant proposta por J. W. N. Watkins em *Hobbes's System of Ideas* (Nova York: Barnes and Noble, 1968), pp. 55-61.
2. Immanuel Kant, *Groundworks of the Metaphysics of Morals*, trad. e org. H. J. Paton (Londres: Hutchinson, 1948), II: 21, Ak. [ed. acadêmica] 4: 15 s.

satisfação de nossos diversos desejos no decorrer do tempo. Assim, nesse sentido, a doutrina da razão prática em Kant assemelha-se à de Hobbes, conforme descrita anteriormente. O fato de termos nossa própria felicidade como um fim pode significar simplesmente que, como seres naturais, *não podemos evitar* o interesse em satisfazer nossos desejos. Para fazer essa interpretação se adaptar à teoria hobbesiana, é preciso substituir, na ideia de fim, a felicidade pela bem-aventurança, entendendo esta última como *nossa autopreservação e os meios para uma vida confortável*.

A diferença entre um imperativo hipotético e um imperativo categórico reside na *justificação* do princípio ou diretiva em questão, e não na sua forma ou modo de expressão. Assim, suponhamos que sempre escrevemos um princípio ou diretiva desta forma: *Fazer isto e isto*. "Honrar os próprios pactos" ou "Manter-se em bom estado de saúde" são diretivas que podem ser imperativos hipotéticos ou imperativos categóricos para determinada pessoa, e isso é decidido pelos *fundamentos* com base nos quais eles são asseverados. Uma pessoa pode ver em uma ou outra dessas diretivas um imperativo hipotético, enquanto outra pessoa vê nelas um imperativo categórico. Alguém que *honra seus pactos* com fundamento na ideia de que é *necessário preservar* a *boa reputação* etc. vê nessa diretiva um imperativo hipotético, pois a reputação é uma espécie de poder. Por outro lado, *manter a saúde* porque isso é *necessário* para se desonerar das próprias obrigações morais é o mesmo que ver nessa prescrição um imperativo categórico.

Assim, na ética de *Kant*, há *dois* procedimentos da razão prática: *um* é definido pelo modo de justificação de imperativos hipotéticos *específicos*, que inclui o *princípio* geral *da escolha racional* e a *ideia de nossa própria felicidade*; e o *outro* é definido pelo modo de justificação de imperativos categóricos *específicos*, que evoca o *Procedimento do IC*[3]. Esse procedimento expressa as condições da *razoabilidade*, isto é, as restrições para a especificação dos princípios aos quais *todos* devem se sujeitar se sua conduta for social. Os imperativos hipotéticos se justificam para cada pessoa tendo em vista os fins pessoais, que diferem de uma pessoa para outra. Os imperativos categóricos se justificam como condições que *todos* têm de cumprir, *sejam quais forem* seus fins específicos.

---

3. Para uma análise detalhada de Kant e seu Procedimento do Imperativo Categórico, ver John Rawls, *Lectures on the History of Moral Philosophy*, org. Barbara Herman (Cambridge, Mass.: Harvard University Press, 2000), pp. 162-81.

Assim, a interpretação das Leis da Natureza como imperativos hipotéticos (na concepção de Hobbes) leva à seguinte conclusão: as Leis da Natureza têm o tipo de *conteúdo* que associamos intuitivamente aos princípios *razoáveis*, isto é, princípios aos quais, em nossa concepção, todos devem se sujeitar (sejam quais forem nossos fins específicos). Desse modo, as Leis da Natureza são princípios razoáveis. Contudo, para Hobbes esses princípios se *justificam* para *cada* indivíduo tendo em vista que eles têm como fim a autopreservação. E, dessa forma, eles se justificam como imperativos hipotéticos e, mais que isso, imperativos hipotéticos assertóricos. Em suma: os princípios razoáveis são coletivamente racionais.

Assim, resumindo a teoria de Hobbes e comparando-a com a de Kant, a título de exemplo, temos o seguinte:

(a) Aquelas que tradicionalmente eram consideradas Leis da Natureza (conforme definição no início desta seção) têm o *conteúdo e o papel* que associamos ao *Razoável*. Proponho chamar-lhes *Cláusulas da Harmonia (ou Paz) Civil*. Elas podem ser vistas como cláusulas que visam à conservação dos *seres humanos* como membros de uma sociedade. Essas cláusulas são *objetos da ciência moral* para Hobbes – a ciência do *bem* e do *mal*. Esses princípios são bons porque são meios para obter uma *vida pacífica*, *sociável* e *confortável* – uma paz que todos os seres humanos (quando racionais) concordam que seja boa.

(b) Mas, embora o *conteúdo* e o papel das cláusulas da harmonia civil sejam suficientemente generalizados, os fundamentos sobre os quais Hobbes os justifica se *enquadram exclusivamente* na categoria do *Racional*: essas cláusulas justificam-se para *cada* pessoa apelando para a *deliberação racional*, conforme descrito acima. Creio que é isso que Hobbes quis dizer ao chamá-las de "nada mais que conclusões ou teoremas relativos ao que contribui para a conservação e defesa dos homens" (*Leviatã*, p. 80). Elas se tornam *leis* quando vistas como mandamentos de Deus. Assim, para Hobbes, o *fundamento* do Razoável é o Racional.

(c) Por esse motivo, não acredito (embora certamente haja opinião diferente) que exista espaço em Hobbes para uma noção de direito e obrigação *de natureza moral*, pois tal noção é normalmente subentendida. A estrutura *formal* dos direitos e obrigações está lá em Hobbes; mas se os direitos e as obrigações morais tiverem por fundamento algo diferente do Racional, como acredito que têm, não haverá espaço para eles na teoria hobbesiana *oficial*. Isso explica, em parte, o ataque de Hobbes à doutrina tradicional. (Ver Apêndice A deste capítulo.)

Quanto a nossa obrigação de obedecer às leis da natureza, Hobbes diz que as leis da natureza impõem o desejo de que elas produzam efeito (*in foro interno*), mas nem sempre o de pô-las em prática (*in foro externo*), pois quando um homem cumpre tudo o que promete enquanto mais ninguém assim fizer, ele "torna-se presa fácil para os outros e provoca inevitavelmente sua própria ruína, contrariando o fundamento de todas as leis de natureza" (*Leviatã*, p. 80).

Finalmente, Hobbes oferece uma definição da filosofia moral quando diz: "A paz é boa e, portanto, também são bons o caminho ou meios para a paz, quais sejam [...]: a *justiça*, a *gratidão*, a *modéstia*, a *equidade*, a *misericórdia* [...] – isto é, as *virtudes morais* –, assim como são *maus* seus *vícios* contrários. Ora, a ciência da *virtude* e do *vício* é a filosofia moral; portanto, a verdadeira doutrina das leis da natureza é a verdadeira filosofia moral" (*Leviatã*, p. 79). Desse modo, Hobbes define a filosofia moral como a ciência desses ditames da moral (as Leis da Natureza), que devem ser necessariamente seguidos por todos para que seja possível obter a paz. Em outras palavras, Hobbes pensa na filosofia moral como a ciência daquilo que é necessário para preservar o bem dos homens vivendo em grupo. Para Hobbes, o objeto da filosofia moral é compreender e explicar o conteúdo desses preceitos (as Leis da Natureza) – isto é, explicar por que eles se baseiam na racionalidade. Assim, a explicação que poderíamos dar para o fato de as Leis da Natureza serem princípios razoáveis é que elas acabam se tornando preceitos indispensáveis para que se torne possível a vida em sociedade.

Hobbes acredita oferecer uma explicação da base desses princípios, não do modo como fazem os escolásticos através de Aristóteles (mediocridade, paixões), nem apelando para a religião, revelação etc.; tampouco apelando para a *história*, como fez Tucídides, por exemplo. As Leis da Natureza como ditames da razão não são conclusões obtidas por *indução*, isto é, por uma investigação da história das nações etc. São conclusões obtidas pela *ciência* dedutiva: retrocedendo aos princípios primeiros do *corpo e da natureza humana* e percebendo como *deve* ser o funcionamento da *sociedade política* (os cidadãos ou Leviatã), observando suas partes quando ela está em estado, por assim dizer, *fragmentado*. Hobbes analisa os elementos básicos da sociedade – isto é, os seres humanos –, tentando identificar interesses fundamentais pelos quais todas as pessoas são movidas. Em seguida, tomando essa análise como base, ele conclui que para realizar esses interesses fundamentais é necessário que os ditames da razão (leis da natureza) sejam seguidos por todos. Para isso, é claro, faz-se necessário um Soberano. O Soberano, ou Leviatã, é uma pessoa artificial que deve cumprir determinado *fim*. Como veremos na próxima conferência, sua tarefa é tornar razoável que todos nós honremos os ditames da razão, pois sabemos que a existência de um Soberano efetivo garantirá que outras pessoas também os honrarão. Na ausência dessa garantia, não seria razoável nem racional honrá-los. O Soberano é condição necessária para que seja racional que todos ajam de acordo com esses princípios razoáveis e os sigam. Para que essa pessoa artificial cumpra esse fim ou papel de modo eficaz, é preciso que a sociedade política seja *construída, por assim dizer*, de determinado modo. E quem define esse modo é a Razão como Ciência (filosofia moral).

Hobbes – Conferência III: Apêndice A (1979)

EXISTE OBRIGAÇÃO MORAL EM HOBBES?

Começo a discussão dessa questão observando a resposta de Hobbes ao tolo que diz que a justiça não existe: parágrafos 120-30, em I: Cap. 15 [1. ed., 72 s.].

1. É esta a tese de Hobbes: no caso de pactos nos quais a outra parte *já* cumpriu o pactuado, ou nos quais há uma *força* compelindo a outra parte a cumprir o pactuado (ou a prestar uma compensação), o preceito de honrar os pactos celebrados *sempre* está em conformidade com a *reta razão*. (Parte-se do princípio de que a celebração do pacto foi racional para ambas as partes.) Conforme afirmado anteriormente, nessas condições, é (sempre) *racional* ser *razoável*. Cumprir pactos (válidos) é sempre um ditame da *reta razão*.

2. Para sustentar sua tese, Hobbes apresenta três argumentos:

(a) Ele não nega que se possa violar um pacto celebrado e, ao final, levar grande vantagem, mas em sua opinião não se pode *razoavelmente* ter *esperança de* vantagem. Em razão da *natureza* da vida em sociedade, a única *esperança razoável* é a de perda pessoal. O fato de a deslealdade *às vezes* ser bem-sucedida não é prova do contrário. E aqueles que levam vantagem com a deslealdade ainda assim estão agindo contra a reta razão, pois é impossível que tenham razoavelmente esperado levar vantagem.

Isso se confirma, observa Hobbes, no caso da rebelião que depõe o Soberano e acaba por instaurar um governo operante. Eventos desse tipo são conhecidos, mas, apesar disso, aqueles que se envolvem em rebeliões agem contrariamente à reta razão: eles não tinham nenhuma *razão para ter esperança* de sucesso ou de que, obtendo sucesso, seu exemplo não encorajaria outros a derrubá-los e causar sua *ruína final*.

(b) O outro argumento de Hobbes é que dependemos *totalmente* da ajuda de aliados que nos defendam contra os outros; para qualquer um que viole um pacto celebrado, resta *declarar* efetivamente sua disposição para a deslealdade (tornando pública sua duplicidade, por assim dizer), e nesse caso não poderá esperar a ajuda e o auxílio dos outros; ou então romper seu pacto silenciosamente (de modo que ninguém tome conhecimento disso), sendo aceito por seus aliados por *equívoco* ou *erro*, e nesse caso não poderá esperar razoavelmente que esse equívoco ou erro permaneça ignorado e deixe de resultar em perda de segurança pessoal. Assim, é preciso partir do pressuposto de que a violação de pactos válidos, seja ela declarada ou silenciosa, ocasionará mais cedo ou mais tarde uma perda para quem a comete; a lealdade, assim devemos *pressupor*, é *sempre* um meio necessário para nossa autopreservação.

(c) Hobbes argumenta ainda que as reflexões de cunho teológico (relativas a nossa salvação e bem-aventurança eterna) não podem ser invocadas para obter uma conclusão diferente. Não existe conhecimento *natural* sobre a vida após a morte, de modo que o rompimento de pacto com base em tais reflexões (por exemplo, a deslealdade para com indivíduos partidários de outra crença e, portanto, considerados hereges) é contrário à razão.

3. Resumi o argumento de Hobbes contra o tolo que não acredita na existência da justiça somente para enfatizar que esse trecho bastante crucial apela exclusivamente para nosso interesse primário na segurança pessoal e autopreservação (aí incluído o desejo de uma vida confortável). Com isso, Hobbes sustenta que:

Nunca é *razoável ter a esperança* de levar vantagem (sob o ponto de vista de nossa autopreservação) com o rompimento de pactos *válidos*, ainda que *às vezes* pareça que a deslealdade seja, de fato, vantajosa.

Hobbes faz o argumento voltar-se para uma questão de fato e para aquilo que é razoável esperar com base nas condições *estabelecidas* da vida humana e nas propensões da psicologia humana.

O argumento de Hobbes pode ser reforçado enfatizando dois temas que ele próprio salienta em outra passagem, quais sejam:

(a) Em *primeiro lugar*, a enorme *incerteza* que se abate sobre a vida humana sempre que as condições de paz e segurança são ameaçadas ou enfraquecidas. Em razão dessa incerteza e das sérias perdas possíveis em caso de *ausência* de paz, uma pessoa racional *ignorará* corretamente a perspectiva de vantagens atuais e imediatas decorrentes de quebra de confiança, *desde que existam condições de paz*.

(b) Em *segundo lugar*, uma pessoa racional também reconhecerá que são *o orgulho e a vaidade* que nos *induzem* à deslealdade (em estado de paz e na vigência de pactos válidos). O orgulho e a vaidade distorcem nossa percepção e enviesam nossas deliberações, que, quando corrigidas, podem se revelar errôneas e contrárias a nosso interesse na autopreservação.

4. Ainda assim, sem dúvida é possível que os fatos envolvidos levem muitos de nós a considerar pouco convincente a argumentação de Hobbes. Os exemplos do Dilema do Prisioneiro na esfera política podem dar a impressão de refutar as afirmações de Hobbes. Mas creio que devemos resistir à ideia de que Hobbes não se deu conta desse tipo de situação e de que era menos astuto que nós e por isso não percebeu as possibilidades mais sombrias.

Em vez disso, minha suposição é de que a ideia básica de Hobbes de demonstrar que, conforme sua teoria da razão prática, é *racional* ser *razoável* o levou a omitir essas situações ou ignorá-las e não as considerar importantes. Seu erro nessa questão, se é que é mesmo um erro, certamente não é fruto de *estupidez*, mas deriva de sua concepção subjacente. Hobbes quer apelar exclusivamente para nosso interesse na autopreservação porque sua intenção é apelar somente para os interesses mais fundamentais que *ninguém* vai negar serem fundamentais. Dessa forma, faz uma simplificação drástica, mas intencional.

5. O argumento contra o tolo mostra, penso eu, que Hobbes não apela de fato para uma noção de obrigação moral (conforme normalmente se subentende) *nesse argumento*. Mas será que ficou claro que sua concepção da razão prática não o *permitiria* fazer isso? O que é que sua concepção da racionalidade parece excluir? Digamos que é a noção do *razoável* no seguinte sentido:

(a) Em *primeiro lugar*, podem-se ter diferentes *espécies* de razões para justificar a violação de pactos. No argumento contra o tolo, Hobbes não alega que o tolo apela para a *espécie errada* de razão; em vez disso, ele contesta as suposições de *fato* do tolo. Por outro lado, uma pessoa *razoável* não acha que o ganho de *alguma* vantagem permanente de longo prazo não é [razão] *suficiente* para violar uma promessa. Nesse caso, talvez a situação tenha mudado de tal forma que se essa pessoa tivesse previsto a mudança ela não teria feito a promessa; um compromisso diferente lhe traria mais vantagem pessoal. Todavia, isso *não basta* para voltar atrás com o compromisso. Assim, uma característica do pensamento de uma pessoa *razoável* é esta: as promessas devem ser [cumpridas] ainda que afinal haja alguma *perda* de vantagem, e ainda que esta seja uma perda *certa e total*.

(b) Em *segundo lugar*, uma pessoa razoável se preocupa de alguma forma com aquilo que, vagamente falando, são reflexões sobre a *equidade* e sobre as distribuições de ganhos e perdas, tais como entre as partes de um contrato. O importante aqui é o equilíbrio de vantagens no momento de celebração do contrato – ou seja, aquilo a que as pessoas chamariam de *poder de barganha*. Uma barganha razoável é aquela que satisfaz certas condições de equidade geral. Mais adiante tentaremos discutir o que seriam essas condições de certos pontos de vista. Porém, é significativo que esse elemento não seja mencionado na resposta de Hobbes ao tolo; na verdade, ele é contrário à tendência geral da concepção política hobbesiana. Hobbes diz que uma promessa deve ser obrigatoriamente cumprida mesmo quando o indivíduo é *coagido* a fazê-la (I: Cap. 14, p. 69) ou não tem nenhuma outra alternativa verdadeira; pois ainda assim ela será um *ato voluntário* e, como todo ato voluntário, é feita com uma perspectiva de vantagem *pessoal*.

Assim, concluo com a observação de que a doutrina de Hobbes, conforme expressa na resposta ao tolo, não *permite* espaço para a noção *comum* de uma obrigação moral (tal como nas promessas etc.), pois essa noção traz em si uma espécie de interesse na equidade (tal como nas circunstâncias em que são feitas as promessas) e em honrar as promessas mesmo que haja alternativas *pessoais* melhores. E, se entendermos de modo estrito a doutrina hobbesiana da razão prática, parece que ambos esses interesses são *excluídos* dela.

Hobbes – Conferência III: Apêndice B

As Leis da Natureza em Hobbes: *Leviatã*, Capítulos 14-5

Lei da Natureza = definida como um preceito encontrado pela razão proibindo-nos de fazer aquilo que possa destruir nossa vida etc. (*Leviatã*, p. 64).

1ª Lei da Natureza: 1ª parte: procurar a paz; 2ª parte: defendermos a nós mesmos (64)

2ª Lei da Natureza: que concordemos, quando outros também assim fizerem, em renunciar a nosso direito a todas as coisas em prol da paz (64 s.)
3ª Lei da Natureza: cumprir os pactos que celebramos (71)
4ª Lei da Natureza: Gratidão: não provocar em pessoa alguma o arrependimento de sua boa vontade (75-6)
5ª Lei da Natureza: Adaptação mútua (76)
6ª Lei da Natureza: Perdoar as ofensas daqueles que se arrependem (76)
7ª Lei da Natureza: Punir apenas visando a um bem futuro, não por vingança (76)
8ª Lei da Natureza: Não demonstrar desprezo ou ódio pelos outros (76)
9ª Lei da Natureza: Reconhecer os outros como nossos iguais por natureza, afastando-nos do orgulho (76-7)
10ª Lei da Natureza: Ao celebrar o contrato social, que ninguém reserve para si nenhum direito que não aceite também seja reservado para os outros, afastando-se da arrogância (77)
11ª Lei da Natureza: Que os árbitros julguem os homens equitativamente (77)
12ª Lei da Natureza: Gozo de coisas em comum (77)
13ª Lei da Natureza: Gozo da propriedade (77)
14ª Lei da Natureza: Gozo da propriedade natural: primogenitura (78) (11-4 relativo à justiça distributiva)
15ª Lei da Natureza: Concessão de salvo-conduto aos mediadores (78)
16ª Lei da Natureza: Submeter as controvérsias a mediação (78)
17ª Lei da Natureza: Nenhum homem deve ser árbitro de sua própria causa (78)
18ª Lei da Natureza: Ninguém poderá ser árbitro se for parcial por motivos naturais (78)
19ª Lei da Natureza: O árbitro de controvérsias de fato não poderá dar mais crédito a um do que ao outro etc. (78) (15-9, relativo à Justiça Natural)
Resumo das Leis da Natureza: Não fazer aos outros o que não se faria a si mesmo (79)
As Leis da Natureza obrigam *in foro interno* (79).
Definição de Filosofia Moral: ciência do bem e do mal na sociedade dos homens (79 s.)

O argumento em favor das Leis da Natureza parte das Condições Necessárias para a Paz (80).

As Leis da Natureza recebem impropriamente o nome de Leis: elas são ditames da razão, teoremas relativos à nossa conservação (80).

[1983] Quanto a nossa obrigação de obedecer às leis da natureza, Hobbes diz que estas impõem o desejo de que elas produzam efeito (*in foro interno*), mas nem sempre o de pô-las em prática (*in foro externo*), pois se um homem cumprir tudo o que promete enquanto mais ninguém assim o fizer, ele "torna-se presa fácil para os outros e provoca inevitavelmente sua própria ruína, contrariando o fundamento de todas as leis de natureza" (*Leviatã*, p. 79).

Para Hobbes, cada uma das leis naturais é um bem racional para cada indivíduo. Dessa forma, tem-se um argumento efetivo de que as características razoáveis da vida social se justificam pela vantagem racional de cada pessoa. Hobbes, em sua argumentação, tenta justificar todos os preceitos que se enquadram nas leis da natureza como imperativos desse tipo, mas apenas se for possível pressupor que todos os demais também os sigam.

HOBBES IV

O papel e os poderes do Soberano

Anteriormente, analisei os motivos que levaram Hobbes a achar que o estado de natureza acaba se transformando em um estado de guerra, tornando os dois, na prática, uma coisa só. O estado de guerra é um estado de mútua destruição; suponhamos que essa destruição atinja a todos em geral. Assim, se as pessoas forem racionais, tentarão evitar que haja uma regressão ao estado de natureza. O que tentei fazer foi oferecer uma interpretação mais didática do argumento de Hobbes, enfatizando os aspectos desse argumento que apelam apenas para as características normais e permanentes da vida humana e evitando recorrer aos elementos mais dramáticos com ênfase no orgulho e na vaidade ou a outros elementos semelhantes. Mesmo assim, é claro, é preciso reconhecer que essas são possibilidades contra as quais se deve estar prevenido; mesmo que não se saiba se elas são mais que simples possibilidades, ainda assim precisam ser levadas em consideração.

Nesse sentido, parece evidente que na teoria hobbesiana *o papel do Soberano* é *estabilizar* – e, portanto, conservar – um estado de sociedade em que todos, em situações normais e habituais, sejam fiéis às Leis da Natureza; a esse estado Hobbes chamou de "Estado de Paz". O Soberano estabiliza a sociedade através da imposição efetiva de sanções que sujeitam a todos "pela reverência e pelo temor". É o *conhecimento geral* de que o Soberano é efetivo que torna racional que cada um obedeça às leis da natureza. O Soberano dá a todos a *garantia* de cumprimento das Leis da Natureza, de modo que a maioria dos indivíduos obedece às leis da natureza *sabendo* que os outros também as obedecerão.

Agora eu gostaria de dizer algo sobre a estrutura formal do estado de natureza como situação, comparando-a com o jogo do Dilema do Prisioneiro, ideia que parece ter sido inventada em 1950 por A. W. Tucker, matemático da Universidade Princeton. O Dilema do Prisioneiro é um jogo com dois jogadores, não cooperativo e com soma diferente de zero. É não cooperativo porque os acordos feitos entre os jogadores não são vinculantes (nem exequíveis); tem soma diferente de zero porque não se trata de situação em que o ganho de um jogador significa perda para o outro. É muito discutido no contexto de instituições políticas e também no caso das noções morais. Talvez não seja novidade para muitos.

Um exemplo típico do Dilema do Prisioneiro é a seguinte matriz de perdas e ganhos (ver Figura 2). Imaginemos que dois homens tenham sido presos por um crime, detidos para interrogatório e levados separadamente ao promotor distrital, cujo objetivo é obter de ambos uma confissão. Para tal, o promotor deixa claras para cada um dos prisioneiros, separadamente, as seguintes opções e consequências: se nenhum deles confessar, cada um será acusado de alguma ofensa menor e receberá pena de dois anos de detenção. Se ambos confessarem, cada um receberá pena de cinco anos de detenção. Se apenas um deles confessar, será solto, enquanto o outro receberá pena de dez anos de detenção. Todas essas situações estão representadas na Figura 2. Em cada retângulo da tabela há dois números: o primeiro é o número de anos de detenção para o primeiro prisioneiro; o segundo número é o número de anos de detenção para o segundo prisioneiro.

O dilema dos prisioneiros é pesar e calcular bem as consequências funestas que a situação gera para cada um. Diz-se que o ato de "confessar" "predomina" sobre o ato de "não confessar" para ambos os prisioneiros. Isso significa que a conduta mais racional, para cada um dos dois prisioneiros, é confessar, independente da conduta do outro. Assim, vale a pena para o primeiro prisioneiro, em cada caso, fazer o que manda a segunda linha da matriz, isto é, confessar. Isso porque, se o segundo prisioneiro não confessar, então o primeiro prisioneiro sairá inteiramente ileso, conforme indicado pelo par de números "0, 10" na segunda linha. Por outro lado, se o primeiro prisioneiro não confessar e o segundo também não, o primeiro pegará dois anos de detenção (conforme indicado pelo par "2, 2" na primeira linha). Além disso, confessar e pegar cinco anos de detenção é melhor do que ser delatado pelo outro e pegar dez anos. As possibilidades são simétricas para ambos os prisioneiros. Assim, cada um tem um incentivo para confessar, pois a segunda linha predomina sobre a primeira; do mesmo modo, a segunda coluna também predomina sobre a primeira. A conduta mais razoável para ambos os prisioneiros – isto é, ambos não confessarem – é instável, visto que nenhum deles tem como confiar que o outro terá a mesma conduta; além disso, se um deles alegar inocência e o outro confessar, terá como consequência dez anos na cadeia. A confissão garante a soltura ou, no máximo, cinco anos de detenção, conforme indicado pelo par "5, 5" no retângulo inferior direito da matriz. A não confissão gera o risco de pegar dez anos de detenção na tentativa de obter apenas dois anos. Assim, diz-se que confessar *predomina* sobre não confessar, em igual medida para ambos os prisioneiros.

	Prisioneiro 2: não confessar	Prisioneiro 2: confessar
Prisioneiro 1: não confessar	2, 2	10, 0
Prisioneiro 1: confessar	0, 10	5, 5

Figura 2. Dilema do Prisioneiro 1.

Se ambos os prisioneiros escolherem a alternativa dominante, terão como resultado um *equilíbrio estável*. Isto é, qualquer um deles corre o risco de perder se não confessar e se o outro confessar. Assim, o par localizado no retângulo inferior direito da matriz é um ponto estável, no sentido de que para nenhum dos dois prisioneiros vale a pena desviar-se da alternativa dominante. Por outro lado, se ambos agirem racionalmente e confessarem, o resultado, mesmo assim, será uma *perda pior para ambos* do que se eles conseguissem de algum modo estabilizar a conduta mais razoável – isto é, se eles conseguissem fazer um acordo de não confessar e forçar a execução desse acordo. Os dois prisioneiros estão isolados; porém, mesmo que conseguissem se reunir antes de serem chamados e prometerem um para o outro que não vão confessar, ainda assim nenhum dos dois teria como confiar que o outro cumpriria a promessa. Assim, não adianta prometer, a menos que os dois tenham estabelecido previamente entre si laços de amizade ou afeição ou vínculos de confiança, ou a menos que os dois pertençam a um grupo ou gangue cujo líder garanta que qualquer delator seja jogado ao mar para ser "comida de peixe". Caso contrário, eles se sentirão tentados a confessar, e é aí que está o problema.

Isso tem relevância para a doutrina hobbesiana no sentido de que as pessoas que pensam em fazer promessas no estado de natureza encontram-se mais ou menos diante da mesma situação (embora não se trate exatamente da mesma situação, longe disso). Uma das diferenças entre as duas situações é que o estado de natureza será um jogo recorrente. Em outras palavras, quem vive no estado de natureza estará envolvido na situação do Dilema do Prisioneiro com seus aliados não apenas uma vez, mas repetidamente, e uma situação assim será diferente de situações em que o conflito ocorre apenas uma vez. Todavia, acredito que para Hobbes uma condição geral válida para toda a humanidade é que há apenas dois estados de estabilidade, um dos quais é o estado de natureza, que é um estado de guerra. O outro pode ser chamado de "estado de Leviatã", no qual, como às vezes diz Hobbes, existe um Soberano absoluto que faz cumprir as leis da natureza e garante que todos ajam de acordo com elas.

O estado de natureza se torna um estado de guerra e é um estado de estabilidade – isto é, um estado do qual é difícil escapar – porque nele existe um Soberano efetivo. De nada adiantam os pactos, pois, como disse Hobbes, esse tipo de palavra não tem nenhum efeito, já que ninguém tem como confiar que os demais a cumprirão. Isso porque, se não houver um Soberano, a primeira pessoa a cumprir sua parte no pacto não tem como se certificar de que a outra pessoa também cumprirá a sua. Nos pactos, o cumprimento das cláusulas divide-se normalmente em unidades de tempo. Primeiro, uma pessoa cumpre sua parte e algumas semanas ou meses depois outra pessoa cumpre a dela. No intervalo de tempo entre o momento em que a primeira pessoa cumpre sua parte e o momento em que a outra pessoa deverá cumprir a dela, a situação poderá se alterar e talvez essa outra pessoa passe a ter uma razão para não honrar o pacto. A primeira pessoa, sabendo disso, acaba não tendo motivo para cumprir primeiro sua própria parte. Assim, normalmente não haveria sentido em fazer pactos no estado de natureza. Nas palavras de Hobbes: "Portanto, aquele que cumpre primeiro nada faz além de trair a si mesmo e favorecer seu inimigo, agindo de modo contrário ao direito (que ele jamais pode abandonar) de defender sua vida e seus meios de vida" (*Leviatã*, p. 68).

Ora, para entender por que, para Hobbes, aquele que cumpre primeiro as cláusulas de um pacto comete uma forma de traição contra si mesmo, basta pensar novamente no Dilema do Prisioneiro. A tese de Hobbes é que o estado de natureza, que é um estado de guerra, é um estado de estabilidade, assim como o par de números do retângulo inferior direito da matriz do Dilema do Prisioneiro também representa uma situação de estabilidade. Não vale a pena se afastar dessa opção. Portanto, na ausência de uma mudança nas condições fundamentais, tal estado é um estado de estabilidade. Isto é, se não houver sanção externa tal como aquelas já discutidas, que seja exterior a toda a situação em que se encontram os prisioneiros, os dois terão de confessar, mesmo que ambos tenham perspectiva de mais vantagem se não confessarem.

A título de exemplo de situação concreta em que o estado de natureza ainda existe, Hobbes menciona a relação entre os Estados nacionais (*Leviatã*, p. 63). Consideremos a matriz abaixo (Figura 3), que representa o estado em questão. No canto superior esquerdo da matriz, escrevamos "P" para representar a paz e logo abaixo escrevamos "I, S", em que "I" significa império e "S", submissão. E no canto superior direito escrevamos "S, I", que significa submissão e império, invertendo a situação anterior. Em seguida, no canto inferior direito, escrevamos "G, G", que significa "guerra-guerra" ou "D, D" ("destruição-destruição"), para situação especialmente grave.

	Nação 2: obedecer	Nação 2: não obedecer
Nação 1: obedecer	P, P	S, I
Nação 2: não obedecer	I, S	G, G [D, D]

Figura 3. Dilema do Prisioneiro 2.

Se "D, D" fosse uma situação suficientemente grave, seria o caso de intimidação [nuclear]. Dessa forma, não seria desejo de ninguém violar o acordo feito. Porém, no caso de um acordo de armamentos, ocorreria a mesma situação do Dilema do Prisioneiro; isto é, o acordo de desarmamento ou redução de armas é bastante instável. Se ambas as partes puderem honrá-lo, ocorre a situação representada no canto superior esquerdo, havendo vantagem para todos. Mas sempre há o perigo de uma parte não ter como confiar que a outra obedecerá ao estipulado. Assim, trata-se de uma situação em que o violador fica com todas as vantagens, e é essa situação que acaba ocorrendo ou tende a ocorrer no cenário representado pelo canto inferior direito da matriz do Dilema do Prisioneiro, isto é, com uma guerra ou, o que é pior, destruição mútua.

Dessa forma, o problema, segundo Hobbes, é como *nos sobrelevar ao estado de natureza* e ingressar em um estado em que a sociedade seja possibilitada por Leviatã. Como faremos isso, visto que no estado de natureza os acordos entre os indivíduos estão sujeitos à instabilidade que acabamos de discutir? Para Hobbes, esse problema diz respeito à definição daquilo que é necessário para podermos nos sobrelevar do estado de natureza.

Em princípio, a primeira coisa a fazer é definir um estado em que haja sociedade e que traga benefícios mútuos, tais como paz e harmonia civis estáveis e duradouras. O que é esse estado e que preceitos o caracterizam? Para Hobbes, ele seria caracterizado, em primeiro lugar, pelos preceitos dos ditames da razão, que são as Leis da Natureza (*Leviatã*, p. 63), e, em segundo lugar, pela ideia de que para fazer cumprir efetivamente essas leis é preciso um Soberano ou poder comum com todos os poderes necessários para tal. Assim, as leis da natureza supririam os preceitos fundamentais; em seguida viria o Soberano com os poderes necessários e efetivos; por fim, é claro, coroando tudo isso, haveria os decretos específicos do Soberano, isto é, o direito civil.

A terceira coisa a fazer seria providenciar o estabelecimento de tal estado de benefícios mútuos. Segundo Hobbes, isso é feito através do contrato social, entendido como o estabelecimento do Soberano por "instituição" ou autorização. Note-se que em Hobbes o Soberano pode passar a existir também por conquista ou "aquisição", como ele próprio diz. É importante mencionar que o Soberano tem os mesmos poderes tanto no caso da conquista como no caso da autorização ou instituição por meio do contrato social. Hobbes menciona que quando há dois países governados pelo mesmo Soberano, um dos quais com governo obtido por aquisição ou conquista e o outro, por um contrato social gerado por autorização ou instituição, o Soberano tem precisamente os mesmos poderes em ambos (*Leviatã*, p. 102). Não há diferença alguma. Em ambos haverá efetivamente o mesmo regime constitucional. (Estou usando aqui o termo "constitucional" em sentido um tanto amplo, sem implicar uma declaração de direitos nem coisa semelhante.)

Em seguida, esse estado de benefícios mútuos deve ser estabilizado através da instituição de um órgão de representação que assegure que todo indivíduo tenha, em situações normais, *um motivo suficiente* para obedecer às regras e que essas regras sejam comumente seguidas. O Soberano não consegue isso mudando o caráter das pessoas, por assim dizer, nem mudando a natureza humana. Em vez disso, ele *altera as condições fundamentais* que possibilitam que os indivíduos pensem racionalmente, celebrem contratos e decidam honrar esses contratos e ser fiéis aos demais preceitos da razão ou leis da natureza. De fato, uma vez que existe o Soberano, a conduta que no estado de natureza é irracional, isto é, ser fiel às leis da natureza, torna-se racional. Assim, mais uma vez, o que o Soberano faz não é corrigir os seres humanos nem alterar seu caráter, mas sim mudar as condições fundamentais que lhes permitem pensar racionalmente.

Talvez esse raciocínio seja bem exemplificado recorrendo a uma situação familiar. Pensemos na situação do pagamento voluntário do imposto de renda. Para tal, estou partindo do pressuposto de que é da opinião geral que os impostos pagos são empregados sabiamente em coisas essenciais para todos, que o imposto de renda é recolhido de modo justo e que, portanto, ninguém tem nenhuma razão imaginável para não querer pagar imposto. Suponhamos, então, que o imposto de renda recolhido seja gasto com coisas essenciais para as pessoas, para o benefício comum, e que a tributação seja feita a intervalos justos. Se houvesse um sistema de tributação voluntária, é bem possível que todos tivessem prazer em pagar seus impostos se acreditassem que os outros estivessem fazendo o mesmo. Porém, na vastidão que é a sociedade, alguém poderia pensar: "Não sei se os outros estão pagando seus impostos, mas também não quero ser passado para trás. Não quero que minha honestidade me faça ser passado para trás por pessoas que poderiam faltar com sua palavra sonegando impostos." Trata-se de uma situação em que, embora todos sejam honestos e estejam preparados para pagar seus impostos se os outros também estiverem, ainda assim seria razoável haver um acordo que estabeleça um Soberano dotado dos poderes necessários para assegurar que todos paguem seus impostos. É perfeitamente racional que todos concordemos em estabelecer um Soberano, porque caso contrário nenhum de nós teria como se certificar de que os outros pagarão seus próprios impostos.

No exemplo acima, não parti do pressuposto de que de fato existam trapaceiros. Meu pressuposto foi o de que as pessoas têm prazer em pagar seus impostos, mas apenas se souberem que os outros também o farão. Assim, o papel do Soberano é *estabilizar* esse sistema, para que todos façam aquilo que lhes trará, efetivamente, vantagens mútuas. Na vida cotidiana, muitas vezes deparamos com esse tipo de situação. A ideia é que acaba se tornando *racional* que cada um de nós *deseje* que nos seja imposta alguma forma de *sanção*, ainda que ninguém esteja de fato se negando a fazer aquilo que lhe cabe fazer. Creio que Hobbes tenha sido o primeiro a compreender claramente esse tipo de situação.

Analisemos agora a ideia de *autorização*, para depois tratarmos das leis justas e boas. A ideia de autorização é discutida no Capítulo 16, no final do Livro Primeiro de *Leviatã*. Nesse trecho, Hobbes descreve a geração do Estado como forma de superar o estado de natureza, no qual todos se comportam, conforme descrito há pouco, de modo contraproducente. Ele inicia o Capítulo 16 com uma definição de "pessoa": pessoa é o indivíduo *"cujas palavras ou ações são consideradas seja como suas próprias, seja como representantes das palavras ou ações de outro homem ou de qualquer outra coisa a que sejam atribuídas com verdade ou por ficção"*. Quando as palavras ou ações são consideradas próprias da pessoa, esta é chamada de *pessoa natural*. E quando representam as palavras e ações de outrem, trata-se de uma *pessoa fictícia* ou *artificial*.

Para Hobbes, o Soberano, ou assembleia, é um exemplo de pessoa artificial, pois se trata de alguém que recebeu *autorização* dos membros da sociedade para agir em seu nome. Em razão dessa autorização, nós, membros da sociedade, somos *possuidores* das ações do Soberano e as reconhecemos como nossas próprias ações. Os representantes e agentes são como atores que declamam palavras e executam ações cujos possuidores são aqueles a quem representam. O Soberano, nesse sentido, é uma espécie de ator, e suas ações *pertencem a nós*, visto que é a nós que ele representa.

A ideia de *autoridade* foi introduzida da seguinte maneira. Uma ação do Soberano se dá por autoridade quando é executada por uma pessoa pública que para tal recebeu licença e direito. Em outras palavras, determinada pessoa, A, terá executado uma ação x mediante autoridade passada por B se B for possuidora do direito de executar a ação x e houver *autorizado* a execução de x por A ou concedido a A o direito de executar x. Assim, *autorizar* alguém como nosso representante ou agente é dar a essa pessoa o uso de nossos direitos. Nesse caso, é dada a essa pessoa a *autoridade* para agir em nosso nome de determinada forma. Ora, o Soberano é a pessoa que recebeu a autorização de *todos* para agir em nome de cada um individualmente e de determinadas maneiras; nesse sentido, o Soberano é *nosso agente* e age *com autoridade*.

Agora farei algumas observações sobre a autorização. Em primeiro lugar, autorização não é uma simples renúncia que eu possa fazer de direito meu. Em vez disso, ela permite que outra pessoa use meu direito de agir de determinada forma. Desse modo, ao autorizarmos o Soberano, não há renúncia nem abandono de nossos direitos, mas sim uma autorização para que ele use nossos direitos de determinada forma.

Em segundo lugar, a pessoa que tem o uso de um direito meu e que é meu agente passa a ter um direito que ela não tinha antes. Isto é, ao autorizarmos o Soberano a usar nossos direitos, ele terá direitos que não tinha antes.

Em terceiro lugar, a autorização pode ter longa ou curta duração, a depender, é claro, do modo de concessão da autoridade, seu propósito e fatores semelhantes. No caso do Soberano, ela, obviamente, terá longa duração. Como diz Hobbes, a autorização tem vida eterna.

Com isso, chegamos à *autorização do Soberano*. Nas palavras de Hobbes: "A essência do Estado [...] é *uma pessoa cujos atos são todos da autoria de uma grande multidão de indivíduos que a autorizaram através de mútuos pactos uns com os outros, a fim de que ela possa usar a força e os recursos de todos, conforme julgar conveniente, visando à paz e à defesa comum*" (*Leviatã*, p. 88). Hobbes vai além e faz certas observações a esse respeito, e uma delas é que o Soberano deve ser o único ator a receber esses direitos. Isto é, não pode haver dois ou mais soberanos. Todas as partes do pacto original autorizaram a mesma pessoa ou assembleia de pessoas de modo idêntico a agir com autoridade para usar seus direitos. Além disso, essa pessoa ou assembleia soberana tem o uso de direitos que não possuía antes da celebração do pacto.

Uma segunda observação é que o Soberano tem o uso dos direitos de muitas pessoas porque esse uso lhe foi conferido por um *pacto entre essas mesmas pessoas*. Isto é, em Hobbes, esse pacto original, essa soberania por instituição, é algo pactuado entre todos os membros da sociedade, mas não com o Soberano. Todos pactuam com todos, exceto com o Soberano, para autorizar o Soberano a ser seu agente e para lhe conferir o uso de seus direitos. A relação existente entre o Soberano e os membros da sociedade caracteriza-se por uma *autorização*, não por um pacto. O Soberano é o ator, e cada cidadão é o autor dos atos individuais do Soberano, isto é, cada cidadão é possuidor das ações do Soberano. O Soberano é o agente dos cidadãos, e não existe, afirma Hobbes, um contrato entre os membros da sociedade e o Soberano. Não acredito que esse seja um detalhe de muita importância, porque no caso do ato de submissão, no qual a soberania dá-se por aquisição ou conquista, é feito, *sim*, um pacto entre aqueles que se submetem e o Soberano. Nessa situação, não se dá a mesma espécie de acordo que ocorre no caso da autorização, mas há, sim, uma autorização. Todavia, para Hobbes, no caso da instituição do Soberano mediante autorização, o pacto não é celebrado com o Soberano, mas entre todos os membros da sociedade uns com os outros.

Até aqui, a análise tem sido um tanto informal e diz respeito somente à definição de autorização. Trata-se de uma análise diferente da que Hobbes ofereceu em *Do cidadão* (1647), obra sua anterior a *Leviatã* na qual o

Soberano passa a existir quando há a renúncia de todos a seu direito de resistir a ele. Assim, não é que o Soberano não possui autorização em *Do cidadão*, mas apenas que todos renunciam a determinados direitos que os possibilitariam resistir ao Soberano em determinadas condições. Em *Leviatã*, todos conferem o uso de seu direito ao Soberano por meio de um contrato uns com os outros, a fim de que o Soberano se torne seu agente; e nesse caso, para Hobbes, o sentimento de pertencer a uma comunidade social é diferente e mais intenso que em *Do cidadão*.

Disso isto, vale a pena tentar entender o que supostamente diz o contrato social. Se pensarmos em A e B como dois membros quaisquer da sociedade e se tentarmos elaborar um contrato social hipotético, o conteúdo deste seria mais ou menos o seguinte:

A primeira cláusula seria: "Pelo presente, eu, A, celebro este pacto com você, B, para autorizar F (que é o Soberano ou algum organismo soberano) a agir como meu único representante político. Dessa forma, comprometo-me doravante a ser autor de todas as ações do Soberano desde que isso seja compatível com meu direito inalienável à autopreservação e com minhas liberdades naturais e genuínas" (ver *Leviatã*, pp. 111-2; ver também p. 66). No Capítulo 21, Hobbes menciona determinadas liberdades impossíveis de alienar; é nesse sentido que propus como conteúdo dessa primeira cláusula o meu comprometimento em ser autor das ações do Soberano e apoiar tais ações exceto nesses casos especiais.

A segunda cláusula seria: "Comprometo-me a manter ininterruptamente e por toda a eternidade esta autorização do Soberano como meu único representante político, bem como a nada fazer que seja incompatível com a referida autorização."

A terceira: "Comprometo-me a reconhecer todos os poderes necessários do Soberano abaixo enumerados, e, portanto, a reconhecer que todos os poderes listados são justificáveis e admitidos como tais." Neste ponto, pode-se folhear *Leviatã* e fazer uma lista de todos os poderes que, segundo Hobbes, o Soberano deve ter. Como se pode ver, a lista é bem extensa.

A quarta cláusula seria: "Comprometo-me a não desobrigar você, B, de se submeter aos termos da autorização semelhante passada por você a F através de seu pacto comigo; tampouco solicitarei que você, B, me desobrigue de igual ato." Em outras palavras, essa é uma situação em que os pactuantes se testam mutuamente. Através dela damos garantia de que não pediremos aos outros que nos desobriguem de autorizar o Soberano, ao mesmo tempo que nos comprometemos a não desobrigar os outros de fazer o mesmo. Nesse raciocínio, pode haver um quebra-cabeça lógico, mas por ora o deixaremos de lado.

A penúltima cláusula: "Comprometo-me a me abster do direito de exercer meu arbítrio em assuntos que digam respeito ao bem comum do Estado, bem como a me abster do direito pessoal de julgar se os decretos do Soberano são bons ou maus, e ainda a reconhecer que todos esses decretos são justos e bons enquanto forem compatíveis com meu direito inalienável à autopreservação e direitos semelhantes."

E, finalmente: "A tudo isso me comprometo com o fim de estabelecer o Soberano, para a preservação de minha vida, dos objetos de minhas afeições e dos meios para uma vida confortável." A introdução dessas formas de autocontrole é indispensável, segundo Hobbes, para a existência de um Soberano *efetivo*, de modo que todas elas passam a ser vistas como condições necessárias.

Note-se que a penúltima cláusula, que diz respeito à abstenção do exercício do arbítrio de decidir se as leis do Soberano são boas, é bastante grave. Isto é, normalmente, espera-se que as pessoas concordem em obedecer às leis do Soberano. Pode-se dizer que essa seria a conduta razoavelmente normal nesse tipo de pacto. Porém, acrescentar que eu renuncio a *julgar* e até mesmo a pensar se as leis do Soberano são ou não boas é uma condição muito mais grave. Suponhamos que eu tenha uma obrigação de obedecer à lei mesmo que não a ache necessariamente muito boa ou que sequer a considere justa; reconheçamos que, em tese, poderíamos ter consequências funestas se cada um de nós achar que possui justificação para desobedecer às leis que não considerar justas nem boas. Contudo, o meu comprometimento em *sequer* cogitar em *julgar* uma lei a menos que ela seja incompatível com certos direitos inalienáveis que continuam em meu poder, tais como o direito à autopreservação, é uma condição bastante grave. Mas é exatamente isso que é sugerido em certas afirmações nos Capítulos 29 e 30.

Assim, não é pouco o que Hobbes está exigindo; embora seja errado caracterizar o governo proposto por Hobbes como totalitário (termo que só consegue fazer sentido em um governo dos séculos XIX ou XX), ainda assim se trata de um governo absolutista, pois é um governo para o qual Hobbes exige o cumprimento de condições muito graves, afirmando que o Soberano deve ter bastante poder para ser efetivo. Dessa forma, ao estudar Hobbes, é preciso compreender a plausibilidade de seu argumento de que o Soberano deve possuir tanto poder, bem como identificar os pressupostos que, a seus olhos, tornam plausível todo o poder exigido para o Soberano.

Façamos agora algumas observações sobre a relação entre o Soberano e as ideias de leis *justas* e *boas*. Muitas vezes, Hobbes diz que as leis do Soberano são *necessariamente* justas, mas que é possível, porém, que o Soberano decrete leis que *não sejam boas*. Aqui surge o problema de como explicar a ideia da justiça de modo que seja possível que as leis do Soberano sejam necessariamente justas e, ao mesmo tempo, tenham a possibilidade de não serem boas. E como explicar ainda a ideia do bem de modo que isso se justifique? Na interpretação de alguns estudiosos, o que Hobbes está dizendo é que o Soberano simplesmente possui todo esse poder e que esse poder faz o direito – isto é, as leis do Soberano são sempre justas porque ele é possuidor de poder absoluto. Creio que essa é uma distorção um tanto infeliz das palavras de Hobbes. Na verdade, o raciocínio de Hobbes era de que, conforme sua teoria da formação do Estado, houve um *pacto* entre todos no sentido de passar uma autorização ao Soberano; e, segundo a terceira lei da natureza, esse pacto é o fundamento da justiça. Em Hobbes, qualquer coisa caracterizada como justa normalmente está de alguma forma relacionada à ideia de pacto (*Leviatã*, pp. 71-5).

Nesse sentido, acredito que Hobbes justificava as leis do Soberano como justas porque o Soberano é a pessoa que recebeu de todos o uso de seus direitos para determinados propósitos, entre os quais o de fazer leis. Hobbes diz que a lei é feita pelo poder soberano e que tudo o que é feito por esse poder é afiançado e admitido por todo o povo; e que, além disso, aquilo que é aceito por todo indivíduo como tal jamais poderá ser considerado injusto. Portanto, se o Soberano é a pessoa nomeada através do pacto celebrado entre todos para fazer leis, daí se conclui que as leis do Soberano são justas. Hobbes comenta ainda: "Nas leis de um Estado, vale o mesmo que nas leis do jogo: nada que tenha sido objeto de acordo unânime entre os jogadores poderá ser considerado injusto por qualquer um deles" (*Leviatã*, p. 182). Assim, se todos já concordamos em dar ao Soberano os nossos direitos, então, logicamente, as leis do Soberano são justas.

Naturalmente, a concepção do bem em Hobbes é inteiramente diversa. Ele diz que, no estado de natureza, cada um de nós considera bom aquilo que favorece nossos próprios interesses. De modo geral, pode-se dizer que, no estado de natureza, quando digo que algo é bom, quero dizer que se trata de algo favorável às inquietações racionais que tenho naquele momento. Para Hobbes, as pessoas não possuem uma noção do bem que tenha sido objeto de acordo unânime. Uma mesma pessoa, em diferentes momentos, se referirá a diferentes coisas como boas. Além disso, pessoas diferentes, no mesmo momento, se referirão a coisas diferentes como boas. Isso não quer dizer, por exemplo, que os homens sejam como animais, que, embora sempre estejam em busca de satisfação de seus próprios interesses, também conseguem reconhecer o que é favorável ao bem comum (*Leviatã*, pp. 86-7). Na verdade, não temos tanta sorte assim, e não há um bem comum que seja reconhecível através da razão. Precisamos, então, de uma espécie de órgão de representação, árbitro ou juiz imparcial que determine o que contribui para o bem comum. Quando Hobbes diz que algumas leis não são boas, creio que sua noção do bem é bastante simples e pode ser caracterizada da seguinte maneira: o que contribui para o bem comum são os decretos e leis que garantem as condições fundamentais que possibilitam que todos considerem razoável ou racional a fidelidade às leis da natureza. Nesse sentido, leis boas são decretos específicos que, de modo geral, promovem os interesses da grande maioria dos membros da sociedade, supondo-se que eles estejam vivendo em um Estado civil.

Se essa interpretação estiver correta, isto é, se a ideia da justiça e do bem comum em Hobbes for interpretada dessa maneira, creio que será fácil entender o que levou Hobbes a afirmar que as leis decretadas pelo Soberano são sempre justas mesmo que haja possibilidade de o Soberano decretar más leis e ainda que muitas vezes os soberanos tenham feito exatamente isso. O Soberano é o árbitro ou juiz com legitimidade para exercer os poderes que recebe, e os súditos renunciaram a seu direito de questionar o arbítrio do Soberano; não obstante, o Soberano *poderá, de fato*, causar danos e decretar *más* leis e não somente boas leis, conforme decidido pelos interesses *racionais* dos súditos.

Para concluir, Hobbes sustenta que as más leis nunca são tão más quanto o estado de guerra.

Observações finais sobre Hobbes e a democracia constitucional (1978)

A concepção política de Hobbes tende a deixar o leitor insatisfeito, pois o obriga a escolher entre o *absolutismo* e a *anarquia*, isto é, entre um Soberano com poderes ilimitados e o estado de natureza. Isso porque, conforme insiste Hobbes:

(a) O único modo de escapar ao estado de natureza é estabelecer um Soberano com poderes tão absolutos quanto *possível* (mas compatíveis com nossos direitos inalienáveis à autopreservação etc.); e

(b) O estado de natureza é a *pior* de todas as calamidades que podem se abater sobre nós.

É essencial entender que essas duas teses *não* são condições indispensáveis da teoria *formal* de Hobbes, mas decorrem das ideias *substanciais* da concepção hobbesiana da psicologia *humana* e da teoria hobbesiana do funcionamento concreto das instituições políticas. Naturalmente, talvez Hobbes esteja enganado ao acreditar que sua teoria seja coerente, visto que ela pode ter uma incoerência interna.

Afinal, creio que *concordamos* ser impossível que a parte substancial da teoria hobbesiana seja correta *como um todo*, pois já *houve casos concretos* de instituições *democráticas constitucionais* que violaram as condições exigidas por Hobbes para a existência do Soberano; nesses casos, não se tratava de regimes explicitamente menos estáveis ou pacíficos do que o tipo de absolutismo de que Hobbes é partidário. Concluirei com algumas observações sobre esse assunto a título de transição para as conferências sobre Locke e sua teoria do contrato social.

1. *Em primeiro lugar*, façamos uma lista das características típicas de um regime democrático constitucional (com ou sem propriedade privada dos meios de produção), ilustradas, sempre que possível, com referências ao regime norte-americano.

(a) A Constituição é entendida como *lei suprema escrita* que regulamenta o sistema de governo como um todo e define os *poderes* dos vários órgãos de representação que o compõem: Executivo, Legislativo etc. É uma ideia diferente da de uma Constituição como o simples conjunto de leis e instituições que formam o sistema de governo. Talvez se possa dizer que todo regime tem uma Constituição neste último sentido; mas a ideia de Constituição como lei escrita de caráter fundamental é única, pelo menos quando combinada com outras características, como o controle judicial de constitucionalidade (um órgão constitucional com determinados poderes para *interpretar* a Constituição)[1].

---

1. *Cf.* Gordon Wood, *The Creation of the American Republic* (Chapel Hill: University of North Carolina Press, 1969), pp. 260 s.

(b) Uma das finalidades de uma Constituição escrita (*interpretada*, digamos, por meio de um controle judicial de constitucionalidade) é *impedir* que determinados *direitos básicos* sejam anulados pelo órgão *legislativo supremo*. Dessa forma, os decretos legislativos que violarem determinados direitos e liberdades podem ser declarados nulos, inconstitucionais etc. por meio de um tribunal supremo ou outro órgão de representação.

(c) Portanto, suponhamos (para os propósitos desta conferência) como necessária alguma forma de *controle judicial de constitucionalidade* (tal como no exemplo encontrado no sistema constitucional norte-americano).

(d) E, finalmente, a ideia de *Assembleia Constitucional* e de vários *procedimentos* constitucionais para realizar *emendas* à Constituição. A Assembleia Constitucional tem poder regulador para *adotar* a Constituição ou determinar que o povo a adote (por *ratificação* etc.), ou ainda para emendá-la etc.; ela é superior ao processo *normal* de legislação realizado pelo órgão legislativo supremo. A Assembleia Constitucional e seus poderes de emendar a Constituição expressam através das instituições operantes a chamada *soberania do povo*. A soberania não precisa ser expressa por resistência ou revolução: ela também pode ser expressa de forma *institucional*.

2. Ora, em um regime constitucional com essas *quatro características*, *não* há um Soberano absoluto como o Soberano hobbesiano. Aparentemente, Hobbes não negaria isso, pois para ele a ideia de governo *misto* com um *equilíbrio de poderes* viola seu princípio de bom governo (*cf. Leviatã* II:29:S:259 [1. ed., 170]; e II:18:S:150 [1. ed., 92]); os direitos e poderes do Soberano devem estar nas *mesmas* mãos e devem ser inseparáveis.

(a) Às vezes, contudo, Hobbes usa um conhecido *argumento da regressão* em sua teoria do Soberano, a saber: é necessário que o poder do Soberano seja ilimitado, pois se fosse limitado, a limitação seria exercida por um órgão superior e, assim, *esse* órgão é que teria poder ilimitado. Esse argumento é sugerido em duas passagens: na primeira (p. 107), Hobbes diz: "E aquele que busca diminuir o poder do Soberano por achá-lo demasiado deve sujeitar-se a um poder que possa limitar o primeiro, isto é, a um poder ainda maior que este." Na segunda passagem, ao sustentar que o Soberano não é sujeito a leis, Hobbes diz que é um erro achar que o Soberano é sujeito à lei (p. 169). "Esse erro, ao sobrepor a lei ao Soberano, também sobrepõe a este um juiz e um poder para puni-lo, o que é o mesmo que criar um novo Soberano."

É *duvidoso* que Hobbes tenha tido intenção de recorrer a esse argumento da regressão, mas é evidente que ele não percebeu duas diferenças cruciais, a saber:

(i) Entre poder *supremo* (ou final), tal como o Poder Legislativo, e poder *ilimitado*. Nesse sentido, o Congresso pode ser a autoridade legislativa *suprema* para a atividade legislativa *normal*, mas ainda assim seu poder *não é ilimitado*; ele é sujeito a veto, controle judicial de constitucionalidade, limitações constitucionais etc.

(ii) Entre a ideia de Soberano ou órgão *pessoal*, a quem *todos* obedecem e que, por sua vez, não deve obediência a *ninguém*, e a ideia de um *sistema jurídico*, isto é, um sistema de *regras* que caracterizam um regime constitucional. Esse sistema contém regras *básicas* ou *fundamentais* cuja função é definir quais regras são válidas; além disso, essas regras básicas são aceitas e seguidas, de modo deliberado e geral, pelos diversos organismos constitucionais. Assim, é preciso fazer uma diferença entre a ideia de um Soberano (ou organismo soberano) *pessoal*, caracterizado por hábitos de obediência e que não deve obediência a ninguém, e a ideia de um *sistema constitucional* revelado por determinadas *regras básicas* que todos (ou um número suficiente de indivíduos) aceitam e usam como guia de conduta[2].

(b) Ora, ao fazer essa diferenciação, é possível perceber (em sua aplicação) que em um regime democrático constitucional (do tipo norte-americano) *não* há um Soberano pessoal (no sentido dado por Hobbes ou Bentham); tampouco há um organismo ou órgão de representação constitucional com soberania suprema e, além disso, ilimitada em todas as questões. Há poderes e órgãos diferentes que são designados para diferentes tarefas e jurisdições e podem controlar uns aos outros de determinadas maneiras (por exemplo, por meio do equilíbrio de poderes).

3. Ora, para que esse tipo de sistema constitucional funcione, será necessário algum tipo de *cooperação* constitucional cuja concepção deve ser compreendida e aceita por aqueles que participam dessas instituições e as conduzem. Isso tem relação com o que foi afirmado anteriormente (Conferência III) sobre a falta de espaço para a ideia de obrigação moral na concepção política de Hobbes; isso parece querer dizer o seguinte:

---

2. Essa diferenciação é encontrada em H. L. A. Hart, *The Concept of Law* (Oxford: Clarendon Press, 1965), pp. 64-76, 97-114. [Trad. bras.: *O conceito de direito*. São Paulo: WMF Martins Fontes, 2009. (N. do E.)]

(i) Hobbes não tem espaço para a ideia de *autocontrole razoável* no sentido de uma disposição para se abster de benefícios permanentes e de longa duração conforme o interesse pessoal racional (na definição de Hobbes) de cada um;

(ii) Hobbes não tem espaço para um *sentido de equidade*, e isso é exemplificado pela ausência de condições fundamentais para a equidade de pactos vinculantes em sua teoria. De fato, por pouco ele não afirma que cada um deve receber aquilo que lhe cabe em razão de sua vantagem em termos de poder de ameaça (racional).

Essas duas ideias – autocontrole razoável e equidade – são essenciais para a ideia da *cooperação social*, na qual a cooperação se distingue da mera coordenação social ou atividade social organizada. A ideia de cooperação social abrange uma ideia de *mutualidade* e *reciprocidade* (outro modo de se referir à equidade) e uma disposição para cumprir a própria parte *desde que* outros indivíduos (em número suficiente) também cumpram as suas (outro modo de se referir ao autocontrole razoável).

4. Em vista das observações acima, pode-se dizer que segundo a doutrina de Hobbes as pessoas não estão *prontas* para a sociedade estruturada dessa maneira; isso significa que elas não são *capazes* de *cooperação social* no sentido definido acima. Embora sustente que ser razoável é uma conduta *racional* para cada um, isto é, que cada um deve cumprir as Leis da Natureza (como cláusulas para a paz) quando outros indivíduos agirem da mesma forma, Hobbes supõe que as pessoas não têm simpatia, desejo etc. para agir com base nos princípios do autocontrole razoável ou da mutualidade (equidade) por si sós. Esses *desejos razoáveis* (por assim dizer) não têm nenhuma importância na psicologia humana de Hobbes, ao menos no que tange a questões políticas. Talvez Hobbes não precise negar a existência desses desejos; ele poderia dizer que eles são demasiadamente *fracos* e *incertos* para ter alguma importância. De qualquer forma, eles não têm lugar na teoria hobbesiana da razão prática como racionalidade.

Se rejeitarmos a doutrina de Hobbes, talvez seja preciso reformular a teoria do contrato social para poder ter não somente uma perspectiva que possibilite que as instituições políticas sejam coletivamente racionais, como também uma estrutura de referência que possibilite definir ou esboçar o teor das ideias – autocontrole razoável e equidade – essenciais para a cooperação social. E isso tudo nos leva a Locke.

Hobbes – Conferência IV: Apêndice A

Apostila: O papel e os poderes do Soberano

A. *O papel do Soberano*

1. O papel do Soberano é estabilizar a vida civil como um estado de paz e harmonia; mas, embora as leis do Soberano nem sempre sejam boas, o estado de paz civil é sempre melhor do que o estado de natureza, que rapidamente regride para um estado de guerra com destruição mútua.

2. Há algumas analogias entre o argumento hobbesiano de que a celebração de pactos não consegue eliminar a instabilidade destrutiva do estado de natureza e o problema, agora bem familiar, do Dilema do Prisioneiro. Este é um exemplo do tipo de problema que pode surgir em um jogo com dois participantes, não cooperativo, com soma diferente de zero, de informações perfeitas e não recorrente (ver Figura 4).

	2º prisioneiro não confessa	2º prisioneiro confessa
1º prisioneiro não confessa	2, 2	10, 0
1º prisioneiro confessa	0, 10	5, 5

Figura 4. Dilema do Prisioneiro 3.

(a) Note-se que o ato de "confessar" predomina sobre o ato de "não confessar". Isso significa que o primeiro prisioneiro estará em melhor situação se confessar, independente do que fizer o segundo prisioneiro. Igualmente, o segundo prisioneiro estará em melhor situação se confessar, independente do que fizer o primeiro prisioneiro.

(b) O par de ações de ambos os prisioneiros é estável, pois quando cada um deles estiver ciente da ação do outro (confessar), ele obterá mais vantagem confessando. Assim, o retângulo situado no canto inferior direito da tabela é o único que tem estabilidade.

(c) Contudo, se ambos os prisioneiros seguirem suas estratégias racionais e confessarem, o resultado será uma situação em que ambos perderão. Os dois estariam em melhor situação se fizessem um acordo recíproco no sentido de confessarem e se fossem compelidos de alguma forma a cumprir esse acordo.

(d) A necessidade de os dois prisioneiros serem compelidos a cumprir tal acordo é demonstrada pelo fato de que ambos têm ao menos a tentação de rompê-lo; e a tentação será maior ou menor a depender, obviamente, das vantagens em jogo.

3. A explicação de Hobbes para o fato de que os pactos celebrados no estado de natureza são inválidos de modo geral (14:68) assemelha-se a uma situação do Dilema do Prisioneiro. Se a parte que deverá cumprir primeiro o estabelecido honrar o acordo, a outra parte, sabendo disso, terá um incentivo para não honrar o acordo. A tentação de não honrar o acordo pode ser bastante grande, conforme exemplificado pelo problema dos acordos de restrição de armamentos. O país que tiver sucesso em enganar o outro poderá ter como prêmio um império; e o outro, sabendo disso, terá receio, com base racional, em restringir seus armamentos.

4. Assim, para Hobbes, a condição geral da humanidade é tal que somente são possíveis dois estados de estabilidade: o estado de natureza (que é um estado de guerra) e o Estado de Leviatã, isto é, um estado de paz civil sustentado por um Soberano efetivo dotado de todos os poderes que são seus, segundo Hobbes, por necessidade. Para explicar por que o estado de natureza (que é um estado de guerra) e o Estado de Leviatã são os dois únicos estados de estabilidade, Hobbes usa argumentos análogos às características das situações em que há o Dilema do Prisioneiro. Aqui, contudo, é preciso ter cuidado e reconhecer que o estado de natureza é muito mais complexo, conforme ficaria demonstrado em uma discussão mais profunda. Por exemplo, Hobbes vê no estado de natureza algo similar a um jogo recorrente (repetido) do Dilema do Prisioneiro, que introduz outras questões. A esse respeito, ver a resposta de Hobbes ao tolo, 15:72 s.

B. *O problema a resolver*

1. Segundo Hobbes, partindo-se do pressuposto de que existe um estado de natureza, devemos nos sobrelevar a ele e ingressar no Estado de Leviatã. E isso a despeito do fato de que no estado de natureza os pactos celebrados entre os indivíduos colocam as partes em situação análoga à situação do Dilema do Prisioneiro.

2. Para que esse processo de sobrelevação tenha sucesso, ele terá de resolver dois problemas:

(a) Ele deverá definir um estado de benefícios mútuos e paz em sociedade que seja, para cada indivíduo, reconhecidamente melhor que o estado de natureza. Isso é obtido através das Leis da Natureza e da ideia de um

Soberano efetivo; se o Soberano for racional e reconhecer seu próprio bem, ele decretará boas leis ou pelo menos suficientemente boas.

(b) Como já indicado anteriormente, uma vez estabelecido um Soberano efetivo, ele estabilizará o estado de paz em sociedade, isto é, o Estado de Leviatã. Isso ele obtém simplesmente sendo um Soberano efetivo, pois quando existe um Soberano efetivo os cidadãos têm razões suficientes para confiar que os outros obedecerão às Leis da Natureza e aos decretos do Soberano. A natureza geral das motivações humanas não se altera; ao contrário, por causa dessas motivações os cidadãos agora têm boas razões para serem fiéis aos pactos que celebrarem. O conhecimento geral de que existe um Soberano efetivo resolve o problema da instabilidade. O Soberano possibilita que permaneçamos no retângulo superior esquerdo da tabela do Dilema do Prisioneiro em vez de ficarmos presos no retângulo inferior direito.

(c) O processo de sobrelevação deve nos fazer ingressar no Estado de Leviatã. Hobbes concebe essa possibilidade de duas maneiras. Uma delas é quando o Soberano efetivo é estabelecido por conquista ou aquisição, ou ainda por processo semelhante. A outra é quando um Soberano efetivo é estabelecido pelo contrato social ou por instituição.

3. Mas é possível que o processo de sobrelevação seja bem-sucedido quando ele se dá através de um Soberano por instituição, isto é, por meio do contrato social? Não seria esse processo puramente imaginário para Hobbes e, portanto, concebido apenas como um ponto de vista para possibilitar aos cidadãos compreender por que cada um deles tem razão suficiente para desejar a continuação da existência de um Soberano efetivo e, portanto, para obedecer às leis por ele decretadas?

4. É possível que, para Hobbes, o processo de sobrelevação por meio do contrato social funcione da seguinte maneira:

(a) Tendo em vista que todos que vivem no estado de natureza reconhecem que a obediência geral às Leis da Natureza é coletivamente racional e, consequentemente, racional para cada um, e tendo em vista ainda que um Soberano efetivo é necessário para que haja um Estado de Leviatã (estável), então cada pessoa pactua com todas as demais (exceto com o Soberano) para passar autorização ao Soberano (designado) e reconhecer como suas todas as ações deste, com a condição de que outros também façam isso.

(b) Tendo em vista que o contrato social foi celebrado e reconhecido em geral em algum momento, qualquer pessoa que tencione não ser fiel a ele não pode presumir que não haverá, a partir desse momento, sanções suficientemente severas para garantir obediência geral ao contrato. A reputação de poder é o mesmo que o poder em si; isto é, o reconhecimento geral e público de que o contrato social foi celebrado poderá, segundo Hobbes, dar a todos uma razão suficiente para acreditar que, de agora em diante, o Soberano designado será (provavelmente) efetivo. Quando a probabilidade é grande o suficiente, há obediência geral; e com o passar do tempo, à medida que for demonstrado o caráter efetivo do Soberano, essa probabilidade aumenta. Ao final, todos têm motivos por indução suficientes para acreditar que o Soberano é e será efetivo. (É plausível essa linha de raciocínio?)

5. Note-se que o Soberano não é uma parte celebrante do contrato social conforme descrito por Hobbes. Porém, na verdade, isso não é o ponto crucial, pois quando o Soberano é estabelecido por aquisição, ele é uma das partes que celebram o pacto de aquisição: 20:103 s. O crucial é que tanto na autorização por meio do contrato social como no pacto por submissão perante o conquistador, aqueles que se tornam súditos aceitam o arbítrio do Soberano e renunciam em favor deste a seu direito de governar a si mesmos, isto é, a exercer sua capacidade de julgar – de julgar, por exemplo, se são boas as leis e políticas de governo do Soberano e de expressar suas opiniões conforme esse julgamento.

6. Assim, talvez seja melhor dizer (ou talvez não) que, em Hobbes, o contrato social é puramente imaginário; o resultado final de ambos os modos de estabelecer o Soberano é praticamente o mesmo. Contudo, independentemente de o Soberano ter sido estabelecido historicamente, os cidadãos são igualmente sujeitos ao arbítrio do Soberano e possuem, agora e daqui em diante, as mesmas razões para obedecer à autoridade do Soberano, a saber, a perspectiva certa de um Estado de Leviatã estável e o afastamento dos males que existem no estado de natureza.

C. A relação entre a justiça e o bem comum

1. Como compreender as repetidas afirmações de Hobbes de que, embora os decretos do Soberano sejam necessariamente justos e não seja possível que ele prejudique seus súditos, ainda assim é possível que ele decrete más leis e cometa iniquidade? Obviamente, deve ser feita uma distinção entre a justiça e o bem das leis do Soberano para que não haja incompatibilidade entre as afirmações mencionadas acima.

2. Quando Hobbes diz que as leis do Soberano são necessariamente justas, ele não está dizendo que é o fato de o Soberano ter poder efetivo

que torna justas as suas leis. A existência de um Soberano efetivo não altera o teor das Leis da Natureza. Elas são imutáveis e estão arraigadas nos fatos profundos e generalizados da natureza humana e nas circunstâncias normais da vida humana. O papel do Soberano (ver acima, em A) é estabilizar a vida em sociedade e tornar seguro que honremos os pactos que celebramos; e é isso que os torna válidos. A terceira Lei da Natureza, que é o fundamento da justiça e diz que devemos honrar os pactos celebrados, não é em si equivalente à criação do Soberano.

3. A razão pela qual as leis do Soberano são justas e o Soberano não pode prejudicar seu súdito é que ele é estabelecido ou por autorização ou por pacto de submissão, e essa autorização ou pacto lhe confere todos os poderes necessários para que ele se torne efetivo. Assim, em ambos os casos, os poderes do Soberano são autorizados por um pacto válido celebrado de tal forma que autoriza todos os atos do Soberano. Logo, pela terceira Lei da Natureza, os decretos e atos do Soberano são justos. Ver 30:181 s.

4. Contudo, é possível que o Soberano decrete leis que não sejam boas e faça algo que prejudique o Estado ou o bem comum. Isso porque o bem comum é, *grosso modo*, a promoção das instituições e condições sociais nas quais é possível que os cidadãos racionais ajam visando a assegurar sua autopreservação e os meios para uma vida confortável. Além disso, é claro, a respeito dessas instituições e condições sociais, é possível que o Soberano, sendo humano, cometa enganos ou erros graves, seja por ignorância ou ainda, obviamente, por orgulho e vaidade, e assim por diante.

Hobbes – Conferência IV: Apêndice B

SOBRE AS DIFERENÇAS ENTRE *DO CIDADÃO* E *LEVIATÃ*
A RESPEITO DA INSTITUIÇÃO DO SOBERANO

1. Conforme observado acima, Hobbes de fato descreve o contrato social que institui o Soberano de modo diferente nas duas obras. Na primeira, ele diz que *entregamos* nossos direitos; na outra, que autorizamos o Soberano a assumir a função de nosso agente. Dessa forma, ocorre uma mudança no sistema formal das ideias de uma obra para a outra.

2. De início, essa mudança não parece afetar a concepção da unidade da sociedade; em vez disso, ela parece conferir-lhe mais unidade, pois em ambas as obras o *nosso agente* autorizado é a mesma pessoa pública.

3. Porém, embora as ideias formais usadas para descrever o pacto sejam diferentes e de fato gerem maior unidade formalmente falando, Hobbes *estende* a ideia comum de autorização – ou de delegação de representatividade a alguém para atuar como nosso agente – de tal forma que não resta diferença *material* nem *essencial* entre as doutrinas expostas nas duas obras.

4. A razão disso é que:

(a) A autorização é bastante ampla: por meio dela, *conferimos* ao Soberano nosso direito de *governar a nós mesmos*, e isso vai muito além de delegar poderes a um agente.

(b) A delegação de poderes é *permanente* e *irrevogável*, o que nenhuma autorização é (em sua interpretação usual).

(c) Na delegação de poderes, nós até renunciamos a nosso *direito de julgar* se o Soberano estiver realizando adequadamente (racionalmente) aquilo para o qual ele foi autorizado a fazer, e isso, mais uma vez, não acontece em nenhuma autorização.

(d) De fato, na descrição de Hobbes, a autorização do Soberano é um ato de *submissão* e (?) um pacto mútuo de submissão; através dela submetemos todas as nossas vontades às vontades do Soberano e nossos julgamentos aos julgamentos do Soberano.

(Referência bibliográfica para a–d: Cap. 17, p. 142)

(e) A autorização tem todas as consequências formais e rende ao Soberano os mesmos poderes que o pacto de submissão a um conquistador vitorioso.

(f) Tanto no caso do Soberano por autorização como no caso do Soberano por aquisição, a motivação é o *medo*; no primeiro, medo dos indivíduos uns dos outros e, no último, medo do conquistador vitorioso. Assim, para efeitos práticos, o contrato social, seja qual for sua descrição, é um pacto *de submissão*.

(Referência bibliográfica para d–e: Cap. 20:2, p. 163)

Apêndice: Índice remissivo – Hobbes

[As referências dizem respeito à edição organizada por H. Schneider][3]

LIBERDADE

1. *Liberdade* – Conceito físico da ausência de impedimentos *externos* ao movimento, chamado por Hobbes de liberdade *natural*: 170 ss., *cf.* 212
    e a deliberação: 59
    e o livre-arbítrio, 171 s.
    homem livre, definição: 171
    e sua relação com o *poder*, ausência de impedimentos internos: 171
    a liberdade é verdadeira apenas quando se refere à *pessoa*, ao homem, e não à vontade ou qualquer coisa que não seja pessoa ou homem: 171
2. *Liberdade e direito*: diferentes de lei e obrigação: 228 s.
3. *Liberdade dos súditos*: 170-80, 212 s.
    (i) Liberdade do silêncio, liberdade de quem é isento do cumprimento das leis: 172 s., 228 s., *cf.* 211 s., 228, enumeração de alguns tipos: 173
    (ii) Liberdades *verdadeiras* do súdito, definição: 175; ver 117 s.
    – pode resistir à punição do Soberano: 176 (*cf.* 117 a respeito da *nulidade* de contratos com cláusulas contrárias)
    – pode resistir à interpelação para confessar: 176 (*cf.* 117 a respeito da *nulidade* de contratos com cláusulas contrárias)
    – pode se recusar a aceitar missão perigosa quando a existência do Estado não estiver em perigo: 177, 289 s.
    – age como rebelde em autodefesa quando sozinho e quando em grupo não comete nenhum outro ato injusto: 177 s.
    – abrange o direito de ser honrado pelos próprios filhos; para esse tipo de direito o Soberano não é necessário: 267

---

3. Hobbes, *Leviathan*, Partes I e II, org. Herbert W. Schneider (Nova York: Library of Liberal Arts, 1958).

Liberdade do Estado ≠ liberdade dos súditos: 174 s.

Liberdades incompatíveis com o poder soberano não podem ser outorgadas (são nulas): 179

Liberdade da Natureza regressa após o Soberano renunciar à Soberania: 180

Obrigação dos súditos dura tanto tempo quanto o Soberano puder protegê-los: 179 s.

Objetivo da lei é limitar as liberdades naturais de modo que elas possam socorrer umas às outras: 212 s.

Liberdade e Equidade: é equidade tudo aquilo que não é regulado, todo indivíduo igual goza de liberdade natural: 228

Liberdade da consciência: 17-20 (a respeito da inquisição etc.)

Direito do Soberano de limitá-la: 18 ss.

Direito de educar os próprios filhos: 267

Limita o Soberano? Ou Hobbes acredita que um Soberano que faz *boas* leis permite que se tenha esse direito? 267

4. Liberdades a que não se pode renunciar por pacto:
   (i) direito de ser honrado pelos próprios filhos: 267
   (ii) direito que os homens possuem por natureza de proteger a si mesmos: 179
   (logo, a obrigação para com o Soberano cessa quando sucumbe o poder soberano [ou se renuncia a ele] 180)
5. Liberdade e medo são congruentes: 171

Justiça

Justiça, ciência natural, única ciência de que o Soberano precisa para governar: 287

Justiça, fundamento e origem: que os homens executem os pactos celebrados: 3.ª lei da natureza: violação do direito de depor armas por pacto é injustiça e absurdo: 111, 119 s., 122, 212; resposta ao tolo 120-3

Por que a justiça pressupõe a criação do poder soberano? Se não for assim, a confiança mútua e os pactos não terão validade: 120; *cf.* 115, onde não há poder comum, não há lei nem justiça 108

Aquilo que todos têm em comum não é injusto; a justiça comparada às leis do jogo: 272; *cf.* 146, 212

A justiça como cumprimento de pactos é uma Lei da Natureza: 122; 139; é injusto jurar contrariamente às Leis da Natureza: 116; aquele que cumpre as Leis da Natureza é justo: 131
Justiça aplicada a pessoas e seu caráter: 123 s., 215
Justiça aplicada a ações: 123 ss.
    justiça comutativa: 124 s.
    justiça natural: 129 ss., 216, 190, 194 s.
    justiça distributiva: 124 s., 225
    preço (valor) justo: 125
A justiça como reta razão fia-se em norma convencional: 46 (*cf.* a respeito do bem: 53, 54)
Justiça na arbitragem: 125
Justiça definida pela lei (existente):
    Justo = aquele que em suas ações observa as leis de seu país: 39
    As leis são regras do justo e do injusto: 211, 7, 15
    A obediência à lei civil é justa, pois é exigida pelo pacto: 212
    Justiça e propriedade: ambas pressupõem o poder soberano: 198, 120
    dão a cada um o que merece: 198, 120
    Lei justa ≠ boa lei 271 s.
    A lei exige interpretação, que é a razão do Soberano e serve de amparo para os julgamentos *justos*: 214
Justiça como nome inconstante: e indica disposição e interesse do enunciante: 45
Punição natural da injustiça como violação das Leis da Natureza: a violência dos inimigos: 287
Justiça e injustiça não são faculdades do corpo e do espírito; são qualidades que unem os homens em sociedade: 108
    Não há justiça no estado de natureza: 108; não há injustiça no estado de natureza: 120
    No estado de natureza os homens são árbitros da justeza de seus próprios medos: 115
    No estado de natureza as pessoas combatiam umas com as outras e saqueavam umas às outras *justamente*: 140
O súdito não pode acusar o Soberano de injustiça, pois é *mandante* de todos os Soberanos e é impossível que prejudique a si mesmo: 146, *cf.* 173, 178, (*cf.* 212); 144, 149, 184
O Soberano pode causar danos, mas não injustiça: 146, 173 s.
No Estado, a justiça e a violência devem estar nas *mesmas* mãos: 214

A razão do Soberano determina a lei, e os juízes devem se amparar nela para que seu julgamento seja justo: 214
Justiça como uma finalidade do contrato social: 150
Resposta do tolo: a justiça (como cumprimento de pactos) não é contrária à razão: 120-3
Rebeldes que resistem ao Soberano não cometem mais atos injustos: 177 s.
É injusto possuir forças armadas particulares: 191
Os covardes agem de modo desonrado, não injustamente: 177
Associações e ligas de homens particulares com má intenção são injustas: 191

O Soberano e seus poderes

1. *Objetivo do contrato social* ao estabelecer o Soberano: 139, 143, 147, 150, 159, 176, 262
    O estado de natureza determina os pré-requisitos do Soberano: 139-42
    contrato social: definição formal e material: 142, 143 s.
2. *Direitos e poderes do Soberano*: 144-50
    (Geral)
    Tão amplos quanto possam ser imaginados 169, ilimitados são autoridade concedida sem restrição: 135, 142, 181, 252, 151 s.
    Os poderes do Soberano são os mesmos onde quer que sejam aplicados: 151, 152
    Os poderes e o estabelecimento do Soberano não são revogáveis: 144 s.
    Argumento da regressão para o Soberano absoluto: 170, 225
    Versus equilíbrio de poderes (comparação): 259
    Direito à sucessão: 159-62, 180
    As concessões soberanas de direito devem ser interpretadas congruentemente com o poder soberano: 179
3. *Direitos e poderes do Soberano*
    (Poderes *especiais*)
    O Soberano não pode ser punido: 147; não é sujeito à lei civil: 211 s., 254 s.
    O Soberano tem direito a *decidir sobre os meios* para a paz e guerra: 147 s.
    O Soberano tem poder para regulamentar a *expressão oral* e *escrita*: 147 s.

O Soberano determina as regras e definição da propriedade: 148; 198 s.; e do comércio e contratos: 200 s.
O Soberano tem autoridade judicial: 148
O Soberano tem direitos de nomear, premiar e honrar: 149
O Soberano é legislador das leis: 211 s.
O Soberano decide o que é moral razoável: 212
O Soberano determina liberdades do silêncio: 173, 228
O Soberano determina a que se deve obedecer como lei divina: 226 ss. (enquanto não contrariar a lei moral: 226)

4. *Ofício e deveres do Soberano*
O Soberano obriga-se a cumprir as Leis da Natureza: 158, 173, 182, 244, 262, 270, 199
O Soberano não pode tratar os súditos injustamente nem prejudicá-los: 144, 146, 173, 178
... mas pode cometer iniquidade contra eles: 146, 199
... e pode enganar-se em equidade: 219
Dever do Soberano de fazer boas leis: 262, 271 ss., 275 s.
O que são boas leis: 271 ss.; *cf.* definição de bem e de mal: 15, 53 s., 131 s., 253 s. e 46
Fazer leis é faculdade racional do Estado: 259, 23, 214
O Soberano, por meio do direito civil, é juiz do bem e do mal: 253, 259
A finalidade das leis do Soberano é a segurança do povo: 262, e por providência divina: 267
Bem do Soberano e bem do povo não podem se dissociar: 272
Soberano como árbitro capaz: conforme pactuado no contrato social: 194; *cf.* 129, 46, 274

Leis da Natureza

0. Definição de Lei da Natureza = preceito ou regra descoberto pela razão e que proíbe fazer aquilo que visar à destruição de nossa vida etc.: 14:3
1. As Leis da Natureza ditam a paz para os meios da conservação dos homens em grupos. I:15:25 (S. 130)
2. Resumo dessas leis: Não fazer ao outro etc.: I:15:26
3. As Leis da Natureza obrigam *in foro interno* a um desejo de que elas sejam seguidas: I:15:27-8

4. A ciência das Leis da Natureza é a verdadeira e única filosofia moral: I:15:30

5. As Leis da Natureza são inadequadamente assim chamadas, mas nada são além de conclusões relativas àquilo que conduz à nossa conservação: 15:30

Teor das Leis da Natureza

1. 1ª e 2ª Leis: (i) procurar a paz e segui-la, (ii) renunciar ao próprio direito, sujeita à regra da reciprocidade. Essas partes da regra geral visam à paz: 14:6-7
2. 3ª Lei: cumprir os pactos celebrados: 15:1-3
    Definição de pacto e sua validade: 14:12-29, 15:3
    Justiça: 15:1-9
    Resposta ao tolo: 15:4
3. 4ª-10ª Leis: injunção de virtudes e disposições da associação sociável e razoável: 15:10-8
4. 11ª-19ª Leis: preceitos da equidade e da justiça natural: 15:17-25

LOCKE

LOCKE I
A doutrina da lei natural em Locke

§ 1. Observações introdutórias

1. O filósofo R. G. Collingwood, que viveu no início do século XX, disse certa vez: "A história da teoria política não é a história de diferentes respostas para a mesma pergunta, mas a de um problema em mutação mais ou menos constante, e cuja solução muda junto com ele."[1] Essa interessante observação parece um pouco exagerada, uma vez que há certas perguntas fundamentais que sempre fazemos, como estas e outras semelhantes:

Qual é a natureza de um regime político legítimo?
Quais são os fundamentos e os limites da obrigação política?
Qual é a base dos direitos, se é que ela existe?

Porém, em diferentes contextos históricos, essas perguntas podem ter diferentes interpretações e foram pensadas por diferentes autores de diferentes pontos de vista, a depender dos universos políticos e sociais a que eles pertenceram e do modo como interpretaram as circunstâncias e problemas que viveram. Assim, para compreender as obras desses autores, devemos identificar seus pontos de vista e o modo como estes determinam a interpretação e discussão das perguntas levantadas.

Desse ponto de vista, a observação de Collingwood ajuda-nos a procurar as respostas que diferentes autores deram às suas (não às nossas) perguntas. Para tal, deve-se tentar penetrar tanto quanto possível no sistema de pensamento de cada autor, procurando compreender o problema levantado e a solução proposta a partir do ponto de vista do próprio autor, não do nosso. Ao fazermos isso, muitas vezes as respostas dos autores às

---

1. R. G. Collingwood, *An Autobiography* (Oxford: Clarendon Press, 1939), p. 62.

suas perguntas nos parecem surpreendentemente melhores que o esperado. De fato, creio que os autores que estamos discutindo aqui – Hobbes, Locke, Rousseau, Hume, Mill e Marx –, considerando seu pensamento e os problemas de sua época, fornecem respostas muito boas, ainda que talvez não sejam perfeitas, para as perguntas que os inquietaram. É por isso que ainda lemos seus textos e aprendemos com eles.

2. As críticas que farei adiante não consistem em apontar falácias e inconsistências no pensamento de Locke ou Mill, por exemplo, mas em examinar alguns motivos fundamentais pelos quais as respostas ou soluções desses autores não nos parecem inteiramente aceitáveis, sob o nosso próprio ponto de vista e com base em nossos próprios questionamentos ou problemas, por mais que aprendamos com elas. Portanto, ao discutir esses autores, primeiro precisamos nos empenhar em compreender o que eles dizem, interpretando-os da melhor maneira possível segundo seu ponto de vista. Somente então poderemos nos considerar aptos a julgar a solução oferecida por eles a partir de nosso próprio ponto de vista. Se não seguirmos esse procedimento na leitura das obras dos seis filósofos aqui discutidos, não conseguiremos tratá-los como autores escrupulosos e inteligentes que estão, no mínimo, em pé de igualdade conosco em todos os aspectos essenciais.

Nas conferências sobre Locke[2], tratarei de apenas uma dificuldade es-

---

2. Algumas fontes secundárias úteis sobre Locke: Richard Ashcraft, *Revolutionary Politics and Locke's "Two Treatises"* (Princeton: Princeton University Press, 1986), e *Locke's Two Treatises of Government* (Londres: Unwin, 1987); Michael Ayres, *Locke: Epistemology-Ontology*, 2 vols. (Londres: Routledge, 1991); Joshua Cohen, "Structure, Choice and Legitimacy: Locke's Theory of the State", *PAPA*, outono de 1986; John Dunn, *The Political Thought of John Locke* (Cambridge: Cambridge University Press, 1969); Julian Franklin, *John Locke and the Theory of Sovereignty* (Cambridge: Cambridge University Press, 1978); Ruth Grant, *John Locke's Liberalism* (Chicago: University of Chicago Press, 1987); Peter Laslett, Introduction to *Two Treatises of Government* (Cambridge: Cambridge University Press, Student Edition, 1988); Wolfgang von Leyden, *John Locke, Essays on the Law of Nature* (Oxford: Oxford University Press, 1954); C. B. MacPherson, *Political Theory of Possessive Individualism* (Oxford: Oxford University Press, 1962); J. B. Schneewind, *Moral Philosophy from Montaigne to Kant* (Cambridge: Cambridge University Press, 1990), 2 vols., in vol. 1, pp. 183-98; Peter Schouls, *The Imposition of Method: A Study of Descartes and Locke* (Nova York: Oxford University Press, 1980); John Simmons, *The Lockean Theory of Rights* (Princeton: Princeton University Press, 1992), e *On the Edge of Anarchy* (Princeton: Princeton University Press, 1993); Richard Tuck, *Natural Rights Theories: Their Origin and Development* (Cambridge: Cambridge University Press, 1979); James Tully, *A Discourse on Property: John Locke and His Adversaries* (Cambridge: Cambridge University Press, 1980); Jeremy Waldron, *The Right to Private Property* (Oxford: Clarendon Press, 1988), especialmente o Capítulo 8, e "Locke, Toleration, and the Rationality of Persecution", in *Liberal Rights: Collected Papers* (Cambridge: Cambridge University Press, 1993).

sencial, derivada do fato de que, segundo descrição no Segundo Tratado, a doutrina lockiana do contrato social possivelmente justifica ou permite desigualdades de direitos políticos e de liberdades fundamentais. Por exemplo, o direito ao voto restringe-se a quem tem a qualificação de proprietário. A constituição concebida por Locke é a de um estado de classes; isto é, o poder político é exercido por aqueles que possuem certa extensão em propriedades (o equivalente a uma propriedade livre e alodial de 40 xelins, que, na época de Locke, correspondia aproximadamente a 4,5 acres de terra cultivável). O modo pelo qual a doutrina lockiana do contrato social permite um sistema de classes será analisado na terceira conferência sobre Locke.

Antes de poder levantar essa questão, contudo, é preciso compreender a doutrina lockiana em sua melhor forma. Lembremo-nos do aforismo de J. S. Mill: "Uma doutrina só é verdadeiramente julgada quando em sua melhor forma."[3]

3. Para isso, devemos perguntar que problema causava especial inquietação em Locke e em cada um dos demais autores, e por quê. Hobbes, por exemplo, inquietava-se com o problema da guerra civil entre seitas religiosas rivais, agravado pelo conflito entre interesses políticos e interesses de classe. Em sua doutrina do contrato social, Hobbes defende que todos os indivíduos têm motivos racionais suficientes, com base em seus interesses mais fundamentais, para criar, através de acordo entre si, um Estado (Leviatã) com um soberano efetivo dotado de poderes absolutos e para apoiar esse soberano sempre que ele existir. Entre os interesses fundamentais estão não somente nossos interesses na autopreservação e na obtenção dos meios para uma vida confortável, nas palavras de Hobbes, mas também – e este detalhe é importante para Hobbes, que escreveu em uma época marcada pela religiosidade – nosso interesse religioso transcendente em alcançar a salvação. (Um interesse religioso transcendente é aquele que tem a capacidade de anular todos os interesses seculares.) Assumindo tais interesses como fundamentais, Hobbes acredita que é racional que todos aceitem a autoridade de um soberano absoluto existente e efetivo. Esse soberano, para Hobbes, é a única forma garantida de proteção contra contendas civis destrutivas e contra a regressão para o estado de natureza, a pior de todas as condições.

3. Ver "Review of Sedgwick's *Discourse*", in: Mill, *Collected Works*, vol. X, p. 52.

O problema de Locke é totalmente diverso, assim como, previsivelmente, suas suposições: o objetivo do filósofo é oferecer uma justificação para a resistência política à Coroa no contexto de uma Constituição mista. Esta é uma Constituição em que a Coroa tem uma parcela da autoridade legislativa, não permitindo, portanto, que o Poder Legislativo (isto é, o Parlamento) exerça com exclusividade a plena soberania. Locke preocupa-se com esse problema por causa de seu envolvimento na Crise da Exclusão de 1679-81, assim chamada porque os primeiros "whigs" (liberais), liderados pelo conde de Shaftesbury, tentaram excluir o irmão mais novo de Carlos II, Jaime, então duque de York, da sucessão ao trono.

Jaime era católico, e os "whigs" temiam que ele estivesse resolvido a instituir na Inglaterra um absolutismo real e restaurar a fé católica, através do uso da força e com a ajuda dos franceses. Nessa crise, os "whigs" foram derrotados em parte porque não haviam chegado a um consenso sobre quem deveria ocupar o trono em lugar de Jaime (a escolha era entre o duque de Monmouth, filho ilegítimo de Carlos II, e Guilherme de Orange), mas em parte também porque Carlos II foi capaz de governar sem Parlamento com a ajuda dos grandes subsídios que recebeu secretamente de Luís XIV da França.

4. Locke, médico de formação, conheceu o conde de Shaftesbury quando foi chamado para prestar serviços profissionais ao conde enfermo. Os dois tornaram-se muito amigos, e durante vários anos, a partir de 1666, Locke morou na residência de Shaftesbury. Ele tinha um apartamento na Exeter House (residência londrina de Shaftesbury), na rua Strand, em Londres, onde escreveu, em 1671, o primeiro esboço do *Ensaio sobre o entendimento humano*. Os *Dois tratados* foram escritos durante a Crise da Exclusão de 1679-81 (e não depois, em 1689, como se acreditava) na forma de tratado político em defesa da causa liberal contra Carlos II. Essa data explica o tom e as preocupações da obra[4].

Sir Robert Filmer[5], empenhado absolutista real com ligações pessoais

---

4. Segundo Laslett, a maior parte do *Segundo tratado* foi escrita durante o inverno de 1679--80, inclusive os Capítulos 2-7, 10-4 e 19. O *Primeiro tratado* foi escrito no início de 1680, como resposta ao livro *Patriarcha*, de Sir Robert Filmer (ver nota 5, adiante). No verão de 1681, Locke acrescentou ao *Segundo tratado* uma parte do Capítulo 8 e os Capítulos 16, 17 e 18. Finalmente, em 1689, antes da publicação, ele acrescentou à obra os Capítulos 1, 9 e 15. Ver a Introdução de Laslett ao livro *Locke's Two Treatises*, p. 65.

5. Para informações sobre Robert Filmer, ver as seguintes obras: *Patriarcha and Other Writings*, org. Johann Sommerville (Cambridge: Cambridge University Press, 1991), que atualmente substitui a edição anterior de *Patriarcha*, a cargo de Peter Laslett (Oxford: Blackwell, 1949); além

com a Igreja e com a corte, morto em 1653, havia escrito em defesa da monarquia absoluta na época da Guerra Civil Inglesa. A maior parte de sua obra foi publicada entre 1647 e 1653, mas republicada em 1679-80, quando foi impresso pela primeira vez seu manuscrito mais importante, *Patriarcha*. Seus escritos exerceram bastante influência entre 1679 e 1681, época em que Locke estava escrevendo os *Dois tratados sobre o governo*. O objetivo filosófico declarado de Locke (ver folha de rosto do *Primeiro tratado*) era atacar a defesa da posição monarquista empreendida por Robert Filmer e o argumento deste de que o rei tem um poder absoluto que provém exclusivamente de Deus, bem como demonstrar que o absolutismo real é incompatível com o governo legítimo. Em resumo rápido: para Locke, um governo legítimo pode ser gerado apenas pelo consentimento dos indivíduos a ele submetidos. Estes, para Locke, são naturalmente livres e iguais, além de razoáveis e racionais. Por essa razão, não podem pactuar nenhuma mudança a menos que seja em benefício de sua condição. Locke acredita que o governo absoluto nunca pode ser legítimo porque, para ele, diferentemente de Hobbes, o absolutismo (real) é ainda pior que o estado de natureza. Ver §§ 90-4, especialmente § 91, no qual Locke faz distinção entre o estado de natureza comum e o estado de natureza desenfreado ao qual conduz o absolutismo[6].

5. Para resumir: em Hobbes, a ideia do contrato social é usada como um ponto de vista a partir do qual as pessoas racionais, em defesa de seus

---

das muitas referências na Introdução de Laslett aos *Dois tratados*, ver Gordon Schochet, *Patriarchalism and Political Thought* (Oxford: Oxford University Press, 1975); John Dunn, em sua obra *Political Thought of John Locke*, Cap. 6, analisa o lugar de Filmer no pensamento de Locke; ver também Nathan Tarcov, *Locke's Education for Liberty* (Chicago: University of Chicago Press, 1984), Cap. 1, que tem muito a dizer sobre Filmer e sua relação com Hobbes e Locke.

6. Todas as referências no texto, a menos que haja menção contrária, remetem a parágrafos numerados do *Segundo tratado*. Embora minhas referências sejam, em sua maior parte, ao *Segundo tratado*, o *Primeiro tratado* não é desprovido de interesse e contém diversos trechos muito importantes para a teoria lockiana, a saber: propriedade não significa autoridade, I: §§ 41-3; a propriedade e sua relação com a liberdade de uso, §§ 39, 92, 97; sobre a paternidade e a autoridade, da qual a mãe tem parcela igual, §§ 52-5; Locke diz que, para Filmer, os homens não nascem naturalmente livres, § 6, e cita Filmer dizendo que os homens nascem súditos, § 50; Locke argumenta contra o direito de primogenitura, §§ 90-7; faz um resumo do sistema de Filmer, § 5, e diz que se esse sistema falhar, deve-se permitir que o governo seja formado novamente segundo a velha maneira, isto é, através da perspicácia e do consentimento dos homens ao fazerem uso de sua razão para formar uma sociedade, § 6; e, finalmente, diz que o bem comum é o bem de cada membro individual da sociedade, na medida em que for possível realizá-lo através de normas comuns, § 92.

interesses mais fundamentais (inclusive de seu interesse religioso transcendente na salvação), conseguem perceber que têm razão suficiente para apoiar um soberano efetivo (que, para Hobbes, é um soberano absoluto, pois apenas este pode ser efetivo), sempre que ele existir.

Em Locke, a ideia do contrato social é usada para sustentar que o governo legítimo somente pode ter por fundamento o consentimento de pessoas livres, iguais, razoáveis e racionais, a partir do estado de natureza considerado estado de igualdade de jurisdição política, em que todos, por assim dizer, têm o mesmo grau de soberania sobre si mesmos. Desse modo, Locke busca limitar a forma de um regime legítimo a fim de excluir dela o absolutismo real e, assim, justificar a resistência política à Coroa num regime de Constituição mista.

Esse contraste entre Hobbes e Locke ilustra um elemento importante: uma ideia aparentemente única (a ideia do contrato social) pode ter significado e uso bastante distintos conforme o papel que exerce em determinada concepção política como um todo.

6. Ao ler a obra de Locke, deve-se ter em mente que ele estava envolvido em atividades que se tornavam cada vez mais politicamente perigosas. Como diz Laslett, principalmente nas páginas 31 e 32 de sua Introdução aos *Dois tratados*, quando o terceiro Parlamento da Exclusão se reuniu em Oxford, em março de 1681, aparentemente estava decidido que haveria resistência armada caso o projeto da Lei da Exclusão fosse novamente abortado (como de fato foi). Locke teve participação ativa nesses acontecimentos; chegou ao ponto de ir de casa em casa pedindo alojamento para a comitiva de Shaftesbury, à qual pertencia um homem chamado Rumsey, líder dos bandoleiros que atuavam a mando de Shaftesbury.

Em seguida, quando Shaftesbury, após um período na prisão, envolveu-se em atividades que beiravam a intriga e a traição, Locke esteve a seu lado. Esteve com Shaftesbury durante todo o verão de 1682, acompanhando-o em viagem a Cassiobury (residência-sede do conde de Essex), onde ambos se encontraram com os líderes liberais no auge da chamada Conspiração da Insurreição. Além disso, esteve lá também em abril de 1683, depois que Shaftesbury havia morrido em exílio na Holanda, ocasião em que supostamente foram feitos preparativos para a chamada Conspiração do Assassinato ou Conspiração de Rye House. Depois de descoberta a conspiração, Locke passou a viver como fugitivo e no exílio até 1689. Os *Dois tratados*, obra de oposição ao governo, haviam sido escritos antes disso, provavelmente enquanto Locke ainda estava com Shaftesbury, bem antes da Revolução Gloriosa dos liberais, de 1688[7]. Relato isso com detalhes hoje bastante conhecidos para dar uma ideia do homem que estamos prestes a discutir. É bastante extraordinário que alguém tenha conseguido escrever uma obra tão sensata, dotada de tão sereno bom-senso, na mesma época em que estava envolvido com enormes riscos pessoais, em atividades que podem ter sido traição.

7. Chamo a atenção para a primeira frase do Prefácio aos *Dois tratados*, na qual Locke diz que havia uma seção intermediária do livro, mais extensa que a que ele estava então publicando com os *Dois tratados*. Ali ele diz que não vale a pena nos contar o que aconteceu com essa seção intermediária, mas era um homem cauteloso que talvez tenha tido razão para destruí-la. Talvez essa seção tenha contido doutrinas constitucionais que lhe poderiam ter custado a cabeça. Uma lista de livros da biblioteca de Locke sugere que para despistar os agentes do rei ele pode ter dado à obra toda o nome de *De Morbo Gallico* (o mal francês), que naquela época era outro nome dado à sífilis. De fato, Locke e Shaftesbury viam no absolutismo real um mal francês, do qual certamente os franceses tiveram um mau exemplo no reinado de Luís XIV[8].

§ 2. O sentido da lei natural

1. Para contextualizar aquilo que Locke chama de "a lei fundamental da natureza" (LFN), eu gostaria inicialmente de fazer alguns comentários sobre o significado da lei natural. Segundo a tradição do direito natural, essa é a parte da lei de Deus passível de ser conhecida por nós através do uso de nossas capacidades naturais racionais. Essas capacidades permitem conhecer tanto a ordem da natureza que nos é acessível, como as intenções de Deus por ela reveladas. Nesse sentido, diz-se que a lei natural é decretada, isto é, nos é anunciada por Deus, através de nossa razão natural (¶ 57)[9]. As seguintes considerações explicam por que os termos "natural" e "lei" são empregados de modo apropriado na expressão "lei natural".

---

7. Ver nota 4, acima. Para uma interessante discussão sobre quando e por que Locke escreveu os *Dois tratados*, ver a Introdução de Laslett, pp. 45-66.

8. Ver a Introdução de Laslett, pp. 62-5, 76 s.

9. Ver também ¶ 124, no qual Locke diz que a lei da natureza é simples e inteligível para todas as criaturas racionais, e ¶ 136, no qual ele diz que a lei da natureza não é escrita, mas encontra-se apenas nas mentes dos homens.

(a) Analisemos primeiro o termo "lei": a lei é uma norma dirigida a seres racionais por alguém dotado de autoridade legítima para lhes regular a conduta. (Aqui seria possível acrescentar à definição de lei a expressão "visando a seu bem comum", pois isso estaria de acordo com a teoria de Locke e sua definição de poder político, no § 3, como o direito de fazer e fazer cumprir leis: "tudo isso visando apenas ao bem comum".) A lei natural é, literalmente, uma lei, isto é, ela nos é decretada por Deus, que tem autoridade legislativa legítima e suprema sobre toda a humanidade. Deus, por assim dizer, é o soberano do mundo, dotado de autoridade suprema sobre todas as criaturas; por isso a lei natural é universal e reúne todos os homens em uma única comunidade governada por uma lei[10]. Dizer que a lei natural é decretada é, obviamente, uma metáfora, pois ela não é decretada no sentido literal como a lei dos príncipes terrenos. Porém, como ela é literalmente uma lei, de alguma forma deve ser decretada – isto é, anunciada ou comunicada – àqueles a quem ela se aplica. Caso contrário, não será uma lei. Isso explica por que é apropriado o uso do termo "lei" na expressão "lei natural".

(b) Analisemos agora se é apropriado o termo "natural". Uma explicação para esse termo é que, conforme afirmado anteriormente, a lei natural nos é comunicada – ou pelo menos pode nos ser comunicada – através do uso de nossas faculdades racionais naturais, que nos permitem extrair conclusões a partir dos fatos gerais e do arranjo da natureza que nos são evidentes. Fazem parte desses fatos gerais as necessidades, propensões e inclinações naturais dos seres humanos e as faculdades e capacidades que nos tornam diferentes dos animais e de outras partes da natureza, ou semelhantes a eles. *Grosso modo*, a ideia é que, graças à crença na existência de Deus (ou, em outras palavras, graças ao fato de que a existência de Deus pode nos ser demonstrada pela razão), somos capazes de distinguir na ordem da natureza as intenções de Deus para conosco, entre elas o dever de agir conforme certos princípios em nossa conduta uns com os outros.

---

10. Diz Locke: "Não se pode compreender a natureza do dever sem uma lei; tampouco se pode conhecer ou presumir uma lei sem um legislador, isto é, sem recompensa e punição." *Essay Concerning Human Understanding*, vol. I, Livro I, Cap. 3, § 12. Ver também vol. I, Livro II, Cap. 28, § 6, no qual Locke diz: "Seria em vão, para um ser inteligente, fixar uma lei para as ações de outrem sem ter poder para recompensar quem obedeça a sua regra e punir quem dela se desvie, fazendo-lhe um bem ou mal que não seja produto natural e consequência da ação propriamente dita." Nesse caso, o sentido de dever "produziria efeito por si só e sem uma lei. Esta [...] é a verdadeira natureza de toda lei propriamente dita".

Em vista da autoridade de Deus, os princípios que distinguimos através da razão natural como intenções de Deus assumem para nós a feição de leis. Daí o uso do termo "natural" na expressão "lei natural".

Com base nas ideias expostas, vê-se que a lei natural difere da lei divina, pois a lei divina é a parte da lei de Deus que somente pode ser conhecida por revelação. Apurar os requisitos da lei divina está além das capacidades de nossa razão natural. Além disso, a lei natural também se distingue de todos os decretos humanos e, desse modo, da lei terrena dos Estados, isto é, daquilo que Locke às vezes chama de "lei positiva". As leis dos Estados devem estar de acordo com os princípios da lei natural (quando aplicáveis). Como diz Locke (§ 135), as obrigações impostas pela lei da natureza são válidas em sociedade do mesmo modo que no estado de natureza, e a lei da natureza "vale como uma norma eterna para todos os homens, legisladores ou não". Assim, os princípios da lei natural são os princípios fundamentais do direito e da justiça aplicáveis às leis dos Estados e às instituições políticas e sociais. Aqui está mais uma razão para o uso do termo "lei" na expressão "lei natural": a lei natural se aplica ao direito e às instituições jurídicas.

2. Finalmente, deve-se observar que o que Locke chama de lei fundamental da natureza não deve ser entendido como o princípio mais fundamental de sua teologia filosófica como um todo; em geral, o mesmo se pode dizer de outros aspectos de sua doutrina.

(a) O raciocínio é o seguinte: é necessário que haja outro princípio, ainda mais fundamental, que explique a autoridade legítima de Deus. Na ausência dessa autoridade e ainda que os decretos divinos nos sejam comunicados, eles não terão força de lei para nós. Diferentes autores explicam de diferentes modos os motivos da autoridade de Deus. No § 6 (que citarei mais adiante, em § 3), Locke explica a autoridade de Deus sobre nós recorrendo ao direito decorrente da criação. Visto que Deus nos criou do nada e deve manter nosso ser para que possamos continuar a existir, é em Deus que reside a autoridade suprema sobre nós[11]. Hobbes, por outro lado, parece contentar-se em reconhecer a origem da autoridade divina na onipotência de Deus: o domínio sobre os homens pertence a Deus, "[...] não como criador e cheio de graça, mas como onipotente"[12].

(b) Para concluir: mesmo quando o sistema jurídico é regido pela lei natural, ainda assim é preciso diferenciar estes três elementos:

11. Ver *Essays of the Law of Nature*, pp. 151-7.
12. *Leviatã*, p. 187.

(i) quem tem autoridade suprema nesse sistema,
(ii) por que essa pessoa tem essa autoridade; e
(iii) os princípios que definem o teor das normas do sistema.

Assim, a doutrina que explica por que Deus tem autoridade legítima sobre a humanidade não é uma doutrina do teor da lei natural e das diversas normas e regras justificadas com base nela[13].

3. Aquilo que chamo de lei natural é o conceito que acabo de expor, a saber, a lei de Deus conhecida por nós através da razão natural. Esse é o sentido tradicional usado por Locke e o elemento central em sua doutrina; assim, quando Locke fala de lei natural ou direito natural, há uma referência, direta ou indireta, à lei fundamental da natureza entendida como a lei de Deus conhecida através da razão.

Há, porém, pelo menos uma exceção possível. Não fica claro se e como deve ser estabelecida uma relação com a lei da natureza no que se refere ao princípio da fidelidade (que manda cumprir promessas e pactos); esse elemento parece ser tido por Locke como parte da lei da natureza (§ 14), mas as bases desse princípio são ignoradas na discussão. Entretanto, nos casos que nos interessam aqui – por exemplo, o direito natural das pessoas à liberdade igual, à qual todos nascem predestinados (em vista de nossas capacidades racionais), e o direito natural à propriedade –, a relação com a lei fundamental da natureza é suficientemente clara. Voltarei a esse assunto mais adiante, ao analisar de que modo os direitos naturais há pouco mencionados derivam da lei fundamental da natureza.

---

13. Nos *Essays on the Law of Nature*, Locke diz que a lei da natureza é o "decreto da vontade divina distinguível pela luz da natureza, indicando o que está e o que não está em conformidade com a natureza racional, e por isso mesmo com caráter de mandamento ou proibição" (p. 111). No *Ensaio sobre o entendimento humano* (1690), ele se refere aos tipos de leis que usamos para concluir que a retidão moral é a Lei Divina: "[...] a lei fixada por Deus para as ações dos homens, decretando-a a eles através da luz da natureza ou através da voz da revelação" (vol. I, Livro II, Cap. 28, § 8). Há uma incoerência na teoria de Locke sobre a base dos direitos e da justiça, a saber: ele sustenta sua teoria com o argumento de que os princípios relevantes dessa base são mandamentos divinos; por outro lado, nossa obrigação de obedecer aos mandamentos divinos implica que Deus tem autoridade legítima sobre nós, isto é, um direito à criação, e que Deus é sábio e caridoso. Entretanto, o direito à criação de um Deus sábio e caridoso não pode ser, ele próprio, um mandamento de Deus, visto que a validade desse tipo de mandamento implicaria um direito à criação. Locke nunca resolveu essa questão de modo satisfatório e de fato foi criticado por Samuel Clarke sobre esse aspecto. Uma discussão perspicaz sobre isso encontra-se em Michael Ayres, *Locke: Epistemology-Ontology* (Londres: Routledge, 1991), vol. 2, Caps. 15-6. A doutrina de Locke é exemplo do tipo de teoria que Kant atacou nos *Fundamentos* ao elaborar a terceira fórmula do imperativo categórico (Ak: IV: 431 ss.).

Observemos, por fim, que a concepção de lei natural em Locke nos oferece o exemplo de uma ordem autônoma de valores morais e políticos, com referência à qual devem ser avaliados nossos juízos políticos sobre a justiça e o bem comum. Os juízos corretos ou sensatos podem ser verdadeiros ou fiéis em relação a essa ordem, cujo teor é definido em grande parte pela lei fundamental da natureza como lei de Deus. Assim, a teoria de Locke contém uma concepção de justificação distinta da concepção de justificação pública exposta na teoria da justiça como equidade como forma de liberalismo político[14]. Entretanto, a teoria da justiça como equidade não afirma nem nega a ideia dessa ordem independente de valores, assim como não afirma nem nega que o processo de justificação demonstre a verdade dos juízos morais e políticos fazendo referência a essa ordem.

§ 3. A lei fundamental da natureza

1. Passarei agora a analisar a afirmação e descrição da lei da natureza, seu papel, seu teor e diversas cláusulas, assim como alguns dos direitos que Locke acredita serem derivados dela. Primeiro, observemos a afirmação importantíssima dessa lei, cujo teor é o seguinte:

> O *estado de natureza* tem uma lei da natureza que o governa e a todos obriga; e a razão, que é essa lei, ensina a todos os homens que a consultarem que, por serem todos iguais e independentes, nenhum deles deveria causar ofensa à vida, saúde, liberdade ou propriedade do outro. Por serem todos os homens obra de um único Criador onipotente e infinitamente sábio, por serem todos criados de um soberano Senhor, enviados ao mundo por ordem e interesse d'Ele, d'Ele são propriedade e obra, feitos para durar não segundo seu próprio prazer, mas segundo o prazer de seu Senhor. E por serem todos dotados das mesmas faculdades, compartilhadas por todos em uma única comunhão da natureza, não se pode admitir entre nós uma *subordinação* tal

---

14. John Rawls: *Justice as Fairness: A Restatement*, org. Erin Kelly (Cambridge: Harvard University Press, 2001), § 9.2: "Um traço característico da sociedade bem-ordenada é que sua concepção pública de justiça política estabelece uma base comum para que os cidadãos justifiquem seus julgamentos políticos uns perante os outros: cada um coopera, política e socialmente, com os demais conforme termos que todos possam considerar justos. É esse o sentido de justificação pública."

que nos autorize a destruir um ao outro, como se fôssemos feitos para uso um do outro como o são para nós as criaturas de ordens inferiores. Todo homem, assim como é *obrigado a preservar a si próprio* e a não abandonar seu posto voluntariamente, assim também, pela mesma razão, todas as vezes que não houver risco à sua própria preservação, deve, tanto quanto lhe for possível, *preservar o resto da humanidade* e, salvo quando para punir um ofensor, não pode tirar nem pôr em perigo a vida ou aquilo que para a preservação da vida contribui, a liberdade, a saúde, o corpo ou os bens de outrem. (§ 6)

A lei da natureza mais essencial, isto é, aquilo que Locke chama de "*lei fundamental da natureza*", diz que "*a humanidade [deve] ser preservada, tanto quanto possível*" (§ 16); ou, nas palavras de Locke no § 134, ela é "*a preservação da sociedade* e (na medida em que não contrariar o bem comum) de cada pessoa que nela vive". Quase o mesmo se repete nos §§ 135, 159 e 183.

2. A afirmação "o *estado de natureza* tem uma lei da natureza que o governa", que abre a definição no § 6, é completada por muitos trechos que descrevem essa lei natural em todo o *Segundo tratado*. Vejamos:

(a) Em consonância com o que eu disse acima, a lei da natureza é descrita como uma "declaração" da "vontade de Deus" (§ 135).

(b) Sobre a lei fundamental da natureza, Locke diz que "a razão, que é essa lei, ensina a todos os homens" (§ 6). Locke descreve a lei fundamental da natureza como algo não apenas *conhecido* através da razão, mas também como a lei "da *razão* e da igualdade de todos" (§ 8), como "a regra certa da razão" (§ 10), como "a lei comum da razão" (§ 16) e como "a *lei da razão*" (§ 57).

(c) No § 136, a lei fundamental da natureza é descrita como "fundada nos costumes e, dessa forma, não encontrável a não ser nas mentes dos homens". No § 12, ela é "tão inteligível e evidente para uma criatura racional e para um estudioso dessa lei quanto as leis positivas dos Estados – ou melhor, ainda mais evidente; do mesmo modo que a razão é mais fácil de entender do que os [...] artifícios dos homens". (Ver também § 124.) Tudo isso se ajusta à ideia de que a lei da natureza é a vontade de Deus, "decretada ou comunicada exclusivamente através da *razão*" (§ 57).

3. Locke também discorre sobre o papel da lei fundamental da natureza:

(a) Em primeiro lugar, no § 6 fica-se sabendo que a lei fundamental da natureza reúne toda a humanidade em uma única grande comunidade governada pela lei da natureza. No § 172, Locke diz que um homem que se coloca em estado de guerra com outro "abandonou a razão que Deus deu para ser a regra entre os homens e o elo comum através do qual a humanidade se une em uma única irmandade e sociedade." No § 128, Locke diz que a lei da natureza, comum a todos nós, faz com que cada um de nós e o resto da humanidade sejamos "*uma única comunidade*, [formando] uma sociedade distinta de todas as outras criaturas."

A lei da natureza seria suficiente para nos governar não fosse pelo caráter corrupto e depravado de pessoas degeneradas. Não haveria necessidade de nos dividirmos em diferentes sociedades civis, cada uma com uma autoridade política distinta, e dessa forma desintegrar "esta grande comunidade natural" (§ 128). Assim, a lei fundamental da natureza é a lei válida para a comunidade de todos os homens no estado de natureza. Este, como um estado de liberdade, não é um estado de licenciosidade, pois é demarcado pela lei da natureza e pela razão (§ 6).

(b) A lei fundamental da natureza também é o princípio regulador das instituições políticas e sociais das diversas sociedades civis nas quais se divide a comunidade de todos os homens. A lei positiva (isto é, civil) é correta e justa apenas quando se fundamenta nesse princípio ou está em consonância com ele. Nenhuma sanção humana é boa ou válida se contrariar esse princípio[15].

(c) A lei da natureza tem caráter normativo e diretivo: trata-se de uma lei para guiar pessoas livres e racionais que visa ao bem dessas pessoas. Observemos a significativa afirmação do § 57, no qual Locke diz: "Pois uma *lei*, em sua noção verdadeira, é menos uma limitação do que *um direcionamento de um agente livre e inteligente* à consecução de seu interesse próprio; ela prescreve nada além do que aquilo que contribui para o bem geral daqueles que vivem sob sua jurisdição. Pudessem eles viver mais felizes sem essa lei, ela definharia como uma coisa inútil [...] a *finalidade da lei* não é abolir ou reprimir, mas *preservar e ampliar a liberdade*. [...] *onde não há lei, não há liberdade*. Pois *liberdade* significa ser livre de repressão e violência dos outros – algo impossível de acontecer onde não há lei."

---

15. "As obrigações impostas pela lei da natureza não cessam no estado de sociedade [...] [em vez disso, elas] [...] [valem] como regra eterna para todos os homens, *legisladores* ou não. As *regras* por estes feitas [...] devem [...] estar em conformidade com a lei da natureza [...] e, sendo a *lei fundamental da natureza* nada menos que a *preservação da humanidade*, nenhuma sanção humana poderá ser boa ou válida se a ela se opuser" (§ 135; ver também § 171).

Desse modo, para Locke, as ideias de razão e lei, de liberdade e bem geral, estão intimamente relacionadas. A lei fundamental da natureza é conhecida através da razão; ela prescreve medidas que visam apenas a nosso bem; busca ampliar e preservar nossa liberdade, isto é, nossa proteção contra a repressão e a violência dos outros. A liberdade segue a lei e se distingue da licenciosidade, que não segue lei alguma. Aqui, "lei" quer dizer a lei da razão proferida pela lei da natureza.

§ 4. O estado de natureza como estado de igualdade

1. A partir do papel da lei fundamental da natureza conforme descrito acima, percebe-se que estamos diante de uma lei que serve de base tanto para o estado de natureza como para a sociedade política (válida para suas instituições políticas e sociais). O estado de natureza, para Locke, é um estado de perfeita liberdade e igualdade (§ 4):

(i) Trata-se de um estado de liberdade porque nele todo indivíduo tem a liberdade de decidir sobre suas ações e dispor sobre suas posses e sua pessoa do modo que lhe convier, dentro dos limites fixados pela lei da natureza. Ninguém precisa pedir permissão de ninguém, e ninguém depende da vontade de ninguém.

(ii) O estado de natureza é um estado de igualdade, isto é, um estado de igualdade de poderes e jurisdições para todos, no qual todos, por assim dizer, têm o mesmo grau de soberania sobre si próprios – "todos são reis", como diz Locke no § 123. É claro que igualdade de poderes quer dizer igualdade de liberdade e autoridade política sobre si próprio. O poder, aqui, não deve ser entendido como força ou controle sobre determinados recursos, tampouco como coibição, mas como direito e jurisdição.

No § 54, Locke faz a importante afirmação de que esse estado de igualdade de liberdade é compatível com os diversos tipos de desigualdades, tais como as desigualdades resultantes de diferenças de idade, mérito ou virtude e também, como se vê depois, de diferenças entre propriedade herdada ou adquirida (real). Como já apontado antes, a igualdade de que fala Locke é um estado em que todos têm igual direito de exercer temos liberdade natural, um estado de igualdade de jurisdição sobre nós mesmos sob o comando da lei. Essa liberdade à qual nascemos predestinados graças a nossa capacidade da razão passa a ser legitimamente nossa quando atingimos a idade da razão (§ 57).

2. Ao partir do estado de natureza como estado de igualdade de liberdade, Locke rejeita categoricamente o ponto de partida de Robert Filmer, segundo o qual todos nascemos em um estado de subordinação natural[16]. Será que Locke oferece um argumento que ampare seu próprio ponto de partida? Ou será que ele pretende elaborar determinada concepção da sociedade humana sob o comando de Deus (alternativa mais plausível, a meu ver)? Segundo a explicação de Locke para sua tese (§ 4), Deus não atribuiu a nenhum indivíduo, por "declaração manifesta", o direito indubitável ao domínio (político) e soberania sobre os demais. Isso poderia ter ocorrido, mas não ocorreu. Tendo em vista o fato histórico de que isso não ocorreu, nada é mais evidente que o fato de que as pessoas de mesma condição natural e que possuem todas as mesmas vantagens naturais (relevantes) nascem predestinadas a viver em estado de igualdade de liberdade e jurisdição política sobre si mesmas.

Creio que a tese de Locke neste ponto é que nenhum indivíduo poderia ter autoridade política sobre os demais a menos que Deus assim determinasse por meio de declaração manifesta ou a menos que houvesse diferença(s) relevante(s) entre esse indivíduo e os demais. Porém, visto que Deus não deu tal declaração, e visto que somos todos da mesma condição natural e possuímos todas as mesmas vantagens naturais (relevantes), daí resulta que nascemos predestinados a viver em estado de igualdade, isto é, em estado de igualdade de liberdade e de jurisdição política sobre nós mesmos. É certo que existem desigualdades de idade, mérito, virtude e propriedade (§ 54). Porém, para Locke, elas não são diferenças relevantes para o estabelecimento de autoridade política, que é (em poucas palavras) "*o direito* de fazer leis com penas de morte [...] bem como de empregar a força da comunidade na execução dessas leis [...], tudo isso visando apenas ao bem comum" (§ 3).

Assim, talvez não surpreenda o fato de que, para Locke, a autoridade política pode ser gerada pelo consenso de pessoas que possuem igual jurisdição sobre si mesmas. O que Locke propõe é simplesmente uma con-

---

16. Todos nascem em estado de subordinação política, exceto aqueles poucos que são designados por Deus para dominarem e serem governantes absolutos (estes, pela regra da primogenitura, são descendentes diretos de Noé e, portanto, de Adão). Ver Filmer, *Patriarcha*. O *Primeiro tratado* de Locke dedica-se a refutar o argumento de Filmer segundo o qual Deus concedeu a Adão o poder máximo, passado por herança diretamente a todos os soberanos legítimos. Locke reitera as principais teses de Filmer no § 1 do *Segundo tratado*.

cepção de sociedade política diferente da de Filmer. Será essa uma falha de Locke? Em caso afirmativo, por quê?

§ 5. O teor da lei fundamental da natureza

1. Isso nos leva finalmente ao teor da lei fundamental da natureza, isto é, aos preceitos dessa lei, entre os quais os diversos direitos (naturais) que, segundo Locke, dela se deduzem. Na discussão acima sobre a igualdade, já foram mencionados esses direitos. A expressão "lei fundamental da natureza" é usada nos ¶¶ 16, 134, 135, 159 e 183; também há afirmações sobre a "lei da natureza" nos ¶¶ 4, 6, 7, 8, 16, 57, 134, 135, 159, 171, 172 e 181-3.

Duas importantes disposições da lei fundamental da natureza fazem parte do trecho do ¶ 6, que citei anteriormente. São elas:

(a) Primeira disposição: "Por serem todos os indivíduos iguais e independentes, nenhum deles deveria causar ofensa à vida, saúde, liberdade ou propriedade do outro."

(b) Segunda disposição: "Todo homem, assim como é *obrigado a preservar a si próprio* e a não abandonar seu posto voluntariamente, assim também, pela mesma razão, todas as vezes que não houver risco a sua própria preservação, deve, tanto quanto lhe for possível, *preservar o resto da humanidade* e, salvo quando para punir um ofensor, não pode tirar nem pôr em perigo a vida ou aquilo que para a preservação da vida contribui, a liberdade, a saúde, o corpo ou os bens de outrem."

Note-se a força da expressão "pela mesma razão", na segunda disposição. Sou obrigado a preservar a mim mesmo porque sou propriedade de Deus; mas os outros também são propriedade de Deus, e assim, pela mesma razão, sou obrigado a preservá-los também, pelo menos quando a preservação deles não for contrária à minha própria. No ¶ 134, Locke diz: "a *lei primeira e fundamental da natureza*, que deve governar até mesmo o Legislativo, é a *preservação da sociedade* e (na medida em que não contrariar o bem comum) de cada pessoa que nela vive".

(c) Uma terceira disposição, no ¶ 16, diz respeito à prioridade dos inocentes:

"*Visto que a humanidade deve ser preservada* tanto quanto possível, quando não se puderem preservar todos, deverá ser dada preferência à segurança dos inocentes."

2. Uma aplicação desta última disposição é na ideia de autodefesa: Se eu for atacado indevidamente por uma pessoa que tenha o objetivo de me tomar a vida, então já que sou (supostamente) inocente, tenho direito à autodefesa.

Outra aplicação da terceira e segunda disposições é na ideia de proteção às famílias (esposas e filhos) de homens violentos que iniciam uma guerra injusta em busca de conquistas. Por serem inocentes essas famílias – sem envolvimento na culpa e destruição gerada por aqueles homens –, o vencedor (justo) deverá lhes deixar propriedades e bens suficientes para que elas não venham a perecer. (Ver §§ 178-83.) Locke diz no § 183: "[...] por mandar a lei fundamental da natureza que todos, na medida do possível, sejam preservados, daí segue-se que, se não houver o suficiente para *satisfazer* plenamente tanto as *perdas do vencedor* como a manutenção dos filhos do vencido, aquele que tiver posses em sobra deverá diminuir uma parte de sua plena satisfação e recuar diante da premente e preferível reivindicação daqueles que sem ela estiverem em risco de perecimento".

Locke também afirma que até os culpados às vezes devem ser poupados: "pois sendo a *finalidade do governo* a *preservação de todos*, na medida do possível, mesmo os culpados devem ser poupados, sempre que não houver prejuízo comprovado dos inocentes" (§ 159). Nesse parágrafo, Locke enfatiza que todos os membros da sociedade devem ser preservados e que o soberano (a Coroa), nos casos não previstos pela lei, poderá exercer seu arbítrio (prerrogativa) visando à preservação, que deve ser buscada, em suas palavras, "na medida do possível".

§ 6. A lei fundamental da natureza como base dos direitos naturais

1. Os direitos naturais que analisaremos a seguir não derivam exclusivamente da lei fundamental da natureza (cujo teor acabamos de discutir), mas dela e de outras duas premissas complementares, a saber:

(i) O fato do silêncio de Deus: Deus não designou nenhum indivíduo para exercer autoridade política sobre o resto da humanidade.

(ii) O fato da igualdade: somos "criaturas da mesma espécie, nascidas indistintamente predestinadas às mesmas vantagens naturais [no que tange ao estabelecimento da autoridade política] e com o uso das mesmas faculdades [capacidades da razão natural, arbítrio natural e assim sucessivamente]" (§ 4).

2. De acordo com a primeira exposição que Locke faz desses direitos, nos, §§ 7-11, são eles:

(a) O direito executivo que cada um de nós tem para punir quem transgredir a lei fundamental da natureza, pois essa lei seria em vão se ninguém tivesse o poder de executá-la (fazer cumpri-la) e assim preservar os inocentes e conter os ofensores. Como o estado de natureza é um estado de igualdade – igualdade de jurisdição (política) –, todos igualmente têm esse direito executivo, que deriva de nosso direito de preservar a humanidade.

(b) O direito de recorrer à reparação, que deriva de nosso direito à autopreservação.

No pacto social, renunciamos ao nosso direito pessoal de preservar a nós mesmos e ao resto da humanidade para que ele passe a ser *regulamentado* pelas leis da sociedade, conforme for necessário à preservação de nós mesmos e da sociedade. Renunciamos *completamente* ao direito de punir e nos dedicamos a apoiar o Poder Executivo da sociedade conforme as leis desta o exigirem (§ 130; ver também §§ 128-30).

3. É importante reconhecer que para Locke quase todos os direitos naturais são derivados. Com exceção dos direitos associados ao princípio da fidelidade, creio que ele via esses direitos como derivados da lei fundamental da natureza e das premissas apontadas acima – o fato do silêncio de Deus e o fato da igualdade –, além, naturalmente, do fato da autoridade legítima de Deus sobre nós. Um exemplo bastará para explicar o sentido dessa afirmação:

Locke pretende argumentar, contrapondo-se a Filmer, que no estado de natureza os homens têm direito natural à propriedade privada (que será discutida na terceira conferência sobre Locke). Esse direito não depende do consentimento expresso do resto da humanidade. No estado de natureza, os homens estão em liberdade para usar aquilo "ao qual houverem associado seu *trabalho*", desde que, em primeiro lugar, tenham sobrado recursos suficientes e de igual qualidade para os outros (§ 27) e, em segundo lugar, que fiquemos com não mais do que aquilo que formos capazes de consumir, para que ninguém fique com nada que possa se deteriorar por falta de uso (§ 31).

Ora, pode-se dizer que essa regra (a de que estamos em liberdade para usar aquilo ao qual houvermos associado nosso trabalho, desde que atendidas as duas condições) é uma lei da natureza. Ela expressa um direito natural (liberdade de uso), na medida em que se trata de uma regra razoável na primeira fase do estado de natureza; além disso, sob as circunstâncias mencionadas, ela nos oferece uma liberdade de uso. Note-se, porém, que esse direito deriva da lei fundamental da natureza.

A suposição de Locke é de que (i) dada a lei fundamental da natureza – segundo a qual toda a humanidade deve ser preservada etc. –, (ii) dado que a riqueza da natureza é para nosso uso e (iii) dado ainda que é impossível obter o consentimento (expresso) do resto da humanidade, daí segue-se que Deus deve querer que possamos nos apropriar da riqueza da natureza e fazer uso dela com base nas duas condições mencionadas. Caso contrário, não haveria como preservar toda a humanidade e, possivelmente, cada um de seus membros.

Assim, o direito natural à propriedade (liberdade de uso), no estado de natureza, é a conclusão de um argumento derivado da lei fundamental da natureza (complementado por outras premissas). Creio que o mesmo se aplica a outros direitos naturais, exceto os direitos baseados no princípio da fidelidade.

4. As observações acima significam que Locke não fundamenta sua doutrina do contrato social em uma lista de direitos naturais e leis naturais sem uma explicação de sua origem. Embora a ideia de uma lista desse tipo não seja de todo implausível, ela não se encontra em Locke. Porém, ele de fato diz que mesmo enquanto vivendo no estado de natureza os homens devem cumprir suas promessas, pois "[...] a verdade e o cumprimento de promessas é algo que pertence à natureza dos homens como homens e não como membros da sociedade" (§ 14). Dizer a verdade e manter a fé são supostamente parte da lei fundamental da natureza, um aspecto a mais dessa lei, assim como a prioridade de proteger os inocentes. Talvez sejam parte da lei da natureza no sentido mais amplo. O direito de Deus à criação também é tido como evidente, mas nesse caso seguramente não se trata de um direito natural.

Assim, Locke parte do princípio da lei fundamental da natureza e desses dois fatos: o fato da igualdade e o fato histórico (conforme ele diz no *Primeiro tratado*) de que Deus não atribuiu a nenhuma pessoa autoridade política sobre as demais. A partir dessa base, ele faz derivarem diversos direitos naturais.

É preciso compreender que nossos direitos naturais dependem de nossos deveres prévios, isto é, dos direitos impostos pela lei fundamental da natureza e por nosso dever de obedecer a Deus, que tem autoridade legítima sobre nós. Assim, na visão de Locke, entendida como uma doutrina teológica, não somos fontes autoautenticáveis de pretensões válidas, conforme o termo que usei na caracterização da concepção de pessoa na teoria da justiça como equidade[17]. Isso se dá porque nossas pretensões são fundamentadas, na concepção de Locke, em deveres prévios para com Deus. Contudo, em uma sociedade política que garanta a liberdade de consciência, por exemplo (conforme afirmação de Locke), as pretensões de seus cidadãos são autoautenticáveis, pois do ponto de vista de constituição política dessa sociedade elas são autoimpostas.

5. Finalmente, é muito importante que a lei fundamental da natureza seja um princípio distributivo e não agregador. Com isso, quero dizer que ele não nos manda lutar pelo maior bem comum – digamos, o de preservar o maior número de pessoas. Em vez disso, ele expressa preocupação para com cada pessoa: embora a humanidade deva ser preservada, na medida do possível, o mesmo se aplica a cada um de seus membros (§ 134). Mais que isso, conforme complementado pelas demais premissas (o silêncio de Deus sobre a autoridade *política* e o fato da igualdade), a lei da natureza atribui determinados direitos naturais iguais a todas as pessoas (possuidoras dos poderes da razão e aptas a serem mestras de si mesmas).

Além disso, esses direitos hão de ter enorme peso. Locke vai argumentar que, partindo do estado de natureza como estado de igualdade de jurisdição política, a autoridade política legítima pode ser gerada apenas por consentimento. Isso produz a fonte do argumento lockiano contra o absolutismo real: a ideia é que uma autoridade política desse tipo nunca poderia ser gerada por consentimento.

6. Concluo com a observação de que o pensamento subjacente de Locke, do começo ao fim, é de que nós pertencemos a Deus como propriedade d'Ele; que nossos direitos e deveres derivam da posse que tem Deus sobre nós, assim como dos propósitos pelos quais fomos gerados – propósitos que, para Locke, encontram-se claros e inteligíveis na própria lei fundamental da natureza.

Isso merece ser enfatizado, pois muitas vezes Locke é discutido sem levar em consideração sua religiosidade, inclusive por mim mesmo na maior parte destas conferências. Atualmente, diversas teorias chamadas de "lockianas" na verdade têm pouca relação com Locke. Um exemplo comum é o tipo de teoria que estipula diversos direitos à propriedade sem o

---

17. Ver John Rawls, *Justice as Fairness: A Restatement*, p. 23, em que o termo se refere ao modo como as pessoas se consideram com direito de apresentar pretensões perante suas instituições a fim de fazer avançarem suas concepções do bem.

tipo de derivação que Locke lhes atribui – como em *Anarchy, State and Utopia* [*Anarquia, Estado e Utopia*], de Nozick[18]. Contudo, para Locke e seus contemporâneos, a religiosidade é fundamental, e negá-la seria correr o risco de séria má compreensão do pensamento desses autores. É por isso que aqui chamo a atenção para ela.

Locke parece ter pensado que as pessoas que não acreditam em Deus e não temem os julgamentos e punições divinas não são dignas de confiança, pois são perigosas e propensas a violar as leis da razão comum derivadas da lei fundamental da natureza e a se aproveitar da mudança de circunstâncias conforme for conveniente para seus interesses[19].

---

18. Robert Nozick, *Anarchy, State and Utopia* (Nova York: Basic Books, 1974). [Trad. bras., São Paulo: WMF Martins Fontes, 2011. (N. do E.)]

19. Ver *A Letter Concerning Toleration*, de Locke, org. James H. Tully (Indianápolis: Hackett, 1983). A esse respeito, ver também John Dunn, "The Concept of 'Trust' in the Politics of John Locke", in: *Philosophy in History* (Cambridge: Cambridge University Press, 1984), p. 294.

LOCKE II

A ideia do regime legítimo em Locke

§ 1. A resistência política em sociedades governadas por Constituição mista

1. Lembremos que na Conferência I foram apontadas as diferenças entre Locke e Hobbes. Hobbes preocupa-se com o problema da guerra civil destrutiva e usa a ideia do contrato social como ponto de vista a partir do qual seja possível argumentar que devido a nossos interesses básicos, entre os quais nosso interesse religioso transcendente na salvação, todos temos razões suficientes (com base nesses interesses) para apoiar um soberano efetivo – que, para Hobbes, é necessariamente absoluto –, sempre que existir tal soberano (Conferência Locke I: § 1.3).

O objetivo de Locke é bem diferente. Ele pretende defender a causa dos primeiros "whigs" na Crise da Exclusão de 1679-81[1]. Seu problema é como explicar o direito de resistência à Coroa em uma sociedade com Constituição mista, denominação então atribuída à Constituição inglesa. Para isso, ele argumenta que Carlos II, ao abusar da prerrogativa[2] e outros poderes, comportou-se como monarca absoluto, dissolvendo assim o regime, cujo conjunto integral de poderes, inclusive os do Parlamento, retorna ao povo. O governo é um poder fiduciário, mantido sob confiança dada pelo povo com base no pacto social; e quando há quebra da confiança, entra em jogo mais uma vez o poder constituinte do povo (expressão minha).

2. Esclarecendo a ideia exposta: Constituição mista é aquela em que dois ou mais representantes constitucionais compartilham o Poder Legis-

---

1. Durante muito tempo, supunha-se que o *Segundo tratado* havia sido escrito após a revolução de 1688, como forma de justificá-la. Todavia, de acordo com Laslett, a parte original do *Segundo tratado* foi escrita em 1679-80, abrangendo os Capítulos 2-7, 10-4 e 19, com inclusão de outros capítulos posteriormente, alguns em 1681 e 1683, e outros somente em 1689. Ver a Introdução de Laslett aos *Dois tratados sobre o governo*, p. 65.

2. Prerrogativa é o poder de agir de acordo com o próprio arbítrio, visando ao bem comum, sem prescrição da lei, ou às vezes até mesmo contra a lei. Ver ¶ 160.

lativo; no caso da Inglaterra, os representantes são a Coroa e o Parlamento. Nenhum deles tem caráter supremo; em vez disso, trata-se de poderes coordenados. A legislação não pode ser decretada sem o consentimento da Coroa, pois esta deve dar aprovação aos estatutos propostos antes de eles se tornarem leis. Por outro lado, a Coroa não pode governar sem o Parlamento, do qual depende para arrecadar impostos e com isso poder administrar a burocracia governamental, prestar apoio ao exército e assim por diante. Além disso, é dever da Coroa fazer cumprir as leis decretadas pelo Parlamento com sua aprovação, assim como conduzir a política externa e a defesa do Estado. A Coroa abrange o que Locke chama de poderes Executivo e Federativo.

Assim, temos dois representantes constitucionais que, como poderes coordenados, são iguais no sentido de que nenhum é subordinado ao outro, e quando surge conflito entre eles não há nenhum meio constitucional ou alicerce jurídico no âmbito da Constituição para solucioná-lo. Essa interpretação é claramente aceita por Locke no § 168, importante parágrafo que finaliza o Capítulo 14. Nesse trecho, ele defende o direito do povo à resistência política em uma situação desse tipo.

A fonte da doutrina constitucional lockiana parece ser uma obra de George Lawson, *Politica sacra et civilis* [Política religiosa e civil], de 1657 (publicada em 1660)[3]. Para Lawson, quando há conflito persistente entre a Coroa e o Parlamento, em um Estado regido por Constituição mista, dissolve-se o governo propriamente dito, cujos poderes regressam em sua totalidade para a comunidade política como um todo. Desse modo, o povo fica livre para exercer seu poder Constituinte e tomar as medidas necessárias para eliminar o conflito e restaurar a Constituição tradicional, ou então para instituir uma forma diferente de regime. A primeira afirmação de Locke sobre a tese de Lawson encontra-se no § 149, que deve ser lido juntamente com os quatro parágrafos que se seguem (§§ 150-3). Note-se que Locke tem bastante cautela ao dizer que a Coroa é um poder coordenado que possui uma parcela do Poder Legislativo e não se sujeita às leis a menos que dê seu próprio consentimento para tal. Assim, a Coroa adquire caráter de poder "supremo", mas "de forma tolerável" (§ 151). Essa era a visão do Partido Whig então amplamente aceita, mas diferente da doutrina posterior da supremacia parlamentar.

---

3. A respeito de Lawson, que foi uma figura inovadora, ver o excelente estudo de Julian Franklin intitulado *Locke's Theory of Sovereignty* (Cambridge: Cambridge University Press, 1978), Cap. 3. Sobre esse assunto, ver especialmente pp. 69-81.

3. Locke usa a ideia do pacto social (termo que ele emprega com frequência) como ponto de partida que permite perceber de que forma seria possível gerar legitimamente um regime misto. O pacto original, ou pacto da sociedade, une o povo na forma de uma sociedade, ao mesmo tempo que institui uma forma de governo com autoridade política.

Duas observações a esse respeito: em primeiro lugar, o pacto social é unânime, pois em virtude dele todos se unem na forma de uma sociedade civil com o propósito de instituir um regime político; em segundo lugar, o poder político na forma determinada pela maioria é um poder fiduciário confiado para determinadas finalidades (§ 149). Assim, o pacto da sociedade é um pacto dos membros da população entre si para instituir um governo; não se trata de um pacto do povo com o governo nem com os agentes deste. O caráter fiduciário do Poder Legislativo enfatiza que o poder constituinte do povo existe sempre e não pode ser alienado. Havendo conflito entre os poderes constitucionais ou entre o governo e o povo, é o povo que deverá julgar (§ 168). E, ao fazer isso, ele exerce mais uma vez seu poder constituinte. Para Locke, se o povo for induzido à ação pela Coroa ou pelo Parlamento, será culpa exclusiva destes (§§ 225-30).

§ 2. A tese fundamental de Locke sobre a legitimidade

1. Passemos agora à tese fundamental de Locke sobre os limites impostos pela doutrina do pacto social à natureza dos regimes legítimos. A ideia básica da doutrina lockiana do pacto social – segundo a qual o poder político legítimo pode fundamentar-se apenas no consentimento – repete-se em todo o *Segundo tratado*. Um exemplo típico é a afirmação que aparece no § 95, transcrito parcialmente abaixo:

> Por serem os homens, conforme antes afirmado, naturalmente livres, iguais e independentes, nenhum deles poderá ser excluído desse estado e submetido ao poder político de outrem sem o seu próprio *consentimento*. O único modo pelo qual alguém se priva da sua liberdade natural e *se reveste dos vínculos da sociedade civil* é pactuando com outros homens para que se juntem e se unam, formando uma sociedade civil em que possam viver de modo confortável, seguro e pacífico uns com os outros, gozando de suas propriedades sem preocupação e com maior segurança contra qualquer um que não pertença à socie-

dade. Esse pacto pode ser estabelecido por um número qualquer de homens, pois não prejudica a liberdade dos demais [...] Quando um número qualquer de homens houver dado seu *consentimento para formar uma comunidade* ou governo, esses homens estarão imediatamente incorporados e formarão *um corpo político*, no qual a *maioria* adquire o direito de agir e de obstruir as ações dos demais.

Note-se que nesse trecho Locke descreve aquilo que poderíamos chamar de consentimento "por formação", que se opõe ao consentimento "por adesão". O consentimento por formação é dado por quem institui um corpo político através de um pacto social; um consentimento por adesão, por outro lado, é aquele dado por indivíduos ao atingir a idade da razão e consentir em aderir a determinada comunidade política já existente. Essa distinção é importante quando se observa a crítica de Hume a Locke em "Do contrato social" (1752). Para Locke, é indiscutível que podemos nos submeter à autoridade política através de nosso próprio consentimento. A tese dele não é essa, mas a de que, no estado de natureza como estado de igualdade de liberdade, somente é possível nos sujeitarmos à autoridade política por consentimento. Nesse sentido, como se verá adiante, o governo absoluto é sempre ilegítimo.

2. Para uma explanação da doutrina de Locke, é preciso lembrar a definição lockiana do poder político: "o *direito* de fazer leis com pena de morte e, por consequência, todo tipo de pena menor, com vistas à regulamentação e à preservação da propriedade, bem como de empregar a força da comunidade na execução dessas leis e na defesa do Estado contra ofensas externas, tudo isso visando apenas ao bem comum" (§ 3).

Como mostra essa definição, o poder político não equivale a força ou coibição, mas a um complexo de direitos de um regime político. Naturalmente, para ser efetivo, tal regime deve ter poder de coerção ou sanção – isto é, o direito convenientemente limitado de, por exemplo, exercer e impor sanções para fazer cumprir as leis. Porém, para Locke, o poder político é uma forma de autoridade legítima propriamente relacionada ao estado de igualdade de liberdade e com limites impostos pela lei fundamental da natureza.

3. Note-se que a tese de Locke do consentimento como única base do governo legítimo aplica-se somente à autoridade política. Locke não defende uma doutrina que pudéssemos chamar de consensual (ou contratua-

lista) dos deveres e obrigações como um todo[4]. Muitos dos deveres e obrigações que ele reconhece não são gerados por consentimento:

(a) Para começar, o exemplo mais óbvio: nossos deveres para com Deus provêm do direito de Deus à criação; seria sacrilégio – na verdade, absurdo – supor que sua origem seja algum consentimento. O mesmo se aplica a nosso dever de obedecer às leis da natureza, bem como a todos os deveres e obrigações dele derivados, mais especificamente:

(b) Nosso dever de honrar e respeitar pai e mãe (conforme discutido no Cap. 6 a respeito do Pátrio Poder) não provêm de um consenso e, além disso, é perpétuo. Nem mesmo um rei está isento de seu dever de honrar e respeitar sua mãe (§§ 66, 68). Assim, embora a idade da razão represente o fim da submissão do filho à autoridade pátria, ela não afeta outros deveres e obrigações que se tem para com pai e mãe.

(c) O dever de respeitar a propriedade (real) – isto é, a terra, seus frutos etc. – de outra pessoa no estado de natureza não provêm de um consentimento, mas dos preceitos da lei natural que se aplicam nesse estado em conformidade com as leis da natureza, conforme foi discutido na primeira conferência. Aqui se supõe que esses preceitos são seguidos por todos, que as propriedades das pessoas – as propriedades reais, por exemplo – são adquiridas de forma legítima e que foram satisfeitas as várias condições (especificadas por Locke no Cap. 5).

(d) Finalmente, a lei fundamental da natureza impõe um dever de atribuir peso especial à segurança dos inocentes (os virtuosos ou justos) (§ 16). No § 183, Locke defende que o vencedor, mesmo em uma guerra justa de autodefesa na qual suas ações são inteiramente justificadas, deve reconhecer as reivindicações das esposas e dos filhos daqueles que fizeram guerra injustamente contra ele. As esposas e os filhos estão entre os inocentes; além disso, o vencedor deve reconhecer ainda aquilo que Locke chama de "direito nato" que os derrotados têm à liberdade pessoal e a continuar a possuir suas propriedades e herdar os bens de seu pai – admitindo-se que eles não prestaram ajuda ilegal ao vencido (§§ 190-4). Esses direitos que devem ser reconhecidos pelo vencedor têm por fonte a lei fundamental da natureza.

---

4. Um exemplo de doutrina assim, embora deva ser interpretada com cautela, é o contratualismo de T. M. Scanlon. Ver o ensaio de Scanlon em *Utilitarianism and Beyond*, org. Amartya Sen e Bernard Williams (Cambridge: Cambridge University Press, 1982); ver também seu livro *What We Owe to Each Other* (Cambridge, Mass.: Harvard University Press, 1998).

Desse modo, há muitos deveres e obrigações que não provêm do consentimento. À exceção dos deveres e obrigações derivados do princípio da fidelidade (manter as promessas e outros compromissos assumidos), creio que todos eles podem ser vistos como consequências da lei fundamental da natureza sob certas condições. E, naturalmente, como já foi mencionado, nosso compromisso para com essa lei não provém de um consentimento nem, obviamente, nosso dever para com Deus.

4. Neste ponto, Locke dá a impressão de prosseguir como se fosse óbvia sua tese fundamental de que o consentimento é a origem do poder político. De fato, ela tem algo de obviedade; afinal, de que outro modo os indivíduos livres e iguais – todos igualmente dotados de razão e com igual jurisdição sobre si mesmos – poderiam se tornar súditos de uma autoridade se não fosse através de seu livre consentimento?

Porém, por mais plausível que pareça a tese de Locke, ele não se limita a dizer que ela é óbvia. Seu raciocínio no *Segundo tratado* pode ser visto como um argumento casuístico assim exposto: a lei básica para todos é a lei fundamental da natureza, e em nossos relacionamentos políticos é preciso justificar toda forma de poder e liberdade, todo direito ou dever, reportando-nos a essa lei e ao princípio da fidelidade.

A ideia é enumerar os diversos poderes e direitos que aceitamos na vida cotidiana e que podem casualmente vir a constituir o fundamento da autoridade política. Por exemplo, o direito à propriedade (real), o pátrio poder e o direito de um vencedor em uma guerra justa – cada um destes foi discutido por Locke. Assim, segundo Locke, é evidente que nenhum desses poderes e direitos pode se fundamentar na autoridade política. Em vez disso, cada um deles é condizente com determinadas finalidades de diferentes formas de associação em determinadas circunstâncias específicas, que, por sua vez, às vezes se dão no estado de natureza, às vezes no estado de sociedade e às vezes em ambos. A ideia de Locke é que diferentes formas de associação têm diferentes formas de autoridade (ver § 83, última frase). Elas geram outros tipos de autoridade com diferentes poderes e direitos. É preciso, portanto, procurar outro modo de fundamentar a autoridade política legítima.

5. Para ilustrar essa ideia, examinemos o caso da autoridade pátria: ela tem escopo suficientemente abrangente para ser parecida, sob determinados aspectos, com o poder político. Filmer, em *Patriarcha*, sustentou que toda autoridade política tem por fonte a autoridade paterna de Adão, originalmente concedida por Deus. Contrapondo-se a Filmer, Locke sustenta

que a autoridade do pai e da mãe sobre os filhos é temporária. Todos nascemos predestinados a viver em estado de perfeita liberdade e igualdade, ainda que não nasçamos em tal estado (§ 55). Até atingirmos a idade da razão, alguém deve atuar como nosso guardião ou curador e tomar as decisões necessárias para defender nosso bem e nos preparar para assumirmos a nossa liberdade legítima na idade da razão, quando então cessará o pátrio poder. O objetivo da teoria do pátrio poder em Locke é demonstrar, em contraposição a Filmer, que esse poder provém de nossa imaturidade e extingue-se ao atingirmos a maioridade, sendo, portanto, incapaz de gerar poder político[5].

6. Na próxima conferência, discutirei a teoria lockiana do direito à propriedade de modo detalhado, mas por enquanto chamo a atenção para um elemento essencial da doutrina de Locke: é impossível que o direito à propriedade, assim como o pátrio poder, seja a base do poder político. Para demonstrar isso, ele faz duas coisas (entre outras) no Capítulo 5:

(a) Primeiro, sustenta, ao contrário de Filmer, que, embora a terra e seus frutos tenham sido originalmente dádivas concedidas aos homens em geral, os indivíduos e suas famílias puderam assumir e de fato assumiram propriedade (real) sobre determinadas coisas sem o consentimento de toda a humanidade, desde os primórdios do mundo e muito antes da existência de qualquer autoridade política. É possível a existência de propriedade (real) antes de qualquer forma de governo. Em parte, foi para proteger essa propriedade que as pessoas passaram a viver em sociedade civil. Contrariando o vínculo feudal entre propriedade (real) e autoridade política, Locke sustenta que a propriedade é anterior ao governo e não constitui a base do governo.

(b) Em segundo lugar, Locke sustenta que, embora o acúmulo de propriedades reais de diferentes tamanhos, a introdução da moeda, o crescimento populacional, a necessidade de fixar linhas de fronteiras entre as tribos e outras mudanças tenham gerado um estágio de desenvolvimento

---

5. Uma característica da teoria de Locke é que ele às vezes trata as mulheres como iguais aos homens – por exemplo, iguais a seus maridos, tal como no § 65 do *Segundo tratado*. Susan Okin, em seu estudo *Women in Western Political Thought* (Princeton: Princeton University Press, 1979), pp. 199 ss., sustenta que Locke faz isso apenas quando lhe é conveniente para defender sua posição e atacar o patriarcalismo de Filmer. Assim, no âmbito da família, quando há desavença entre marido e mulher, é o marido que tem autoridade: "[...] compete naturalmente ao quinhão do homem, sendo ele o mais capaz e o mais forte". *Dois tratados*: II, § 82; ver também I: § 47. Não há nenhuma ideia que ao menos cogite se as mulheres têm igualdade de direitos políticos com os homens.

no qual se fez necessária uma autoridade política organizada, a propriedade real por si só não gera autoridade política tal como nas sociedades feudais. Para que passe a existir autoridade política, é preciso haver um pacto social. Obviamente, os termos desse pacto são influenciados pela existência e distribuição da propriedade real, mas essa é outra questão; a propriedade é anterior ao governo, mas não é a base dele.

§ 3. O critério de Locke para a legitimidade de um regime político

1. A teoria lockiana da autoridade política legítima e das obrigações para com essa obrigação divide-se em duas partes.

(a) A primeira parte é uma teoria da legitimidade, que estabelece em que circunstâncias é legítimo um regime político, entendido como um sistema de instituições políticas e sociais.

(b) A segunda parte estabelece as condições em que estamos obrigados, como indivíduos – isto é, cidadãos –, a obedecer a um regime existente. Trata-se de uma teoria dos deveres e obrigações políticas.

Essas duas partes devem ser diferenciadas meticulosamente uma da outra.

Concentremo-nos na primeira parte, isto é, no critério de legitimidade de um regime, que pode ser formulado da seguinte maneira: um regime político é legítimo se, e somente se, for tal que *pudesse* ter sido gerado contratualmente durante um processo de transformação histórica conduzido de modo justo e iniciado no estado de natureza como estado de perfeita liberdade e igualdade – estado de igualdade de direitos, em que todos são reis. Chamaremos esse processo de "história ideal". Essa formulação requer uma explicação e um comentário.

2. Em primeiro lugar, o que é um processo de transformação histórica conduzido justamente (ou história ideal)? Trata-se de um processo histórico que satisfaz duas condições um tanto diversas:

(a) A primeira condição é que todas as pessoas ajam racionalmente para promover seus interesses legítimos, isto é, interesses permissíveis dentro dos limites da lei da natureza. Esses interesses, nas palavras de Locke, são aqueles que as pessoas têm em suas vidas, liberdades e propriedades[6].

---

6. Os interesses desse tipo pertencem à concepção-padrão de pessoa na doutrina contratualista de Locke. Já vimos que uma doutrina do contrato social deve conter uma concepção-

(b) A segunda condição é que todos ajam razoavelmente, isto é, de acordo com seus deveres e obrigações conforme manda a lei da natureza.

Em resumo, todos agem de modo tanto racional como justo, isto é, razoável.

Isso significa que na história ideal as transformações institucionais (tais como a introdução da moeda ou a fixação de fronteiras tribais) são geradas contratualmente sob as seguintes condições:

Em primeiro lugar, apenas se os indivíduos envolvidos possuírem boas razões para acreditar, em face de suas circunstâncias atuais e desejadas, que essas transformações sejam para sua própria vantagem racional, isto é, que elas promovam seus interesses legítimos.

Em segundo lugar, apenas se ninguém sujeitar ninguém a coação ou a ameaça de violência ou fraude, pois tudo isso é contrário à lei fundamental da natureza; e, além disso, apenas se todos honrarem seus deveres uns para com os outros conforme manda a lei da natureza.

A primeira condição diz respeito à racionalidade, tanto individual como coletiva; a segunda, à conduta justa, isto é, razoável, de aceitar os limites que a lei fundamental da natureza impõe à nossa liberdade natural.

Neste ponto é preciso observar explicitamente que, para Locke, coibição e ameaça de violência não geram obrigação (§§ 176, 186). Além disso, não se pode outorgar ou conceder um direito ou poder que não se possui (§ 135). Assim, por força de um pacto não nos é possível vender a nós mesmos como escravos (§ 23; ver também § 141).

Em resumo: para Locke, todos os acordos celebrados na história ideal são livres, sem coação e unânimes, bem como razoáveis e racionais do ponto de vista de qualquer pessoa.

3. Note-se acima, em § 3.1, o uso da palavra "pudesse" no parágrafo sobre o critério da doutrina contratualista para a legitimidade de um regime. Nesse trecho, afirma-se que um regime político é legítimo se, e somente se, for uma forma de governo que *pudesse* ser gerada contratualmente como parte de um processo de transformação histórica conduzido de modo justo, isto é, daquilo que chamamos de "história ideal". Aqui se parte do princípio de que a história ideal pode incluir uma série de acordos durante um longo espaço de tempo. O efeito desses acordos é cumulativo e em algum momento reflete-se na estrutura institucional da sociedade.

-padrão de alguma espécie. Essa concepção se insere na normalização das partes do contrato empreendida pela doutrina contratualista para formular uma base racional do consentimento unânime.

Assim, segundo Locke, não se diz que um regime político seria legítimo se ele *fosse* gerado contratualmente na história ideal. Essa é uma afirmação bem mais forte que aquela que Locke considera necessária. Ele prossegue impondo certas restrições sobre o que é razoável e racional na história ideal. Supostamente, diferentes tipos de regimes poderiam ser gerados por contrato, sempre em harmonia com essas restrições.

Porém, para os objetivos de Locke, é conveniente demonstrar que o absolutismo real não poderia ser gerado contratualmente: essa forma de regime está fora de cogitação. O objetivo de Locke é atacar os argumentos em favor do absolutismo real, e isso se percebe nas inúmeras ocasiões em que ele trata dessa questão, bem como na veemência de suas palavras. Para ele, a submissão a um monarca absoluto é contrária a nossos deveres (naturais), além de irracional, pois fazer isso equivale a nos colocarmos em uma situação pior do que o estado de natureza (§§ 13, 91 ss., 137), algo que seres racionais não fariam[7]. A esse respeito, ver a importante afirmação no § 131, no qual Locke diz que, quando os homens renunciam à igualdade, à liberdade e ao Poder Executivo que têm no estado de natureza a fim de ingressar na sociedade com leis e restrições, assim o fazem "apenas com a intenção de melhor preservar a si mesmos, sua liberdade e sua propriedade (visto ser impossível supor que alguma criatura racional mude sua condição com o intento de a piorar)". Mais adiante, ele diz que quem tem o poder é obrigado a governar segundo as leis estabelecidas e vigentes e não por decretos extemporâneos, "[...] tudo isso tendo em vista nenhuma outra *finalidade* a não ser a *paz*, a *segurança* e o *bem comum* do povo". Para compreender a importância do primado da lei em Locke, devemos inseri-la nesse contexto.

Por outro lado, uma Constituição mista poderia ser gerada contratualmente. Para Locke, é inquestionável que a Constituição inglesa seja ao mesmo tempo mista e legítima. Assim, uma vez aceito o critério lockiano, o absolutismo é ilegítimo, tornando possível que se oponha resistência a um rei com pretensões absolutistas no contexto de uma Constituição mista.

4. Subentende-se nas considerações acima que, em Locke, o critério de legitimidade de um regime é hipotético. Isto é, pode-se dizer se uma forma de regime é legítima observando se ela poderia ter sido gerada contratualmente no decurso da história ideal. Ela não precisa ter sido de fato

---

7. Nesse aspecto, Locke diverge de Hobbes, que vê o estado de natureza como a pior de todas as condições.

gerada contratualmente, pois um regime pode ser legítimo ainda que tenha sido gerado de outra forma.

Um exemplo ilustrativo: Locke reconhece que a conquista da Inglaterra pelos normandos não estabeleceu a legitimidade do governo normando através, por exemplo, do direito de conquista (§ 177). Porém, várias transformações institucionais ocorridas desde essa época fizeram o regime normando se converter em uma Constituição mista (na interpretação de Locke); dessa forma, o regime atual satisfaz o critério do contrato social. Trata-se de uma forma de regime que poderia ser gerada contratualmente e, portanto, poderia ser, e de fato é, aceita como legítima.

Contudo, embora o critério de Locke seja hipotético, não se trata de um critério não histórico. Isto é, a história ideal é um rumo possível de transformação histórica, admitindo-se que os seres humanos possam ter conduta razoável e racional. Isso pode ser bastante improvável, mas não impossível. A título de comparação, na concepção política da justiça que chamei de "justiça como equidade", parti do pressuposto de que a posição original é não histórica; ela deve ser vista como um dispositivo de representação que modela nossas convicções refletidas mais genéricas[8].

5. Para concluir: o critério de legitimidade de um regime político em Locke é negativo; isto é, ele exclui certas formas de regime como ilegítimas, a saber, aquelas que não poderiam ser geradas por uma série de acordos na história ideal. Esse critério não especifica quais são os melhores de todos os regimes, nem quais deles são os ideais, tampouco quais são melhores. Para fazer isso, Locke teria de sustentar que existe apenas um único regime melhor que todos os outros, ou que existam alguns regimes igualmente bons e melhores que todos os outros, um dos quais seria gerado contratualmente. Para sustentar uma afirmação assim, ele precisaria de uma doutrina muito mais ampla. Além disso, essa doutrina iria muito além do necessário para os propósitos políticos de Locke. Muito sensato, Locke defende nada além daquilo que lhe parece necessário.

§ 4. A obrigação política dos indivíduos

1. Até aqui, discutimos o critério de legitimidade em Locke – a forma que pode assumir um governo legítimo. É importante fazer distinção en-

---

8. Ver Rawls, *Justice as Fairness: A Restatement*, §§ 6.3-6.5.

tre uma teoria da legitimidade e uma teoria dos deveres e obrigações políticas dos indivíduos. Passarei agora a examinar esta última e responder à seguinte pergunta: de que modo nós – como indivíduos – nos tornamos obrigados a obedecer a determinado regime, existente em uma época qualquer e ao qual estamos subjugados?

O contraste com a doutrina de Filmer é bastante nítido[9]. Filmer teve como ponto de partida a Bíblia como obra de inspiração, que revela a vontade de Deus em todos os aspectos essenciais e contém as verdades relevantes sobre a natureza do mundo e da sociedade humana. Para Filmer, todos nascemos sujeitos a algum tipo de autoridade, e tal sujeição deve haver necessariamente. Trata-se da ideia da sujeição natural, mencionada por Locke nos §§ 114, 116 e 117. A ideia da natureza como estado de igualdade de direitos, em que todos têm o mesmo grau de soberania sobre si mesmos, e a ideia de que a autoridade política deve ser vista como algo gerado por consentimento são, para Filmer, completamente falsas. Para ele, a Bíblia demonstra que a sociedade humana foi gerada a partir de um único homem, Adão; e antes de Eva ser criada o mundo inteiro pertencia a Adão, assim como todas as terras e todas as criaturas que nele habitavam. O mundo era propriedade de Adão, que se sujeitava apenas a Deus. Assim, foi vontade de Deus que o mundo principiasse dessa maneira, somente com Adão e não com dois ou mais homens, nem com uma multidão formada por parcelas iguais de homens e mulheres.

Dessa forma, segundo Filmer, todos os seres humanos posteriores se subordinariam ao primeiro de todos os homens, Adão. Como Adão era o pai, isto é, o patriarca de sua enorme família (ele supostamente teria vivido novecentos anos), era também o governante, e todos os demais eram seus súditos. Com sua morte, o poder sobre a família, isto é, sobre o Estado, passou para seu filho pelas regras da primogenitura. E, visto que todos os indivíduos descendem de Adão, todos são natural e fisiologicamente aparentados entre si. Assim, foi vontade de Deus que a sociedade humana tivesse por fundamento vínculos naturais, e não consensuais: a forma da sociedade deve ser hierárquica e basear-se na subordinação natural.

2. Nos importantes parágrafos §§ 113-22, Locke ataca a ideia da sujeição natural. No que tange às obrigações políticas dos indivíduos, ele acreditava que nem a paternidade nem o local de nascimento ou residência

---

9. Robert Filmer, *Patriarcha and Other Writings*; ver também outras referências na Conferência I, nota 5.

seriam suficientes para determinar nossa obrigação política. Um pai não pode determinar as obrigações do filho (§ 116); cada pessoa, ao atingir a idade da razão, deve dar alguma forma de consentimento. Tal consentimento pode ser chamado de "*consentimento por adesão*", isto é, aquele que, quando equivalente ao que Locke chamou de "*consentimento expresso*", nos incorpora a uma sociedade política já existente. Locke observa que, ao atingir a idade da razão, as pessoas não dão consentimento "conjunto e simultâneo" (§ 117), mas individual. Por conseguinte, não percebemos esse consentimento e concluímos erroneamente que todos são súditos por nascimento. Todos esses argumentos são usados por Locke para atacar Filmer.

A questão que surge em seguida é a seguinte: como os indivíduos dão seu "consentimento por adesão"? Neste ponto, Locke introduz uma distinção entre consentimento "expresso" e consentimento "tácito" (§§ 119-22). O texto lockiano sobre esse assunto não é muito explícito, mas aparentemente estes são alguns de seus argumentos principais:

(a) O consentimento expresso é dado através de "compromisso positivo, promessa ou pacto expresso" (§ 122), tal como um juramento de fidelidade à Coroa[10] (mencionado nos §§ 62, 151), enquanto o consentimento tácito não é dado dessa maneira.

(b) O consentimento expresso é dado com a intenção de incorporar nossa pessoa a determinado Estado e de nos fazer membros de determinada sociedade, súditos de determinado governo, enquanto o consentimento tácito não é dado com essa intenção (§§ 119, 122).

(c) O consentimento expresso tem por consequência o fato de nos tornar membros perpétuos da sociedade (§§ 121 s.), imutavelmente súditos dela e nunca mais possuidores de liberdade como no estado de natureza (para o qual nascemos predestinados), enquanto o consentimento tácito não tem essa consequência (§§ 121 s.); este último nos obriga apenas a honrar as leis de um Estado enquanto residirmos em seu território e deste usufruirmos.

(d) O consentimento expresso é como o consentimento por formação, pois incorpora nossa pessoa à sociedade; o consentimento tácito não tem essa característica.

Para resumir, a ideia de Locke é que, através do consentimento expresso por adesão (normalmente, como cidadão inglês nativo), nos tornamos

---

10. Ver John Dunn, *Political Thought of John Locke*, pp. 136-41.

cidadãos plenos do Estado, enquanto através de consentimento tácito nos comprometemos a obedecer às leis de um regime enquanto residirmos em seu território (como estrangeiros residentes).

3. Como vimos, a teoria lockiana divide-se em duas partes: a primeira é uma teoria da legitimidade e a segunda, uma teoria dos deveres e obrigações políticas dos indivíduos. Ambas as partes atacam a tese de Filmer de que a legitimidade da monarquia absoluta se baseia no direito divino e no pátrio poder de Adão, tese que contém a ideia de sujeição natural.

A questão que surge agora é quanto à relação entre essas duas partes da teoria lockiana. Do ponto de vista de Locke, um de seus argumentos principais é que somente nos tornamos súditos se houvermos dado nosso consentimento expresso a um regime legítimo e não a um regime injusto. (O consentimento tácito é menos importante para Locke.) Assim, a legitimidade de um regime é condição necessária para que tenhamos a obrigação política de obedecer a suas leis. No § 20, Locke diz que, se a lei não for administrada justamente, "*será o mesmo que fazer guerra* contra os sofredores". Isso significa que não teremos (e de fato não podemos ter) deveres ou obrigações políticas para com um regime claramente injusto e violento. Digo "claramente injusto e violento", ou pelo menos consideravelmente injusto e violento, pois não é razoável esperar que qualquer regime humano seja perfeitamente justo; deve-se ter em conta as falhas normais, sejam elas morais ou não, dos indivíduos que exercem o poder político.

O fato de a legitimidade de um regime ser condição necessária da obrigação política convém ao objetivo da doutrina lockiana, visto que Locke, conforme já vimos, pretende justificar a resistência à Coroa em regimes governados por Constituição mista. Isso está em consonância com a ideia da autoridade política como poder fiduciário e com a tese (exposta no § 225) de que o povo é avesso a se opor a um regime existente que exerça esse poder de forma absolutamente razoável e que não lhe ameace os direitos e liberdades. Locke também acredita que para quem tem autoridade política é relativamente fácil satisfazer tal condição necessária. Os governantes injustos atraem para si as rebeliões e as revoluções (§§ 227-30).

Assim, enquanto essa condição for satisfeita, os indivíduos que atingirem a idade da razão darão de forma espontânea seu livre e expresso consentimento. Para Locke, é bom que os soberanos sejam plenamente conscientes de que sua conduta razoável no exercício da autoridade política é condição necessária para que sua legitimidade seja obrigatoriamente aceita por seus súditos; estar ciente disso servirá como uma forma de controle de sua própria conduta. Nada causa mais descontrole nos soberanos do que a falsa crença de que seus súditos lhes devem obediência acima de qualquer coisa.

4. Note-se, contudo, que o fato de não termos obrigação política para com um regime ilegítimo não significa que não tenhamos obrigação de agir de acordo com suas leis ou moderar nossa resistência a ele por outras razões. Essas razões, porém, não serão derivadas de deveres ou obrigações políticas que assumimos por consentimento.

Ao contrário, parece que a razão para evitarmos a resistência política é que ela não surtiria efeito; de fato, a resistência poderia tornar o regime ainda mais repressivo e prejudicar injustamente os inocentes. De qualquer forma, o essencial é que na teoria de Locke há vários motivos para obedecer a um regime e a suas leis, e muitos desses motivos não se baseiam em deveres ou obrigações políticas. Entre eles, creio que se pode incluir o dever de não oposição a um regime legítimo e justo, seja em nosso próprio país ou em outro. Porém, considerando todos os pontos de vista, é possível um direito de resistência a um regime ilegítimo e suficientemente injusto quando houver um grau de probabilidade suficientemente alto de que a resistência surta efeitos e de que seja instituído um regime legítimo em lugar do regime ilegítimo, sem grande perda de vida inocente.

Naturalmente, aqui somos obrigados a pesar fatores imponderáveis. Qual o grau necessário de probabilidade? Qual o grau de injustiça que deve ter o regime? E assim por diante. Essas questões não têm respostas precisas e dependem, como se diz, do juízo pessoal. A filosofia política não pode formular um procedimento preciso de elaboração de juízos – e isso precisa ser explicitado e repetido. O que ela pode oferecer é um alicerce que sirva de guia para o processo de deliberação e que deve ser submetido à reflexão. Tal alicerce pode abranger uma lista relativamente definida das ponderações mais relevantes, além de uma indicação do peso relativo dessas ponderações quando há conflito entre elas – conflito que mais cedo ou mais tarde acontece. Assim, não há como evitar a necessidade de formular um juízo complexo ao pesar muitos fatores imponderáveis, sobre os quais as pessoas inevitavelmente diferem em opinião. Esse é um exemplo paradigmático do que chamei de "o ônus do juízo", isto é, as fontes do desacordo razoável entre pessoas razoáveis[11].

---

11. A respeito da ideia de ônus do juízo, ver Rawls, *Justice as Fairness: A Restatement*, pp. 35-6; ver também Rawls, *Political Liberalism* (Nova York: Columbia University Press, 1993), pp. 54-8, trad. bras.: *O liberalismo político*. São Paulo: WMF Martins Fontes, 2011.

§ 5. O poder constituinte e a dissolução do governo

1. Há três ideias potencialmente bastante radicais em Locke. A primeira é a que acabamos de examinar: a ideia do estado de natureza como estado de perfeita liberdade e igualdade de jurisdição política; a incorporação dessa ideia é o critério de legitimidade de um regime político.

A segunda ideia é a do poder constituinte do povo para introduzir a forma institucional do Poder Legislativo à qual deve confiar o estabelecimento de regras para a vida política visando ao bem comum. Essa ideia abrange outra, a de que, em uma Constituição mista, sempre que um dos agentes constitucionais coordenados – a Coroa ou o Parlamento – violar a confiança recebida, dissolve-se o governo. Nesse caso, o povo tem o poder de constituir uma nova conformação de governo e depor os indivíduos que houverem violado a confiança recebida.

2. Examinemos agora alguns elementos da ideia do poder constituinte, visto que ela é um aspecto essencial da ideia do governo constitucional.

(a) O governo constitucional faz a distinção fundamental entre poder constituinte e poder ordinário (ou, como disse Lawson em *Politica sacra et civilis*, entre poder real e poder pessoal). Poder constituinte é o poder (isto é, o direito) de estabelecer a forma de governo, a própria Constituição; poder ordinário é o poder (direito) exercido por representantes do governo em um regime constitucional no decurso cotidiano dos assuntos políticos. Política constitucional é o exercício do poder constituinte (por exemplo, mobilizar o eleitorado para pedir uma emenda constitucional); política ordinária é o exercício do poder ordinário (por exemplo, pedir ao Parlamento, isto é, ao Congresso, para aprovar determinadas leis; ou no caso de um juiz que julga determinada causa)[12].

(b) Nessa doutrina, não há contrato de governo, isto é, um contrato entre a Coroa e o Legislativo de um lado e o povo de outro. O pacto social, para Locke, é um acordo celebrado pelos indivíduos do povo entre si; cada um desses indivíduos celebra com os demais um acordo de caráter unâni-

---

12. Sobre a distinção entre política constitucional e política ordinária, ver a importante obra de Bruce Ackerman, *We the People* (Cambridge, Mass.: Harvard University Press, 1991); no vol. I, Caps. 1-3, encontra-se a ideia geral; a obra como um todo é de qualidade. Segundo Ackerman, as três principais épocas da política constitucional americana são o período dos fundadores, o período das emendas após a Guerra Civil e o período do New Deal. Excetuando-se as questões de interpretação, essas três épocas geraram três tipos de Constituição, os quais, embora diferentes, são, naturalmente, relacionados entre si.

me. Todos concordam em formar juntos uma sociedade para serem governados por determinado regime político. O regime terá a forma que a maioria desses indivíduos julgar conveniente, com base nas circunstâncias atuais e previsíveis da sociedade.

(c) A maioria confia a esse regime o exercício da autoridade política ordinária. Assim, deve-se enfatizar que o poder político em Locke é um poder fiduciário, dado em confiança. Em caso de dúvida sobre quem deverá decidir se houve violação de confiança por parte dos indivíduos que exercem o poder ordinário, essa decisão caberá necessariamente ao povo (§§ 149, 168, 240-3).

3. Finalmente, embora Locke tenha acreditado que Carlos II de fato dissolveu o governo ao exceder os limites de sua prerrogativa e outros poderes, ele nada diz sobre como o povo (a sociedade como um todo) deve agir ou através de que instituições o povo deve exercer seu poder constituinte. Caberia a pergunta: "Quem é o povo e de que modo ele pode agir?" Locke não apresenta uma tese sobre essas questões.

Lawson, ainda em *Politica sacra et civilis*, sustentava que a comunidade, como povo – como nação –, não se dissolve por guerra civil enquanto perdurar vontade suficiente para reinstituir um regime legítimo através do exercício do poder constituinte do povo. Para Lawson, aparentemente, a comunidade age através de seus tribunais de primeira instância, organizando uma reunião dos representantes do povo que atuará como assembleia constitucional. Naturalmente, tal assembleia faria uso das formas e procedimentos parlamentares, mas não seria um Parlamento. Como assembleia dos representantes da comunidade, ela teria poder constituinte para instituir uma nova forma de regime, que, se aceita pela comunidade, seria legítima[13].

Provavelmente, as ideias de Locke eram semelhantes à de Lawson, mas em 1689 elas foram rejeitadas pelos demais membros do Partido Whig porque seriam demasiadamente radicais. Não é minha intenção discorrer sobre esse assunto aqui. Para nossos propósitos, o relevante é compreender que a ideia do poder constituinte do povo e da dissolução do governo deve permanecer indeterminada e, de fato, continuar sendo um tanto inquietante até que se concretize definitivamente em instituições.

Assim, observemos a distinção presente na Constituição americana entre os poderes ordinários dos representantes do governo, eleitos ou no-

---

13. Julian Franklin, em *John Locke and the Theory of Sovereignty* (Nova York: Cambridge University Press, 1978), discute esse assunto nas pp. 73 ss.

meados, e os poderes constituintes exercidos por um eleitorado (ao aprovar emendas constitucionais) ou assembleia constitucional e durante todo o procedimento no qual se insere uma assembleia constitucional. Estas últimas providências são necessárias para atribuir expressão institucional à ideia do poder constituinte do povo e são parte essencial de um regime constitucional plenamente desenvolvido. Porém isso é algo que, historicamente, só ocorre mais tarde. A primeira assembleia constitucional possivelmente ocorreu em Massachusetts, em 1780. Trata-se de uma invenção americana[14].

Há uma terceira ideia potencialmente radical em Locke: a ideia de que o direito à propriedade fundamenta-se no trabalho. Tocaremos nesse assunto na próxima conferência.

---

14. Ver Leonard Levy (organizador e autor da Introdução), *Essays on the Making of the Constitution*, 2. ed. (Oxford: Oxford University Press, 1987), p. xxi.

LOCKE III

Propriedade e estado de classes

§ 1. Proposição do problema

1. Tratarei agora da doutrina lockiana da propriedade e do problema por ela gerado. Esse problema pode ser expresso da seguinte maneira: a doutrina do contrato social lockiana foi elaborada para defender o Estado constitucional, no qual há o primado do direito e um órgão representativo que compartilhe a autoridade legislativa com a Coroa. Contudo, em um Estado assim, apenas as pessoas que possuem propriedades em determinada quantidade podem votar. Esses proprietários são, digamos, cidadãos ativos (e não passivos): somente eles, entre todos os cidadãos, exercem a autoridade política.

O problema que surge agora é determinar se esse estado constitucional, ainda que seja um estado de classes, é coerente com a doutrina do contrato social lockiana. Seguindo nossa linha de interpretação, a pergunta é se o estado de classes poderia ser gerado por livre consentimento no decurso da história ideal. Lembremos que a história ideal tem início no estado de natureza como estado de igualdade de jurisdição, no qual todos agem de modo razoável e racional. O estado de classes, para alguns – entre eles C. B. MacPherson[1] –, é incoerente com a doutrina lockiana da geração da autoridade política legítima.

Antes de prosseguir, devo dizer que não faz parte das preocupações de Locke oferecer uma justificação para a propriedade privada. Isso porque para o público ao qual ele se dirige a propriedade privada não é posta em questão. A posse de propriedades é tida como justificada *a priori*. A tarefa de Locke é esclarecer como é possível que essa instituição amplamente aceita possa ser explicada, isto é, demonstrada adequada, no âmbito da doutrina do contrato social. Muitos detalhes do Capítulo 5 do *Segundo tratado* têm

---

1. Ver C. B. MacPherson, *The Political Theory of Possessive Individualism* (Oxford: Oxford University Press, 1962).

esse propósito, para demonstrar, em contraposição a Filmer, que a teoria contratualista está em conformidade com a opinião geral.

2. Um comentário sobre MacPherson: para esse autor, há desigualdade de direitos políticos na doutrina lockiana apenas porque Locke não via os indivíduos destituídos de propriedades como partes celebrantes do pacto original. MacPherson atribui a Locke a ideia de que os indivíduos sem propriedades, por serem animalescos e insensíveis, não são capazes de ser razoáveis e racionais e, portanto, não são capazes de dar seu consentimento. Pouquíssimas passagens dos *Dois tratados* sustentam esse ponto de vista; então, por que MacPherson o defende? Talvez por achar óbvio que, se os indivíduos sem propriedades fossem partes celebrantes do pacto original, eles, sendo razoáveis e racionais, não consentiriam com a desigualdade de direitos políticos do estado de classes. Assim, MacPherson talvez pense que Locke necessariamente tenha excluído esses indivíduos como incompetentes e incapazes de possuir a faculdade da razão.

Ora, se esse for o raciocínio de MacPherson, ele omite um elemento central de todas as formas de contratos, desde os pactos sociais até os contratos do dia a dia: em geral, os termos específicos dos contratos dependem das posições relativas de negociação que as partes celebrantes possuem e que são externas à situação em que eles são discutidos. O fato de as partes serem iguais em certos aspectos fundamentais (com igualdade de jurisdição sobre si mesmas e, por assim dizer, igualmente soberanas) não significa que todos os termos do pacto social também devam ser iguais. Esses termos, na verdade, podem ser desiguais, dependendo da distribuição da propriedade entre as partes e dos objetivos e interesses das partes em celebrarem o contrato[2]. É precisamente isso que parece acontecer na variante lockiana da teoria do contrato social.

3. Se não estivermos satisfeitos com o estado de classes de Locke e ainda assim quisermos validar alguma forma de doutrina contratualista, devemos encontrar um modo de revisar a doutrina, excluindo as desigualdades indesejadas de direitos e liberdades básicas. A teoria da justiça como equidade oferece uma solução para esse problema, usando a posição original como dispositivo de representação. O véu da ignorância limita a informação sobre as vantagens de negociação exteriores à situação contratual[3]. Na-

---

2. Esses argumentos são defendidos por Joshua Cohen, "Structure, Choice and Legitimacy: Locke's Theory of the State", *Philosophy and Public Affairs*, outono de 1986, pp. 310 s.

3. Rawls, *Justice as Fairness: A Restatement*; ver § 6.

turalmente, talvez haja soluções superiores; ou talvez não haja revisão da teoria do contrato social que se mostre satisfatória após análise detalhada.

Nestas conferências, minha intenção é analisar com profundidade algumas concepções políticas, se possível até as últimas consequências. É isso que justifica o foco restrito das análises apresentadas – e não os temas específicos examinados (que, ainda assim, espero que não sejam triviais). A ideia de analisar concepções políticas com profundidade nos é menos familiar que, digamos, fazer o mesmo com concepções dos campos da matemática, física ou economia. Talvez, porém, isso possa ser feito. Por que não? Só é possível descobrir tentando.

4. Basta de comentários preliminares sobre o problema do estado de classes em Locke. Primeiro, esboçarei alguns comentários sobre a teoria lockiana da propriedade, chamando a atenção para algumas passagens importantes dos *Dois tratados*, com ênfase em algumas seções do Capítulo 4 do primeiro tratado e no Capítulo 5 do segundo. Feito isso, demonstrarei de que modo um estado de classes constitucional seria possível no decurso da história ideal. Farei isso para provar que esse estado é congruente com as ideias básicas de Locke.

A ideia aqui não é criticar Locke, que foi uma grande personalidade – um homem que, embora precavido e, segundo alguns, até tímido, ainda assim expôs a própria vida a enormes riscos durante muitos anos para defender a causa do governo constitucional contra o absolutismo real. Locke viveu uma vida abnegada. Não seria certo assumir um tom arrogante para com ele porque sua doutrina não é tão democrática como hoje gostaríamos que fosse.

Dessa forma, nosso objetivo é esclarecer o seguinte: se a formulação que Locke deu à doutrina do contrato social não é satisfatória – por ser, digamos, incompatível com o estado de classes –, de que modo, então, se deve revisá-la? Examinaremos como seria possível esse estado na história ideal para poder lançar luz sobre alguns traços básicos da doutrina lockiana, com a esperança de que, ao chegarmos a uma ideia clara sobre eles, nos será mostrado o melhor modo de revisá-la.

§ 2. Contexto da questão

1. A questão do direito ao voto não é levantada explicitamente no *Segundo tratado*. Embora tenha havido controvérsia sobre a redistribuição de distritos eleitorais durante a Crise da Exclusão de 1679-81, o direito ao

voto em si não era a questão principal. O que nos permite acreditar que o estado de classes é aceito por Locke é o que está escrito no *Segundo tratado*, ¶¶ 140 s., parágrafos em que Locke parece aceitar como justificado o fato de o direito ao voto se limitar aos indivíduos possuidores de uma propriedade livre e alodial de 40 xelins, regra que vigorava em sua época (em termos de extensão, esse tipo de propriedade equivale a 4,5 acres de terra cultivável). Embora essa não seja uma quantidade significativa, várias estimativas indicam que ela era suficiente para excluir grande parte da população masculina, possivelmente 4/5 dela, à época da Crise da Exclusão, mas há quem ache que era consideravelmente menos que isso e mais perto de 3/5 ou menos[4]. Essas variações não têm importância para nosso objetivo, que é estudar a legitimidade do estado de classes na doutrina de Locke.

A queixa de Locke contra a Coroa é que esta se opõe a fazer uma redistribuição de distritos eleitorais para pôr a representação no Parlamento em sintonia com o princípio correspondente. Diz ele no ¶ 158: "Se [...] o Executivo, que tem o poder de convocar o Legislativo, observando a verdadeira proporção em vez da moda da *representação*, estipular não pelo costume antigo, mas pela verdadeira razão, em todos os lugares, *quantos membros* têm o direito de serem representados distintamente – direito ao qual nenhuma parcela do povo pode aspirar, independente de quem a cons-

---

4. Há diversas estimativas. J. H. Plumb, *The Growth of Political Stability in England, 1675--1725* (Londres: Macmillan, 1967), pp. 27 ss., oferece uma estimativa conservadora de 200 mil para a extensão do eleitorado durante o reinado de Guilherme II. Isso representaria talvez 1/30 da população nacional, inclusive mulheres, crianças e a classe pobre trabalhadora, que ninguém considerava ser digna de direitos políticos (pp. 28 s.). J. R. Jones, em *Country and Court* (Cambridge, Mass.: Harvard University Press, 1979), informa que a extensão do eleitorado no reinado da rainha Ana era de aproximadamente 150 mil (p. 43). Richard Ashcraft, em seu livro *Revolutionary Politics and Locke's Two Treatises of Government* (Princeton: Princeton University Press, 1986), discorre sobre o eleitorado e indica que este tendia a crescer por duas razões: devido à inflação estável da época, que diminuía o valor real da propriedade como qualificação para votar, e a tendência do Parlamento de ampliar o direito ao voto como modo de se defender contra a Coroa (pp. 147 s.). Os Whigs comandados por Shaftesbury vislumbravam um eleitorado composto por comerciantes, artesãos, lojistas e mercadores, assim como pela maioria dos proprietários alodiais que prosperavam à custa dos proprietários de terras de pequeno porte e pela pequena nobreza (p. 146). Além disso, o eleitorado variava de uma parte do país para outra; em Londres, por exemplo, segundo Ashcraft, havia praticamente sufrágio masculino em eleições de representantes do Parlamento e cargos públicos municipais (p. 148). Ashcraft cita Derek Hirst, que teria escrito que em 1641 o eleitorado pode ter alcançado a extensão de 2/5 da população masculina (pp. 151 s.). Em sua *Autobiography and Conflict: England, 1603-1658* (Cambridge, Mass.: Harvard University Press, 1986), Hirst diz que, após as moções de Ireton em 1647-49, a representação se tornou mais justa que no período posterior até o fim do século XIX (p. 330).

titui, a não ser na mesma proporção em que ela [a parcela do povo constituída por quem quer que seja] prestar assistência ao povo em geral –, então não se poderá considerar que ele [o Executivo] tenha instituído um novo Legislativo, mas [...] retificado as desordens que a sucessão do tempo havia [...] inevitavelmente introduzido."

Ora, o trecho acima, quando lido em conjunto com os §§ 157-8 e 140, parece querer dizer que aqueles que "têm o direito de serem representados distintamente" (contrariamente àqueles que têm, por exemplo, um direito à representação virtual) são aqueles que têm o direito de votar. Contudo, não deveríamos ler esse trecho como uma forma de aceitação da propriedade como única base da redistribuição de distritos eleitorais. Em vez disso, deve-se interpretar os §§ 157-8 no sentido de que a representação "justa e igualitária" (§ 158) tem por base a "riqueza e os habitantes" (§ 157), e cada um desses fatores tem um peso que Locke não especifica[5].

Assim, suponho que Locke tenha aceitado o estado de classes, considerando-o congruente com sua doutrina. Nossa tarefa, como disse antes, é encontrar uma explicação para essa atitude e rejeitar a explicação de MacPherson.

§ 3. A resposta de Locke a Filmer (I: Capítulo 4)

1. Passemos agora ao *Primeiro tratado* e à rejeição nele expressa por Locke à propriedade como base da autoridade política. Comecemos com as teses de Filmer, de acordo com Laslett, que na Introdução de sua edição dos escritos de Filmer as resumiu da seguinte maneira[6]:

Não há governo legítimo que não seja a monarquia.
Não há monarquia legítima que não seja patriarcal.
Não há monarquia patriarcal que não seja absoluta, isto é, arbitrária.
Não há aristocracia nem democracia legítima.
Não somos livres por natureza; sempre nascemos predestinados à submissão.

---

5. Sobre esse assunto, ver John Dunn, *Political Thought of John Locke*.
6. Ver a Introdução de Peter Laslett à sua edição de *Patriarcha and Other Political Writings of Sir Robert Filmer* (Oxford: Blackwell, 1949), p. 20.

Para nossos propósitos aqui, talvez a última afirmação seja extremamente importante. E no *Primeiro tratado*, ¶ 6, Locke parece talvez concordar com isso. Nesse parágrafo, ele diz que, em Filmer, a "[...] proposição principal é que *os homens são naturalmente livres*. Esse é o fundamento sobre o qual se ampara a monarquia absoluta. [...] Porém, se esse fundamento falhar, cai com ele toda a estrutura, de modo que a única alternativa que resta para o modo de formação dos governos é segundo a velha maneira, isto é, através da perspicácia e do consentimento dos homens [...] ao fazerem uso de sua razão para formarem uma sociedade". Desse modo, Locke afirma uma diferença fundamental entre si próprio e Filmer; e, segundo ele, sua doutrina é um retorno à velha tradição do contrato social.

2. Antes de discutir as teses de Locke sobre a propriedade, faço um comentário sobre a ideia de propriedade. A propriedade consiste, segundo muitas vezes se diz, em um conjunto de direitos, juntamente com a imposição de certas condições quanto ao modo como esses direitos podem ser exercidos. Diferentes concepções da propriedade, privada ou não, definem o conjunto de direitos de diferentes modos.

Para Locke, a propriedade – ou "propriedade sobre" (conforme ele diz muitas vezes) – é um direito de fazer ou usar algo sob certas condições, um direito que não nos pode ser tirado sem nosso consentimento[7]. É preciso fazer uma distinção entre o direito propriamente dito e suas bases, de um lado, e o tipo de ação ou coisa que temos o direito de fazer ou usar, de outro lado. Mesmo quando o direito em questão é um direito de usar e ter controle adequado sobre a terra e os recursos naturais, a propriedade não é o mesmo que a terra ou os recursos, ainda que Locke às vezes pareça se expressar dessa maneira. Há somente um sentido de propriedade como conjunto de direitos: o direito (conjunto de direitos) não nos pode ser tomado sem nosso consentimento. Diferentes direitos estão relacionados a diferentes tipos de ações e coisas que são de nossa propriedade.

Além disso, deve-se fazer distinção entre pelo menos dois usos – não significados – do termo "propriedade" em Locke, conforme os tipos de coisas relacionadas ao conjunto de direitos em questão.

(a) O primeiro é o uso amplo, que inclui as vidas, liberdades e posses dos indivíduos, como nos ¶¶ 87, 123, 138 e 173.

---

7. Ver James Tully, *A Discourse on Property* (Cambridge: Cambridge University Press, 1980), pp. 112-6, com definição à p. 116.

(b) O outro é o uso restrito, no qual os direitos incluem coisas como os frutos da terra, §§ 28-32; terra, §§ 32-9, 47-50; ou estados, § 87, 123, 131, 138, 173; ou fortunas, §§ 135, 221.

(c) E, finalmente, os usos indeterminados: não se pode dizer se eles são amplos ou restritos, tal como no § 94, no qual Locke declara: " [...] o governo não tem outro fim que não a preservação da propriedade". Essa é uma afirmação bastante expressiva sobre a finalidade do governo, mas parece cobrir ambos os usos do termo "propriedade". Outros usos são claramente ligados ora ao uso amplo, ora ao uso restrito, dependendo do contexto.

3. Continuando: lembremos que o objetivo da argumentação casuística de Locke é demonstrar, em oposição a Filmer, que o direito à propriedade não pode ser a base da autoridade política. Isso é feito recorrendo a dois argumentos.

(a) No *Primeiro tratado*, Capítulo 4, Locke sustenta que a propriedade de terras e recursos por si só não pode gerar autoridade política: o fato de eu ter mais propriedade do que os indivíduos sem posses não me atribui jurisdição política sobre eles.

(b) No *Segundo tratado*, Capítulo 5, Locke argumenta que a propriedade de terras e recursos pode surgir, e de fato surgiu, antes da geração do governo; e que, mais que isso, uma das razões para a instituição de um governo é a proteção da propriedade já existente.

Assim, para Locke, a propriedade não institui a autoridade política nem necessita dela, ao contrário da doutrina de Filmer e do feudalismo.

Tratemos inicialmente do primeiro argumento. Seu enunciado mais claro está no *Primeiro tratado*, Capítulo 4, §§ 39, 41-3. Filmer havia defendido que Deus deu o mundo a Adão como propriedade deste. Grande parte dos capítulos em que essa ideia é defendida, assim como grande parte do restante do *Primeiro tratado*, é extremamente tediosa, mas alguns trechos são fundamentais para a doutrina lockiana. Após longa discussão, Locke diz em I: § 39: "[...] pois embora os homens, em respeito uns aos outros, tenham permissão para possuir parcelas das criaturas, ainda assim, em respeito a Deus, criador do céu e da terra e exclusivo senhor e proprietário de todo o mundo, a propriedade que os homens têm sobre as criaturas é nada mais que a *liberdade de usá-las*, permitida por Deus, podendo essa propriedade ser alterada e ampliada, como já se viu acontecer, após um dilúvio, quando são permitidos outros usos dessa propriedade que antes não o eram. Com base em todas as suposições que fiz, é evidente que nem *Adão* nem *Noé* gozavam de nenhum *domínio privado* ou propriedade sobre as criaturas, mas isso não se aplica às gerações de seus descendentes, os quais, à medida que se desenvolverem sucessivamente, poderão necessitar das criaturas e vir a se tornar capazes de usá-las". Esse e outro trecho, em I: § 41, contêm diversas características centrais da concepção lockiana da propriedade.

Em primeiro lugar, a propriedade sobre uma coisa (ou "propriedade sobre as criaturas", nas palavras de Locke) é a liberdade de usar essa coisa para a satisfação de nossas carências e necessidades. Deus é sempre o senhor e proprietário do mundo em si, das coisas vivas e dos recursos naturais. Porém, em razão da lei fundamental da natureza, que visa à preservação da humanidade, na medida do possível, temos dois deveres: preservar a nós mesmos e preservar a humanidade.

4. Em vista desses dois deveres, temos dois direitos naturais. Estes são *direitos habilitantes*, isto é, são direitos que temos para que possamos cumprir certos deveres que antecedem à ordem dos motivos. E, com base nesses deveres, temos também um terceiro direito natural. Este é descrito por Locke como "liberdade de usar" coisas inferiores e recursos naturais como meios essenciais para preservar a humanidade e a nós mesmos como parte dela. Trecho de I: § 41: "[...] é mais razoável pensar que Deus, que ordenou que os homens crescessem e se multiplicassem, devesse dar a todos eles o direito de usar os alimentos, as vestes e outras conveniências da vida, de cujos materiais ele tão abundantemente lhes abasteceu, do que torná-los dependentes, para sua subsistência, da vontade de um homem que poderia ter o poder (direito) de lhes destruir a todos quando bem entender".

Outra característica da doutrina lockiana da propriedade é que essa liberdade de uso não é um direito exclusivo; isto é, não se trata de um direito ao qual podemos apelar para restringir a liberdade de uso daqueles que nos sucederem, quando eles precisarem usar ou ter acesso aos generosos recursos da natureza para seus interesses legítimos. Em resumo, ninguém pode ser excluído de usar ou ter acesso aos meios de sobrevivência produzidos pelo território comum da humanidade, exceto de usar ou ter acesso àquilo que houvermos transformado em nossa propriedade sujeita às duas condições. Esse terceiro direito natural ao meio de preservação é nosso direito, compartilhado com o resto da humanidade, de usar esse grande território comum ou ter acesso a ele.

Essas observações nos preparam para o que está escrito em I: §§ 41-2, trecho em que Locke rejeita totalmente a ideia de que a propriedade possa ser a base da autoridade política. Isso já parece evidente no trecho I: § 41 citado acima. Locke, porém, vai além e diz que Deus não nos deixou à mercê uns dos outros, nem deu a quem quer que seja algum tipo de propriedade que exclua outros indivíduos necessitados de também ter o direito ao excedente dos bens de outros: "E, portanto, nenhum outro homem jamais poderá ter um poder justo sobre outro por direito de propriedade sobre terra ou posses, pois seria pecado para qualquer homem de posses permitir que seu próximo pereça, por desejo de lhe proporcionar assistência dando-lhe de sua fartura. Do mesmo modo como a *justiça* confere a todo homem direitos na proporção do produto de seus esforços honestos e a seus descendentes, o direito de justa aquisição, assim também a *caridade* confere a todo homem o direito de possuir uma parte da fartura de outrem, desde que lhe seja suficiente para sair do estado de necessidade. [...] Não há mais justiça em um homem fazer uso da necessidade de outrem, forçando-lhe a se tornar seu vassalo e negando essa assistência [...] do que em um indivíduo mais forte usar sua força para se apoderar de alguém mais fraco e dominá-lo, forçando-lhe obediência e, com um punhal no pescoço, oferecendo-lhe morte ou escravidão" (I: ¶ 42).

Essa é uma afirmação forte, cujo argumento é repetido em I: ¶ 43. De início, pode parecer que o ¶ 43 diz que, mesmo em tal situação extrema, é o consentimento que institui a autoridade política. Diz Locke: "Ainda que alguém faça uso tão perverso das graças de Deus despejadas sobre si com uma mão liberal, ainda que alguém seja tão cruel e inclemente a tal extremo, mesmo assim nada disso provaria que a propriedade de terras, mesmo nesse caso, concede aos homens alguma forma de autoridade, mas apenas que o pacto poderia concedê-la, visto que a autoridade do rico proprietário e a sujeição do mendigo necessitado não se originam da posse do senhor [posse de propriedade], mas do consentimento do homem pobre, que prefere se sujeitar a morrer de fome."

Quando Locke descreve o homem de posses como alguém que faz uso perverso de suas graças e tem caráter cruel e inclemente, creio que isso quer dizer que ele nega que haja força vinculante do consentimento em casos assim. Quanto à extensão da autoridade, Locke vai além e diz que se contarmos tal consentimento como válido, poderíamos muito bem dizer que quando nossos estoques de grãos estiverem cheios em época de escassez e houver dinheiro em nosso bolso enquanto outros estiverem passando fome, ou quando estivermos em uma embarcação no mar e formos capazes de nadar enquanto os outros estiverem se afogando e precisarem de nossa ajuda, em todas essas situações e outras semelhantes poderíamos exigir adequadamente dos outros o consentimento para que tenhamos autoridade política sobre eles. Locke, porém, não acredita nisso e conclui que, não importa qual o domínio privado que Deus tenha dado a Adão (Locke diz ter demonstrado que Deus não deu esse domínio a Adão), tal domínio nunca poderia gerar a soberania. Apenas o livre consentimento sob certas condições, violadas nos casos descritos, podem fazer isso.

5. A partir do exposto acima, podemos inferir três outras formas de controle na história ideal:

(a) As práticas e costumes, ainda que primitivos, devem permitir ou garantir a todas as pessoas um direito na proporção do produto de seu trabalho honesto. Esse é *um princípio da justiça*. (Assim, temos um preceito da justiça: a cada um cabe aquilo que produzir com o trabalho honesto.)

(b) À exceção das catástrofes, as práticas e os costumes não devem permitir que alguém caia em situação de extrema necessidade ou se torne incompetente e incapaz de exercer seus direitos naturais e cumprir seus deveres de modo inteligente. Esse é um *princípio da caridade*.

(c) O terceiro direito natural é ser respeitado: todos têm a liberdade de usar e ter acesso ao grande território comum do mundo, a fim de receber os meios de sobrevivência em troca de seus esforços honestos. Esse é *um princípio da oportunidade razoável*. Aqui, não podemos dizer oportunidade igual ou justa; esses termos parecem fortes demais para o que Locke tem em mente. Não obstante, essa oportunidade razoável é de grande importância.

Um resultado esperado dessas formas de controle é que, na história ideal, simplesmente não pode ocorrer que a maior parte da população masculina adulta (a parcela sem direito ao voto) seja tão animalesca e insensível a ponto de se fazer incompetente e, portanto, inepta – porque insuficientemente razoável ou racional – para ser parte contratante do pacto social. Se dissermos isso, teremos de dizer também que o poder político pode ser gerado pela grande desigualdade de propriedade real (terra e recursos naturais), sem consentimento, e isso é negado por Locke; ou então que as formas de controle da história ideal foram violadas: os pobres deixam de receber meios suficientes oriundos do excedente de propriedades dos demais indivíduos para que pudessem cumprir seus deveres para com Deus e exercer seus direitos naturais de forma inteligente.

Concluindo: a tese de Locke no *Primeiro tratado* é de que *o direito à propriedade é condicional*. Não é um direito de fazer o que bem entendermos com nossa propriedade, sem mais nem menos, independente da influência que o uso de nossa propriedade exerça sobre os outros. Nosso direito – isto é, nossa liberdade de uso – pressupõe que sejam satisfeitas certas condições fundamentais. Essas condições são indicadas pelos três princípios da justiça, caridade e oportunidade razoável. Este último quer dizer que os indivíduos sem propriedade devem receber uma oportunidade razoável de emprego: a oportunidade de ganhar os meios de sobrevivência com o trabalho honesto e de ascender socialmente.

§ 4. A resposta de Locke a Filmer (II: Capítulo 5)

1. Passando ao *Segundo tratado*, o argumento de Locke contra Filmer, no Capítulo 5, é mais ou menos este: seu objetivo (conforme ele expressou no § 25) é demonstrar de que modo, nos primórdios do mundo e antes da existência da autoridade política, poderíamos ter tido propriedade legítima "sobre diversas partes daquilo que Deus deu aos homens em comum". Locke deve oferecer uma reação a Filmer nesse assunto, visto que tem de demonstrar de que modo sua tese consegue explicar, e não justificar, o direito à propriedade reconhecido por ambas as partes.

Locke sustenta que Deus deu o mundo a toda a humanidade em comum, e não apenas a Adão. Porém, essa concessão de propriedade é entendida por Locke não como uma concessão de posse coletiva exclusiva – posse exclusiva pela humanidade como corpo coletivo –, mas como uma liberdade que todas as pessoas têm para usar os meios de sobrevivência necessários produzidos pela natureza e o direito de se apropriar deles através de trabalho honesto visando satisfazer nossas carências e necessidades[8]. Tudo isso é feito para que possamos cumprir nossos dois deveres naturais de preservar a humanidade e preservar a nós mesmos como parte dela.

Duas condições são implícitas nessa concepção:

(a) Primeira condição: sobra de recursos suficientes e de igual qualidade para os outros (§§ 27, 33, 37)[9]. Essa condição é gerada porque o direito de uso não é uma forma de propriedade exclusiva. Outros também têm o mesmo direito.

---

8. Ver Richard Tuck, *Natural Rights Theories* (Cambridge: Cambridge University Press, 1979), pp. 166-72.

9. Locke diz: "Nenhum homem a não ser ele poderá ter o direito de usar aquilo ao qual [seu trabalho] estiver associado, pelo menos quando tiverem sobrado recursos suficientes e de igual qualidade para os outros." *Segundo tratado*, § 27, p. 288.

(b) Segunda condição: cláusula de deterioração (§§ 31, 36 s., 46)¹⁰. Essa condição é gerada porque Deus é sempre o exclusivo proprietário da terra e de seus recursos. Levar mais peixe, digamos, do que precisamos para comer é desperdiçar e destruir parte da propriedade de Deus.

2. Agora, passemos ao "grande fundamento da propriedade" (expressão usada por Locke no § 44) (ver §§ 27, 32, 34, 37, 39, 44 s., 51). Esse fundamento é a propriedade que temos sobre nossa pessoa, à qual ninguém mais poderá ter direito (§ 27). O trabalho de nosso corpo, o produto (resultado do trabalho) de nossas mãos, é propriedade nossa. Isso também sugere um preceito da justiça: a cada um cabe aquilo que produzir com o trabalho honesto (§ 27).

Ainda no § 44, Locke diz que somos mestres de nós mesmos e proprietários de nossa própria pessoa, das ações e do trabalho produzidos por nossa pessoa, de modo que "o grande fundamento da propriedade" está em nós mesmos. O que cultivarmos para nós mesmos pertence verdadeiramente a nós e não faz parte da propriedade comum. Assim, nos primórdios, era o trabalho que gerava o direito sobre as coisas.

Nos §§ 40-6, Locke apresenta uma versão da teoria do valor-trabalho, argumentando, por exemplo, que o trabalho corresponde a 90-99 por cento do valor da terra. O objetivo desse trecho é argumentar que a instituição da propriedade sobre a terra, propriamente limitada, é para o benefício de todos. Os indivíduos destituídos de terras não precisam se lamentar por isso. No § 41, Locke diz que um rei de um território grande e potencialmente fértil na América, rico em terra ainda não cultivada pelo trabalho, é alimentado, alojado e vestido em piores condições do que um indivíduo que trabalha diariamente na Inglaterra. A instituição da propriedade privada sobre a terra, quando devidamente limitada pelas formas de controle da história ideal, é individual e coletivamente racional: para Locke, com ela estamos em situação melhor do que sem ela.

3. Tratemos, por fim, da introdução da moeda e da transição para a teoria da autoridade política. Locke discute esses temas nos seguintes parágrafos: §§ 36 s., 45, 47-50.

(a) Nesses trechos, um ponto crucial é que a introdução da moeda praticamente suspende a condição sobre a deterioração, segundo a qual

---

10. "Assim como qualquer indivíduo pode fazer uso de qualquer vantagem da vida antes que ela se deteriore, do mesmo modo ele poderá estabelecer a propriedade sobre uma coisa, através de seu trabalho. Tudo o que estiver além disso é mais do que aquilo que lhe cabe e pertencerá aos outros. Nada foi feito por Deus para ser estragado ou destruído pelo homem." *Segundo tratado*, § 31, p. 290.

não podemos nos servir das dádivas da natureza em quantidade maior do que formos capazes de usar antes de sua deterioração. Na época atual, através do trabalho diligente, podemos adquirir mais do que somos capazes de usar, mas trocamos esse excedente por dinheiro (ou por títulos de domínio sobre diversas coisas de valor), acumulando, portanto, posses cada vez maiores de terras, recursos naturais ou qualquer outra coisa. O dinheiro nos possibilita, por exemplo, a "posse justa" de terras em quantidade maior do que somos capazes de usar os produtos que dela retiramos, "recebendo em troca pelo excedente de ouro e prata, que podem ser amealhados sem insulto a ninguém" (§ 50).

(b) Ao consentir tacitamente (sem um pacto) no uso da moeda, os indivíduos "concordaram na posse desproporcional e desigual da terra", através de "um consentimento tácito e voluntário" (§ 50).

(c) Tanto a propriedade como a moeda passaram a existir antes do surgimento da sociedade política e do pacto social, simplesmente através da "atribuição de um valor ao ouro e à prata e do consentimento tácito no uso da moeda" (§ 50)[11].

4. Assim, creio que Locke oferece uma teoria da propriedade em dois estágios. O primeiro deles é o estado da natureza em suas diversas fases antes do surgimento da sociedade política. Nele, é possível distinguir três fases:

(a) a época dos primórdios do mundo: §§ 26-39, 94;
(b) a época da fixação das fronteiras tribais por consentimento: §§ 38, 45;
(c) a época do surgimento da moeda e do comércio, ambos por consentimento: §§ 35, 45, 47-50.

O segundo estágio é o da autoridade política, aparentemente com duas fases:

(a) a época da monarquia patriarcal: §§ 74 ss., 94, 105-10, 162;
(b) a época da formação do governo através de um pacto social e da regulamentação da propriedade: §§ 38, 50, 72 s.

No segundo estágio, o interesse maior de Locke é na época da formação do governo através de um pacto social. *Nesse estágio, a propriedade é*

---

11. De que forma esse consentimento tácito se relaciona com o consentimento mencionado nos §§ 119-22? Ao que tudo indica, eles são diferentes, mas de que modo?

de natureza convencional, ou seja, ela é especificada e regulamentada pelas leis positivas da sociedade. Tais leis respeitam, creio eu, todas as formas de controle introduzidas pela lei fundamental da natureza conforme discutido anteriormente. Respeitam também aquilo que Locke chama de "*Lei Fundamental da Propriedade*" na sociedade política: ninguém poderá ser privado de sua propriedade sem seu próprio consentimento ou sem o consentimento de seus representantes, ainda que para prestar o necessário apoio ao governo (¶ 140).

Uma consequência importante da natureza convencional da propriedade (real) na sociedade política é que um regime socialista liberal[12] não é, a meu ver, incompatível com as afirmações de Locke. É verdade, por exemplo, que dificilmente o Parlamento (isto é, os representantes) do estado de classes lockiano aprovaria leis definidoras de instituições socialistas. Talvez, mas essa é outra questão. O importante a enfatizar aqui é apenas que um regime socialista não viola necessariamente os direitos da propriedade (real) definidos por Locke.

Além disso, é perfeitamente possível que os partidos políticos, uma vez formados, possam competir uns com os outros em busca de votos – por exemplo, estimulando a expansão do eleitorado através da diminuição ou eliminação da propriedade como qualificação eleitoral. De fato, isso se deu na época de Locke, pois o Parlamento tendia a ver com bons olhos a expansão do direito ao voto, especialmente nas grandes cidades e povoados, em parte como forma de defesa contra a Coroa[13]. Devido às condições políticas e econômicas em constante mutação na história ideal, poderá haver bons motivos para que leis desse tipo sejam aprovadas por um número suficiente de proprietários. Se aprovadas, creio que essas leis não violariam nenhum aspecto da doutrina da propriedade lockiana. Assim, com o tempo, o estado de classes lockiano originaria algo semelhante a um regime democrático constitucional moderno. Será que já houve algo assim?

§ 5. O problema do estado de classes

1. Por fim, chegamos ao problema do estado de classes em Locke. Lembremos que esse é o problema de como é possível, em congruência com a

---

12. Um regime assim foi vislumbrado pelo Partido Trabalhista inglês e pelo Partido Social-Democrata alemão.

13. Ver nota 4, acima.

doutrina lockiana, estabelecer um pacto social que dê origem a um estado de classes a partir do estado de natureza como estado de igualdade de jurisdição, no qual todos, por assim dizer, têm igual medida de soberania.

Esse problema poderia ser rejeitado e desqualificado com a alegação de que não foi proposto de forma satisfatória. Em outras palavras, alguém poderia dizer que, na verdade, Locke não aceita o estado de classes e, na melhor das hipóteses, apenas aparenta fazê-lo. Mas não é possível lutar em todas as guerras políticas de uma vez só; por isso Locke as enfrenta à medida que surgem, começando pela mais urgente. Para ele, o problema mais urgente é o absolutismo real. É inapropriado dizer que Locke aceita o estado de classes. Em vez disso, deve-se dizer que ele não assume nenhuma posição nessa questão, assim como na questão da igualdade das mulheres.

Esta última resposta tem a minha simpatia e talvez esteja com razão. Mas para nossos propósitos aqui pressuponho apenas que Locke de fato aceita o estado de classes se este for considerado no seguinte sentido fraco: um estado de classes que poderia ter surgido – como de fato surgiu – com a promulgação da Constituição mista na Inglaterra de sua época. Note-se que não afirmo que Locke aceitou o estado de classes no sentido de ter endossado inteiramente os valores desse estado e ter ficado satisfeito com ele.

2. Aqui também o problema poderia ser rejeitado com a alegação de que não permite a Locke apelar para razões necessárias. Em outras palavras, ao aceitar o estado de classes, supondo-se ter havido essa aceitação, talvez Locke estivesse pensando que mesmo na história ideal as condições sociais podem ser bastante hostis e restritivas, de modo que apenas em razão dessas condições hostis e restritivas é que se torna possível justificar o estado de classes e gerá-lo em congruência com a doutrina lockiana. Com o passar do tempo, à medida que as coisas melhorarem, o estado de classes perderá sua legitimidade segundo os princípios do próprio Locke; apenas um regime fundado em uma maior igualdade no direito ao voto e na distribuição de propriedade atenderá aos pré-requisitos da legitimidade. Com o tempo, surgiria um estado constitucional justo capaz de atender plenamente às ideias de liberdade e igualdade presentes na doutrina lockiana.

Assim como antes, também simpatizo com essa objeção. Não nego que Locke tenha apelado para a necessidade, pois a filosofia política deve reconhecer os limites do possível, e não simplesmente condenar o mundo. Tampouco nego que haja ideias de liberdade e igualdade em Locke que possam constituir em grande parte, embora talvez não de todo, a base de uma concepção do que poderíamos chamar de regime democrático justo e igualitário.

O raciocínio, porém, é o seguinte: para que Locke aceite o estado de classes, é necessário apenas que se deem na história ideal algumas condições capazes de gerar um estado de classes em congruência com a teoria lockiana. Para demonstrar isso, basta oferecer uma hipótese plausível sobre tais condições, fazendo com que elas ofereçam uma resposta a todas as formas de controle enumeradas. Poderíamos então supor que talvez tenha sido esta, segundo Locke, a origem possível da Constituição inglesa, embora, é claro, isso não seja verdade. (Recordemos o que foi mencionado anteriormente sobre Guilherme, o Conquistador.) O que fazemos aqui é testar a teoria lockiana da legitimidade. Deve-se enfatizar que há outras condições possíveis capazes de gerar não um estado de classes, mas um estado bem mais distante em relação aos ideais da época atual.

É preciso ter em mente o objetivo desse exercício, qual seja, ilustrar a dependência, na doutrina lockiana, dos termos do pacto social e da forma do regime em relação a diversas contingências, entre as quais o poder de negociação do povo, que é independente da situação do pacto social. Isso porque não se exclui que esse poder seja conhecido. As partes que devem determinar os princípios básicos do pacto social não estão cobertas por um "véu da ignorância", como acontece na teoria da justiça como equidade[14]. O resultado é que as pessoas passam a participar da situação do pacto não exclusivamente como indivíduos livres, iguais, razoáveis e racionais, mas também como possuidoras de determinada quantidade de propriedades em determinadas situações. Os interesses legítimos dessas pessoas são definidos da mesma maneira e podem gerar conflitos entre elas. A fim de formular uma concepção política em que os termos da cooperação social e a forma do regime sejam independentes de tais contingências, é necessário encontrar um modo de revisar a teoria do contrato social.

§ 6. Uma teoria concatenada sobre a origem do estado de classes

1. Concluo com considerações que mostram de que forma seria possível surgir um estado de classes na história ideal. Já vimos que todos os indivíduos supostamente agem tanto razoável como racionalmente. Ninguém

---

14. John Rawls, *Justice as Fairness: A Restatement*. Ver § 6: "The Idea of the Original Position".

infringe seus deveres no primado da lei fundamental da natureza, nem deixa de agir racionalmente ao promover seus interesses legítimos. Tais interesses referem-se à propriedade dos indivíduos no sentido mais amplo, isto é, a suas vidas, liberdades e patrimônios, por menor que seja sua propriedade de terras (propriedade real).

Seguindo os passos de Joshua Cohen, concordo que o pacto social deve satisfazer três critérios[15]:

(a) Racionalidade individual: cada pessoa deve acreditar razoavelmente que no pacto social estará em condições pelo menos tão boas quanto no estado de natureza em que atualmente vive. A medida usada para decidir se as pessoas estão em condições melhores são os interesses legítimos dessas pessoas, conforme definição acima, relativos a suas propriedades em sentido amplo.

(b) Racionalidade coletiva: não é necessário haver um pacto social alternativo (nem uma forma alternativa de regime por ele estabelecido) para que todos prefiram esse pacto, e não o acordo em questão. Em outras palavras, não há outro acordo capaz de proporcionar a alguns indivíduos melhores condições sem deixar outros indivíduos em piores condições. (Este é nada mais que o Princípio de Pareto.)

(c) Racionalidade de coalizão: a fim de eliminar maiores complexidades, simplesmente suponhamos que existam apenas duas coalizões: uma abrangendo todos os indivíduos com quantidade suficiente de propriedades para atender à qualificação eleitoral (tal como a regra da propriedade livre e alodial no valor de 40 xelins). Chamemos esses indivíduos de possuidores de propriedades (em quantidade suficiente). A outra coalizão abrange os indivíduos que não atendem à qualificação, ainda que possuam propriedades em quantidade menor que 40 xelins. Chamemos esses indivíduos de não possuidores de propriedades (em quantidade suficiente). Assim, a racionalidade de coalizão significa que ambas as coalizões e todos os seus membros avaliam que estarão em melhores condições se se submeterem ao pacto social proposto, e não a outro acordo aceitável para ambas. É necessário que os membros de ambas as coalizões sejam da opinião de que celebrar o pacto é melhor do que o isolamento ou a cisão.

Mais uma vez, a fim de eliminar maiores complexidades, suponhamos que existam apenas quatro alternativas:

15. Ver Joshua Cohen, "Structure, Choice and Legitimacy: Locke's Theory of the State", pp. 311-23. Juntas, essas condições definem o núcleo de um jogo de cooperação.

(i) o estado de classes (com a qualificação eleitoral para indivíduos possuidores de propriedade livre e alodial no valor de 40 xelins);
(ii) o estado democrático com sufrágio universal;
(iii) a cisão em dois estados:
- (a) um abrangendo os indivíduos possuidores de propriedades (em quantidade suficiente);
- (b) outro abrangendo os indivíduos não possuidores de propriedades (em quantidade suficiente);

(iv) o estado de natureza, ou *status quo*.

Ainda mais uma vez, a fim de eliminar maiores complexidades (isso tem ocorrido aqui com frequência!), suponhamos que não haja preferências quanto à forma do estado em si, pois os regimes são julgados pelas pessoas exclusivamente com base na almejada concretização de seus interesses legítimos (interesses compatíveis com os deveres das pessoas no primado da lei fundamental da natureza e definidos com relação às propriedades destas no sentido amplo).

2. Passemos agora a examinar essa questão com mais detalhes. O estado de classes e o estado democrático são estados constitucionais. Isto é, ambos satisfazem o primado do direito conforme definição de Locke nos §§ 124-6, 136 s. e 142. Assim, mesmo os indivíduos não qualificados como eleitores segundo o critério da propriedade podem contar com a obtenção de maior proteção para suas vidas, liberdades e patrimônios, por menores que estes sejam, do que no estado de natureza.

Contudo, há um conflito de interesses entre o estado de classes e o estado democrático. Os indivíduos possuidores de propriedades preferem o estado de classes; os indivíduos não possuidores de propriedades preferem o estado democrático. Os que têm propriedades temem que os que não as têm possam usar o direito democrático ao voto para redistribuir sua riqueza real.

(a) Suponhamos que os indivíduos com propriedades se recusem a concordar com o estado democrático e prefiram a cisão ou o isolamento. Isso é permitido no primado da lei da natureza desde que não seja violado o princípio da caridade. A meu ver, a doutrina de Locke permite negar uma cooperação sob essas circunstâncias (§ 95).

(b) Nesse caso, os que não têm propriedades devem decidir se vão atuar independentemente num estado democrático ou se vão se unir, no estado de classes, aos que têm propriedades. Se decidirem que se unir ao estado de classes é, de fato, racional para eles, o estado de classes será racional por coalizão. Ambas as coalizões o preferem a qualquer alternativa mutuamente aceitável.

Suponhamos agora, conforme Locke exigiria de nós, que o estado de classes atenda aos seguintes princípios:

(a) Todos os indivíduos são cidadãos que gozam das formas de proteção oferecida pelo primado do direito (§ 120), inclusive, é claro, os cidadãos passivos (não possuidores de propriedades em quantidade suficiente para votar).

(b) Ser cidadão implica para o indivíduo uma oportunidade razoável de adquirir, com diligência e aplicação, propriedades em quantidade suficiente para se qualificar como eleitor. Isso significa que devem ser garantidas a esse indivíduo as oportunidades de atividade remunerada.

(c) Além disso, tais oportunidades são asseguradas pelo princípio da justiça, que, entre outros preceitos, garante a todos o produto de seu trabalho honesto.

(d) Finalmente, através do princípio da caridade, o estado de classes reconhece uma pretensão sobre o excedente produzido pela sociedade, prevenindo, assim, que seus membros estejam em extrema necessidade.

Esses princípios fazem parte dos termos oferecidos pelos indivíduos possuidores de propriedades aos indivíduos não possuidores de propriedades. Suponhamos que, uma vez aceitos, tais termos sejam honrados, isto é, estritamente cumpridos, e que todos estejam cientes disso. Dessa forma, os indivíduos não possuidores de propriedades não seriam obrigados a calcular a probabilidade de os possuidores de propriedades quebrarem o pacto.

3. Tendo em vista essas disposições, a origem possível do estado de classes poderia ser a seguinte:

Condições de Aceitação: suponhamos que X seja o pacto social proposto. Haverá concordância geral para com X se X atender às seguintes condições:

(a) Racionalidade Individual: todos os indivíduos preferem X e não o estado de natureza.

(b) Racionalidade Coletiva: não há uma alternativa Y tal que todos os indivíduos prefiram Y e não X.

(c) Racionalidade de Coalizão: havendo duas coalizões, A e B, não haverá uma alternativa Y tal que A ou B prefira Y e não X, ou que A ou B possa executar Y isolando-se ou cindindo-se.

O pacto social lockiano apresenta, supostamente, as seguintes características:

(a) Conjunto de alternativas possíveis: estado de classes, estado democrático, cisão, estado de natureza.

(b) Preferências dos indivíduos possuidores de propriedades: classes, cisão, democracia, estado de natureza.

(c) Preferências dos indivíduos não possuidores de propriedades: democracia, classes, cisão, estado de natureza.

Ambas as coalizões preferem um estado de classes e não uma cisão, e, já que os possuidores de propriedades podem executar uma cisão, o pacto social escolhido é o estado de classes; os não possuidores de propriedades não podem impedir uma cisão e se juntam ao estado de classes.

4. Se essa hipótese for sensata e compatível com a história ideal, é possível haver a Constituição mista vislumbrada por Locke, com sua qualificação eleitoral com base na posse de propriedade livre e alodial no valor de 40 xelins. Contudo, são possíveis também outras hipóteses. Um dos aspectos importantes da doutrina lockiana é que é possível o surgimento de muitas formas diferentes de regimes. A doutrina lockiana não torna o estado de classes necessário; ela simplesmente permite que ele exista. Cohen descreve outras condições, tais como as do século XIX, nas quais é plausível sustentar que a democracia seja objeto de pacto. O próprio Locke descreve nos §§ 107-11 o modo como a monarquia surgiu no início da "Idade de Ouro", quando as propriedades eram pequenas e aproximadamente iguais, antes que as mentes dos homens se tornassem corrompidas pela vã ambição.

O importante a ressaltar aqui é que o fundamental da doutrina lockiana é a justificação das instituições políticas. Para Locke, os indivíduos que celebram o pacto social são cientes de seus interesses sociais e econômicos específicos, bem como da posição e do *status* que mantêm na sociedade. Isso significa que as justificações que os cidadãos dão uns aos outros ao aderir ao pacto social levam em conta esses interesses.

Um dos propósitos de nossa hipótese sobre o estado de classes foi defender Locke contra o mal-entendido de MacPherson. Contudo, ao fazer isso, revelamos um traço perturbador da doutrina lockiana. Ela não apenas torna os direitos e liberdades dos cidadãos constrangedoramente dependentes das contingências históricas, como também levanta a questão da necessidade ou não de reconsiderar o acordo de estabelecimento da Constituição sempre que houver uma mudança importante na distribuição do poder político e econômico. Creio que as liberdades e oportunidades básicas oferecidas por um regime constitucional devem ser fixadas de modo bem mais sólido, em vez de estarem sujeitas a tais mudanças.

Dessa forma, como já disse anteriormente, é preciso encontrar um modo de revisar a doutrina contratualista de Locke. Tanto Rousseau quanto Kant oferecem suas revisões, assim como a teoria da justiça como equidade, que segue os passos desses filósofos. Em resumo, devo enfatizar que não estou criticando Locke como ser humano, pois já disse que Locke foi uma figura de peso, além de autor de uma doutrina do pacto social bem construída para seus propósitos na época da Crise da Exclusão. O que fizemos aqui foi investigar a doutrina de Locke e descobrir que ela não é bem construída para os nossos propósitos. Isso não surpreende, uma vez que, parafraseando Collingwood, nossos problemas não são os mesmos que os dele e exigem, portanto, soluções diferentes.

HUME

HUME I

"Do contrato original"

§ 1. Observações introdutórias

Até aqui, já tratamos de Hobbes e Locke, estudando-os de forma um tanto rápida[1]. Isso é inevitável, tendo em vista o alcance e o objetivo destas conferências, e não pretendo pedir desculpas. Mas espero que esteja claro que obviamente há muito mais a dizer sobre cada um desses filósofos. O problema de hoje é como fazer uma transição natural de Hobbes e Locke, dois autores da tradição do contrato social, para Hume e Mill, dois autores da tradição utilitarista. Busquemos, então, um ponto de vista que acentue os principais contrastes entre eles e lance luz sobre as diferenças filosóficas que os dividem e deram origem ao debate.

Pode-se dizer que toda tradição filosófica, seja no pensamento político ou em qualquer outra área, muitas vezes tem por base certas ideias intuitivas e exige o detalhamento e o desenvolvimento dessas ideias; vários autores em diversas épocas têm feito isso de diferentes modos, produzindo diferentes variantes. A ideia intuitiva da tradição do contrato social é a noção de acordo: acordo entre pessoas iguais no mínimo racionais que consentem em ser governadas de determinado modo, seja autorizando um soberano, como em Hobbes, ou aderindo a uma comunidade e organizando de alguma forma a vontade da maioria para estabelecer o Poder Legislativo ou a Constituição, como em Locke. Essa noção de acordo parece exercer um apelo intuitivo. Quando celebro um acordo, obrigo-me a cumprir os termos nele estabelecidos – algo que, pode-se dizer, remete às noções básicas de consentimento ou promessa. Creio que Locke via a noção de promessa de certa forma como um axioma, algo que não precisa ser

---

1. [Os dois textos sobre Hume publicados neste volume originaram-se de transcrições de gravações das conferências ministradas por Rawls em 4 e 11 de março de 1983 durante seu curso de Filosofia Política Moderna na Universidade Harvard. Às transcrições foram acrescidos os trechos relevantes das notas manuscritas que Rawls fez durante as conferências. (N. do Org.)]

explicado a ninguém. Ele não empreende nenhuma tentativa de fazê-la derivar das leis fundamentais da natureza.

Naturalmente, a doutrina do contrato social terá muitas variações, a depender de como e com que grau de detalhamento é enunciada a noção de acordo. Quais são as condições do acordo? Quem o celebra? Como são descritas as pessoas que o celebram? Que intenções têm essas pessoas? Que interesses? Esses e muitos outros elementos precisam ser desenvolvidos e resolvidos. Já fizemos uma distinção entre Hobbes e Locke, salientando o argumento de que Hobbes parece estar preocupado em oferecer a cada um de nós razões convincentes, destinadas a satisfazer nossos próprios interesses, para explicar por que é racional desejarmos a continuação da existência de um soberano efetivo. Assim, essa ideia estaria tentando basear as obrigações nos interesses racionais e fundamentais das pessoas. Em Hobbes, de modo geral, não há um apelo ao passado. Se existe um soberano agora, então todos temos interesse em desejar que ele continue a existir, não importando o modo como seu poder surgiu factualmente no passado. Todos somos obrigados, em vista de nossos interesses fundamentais, a apoiar o soberano efetivo neste momento.

Já a doutrina lockiana, naturalmente, é bem diferente. Começa com uma condição de igualdade de direitos no estado de natureza e passa a imaginar o estabelecimento de um regime como algo que se dá através de uma série de acordos no decorrer do tempo, cada um dos quais tendo de satisfazer certas condições. Para Locke, um regime legítimo será aquele que é possível estabelecer de determinada maneira e que atende a certas condições. Essa definição independe de um regime qualquer ter existido ou não nessas condições no percurso da história. Portanto, no caso de Locke, a legitimidade depende da *forma do regime*, da *possibilidade de ele ter existido* e da proteção efetiva que ele oferece a certos direitos legítimos.

Se enunciássemos os contrastes entre os raciocínios de Locke e de Hobbes – a forma que eles assumiriam, digamos, nos debates públicos de 1688 e 1699 –, um partidário de Hobbes diria, após a entronização definitiva de Guilherme III e Maria II, que todos tinham obrigação de obedecer ao regime liderado por esses monarcas porque tal regime era um soberano efetivo. Se o soberano é efetivo, somos obrigados a apoiar o regime por ele liderado. Já o raciocínio de um partidário de Locke seria um tanto diferente. Aplicando as ideias de Locke à mesma situação acima, ele diria que o regime anterior violara os direitos do povo, motivando o retorno do poder político às mãos deste; em seguida, através de um processo de revolução e restauração, estabeleceu-se um novo regime que respeitava os direitos do povo. Um regime que "respeita os direitos do povo" é um regime legítimo, que pode ser gerado por contrato no estado de igualdade de direitos. Assim, os raciocínios de Hobbes e Locke são um tanto diferentes, embora tanto Hobbes como Locke tenham desenvolvido uma doutrina do contrato social que inclui a noção de acordo.

A tradição utilitarista tem um tipo diferente de ideia intuitiva que inclui as ideias de interesse geral ou bem-estar geral da sociedade, bem comum e interesse comum – todas as expressões usadas por Hume. A doutrina utilitarista parte da ideia de gerar o maior bem social (ou comum) possível. Segundo essa doutrina, em termos gerais, teremos uma razão para apoiar um governo ou regime se a continuação de sua existência e o seu caráter efetivo visarem à prosperidade do povo ou tiverem chances de gerar maior prosperidade ou maior bem-estar que qualquer outra alternativa de regime que viesse a substituí-lo no momento em questão. Assim, o utilitarista levantará argumentos que apelarão para o bem-estar geral ou bem geral da sociedade. Mais uma vez, há muito a aperfeiçoar na noção de bem-estar; ao estudarmos com mais profundidade Hume e Mill, examinaremos alguns dos problemas desses aperfeiçoamentos. É preciso notar que as noções de promessa, origem e contrato não se encontram em nenhuma parte da doutrina utilitarista. O utilitarista olha para o presente e para o futuro e simplesmente se pergunta se a atual forma de regime ou de organização das instituições sociais visa à prosperidade geral no melhor e mais efetivo sentido.

A doutrina utilitarista difere de Hobbes em pelo menos três aspectos: (a) O utilitarismo [exceto Bentham] rejeita o egoísmo psicológico e insiste na importância dos sentimentos de afeição e benevolência, embora, no caso de Hume, a tese da generosidade limitada ocupe lugar importante em sua teoria da justiça e da política. (b) O utilitarismo rejeita o convencionalismo relativista de Hobbes a respeito da distinção entre o certo e o errado e insiste que o princípio da utilidade é razoável e objetivo. (c) O utilitarismo rejeita a tese hobbesiana de que a autoridade política se baseia na coibição; sustenta, em vez disso, que a autoridade política nasce quando os governos trabalham para o bem da sociedade como um todo (isto é, para a prosperidade social), conforme definido pelo princípio da utilidade, que, por sua vez, é definido de diversos modos por diversos utilitaristas.

Antes de tratar propriamente de Hume, gostaria de observar que ele faz parte de uma longa linhagem de autores utilitaristas, dos quais apenas alguns poderão ser discutidos aqui. O utilitarismo foi e talvez ainda seja a tradição perene de maior influência e duração na filosofia moral anglo-saxã. Embora não tenha entre seus partidários autores do calibre de Aristóteles e Kant (cujas obras sobre ética formam uma categoria própria), ainda assim, considerando essa tradição como um todo e vendo em seu alcance e continuidade um aperfeiçoamento cada vez maior de certas partes da doutrina, o utilitarismo é talvez único em sua genialidade coletiva. Existe desde pelo menos o início do século XVIII e perdura até a época atual, destacando-se com uma longa linhagem de autores que aprenderam uns com os outros. Entre esses autores estão Frances Hutcheson, Hume e Adam Smith; Jeremy Bentham, P. Y. Edgeworth e Henry Sidgwick, principais utilitaristas clássicos; e John Stuart Mill, cujas ideias apresentam muitos traços não utilitaristas. Por isso, em sua evolução contínua de quase três séculos, o utilitarismo provavelmente é a mais monumental tradição da filosofia moral.

É preciso lembrar que, historicamente, o utilitarismo é parte de uma doutrina da sociedade, e não uma doutrina filosófica isolada. Os utilitaristas também eram teóricos políticos e desenvolveram uma teoria psicológica. Além disso, o utilitarismo tem influenciado consideravelmente certas áreas da economia. Em parte, porque os mais importantes economistas da tradição inglesa antes de 1900 eram também os renomados filósofos utilitaristas dessa época, com exceção apenas de Ricardo. Hume e Adam Smith eram tanto filósofos utilitaristas como economistas, assim como Bentham e James Mill, John Stuart Mill (embora este seja inquestionavelmente utilitarista, por razões que discutirei mais tarde) e Sidgwick; Edgeworth, embora conhecido principalmente como economista, tinha algo de filósofo, ou pelo menos de filósofo moral. Somente em 1900 essa sobreposição deixa de existir na tradição utilitarista. Sidgwick e o grande economista Marshall trabalhavam no mesmo departamento em Cambridge quando decidiram fundar um departamento separado de economia, creio que por volta de 1896. Desde essa época, tem havido uma cisão, embora o utilitarismo ainda influencie a teoria econômica e a economia do bem-estar tenha uma íntima ligação histórica com a tradição utilitarista. Não obstante, desde 1900 a tradição tem se dividido em dois grupos mais ou menos sem relação entre si, os economistas e os filósofos, com desvantagens para ambos; isso é verdade pelo menos no sentido de que os economistas se dedicam à economia política e à chamada economia do bem-estar, enquanto os filósofos, à filosofia moral e política. Não é fácil dissolver essa cisão, devido às pressões da especialização e muitos outros fatores. Além disso,

"Do contrato original"

hoje em dia é bastante difícil dominar suficientemente questões das duas áreas para poder discuti-las de forma inteligente.

Obviamente, não haverá tempo de tratar de todos os utilitaristas importantes; por isso, somente tratarei de Hume e Mill, tentando transmitir um pouco do sabor dessa corrente alternativa e da ideia intuitiva que a sustenta. No caso de Hume, sugiro a leitura de "Of the original contract" ["Do contrato original"] e *Enquiry Concerning the Principles of Morals* [*Investigação sobre os princípios da moral*] (1751), com especial atenção para as seções I-V, IX e Apêndice III (aproximadamente oitenta páginas na edição de Oxford, pouco mais que a metade do livro)[2].

Antes de tudo, alguns dados biográficos sobre Hume:

(a) Viveu de 1711 a 1776.

(b) Nasceu em família da pequena nobreza escocesa, não distante de Edimburgo.

(c) Frequentou a Universidade de Edimburgo a partir dos 11 anos de idade, durante alguns anos.

(d) Aos 18 anos (1729), foi tomado pela ideia de escrever o *Tratado*.

(e) Algumas datas significativas da vida de Hume:

    (i) 1729-34: leituras e reflexões em casa.

    (ii) 1734-37: temporada na França, onde trabalhou no *Tratado*.

    (iii) 1739-40: publicação do *Tratado* após retorno à Inglaterra.

    (iv) 1748, 1751: publicação da *Investigação sobre os princípios do entendimento* e da *Investigação sobre os princípios da moral*, respectivamente.

    (v) 1748: "Do contrato original", publicado como novo ensaio na terceira edição dos *Essays Moral and Political* [Ensaios sobre a moral e a política].

Qual foi a ideia norteadora do *Tratado* que tomou a imaginação de Hume e o levou a trabalhar nessa obra mais ou menos isolado durante dez anos? Isso só é possível conjeturar a partir da própria obra.

---

2. [Nas notas de aula escritas por Rawls em 1979, insere-se aqui o parágrafo reproduzido a seguir. As conferências sobre Sidgwick nele mencionadas aparecem no Apêndice deste volume. (N. do Org.)]

"Meus objetivos aqui são limitados; por isso, focalizarei exclusivamente aquilo que chamo de *tradição histórica* e caracterizarei três variantes do utilitarismo: (a) a de *Hume*, que discuto hoje e na próxima conferência...

(b) Em seguida, tratarei da linhagem *clássica* de Bentham-Edgeworth e Sidgwick.

(c) Finalmente, a de J. S. Mill.

Nossa tarefa será relacionar de alguma forma esses autores entre si à medida que avançarmos."

(a) A chave parece estar no segundo título: *A Treatise of Human Nature: Being an Attempt to Introduce the Experimental Method of Reasoning into MORAL SUBJECTS* [Tratado da natureza humana: uma tentativa de introduzir o método experimental de raciocínio nos ASSUNTOS MORAIS].

(b) Um comentário sobre o *significado* de "moral": hoje em dia, essa palavra não tem o mesmo sentido, pois na época de Hume ela abarcava também a *psicologia* e questões ligadas à *teoria social*.

(c) "Experimental" é outra palavra que mudou e se tornou mais *específica*. Para Hume, ela quer dizer *métodos da ciência, um apelo à experiência e à observação*, experimentos refletidos e teoria. O grande modelo foi *Newton*, como se percebe claramente na Introdução do *Tratado*. O objetivo de Hume era *aplicar* os métodos de Newton aos assuntos morais, isto é, aos assuntos relacionados ao entendimento dos princípios que explicam os seguintes elementos: (1º livro) as crenças humanas e o conhecimento; (2º livro) as paixões humanas, isto é, os sentimentos e emoções, os desejos e atitudes mentais, caráter e arbítrio; (3º livro) os fenômenos humanos das atitudes mentais *morais* (mais especificamente falando), inclusive nossa capacidade de emitir juízos morais e o modo como o fazemos, até que ponto somos levados a agir com base nesses juízos etc.

(d) Hume lidou com essas questões de modo diferente de Locke:

(i) Locke é como um *advogado constitucional* atuando no sistema de direito definido pela Lei Fundamental da Natureza; além disso, é nesse âmbito que ele se posiciona a favor da resistência à Coroa em um regime com uma Constituição mista. Seu raciocínio, que avança no âmbito do sistema moral da LFN, é por assim dizer *jurídico* e *histórico*.

(ii) O ponto de vista de Hume é o de um *naturalista* que observa e estuda os fenômenos das instituições e práticas humanas e o papel dos conceitos, juízos e atitudes mentais morais em amparar essas instituições e práticas e em controlar a conduta humana.

(iii) Hume quer descobrir quais são os *princípios primeiros* que governam e explicam tais fenômenos, inclusive os fenômenos morais – juízos e aprovações etc. Assim como Newton descobriu os princípios primeiros das leis do movimento, Hume salientou certas *leis da associação* como princípios primeiros no que tange ao conhecimento e à crença; além disso, no *Tratado* ele chegou à conclusão de que os juízos morais derivam significativamente de nossa ca-

pacidade de simpatia – substituída na "Investigação" pelo Princípio da Humanidade. A teoria de Hume sobre o "espectador judicioso" é uma das ideias mais importantes da filosofia moral (e será discutida na Conferência II, adiante).
(iv) Não é possível cobrir aqui esses detalhes; o elemento a *salientar* é que o contexto e o ponto de vista filosófico de Hume são totalmente diferentes dos de Locke. Hume lida com a questão da moralidade sob o ponto de vista de um naturalista observador. Mesmo quando Hume e Locke discutem a mesma questão, eles o fazem sob diferentes pontos de vista. De modo geral, os dois filósofos não tentam responder às mesmas perguntas.

§ 2. A crítica de Hume ao contrato social de Locke

Passemos agora à crítica de Hume ao contrato social de Locke. Ela aparece em pelo menos um lugar de destaque: no ensaio "Do contrato social", publicado por Hume originalmente em 1748, na terceira edição de *Ensaios morais e políticos*. O ensaio divide-se em quatro partes. Muitas vezes, é útil contar os parágrafos com a seguinte divisão: os §§ 1-19 correspondem à primeira parte; os §§ 20-31, à segunda; os §§ 32-45, à terceira parte, que apresenta o raciocínio filosófico de Hume contrário ao contrato social de Locke; e, por fim, os §§ 46-9 correspondem à conclusão.

No modo como Hume organizou o ensaio, não fica claro onde estão as divisões entre as partes; assim, talvez seja útil ter uma ideia preliminar sobre o conteúdo da obra. Na Parte 1, Hume começa admitindo que a tese do Partido Tory sobre o direito divino dos reis e a tese do Partido Whig sobre o consentimento do povo como fundamento do governo têm ambas certo grau de verdade – embora, naturalmente, não no sentido em que elas foram pensadas originalmente. A verdade que Hume reconhece nessas teses dificilmente seria a mesma que a pretendida por seus respectivos expoentes. Por exemplo, Hume é extremamente breve e de certa forma deliberadamente ofensivo ao tratar da doutrina Tory. Para ele, a Coroa pode governar por direito divino, mas nesse caso teria tão pouca justificativa quanto um ladrão que rouba minha carteira, pois todas as formas de poder derivam do ser supremo (§ 3). Claro que essa afirmação não pretendia ser séria, mas suponho que sua intenção era despertar o leitor durante a argumentação.

Em seguida, Hume zomba da doutrina Whig, que, segundo ele, pressupõe "a existência de uma espécie de *contrato original*, através do qual os súditos reservaram tacitamente para si o poder de resistir ao soberano sempre que se sentirem lesados pela autoridade que [...] a ele cederam voluntariamente" (¶ 1). Aqui parece que o alvo ou um dos alvos de Hume era Locke e sua doutrina do contrato social, embora Locke não seja mencionado quando Hume diz (¶ 4) que se o contrato original é a origem primeira do governo, tal como na primeira associação estabelecida entre os homens nas selvas e desertos em que viviam, então é inegável que toda forma de governo tem por fundamento primordial um contrato, pois naquela época os homens eram mais ou menos iguais em força física e capacidade mental e ainda não havia a desigualdade gerada posteriormente pela cultura e pela educação. Assim, naquelas circunstâncias, o consentimento fazia-se necessário para que houvesse autoridade política e para que os homens percebessem as vantagens que a paz e a ordem pública lhes proporcionariam. Contudo, Hume vai além e diz que "tal consentimento foi, durante muito tempo, imperfeito e por isso não poderia formar a base de uma administração estável" (¶ 5). Isso quer dizer que a ideia do contrato social – ou pacto original, conforme apresentada por Locke – estava além da compreensão dos homens daquela época. E, visto ter sido essa a época de surgimento do primeiro de todos os governos, Hume acredita que a doutrina lockiana – que, segundo ele, afirma "que todos os homens continuam a nascer iguais e não devem lealdade a nenhum príncipe ou governo a menos que tenham de cumprir uma obrigação ou sanção imposta por uma promessa" (¶ 6) – dificilmente teria aplicação ou precisão estritamente falando, mesmo quando se trata dessa origem primeira do governo. Apesar disso, ele encontra nela certo grau de verdade.

Em seguida, Hume passa a enumerar as objeções que, a seu ver, demonstram que o consentimento dificilmente pode ser considerado fundamento do governo e base da obrigação na época atual. Por exemplo, ele diz que a doutrina do contrato social não é reconhecida e tampouco conhecida na maior parte do mundo. "Em todo lugar há príncipes que afirmam serem os súditos propriedade sua [prática comum na época de Hume] e reivindicam seu direito independente à soberania com base na conquista ou sucessão" (¶ 7). Acrescenta que os magistrados encarcerariam os proponentes das teorias do consentimento como indivíduos perigosos e sediciosos, "se nossos amigos não lhes fizessem calar a boca alertando-lhes do delírio de defender esses absurdos" (¶ 7). (Essa observação parece um tanto extrema, mas reflete a opinião de Hume sobre a questão.) Se tais teorias não são sequer aceitas na maior parte do mundo, e se não são compreendidas na época atual, como então o consentimento poderia originar uma obrigação? Segundo Hume, para que o consentimento produza os efeitos que lhe foram atribuídos por Locke, ele teria de ser reconhecido publicamente e compreendido como base da obrigação política. Com isso, à primeira vista, Hume não está negando essa possibilidade, mas apenas dizendo que as circunstâncias não são as mesmas que as da época atual. Assim, o consentimento não pode ser a base do governo nem da autoridade. Hume prossegue afirmando que, de todo modo, como o consentimento original é antigo, isto é, "demasiado velho para estar presente na consciência da geração atual" (§ 8), não pode gerar obrigação na época atual. Os homens não podem gerar obrigações para todos os seus descendentes por gerações sem fim (§ 8).

Outra objeção que Hume faz (mencionando o exemplo de Guilherme, o Conquistador, e a conquista da Inglaterra, em 1066) é que quase todos os governos existentes hoje tiveram por fundamento a usurpação ou a conquista, ou pelo menos foram estabelecidos por força e violência "sem nenhuma pretensão de justo consentimento, nem sujeição voluntária do povo" (§ 9). Em alguns casos, foram estabelecidos por matrimônio, questões dinásticas etc., que tratam o povo de um país como parte de um dote ou herança (§ 11). Outra objeção é que as eleições não têm grande peso, pois muitas vezes são controladas por um grupo pequeno de personalidades de destaque, e a ideia contratualista do consentimento, que defende um tipo específico de consentimento por formação, não corresponde aos fatos (§ 12). O consentimento dado na Revolução de 1688 e 1689 tampouco seria diferente, na visão de Hume. Para Hume, a decisão sobre a quem entregar a autoridade política foi tomada por uma maioria de aproximadamente setecentas pessoas (parlamentares) e não pelas cerca de 10 milhões de pessoas que formam a população nacional (§ 15). Assim, para resumir, o consentimento é algo que raramente existe, e mesmo quando existe de fato é tão irregular e limitado a tão poucas pessoas que dificilmente teria a autoridade que lhe foi atribuída por Locke. Aqui também Hume não faz menção nominal a Locke.

A partir da Parte 2, §§ 20-31, Hume diz que o fundamento do governo deve residir não no consentimento, mas em outra coisa. Seu raciocínio é resumido de modo geral a seguir. Hume não nega que o consentimento seja "um fundamento justo do governo" e diz que, uma vez vigente, o consentimento é "certamente o melhor e mais venerável de todos os fundamentos" (§ 20) e que, porém, por ser raramente a base, não pode ser o único. Hume afirma ainda que, para que o consentimento gere uma obrigação e seja o fundamento do governo, é preciso que sejam satisfeitas certas condições; em seguida, oferece uma série de razões que explicam por que essas condições não são satisfeitas. Em primeiro lugar, a doutrina do contrato social pressupõe que as pessoas conheçam e respeitem a justiça de uma forma que na verdade não ocorre. Para Hume, ela exige algo que a natureza humana não é capaz de oferecer: uma perfeição muito superior ao estado da humanidade no passado e no presente.

A doutrina do contrato social pressupõe ainda a crença das pessoas de que sua obrigação para com o governo depende de consentimento. O senso comum, por outro lado, nunca pressupõe isso. Na verdade, as pessoas acreditam que sua lealdade a determinado príncipe – que "obteve seu título com base na posse duradoura, independente de sua escolha ou inclinação" (§ 22) – é determinada pelo lugar em que nasceram. É absurdo sustentar que o consentimento dado no passado constitua uma importante base da obrigação política, pois os próprios indivíduos que supostamente dão seu consentimento não acreditam que sua lealdade dependa dos acordos por eles estabelecidos (§ 23). Em seguida, no § 24, parágrafo muito citado e bastante veemente, Hume diz que imaginar que um pobre camponês tenha a livre escolha de deixar seu país sem conhecer línguas estrangeiras nem ter recursos para financiar a viagem e recomeçar a vida no exterior é o mesmo que imaginar que uma pessoa, pelo fato de permanecer a bordo de um navio, tenha dado seu livre consentimento para que o capitão exerça domínio sobre ela, embora tenha sido levada ao navio durante o sono e dele somente possa sair lançando-se ao mar e afogando-se. Assim, o que Hume quer dizer é que imaginar que os camponeses ou quaisquer outros indivíduos economicamente ativos – qualquer um, exceto talvez as poucas centenas de indivíduos que determinam a forma do regime – tenham dado alguma forma de consentimento é o mesmo que dizer que uma pessoa levada a bordo de um navio durante o sono tenha dado consentimento para tal. Para Hume, o caso mais plausível de consentimento passivo ou tácito é aquele que gera obrigações para um estrangeiro estabelecido em um país cujo governo e leis ele já conheça previamente. Nesse caso, segundo Hume, embora a lealdade do estrangeiro seja mais voluntária que a de um súdito nativo, o governo tem menos expectativas em relação a ela e dela depende menos (§ 27).

No ¶ 28, Hume diz que se toda uma geração morresse de uma vez só e outra lhe tomasse o lugar como grupo, também de uma vez só, atingindo bruscamente a idade da razão e adquirindo juízo suficiente para escolher seu governo, a nova geração estabeleceria, por consentimento geral, sua forma de organização política civil sem levar em consideração a geração precedente. Porém, as condições da vida humana não são assim, e com base em suas circunstâncias reais, nas quais "a cada hora um homem deixa este mundo, ao mesmo tempo a outro ele chega", pode-se perceber que é impossível obter de cada geração um novo consentimento efetivo. A fim de haver estabilidade (uma necessidade para qualquer governo), "os membros da nova geração devem sujeitar-se à Constituição estabelecida" e evitar introduzir "inovações violentas" (¶ 28).

Por fim, Hume observa que dizer que "todos os governos legítimos nascem do consentimento do povo" é "atribuir a eles [governos] honra muito maior que a que eles de fato merecem, esperam ou desejam de nós" (¶ 30).

A partir do ¶ 31, Hume introduz o que chamo de crítica filosófica da doutrina lockiana. Ele começa diferenciando os deveres naturais, tais como o amor aos filhos, a gratidão para com os benfeitores etc., dos deveres fundados em um senso de obrigação – isto é, deveres que pressupõem o reconhecimento dos interesses e necessidades gerais da sociedade e da impossibilidade de vida social pacífica caso esses deveres sejam negligenciados. A estes últimos Hume chama de "deveres artificiais". Naturalmente, o termo "artificial" modificou-se desde a época de Hume. Naquela época, seu sentido era de artifício da razão, transmitindo a ideia de que tais deveres são pertinentemente racionais. Quando Carlos II entrou na St. Paul's Cathedral pela primeira vez após o incêndio e a reconstrução com projeto de Christopher Wren, este permaneceu com ele debaixo da cúpula aguardando com grande apreensão a reação do monarca. Wren ficou bastante aliviado quando o rei olhou para cima e lhe disse que achou o resultado "caprichoso e artificial" – palavras que hoje em dia não são muito elogiosas, mas que naquela época se referiam a algo feito com admirável esmero e racionalidade.

Fazem parte dos deveres artificiais os seguintes: (a) os deveres da justiça, isto é, consideração pela propriedade dos outros; (b) a fidelidade, isto é, o cumprimento de promessas; e (c) o dever cívico de lealdade ao governo. Aqui, o argumento filosófico de Hume contra Locke é que esses deveres da justiça, fidelidade e lealdade são explicados e justificados pela noção de *utilidade*, isto é, com referência às "necessidades e aos interesses gerais da sociedade". (A esse respeito, são particularmente relevantes os §§ 35-8 e 45.) Segundo Hume, não fossem os deveres da justiça e fidelidade comumente reconhecidos e honrados pelos membros da sociedade, seria impossível a vida social pacífica. "A sociedade será insustentável sem a autoridade dos magistrados" (§ 35). Essa é a mais simples explicação filosófica dos deveres artificiais, na visão de Hume. Assim, ainda segundo Hume, não faz nenhum sentido tentar justificar ou explicar nossa lealdade ao governo apelando para o dever da fidelidade (cumprimento de promessas), isto é, com referência a alguma forma suposta ou real de pacto social baseado no consentimento dado pelos indivíduos. Para Hume, se perguntarmos por que devemos honrar um pacto ou acordo qualquer que tenhamos celebrado ou considerar o consentimento individual como fato gerador de obrigações, não teremos alternativa a não ser recorrer ao princípio da utilidade como explicação. Portanto, quando indagados sobre os motivos de nossa lealdade ao governo, em vez de dar o passo adicional de apelar para o princípio da fidelidade a um suposto contrato, por que não apelar para o princípio da utilidade? Nada ganharemos em termos de justificação filosófica se fundamentarmos o dever de lealdade no dever da fidelidade. Nesse sentido, podemos dizer que Hume vê na doutrina do pacto social de Locke uma confusão desnecessária que, mais que isso, tende a ocultar que na justificação de qualquer dever é preciso apelar para as necessidades gerais da sociedade ou para aquilo que Hume chama em outros contextos de "utilidade".

A conclusão de Hume, portanto, é que como doutrina filosófica, o contrato social não apenas é implausível e contraditório em relação ao senso comum (no sentido de que contraria diversas crenças das pessoas), como também é contrário à opinião política geral, conforme mencionado em sua argumentação em partes anteriores do ensaio. Além disso, segundo Hume, o contrato social é superficial, pois deixa de revelar o verdadeiro fundamento da obrigação política, a saber, as necessidades e interesses gerais da sociedade.

No final do ensaio, no § 48, Hume comenta que no comportamento moral é impossível encontrar algo novo e são sempre falsas as opiniões novas. Para Hume, nas questões de comportamento moral é a opinião geral e a prática da humanidade que desempenham papel decisivo. Diz ele: "Não se deve esperar novas descobertas nesses assuntos." Em outras palavras, Hume considera a doutrina lockiana historicamente imprecisa e recente e, por isso, na contramão da prática e opinião gerais da humanidade.

De que modo devemos avaliar a crítica de Hume a Locke? É uma crítica incisiva e convincente, ou pelo menos extremamente plausível em muitos aspectos, mas mais fraca em outros. Creio que se pode dizer que o ensaio de Hume (assim como o ensaio posterior de Bentham, embora as teses de Bentham sejam essencialmente as mesmas que as de Hume) teve historicamente bastante influência no enfraquecimento da doutrina do contrato social. A tendência, pelo menos na Inglaterra, é não haver sucessores para uma doutrina como a de Locke. Por isso o ensaio de Hume tem bastante fundamento em termos históricos.

Contudo, Hume parece acreditar que para Locke nossa lealdade para com o governo em sua forma *atual* depende do consentimento original, ou pacto original, estabelecido há algumas gerações, e que é tal consentimento que gera nossas obrigações atuais. Na verdade, Locke não diz isso expressamente. Ele não acredita que o consentimento dos ancestrais possa gerar obrigações aos descendentes, e isso Locke diz explicitamente no § 116 do *Segundo Tratado*: "Qualquer um que tenha feito quaisquer compromissos ou promessas em seu nome assume a obrigação de cumpri-los, mas *não pode* gerar obrigações para seus filhos ou demais descendentes por qualquer *pacto* que seja." Para Locke, cada indivíduo nasce com a liberdade natural, mesmo na época atual, e só poderá deixar esse estado através de suas próprias ações após atingir a idade da razão. Assim, Hume não percebe em Locke a noção daquilo que chamei de "consentimento por adesão", contrária à noção de "consentimento por formação".

Além disso, Hume também não percebe o contraste que existe em Locke entre consentimento expresso e consentimento passivo ou tácito, outra diferença importante. Locke diz que qualquer indivíduo que tenha consentido, através de acordo factual, em se tornar súdito de um governo deve permanecer como tal; por outro lado, quem se sujeita a um governo simplesmente por ter posse e domínio sobre terras com proteção desse governo (consentimento tácito) readquire a liberdade de aderir a outro governo se não mais tiver posse e domínio sobre terras. Esse indivíduo pode obedecer às leis e receber proteção dessas leis, mas a rigor não será membro do Estado, a menos que tenha aderido a ele por consentimento expresso (§§ 119-22).

Um aspecto mais importante e fundamental da doutrina lockiana que Hume não vê ou pelo menos não considera em sua argumentação é que a doutrina lockiana divide-se em duas partes. Ao discorrer sobre o critério do contrato social em Locke, mencionei que a primeira parte desse critério é que, para ser legítima, uma Constituição deverá ser tal que cada indivíduo possa tê-la gerado contratualmente enquanto vivia em estado de igualdade de jurisdição política. Discuti as implicações da noção de "gerar" contratualmente – noção que, naturalmente, não é muito precisa, mas que é elemento importante da doutrina lockiana que não pode ser ignorado.

A outra parte do critério do contrato social em Locke refere-se à questão de quando uma Constituição existente e legítima gera obrigações em indivíduos específicos, que se tornam dessa forma cidadãos plenos e súditos do regime. Locke discute aqui a ideia de consentimento por adesão e faz a distinção discutida acima entre consentimento expresso e consentimento passivo. Porém o importante é que, a fim de que o consentimento por adesão gere obrigações, a forma do regime deve ser legítima (de acordo com a primeira parte do critério do contrato social). Cauteloso, Locke afirma que são inválidas as promessas extorquidas por forças superiores. Essa afirmação encontra-se nos ¶¶ 176, 186, 189 e 196 do *Segundo tratado*. Suponho que ele afirmaria o mesmo quanto aos regimes ilegítimos. O consentimento passivo e mesmo o consentimento expresso, se forem, por assim dizer, obtidos à força, enquadram-se nos mesmos comentários que ele faz sobre as promessas nos mencionados parágrafos.

É preciso acrescentar que um elemento constante da doutrina lockiana é que os indivíduos têm um *dever natural* de apoiar um regime legítimo quando ele passa a existir e funciona de forma efetiva. Pode-se dizer que esse dever é gerado pela lei fundamental da natureza e não depende do consentimento de ninguém. Locke diz em sua teoria da revolução, ao explicar como é possível a oposição à Coroa, que a derrubada ou alteração de uma Constituição justa é um dos grandes crimes que alguém poderia cometer. Para justificar essa afirmação, creio que seria preciso um apelo implícito à lei fundamental da natureza. Assim, meu pressuposto é que, em Locke, se tivermos um regime justo, *todos nós, independente* do nosso consentimento, teremos de obedecer às leis desse regime; essa é uma consequência da lei fundamental da natureza.

Consideremos agora a explicação de Locke sobre por que o povo inglês, em qualquer época, tem obrigações para com determinado regime mesmo que este tenha sido gerado por força e violência em algum momento do passado. De acordo com essa explicação bem-sucedida, o regime atual será legítimo se tiver uma forma que tenha a *possibilidade* de ter sido gerada contratualmente e de modo livre por indivíduos vivendo em igualdade de direitos, mesmo que, *na verdade*, ele tenha adquirido sua forma atual quase por acidente ou através de diversas transformações no decorrer do tempo. Se a forma atual do regime for a correta – isto é, uma forma que pudesse ser gerada contratualmente –, então os indivíduos terão obrigações pessoais para com ele em virtude de seu dever natural, derivado da lei fundamental da natureza, de apoiar um regime legítimo.

Se todas as considerações acima estiverem corretas, a questão realmente essencial e relevante na relação entre Locke e Hume será determinar se a doutrina do contrato social em Locke, aplicada à forma de um regime político e sendo um critério hipotético, escolheria como correto e justo o mesmo tipo de regime político ou Constituição que seria escolhido pela noção humiana do interesse e das necessidades gerais da sociedade ou, em outras palavras, pela noção humiana da utilidade. Será que a primeira parte do critério do contrato social em Locke conduzirá às mesmas formas de regime consideradas legítimas pelo princípio humiano da utilidade? Ou serão elas diferentes em cada caso? Esse é um dos modos de compreensão da questão realmente essencial sobre esses autores. Hume, porém, nunca discute esse problema e, na verdade, sequer aparenta estar ciente dessa questão fundamental. Ele tem bastante êxito em criticar a noção do consentimento por adesão dado por indivíduos, que é parte da teoria geral lockiana das obrigações políticas – ou pelo menos valeria a pena pensar sobre a validade dessa afirmação. Na verdade, porém, Hume nunca discute se o critério lockiano do acordo entre indivíduos vivendo em estado de igualdade de direitos e o seu próprio critério da vantagem geral conduzirão à mesma forma de regime legítimo. À primeira vista, esses critérios parecem bastante distintos. É certo que eles não querem dizer a mesma coisa; então pode-se supor que levem a resultados distintos. Pelo menos, é possível imaginá-los como critérios distintos na ausência de um número abundante de argumentos contrários e de uma explicação em ambas as doutrinas, bem como de uma definição da noção de utilidade. Essa questão será tratada na próxima conferência. Até lá, vale a pena refletir se esses dois critérios de legitimidade de um regime são a mesma coisa ou se a noção de igualdade de direitos produzirá uma diferença em relação à doutrina humiana da utilidade.

HUME II

A utilidade, a justiça e o espectador judicioso

§ 1. Observações sobre o princípio da utilidade

Como eu disse na última conferência, a questão realmente essencial na relação entre Locke e Hume que me chamou a atenção ao ler o ensaio "Do contrato original" foi determinar se a doutrina do contrato social em Locke, quando aplicada como critério para a forma de um regime, escolherá como correto e justo o mesmo tipo de Constituição ou regime político que seria escolhido pelo princípio humiano da utilidade[1]. Como mencionei antes, Hume nunca discute essa questão fundamental e, na verdade, nem sequer aparenta estar ciente dela. Além disso, a teoria humiana da utilidade contida no ensaio é extremamente imprecisa e ao referir-se à utilidade quer dizer simplesmente os interesses e necessidades gerais da sociedade.

Esse princípio, de certa forma, estaria incluso no critério de Locke. Isto é, se as pessoas passam do estado de natureza à sociedade política através de um consentimento, sem coação ou algo semelhante, supõe-se que esse consentimento, dado de forma livre, inclua o princípio geral de Hume e sirva aos interesses gerais da sociedade. Dessa forma, talvez alguém se pergunte qual é, então, a diferença entre Locke e Hume.

Lembremos que no sistema lockiano de transformações institucionais, desde o estado de natureza há uma série de realizações para as quais as pessoas racionais dão seu consentimento livre e voluntário. Segundo Locke, cada uma dessas transformações seria coletivamente racional e visa evitar acidentes, catástrofes etc. Assim, pode-se dizer que esses acordos contratuais constituem processos idealizados. Locke claramente parte do pressuposto de que é coletivamente racional que cada indivíduo dê seu consentimento a muitas das transformações que ocorrem na sociedade,

---

1. [Transcrição da conferência de 11 de março de 1983, acrescida das notas manuscritas que Rawls fez durante a conferência. (N. do Org.)]

tais como a introdução da moeda. Assim, segundo ele, a partir do estado de natureza, deve existir um Estado bem organizado, com um regime legítimo e capaz de oferecer a todos os indivíduos melhores condições de vida – primeiramente, em relação ao estado de natureza e, em segundo lugar, a cada um dos estágios subsequentes. Portanto, o regime idealizado por Locke parece satisfazer a condição exigida por Hume quanto a atender aos interesses e às necessidades gerais da sociedade. Tanto Hume como Locke enunciam seus princípios de forma tão imprecisa e genérica que se torna difícil determinar se e em que aspectos há alguma diferença entre eles, embora, como mencionei antes, os dois certamente não tenham a mesma coisa em mente e os fundamentos de suas respectivas doutrinas aparentem ser bastante diferentes.

Suponhamos agora que o princípio da utilidade tenha um sentido mais preciso que possa ser interpretado da seguinte maneira: um regime será legítimo se e somente se, entre todas as formas de regime possíveis ou existentes em determinado momento ou em algum período histórico, ele tiver a maior probabilidade de motivar ou produzir a maior soma líquida possível de vantagens sociais (ou "utilidade social"), pelo menos no longo prazo.

O sentido acima pressupõe ser possível definir de alguma forma a noção de "soma de vantagens sociais". Em vez de usar o termo humiano "interesses e necessidades gerais da sociedade", introduzimos aqui a noção de maior soma líquida de vantagens que pode ser obtida seja no presente ou no futuro. Estaria essa noção presente também em Locke? Aqui também parece haver diferença entre as doutrinas de Locke e Hume. Tomemos como exemplo a questão que mais preocupa Locke no *Segundo tratado*, qual seja, o absolutismo real, governo arbitrário da Coroa em uma monarquia mista. A intenção de Locke sempre foi excluir essa forma de regime da categoria de regimes legítimos, e é com esse propósito que ele desenvolve sua argumentação. Para Locke, essa forma de regime não pode ser gerada contratualmente. Mas o princípio da utilidade enunciado acima admite ou não o absolutismo real? Pode-se dizer que sim, mas nesse caso seria necessária muita argumentação. Dependeria das circunstâncias e de várias contingências, e mesmo assim não é óbvio se o absolutismo real seria excluído ou admitido pelo princípio da utilidade.

Na última conferência, mencionei que ao argumentar contra Locke, no final do ensaio "Do contrato original", e ao considerar desnecessário o apelo de Locke às promessas, Hume simplesmente nega as afirmações de Locke. Ele não enfrenta a possibilidade de usar a doutrina do contrato social como modo de testar a forma do regime. Locke, por sua vez, faz basicamente o mesmo ao negar as afirmações de Filmer. (Ver o trecho da Conferência Locke I sobre Filmer.) Ele parte do pressuposto de que noções tais como contrato e promessa não podem ser derivadas da noção da lei fundamental da natureza, ou pelo menos ele não tenta fazê-las derivar desta. Esse é mais um exemplo de situação em que não há confronto real entre as doutrinas de Hume e Locke em seus respectivos fundamentos.

Tentemos agora, antes de tratar mais profundamente de Hume, especificar a doutrina utilitarista de modo que seus princípios pelo menos aparentem ter precisão maior que a expressão genérica de Hume "interesses e necessidades gerais da sociedade". Para isso, pensemos no utilitarismo no sentido clássico dos princípios associados a Bentham, Edgeworth e Sidgwick.

A ideia fundamental é que é preciso definir uma noção do bem que seja independente da noção do certo. Isto é, introduziremos uma noção do bem em que ele seja equivalente, por exemplo, a prazer, ausência de dor, sentimento agradável, satisfação de desejos ou concretização de interesses dos indivíduos. Se quisermos, poderemos desenvolver essa noção e dizer que o bem é a satisfação dos interesses (ou preferências) racionais dos indivíduos. Ao afirmar que essa noção independe da noção do certo, quero dizer que é possível introduzir e explicar as noções de prazer, ausência de dor, sentimento agradável, concretização ou satisfação de desejos e concretização de preferências racionais sem recorrer às noções do certo e do errado. Elas podem ser introduzidas independentemente de qualquer noção que caracterizemos intuitivamente como relacionadas às noções do certo e do errado. Dessa forma, ao afirmarmos que pretendemos maximizar a concretização de nossos desejos, estaríamos incluindo nessa maximização não só os desejos bons como também os maus. As noções do certo e do errado não exerceriam nenhuma restrição sobre o tipo de desejo que pretendemos maximizar.

O primeiro passo, então, seria introduzir uma noção independente do bem e, em seguida, definir o certo como algo que maximiza o bem. A fim de obter uma teoria utilitarista tradicional, a ideia do bem teria de assumir a forma que indiquei, isto é, o bem teria de ser o prazer, a satisfação de desejos ou a satisfação de preferências racionais. Se introduzirmos uma ideia do bem como outra coisa – por exemplo: perfeição (excelência) humana ou algo semelhante –, não teremos uma teoria utilitarista tradicional, mas algo que poderíamos chamar de teoria perfeccionista.

Se tomarmos o princípio da utilidade e aplicá-lo às instituições sociais, teremos algo mais ou menos assim: as instituições sociais e formas constitucionais são certas e justas quando maximizam o bem, aqui entendido no sentido utilitarista como prazer ou concretização de desejos que leva em consideração a soma do bem de todos os indivíduos da sociedade, tanto no presente como no futuro. Nessa interpretação, partimos do presente, imaginando as formas possíveis das instituições atuais e somando o bem de todos os indivíduos. É preciso observar que essa interpretação não traz em si um princípio da igualdade, nem um princípio da distribuição, de modo que não há restrição quanto à forma possível de distribuição do bem nem qualquer relação com uma noção do certo. O objetivo é simplesmente maximizar a soma. É dessa forma que se entende o utilitarismo na "corrente Bentham-Edgeworth-Sidgwick" (definição minha, embora se possa aperfeiçoá-la e fazê-la incluir uma caracterização mais hedonista da noção do bem). Mais tarde, ao tratarmos de Mill, examinaremos se o princípio da utilidade desse autor se encaixa nessa corrente do utilitarismo ou se abrange, segundo minha suspeita, outra noção mais complexa.

§ 2. A virtude artificial da justiça

Examinemos agora de forma bastante breve os objetivos expostos por Hume na seção I da *Investigação sobre os princípios da moral* (1751), para em seguida nos dedicarmos à teoria humiana da virtude artificial da justiça, que se encontra na seção III, Apêndice III e em outros trechos. Para resumir a seção I, nos §§ 1-2 Hume afirma que as distinções morais são reais e formuladas por nós em nossos juízos e que este é um fato que ninguém pode negar seriamente. Nos §§ 3-7, ele enuncia três pares de alternativas para explicar esse fato exemplificando-as com controvérsias de sua época e em seguida, no § 8, profetiza sua própria doutrina, que aceita a segunda alternativa de cada um dos três pares. Mais adiante, no § 9, discute sua teoria da moral como um estudo experimental, isto é, empírico (algo que hoje em dia poderia ser considerado uma espécie de psicologia).

A doutrina de Hume, profetizada nos §§ 3-7 e 8, é a seguinte: (i) Em primeiro lugar, não é somente a *razão* que permite conhecer e aplicar concretamente as distinções morais (em contraposição a Cudworth e Clarke; *cf.* nota 12 escrita por Hume na seção III, § 34). Na verdade, elas dependem de um *sentimento* característico. (ii) Mais especificamente, reconhecemos as distinções morais e somos capazes de aplicá-las não por meio de argumentos probabilísticos dedutivos ou indutivos, mas com base em nossa *percepção interna*. Os juízos morais expressam uma reação de nossa sensibilidade moral quando nos tornamos conscientes de certos fatos de certo ponto de vista. (iii) Além disso, os juízos morais feitos por indivíduos diferentes coincidem não porque estes são seres racionais e inteligentes e, por isso, capazes de captar a verdade nesses juízos tal como podem captar a verdade dos axiomas da geometria (conforme afirmavam Cudworth e Clarke). Na verdade, os juízos morais coincidem porque todos os indivíduos compartilham da mesma sensibilidade moral.

Cabe aqui um comentário sobre essa questão. Em primeiro lugar, no *Treatise of Human Nature* [*Tratado da natureza humana*] (1740), Hume explicou o funcionamento de nossa sensibilidade moral com uma complexa teoria da simpatia, exposta no Livro II dessa obra. Na *Investigação*, contudo, ele não recorre a essa teoria, mas ao "princípio da humanidade". Ver a explicação de Hume na seção V, § 17, nota. [Discutiremos o princípio da humanidade mais tarde.] Em segundo lugar, na primeira vez em que Hume discorre sobre nossa sensibilidade moral, sua abordagem é *epistemológica*, isto é, explica o modo como conhecemos e aplicamos as distinções morais. A explicação do modo pelo qual somos *motivados* a agir com base nessas distinções ou em conformidade com elas é outra questão. Assim, é preciso fazer uma distinção entre o problema do conhecimento e do modo de conhecer as distinções morais e o problema da motivação e daquilo que nos motiva a agir com base em distinções morais. Hume está primordialmente interessado no primeiro deles.

Tratemos agora da teoria humiana da justiça, discorrendo sobre alguns de seus aspectos e contrastando-a com a teoria lockiana. Hume discute a justiça no *Tratado da natureza humana*, Livro III, Parte II, "Da justiça e injustiça", bem como em seu livro posterior, *Investigação sobre os princípios da moral*, seção III, "Da justiça". É preciso compreender exatamente o significado do termo "justiça" em Hume, porque ele não é usado no sentido contemporâneo. Hume refere-se à ordem e à estrutura fundamentais da sociedade civil e especialmente aos princípios e às regras que determinam o direito de propriedade. O que ele chama de "virtudes" são qualidades do caráter humano e disposições das pessoas que as levam a se comportar de determinada maneira. A justiça como virtude é a disposição das pessoas que as leva a respeitar as regras que definem a propriedade e outras regras relativas à noção da propriedade, bem como a se comportar de acordo com tais regras. Hume usa o termo "justiça" de modo um tanto restrito. Esta é apenas uma de muitas virtudes, muitas das quais são o que ele chama de "virtudes naturais", que funcionam por instinto. Juntamente com a fidelidade e a integridade, a justiça é talvez a mais importante das virtudes que ele chama de "virtudes artificiais", isto é, aquelas que "geram prazer e aprovação por meio de um artifício ou engenho resultante das circunstâncias e necessidades da humanidade"[2].

Na verdade, os princípios da justiça de Hume são basicamente princípios para administrar a produção e a concorrência econômicas entre os membros da sociedade civil à medida que estes perseguem seus interesses econômicos. As regras básicas da concorrência, segundo Hume, são essencialmente três:

A primeira é o princípio da *propriedade privada*, segundo o qual, em linhas bem gerais, todo indivíduo deve poder usufruir tranquilamente de suas posses legítimas. A fim de definir o que são "posses legítimas", é preciso introduzir diversas outras regras que determinam os direitos de posse. No *Tratado*, Hume discute uma série de regras desse tipo relativas a posse atual, ocupação, usucapião (posse prolongada), acessão e sucessão; tais regras passam a valer sob certas circunstâncias[3]. Por exemplo, no caso de morte do proprietário, para evitar controvérsia sobre a quem deverão ser transmitidas suas posses, é preciso haver regras sobre herança e aspectos afins.

A segunda regra da justiça tem a ver com o *comércio e as permutas* de propriedades; segundo essa regra, determinados direitos de propriedade podem ser cedidos sob determinadas condições[4]. A ideia fundamental é que a cessão apenas pode ser realizada por consentimento. Para Hume, esse segundo princípio é necessário para que a posse de propriedades possa ser ajustada continuamente com o passar do tempo a depender dos interesses e competências das pessoas e dos melhores usos que estas forem capazes de fazer desses interesses e competências. Assim, é preciso levar em conta a realização de ajustes e cessões de propriedades no decorrer do tempo.

O terceiro grande princípio de Hume refere-se aos *contratos* e ao cumprimento das *promessas*[5]. Para Hume, esse é um princípio mais genérico e

---

2. Hume, *Tratado da natureza humana*, Livro II: "Da moralidade", Parte II: "Da justiça e injustiça", seção I.
3. *Ib.*, Livro III, Parte II, seção III.
4. *Ib.*, Livro III, Parte II, seção IV.
5. *Ib.*, Livro III, Parte II, seção V.

abrangente que o segundo, que diz respeito ao comércio e à permuta, embora de certa forma também abranja esses elementos. O terceiro princípio abrange todas as espécies de acordos, inclusive os relativos a atos a executar no futuro.

Os três princípios acima, para Hume, são os princípios da justiça. Pode-se dizer que no primeiro a sociedade é vista como uma associação de proprietários; no segundo, como um mercado; e o terceiro autoriza o princípio geral da realização de contratos e promessas. Juntos, eles administram e determinam, segundo Hume, as regras da concorrência e produção econômicas entre os membros da sociedade, que têm nelas também as normas básicas de suas relações econômicas uns com os outros. Assim, podemos dizer que uma pessoa justa, de acordo com Hume (para quem a virtude é uma qualidade das pessoas e se transfere, por assim dizer, da estrutura institucional para as pessoas), é aquela que se dispõe a honrar essas regras básicas. Em toda a sua discussão, Hume pressupõe que as instituições sociais satisfazem seu princípio da utilidade, por mais amplo e genérico que ele seja. Em outras palavras, o pressuposto de que as instituições cumprem esse princípio leva Hume a acreditar que a pessoa justa é aquela que se dispõe a honrar essas regras básicas. Ele vai além e diz ainda que "a justiça é uma virtude artificial cuja base é a convenção" – frase cujo sentido explicarei adiante.

Na seção III da *Investigação sobre os princípios da moral*, que trata da justiça, a tese de Hume é de que a *utilidade pública* (outro termo que acredito equivaler aos interesses gerais da sociedade; Hume usa muitos termos diferentes e uma linguagem bastante imprecisa) é a única fonte da justiça e a reflexão sobre suas consequências, a única base de seus méritos. Essas ideias supostamente se opõem à teoria das virtudes naturais, que teriam na utilidade pública uma das bases (mas não a única) de seu mérito.

O que essa tese significa em Hume é que as instituições da justiça (que resumirei como propriedade, cessão e contrato) não existiriam ou não ganhariam a adesão das pessoas se estas não reconhecessem a utilidade pública de tais instituições e não tivessem a percepção de que elas são do interesse geral. Com isso, Hume parece dizer que não aprovaríamos tais instituições se não reconhecêssemos que, como sistemas gerais de regras reconhecidas e seguidas por todos (ou pelo menos pela maioria das pessoas), elas produzem consequências sociais e servem ao bem comum.

Como mencionei na última conferência, Hume considera a justiça uma "virtude artificial" porque ela é uma disposição para aderir a um sistema geral de regras que reconhecidamente servem ao bem comum. O próprio sistema de regras é, por assim dizer, um artifício da razão, e era esse o sentido da palavra "artificial" na época de Hume. Um artifício da razão era algo capaz de ser compreendido exclusivamente pela razão. Além disso, o reconhecimento de que esse sistema geral de regras produz consequências para o bem geral é, ele próprio, algo que exige o uso da razão.

Para reforçar as afirmações acima, farei um contraste entre a virtude artificial da justiça e uma virtude natural como a benevolência. Um ato individual de benevolência – agir com bondade para com uma pessoa, por exemplo com crianças ou pessoas que precisam de nossa ajuda – não exige a concepção de um sistema geral de regras. Tal ato é algo que somos levados a realizar por reconhecermos que determinada pessoa precisa de nossa ajuda. Ao contrário das regras da propriedade, ele não envolve uma concepção do bem da sociedade nem depende da ideia de que os sistemas gerais de regras são necessários para produzir o bem da sociedade.

Outra ideia é que, ao contrário de virtudes naturais como a benevolência, o bem comum que resulta das regras relativas a propriedade, cessão e contrato – que são sistemas de regras de validade pública – depende essencialmente, segundo Hume, da adesão a essas regras, ainda que elas aparentem causar mais prejuízo que benefício em uma situação específica. O mesmo não ocorre no caso de uma virtude natural como a benevolência. Um traço peculiar das regras da propriedade é que devemos aderir a elas como sistemas de validade pública mesmo quando elas exijam, em determinados casos, que façamos algo que nos pareça prejudicial, apesar de elaboradas da melhor maneira possível. Por exemplo, as regras da propriedade podem exigir que os avarentos tenham o direito de manter suas propriedades mesmo que talvez não possam ou não queiram usá-las de modo produtivo. Ou ainda no caso de uma herança, em que as regras determinam quem herdará as propriedades, mesmo que o herdeiro nos pareça não poder ou não querer usá-las de modo produtivo ou não seja, a nossos olhos, pessoa suficientemente boa e digna para receber a herança. Não obstante, segundo Hume, os benefícios do sistema da propriedade podem ser alcançados apenas se essas regras gerais forem mutuamente reconhecidas como válidas para todos e apenas se aderirmos a elas de modo mais ou menos inflexível, mesmo quando, em situações específicas, nossas ações pareçam causar mais prejuízo que benefício.

Assim, para Hume, o contexto social geral para que exista uma virtude artificial é aproximadamente o seguinte: *em primeiro lugar*, deve existir um sistema de regras institucionais gerais que determinem as condições de cessão de propriedades e de realização de contratos; Hume considera esse sistema de regras um artifício da razão. A *segunda característica* é que os membros da sociedade reconheçam publicamente que esse sistema favorece o bem comum e o interesse e as necessidades gerais da sociedade e que o próprio ato de reconhecimento seja obra da razão. A expressão "reconhecer publicamente" quer dizer aqui que cada indivíduo reconhece que o sistema de regras existe para o benefício geral da sociedade e que os demais também reconhecem isso.

Um *terceiro* elemento é que os benefícios desse sistema geral de regras institucionais dependam, conforme afirmei há pouco, de serem seguidos, mesmo em situações específicas em que nos pareça prejudicial segui-los ou aparentemente haja alternativas melhores que obedecer às regras existentes. Creio que, para Hume, não seguir essas regras ou considerá-las de modo muito flexível enfraqueceria as expectativas de legitimidade – e também a confiança dos indivíduos em contar com determinado comportamento dos demais. Para que o comportamento social seja confiável e previsível, é necessário que os indivíduos possam contar com o cumprimento inflexível de certos sistemas gerais de regras. Pode-se permitir certas exceções (por exemplo, para evitar um desastre iminente) e regras com certo grau de complexidade, mas somente, segundo Hume, até certo ponto.

Finalmente, o *quarto* elemento é que a disposição para ser justo seja uma qualidade do caráter fiel a essas regras com o grau adequado de inflexibilidade, *desde que outros* membros da sociedade tenham intenção manifesta de igualmente segui-las. Para Hume, uma vez que tenhamos compreendido o contexto dessas regras, torna-se para nós perfeitamente normal, com base nas leis da psicologia humana, que as pessoas tenham tal *disposição para serem justas*.

Chamo a atenção para o fato de que, por volta do fim da última seção da *Investigação sobre os princípios da moral* (seção IX, Parte II), Hume fala sobre um "patife discreto", que, visando a seu benefício pessoal, talvez permita a si mesmo exceções às regras. Na verdade, Hume não discorre especificamente sobre nenhum dos interesses pessoais do patife discreto, mas apenas o considera uma pessoa que não tem a mesma motivação que a maioria de nós e não se ofende, por exemplo, ao se imaginar agindo de modo injusto ou praticando o chamado *free-riding* (caronismo) com esse sistema de regras.

Recomendo a leitura do Apêndice III da *Investigação*, "Algumas considerações complementares acerca da justiça". Esse trecho esclarece bastante o sentido da noção de virtude artificial em Hume. Recomendo especificamente prestar atenção ao significado das palavras de Hume quando ele afirma que a justiça tem por base a "convenção" – ali entendida como "uma percepção de interesse comum"[6]. Para ilustrar o que tinha em mente ao afirmar que *a justiça tem por base a convenção*, Hume usa o exemplo de dois homens remando um barco, cada um confiando que o outro remará sem necessidade de promessas ou contratos. Os quatro elementos que acabo de apresentar tocam em todos os aspectos dessa ideia de Hume.

Há duas outras observações a fazer a respeito dessa teoria. Hume a expôs como se os interesses gerais da sociedade sozinhos fossem responsáveis pelo surgimento das instituições da propriedade, cessão e contrato, bem como pelo modo como essas instituições preparam o terreno para as virtudes artificiais, tais como a justiça, a fidelidade e a integridade. Porém, ele não parece levar em conta a possibilidade de não serem os interesses gerais da sociedade os responsáveis pelo surgimento da propriedade privada e pela definição e forma de organização que esta assume. Com isso, ele não percebeu que outros interesses podem estar envolvidos nessa teoria da propriedade – talvez os interesses dos indivíduos mais poderosos ou daqueles que possuem a maior quantidade de propriedades. Hume simplesmente aparenta ignorar esses outros interesses. Contudo, creio que não se deve dizer que Hume não estava ciente dessa possibilidade. É preciso partir do pressuposto de que ele estava ciente. A meu ver, ele elaborou uma espécie de teoria idealizada da possibilidade de surgimento das instituições da propriedade e das virtudes da justiça, integridade etc., expondo os traços e fatores gerais que explicam a fonte natural – isto é, a base psicológica – de nosso comportamento moral.

Em outras palavras, creio ser importante compreender que Hume tenta explicar por que temos as virtudes que nos são peculiares e por que somos motivados a agir de acordo com essas virtudes. Mais que isso, essa explicação pretende ser, em sua maior parte, uma teoria psicológica. É diferente da doutrina lockiana, que é uma doutrina normativa cujo ponto de partida é a lei fundamental da natureza e outras leis, expondo os direitos e deveres dos indivíduos e em seguida explicando qual forma de regime seria legitimamente possível. Não é isso que Hume faz, pelo menos na minha interpretação. Na minha interpretação, Hume explica por que temos

---

6. Ver Hume, *Enquiries Concerning the Human Understanding and the Principles of Morals*, org. L. A. Selby-Bigge (Oxford: Oxford University Press, 2. ed., 1902), p. 306.

determinadas virtudes – por que elas existem, por que são exaltadas, por que somos motivados a agir de acordo com elas –, como em um estudo de psicologia ou, de modo mais geral, em uma ciência da natureza humana. Assim, para os propósitos que ele assumiu, creio ser adequada sua explicação mais ou menos idealizada, que deixa de lado outros possíveis interesses e busca identificar o modo como as instituições da propriedade e as virtudes a elas associadas poderiam ser geradas e o que exatamente as torna diferentes de virtudes tais como as virtudes naturais.

Na teoria lockiana, o sistema da propriedade aparentemente deriva da lei fundamental da natureza e inclui certos direitos à propriedade que têm de ser respeitados de determinadas maneiras. Trata-se, como mencionado acima, de uma teoria normativa, cujo campo de atuação é um sistema de direito natural, com todas as suas implicações. Por outro lado, na doutrina humiana, qualquer sistema de direitos será apenas um sistema de *regras institucionais* que serão reconhecidas na sociedade e seguidas em razão de certas forças psicológicas que Hume tenta explicar. A doutrina desenvolvida por Hume é bastante diferente; nela, qualquer teoria dos direitos será derivada de alguma noção da utilidade e de como se espera que esta exerça influência sobre as instituições sociais.

§ 3. O espectador judicioso

Concluirei esta conferência com algumas considerações sobre o princípio humiano da humanidade e, em seguida, sobre o "espectador judicioso", que é uma das ideias mais interessantes e importantes da *Investigação*, encontrada também no *Tratado sobre a natureza humana*[7]. Trata-se de uma teoria psicológica sobre como emitimos nossos juízos morais. Hume explica o "mecanismo" dos juízos morais: como são emitidos esses juízos e qual a fonte de seu conteúdo? Seu objetivo é explicar nossos juízos e sentimentos morais como fenômenos naturais. Ele quer ser o "Newton das paixões". Ao contrário de Locke, ele não oferece um sistema normativo de princípios fundados nas Leis da Natureza como leis de Deus conhecidas através da razão. Em vez disso, ele investiga de que modo surge a moralidade como fenômeno natural, qual o papel que ela desem-

---

7. [Para uma análise aprofundada do papel da ideia humiana do "espectador judicioso", ver Rawls, *Lectures on the History of Moral Philosophy*, Conferência Hume V, pp. 84-104. (N. do Org.)]

penha na vida social, no estabelecimento da unidade social e na compreensão mútua, bem como que capacidades humanas a tornam possível – em resumo: como funciona a moralidade e que aspectos da psicologia humana a sustentam?

O "princípio da humanidade" é a tendência psicológica de nos identificarmos com os interesses e as preocupações dos outros quando nossos interesses pessoais não estejam em competição com eles. Esse princípio é discutido em dois trechos principais da *Investigação*, nas seções V e IX, e em um importante trecho da seção VI[8]. Um desses trechos é a seção V, especialmente os §§ 17, 41-5 e as notas referentes aos §§ 3-4 (ataque ao argumento de que a moralidade é invenção de políticos), e os §§ 14-6 (ataque ao egoísmo psicológico). Na seção IX, ver especialmente §§ 4-8; e, na seção VI, ver §§ 3-6. Na Parte II da seção IX, Hume analisa o problema da motivação moral, contrastando-o com o problema epistemológico, enquanto em sua resposta ao "patife discreto" (§§ 22-5) ele defende muito claramente a "confederação da humanidade" (§ 19), que sem dúvida encontra-se implícita na *Investigação* (embora esta se sustente sozinha como investigação psicológica e social).

De forma extremamente simplificada, Hume quer dizer que, quando falamos que as qualidades do caráter são boas ou más ou que nossas ações são certas ou erradas, avaliamo-las de modo suficientemente amplo, isto é, de um "ponto de vista comum"[9], o ponto de vista do "espectador judicioso"[10], sem nenhuma referência a nossos interesses pessoais, e *expressamos nossa aprovação ou desaprovação* através de nossos juízos morais. A razão de aprovarmos ou desaprovarmos as qualidades de caráter ou instituições é que, quando as consideramos a partir desse ponto de vista geral, nossos juízos guiam-se pela tendência que têm essas ações, qualidades ou instituições de afetar os interesses gerais – isto é, a felicidade geral – da socie-

---

8. [Além de mencionar "os princípios da humanidade" (p. 272), na *Enquiry Concerning the Principles of Morals* Hume menciona também "os princípios da humanidade e simpatia" (p. 231) e ainda os "princípios de nossa natureza tais como os da humanidade, isto é, o interesse pelos outros" (p. 231), "o sentimento da humanidade" (p. 272) e a "afeição pela humanidade" (p. 273), e diz que "somente ele pode ser o fundamento da moralidade" (p. 273). (N. do Org.)]

9. Hume, *Enquiries*, seção IX, Parte I, p. 272.

10. ["Espectador judicioso" é um termo usado apenas no *Tratado da natureza humana*, Livro III, Parte 3, seção i (Oxford: Oxford University Press, 2. ed., 1978), p. 581. No parágrafo seguinte, Hume faz uma distinção entre "seu peculiar ponto de vista" e "alguns pontos de vista imutáveis e comuns". No *Tratado*, p. 591, ele usa a expressão "ponto de vista comum" associada à expressão "espectador". (N. do Org.)]

dade. Aqui, Hume tenta explicar como é possível haver acordo entre os indivíduos. De que modo é possível haver uma base sobre a qual as pessoas possam chegar a um acordo em seus juízos sobre as instituições? Considerando a questão do ponto de vista de cada pessoa, não é possível obter um acordo sobre quais instituições são boas ou más. Como pode então haver uma base de acordo entre as pessoas sobre esse tipo de coisa? Para Hume, a única base possível é a que apela para o princípio da humanidade, que, lembremos, é uma tendência psicológica que temos de nos identificar com os interesses e as preocupações dos outros quando nossos interesses pessoais não estiverem em competição com eles[11].

O ponto de vista do espectador judicioso é aquele que adotamos em relação às qualidades de caráter dos outros ou em relação às regras das instituições; ele nos permite avaliá-las exclusivamente de acordo com sua tendência de afetar os interesses gerais (felicidade geral) da sociedade. De que forma isso nos faz chegar a um acordo? O acordo ocorre porque o único fator em atuação em nossa – por assim dizer – "natureza sensível" é o nosso *princípio da humanidade*, isto é, a solidariedade que temos para com os outros. Quando nossos interesses pessoais e os de nossa família não estão envolvidos nem são afetados, o único aspecto motivacional de nosso caráter que direcionará nosso juízo e será expresso por nós é o modo como uma ação, instituição ou qualidade de caráter afetará os interesses e as preocupações dos indivíduos envolvidos na situação em questão. Assim, para Hume, o que torna possível haver acordo entre indivíduos quanto a um juízo moral é o fato de sermos capazes de adotar e de nos imaginar adotando o ponto de vista do espectador judicioso. É preciso fazer isso para que tenhamos suscetibilidade e simpatia aos efeitos dessas instituições ou às qualidades de caráter em virtude de seus efeitos benéficos sobre os indivíduos por elas favorecidos. Com isso, poderemos aprovar pessoas virtuosas que, por exemplo, vivam em outras culturas, nações e épocas, pois adotando esse ponto de vista somos capazes de nos identificar e de simpatizar com as pessoas beneficiadas por essas instituições e características.

Assim, é isso que torna possível haver acordo entre os indivíduos em seus juízos morais, e é desenvolvendo essa ideia que é possível perceber o

---

11. [Nas palavras de Hume: "Portanto, quem desejar afirmar que um homem com tendências perniciosas à sociedade possui qualidades, terá escolhido esse ponto de vista comum e tocado no princípio da humanidade, no qual todos os homens concordam em alguma medida." *Enquiries*, p. 272. (N. do Org.)]

porquê do conteúdo do princípio da utilidade. Isto é, quanto mais uma instituição satisfizer esse princípio, maior percepção o indivíduo adotante do ponto de vista do espectador judicioso terá de que essa instituição é aprovada pelos demais. Quanto maior a satisfação do princípio da utilidade, maior a percepção dos efeitos sobre a sensibilidade moral do indivíduo ou a afinidade com essa sensibilidade.

Essa parece ser, segundo Hume, uma teoria psicológica da possibilidade de os indivíduos emitirem juízos morais e chegarem a um acordo sobre eles. Para Hume, a única base possível para o acordo é através do princípio da humanidade. Não há na doutrina humiana nenhum outro aspecto da natureza humana que torne possível o acordo. Se desenvolvermos essa ideia, partindo da definição do ponto de vista do espectador judicioso segundo Hume, talvez seja possível perceber por que é natural chegar à forma humiana do critério do certo e do errado, isto é, ao princípio da utilidade.

Apenas para concluir nossa discussão sobre Hume, a ideia do espectador judicioso é uma das mais importantes e interessantes da filosofia moral. Ela aparece pela primeira vez em Hume. A doutrina de Hume, de modo geral, inclusive a teoria da propriedade e do espectador judicioso, deve ser compreendida como uma tentativa de oferecer uma teoria psicológica sobre nosso pensamento moral. Há uma diferença entre Hume e Locke nesse aspecto. Hume tenta explicar de que modo somos capazes de fazer distinções morais, usando a ideia do espectador judicioso. De onde surge a distinção entre o certo e o errado? Ele não se refere à motivação moral – isto é, ao porquê de sermos motivados a fazer o certo e à nossa definição do que é certo. Em vez disso, ele está interessado em descobrir a origem da distinção entre o certo e o errado. Sua pergunta é: "De que modo aprendemos a fazer essa distinção?" E sua resposta é que isso ocorre quando adotamos o ponto de vista do espectador judicioso. A partir desse ponto de vista, o princípio da humanidade é o único elemento que motiva nossos juízos. Nesse sentido, a reação é a mesma em todos os seres humanos.

Finalmente, repetindo uma observação anterior: se fizermos um contraste entre as teorias da propriedade em Hume e em Locke, talvez pensemos em Locke como um advogado constitucionalista, pois ele argumenta no contexto de uma constituição cujas leis derivam de Deus. O alvo da argumentação de Locke é Filmer. Sua doutrina é inteiramente normativa e pressupõe certas ideias fundamentais. Sua Constituição refere-se ao universo de todos os seres humanos. A lei básica é a lei fundamental da natureza e o princípio de que Deus tem autoridade suprema sobre todas as criaturas. Em sua teoria da constituição, Locke debate com Filmer. Hume, por outro lado, não atua nesse contexto. Ele não acredita em nenhuma dessas ideias e odeia a religião, e apenas tenta explicar por que existe a propriedade. Por que existe a propriedade? De que modo ela surgiu? O que a sustenta? A que objetivo social ela serve? Ao tratar da questão da propriedade, Hume de modo algum responde às mesmas perguntas que Locke – que, por sua vez, responde à pergunta normativa sobre a constituição do universo. Assim, para Hume, nenhum elemento da história das antigas formas da propriedade e do governo tem importância para determinar se a propriedade ou o governo são justificáveis na época atual. Para Hume, o que passou passou. Em uma doutrina utilitarista, o que importa é saber se as instituições atuais têm maior probabilidade de servir às necessidades da sociedade. O objetivo de Hume é analisar esse tipo de questão do ponto de vista daquilo que hoje chamamos de "ciências sociais", tentando explicá--las de forma empírica.

ROUSSEAU

ROUSSEAU I
O problema do contrato social

§ 1. Introdução

1. Para ler Rousseau, infelizmente temos de recorrer a traduções[1]. Ainda assim, apesar da grande perda, preserva-se algo do primoroso estilo de Rousseau[2]. Anteriormente, mencionei que *Leviatã* de Hobbes é a maior obra da filosofia política em língua inglesa – pelo menos, em minha opinião. Talvez também se possa dizer que *Do contrato social* seja seu equivalente em idioma francês. Digo "talvez" porque se trata de uma obra que não transmite toda a extensão do pensamento de Rousseau como *Leviatã* transmite o de Hobbes. Porém, se juntarmos *Do contrato social* ao *Segundo discurso* (*Discurso sobre a origem e os fundamentos da desigualdade*) e ao *Emílio* (obra de psicologia moral e de educação para a vida em sociedade), essa observação parece correta. Montesquieu, Tocqueville e Constant são autores brilhantes e de primeira linha, mas em Rousseau a união entre vigor literário e pujança intelectual é insuperável.

Menciono essa união entre vigor literário e pujança intelectual porque se trata de algo realmente impressionante. Contudo, talvez haja quem duvide se é bom ou ruim que uma obra filosófica tenha vigor e riqueza de

---

1. Nestas conferências sobre Rousseau, farei referências a Jean-Jacques Rousseau, *The First and Second Discourses*, org. Roger D. Masters, trad. Roger D. e Judith R. Masters (Nova York: St. Martin's Press, 1964), e *On the Social Contract, with Geneva Manuscript and Political Economy*, org. Roger D. Masters, trad. para o inglês Judith R. Masters (Nova York: St. Martin's Press, 1978). As citações no corpo do texto terão as abreviaturas *SD*, referindo-se ao *Segundo discurso*, e *CS*, ao *Contrato social*. No primeiro caso, serão mencionados os números das páginas; e no segundo, o livro, capítulo e parágrafo.

2. A respeito dos riscos da tradução, lembremos que uma vez (creio que em 1987) um anunciante em uma emissora de televisão de Moscou traduziu o título da canção "Rocky Mountain High" [No alto das Montanhas Rochosas], de John Denver, por "Bêbado nas montanhas". E nos primórdios dos programas de tradução automática, quando se tentou traduzir a frase em inglês "The spirit is willing but the flesh is weak" para o russo e novamente para o inglês, a tradução final foi "The wine is good but the meat stinks".

estilo literário. Será que essas características aumentam ou prejudicam a clareza do pensamento que o autor deseja transmitir? Não insistirei nessa questão exceto para dizer que o estilo pode representar um perigo ao atrair a atenção para si, como acontece em Rousseau. Pode causar deslumbramento e distração e com isso ocultar as complexidades do raciocínio que necessitam de nossa plena atenção[3]. Afirmo isso porque acredito que as ideias de Rousseau são profundas e coerentes; elas contêm mudanças de humor e, sem dúvida, contradições superficiais, mas a estrutura do pensamento como um todo forma uma doutrina coesa.

Talvez o estilo filosófico ideal seja caracterizado por clareza e lucidez e tenha por objetivo apresentar o pensamento em si, sem efeitos colaterais, mas com uma prosa dotada de certa graça e beleza formal. Frege e Wittgenstein muitas vezes atingem esse ideal. Porém, as grandes obras da filosofia política alemã – isto é, as de Kant, Hegel e Marx – não são especialmente bem escritas e frequentemente são um tanto mal escritas. Nietzsche é um grande estilista, mas suas obras não pertencem à filosofia política, embora esta certamente dê sustentação a suas ideias.

2. É preciso agora tentar compreender as questões e problemas que motivaram Rousseau a escrever *Do contrato social*. As preocupações de Rousseau são mais amplas que as de Hobbes e Locke; Hobbes, como vimos, estava preocupado em superar o problema da guerra civil semeadora da discórdia, enquanto a preocupação de Locke era justificar a resistência à Coroa em um regime de Constituição mista. Rousseau, ao contrário, é um crítico da cultura e da civilização, buscando diagnosticar aquilo que para ele são os males profundos da sociedade contemporânea e descrevendo os vícios e sofrimentos que esta traz para seus membros. Sua intenção é explicar por que surgem esses males e vícios e descrever a estrutura básica de um mundo político e social no qual eles não estariam presentes.

Rousseau, assim como Hume, viveu em um século diferente do de Hobbes e Locke. É representante da geração que rejeitou a velha ordem, embora esta ainda tenha estado no poder durante a sua vida, e essa rejei-

---

3. O primoroso estilo de Rousseau também dá margem a sátiras. Por exemplo, de Maistre, ao ouvir a famosa frase de Rousseau que abre o Livro I, Cap. I, em *Do contrato social* ("O homem nasceu livre e por toda parte encontra-se acorrentado"), retrucou: "Seria preferível dizer: 'As ovelhas nasceram carnívoras e por toda parte encontram-se pastando'". Veja-se ainda o exemplo de uma resenha de livro publicada recentemente no *New York Times*, na qual se lê: "Os macacos nasceram livres e por toda parte encontram-se em zoológicos."

ção preparou o caminho para a Revolução Francesa. Aquela era uma época de questionamento das tradições estabelecidas e de rápido desenvolvimento das ciências.

A vida de Rousseau é muito conhecida, pois ele escreveu três obras biográficas. Sabe-se, por exemplo, que ele nasceu em 1712 em Genebra, que era então uma cidade-Estado protestante. Sua mãe, cujos familiares pertenciam à elite acadêmica e social e eram, portanto, cidadãos eleitores, morreu pouco após seu nascimento; durante dez anos, foi criado e educado pelo pai, que era relojoeiro. Em 1722, seu pai teve de sair de Genebra por causa de uma rixa, deixando Rousseau durante dois anos aos cuidados do tio materno, que lhe pôs em uma pensão de um pastor protestante. Em seguida, serviu como aprendiz em diversos ofícios. Deixou a cidade por conta própria em 1728, aos 16 anos, sem dinheiro, e passou a viver em vários locais da Europa, sobrevivendo como lacaio em diversas ocupações – criado, secretário, preceptor, professor de música –, trabalhando às vezes para pessoas muito influentes, vivendo ou cultivando amizades com elas, sempre lendo, educando a si próprio e obtendo ajuda financeira onde quer que a encontrasse. Em 1742, quando se estabeleceu em Paris, onde permaneceu até 1762, já era compositor (com duas óperas de sua autoria), poeta, dramaturgo, ensaísta, filósofo, cientista político, romancista, químico, botânico – enfim, um *self-made man*.

Após 1749, Rousseau começou a escrever as obras que mais tarde o tornariam famoso. *Do contrato social* e *Emílio*, publicadas em 1762, foram motivo de medidas legais contra o autor na França e em Genebra por serem vistas como ataques à fé religiosa, forçando-o a se mudar para Paris. Nos últimos anos de sua vida, dedicou-se a justificar seus escritos. *Do contrato social*, que mais tarde foi citado por Robespierre como justificativa para a Revolução, na verdade não teve muitos leitores até 1789, ano da tomada da Bastilha[4].

3. Um dos modos de transmitir o alcance do pensamento de Rousseau é observar seus vários escritos e indicar de que modo eles formam um corpo coerente de pensamento. O *Segundo discurso*, que trata de toda a história humana e da origem da desigualdade, da opressão política e dos vícios sociais, é obra de caráter sombrio e pessimista; o *Contrato social*

---

4. Os dados biográficos são tomados, em sua maior parte, de Roger Masters (org.), *On the Social Contract*, Introdução. Ver também Maurice Cranston, *Jean-Jacques: The Early Life and Work of Jean-Jacques Rousseau, 1712-1754* (Londres: Penguin Books, 1983).

tem caráter mais radiante e tenta especificar o fundamento de um regime plenamente justo e viável que ofereça ao mesmo tempo estabilidade e felicidade. Nesse sentido, é uma obra de utopia realista. Talvez, tendo em vista seu tema e objetivo, seja a menos eloquente e fervorosa das principais obras de Rousseau.

Os principais escritos de Rousseau podem ser divididos em três grupos:

(a) O primeiro é composto por três obras de crítica histórica e cultural nas quais o autor especifica aquilo que considera serem os males da civilização francesa (europeia) do século XVIII e oferece um diagnóstico de sua causa e origem:

1750: *Discurso sobre as ciências e as artes* (*Primeiro discurso*)
1754: *Discurso sobre a origem da desigualdade* (*Segundo discurso*)
1758: *Carta a M. d'Alembert sobre o teatro*

Nessas obras, Rousseau assume o papel de crítico do Iluminismo: das ideias iluministas de progresso, das promessas de felicidade humana trazidas pelos avanços nas artes e ciências e das possibilidades de desenvolvimento social através da educação mais ampla. Com tendência ao conservadorismo, Rousseau era visto por seus contemporâneos Diderot, Voltaire e d'Alembert como representante de um pensamento distinto[5].

(b) O segundo grupo é composto pelas três obras formadoras em que Rousseau descreve seu ideal de uma sociedade justa, viável e feliz e reflete sobre como ela poderia ser instituída e transformada em algo estável:

1761: *La Nouvelle Héloïse* (que contém muitos elementos do idílio alpestre vivido em Genebra, vista como uma democracia rural)
1762: *Du Contrat Social*
1762: *Emile*

(c) E o terceiro grupo são as obras autobiográficas que tiveram imensa influência na literatura e na sensibilidade do romantismo:

---

5. Um exemplo dessa tendência conservadora é o contraste entre os enredos da ópera *Devin du Village*, de Rousseau, e *La Serva Padrona*, de Pergolesi. Ver Maurice Cranston, *Jean-Jacques*, p. 279.

1766: *Confissões*, cuja primeira parte foi concluída ao retornar à França depois de uma estada com Hume na Inglaterra e cuja publicação integral se deu em 1781
1772-76: *Dialogues: Rousseau juge de Jean-Jacques*
1776-78: *Devaneios de um caminhante solitário*

Essas obras, de fato, são importantes para a ênfase moderna em valores tais como integridade e autenticidade e para o esforço em compreender a si mesmo, em superar a alienação e em viver por si próprio, e não com base na opinião alheia, além de muitos outros aspectos. Trata-se de uma contribuição significativa para algumas justificações da liberdade de pensamento e de consciência, como veremos mais tarde em Mill.

§ 2. As fases da história antes do advento da sociedade política

1. A fim de indicar o contexto do problema que preocupa Rousseau no *Contrato social*, discutirei primeiro o *Segundo discurso*. Em uma das cartas autobiográficas que escreveu a Malesherbes[6] em 1762 (há uma versão mais curta nas *Confissões*, Livro 8, 1749, trad. J. M. Cohen, pp. 327 s.), Rousseau nos conta que teve uma avassaladora revelação a caminho de Vincennes (a cerca de 9,5 km de Paris), em 1749. A intenção era visitar Diderot (em uma prisão de Vincennes), mas a caminhada era longa e o dia, quente. Carregava consigo um exemplar de *Le Mercure de France*, no qual a Academia de Dijon fazia a seguinte pergunta: "O restabelecimento das ciências e das artes tem contribuído para a purificação dos costumes?" Sentiu vertigem e não conseguiu mais dominar os pensamentos. Ofegante, desmaiou debaixo de uma árvore, em prantos. Em suas palavras:

Se jamais houve algo que se assemelhasse a uma súbita inspiração, foi a emoção que aquele anúncio causou em mim: inesperadamente, senti a mente ofuscada por mil luzes e uma multidão de ideias brilhantes se apresentou diante de mim com tal força e em tal desordem que fui

---

6. Malesherbes foi *Directeur de la librairie* do rei – por lei, alto funcionário encarregado de supervisionar o comércio de livros na França. Era amigo dos *philosophes*, a quem muitas vezes ajudava a burlar o labirinto jurídico do regime. Rousseau mantinha com ele boas relações, e antes da publicação do *Contrato social* escreveu a ele quatro cartas autobiográficas. Ver James Miller: *Rousseau: Dreamer of Democracy* (New Haven: Yale University Press, 1984), p. 76 s.

lançado em um estado de indescritível atordoamento. Senti minha mente tomada por uma vertigem que se assemelhava a uma intoxicação [...]. Incapaz de respirar e caminhar ao mesmo tempo, deixei-me cair debaixo de uma árvore [...] se algum dia eu conseguisse escrever um quarto do que vi e senti debaixo daquela árvore, com que clareza eu teria revelado todas as contradições do sistema social, com que vigor eu teria exposto todos os abusos de nossas instituições, com que simplicidade eu teria demonstrado que o homem é naturalmente bom e se corrompe exclusivamente por causa dessas instituições.[7]

Rousseau afirmou que esse único e fugaz momento de devaneio extático propiciou os objetivos de seus escritos de modo geral[8].

2. A citação acima expõe belamente o famoso tema do pensamento de Rousseau: o homem é naturalmente bom e se corrompeu exclusivamente por causa das instituições sociais. Porém, o significado desse tema não é óbvio. Há alguma dificuldade em descobrir que sentido Rousseau tem em mente ao enunciá-lo, pois ele parece conflitar com a maior parte das ideias do *Segundo discurso*. Para explicar essa dificuldade e propor um modo de resolvê-la, tratarei agora do próprio *Discurso*.

Em duas partes com mais ou menos a mesma extensão, essa obra é uma história da humanidade desde a fase inicial (estado de natureza) até o advento da autoridade política e da sociedade civil. Examina as transformações históricas na cultura e sociedade e faz uma relação entre as hostilidades e os vícios da civilização e a crescente desigualdade de poder político, posição social, riqueza e posses.

Rousseau inicia distinguindo dois tipos de desigualdade: a natural e a moral ou política. A primeira é "estabelecida pela natureza e consiste na diferença das idades, das forças do corpo e das qualidades do espírito e da alma". A outra, que ele às vezes chama de desigualdade artificial, funda-se na convenção e "é estabelecida, ou pelo menos autorizada, por [...] consentimento" (*SD*, 101). Porém, para Rousseau, é óbvio que na civilização hoje existente não há elo fundamental entre esses dois tipos de desigualdade. Pensar de outro modo seria o mesmo que se perguntar "[...] se as pessoas que comandam são necessariamente mais valorosas que as que obedecem e se a força do corpo ou do espírito, a sabedoria e a virtude en-

---

7. Ver Cranston, *Jean-Jacques: 1712-1754*, p. 228.
8. Ver Miller, *Rousseau: Dreamer of Democracy*, p. 5.

contram-se sempre nos mesmos indivíduos na mesma proporção que o poder e a riqueza – pergunta que talvez seja boa para ser discutida por escravos sob os ouvidos de seus amos, mas inadequada para homens sensatos e livres que buscam a verdade" (SD, 101-2). Em vez disso, Rousseau quer mostrar por que nunca houve o elo fundamental que, em sua opinião, deveria haver e por que, nos dias de hoje, "[...] uma criança (pode) comandar um ancião, um imbecil pode liderar um sábio e um punhado de homens pode se fartar com coisas supérfluas enquanto a multidão faminta carece de necessidades" (SD, 181).

3. Há pelo menos três modos de compreender a ideia do estado de natureza:

(1) No sentido jurídico, como ausência de autoridade política. Esse é o sentido que Locke tinha em mente. Os indivíduos encontram-se no estado de natureza quando não estão sujeitos a nenhuma – ou pelo menos não à mesma – autoridade política.

(2) No sentido cronológico, como primeira condição histórica da humanidade, independente de suas características. No pensamento patrístico (dos primeiros patriarcas da Igreja), o estado de natureza – em que viveram Adão e Eva antes da queda – era um estado de perfeição moral (na medida em que isso é possível para seres humanos não amparados pela graça divina) e racionalidade. Era também um estado de igualdade.

(3) No sentido cultural, como estado primitivo da cultura, em que as artes e as ciências – isto é, a civilização em seus elementos não políticos – sejam incipientes.

Obviamente, essas diferentes formas da sociedade e da cultura não precisam se realizar no mesmo período da história. O período que precede o advento da autoridade política pode ser bastante longo – isso ocorre aparentemente em Locke e explicitamente em Rousseau. No caso de Rousseau, o estado de natureza jurídico divide-se em quatro diferentes fases da cultura, todas de longa duração; além disso, em sua terminologia (no *Segundo discurso*), o termo "estado de natureza" não se refere à fase pré-política como um todo, mas apenas à primeira de todas as quatro fases culturais.

4. Essa primeira fase da história do homem primitivo não é de forma alguma vista por Rousseau como a ideal. É a terceira fase – iniciada quando já há considerável desenvolvimento cultural – que é mencionada no *Segundo discurso* como a ideal e que Rousseau lamenta não ter longa duração. Em sua argumentação, Rousseau inspira-se em vários autores do passado: a primeira fase é inspirada em Pufendorf; a terceira é semelhante

ao estado de natureza de Montaigne e a quarta – fase de grande conflito e desordem que conduz finalmente ao estabelecimento da autoridade política sob o domínio dos indivíduos proprietários – inspira-se em Hobbes, embora Rousseau seja diferente de Hobbes em diversos aspectos importantes, como mencionei antes.

A relevância de tudo isso para nós é a seguinte: Rousseau quer dizer que o homem é naturalmente bom e se corrompe através das instituições sociais. Entretanto, quando observamos os detalhes da teoria do desenvolvimento da cultura e da organização social em Rousseau e o papel que nela desempenham nossas diversas faculdades – especialmente a razão, imaginação e autoconsciência –, pode parecer inevitável o advento dos males sociais e dos vícios individuais deplorados pelo filósofo.

Na primeira fase, nossas faculdades não estão desenvolvidas. Por isso somos movidos pelo *amour de soi* (amor natural a si próprio) e pelos desejos simples de comida, abrigo, sono, sexo etc. Além disso, embora sintamos *compaixão* (SD, 130-4) pelos outros, sentimento que é a fonte das virtudes sociais (SD, 131 s.), essa ainda é uma fase de brutalidade. Isto é, nela vive um animal indolente, impetuoso, ainda que feliz e razoavelmente inofensivo ou não propenso a infligir dor aos outros.

Contudo, mesmo como animais, os seres humanos se distinguem dos outros animais em dois aspectos muito significativos:

Em primeiro lugar, possuem a capacidade do livre-arbítrio e com isso o potencial de agir com base em razões válidas; não são guiados somente pelo instinto, como os animais (SD, 113 s.).

Em segundo lugar, são perfectíveis, isto é, têm o potencial de se autoaperfeiçoar desenvolvendo suas faculdades e sua expressão cultural no decorrer do tempo. Um aspecto de nossa perfectibilidade, que depende da linguagem (SD, 124), é que somos seres históricos. Isso significa que a perfectibilidade reside tanto na espécie como no indivíduo e é vista na evolução histórica da civilização. A realização individual de nossa natureza depende da cultura da sociedade em que vivemos. Os animais, ao contrário, atingem em apenas alguns meses a forma final de seu ser e permanecem os mesmos tanto hoje como milhares de anos atrás (SD, 114-5).

5. Entretanto, quando nos tornamos diferentes dos demais animais através do desenvolvimento cultural – isto é, da linguagem e das formas simples de organização social (famílias e pequenos grupos) –, passamos a nos preocupar, em primeiro lugar, com nosso bem-estar natural e com os meios para uma vida confortável e, em segundo lugar, com aquilo que

os outros pensam de nós e com nossa posição relativa no grupo social a que pertencemos. As preocupações do primeiro tipo são objetos do *amour de soi* (amor natural a si próprio), que, conforme mencionado anteriormente, é a preocupação com o bem pessoal definido por certas necessidades comuns ao homem e aos outros animais. As preocupações do segundo tipo são objetos do *amour-propre*, forma distinta de egoísmo que surge apenas na sociedade. O *amour-propre* é a preocupação natural em adquirir uma posição estável em relação aos outros e traz em si a necessidade de ser aceito pelos outros como seu igual[9].

Saliento que o *amour-propre* tem uma forma natural que acompanha seu objeto próprio e uma forma não natural com um objeto pervertido ou não natural. Em sua forma natural ou própria (forma apropriada para a natureza humana), o *amour-propre* é uma necessidade que nos manda adquirir uma posição de igualdade em relação aos outros e uma posição tal em nosso círculo de relações que sejamos reconhecidos como indivíduos com necessidades e aspirações que precisam ser levadas em consideração na mesma medida que as de todos os demais indivíduos. Isso significa que com base em nossas necessidades e ânsias podemos fazer reivindicações que são endossadas pelos outros como formas de imposição legítima de limites sobre sua conduta. Quem necessita desse tipo de aceitação e a solicita dos outros tem de dar a estes o mesmo em troca. Isso porque, por sermos movidos por esse *amour-propre* natural, estamos dispostos a conceder exatamente a mesma posição aos outros e reconhecer que eles têm necessidades e reivindicações legítimas que nos impõem limites legítimos, desde que – atenção para este elemento essencial – nossa posição de igualdade seja aceita e garantida em acordos sociais.

A questão que surge agora é se o *amour-propre*, expressão de nossa natureza social, traz em si, como uma disposição natural, o princípio da reciprocidade. Creio que não. O princípio da reciprocidade é formulado e captado pela razão, imaginação e consciência, e não pelo *amour-propre*. Assim, não é exclusivamente através do *amour-propre* que se conhece e se segue esse princípio. Contudo, ao sermos movidos pelo *amour-propre*, esta-

---

9. Essa definição do *amour-propre* segue a de N. J. H. Dent em *Rousseau* (Oxford: Oxford Blackwell, 1988), e a de Frederick Neuhouser em "Freedom, Dependence, and the General Will", *Philosophical Review*, julho de 1993, pp. 376 s. Dent esclarece sua definição em *A Rousseau Dictionary* (Oxford: Blackwell, 1992), pp. 33-6. Devo a Neuhouser os esclarecimentos sobre a relação entre o *amour-propre* e o princípio da reciprocidade.

mos dispostos a aceitar o princípio da reciprocidade e a agir com base nele sempre que nossa cultura o puser diante de nós e o tornar inteligível, e sempre que os acordos básicos da sociedade instituírem nossa posição estável de igualdade em relação aos outros.

Por outro lado, o *amour-propre* não natural ou pervertido (muitas vezes traduzido simplesmente como "vaidade") se mostra em vícios tais como vaidade e arrogância e no desejo de ser superior aos outros, de dominá-los e ser admirados por eles. Seu objeto não natural ou pervertido é ser superior aos outros e subjugá-los.

É preciso mencionar, contudo, que a primeira interpretação que dei acima sobre o *amour-propre* não é amplamente aceita. Aceitação muito mais ampla tem a definição de *amour-propre* compreendido exclusivamente como aquilo que chamei de *amour-propre* não natural ou pervertido. Assim, nessa interpretação nunca se pergunta se ele incorpora ou não o princípio da reciprocidade. Aceito o sentido amplo do *amour-propre* por duas razões (além do fato de a ideia principal estar em N. J. H. Dent, cujo livro e dicionário recomendo)[10].

A primeira razão (que, devo dizer, me parece bastante convincente) é que Kant endossa a definição ampla quando afirma na *Religião*, Livro I, seção 1, Ak: VI:27:

> A predisposição ao sentimento de humanidade pode levar o nome geral de amor-próprio, que é físico e ainda assim se presta a comparações [...] isto é, julgamo-nos felizes ou infelizes apenas em comparação com os outros. Desse amor-próprio surge a inclinação de adquirir valor aos olhos dos outros. Trata-se, originalmente, de um simples desejo de igualdade, de não permitir que ninguém tenha superioridade em relação a nós, aliado a um cuidado constante para que outros não se empenhem em alcançar essa superioridade; mas isso gradualmente dá origem à ânsia injustificada de tê-la para si e ao mesmo tempo negá-la aos outros. Nessa raiz dupla de *ciúme* e *rivalidade* podem estar inseridos os maiores vícios da animosidade secreta e aberta para com todos aqueles a quem olhamos como não pertencentes ao nosso grupo – vícios que, contudo, não têm raiz na natureza, mas, ao contrário, são inclinações incitadas em nós pelos esforços aflitos dos outros em alcançar uma superioridade rancorosa em relação a nós [...] os vícios inseridos

---

10. N. J. H. Dent, *Rousseau*, e *A Rousseau Dictionary*.

nessa inclinação da *cultura*, que são a maior forma de virulência, tal como, por exemplo, na *inveja, ingratidão, malevolência* e sentimentos semelhantes [...] podem ser chamados de vícios *diabólicos*.

Somente após fazer a relação entre o *Segundo discurso* e as observações de Kant no trecho acima senti finalmente compreender o significado das palavras de Rousseau e Kant. Muitas vezes, Kant é o melhor intérprete de Rousseau[11].

A segunda razão para aceitar a interpretação ampla do *amour-propre* é que ela é necessária para que as grandes obras de Rousseau façam sentido como uma doutrina coerente e harmoniosa. Por razões que tentarei esclarecer, a solução que Rousseau oferece no *Contrato social* para o infortúnio humano é coerente com o *Segundo discurso* apenas quando adotada a interpretação ampla do *amour-propre*. Sem esta, o pensamento de Rousseau torna-se ainda mais sombrio e pessimista e a sociedade política retratada no *Contrato social* aparenta ser completamente utópica. Isso porque, se o *amour-propre* não for de início, como disse Kant, um mero desejo de igualdade e se não provocar no indivíduo (característica que lhe é assegurada pelas instituições sociais) a disposição para conceder aos outros a mesma igualdade em retribuição, que base psicológica haverá na natureza humana concebida por Rousseau que torne possível tal sociedade? Somente a razão e a consciência? Dificilmente elas bastariam. Nesse caso, toda a construção mental de Rousseau tornar-se-ia inviável. A falta de uma interpretação ampla do *amour-propre* leva a afirmações tolas sobre Rousseau, tal como dizer que ele é um autor brilhante, mas confuso e contraditório. Não se deve acreditar em afirmações desse tipo.

6. Anteriormente, afirmei que os males sociais fundados na desigualdade e no *amour-propre* não natural parecem inevitáveis à primeira vista. A razão disso é que eles estão ligados à razão, imaginação e autoconsciência humanas. A reflexão, a razão e a imaginação podem tornar-se inimigas da compaixão e bloquear as tendências desta, fazendo com que nos identifiquemos com o sofrimento dos outros (*SD*, 132 s.). Nas palavras de Rousseau (*SD*, 132): "A razão produz a vaidade e a reflexão a fortifica; a razão faz o homem voltar-se contra si mesmo, separando-o de tudo o que o incomoda e o aflige. A filosofia o isola; por causa disso, se diz secretamen-

---

11. Ver Ernst Cassirer, *The Question of Jean-Jacques Rousseau*, trad. Peter Gay (Nova York: Columbia University Press, 1954).

te, quando diante de um homem em sofrimento: Tu perecerás, mas eu estarei seguro. Nada mais, a não ser um perigo que ameace a sociedade como um todo, poderá perturbar o sono tranquilo do filósofo e arrancá-lo de sua cama [...] O selvagem não tem esse admirável talento, de modo que, por carecer de sabedoria e razão, ele está sempre se rendendo negligentemente ao primeiro sentimento de humanidade." Pouco mais adiante (SD, 133), Rousseau diz ainda: "[...] a raça humana teria perecido há muito tempo se sua preservação houvesse dependido apenas da racionalidade de seus membros".

Nesse trecho, Rousseau comenta o efeito que têm o desenvolvimento da cultura e a razão sobre o sentimento de humanidade que move as pessoas mais simples. Esse é, porém, apenas um exemplo de uma tendência geral de como os seres humanos evoluíram da

Primeira fase, em que o homem era um animal indolente, impetuoso, mas livre e potencialmente perfectível e feliz, vivendo sozinho e sendo movido apenas pelo *amour de soi* e pela compaixão, fase em que não há problemas morais e as paixões são poucas e serenas (SD, 142),

para a

Segunda fase, período em que há uma sociedade embrionária e que cobre vários séculos, em cujo decurso os homens aprenderam a usar as ferramentas e armas mais simples, desenvolveram uma linguagem rudimentar, uniram-se em grupos para proteção mútua e introduziram a família permanente com instituições da propriedade bastante limitadas; os indivíduos tinham posse sobre suas armas e cada família tinha seu próprio abrigo; com o tempo surgiu uma percepção do eu, e os sentimentos de preferência deram origem ao amor, que, por sua vez, trouxe consigo o ciúme (SD, 142-8).

e desta para a

Terceira fase, que é a fase patriarcal da sociedade humana, em que o único governo é o da família. Nela, os homens vivem em grupos dispersamente aldeados, garantem sua subsistência caçando, pescando e colhendo os frutos da natureza, divertem-se em encontros espontâneos com música e dança e assim por diante. Começam a ter apreço uns pelos outros, e com isso surgem os deveres da civilidade. Passam a valorizar a opinião que a sociedade faz deles (SD, 149).

A quem pergunta por que houve transição de uma fase à outra, Rousseau sugere que ela é de natureza econômica. Com a pressão gerada pelo aumento populacional, tornou-se mais eficaz que os indivíduos se unissem para caçar em grupos e participassem de diversas atividades de cooperação. Porém, mesmo nesse mundo pastoral de pouca complexidade, já existe o cenário que favorece o aparecimento do *amour-propre* inflamado. A permanente proximidade gera laços duradouros; despertam-se os sentimentos de amor e ciúme (desconhecidos de seres mais simples). Nas palavras de Rousseau: "Aquele que soube cantar ou dançar da melhor maneira, com mais beleza, altivez ou eloquência passa a gozar da maior consideração; esse foi o primeiro passo para a desigualdade e, ao mesmo tempo, paro o vício" (SD, 149).

É essa terceira fase, patriarcal, "situada a igual distância em relação à estupidez dos brutos e à fatal ilustração do homem civil" (SD, 150), que, para Rousseau, deve ter sido a melhor de todas para o homem. Em suas palavras:

> [...] embora os homens tenham deixado de passar por tantos sofrimentos e a compaixão natural já se tenha alterado, esse período do desenvolvimento das faculdades humanas, ao manter o áureo meio-termo entre a indolência do estado primitivo e a atividade petulante de nossa vaidade, deve ter sido a época mais feliz e mais duradoura [...] a menos sujeita a revoluções, a melhor para o homem, que somente pode ter dela saído por obra de um acidente fatal que, para o bem comum, nunca deveria ter ocorrido. O exemplo dos selvagens, que a essa altura já haviam sido quase todos descobertos, parece confirmar que a raça humana foi feita para permanecer nela para sempre; que esse estado é o verdadeiro apogeu do mundo; e que todo o progresso subsequente parece ter sido uma série de muitos passos em direção à perfeição do indivíduo, mas, na verdade, eram em direção à decrepitude da espécie. (SD, 150-1)

Essa terceira fase, porém, foi superada com a transição para a quarta fase, isto é, para a primeira fase de desigualdade. Isso ocorreu com o desenvolvimento da metalurgia e da agricultura, que levaram as pessoas a necessitar cada vez mais da ajuda dos outros e, desse modo, à divisão do trabalho, bem como ao estabelecimento da propriedade privada de terras e ferramentas e, finalmente, à desigualdade entre as pessoas, resultante, de início, da desigualdade natural (força, inteligência etc.) (SD, 151-4).

As diferenças naturais entre os seres humanos são parte da dificuldade. Rousseau sugere que poderia ter continuado a existir um estado de razoável felicidade se os talentos houvessem sido iguais (*SD*, 154). Porém, o estado da metalurgia e agricultura gradualmente se transforma em um estado de desigualdade, com o advento do direito e da propriedade e com a distinção entre ricos e pobres: "O mais forte trabalhava mais; o mais esperto transformava o seu trabalho em maior vantagem; os mais habilidosos encontravam modos de encurtar seu labor [...] trabalhando de modo igual, um ganhava muito enquanto o outro quase nada tinha para viver" (*SD*, 154-5).

§ 3. A fase da sociedade civil e da autoridade política

1. Para Rousseau, a autoridade política é parte de um embuste dos ricos. Isto é, ela nada tem a ver com o triunfo dos mais fortes sobre os mais fracos. O primeiro pacto social, na verdade, foi fraudulento, com os ricos dominando e enganando os pobres. O mal central era a desigualdade econômica, com os ricos tendo posses garantidas e os pobres tendo pouco ou nada. Estes, porém, não antevendo as consequências, estavam dispostos a se sujeitar à lei e à autoridade política como uma solução para o conflito e a insegurança de uma sociedade fundada na agricultura e sem governo (*SD*, 158 ss.)[12].

A forma de governo estabelecida reflete as desigualdades maiores ou menores entre os indivíduos na época de instituição da autoridade política. Se um indivíduo sobressair em poder e riqueza, somente ele será eleito magistrado e o Estado será uma monarquia. Se várias pessoas aproximadamente iguais entre si prevalecerem sobre os demais, haverá uma aristocracia, ao passo que, se a sorte e os talentos de todas as pessoas não forem demasiadamente desiguais, haverá uma democracia. Em cada caso, a autoridade política acrescenta a desigualdade política aos tipos de desigualdade já existentes (*SD*, 171 s.).

As últimas páginas do *Segundo discurso* oferecem um esboço do "progresso da desigualdade", conforme definição de Rousseau, em três fases: "o estabelecimento da lei e do direito à propriedade foi a primeira fase; a instituição da magistratura, a segunda; e a terceira e última foi a transfor-

---

12. Rousseau rejeita outros modos de origem do governo – conquista, submissão a um senhor absoluto (ou absolutismo real, para Locke), autoridade paterna, submissão à tirania – com o argumento de serem bastante improváveis (*SD*, 161-8).

mação do poder legítimo em poder arbitrário. Dessa forma, o *status* dos ricos e dos pobres foi autorizado pela primeira época, o dos poderosos e dos fracos pela segunda, e o dos senhores e dos escravos pela terceira, que é o último grau de desigualdade e o limite para o qual conduzem todos os demais, até que novas revoluções dissolvam o governo completamente ou o tornem mais próximo de ser instituído legitimamente" (*SD*, 172).

Assim, o círculo finalmente se fecha: o sentimento de humanidade começa com o estado de natureza (a primeira das quatro fases culturais antes do advento da sociedade civil), no qual todos são iguais. Chega finalmente ao estado de desigualdade máxima, no qual todos se tornam iguais novamente porque nada são e porque não há mais nenhuma lei a não ser a vontade do senhor, que é dominado por suas paixões: "As noções do bem e os princípios da justiça [que surgiram com o pacto de governo] desaparecem mais uma vez. Tudo volta a [...] um estado de natureza diferente daquele do qual partimos, pois o estado inicial era um estado de natureza em sua pureza, enquanto o novo é fruto do excesso de corrupção" (*SD*, 177).

2. No último parágrafo do *Segundo discurso*, ao se referir às vaidades, vícios e sofrimentos da civilização contemporânea que acabara de descrever, Rousseau oferece sua conclusão principal: "[...] esse [estado da sociedade e da cultura, descritos acima] não é o estado original do homem; [...] é o espírito da sociedade e a desigualdade por ele gerada que transformam e alteram todas as inclinações humanas" (*SD*, 180). Em outro trecho: "Segue-se dessa exposição que a desigualdade, sendo quase nula no estado de natureza, retira do desenvolvimento de nossas faculdades e do progresso do espírito humano sua força e ampliação, tornando-se finalmente estável e legítima através do estabelecimento da propriedade e das leis" (*SD*, 180).

Pode-se dizer que, para Rousseau, ocorrem em toda a história dois processos correlacionados.

Um deles é a concretização gradual de nossa perfectibilidade, isto é, de nossa capacidade de realizações cada vez mais aperfeiçoadas e de refinamentos nas artes, nas ciências e na invenção de instituições e formas culturais no decorrer do tempo.

O outro processo é a nossa crescente alienação uns em relação aos outros em uma sociedade dividida por desigualdades cada vez maiores. Essas desigualdades incitaram em nós os vícios do *amour-propre* inflamado, os vícios do orgulho e vaidade, além do desejo de dominar, levando à bajulação e à subserviência nas ordens inferiores. Esses dois processos se combinam para tornar possível o domínio do poder político arbitrário e manter a imensa maioria dos homens em dependência servil em relação aos ricos e poderosos (SD, 175).

§ 4. A relevância do contrato social

1. Como sugerido anteriormente, é estranho que Rousseau afirme que o homem é naturalmente bom e se corrompe exclusivamente por causa das instituições sociais, pois, como já foi visto, os seres humanos primitivos são brutos indolentes e impulsivos, ainda que felizes, e, uma vez formados os grupos sociais, parecem se tornar cada vez mais fúteis e tirânicos, agindo com arrogância para com os que têm menos ou então decaindo para o servilismo e a subserviência para com os que têm mais[13]. Nossa razão amplia e multiplica infindavelmente nossos desejos; à medida que nos tornamos cada vez mais dependentes das opiniões dos outros, nossas diferenças naturais se tornam ensejos de futilidade e degradação. Então, por que não dizer que a natureza humana é fundamentalmente corrupta e que a vida social simplesmente revela toda essa corrupção? É verdade que somos perfectíveis, isto é, com o passar do tempo nossas potencialidades podem se desenvolver através da cultura, sem limite aparente, e as instituições que preservam essas realizações podem ser devidamente premiadas e mantidas. Porém, se somos perfectíveis apenas a custo de sofrimentos e vícios, como nossa natureza pode ser boa?

Creio haver pelo menos duas razões que explicam por que Rousseau diz que a natureza humana é boa[14]. Uma delas é que ele rejeita certos aspectos da ortodoxia cristã, especialmente a doutrina agostiniana do pecado original. Uma das concepções sustentadas pela patrística sobre a escravidão e a propriedade privada era que essas instituições foram sancionadas por Deus como corretivos para nossas inclinações ao pecado. Essas inclinações tiveram início com a queda de Adão e Eva e agora se encontram arraigadas em nossa natureza pecadora. Seu efeito pode ser aliviado apenas pela graça de Deus; o papel do direito e das instituições sociais é de mera contenção dessas inclinações.

---

13. Para citar uma afirmação indelicada de Kant ao zombar dos títulos de seus conterrâneos prussianos: "São demasiado indecisos entre dominar ou rastejar."

14. Note-se que Rousseau diz isso com cautela, tal como em seus comentários sobre a metodologia em SD, 103, 105 e 180.

Rousseau oferece outra interpretação: ao contrário do que afirma essa doutrina agostiniana, a escravidão e a propriedade privada são evoluções históricas resultantes de transformações graduais nas inclinações humanas influenciadas pelas práticas sociais sob certas condições. Essa longa evolução assumiu uma direção peculiar. Um aspecto essencial em Rousseau é que ela poderia ter sido diferente; ele faz referências a diferentes acidentes e a associações fortuitas de causas externas (SD, 140), que acredito ser seu modo de dizer que essa evolução era inevitável[15].

2. Rousseau rejeita também outra doutrina: a de Hobbes. Para ele, os vícios do orgulho, vaidade e demais vícios que (em sua leitura de Hobbes) caracterizam o estado de natureza hobbesiano não são naturais do homem (SD, 128 ss.). Tais vícios e os sofrimentos por eles causados são resultado de um *amour-propre* não natural, isto é, pervertido. São consequência de um decurso específico da história. Nosso *amour-propre* – que, como vimos antes, é natural dos seres humanos – é uma profunda preocupação em obter uma posição social estável em relação aos outros, compatível com o reconhecimento mútuo e a reciprocidade. Trata-se de algo bastante diferente da vaidade, do orgulho e do desejo de dominar. A natureza humana conforme a concepção hobbesiana encontra-se em Rousseau apenas na última fase da cultura (estado de natureza no sentido jurídico de Locke). Lembremos que essa fase surge apenas com os seguintes progressos:

(1) metalurgia e agricultura;

(2) enormes desigualdades em propriedade privada, inclusive propriedade de terras;

(3) divisão do trabalho, na qual alguns indivíduos ficam subordinados ao mando de outros e, portanto, dependentes destes;

(4) essas desigualdades são ampliadas por diferenças em dons inatos à medida que os indivíduos recebem treinamento e instrução, alguns em maior medida que os outros.

São esses elementos que, na ausência de um compromisso institucional público em preservar a igualdade, levam as pessoas a ver um antagonismo em suas relações entre si. Assim, a sociedade é vista como palco de rivalidade, um jogo competitivo em que todos estão contra todos. Para Rousseau, Hobbes faz uma descrição das pessoas cujos traços de caráter e objetivos foram talhados por essas condições sociais.

15. [Ver discussão pormenorizada da doutrina cristã do pecado original no final desta conferência, no Apêndice A, extraído das notas de aula escritas por Rawls em 1981. (N. do Org.)]

Outro elemento da crítica de Rousseau a Hobbes é que o estado de guerra apresentado por Hobbes depende das paixões do orgulho e vaidade. Porém, para Rousseau, tais paixões pressupõem certo progresso cultural e intelectual, que, por sua vez, pressupõe a existência de certas instituições sociais. Em Rousseau, o homem primitivo não era capaz de orgulho, vaidade, nem dos demais vícios da civilização. Para ele, apenas o *amour de soi* (demonstrado em desejos tais como os desejos de comer, beber e dormir [*SD*, 116]) e a compaixão são naturais nesse sentido. A vaidade, o orgulho e os vícios do *amour-propre* inflamado não estavam presentes nas primeiras fases e surgiram somente muito mais tarde.

3. O *Segundo discurso* é uma das obras mais pessimistas de Rousseau. Ao escrever *Do contrato social* (mesma época em que escreveu a carta a Malesherbes, publicada no *Diálogo I* e citada anteriormente), ele já não acreditava mais que tenha existido no passado uma época que pudesse ser considerada a melhor de todas; seu olhar se lança mais para o futuro – melhor seria dizer, talvez, para o possível. Agora, ele acredita que é pelo menos possível conceituar uma forma legítima de governo e seu sistema de instituições de modo tal que esse governo possa ser, com sorte, razoavelmente justo, feliz e estável. Os membros desse tipo de sociedade seriam livres dos vícios mais sérios do *amour-propre* inflamado, tais como a vaidade, a ambição, a insinceridade e a ganância. Não é inevitável que os seres humanos se tornem cada vez piores; por outro lado, é possível que se tornem melhores.

Contudo, se o *Contrato social* apresenta os princípios do direito político para uma sociedade justa, viável e estável, não resta muito espaço para ação. A crença de Rousseau de que a natureza humana é boa e de que as instituições sociais corrompem os homens conduz a estas duas proposições:

(a) As instituições sociais e as condições da vida social influenciam predominantemente o desenvolvimento e a expressão de determinadas inclinações humanas no decorrer do tempo. Quando concretizadas, algumas dessas inclinações são boas e outras más.

(b) Existe pelo menos um sistema possível e razoavelmente viável de instituições políticas legítimas que satisfaz aos princípios do direito político e atende aos requisitos da estabilidade institucional e da felicidade humana.

Assim, o fato de nossa natureza ser boa significa que ela permite a existência de um sistema de instituições justas, estáveis e felizes. No *Contrato social*, Rousseau nos conta como é essa sociedade e de que modo ela poderia se dar. O objetivo da genealogia do vício empreendida por Rousseau no *Segundo discurso* é demonstrar que não é necessário rejeitar a ideia da benevolência natural dos seres humanos. A explicação que ele dá é que o ideal da cooperação social (presente no *Contrato social*) é compatível com nossa natureza se a ideia da benevolência natural for verdadeira. Embora o *Contrato social* de certa forma modifique o pessimismo do *Segundo discurso*, esta última obra oferece o contexto do problema que Rousseau trata na outra.

Concluímos, então, que a natureza humana é boa no sentido de que pelo menos permite a possibilidade de acordos políticos e sociais justos e estáveis. A solução do nosso problema é um mundo social organizado de tal forma que seja coerente com nossa verdadeira natureza e com o estado natural de nosso *amour-propre*. É esse o porquê do parágrafo de abertura do Livro I do *Contrato social*: "Proponho-me a investigar se pode haver na ordem civil uma regra de administração legítima e confiável que tome os homens tais como são e as leis tais como podem ser. Tentarei sempre conciliar nesta pesquisa o que é permitido pelo direito com o que é prescrito pelo interesse, a fim de que a justiça e a utilidade não fiquem em desarmonia."

4. Surge, então, a seguinte pergunta: em que medida Rousseau de fato acredita haver benevolência na natureza humana? Essa pergunta parte do pressuposto de que a natureza humana pode ser representada (a fim de responder a essa pergunta) pelos princípios mais fundamentais da psicologia humana, entre estes os princípios do saber de todos os tipos. Teremos compreendido esses princípios quando, além dos princípios da sociologia política do senso comum, formos capazes de explicar pelo menos plausivelmente os tipos de virtudes e vícios, objetivos e anseios, fins e desejos últimos etc. – enfim, o tipo de caráter – que passamos a assumir em diferentes condições sociais e históricas. Os princípios da natureza humana são como uma função matemática: a depender das condições sociais e históricas, eles determinam os tipos de caráter que se desenvolverão e serão adquiridos na vida em sociedade.

Se aceitarmos essa definição, a natureza humana será boa a depender, aparentemente, de dois fatores:

(a) do alcance e variedade das condições históricas sob as quais a sociedade do *Contrato social* pode se concretizar; e

(b) da possibilidade de chegar a tais condições partindo da maioria das outras condições ou de outras condições distintas.

Suponhamos que partindo de onde estamos agora não possamos chegar às condições que levam a uma sociedade justa, feliz e estável: até agora avançamos demais no caminho do vício e da corrupção e não somos capazes de cooperar uns com os outros a fim de resolver nossos problemas. Pior para nós. Suponhamos agora que isso não seja possível na maioria das condições que provavelmente surgirão no transcurso de nossa longa história. Nesse caso, o pessimismo do *Segundo discurso* dificilmente se abranda.

Masters, na Introdução da nova edição do *Segundo discurso* que organizou, diz o seguinte: "Rousseau foi quase o único em seu século que via a raça humana como uma espécie animal cuja natureza define um modo de vida benéfico e saudável, mas cuja evolução impediu o acesso dos indivíduos a uma vida naturalmente saudável (pelo menos para a maioria daqueles que vivem em sociedades civilizadas)."

Concordo com esse juízo, que não enfrenta oposição de nenhuma de minhas afirmações. Além disso, ele é congruente com a relação que sugeri existir entre o *Segundo discurso* e o *Contrato social* – relação em que este explica como organizar as instituições do mundo social a fim de que não surjam os vícios e sofrimentos que aquele enuncia e que se encontram em quase todas as épocas e em nossa cultura e civilização.

A resposta de Rousseau: é preciso organizar nossas instituições políticas e sociais de acordo com os termos da cooperação expressos pelo contrato social (*SD*, 1.6); são esses termos, quando concretizados de forma eficaz, que garantem que tais instituições protejam nossa liberdade moral, igualdade política e social e independência. Além disso, eles tornam possível nossa liberdade cívica e previnem as hostilidades e vícios que poderiam nos afligir.

Rousseau – Conferência I (1981): Apêndice A

Rousseau: A doutrina da benevolência natural da natureza humana

§ 1. Ataque à ideia do pecado original

Comecemos com uma distinção entre a doutrina de Rousseau e a doutrina ortodoxa do pecado original, que consiste das seguintes partes: (a) Adão e Eva, primeiro casal, eram dotados de perfeição natural original. (b) Seu pecado foi por culpa deles próprios, um ato de livre-arbítrio realizado por uma natureza sem defeito. (c) Sua motivação foram o orgulho e o capricho. (d) A punição e a corrupção geradas por esse pecado são manifestas na concupiscência e disseminadas no ato sexual. (e) Todos nós hoje somos corresponsáveis por ele e dele participamos; assim, hoje (f) nossa natureza é marcada e dominada pela morte e sofrimento, (g), dos quais só é possível escapar com ajuda da graça divina.

Tendo em mente esses elementos, observa-se que Rousseau os rejeita um por um: (a) O estado natural (estado da natureza) não é um estado de perfeição natural, mas um estado primitivo em que nossas potencialidades de perfeição, bem como nossa razão e sensibilidades morais, são subdesenvolvidas e se concretizam apenas na vida em sociedade e por meio de muitas transformações no decorrer do tempo. (b) O sofrimento, vícios e falsos valores que caracterizam os seres humanos atualmente não têm como raiz as livres escolhas; em vez disso, eles se dão como consequência de lastimáveis acidentes históricos e tendências sociais. (c) Rousseau nega que Adão e Eva tenham agido por orgulho e capricho, pois essas motivações se dão apenas na vida em sociedade. (d) Os vícios e os falsos valores são disseminados pelas instituições sociais na medida em que cada geração é suscetível a eles. (e) A saída está em nossas mãos.

A abordagem que Rousseau oferece acerca da evolução histórica e social é secular e naturalista, como a de outros autores do Iluminismo: Diderot, Condorcet, d'Alembert etc. (Comparar essa abordagem com a de Hume.)

§ 2. Rousseau *versus* Hobbes: Outros significados da benevolência natural – como premissa da teoria social

Embora Rousseau rejeite o pecado original (assim como Hume e muitos outros, com certo ardor), também rejeita elementos da doutrina de Hobbes. Em especial, ele acreditava (com ou sem razão) que, para Hobbes, o orgulho, a vaidade e o desejo de dominar são impulsos essenciais e originais ou princípios psicológicos da natureza humana – o que explicaria, em parte, por que o estado de natureza é um estado de guerra. Rousseau nega essa afirmação e atribui essas inclinações à sociedade. No estado de natureza primitivo, as pessoas são movidas por necessidades naturais, guiadas pelo amor-próprio (*amour de soi*) e refreadas pela compaixão natural.

Rousseau também rejeitou a ideia de Hobbes de que as formas conspícuas da compaixão e outros sentimentos semelhantes possam reduzir-se ao amor-próprio. Para ele, a compaixão e o amor-próprio são sentimentos distintos; o amor-próprio guiado pela razão e abrandado pela compaixão oferece, sob as condições sociais e modos de educação sociais adequados, a base psicológica da conduta benevolente e moral.

§ 3. As possibilidades de uma sociedade bem regulada

Passemos agora a analisar o que significa toda essa controvérsia sobre o conceito de natureza humana original e suas inclinações. Qualquer um concorda, por exemplo, que muitas pessoas, devido à natureza humana, são movidas pelo orgulho, pela vaidade e pelo desejo de dominar, pelo menos em algumas circunstâncias; o número de pessoas com essa característica é grande o suficiente para ser um fator político de peso. Que diferença faz, então, se as inclinações dessas pessoas são originais ou derivadas? Além disso, será que sabemos o que queremos dizer com essa distinção? Será que somos capazes de distinguir o que é inclinação original e o que é inclinação derivada em nosso comportamento real?

A questão em jogo pode ser enunciada da seguinte maneira: suponhamos que acreditemos (como Rousseau e os autores do Iluminismo) que os seres humanos e suas finalidades sejam as unidades básicas da deliberação e da ação, bem como da responsabilidade (propriamente entendida), de modo que nossos atos, considerados coletivamente, sejam uma das principais causas das transformações históricas e sociais. Nesse sentido, ter uma teoria social é ter, entre outras coisas, uma teoria dessas unidades da deliberação e da ação; além disso, qualquer teoria desse tipo deve atribuir aos seres humanos certos princípios originais que especificam de que modo eles agem em diversas condições sociais.

Assim, o que está realmente em jogo na controvérsia sobre a natureza humana original é a expectativa de transformação social fundamental e a sabedoria de adotar este ou aquele meio para realizar essa transformação, partindo de nossa atual situação histórica e social. A menos que queiramos agir no escuro, precisamos ser capazes de explicar como seria na prática uma sociedade livre e benevolente bem regulada e por que ela será estável e viável quando houver determinado sistema de educação que lhe ofereça as condições adequadas. Cabe também a pergunta: é possível criar uma sociedade assim a partir das condições atuais sem usar os meios que nos fazem ser dominados pelas próprias características psicológicas que a tornam impossível?

Em *Emílio*, Rousseau discute a teoria psicológica que, segundo ele, torna possível e estável uma sociedade bem regulada. Essa teoria exige que toda forma de autoridade coerciva, seja pública ou de outra natureza, seja fundada em princípios que as pessoas possam atribuir a si mesmas como pessoas morais livres e que excluam a dependência pessoal.

Parte 1 Introdução 1.1	Parte 2
(1) 1.2-1.5 Refuta as falsas teorias da autoridade política fundadas em espécies de [desigualdade] tal como em situações de coibição	(1) 3.1-3.9 Discute o governo como subordinado ao Soberano, como executor das leis do Soberano e como agente
(2) 1.6-1.9 Apresenta a teoria correta da autoridade política legítima 2.1-2.6 Discute o Soberano e a fonte do direito	(2) 3.10-3.18 Discute o que pode ser feito para impedir que o governo usurpa a autoridade do soberano: o soberano como assembleia do povo 4.1.-4.4 Discute como ordenar a vontade geral como procedimento das assembleias populares a fim de que estas possam dar a melhor expressão possível à vontade geral e preservar a liberdade e a igualdade
(3) 2.7-2.12 O legislador e o problema da estabilidade	(3) 4.5-4.8 Instituições da estabilidade: ditadura, censura, religião civil Conclusão 4.9

Figura 5. Resumo do *Contrato social*. Adaptado da análise de Hilail Gildin em *Rousseau's Social Contract* [O contrato social de Rousseau] (Chicago: University of Chicago Press, 1983), pp. 12-7.

Rousseau: Apêndice B

Comentários sobre a Figura 5:

1. Deixando de lado os Capítulos 1.1. e 4.9 (primeiro e último capítulos do *Contrato social*), cada livro se divide em partes iguais com o mesmo número de capítulos.

2. Somente nos Capítulos 3.10-3.18 (na segunda parte da Parte II) é que se torna claro que o soberano deve ser uma assembleia do povo e se reunir em intervalos fixos e periódicos (*cf.* 3.13.1).

Lista das obras de Rousseau

1750	*Discours sur les sciences et les arts* ("Primeiro discurso") (escrito em 1749)
1752	*Le Devin de Village* (ópera)
1755	*Discours sur l'origine de l'inégalité* ("Segundo discurso")
	"*Economie Politique*" (artigo na *Enciclopédia* de Diderot)
1756	"*Lettre sur la Providence*" (resposta ao "*Poème sur le désastre de Lisbonne*", de Voltaire)
1758	*Lettre à M. d'Alembert sur les spectacles*
1761	*La Nouvelle Héloïse*
1762	Escreve quatro cartas autobiográficas a Malesherbes
	Emile
	Contrat Social
	"*Lettre à Christophe de Beaumont*" (resposta ao arcebispo de Paris sobre o *Emílio*)
1764	*Lettres écrites de la montagne* (resposta às *Lettres écrites de la campagne*, de J. R. Tronchin)
1765	*Projet de constitution pour la Corse*
1766	*Confessions* (1ª parte – concluída após retorno à França), publicação em 1781
1772	*Considérations sur le gouvernement de Pologne*
1772-76	*Dialogues: Rousseau juge de Jean-Jacques*
1776-78	*Les Rêveries du promeneur solitaire*

Bibliografia

Cassirer, Ernst. *The Question of Jean-Jacques Rousseau*, trad. Peter Gay (Nova York: Columbia University Press, 1954).

Cohen, Joshua. "Reflections on Rousseau: Autonomy and Democracy", *Philosophy and Public Affairs*, verão de 1986.

Cranston, Maurice. Introdução à sua própria tradução do *Contrato social* (Penguin, 1968), pp. 9-25 (crítica), pp. 25-43 (biografia); *The Early Life and Works of Jean Jacques-Rousseau, 1712-1754* (Nova York: Penguin, 1983).

Dent, N. J. H. *Rousseau* (Oxford: Blackwell, 1988); e *A Rousseau Dictionary* (Oxford: Blackwell, 1992).

Gay, Peter. *The Enlightenment: An Interpretation*, 2 vols. (Knopf, 1969); referências a Rousseau, pp. 529-52 (relativas a *La Nouvelle Héloïse*, pp. 240 s.).

Gildin, Hilail. *Rousseau's Social Contract* (Chicago, 1983).

Green, F. C. *Jean-Jacques Rousseau: A Study of His Life and Writings* (Cambridge, 1955).

Grimsley, Ronald. *The Philosophy of Rousseau* (Oxford, 1973).

Lovejoy, Arthur O. *Essays in the History of Ideas* (Johns Hopkins, 1948). Contém "The Supposed Primitivism of Rousseau's Discourse on Inequality".

Masters, Roger. *Rousseau* (Princeton, 1968).

Miller, James. *Rousseau: Dreamer of Democracy* (Yale, 1984).

Neuhouser, Frederick. "Freedom, Dependence, and the General Will", *Philosophical Review*, julho de 1993.

Shklar, J. N. *Men and Citizens* (Cambridge UP, 1969).

ROUSSEAU II

O contrato social: os pressupostos e a vontade geral (I)

§ 1. Introdução

1. Na última conferência, tentamos compreender as questões e problemas que motivaram Rousseau ao escrever o *Contrato social*. Ali afirmei que Rousseau tinha preocupações mais amplas que as de Hobbes e Locke: Hobbes estava preocupado em superar o problema da guerra civil semeadora da discórdia, e Locke, em justificar a resistência à Coroa em um regime de Constituição mista. Rousseau é um crítico da cultura e da civilização: no *Segundo discurso*, oferece um diagnóstico do que chamou de males profundamente arraigados da sociedade, descrevendo os vícios e os sofrimentos que tais males trazem aos membros da sociedade. Sua intenção é explicar por que surgem esses males e vícios e ao mesmo tempo descrever no *Contrato social* a estrutura de sustentação de um mundo social em que eles não estariam presentes.

O *Contrato social* esboça os princípios do direito político que devem ser concretizados em instituições a fim de que a sociedade seja justa, viável, estável e razoavelmente feliz. Já sugeri anteriormente que a afirmação de Rousseau de que os homens são bons por natureza e se corrompem através das instituições sociais conduz às seguintes proposições:

Em primeiro lugar, as instituições e condições sociais exercem influência predominante sobre o desenvolvimento e a expressão de determinadas inclinações humanas no decorrer do tempo. Algumas inclinações são boas, outras são más; a depender das condições sociais, algumas delas serão favorecidas e se manifestarão.

Em segundo lugar, existe pelo menos um sistema possível e razoavelmente viável de instituições políticas legítimas que satisfaz aos princípios do direito político e atende aos requisitos da estabilidade e da felicidade humana. Dessa forma, a natureza humana é boa no sentido de que permite a existência de um mundo social com essas características.

2. Analisemos mais uma vez o parágrafo de abertura da Introdução ao Livro I do *Contrato social*: "Proponho-me a investigar se pode haver na ordem civil uma regra de administração legítima e confiável que tome os homens tais como são e as leis tais como podem ser. Tentarei sempre conciliar nesta pesquisa o que é permitido pelo direito com o que é prescrito pelo interesse, a fim de que a justiça e a utilidade não fiquem em desarmonia." Rousseau vê seu próprio raciocínio como realista e voltado para o possível, e isso fica demonstrado em sua afirmação de que pretende tomar os seres humanos tais como são e as leis tais como podem ser. Para que a sociedade seja estável e ao mesmo tempo feliz, deve ser feito um ajuste entre o que é permitido pelo direito e o que é prescrito pelo interesse. Caso contrário, haverá um choque entre o justo e o útil, impossibilitando um regime estável e legítimo.

Note-se que há uma ambiguidade na afirmação de Rousseau de que ele pretende tomar os seres humanos tais como são. Naturalmente, ele não se refere aos indivíduos existentes atualmente, imersos em todos os vícios e hábitos de uma civilização corrupta (conforme descrição no *Segundo discurso*). Ao contrário, ele se refere aos seres humanos tais como são de acordo com os princípios e inclinações fundamentais da natureza humana. Tais princípios e inclinações são aqueles com ajuda dos quais somos capazes de explicar os tipos de virtudes, objetivos, anseios, fins e desejos últimos – enfim, o tipo de caráter – que passamos a assumir em diferentes condições sociais. Entre eles estão a capacidade de exercer o livre-arbítrio (capacidade de identificar as razões válidas e agir com base nelas) e a perfectibilidade (potencialidade de autoaperfeiçoamento através do desenvolvimento de nossas faculdades por meio da cultura). Entre os aspectos psicológicos fundamentais de nossa natureza estão também o *amour de soi* e o *amour-propre*, este último compreendido conforme o sentido amplo sugerido por Kant.

3. Ao discutir qualquer concepção política e sua definição do direito e da justiça, é preciso discriminar quatro questões:

(1) Quais são, segundo essa concepção, os princípios razoáveis ou verdadeiros do direito político e da justiça e de que modo se estabelece sua retidão?

(2) Que instituições políticas e sociais viáveis e praticáveis são as mais eficientes na concretização desses princípios e mantêm a sociedade estável com o passar do tempo?

(3) De que modos as pessoas têm conhecimento dos princípios do direito e adquirem a motivação para agir com base neles e para asseverar a concepção política à qual eles pertencem?

(4) De que modo poderia ser criada uma sociedade que concretiza esses princípios do direito e da justiça e como ela foi criada em algumas circunstâncias reais, caso isso já tenha ocorrido?

Passemos agora a interpretar a ideia do pacto social como resposta às duas primeiras perguntas. O ponto de partida da discussão dessa ideia é um estado estável, contínuo e de natureza hipotética em que a sociedade do pacto social se encontre plenamente concretizada e em equilíbrio. Nele, as instituições sociais e as leis podem se transformar de tempos em tempos, mas sua estrutura básica permanece legítima e justa. Façamos então a primeira pergunta: quais são os princípios do direito em uma sociedade assim? A resposta, em poucas palavras, é: são aqueles que expressam os termos do pacto social. Mais adiante esmiuçaremos essa afirmação.

Em seguida, façamos a segunda pergunta: que instituições políticas e sociais são as mais eficientes na concretização desses princípios e mantêm a sociedade estável com o passar do tempo? Resposta: certos aspectos gerais da estrutura básica da sociedade política que são necessários para atender aos termos do pacto social. Um deles, por exemplo, é o modo como a estrutura básica da sociedade consegue realizar os três aspectos fundamentais da igualdade, quais sejam: a conservação de uma posição de igualdade e respeito para todos os cidadãos, a concretização do estado de direito como algo válido para todos e desejado por todos e a garantia de um grau suficiente de igualdade material[1]. É preciso esclarecer o que significa tudo isso.

As outras duas perguntas – a terceira, sobre a psicologia moral, e a quarta, sobre as origens históricas – serão deixadas para a próxima conferência.

§ 2. O pacto social

1. Voltemos a atenção para a ideia do pacto social, que, conforme definição de Rousseau, é o ato pelo qual as pessoas se tornam um povo (*CS*, 1:5.2). Mais adiante, ela será vinculada à ideia da vontade geral (e suas diversas ideias associadas, tais como às do bem comum e interesse comum), bem como às ideias da soberania e das leis políticas fundamentais. Porém, antes de fazer isso, note-se que nos Capítulos 2-5 do Livro I do *Contrato social* Rousseau recorre a argumentos casuísticos, assim como Locke, para

---

1. Frederick Neuhouser, em seu artigo "Freedom, Dependence, and the General Will", faz menção a esses três aspectos da igualdade. Ver pp. 386-91.

demonstrar que a autoridade política deve ser fundada em um pacto social. Paralelamente, argumenta que o direito político deve se basear na convenção e que nem a autoridade paterna, nem o direito do mais forte, nem ainda o direito do conquistador em uma guerra bastarão para gerar a autoridade política. Conforme as palavras no cabeçalho do Capítulo 5, "é sempre necessário voltar à primeira de todas as convenções" – isto é, ao pacto social.

Nesses argumentos casuísticos, fica implícito o pensamento de que sendo todas as pessoas igualmente reis, como disse Locke (*Segundo tratado*, § 123), todos teremos obrigações para com uma autoridade política apenas quando ela houver sido instituída – ou quando houver possibilidade de ela ser instituída de modo apropriado – a partir do consentimento dado por nós como pessoas livres, iguais, razoáveis e racionais. Qualquer outra base para a instituição da autoridade política, quando observada minuciosamente, revela-se depender da falta que temos de uma ou mais das três condições essenciais para que haja consentimento vinculante: a habilidade, a oportunidade ou a devida vontade. Por exemplo, conforme explicado por Rousseau no *Contrato social*:

(a) Os menores, por não terem atingido a idade da razão, ainda não são plenamente razoáveis e racionais, cabendo a seus pais ou curadores agir em seu nome até que atinjam a maioridade (*CS*, 1:2.1 s.).

(b) Os súditos derrotados por um conquistador durante uma guerra não têm a oportunidade de dar seu livre consentimento; os sinais de consentimento nessas circunstâncias, mesmo quando óbvios, são forçados e não podem gerar obrigação. A autopreservação leva esses indivíduos a obedecer, e eles podem voltar a fazer o que bem entenderem quando o conquistador não mais tiver poder. É absurdo pensar que o direito começa e termina ao mesmo tempo que a força (*CS*, 1:3).

(c) Os escravos "perdem tudo em seus grilhões, até o desejo de deles se livrar" (*CS*, 1:2.8), de modo que lhes faltam tanto a habilidade como o desejo de dar seu livre consentimento. Porém, as pessoas não são escravas por natureza: é a submissão à força que faz de um homem um escravo, do mesmo modo que é a falta de vontade (isto é, a covardia) resultante da escravidão que mantém o escravo na servidão (*CS*, 1:4).

2. Voltemos agora a nosso tema principal: o pacto social definido por Rousseau em *CS*, 1:6. Esse pacto define os termos da cooperação social que se refletirão nas instituições políticas e sociais. A meu ver, a teoria do

contrato social em Rousseau parte de quatro pressupostos[2]. Eles estão implícitos na exposição que Rousseau faz dos traços gerais do pacto social e das condições sobre as quais ele se sustenta.

Primeiro pressuposto: os indivíduos em cooperação têm por objetivo promover seus interesses fundamentais – isto é, seu bem razoável e racional, conforme sua própria percepção. Dois desses interesses vinculam-se ao amor de si em ambas as suas formas naturais próprias, o *amour de soi* e o *amour-propre*.

Como *amour de soi*, o amor de si não apenas se interessa pelos meios para atingir os diversos tipos de bem-estar, como também inclui o interesse em desenvolver e exercitar as duas potencialidades que os seres humanos têm no estado de natureza e outros animais não têm. Uma delas é a capacidade de livre-arbítrio para agir com base em razões válidas (*SD*, 113 s.); a outra é a capacidade de perfectibilidade e autoaperfeiçoamento através do desenvolvimento de nossas faculdades e de nossa participação na cultura no decorrer do tempo (*SD*, 114 s.).

A essas potencialidades poderíamos acrescentar nossa capacidade de pensamento intelectual (em vez de pensamento em imagens) (*SD*, 119-26), nossa capacidade para as atitudes e emoções morais (*SD*, 134-7) e nossa capacidade de identificação com os outros (piedade e compaixão conforme apropriado às circunstâncias) (*SD*, 131 s.).

Repetindo o que eu disse na última conferência, o amor de si, em sua forma natural e própria como *amour-propre*, é a necessidade de sermos reconhecidos pelos outros como indivíduos com reputação ou posição estável e como membros de nosso grupo social em igualdade com os demais membros. Essa posição significa que com base em nossas necessidades e carências somos vistos pelos outros como indivíduos que têm o direito de fazer reivindicações que eles reconhecerão como limitadoras de sua própria conduta, desde que, naturalmente, tais reivindicações atendam a certas condições de reciprocidade. Movidos por essa forma natural própria do *amour-propre*, dispomo-nos a conceder aos outros a mesma posição em troca e, portanto, a honrar os limites que nos são impostos pelas necessidades e reivindicações deles.

3. Segundo pressuposto: as pessoas em cooperação devem promover seus interesses sob as condições da interdependência social com os ou-

---

2. Essa interpretação vale-se da análise de Joshua Cohen em "Reflections on Rousseau: Autonomy and Democracy", *Philosophy and Public Affairs*, verão de 1986, pp. 276-9.

tros. Aqui, Rousseau pressupõe que as pessoas atingiram o momento da história em que a cooperação social na forma de instituições políticas e sociais é necessária e mutuamente vantajosa. A interdependência social agora faz parte da condição humana (CS, 1:6.1).

Porém, essa interdependência não deve ser confundida com a dependência pessoal em relação à vontade dos outros. Segundo Rousseau, a forma de dependência que vemos no *Segundo discurso* é responsável em grande medida pelo desenvolvimento do *amour-propre* não natural ou pervertido e se manifesta no desejo de dominar e agir com arrogância sobre os outros, bem como em outros vícios da civilização.

O segundo pressuposto merece atenção especial: Rousseau nunca acredita que os seres humanos são independentes uns dos outros. Ele parte do pressuposto de que somos sempre vinculados à sociedade de alguma forma e não podemos viver sem ela. Tanto no *Segundo discurso* como no *Contrato social*, fica igualmente claro que não viver em sociedade não seria bom para os seres humanos: a natureza humana somente encontra sua expressão e realização plenas quando vivemos em uma forma social apropriada (CS, 1:8.1). O pacto social não nos torna independentes da sociedade. Ao contrário, ele nos tornará completamente dependentes da sociedade como um todo, como organismo corporativo. Somos independentes de todos os demais cidadãos considerados individualmente, mas completamente dependentes apenas da cidade (pólis), conforme diz Rousseau (CS, 2:12.3).

Isso não quer dizer simplesmente que a vida fora da sociedade não seja viável ou que não possamos retornar à fase em que viveram os seres humanos primitivos antes do advento da sociedade, quando o homem era um bruto ocioso, indolente e inofensivo. Ao contrário, esse tipo de vida não é adequado à nossa natureza como indivíduos dotados de livre-arbítrio e perfectíveis, entre muitas outras características humanas (SD, 102). Voltaire disse que ao ler o *Segundo discurso* ficou tentado a andar de quatro patas. Essa observação não deixa de ser espirituosa, mas ele deveria ter lido o livro mais atentamente.

4. Terceiro pressuposto: todas as pessoas têm igual capacidade e interesse no que se refere à liberdade, isto é, capacidade de livre-arbítrio e de agir com base em razões válidas, bem como interesse em agir com base em seus próprios juízos sobre o que é melhor à luz dos objetivos e interesses específicos da maioria dos indivíduos. Em resumo, temos igual capacidade de decidir o que é melhor para nosso bem, conforme nossa

própria opinião, e igual desejo de agir com base nesse juízo. Esse pressuposto explicita o que dissemos acima sobre os elementos que constituem o *amour de soi*.

Quarto pressuposto: todas as pessoas têm igual capacidade de ter um senso político de justiça e um interesse em agir com base nele. Esse senso de justiça é visto como a capacidade de compreender os princípios do pacto social, aplicá-los e agir com base neles. Trata-se de uma consequência do terceiro pressuposto, tendo em vista as palavras de Rousseau em *CS*, 1:8.1 ao afirmar que a passagem do estado de natureza ao estado civil produz "notável transformação no homem, substituindo em seu comportamento o instinto pela justiça e conferindo a suas ações o caráter moral de que antes carecia".

Com base no que dissemos a respeito da interdependência social ao tratarmos do segundo pressuposto, Rousseau claramente não pensa no pacto social como algo realizado em um estado de natureza, nem mesmo em um estado de sociedade primitiva. É em parte por isso que interpretamos o pacto social como resposta somente às duas perguntas discriminadas acima, em § 1.3.

5. Com esses quatro pressupostos, o problema fundamental passa a ser, nas palavras de Rousseau (*CS*, 1:6.4):

(i) Como "encontrar uma forma de associação que defenda e proteja a pessoa e os bens de cada associado com toda a força comum".

Ainda assim, ao mesmo tempo, nessa forma de associação:

(ii) "[...] cada um, apesar de se unir a todos, obedece apenas a si mesmo e permanece livre como antes".

Esse é o problema que o contrato social pretende solucionar.

O problema é de que modo, sem sacrificar nossa liberdade, podemos nos unir aos outros para conseguir realizar nossos interesses fundamentais e garantir as condições para o desenvolvimento e exercício de nossas capacidades (*CS*, 1:8.1). Rousseau responde ao problema mais ou menos da seguinte maneira: em razão da interdependência social e da necessidade e possibilidade de cooperação social mutuamente vantajosa, a forma de associação torna razoável e racional que as pessoas iguais entre si, movidas por ambas as formas do amor de si, deem a ela seu consentimento.

Dados todos os pressupostos acima, Rousseau acredita que as cláusulas do pacto social são "tão completamente determinadas pela natureza do ato [as condições e a finalidade do contrato social] que a menor modificação as tornaria [a essas cláusulas] nulas e sem efeito" (*CS*, 1:6.5).

A meu ver, o que Rousseau quis dizer com isso é que, uma vez que tenhamos enunciado claramente o problema do pacto social, também ficará claro qual deve ser a forma de associação política e social geral. Como ele acredita que as cláusulas do pacto social são as mesmas em todos os lugares e em todos os lugares são tacitamente admitidas e reconhecidas, é forçoso acreditar também que o problema do pacto social seja compreendido pela razão humana comum.

Rousseau diz ainda que as cláusulas da associação, quando compreendidas corretamente, reduzem-se a uma única: "a alienação total de cada associado, com todos os seus direitos, à comunidade como um todo" (CS, 1:6.6).

6. A respeito dessa afirmação, Rousseau faz três comentários:

Primeiro (CS, 1:6.6), diz que nos entregamos à sociedade como um todo de modo absoluto (sem ressalva) e as condições com as quais nos comprometemos são as mesmas para todos. Por essa razão, "ninguém tem interesse em tornar [essas condições] incômodas para os outros". Embora estejamos comprometidos de modo absoluto com as cláusulas pactuadas, o alcance dessas cláusulas não é universal, pois elas não trazem em si um regulamento sobre a vida social como um todo. Nosso amor de si (em ambas as suas formas) impede que isso aconteça, assim como nosso interesse na liberdade para promover nossos fins específicos da maneira que julgarmos melhor; além disso, permanecemos pessoalmente independentes, isto é, não somos dependentes de nenhuma pessoa em particular. Assim, as leis gerais que definem o pacto social devem ordenar as restrições na liberdade civil necessárias para defender o bem comum a fim de que a liberdade individual mantenha sua devida abrangência (CS, 1:6.4).

Em CS, 1:8.2, Rousseau menciona três formas de liberdade: natural, civil e moral, nessa ordem. Através do pacto social, perdemos nossa liberdade natural, isto é, o direito a qualquer coisa que desejarmos e pudermos obter, limitado apenas por nossa força física individual. Em troca, ganhamos a "liberdade civil e o domínio sobre tudo o que ele [o homem] possui", limitada apenas pela vontade geral. Ganhamos também a liberdade moral. Isso por si só nos torna senhores de nós mesmos: "Pois o impulso do puro apetite é escravidão, e a obediência à lei que se prescreveu a si mesmo é liberdade" (CS, 1:8.3).

O que Rousseau quer dizer com isso é que as instituições da sociedade do pacto social devem ordenar nossas relações de dependência para com a sociedade como um todo e nossas relações uns com os outros, a fim de termos, se possível, plena liberdade moral e civil.

7. Rousseau faz o segundo comentário desenvolvendo as cláusulas da associação. Para ele, dado o caráter incondicional da alienação que fazemos de nós mesmos à sociedade como um todo, a união social é a mais perfeita possível. Seu argumento é de que por sermos partes celebrantes do pacto social não temos mais nenhum direito válido para com a sociedade em si, desde que o pacto esteja na forma devida e seja plenamente honrado. Não há autoridade maior à qual possamos apelar para decidir se devemos favorecer a nós mesmos ou à sociedade do pacto social. Afirmar o contrário seria acreditar que os seres humanos ainda vivem no estado de natureza, ainda estranhos à sociedade política legítima estabelecida pelo pacto. Se o pacto tiver a devida forma e for plenamente honrado, seus termos é que constituem o tribunal de apelação final (CS, 1:6.7).

Aqui, é essencial lembrar que o pacto social é uma resposta à primeira pergunta que mencionamos anteriormente: quais são os verdadeiros princípios do direito político? Dessa forma, não há paradoxo em dizer, conforme minha interpretação das palavras de Rousseau, que não há autoridade maior à qual possamos apelar que a dos termos do próprio pacto social, desde que, como sempre, este esteja na forma devida e seja plenamente honrado.

O terceiro (e último) comentário de Rousseau é: "porquanto cada um entrega a si mesmo a todos, entrega-se a ninguém; e, visto que ninguém ganha de um associado um direito sobre ele que não seja igual ao direito que a ele concede sobre si, ganha-se o equivalente a tudo o que se perde". Nossa vantagem, na verdade, é ainda maior, pois agora nossa vida e nossos meios vitais ganham a proteção da força conjunta de todos os membros da comunidade (CS, 1:6.8).

Isso estabelece nossa independência pessoal. Por quê? Ora, ganhamos os mesmos direitos sobre os outros que eles ganham sobre nós e conseguimos isso consentindo em uma troca de direitos, por razões arraigadas em nossos interesses fundamentais, entre estes o interesse na liberdade. Deixamos de ser dependentes das vontades específicas e arbitrárias de outras pessoas. No *Segundo discurso*, percebe-se que para Rousseau essa dependência deve ser evitada: ela corrompe nossa perfectibilidade e desperta as formas não naturais do *amour-propre* – o desejo de dominar ou a bajulação do servilismo, ambos encontrados em uma sociedade marcada por desigualdades não justificadas.

Naturalmente, cada um de nós é dependente da sociedade política como um todo. Porém, na sociedade do pacto social cada um é cidadão igual aos demais e ninguém se sujeita à vontade arbitrária ou à autoridade de ninguém. Além disso, como veremos, há um compromisso público em estabelecer a igualdade de condições entre os cidadãos a fim de garantir a independência pessoal de todos. Segundo a psicologia moral de Rousseau, nosso *amour-propre* em sua forma natural e própria exige que sejamos pessoalmente independentes e que haja um compromisso público para com a igualdade de condições que garanta nossa independência.

8. Por fim, Rousseau oferece mais uma definição do pacto social reduzida aos aspectos essenciais: "Cada um de nós põe sua própria pessoa e todo o seu poder nas mãos de todos sob a direção suprema da vontade geral; assim como em um corpo, recebemos cada membro como parte indivisível do todo" (*CS*, 1:6.9).

Essa é a primeira ocorrência do termo "vontade geral" (*la volonté générale*) no *Contrato social*. É essencial compreender seu sentido e o modo como ela se vincula às outras ideias fundamentais de Rousseau. Tratemos, pois, dessa ideia.

Antes disso, contudo, lancemos um olhar sobre alguns termos definidos em *CS*, 1:6.10. Através do contrato social, é gerada uma *pessoa pública*, que na Antiguidade Clássica era chamada de *cidade* (pólis) e hoje, de *república* ou *corpo político*. Trata-se de um corpo artificial e coletivo cuja quantidade de membros é a mesma que a quantidade dos eleitores em sua assembleia. A assembleia abrange todo o povo, todos os cidadãos[3].

Em seu papel ativo (tal como na promulgação de uma lei fundamental), o corpo político chama-se *soberano*; em seu papel passivo, *Estado*; quando mencionado em relação a outros corpos semelhantes, chama-se *potência*, como na expressão "as grandes potências da Europa", que se refere aos mais importantes Estados europeus.

As pessoas associadas umas com as outras através do contrato social, quando consideradas coletivamente, são chamadas de *povo*. Consideradas individualmente como os indivíduos que compartilham (em igual medida) do poder soberano, são chamadas de *cidadãos*; por outro lado, são *súditos* na medida em que se sujeitam às leis do Estado. Afirmei anteriormente que os cidadãos compartilham igualmente do poder soberano. Embora Rousseau não diga isso em *CS* 1:6.10, essa é obviamente sua opinião, que merece ser salientada, pois distingue o posicionamento de Rousseau em relação a Locke.

---

3. Entretanto, note-se que as mulheres, para Rousseau, não faziam parte da assembleia. Elas não são consideradas cidadãos ativos; seu lugar, para Rousseau, é em casa.

§ 3. A vontade geral

1. Até agora, a descrição do pacto social tem sido extremamente geral e obscura. A fim de formarmos uma visão mais clara, analisemos a natureza da associação que, segundo Rousseau, seria gerada a partir das condições que alega serem obrigatórias para que haja o pacto. Um dos modos de atingir esse objetivo é tentar compreender o que é a vontade geral para Rousseau[4].

O termo aparece cerca de setenta vezes no *Contrato social* (inclusive em referências pronominais). A primeira ocorrência já foi mencionada anteriormente: "Cada um de nós põe [na comunidade] sua própria pessoa e todo o seu poder nas mãos de todos sob a direção suprema da vontade geral; assim como em um corpo, recebemos cada membro como parte indivisível do todo" (*CS*, 1:6.9).

Dessa forma, a justificação da autoridade política na sociedade em questões da justiça política – autoridade exercida através de votação da assembleia do povo – é gerada por manifestações da vontade geral em regime de boa-fé. Essa vontade se manifesta propriamente em leis fundamentais sobre aspectos constitucionais essenciais e justiça elementar ou em leis devidamente relacionadas às primeiras. As leis fundamentais são legítimas por serem manifestações da vontade geral em regime de boa-fé. De que modo se pode compreender essa ideia?

2. Antes de tudo: cada indivíduo incorporado à sociedade política tem interesses particulares (*CS*, 1:7.7). Dentro dos limites da liberdade civil (estabelecida pelo pacto social), tais interesses formam a base das razões válidas para a ação. Dessa forma, cada um de nós tem uma vontade particular, própria. Vontade, para Rousseau, quer dizer a capacidade para exercer a razão deliberativa: trata-se da capacidade para exercer o livre-arbítrio, descrita no *Segundo discurso*. Um dos aspectos dessa capacidade se manifesta no ato de decidir à luz de razões vinculadas aos nossos interesses particulares. Essas decisões são manifestações de nossa vontade particular.

Note-se que a existência de interesses particulares é algo visto como óbvio. A sociedade do contrato social não é uma sociedade em que as pessoas são desprovidas de interesses diferentes dos da sociedade política

---

4. A ideia da vontade geral tem um longo histórico. Ver Judith Shklar, *Men and Citizens* (Cambridge: Cambridge University Press, 1969), pp. 168-9 e 184-97. Ver também o artigo da mesma autora sobre a vontade geral em *Dictionary of the History of Ideas*, org. P. Weiner (Nova York: Scribner's, 1973), vol. 1, pp. 275-81; e Patrick Riley, *The General Will Before Rousseau* (Princeton: Princeton University Press, 1986).

ou de interesses distintos da vontade geral e do bem comum e frequentemente opostos a estes.

3. Para Rousseau, a sociedade do pacto social não é mera aglutinação de pessoas. Ao contrário, uma das condições essenciais dessa sociedade é que seus membros tenham aquilo que Rousseau chama de vontade geral. Sobre esse assunto, farei cinco perguntas:

(1) A vontade geral é vontade de quem?
(2) Qual é a vontade da vontade geral?
(3) O que torna possível o bem comum?
(4) O que torna possíveis os interesses comuns?
(5) O que determina nossos interesses fundamentais?

A primeira pergunta (a vontade geral é vontade de quem?) tem a seguinte resposta: trata-se da vontade de todos os cidadãos como membros da sociedade política do pacto social. É uma vontade distinta da vontade particular que cada um também tem como pessoa (CS, 1:7.7).

Respondendo à segunda pergunta – qual é a vontade da vontade geral? –, diz-se que como membros da sociedade política os cidadãos compartilham de uma concepção de seu bem comum (CS, 4:1.1). Esse fato em si é de conhecimento de todos. Poderíamos dizer: quando todos os cidadãos se comportam em pensamento e ação de forma razoável e racional conforme exigido pelo pacto social, a vontade da vontade geral de cada cidadão é o bem comum, conforme definido pela concepção que compartilham sobre o que é esse bem comum.

Note-se que a vontade geral não é, obviamente, a vontade de uma entidade que transcende de alguma forma os membros da sociedade. Não é, digamos, a vontade da sociedade em si considerada como um todo (CS, 1:7.5; 2:4.1). São os cidadãos individuais que têm uma vontade geral; isto é, cada um tem capacidade para exercer a razão deliberativa, que, em ocasiões apropriadas, os leva a decidir o que fazer – por exemplo: como votar – com base naquilo que, na opinião de cada um, será melhor para promover seu interesse comum nos meios necessários para a preservação e bem-estar de todos, isto é, para o bem comum (CS, 1:7.7). Em outras palavras, a vontade geral é uma forma de razão deliberativa que cada cidadão compartilha com todos os demais por compartilharem também de uma concepção do bem comum.

A opinião dos cidadãos sobre o que é melhor para promover seu bem comum revela o que consideram ser boas razões para suas decisões políticas. Cada forma de razão deliberativa e vontade deve ter seu próprio modo de revelar razões válidas. Assim, como membros da assembleia – como cidadãos – não devemos votar em favor de nossos próprios interesses particulares como gostaríamos, mas expressar nossa opinião sobre quais medidas gerais apresentadas como opções são as melhores para promover o bem comum (CS, 4:1.6; 4:2.8).

Isso nos remete à terceira questão: o que torna possível o bem comum? Conforme afirmado antes, a vontade da vontade geral é o bem comum, mas o bem comum é determinado por nosso interesse comum. O bem comum, aqui, são as condições sociais que possibilitam ou ajudam os cidadãos a alcançar seus interesses comuns. Assim, sem os interesses comuns não haveria o bem comum, e, portanto, não haveria a vontade geral. Analisemos o parágrafo CS, 2:1.1, em que se lê: "A primeira e mais importante consequência dos princípios estabelecidos acima é que a vontade geral por si só é capaz de guiar as forças do Estado de acordo com o fim para o qual foi instituída, que é o bem comum. Isso porque, se a oposição aos interesses particulares tornou necessário o estabelecimento da sociedade, é a concordância entre esses mesmos interesses que o tornou possível. O que forma o vínculo social é o que há em comum entre esses diversos interesses, de modo que se não houver algum elemento de concordância entre todos os interesses não será possível existir sociedade alguma. Ora, é unicamente com base nesse interesse comum que a sociedade deve ser governada."

Note-se que são nossos interesses comuns que geram o vínculo social e tornam possível a vontade geral. Isso confirma o que dissemos acima, a saber, que a vontade geral não é a vontade de uma entidade que transcende os cidadãos como indivíduos. Isso porque a vontade geral deixa de existir quando os interesses dos cidadãos se transformam a ponto de não mais haver interesses fundamentais em comum. A vontade geral depende desses interesses.

A quarta pergunta – o que torna possíveis os interesses comuns que determinam o bem comum? – tem a seguinte resposta: os interesses fundamentais dos indivíduos, conforme descritos em nossos pressupostos iniciais, tal como no primeiro pressuposto, no qual os agrupamos nas categorias do *amour de soi* e do *amour-propre*. Além disso, há interesses fundamentais fundados em nossa situação social comum e permanente; por exemplo, o fato de que vivemos em situação de interdependência social e de que a cooperação social mutuamente vantajosa é tanto necessária como possível.

Isso nos remete à quinta pergunta: o que determina nossos interesses fundamentais (comuns)? A resposta é a concepção que Rousseau faz da natureza humana e dos interesses e capacidades fundamentais que lhe são essenciais e próprios. Poderíamos também dizer: é a concepção da pessoa em Rousseau, considerada em seus aspectos mais essenciais. Essa é, acredito, uma concepção normativa, da qual deriva a enumeração de nossos interesses fundamentais. Conforme afirmado anteriormente, Rousseau não vê as pessoas tais como são em uma sociedade marcada por extremos de desigualdade entre ricos e pobres, fortes e fracos, com os males da dominação e submissão que dela resultam. Ele as vê tais como são por natureza, compreendidas à luz de sua concepção da natureza humana. Essa natureza determina nossos interesses fundamentais.

Note-se aqui um elemento comum em doutrinas do contrato social: a normalização de interesses atribuídos às partes contratantes. Em Hobbes, são os interesses fundamentais dos indivíduos na autopreservação, afeições conjugais e "riquezas e meios para uma vida confortável". Em Locke, são as vidas, liberdades e propriedades. Em Rousseau, são os interesses fundamentais que acabamos de analisar. Todos supostamente têm esses interesses mais ou menos na mesma forma e os ordenam, quando razoável e racional, também da mesma forma.

4. Talvez essa interpretação do pensamento de Rousseau seja corroborada pelo que ele diz sobre a vontade geral em CS, 2:3:

2:3.1. A vontade geral é sempre correta e sempre tende ao bem comum.

2:3.2. Muitas vezes há uma grande diferença entre a vontade de todos e a vontade geral.

2:3.2. A vontade geral leva em conta apenas o interesse comum, enquanto a vontade de todos leva em conta o interesse particular e é nada mais que a soma das vontades particulares.

2:3.2. A vontade geral é o saldo obtido quando são subtraídos das vontades particulares os excessos e carências mutuamente excludentes e quando se considera a soma dessas vontades como modificadas por aquelas subtrações.

2:3.3. As muitas pequenas diferenças provavelmente convergirão na vontade geral, e a decisão sempre será boa, desde que o povo seja devidamente informado e sem comunicação entre si.

2:3.3. Quando um grupo predomina na sociedade, deixa de existir uma vontade geral.

2:3.4. Para que a vontade geral se manifeste de forma apropriada, não deve haver associações regionais no Estado e cada cidadão deve decidir por si mesmo.

2:3.4. Se houver associações regionais, para iluminar a vontade geral será necessário multiplicar o número dessas associações e impedir que haja desigualdade entre elas.

Essas afirmações podem ter várias interpretações. A meu ver, elas querem dizer que é provável que nossos interesses particulares influenciem nosso voto, e isso ocorre mesmo quando, com as melhores intenções, tentamos ignorá-los e votar favoravelmente à opinião que temos sobre o que é melhor para promover o bem comum. Trata-se de uma concepção de votação bem diferente daquela com a qual talvez estejamos mais familiarizados, isto é, com aquela segundo a qual sempre podemos votar em favor de nossos interesses particulares. Se aceitarmos, porém, a visão de Rousseau, os interesses particulares são obstáculos ao voto consciente; eles impedem que o indivíduo tenha uma visão sensata do bem comum, pois este é definido como algo que atende aos interesses fundamentais compartilhados entre todos os cidadãos.

É por isso que vemos Rousseau fazer afirmações como estas: a vontade geral leva em conta somente o interesse comum; a vontade geral é o saldo obtido quando se subtraem das vontades particulares os excessos e carências mutuamente excludentes. Esses "excessos e carências" parecem ser os diversos interesses particulares que nos influenciam fazendo-nos tender para um lado ou para o outro. Mesmo quando somos conscientes e pretendemos votar em favor de nossa opinião sobre o que é melhor para promover o bem comum, podemos deixar escapar o sinal lançado pelos interesses particulares, ignorando-o completamente.

Rousseau diz que o grande número de pequenas diferenças – isto é, o grande número de pequenas influências – muito provavelmente convergirá na vontade geral. Assim, se o povo for devidamente informado e votar em favor de sua própria opinião, a votação como um todo muito provavelmente será correta. O que ele provavelmente quer dizer aqui é que cada voto informado e consciente pode ser visto como amostra da verdade, e sua probabilidade de ser correto é consideravelmente maior que 50%. Logo, quanto maior o número de amostras desse tipo (com mais e mais cidadãos bem informados votando conscientemente), maior será a probabilidade de que o resultado da votação convirja em algo que de fato promova o bem comum[5].

---

5. Naturalmente, para que essa interpretação seja eficaz é preciso partir do pressuposto de que as amostras são independentes uma da outra. Caso contrário, não se aplicará o teorema de

5. Recapitulando rapidamente as respostas às cinco perguntas:

(1) A vontade geral é uma forma de razão deliberativa compartilhada e exercida por cada cidadão como membro do organismo corporativo, isto é, da pessoa pública (corpo político), que passa a existir quando o pacto social entra em vigor (CS, 1:6.10);

(2) A vontade da vontade geral é o bem comum, compreendido como as condições sociais que tornam possível que os cidadãos concretizem seus interesses comuns;

(3) O que torna possível o bem comum são os nossos interesses comuns;

(4) O que torna possíveis nossos interesses comuns são os interesses fundamentais que compartilhamos uns com os outros;

(5) O que determina nossos interesses fundamentais são a natureza humana (na concepção de Rousseau) e os interesses fundamentais e capacidades que lhe são próprios, ou ainda a concepção que Rousseau faz da pessoa como ideia normativa.

Ao responder à última pergunta, atingimos o maior grau possível de detalhamento da teoria formal da vontade geral e dos elementos que a tornam possível. Entendo por "teoria formal" a teoria acerca da relação da vontade geral com ideias formais, como a do bem comum, interesses comuns e interesses fundamentais, e com uma concepção da natureza humana[6].

Na próxima conferência, trataremos de mais cinco perguntas relativas à vontade geral. Tentar respondê-las é um bom método para testar se compreendemos a ideia da vontade geral. Embora algumas referências à vontade geral no *Contrato social* sejam obscuras, creio que a ideia em si pode ser esclarecida e que as principais afirmações de Rousseau a seu respeito são congruentes e fazem bastante sentido.

Bernoulli (lei dos grandes números). Talvez seja esse o motivo de Rousseau afirmar que não deve haver comunicação entre os cidadãos. De todo modo, porém, a analogia parece um tanto artificial. Ela é discutida em K. J. Arrow, *Social Choice and Individual Values*, 2. ed. (Nova York: Yale University Press, 1986), pp. 85 s.

6. A título de comentário, não tenho objeção a designar conjuntamente a natureza humana e os interesses fundamentais que lhe são próprios de "essência da natureza humana". Essa expressão é digna de objeção apenas quando acreditamos que ao usá-la estaremos atribuindo mais fundamentação ou alguma espécie de justificação mais profunda (ou metafísica) para o que já dissemos antes. Em vez disso, eu diria que, se a doutrina de Rousseau cobrir todos os elementos que, após lúcida reflexão, considerarmos possíveis objetos de nosso próprio juízo razoável e asserções, então ela fala por si só. É tudo o que se pode fazer. Naturalmente, porém, isso é apenas uma hipótese.

ROUSSEAU III

A vontade geral (II) e a questão da estabilidade

§ 1. O ponto de vista da vontade geral

1. As cinco perguntas sobre a vontade geral discutidas até agora têm, conforme indiquei, um caráter abstrato e formal. Até aqui nada foi mencionado sobre o conteúdo da vontade geral, isto é, sobre os princípios e valores políticos específicos e as condições sociais que constituem a vontade da vontade geral e cuja concretização é por ela exigida na estrutura básica da sociedade política.

Para lançar um pouco de luz sobre esses elementos, serão respondidas estas cinco perguntas:

(6) Qual é o ponto de vista da vontade geral?
(7) Por que a vontade geral, para ser legítima, deve derivar de todos e se aplicar a todos?
(8) Qual é a relação entre a vontade geral e a justiça?
(9) Por que a vontade geral tende à igualdade?
(10) De que modo a vontade geral está relacionada com a liberdade civil e moral?

As respostas a essas perguntas informam muito sobre o conteúdo da vontade geral. A última pergunta, como veremos, é especialmente importante. Entendê-la adequadamente é a chave da compreensão da plena força do pensamento de Rousseau.

2. Comecemos com a sexta pergunta: qual é o ponto de vista da vontade geral? Para Rousseau, o bem comum (que é determinado pelas condições sociais necessárias para que realizemos nossos interesses comuns) não pode ser definido em termos utilitaristas. Em outras palavras, a vontade da vontade geral é o bem comum, mas isso não inclui as condições sociais necessárias para alcançar a felicidade suprema (realização suprema de todos os diversos interesses dos indivíduos) como soma das felicidades individuais

de todos os membros da sociedade. Na *Economia política*, Rousseau diz que a máxima segundo a qual o governo "tem a permissão para sacrificar um inocente para a segurança da multidão" é "uma das mais execráveis já inventadas pela tirania, a mais falsa que poderia ser proposta, a mais perigosa que poderia ser aceita e a mais diretamente contrária às leis fundamentais da sociedade". Em seguida, diz ainda: "Não é verdade que cada um deva se sacrificar por todos, mas sim que todos empenharam seus bens e vidas para a defesa de cada um, a fim de que a fragilidade de cada indivíduo seja protegida pela força de todos e cada membro pelo Estado como um todo."[1]

Aqui, Rousseau é enfático ao afirmar que as leis fundamentais da sociedade do pacto social não devem ser fundadas em um princípio coletivo. A vontade geral não visa maximizar a realização da soma de todos os tipos de interesses dos indivíduos. Ao contrário, as leis fundamentais da sociedade devem basear-se exclusivamente nos interesses comuns. (Ver *CS*, 2:1.1, citado acima.)

Já vimos que nossos interesses comuns se dão em termos de certos interesses fundamentais. Entre estes estão os interesses expressos pelas duas formas naturais do amor-próprio (*amour de soi* e *amour-propre*) e os interesses que temos na segurança de nossa pessoa e propriedade. A segurança da propriedade e não da mera posse é uma das vantagens da sociedade civil (*CS*, 1:8.2). Há também os nossos interesses nas condições sociais gerais para o desenvolvimento de nossas potencialidades (livre-arbítrio e perfectibilidade) e a liberdade para promover nossos objetivos conforme nos for conveniente dentro dos limites da liberdade civil.

3. São esses interesses fundamentais assegurados para cada cidadão – e não a satisfação suprema de nossos diversos interesses de todos os tipos, sejam fundamentais ou particulares – que definem nosso bem sob o ponto de vista da vontade geral. Eles são compartilhados por todos os indivíduos. A razão apropriada da existência das leis fundamentais é assegurar as condições sociais necessárias à realização de tais interesses, através da cooperação social e em termos nos quais todos possam consentir.

Para expressar essa ideia sob o ponto de vista da vontade geral, diz-se que apenas as razões fundadas nos interesses fundamentais que compartilhamos como cidadãos devem pesar como razões quando estivermos atuando como membros da assembleia na promulgação de normas constitucionais ou leis fundamentais. Desse ponto de vista, os interesses fun-

---

1. Ver Jean-Jacques Rousseau, *On the Social Contract, with Geneva Manuscript and Political Economy*, p. 220.

damentais assumem prioridade absoluta sobre nossos interesses particulares na ordem das razões apropriadas naquele tipo de situação. Ao votarmos a favor de leis fundamentais, nosso dever é opinar sobre quais leis são as melhores para estabelecer as condições políticas e sociais que possibilitem que todos promovam igualmente seus interesses fundamentais.

Note-se que a ideia do ponto de vista, no sentido usado nestes comentários, é uma ideia da razão deliberativa e como tal tem uma estrutura um tanto imprecisa; isto é, foi concebida para julgar certos tipos de questões – aquelas em que as normas constitucionais ou leis fundamentais são as melhores opções para promover o bem comum – e admite apenas certos tipos de razões como razões dotadas de algum peso. Assim, fica claro com isso que a doutrina de Rousseau contém uma ideia do que chamei de razão pública[2]. Até onde eu saiba, a ideia teve origem em Rousseau, embora se encontrem variações suas posteriormente, em Kant, que também tem papel importante nessa linha de pensamento.

§ 2. A vontade geral: o estado de direito, a justiça e a igualdade

1. Podemos avançar mais facilmente tratando das próximas três perguntas em conjunto:

(7) Por que a vontade geral, para ser legítima, deve derivar de todos e se aplicar a todos?
(8) Qual é a relação entre a vontade geral e a justiça?
(9) Por que a vontade geral tende à igualdade?

O ponto de vista da vontade geral associa essas três perguntas entre si e mostra de que modo elas estão relacionadas[3]. Ele demonstra por que a

---

2. John Rawls, *Justice as Fairness: A Restatement*, org. Erin Kelly (Cambridge, Mass.: Harvard University Press, 2001), pp. 91 s. A razão pública é a forma de raciocínio própria de cidadãos iguais que, como órgão corporativo, impõem regras uns aos outros amparados pelas sanções do poder estatal. Essa razão é pública devido à existência de diretrizes compartilhadas de investigação e métodos de raciocínio e é livre devido à liberdade de expressão e pensamento que há em um regime constitucional.

3. Tenhamos em mente durante os comentários a seguir que os atos públicos em que a vontade geral se expressa de modo mais característico são os atos de promulgação de leis políticas básicas ou leis fundamentais (CS, 2:12.2) nos quais os cidadãos tenham declarado por votação quais dessas leis são as melhores para assegurar o bem comum.

vontade geral, para ser legítima, deve derivar de todos e se aplicar a todos; demonstra também de que modo a vontade geral se relaciona com a justiça e por que ela tende à igualdade, conforme Rousseau afirma em CS, 2:1.3. Uma parte essencial da resposta encontra-se em CS, 2:4.5, em que se lê:

> Os compromissos que nos ligam ao órgão corporativo são obrigatórios apenas por serem recíprocos, e sua natureza é tal que, ao executá-los, é impossível trabalhar para outrem sem trabalhar para si mesmo. Por que a vontade geral é sempre legítima e por que razão todos constantemente querem a felicidade de cada um, se não porque não há uma só pessoa que não aplique a palavra "cada" a si mesmo e não pense em si mesmo ao votar por todos? Isso demonstra que a igualdade de direito e o conceito de justiça que ela produz derivam da preferência que cada indivíduo tem a si mesmo e consequentemente da natureza humana; que a vontade geral, para que realmente faça jus a seu nome, deve ser geral tanto em seu objeto como em sua essência; que ela deve derivar de todos e se aplicar a todos; e que ela perde sua integridade natural quando direcionada a qualquer objeto específico e determinado. Isso porque, nesse caso, ao julgar algo que nos é estranho, não teríamos um verdadeiro princípio da igualdade para nos guiar.

2. Esse parágrafo é primoroso. Recomendo que seja lido com atenção. É impossível resumi-lo em poucas palavras. Rousseau sustenta que quando exercemos nossa vontade geral em uma votação sobre as leis fundamentais da sociedade devemos julgar as instituições políticas e sociais básicas. Essas leis fundamentais, de fato, especificarão – isto é, explicitarão – os termos da cooperação social e atribuirão ao pacto social um conteúdo explícito.

Com isso, na verdade, estamos votando por todos os membros da sociedade e o fazemos pensando em nós mesmos e em nossos interesses fundamentais. Como a votação é sobre uma lei fundamental, a vontade geral é geral quanto a seu objeto. Isto é, as leis fundamentais não fazem menção nominal a indivíduos ou associações e devem aplicar-se a todos. Isso responde à segunda parte da sétima pergunta.

Além disso, cada um de nós é guiado pelos interesses fundamentais que todos temos em comum. Assim, a vontade geral é sempre legítima e, em virtude da vontade geral que possuem, os cidadãos visam à felicidade de cada um. Isso porque ao votar eles veem na palavra "cada" uma referência a si mesmos enquanto votam em nome de todos. A vontade geral deriva de todos no sentido de que todos, ao assumirem o ponto de vista da vontade geral, são guiados pelos mesmos interesses fundamentais. Isso responde à primeira parte da sétima pergunta.

Percebe-se também por que razão a vontade da vontade geral é a justiça. No trecho citado acima, Rousseau diz (pelo menos na interpretação que faço de suas palavras) que a ideia da justiça, gerada pela vontade geral, deriva de uma predileção que cada um de nós tem por si mesmo e, dessa forma, deriva da natureza humana como tal. Aqui, é essencial observar que essa predileção gera a ideia da justiça apenas quando é expressa sob o ponto de vista da vontade geral. Quando não subordinada a esse ponto de vista – ponto de vista de nossa razão deliberativa com a estrutura esboçada anteriormente –, nossa predileção por nós mesmos poderá, naturalmente, gerar injustiça e violações do direito.

3. Percebe-se, além disso, que a vontade da vontade geral é a igualdade: isso ocorre, em primeiro lugar, em razão das características do ponto de vista da vontade geral e, em segundo lugar, em razão da natureza de nossos interesses fundamentais, inclusive nosso interesse em evitar as condições sociais que gerem dependência pessoal. Tais condições devem ser evitadas se não quisermos que o *amour-propre* e a perfectibilidade sejam corrompidos e se não quisermos nos sujeitar à vontade arbitrária e à autoridade de outros indivíduos específicos. Conhecendo a natureza desses interesses fundamentais, os cidadãos, ao votar em favor de sua opinião sobre o que é melhor para promover o bem comum, votam em favor das leis fundamentais que assegurem a desejada igualdade de condições.

Rousseau trata dessas considerações sobre a igualdade em CS, 2:11.1-3. Nesse trecho, ele diz (2:11.1) que a liberdade e a igualdade são "o bem supremo de todos e devem ser a finalidade de todo sistema legislativo [...] Liberdade porque toda dependência particular (*dépendance particulière*) representa igual medida de força subtraída do corpo do Estado; igualdade porque sem ela a liberdade não perdura".

Para Rousseau, na sociedade do pacto social a liberdade e a igualdade, quando devidamente entendidas e convenientemente relacionadas, não entram em conflito. Isso porque a igualdade é necessária à liberdade. A ausência de independência pessoal significa perda de liberdade, e a independência exige a igualdade. Segundo Rousseau, a igualdade é essencial à liberdade, e isso, em grande parte, é o que a torna essencial de modo geral. A igualdade, contudo, não é igualdade absoluta. "Quanto à igualdade, essa palavra não deve ser compreendida no sentido de que os graus de poder e riqueza devam ser exatamente iguais [para todos], mas sim de que o poder, por exemplo, deva ser incapaz de qualquer tipo de violência e nunca exercido exceto em virtude da posição [autoridade] e das leis; e, quanto à riqueza, que nenhum cidadão deva ser tão abastado a ponto de poder comprar outro e ninguém deva ser tão pobre a ponto de ser compelido a vender a si mesmo" (CS, 2:11.2).

Rousseau nega que esse grau moderado de desigualdade, não tão alto a ponto de causar dependência pessoal, mas não tão restritivo a ponto de perder os benefícios da liberdade civil, é uma fantasia impossível de realizar na prática. É verdade que é inevitável certo grau de abuso. Porém, diz ele, "[...] é lícito concluir que ela [a desigualdade] não deva ser pelo menos controlada? É precisamente porque a força das coisas sempre tende a destruir a igualdade que a força da legislação deve sempre tender a mantê-la" (CS, 2:11.3). E mais: "A vontade particular, por natureza, tende às preferências e a vontade geral, à igualdade" (CS, 2:1.3).

Esse comentário de Rousseau é um ancestral da primeira razão pela qual, na teoria da justiça como equidade, a estrutura básica é considerada sujeito primordial da justiça[4].

4. Resumindo os comentários acima sobre a vontade geral: o ponto de vista da vontade geral é um ponto de vista que devemos assumir quando votamos em favor de nossa opinião sobre quais leis fundamentais são as melhores para promover os interesses comuns que estabelecem os vínculos na sociedade. Como essas leis têm caráter geral e se aplicam a todos os cidadãos, devemos raciocinar sobre elas à luz dos interesses fundamentais que compartilhamos com os outros. Esses interesses definem nossos interesses comuns, e as condições sociais para realizá-los definem o bem comum.

Os fatos aceitos – ou crenças razoáveis – sobre o que é melhor para promover o bem comum formam a base das razões que pesam propriamente em nossas deliberações sob o ponto de vista da vontade geral. A vontade

---

4. Rawls, *Justice as Fairness*, §§ 3, 4, 15. A estrutura básica da sociedade é o modo pelo qual as principais instituições políticas e sociais da sociedade se unem em um único sistema de cooperação social e também o modo como elas atribuem direitos e deveres fundamentais e ordenam a divisão de vantagens gerada pela cooperação social com o passar do tempo. Uma estrutura básica justa assegura aquilo que podemos chamar de justiça do contexto social. Para garantir que continue havendo condições justas de contexto social (para os contratos livres e justos) com o passar do tempo, é necessário que a estrutura básica seja o sujeito primordial da justiça.

geral resulta de nossa capacidade de assumir esse ponto de vista próprio. Ela apela para nossa capacidade compartilhada de exercer a razão deliberativa no caso da sociedade política. Como tal, a vontade geral é uma forma da potencialidade para o livre-arbítrio descrita no *Segundo discurso*: realiza-se na medida em que os cidadãos na sociedade perseguem o bem comum conforme ela ordena. Um dos resultados dessa afirmação é que a obtenção de nossa liberdade – considerada exercício pleno de nossa capacidade para o livre-arbítrio – é possível apenas em uma sociedade de determinadas características, isto é, em uma sociedade que atenda a certas condições em sua estrutura básica. Essa ideia é muito importante e será retomada mais adiante.

Agora é possível dizer por que Rousseau acredita que nossas vontades tendem a coincidir e se tornar a vontade geral quando nos fazemos a pergunta certa. Naturalmente, trata-se apenas de uma tendência, e não de uma certeza, pois nosso conhecimento é incompleto e nossas crenças sobre os meios apropriados podem ser razoavelmente distintas. Além disso, pode haver diferenças razoáveis de opinião em questões de interpretação – por exemplo, sobre o nível de pobreza em que as pessoas são tão pobres a ponto de venderem a si mesmas e com isso perder sua independência pessoal.

§ 3. A vontade geral e a liberdade moral e civil

1. Isso nos traz à décima pergunta: de que modo a vontade geral está relacionada com a liberdade civil e moral? Rousseau acredita que a sociedade do pacto social, através das instituições políticas e sociais básicas, gera tanto a liberdade civil como a liberdade moral. O pacto oferece o contexto social essencial para que haja liberdade civil. Supondo-se que as leis fundamentais sejam devidamente fundadas naquilo que é necessário para o bem comum, os cidadãos são livres para perseguir seus objetivos dentro dos limites estabelecidos pela vontade geral (*CS*, 1:8.2). É bastante simples.

A questão mais profunda diz respeito à liberdade moral. Ao discorrer sobre o ganho dos indivíduos ao fundarem a sociedade do pacto social, Rousseau diz o seguinte: "Às aquisições precedentes do Estado civil poder-se-ia somar a liberdade moral, que é a única que torna o homem verdadeiramente senhor de si mesmo. Pois o impulso do puro apetite é escravidão, e a obediência à lei que se prescreveu a si mesma é liberdade" (*CS*, 1:8.3).

Do mesmo modo, a liberdade moral consiste em obedecer à lei que se prescreveu a si mesma. Sabemos que essa lei é a lei fundamental da sociedade do pacto social, isto é, as leis promulgadas sob o ponto de vista da vontade geral e devidamente fundadas nos interesses compartilhados pelos cidadãos. Até aqui, tudo é simples, mas parece haver mais elementos a considerar.

2. Talvez precisemos apenas sintetizar tudo o que dissemos até agora. Parti do princípio de que se encontram satisfeitas todas as condições indispensáveis para gerar a sociedade do pacto social. Obviamente, Rousseau também faz o mesmo. Partindo desse princípio, nessa sociedade os cidadãos obtêm sua liberdade moral nos seguintes aspectos:

Um deles é que, ao obedecer à lei e conduzir nossa liberdade civil dentro dos limites estabelecidos pela vontade geral, agimos não apenas em conformidade com a vontade geral, mas também com base em nossa própria vontade. Isso porque votamos livremente, junto com outros indivíduos, no estabelecimento desses limites, e isso ocorre quer tenhamos sido ou não maioria (supondo-se, mais uma vez, satisfeitas as condições indispensáveis). (A esse respeito, ver CS, 4:2.8-9.)

Outro aspecto é que a lei que promulgamos a nós mesmos satisfaz às condições do pacto social, cujos termos provêm de nossa natureza atual. Em outras palavras, esses termos dependem de nossos interesses fundamentais, que, em razão da natureza humana, conforme definida por Rousseau, são perenes. Isso acontece mesmo quando, estando diante de membros deformados e pervertidos de sociedades corrompidas, não percebemos essas características – embora esse tipo de exemplo não seja relevante aqui. Nessas sociedades corrompidas, as pessoas podem se enganar sobre quais são de fato seus interesses fundamentais, embora certamente saibam, através de seus próprios vícios e sofrimentos, que há algo gravemente errado.

3. Aqui também talvez tenhamos receio quanto aos termos do pacto social por causa de nossa interdependência social. Recordemos que essa interdependência é um dos pressupostos básicos que temos ao configurar a situação em que o pacto se realiza. Será que isso não sobrecarrega e sufoca nossa liberdade? Apesar disso, para Rousseau, a interdependência é também parte da natureza humana. Isso fica demonstrado em alguns dos atributos que ele diz serem necessários ao legislador, isto é, à pessoa que "ousa empreender a fundação de um povo" (CS, 2:7.3). Um elemento constituinte dessa interpretação é que nossos interesses fundamentais e nossas capacidades para a liberdade e perfectibilidade podem alcançar plena realização

somente na sociedade, ou, mais especificamente, na sociedade do pacto social. Isso fica claro mesmo considerando somente o *Segundo discurso*.

Outra questão que pode causar dificuldade é a ideia de que o pacto social é um evento ocorrido em algum momento do passado. No caso de Rousseau, porém, não acredito que ele compartilhe – melhor, talvez, seria dizer que não é necessário compartilharmos – dessa opinião. Em vez dela, defenderei uma linha de interpretação contemporânea e permanente segundo a qual os termos do pacto social são gerados pelas condições sempre vigentes na sociedade bem-ordenada definida por Rousseau. Em uma sociedade desse tipo os cidadãos são sempre socialmente interdependentes. Eles sempre têm os mesmos interesses fundamentais. Sempre têm a mesma capacidade para o livre-arbítrio e para obter a liberdade moral e civil sob condições apropriadas. São sempre movidos pelo *amour de soi* e *amour--propre*, e assim por diante. Essas afirmações são congruentes com a linha de interpretação contemporânea, uma vez estabelecida a situação do pacto social conforme definida por Rousseau.

Assim, os termos do pacto social simplesmente derivam do modo de ser fundamental e atual dos cidadãos, em dado momento, em uma sociedade que os concretiza. Por isso, ao seguir leis que satisfaçam a esses termos e agir com base nelas, os cidadãos agem com base em uma lei que promulgam a si mesmos e, dessa forma, obtêm a liberdade moral.

Para resumir: quando devidamente compreendida, a liberdade moral é, pois, impossível fora da sociedade. Isso porque essa liberdade é a capacidade de exercer plenamente uma forma de razão deliberativa apropriada a uma situação específica e de ser guiado por essa razão. É assim que a liberdade moral é definida por Rousseau. Ela não pode se concretizar se o indivíduo não adquirir habilidades que somente podem ser adquiridas em um contexto social – entre elas, todas as habilidades linguísticas necessárias para expressar o pensamento, além das ideias e concepções para deliberar corretamente. Ela também não é possível sem circunstâncias sociais significativas nas quais o indivíduo possa exercer plenamente as competências que lhe são indispensáveis.

§ 4. A vontade geral e a estabilidade

1. Restam perguntas sobre a vontade geral que ainda não discutimos – na verdade, é impossível discutir aqui todas as perguntas possíveis. Isso porque quase tudo no *Contrato social* sustenta-se de alguma forma na ideia

da vontade geral. São duas as perguntas que ainda devem ser discutidas; passemos a elas rapidamente.

Recordemos que na última conferência listei as quatro questões que devem ser discriminadas na análise de qualquer concepção política do direito e da justiça, inclusive a de Rousseau. São elas:

(1) Quais são, segundo essa concepção, os princípios razoáveis ou verdadeiros do direito político e da justiça e de que modo se estabelece sua retidão?

(2) Que instituições políticas e sociais viáveis e praticáveis são as mais eficientes na concretização desses princípios?

(3) De que modo as pessoas têm conhecimento dos princípios do direito e adquirem a motivação para agir com base neles a fim de preservar a estabilidade da sociedade com o passar do tempo?

(4) De que modo poderia ser criada uma sociedade que concretiza esses princípios do direito e da justiça e como ela foi criada em algumas circunstâncias reais, caso isso já tenha ocorrido?

Na interpretação que fizemos do pacto social, ele é uma resposta às duas primeiras perguntas. Para Rousseau, os princípios do direito são os que atendem aos termos do pacto, e esses termos exigem que certos princípios e valores sejam concretizados na estrutura básica da sociedade do pacto social. A terceira pergunta é sobre as forças psicológicas que ajudam a manter a estabilidade dessa sociedade e o modo como elas são adquiridas e conhecidas. A quarta pergunta é sobre as origens e sobre o processo através do qual seria possível o advento da sociedade do pacto social.

Em *CS*, 2:7-12, do *Contrato social*, encontramos a figura curiosa do legislador, o fundador do Estado que promulga ao povo suas leis fundamentais. O legislador não é o governo nem o soberano; como seu papel é instituir a Constituição, depois que isso é consumado não lhe resta nenhum papel a cumprir. Também não lhe cabe o papel de governante, "pois [...] aquele que tem autoridade sobre as leis não deveria ter autoridade sobre os homens" (*CS*, 2:7.4). O legislador não tem direito de impor sua vontade sobre o povo. Embora seja visto como alguém de extraordinária sabedoria e conhecimento, ele não tem autoridade sobre seu trabalho como legislador e, ainda assim, deve de alguma forma persuadir o povo a aceitar as leis que lhe promulgou. Historicamente, isso ocorreu muitas vezes, com o legislador persuadindo o povo de que quem promulga as leis são os deuses, cabendo a si, legislador, o papel de intermediário. Ao que parece, a religião e a persuasão são necessárias na fase de fundação de um Estado justo.

2. Qual é o papel do legislador na doutrina de Rousseau? Creio que essa figura é o modo que Rousseau escolheu para tratar das duas últimas perguntas listadas acima. Em CS, 2:6.10, encontraremos trechos que se sustentam em cada uma dessas perguntas. Por exemplo, afirma Rousseau:

> As leis se referem propriamente apenas às condições da associação civil. Seu autor deve ser o povo que a elas se sujeita. Apenas aqueles que estão formando uma associação têm o direito de ordenar as condições da sociedade. Como, porém, farão isso? Em comum acordo, por inspiração repentina? [...] Quem lhe atribuirá a antevidência para formular atos e os publicar antecipadamente? [...] De que modo uma multidão cega, que muitas vezes não sabe o que quer porque raramente sabe o que é bom para si, se lançará sozinha a um empreendimento tão vasto e difícil como um sistema legislativo? [...] A vontade geral é sempre legítima, mas o juízo que lhe serve de guia nem sempre é ilustrado. [...] Os indivíduos particulares veem o bem que rejeitam; o público quer o bem que não vê. Todos têm igual necessidade de guias. Os primeiros devem ser obrigados a fazer suas vontades se conformarem a sua razão. O último deve ser instruído a saber o que sua razão quer. [...] Daí a necessidade de ter um legislador.

Nesse trecho, Rousseau tem em mente a quarta pergunta, que é sobre as origens e a transição; ele quer saber de que modo – tendo em vista os enormes obstáculos que devem ter existido na ausência de um mundo social livre, igual e justo – seria possível gerar uma sociedade do pacto social. Seguramente, sugere Rousseau, para que haja tal sociedade é necessária uma espécie rara de sorte na pessoa do legislador. Licurgo, legislador da Grécia antiga, é mencionado como exemplo de figura histórica que desempenhou papel assim, abdicando de seu trono para elaborar as leis de sua pátria (CS, 2:7.5). Apenas esse tipo de legislador conhecerá o suficiente sobre a natureza humana para saber de que modo as leis e instituições precisam ser organizadas a fim de transformar as índoles e os interesses das pessoas e com isso fazer com que as ações destas se conformem àquilo que mandam as leis e instituições, desde que se deem as condições apropriadas. E apenas esse tipo de legislador seria capaz de persuadir o povo a seguir as leis acima de tudo.

3. Rousseau também se preocupa com a questão da estabilidade, e isso fica demonstrado em outras afirmações suas. Por exemplo, em CS,

2:7.2: "Se é verdade que um grande príncipe [termo usado por Rousseau para designar o governo como organismo coletivo] é um homem raro, que dizer então de um grande legislador? Aquele apenas tem de seguir o modelo que este teria o dever de propor. Este é o mecânico que inventa a máquina; aquele é apenas o operário que monta e a põe em funcionamento." Rousseau acrescenta: "No nascimento das sociedades, diz Montesquieu, os líderes das repúblicas criam as instituições; posteriormente, são as instituições que formam os líderes das repúblicas."

Mais adiante, em CS, 2:7.9, Rousseau diz: "Para que um povo emergente aprecie as saudáveis máximas da política e siga as regras fundamentais do estadismo, o que é efeito teria de se tornar causa; o espírito social que deveria ser o resultado da instituição teria de presidir sobre a fundação da própria instituição; e os homens teriam de ser antes das leis aquilo que deveriam se tornar por intermédio delas."

Por essa razão: "É isso que sempre tem forçado os patriarcas de nações a recorrer à intervenção dos céus e atribuir sua própria sabedoria aos deuses" (CS, 2:7.10).

Rousseau refere-se à terceira pergunta (sobre a estabilidade), e isso fica claro quando se reformula essa pergunta na forma sugerida no trecho acima citado: de que forma as instituições políticas passam a gerar o espírito social que seria necessário, na fase de fundação da sociedade, para promulgar leis que estabeleçam essas instituições? Se as instituições de fato geram o espírito que seria responsável por promulgá-las, elas serão duradouras e estáveis.

O grande alcance da transformação sofrida pelo estado de natureza (estado primitivo da história de acordo com o *Segundo discurso*) e gerada pelo trabalho do legislador fica evidente nas palavras de Rousseau no parágrafo 2:7.3:

> Aquele que ousa se lançar ao empreendimento da fundação de um povo deveria se conscientizar de que é capaz de transformar a natureza humana, por assim dizer; de transformar cada indivíduo, que por si só é um todo perfeito e solitário, em uma parte de um todo mais amplo do qual o indivíduo recebe, de certo modo, sua vida e seu ser; de alterar a constituição de um homem a fim de fortalecê-la; de substituir uma existência parcial e moral pela existência física e independente que recebemos da natureza. Em suma, deve tirar as forças do próprio indivíduo a fim de lhe dar forças que lhe sejam estranhas e das quais não

pode fazer uso sem ajuda de terceiros. [...] Dessa forma, se cada cidadão individual não é nada e nada pode fazer a não ser em conjunto com todos os demais, e se a força adquirida pelo todo é igual ou superior à soma das forças naturais de todos os indivíduos, pode-se dizer que a legislação atingiu seu máximo ponto possível de perfeição.

Esse parágrafo é extraordinário. Ele ilustra até que ponto Rousseau vê nos seres humanos indivíduos socialmente dependentes da sociedade do pacto social, ainda que pessoalmente independentes (isto é, não dependentes de outros indivíduos específicos). As competências que adquirimos na sociedade são competências que podemos usar somente em sociedade e somente em cooperação com as competências complementares de outras pessoas. A título de exemplo, basta pensar nas competências adquiridas pelos músicos após treinamento: elas alcançam sua plena realização apenas quando exercidas juntamente com outros colegas na música de câmara e em orquestras.

4. As afirmações de Rousseau sobre o legislador se tornam suficientemente claras quando compreendemos as duas perguntas às quais ele tenta responder de forma reconhecidamente incomum.

Começando pela questão das origens históricas, é evidente que o advento da sociedade do pacto social poderia ocorrer de diferentes maneiras. Por exemplo, gradualmente no decorrer de vários séculos, através de uma série de violentas guerras religiosas, as pessoas podem ter passado a considerar impraticável o uso da força nesse tipo de luta e a aceitar relutantemente como *modus vivendi* os princípios da liberdade e da igualdade. A tolerância religiosa parece ter tido origem semelhante. Todos viam na divisão do cristianismo um terrível desastre, mas mesmo assim a tolerância parecia ser melhor que infindáveis guerras civis e a destruição da sociedade.

Dessa forma, as gerações posteriores podem ter endossado certos princípios com base em seus méritos, assim como os princípios da liberdade religiosa foram gradualmente aceitos como liberdades constitucionais básicas após o fim das guerras religiosas. É de conhecimento geral que as gerações primitivas podem ter introduzido os princípios e instituições por motivos diferentes daqueles que as gerações posteriores, que foram criadas com base neles, têm para aceitá-los. Será possível a sociedade progredir de outra forma?

No modo como Rousseau introduz o legislador, fica claro que ele não parte do pressuposto de que um simples contrato de alguma espécie entre as pessoas seja transição suficiente de uma fase pré-política para uma sociedade cujas instituições básicas se conformem aos termos indispensáveis do pacto social. Não poderia ser essa a maneira pela qual um povo da fase primitiva da história, conforme o *Segundo discurso* – a sociedade livre, igualitária e justa do estado de natureza –, seria transformado em cidadãos com uma vontade geral. As instituições que configuram a vontade geral são projetadas pelo legislador, que persuade o povo de que sua autoridade é de ordem superior e com isso faz com que sejam aceitas as leis por ele propostas. No momento oportuno, as gerações posteriores passam a ter e a perpetuar uma vontade geral. Uma vez que a sociedade esteja instituída e em funcionamento, passa a estar em equilíbrio estável: suas instituições geram nos indivíduos sobre os quais exercem autoridade a vontade geral necessária para mantê-la durante as gerações subsequentes. A referência de Rousseau a Montesquieu (citada acima) expressa essa ideia perfeitamente.

Dessa forma, pois, o legislador de Rousseau deveria ser visto, na verdade, como uma figura ficcional – um *deus ex machina* – introduzida para tratar das duas últimas perguntas: a do aprendizado moral e estabilidade e a das origens históricas. Esse artifício não causa problemas à unidade e à coerência da doutrina de Rousseau, como às vezes se alega. Isso fica evidente ao discriminarmos as quatro perguntas e reconhecermos que elas são maneiras diferentes de fundar a sociedade do pacto social.

§ 5. A liberdade e o pacto social

1. Ainda precisamos discutir a segunda parte do problema do pacto social. Recordemos que Rousseau propôs esse problema como o problema de encontrar uma forma de associação em que, ao nos unirmos uns aos outros, obedeçamos apenas a nós mesmos e permaneçamos tão livres como antes (*CS*, 1:6.4). A possibilidade de permanecer tão livre como antes parece um tanto desconcertante quando Rousseau salienta que nos entregamos com todas as nossas competências à comunidade, sob a direção suprema da vontade geral, não reivindicando dela a reserva de nenhum direito. Alguns veem na doutrina de Rousseau um totalitarismo implícito e consideram especialmente funesta a observação sobre o ser humano ser forçado a ser livre.

Analisemos essa observação e vejamos se há algum modo de entendê-la de forma congruente com a afirmação de que obedecemos apenas a nós mesmos e somos agora tão livres como antes do pacto social. O trecho relevante é este: "[...] para que o pacto social não seja uma fórmula ineficaz, ele inclui tacitamente o seguinte compromisso, que por si só pode dar força aos outros [compromissos]: quem se recusar a obedecer à vontade geral deverá ser constrangido por todo o organismo a fazê-lo; o que significa apenas que esse indivíduo deverá ser forçado a ser livre" (CS, 1:7.8).

A fim de compreender o que Rousseau quis dizer com isso, analisemos o capítulo seguinte, que discorre sobre a sociedade civil. Esse capítulo ilustra a transformação da perspectiva e do humor de Rousseau em relação ao *Segundo discurso*. Aqui, a transição do estado de natureza é descrita favoravelmente, embora seja introduzida a importante condição segundo a qual não devemos passar por grandes sofrimentos resultantes do abuso da autoridade política. Diz Rousseau: "Essa passagem do estado de natureza ao Estado civil produz notável transformação no homem, substituindo o instinto pela força em seu comportamento e conferindo a suas ações o caráter moral que antes lhe faltava. [...] Embora nesse estado o homem esteja privado das diversas vantagens que lhe foram dadas pela natureza, ele ganha outras grandes vantagens, suas faculdades são exercidas e se desenvolvem, suas ideias se ampliam, seus sentimentos se enobrecem e toda a sua alma se eleva a tal ponto que, se os abusos dessa nova condição não lhe trouxessem muitas vezes degradação a uma condição inferior à que ele deixou para trás, ele deveria abençoar incessantemente o momento feliz que lhe arrancou desta para sempre, e isso o transformou de um animal obtuso e limitado em um ser inteligente, um homem" (CS, 1:8.1).

Nesse trecho fica claro que a natureza humana, juntamente com os interesses fundamentais que temos em desenvolver e exercer nossas duas potencialidades sob as condições da independência pessoal, apenas se realiza na sociedade política, ou melhor, apenas na sociedade política do pacto social. No parágrafo seguinte, Rousseau diferencia a liberdade natural, que perdemos ao aderirmos à sociedade civil, da liberdade civil e do direito à propriedade, que ganhamos. Ele vai além e diz que na sociedade civil o homem também adquire "liberdade moral, que por si só torna o homem verdadeiramente senhor de si. Pois o impulso do puro apetite é escravidão, e a obediência à lei que se prescreveu a si mesma é liberdade" (CS, 1:8.3).

Ora, a ideia de Rousseau aqui não é que a obediência a uma lei qualquer que possamos prescrever a nós mesmos seja liberdade; afinal, em um acesso de distração, eu poderia prescrever a mim mesmo alguma lei estapafúrdia! De modo algum. Fica claro que ele tem em mente as leis que prescrevemos a nós mesmos como súditos ao votarmos nas leis fundamentais como cidadãos, do ponto de vista de nossa vontade geral, expressando nossa opinião – que acreditamos (com base em nossas crenças e informações) serem endossadas por todos os cidadãos – sobre quais leis são mais bem configuradas para promover o bem comum.

Porém, como vimos, ao fazermos isso, somos movidos por nossos interesses fundamentais na liberdade e na manutenção da nossa independência pessoal, entre outros. Esses interesses fundamentais têm prioridade sobre nossos outros interesses: por serem fundamentais, eles visam às condições essenciais de nossa liberdade e igualdade, que concretizam as condições de nossas capacidades para o livre-arbítrio e para a perfectibilidade sem dependência pessoal. Obedecendo às leis fundamentais devidamente promulgadas em conformidade com a vontade geral – uma forma de razão deliberativa –, concretizamos nossa liberdade moral. Com essa capacidade da razão plenamente desenvolvida, temos vontade geral, isto é, estamos em posição de compreender as razões mais apropriadas e de sermos guiados por elas.

2. Após essas ideias preliminares, voltemos à observação de que o ser humano é forçado a ser livre. Os termos são provocativos, convenhamos, mas estamos interessados nas ideias que estão por trás deles. No parágrafo imediatamente anterior (*CS*, 1:7.7), Rousseau diferencia a vontade particular que temos como indivíduos (nossa "existência naturalmente independente") da vontade geral que temos como cidadãos. Diz ele: "O interesse particular que ele [cidadão] tem lhe fala ao coração de modo bastante diferente do interesse comum. Sua existência absoluta e naturalmente independente pode lhe fazer ver no débito que ele tem para com a causa comum nada mais que uma livre contribuição, cuja perda produzirá dano aos outros em maior extensão que a obrigação que ele tem de pagá-la [...] talvez ele deseje gozar dos direitos do cidadão sem querer cumprir os deveres de um súdito" (*CS*, 1:7.7).

É evidente que Rousseau tem em mente algo que hoje chamaríamos de "caronismo" (*free-riding*) em esquemas de cooperação com vantagens coletivas. (Rousseau trata desse problema em *CS*, 2:6.2, em que afirma que "deve haver convenções e leis para unir direitos e deveres".)

Para exemplificar essa ideia com uma situação conhecida, pensemos na instalação de dispositivos de controle de poluição em automóveis. Suponhamos que em cada um desses dispositivos todo cidadão ganhe o equivalente a 7 dólares de benefícios na forma de ar limpo; cada dispositivo, porém, custa a cada pessoa 10 dólares. Em uma sociedade de mil cidadãos, cada dispositivo corresponde a 7 mil dólares em benefícios; se todos o instalarem, o ganho líquido de cada cidadão será de $ $7n - 10$ (n = número de cidadãos); o resultado será grande quando $n > 1$. Não obstante, cada cidadão, dando por certo o modo como os outros vão agir, poderá acabar ganhando se deixar de pagar sua parte[5].

Rousseau, creio, diria que o indivíduo em questão votou para que a assembleia tornasse obrigatório o uso dos dispositivos e para garantir a instalação destes com inspeção (financiando os custos de inspeção com impostos ou taxas). Por sermos forçados por multas a cumprir a lei que promulgamos a nós mesmos e que votamos com a melhor das razões, sujeitamo-nos a regras endossadas por nós mesmos sob o ponto de vista de nossa vontade geral. Ora, esse ponto de vista é o da nossa liberdade moral, de modo que o fato de sermos capazes de agir com base em leis assim promulgadas nos ergue acima do nível do instinto e nos torna verdadeiramente senhores de nós mesmos. Além disso, ninguém pensa que por sermos obrigados a pagar a multa ainda podemos reclamar com razão. Para Rousseau, nossos interesses fundamentais são ordenadores; no pacto social, concordamos em promover nossos interesses particulares dentro dos limites das leis políticas fundamentais endossadas pela vontade geral, que é uma vontade guiada pelos interesses fundamentais que compartilhamos com os outros.

Naturalmente, porém, Rousseau se expressa de modo incorreto ao afirmar que permanecemos tão livres como antes. Na verdade, de forma alguma continuamos naturalmente livres. Somos moralmente livres, mas não tão livres como antes. Somos livres de um modo melhor e muito diferente.

§ 6. A peculiaridade das ideias de Rousseau sobre a igualdade

1. Em § 2.3 desta conferência, vimos que, para Rousseau, a liberdade e a igualdade são "o bem supremo de todos e devem ser a finalidade de todo sistema legislativo", e que a liberdade não pode ser duradoura sem a igualdade. Na primeira conferência sobre Rousseau, foram discutidas as ideias

---

5. Exemplo retirado de Peter C. Ordeshook, *Game Theory and Political Theory* (Cambridge: Cambridge University Press, 1986), pp. 201 s.

do filósofo sobre os tipos, fontes e consequências destrutivas da igualdade. Agora chegou o momento de analisar o que torna peculiares as ideias de Rousseau sobre a igualdade. Examinemos diversas razões que alguém teria para querer ordenar as desigualdades e mantê-las sob controle.

(a) Uma dessas razões é para aliviar o sofrimento. Na ausência de circunstâncias especiais, é errado que apenas uma parte ou grande parte da sociedade tenha suas necessidades amplamente satisfeitas enquanto alguns, ou mesmo muitos, são destituídos e sofrem privações, além de doenças tratáveis e fome. De modo mais geral, pode-se ver essas situações como exemplos de má alocação de recursos. Por exemplo, sob uma perspectiva utilitarista (conforme afirmações de Pigou em *Economics of Welfare* [A economia do bem-estar]), quando a distribuição de renda é desigual, o produto social está sendo usado de modo ineficiente. Isto é, continuam insatisfeitas as necessidades e carências mais urgentes, enquanto as menos urgentes dos ricos são toleradas, assim como os prazeres do ócio e caprichos dos ricos. Sob essa perspectiva, ignorando os efeitos sobre a produção futura, a renda deveria ser distribuída de modo tal que as carências e necessidades mais urgentes ainda não satisfeitas sejam igualmente urgentes para todas as pessoas. (Isso pressupõe que as pessoas tenham funções de utilidade similares e alguma forma de fazer comparações interpessoais.)

Note-se que nesse caso não é a desigualdade que nos incomoda. Tampouco nos incomodam seus efeitos, exceto quando causam sofrimento ou privação ou quando têm a ver com o que consideramos alocação ineficiente e desbaratada de bens.

(b) Uma segunda razão para controlar as desigualdades políticas e econômicas é para prevenir que uma parte da sociedade domine o resto. Quando esses dois tipos de desigualdades são muito predominantes, tendem a andar lado a lado. Como disse Mill, as bases do poder político são a inteligência (instruída), a propriedade e a capacidade de combinação, que, para ele, era a habilidade que tem um indivíduo de cooperar na busca da realização de seus interesses políticos. Essa capacidade permite a uns poucos indivíduos, em virtude de seu controle sobre o processo político, promulgar um sistema de direito e de propriedade que lhes garanta uma posição dominante, não apenas na política, mas em toda a economia. Isso, por sua vez, lhes permite decidir o que é produzido, controlar as condições operacionais e os termos dos empregos oferecidos, além de configurar a direção e o volume da poupança real (investimento) e o ritmo das inovações, e todos esses elementos em boa parte determinam como a sociedade se desenvolve com o passar do tempo.

Se o fato de ser dominado pelos outros for considerado algo ruim que torna nossa vida não tão boa ou não tão feliz como poderia ser, deveremos nos preocupar com os efeitos da desigualdade política e econômica. A desigualdade torna nossas oportunidades de emprego menos favoráveis, enquanto nosso desejo é ter mais controle sobre o local de trabalho e a direção geral da economia. Até agora, porém, não é claro que ela seja em si injusta ou má.

(c) Uma terceira razão parece nos aproximar da compreensão do que pode estar errado com a desigualdade em si. Refiro-me ao fato de as desigualdades políticas e econômicas significativas estarem associadas muitas vezes às desigualdades de posição social que podem fazer com que indivíduos de posição inferior sejam vistos, por si mesmos e pelos outros, como inferiores. Isso pode alimentar atitudes comuns de deferência e servilismo de um lado e arrogância e desdém do outro lado. Isto porque o modo como as pessoas veem a si mesmas depende de como elas são vistas pelos outros – seu senso de autorrespeito, sua autoestima e sua confiança em si mesmas apoiam-se no juízo e nas avaliações dos outros.

Com esses efeitos das desigualdades políticas e econômicas, e com os possíveis males da posição social, estamos muito mais próximos da compreensão das preocupações de Rousseau. É claro que esses males são sérios, e as atitudes que podem ser geradas pela posição social possivelmente se tornam grandes vícios. Porém, será possível afirmar agora que a desigualdade em si é errada ou injusta, em vez de afirmar que errados e injustos são os efeitos que ela causa em quem dela sofre?

A desigualdade aproxima-se mais de ser errada ou injusta no seguinte sentido: em um sistema de posições sociais nem todos os indivíduos conseguem ter a posição mais alta. Trata-se de um bem posicional, como se diz às vezes, visto que uma posição social alta depende da existência de outras posições abaixo dela; assim, se valorizamos a posição social alta por si só, valorizamos também algo que implica necessariamente que outros tenham posição inferior. Isso talvez seja errado ou injusto quando a posição é de grande importância, e com certeza o é quando é atribuída por nascimento ou por características naturais como gênero e raça, em vez de ser adquirida ou obtida propriamente. Assim, um sistema de posições sociais será injusto quando essas posições são dotadas de importância maior que seu papel social a serviço do bem comum.

(d) Isso sugere a solução de Rousseau: na sociedade política todos devem ser cidadãos iguais. Antes de desenvolver essa ideia, porém, menciono rapidamente que a desigualdade pode ser errada ou injusta em si sempre que a estrutura básica da sociedade fizer uso significativo de procedimentos equitativos.

Dois exemplos de procedimentos que podem ser considerados equitativos são os mercados equitativos da economia, isto é, mercados abertos que viabilizam a concorrência, e as eleições políticas equitativas. Nesses casos, certo grau de igualdade ou uma desigualdade bem moderada é condição essencial da justiça política. Devem ser evitados o monopólio e seus afins, não simplesmente por causa de seus maus efeitos, entre os quais a ineficiência, mas também porque sem uma justificativa especial eles produzem mercados injustos. O mesmo tipo de observação vale para eleições injustas que resultam do domínio de um pequeno número de indivíduos ricos na política[6].

2. Para Rousseau, a ideia da igualdade é extremamente significativa no nível mais elevado possível, isto é, no nível em que a própria sociedade política deve ser compreendida. E o pacto social e seus termos e condições indicam isso. Através do pacto social ficamos sabendo que todos devem ter a mesma posição social de cidadão em igualdade com os demais; que a vontade geral deve ter como objetivo o bem comum (definido como as condições que garantem que cada um possa promover seus interesses fundamentais quando pessoalmente independente dos outros e dentro dos limites da liberdade civil). Além disso, as desigualdades econômicas e sociais devem ser moderadas a fim de assegurar as condições dessa independência. Em uma nota ao CS, 2:1.1, Rousseau comenta: "Quer dar estabilidade ao Estado? Então, junte os extremos o mais próximo possível: não tolere nem os abastados nem os indigentes." Como observamos antes, em CS, 2:11.2, ele vai além e diz: "A igualdade [...] não deve ser compreendida no sentido de que os graus de poder e riqueza devam ser exatamente iguais, mas sim de que o poder, por exemplo, deva ser incapaz de qualquer tipo de violência e nunca exercido exceto em virtude da posição e das leis; e, quanto à riqueza, que nenhum cidadão deva ser tão abastado a ponto de

---

6. Nos parágrafos anteriores (a)-(d), baseei-me parcialmente em "Notes on Equality", de T. M. Scanlon, datado de novembro de 1998. [Ver também T. M. Scanlon, "The Diversity of Objections to Inequality", *The Difficulty of Tolerance in Scanlon* (Cambridge: Cambridge University Press, 2003). (N. do Org.)]

poder comprar outro e ninguém deva ser tão pobre a ponto de ser compelido a vender a si mesmo."

Tudo isso nos permite dizer que na sociedade do pacto social os cidadãos – como pessoas – são iguais no nível mais elevado e nos aspectos mais fundamentais. Assim, todos terão os mesmos interesses fundamentais na liberdade e em realizar suas finalidades dentro dos limites da liberdade civil. Todos têm igual capacidade de agir de acordo com as leis gerais que promulgam a si mesmos e aos outros visando ao bem comum. Cada um vê essas leis como algo fundado na forma apropriada de razão deliberativa para a sociedade política, e essa razão é a vontade geral que cada cidadão tem como membro da sociedade.

Porém, de que modo, mais exatamente, a igualdade em si está presente no nível mais elevado? Talvez seja esta a razão: o pacto social articula – e, quando realizado, produz – uma relação política entre os cidadãos como indivíduos em posição de igualdade. Os cidadãos têm capacidades e interesses que lhes tornam membros iguais em todas as questões fundamentais. Reconhecem e veem uns aos outros como indivíduos que compartilham da condição de cidadãos iguais; o fato de serem o que são – cidadãos – implica terem em comum uns com os outros sua posição de igualdade. Dessa forma, ser cidadão implica compartilhar a posição de igualdade com os outros, e há um compromisso público para preservar as condições exigidas por essa relação de igualdade entre as pessoas.

Ora, como já sabemos através do *Segundo discurso*, Rousseau está bastante familiarizado com a importância dos sentimentos do autorrespeito e autoestima, e os vícios e sofrimentos do amor-próprio são incitados por desigualdades políticas e econômicas que ultrapassam os limites exigidos para que haja independência pessoal. Creio que para Rousseau todos nós, para nossa felicidade, devemos respeitar a nós mesmos e manter vivo nosso senso de autoestima. Dessa forma, para que nossos sentimentos sejam compatíveis com os sentimentos dos outros, devemos respeitar a nós mesmos e aos outros como iguais, no nível mais elevado; este é o nível em que a sociedade é concebida e as leis políticas fundamentais são promulgadas. Assim, como cidadãos iguais e através do respeito aos outros, todos podemos transformar em harmonia nossa necessidade de autorrespeito. Dadas nossas necessidades como pessoas e nossa indignação por estarmos sujeitos ao poder arbitrário dos outros (poder que nos leva a fazer o que eles querem e não o que eles e nós podemos querer como pessoas iguais), a resposta evidente ao problema da desigualdade é a igualdade no nível mais elevado, conforme formulado no pacto social.

Do ponto de vista dessa igualdade, os cidadãos podem moderar as desigualdades do nível inferior através de leis gerais a fim de preservar as condições da independência pessoal, de forma que ninguém se sujeite ao poder arbitrário e ninguém sofra as ofensas e indignidades que incitam o amor-próprio.

3. Será essa ideia da igualdade uma ideia peculiar de Rousseau? Terá sido ele o primeiro a vê-la? Não sei responder ao certo. Desde o início da filosofia política tem havido ideias da igualdade. Porém, desconfio que a família de ideias que se combinam para se transformar na ideia da igualdade em Rousseau – a ideia da igualdade no nível mais elevado (nível em que a sociedade é concebida); a ideia de que os cidadãos são iguais no nível mais elevado em virtude de seus interesses fundamentais e capacidades tanto para a liberdade moral como para a liberdade civil; a ideia do amor-próprio e sua relação com as desigualdades vinculadas ao poder arbitrário – é, como família de ideias, peculiar. Em outras palavras, é no modo especial e veemente de combinar essa família de ideias que possivelmente reside a originalidade da ideia da igualdade de Rousseau.

MILL

MILL I
A concepção da utilidade em Mill

§ 1. Observações introdutórias: J. S. Mill (1806-73)

1. Mill foi o filho mais velho de James Mill, filósofo utilitarista e economista que, juntamente com Bentham, foi um dos líderes do grupo conhecido como "radicais filosóficos". Recebeu toda a sua formação do pai e nunca frequentou escola ou universidade. Seu pai fez dele tutor dos irmãos menores, mantendo-o tão ocupado a ponto de privá-lo de uma infância normal.

Sob a tutela do pai, Mill adquiriu bastante cedo o pleno domínio da teoria utilitarista da política e da sociedade, bem como da psicologia associacionista da natureza humana vinculada a essa teoria. Dominou também tudo o que seu pai lhe conseguiu ensinar sobre a economia ricardiana e aos dezesseis anos já era, por si só, uma figura intelectual de extraordinário talento.

2. Recordando o que afirmei anteriormente: um dos preceitos norteadores no estudo das obras dos principais autores é identificar corretamente os problemas por eles enfrentados e compreender a opinião que tiveram sobre esses problemas e sobre as perguntas que propuseram. Se fizermos isso, as respostas a essas perguntas muito provavelmente parecerão bem mais profundas, ainda que nem sempre completamente sensatas. Autores que inicialmente nos parecem arcaicos e sem interesse podem se tornar esclarecedores e gratificantes para quem os estuda seriamente.

Desse modo, assim como no caso de todos os filósofos políticos, devemos nos perguntar quais eram as questões que Mill propôs e o que ele tentou provar em seus escritos. Em especial, devemos ter em conta a ocupação escolhida por Mill, que não pretendia ser um erudito nem, como Kant, escrever obras originais e sistemáticas de filosofia, economia ou teoria política, ainda que suas obras possam ter sido de fato originais e sistemáticas. Tampouco desejava tornar-se uma figura política ou um militante partidário.

3. Em vez disso, Mill via a si mesmo como educador de opiniões esclarecidas e avançadas. Seu objetivo era explicar e defender aquilo que ele via como os princípios fundamentais próprios da filosofia, da moral e da política de acordo com os quais a sociedade moderna deveria se organizar. Acreditava que sem esses princípios a sociedade do futuro não alcançaria a necessária harmonia e estabilidade de uma era orgânica, isto é, uma era unificada por princípios primeiros de natureza política e social de ampla aceitação.

Foi dos saint-simonianos[1] que Mill tomou emprestada a ideia de era orgânica (oposta à ideia de era crítica). Para ele, a sociedade moderna seria democrática, industrial e laica, isto é, sem uma religião estatal: ou seja, um Estado não confessional. Era esse o tipo de sociedade que ele imaginou estar surgindo na Inglaterra e em outras partes da Europa. Seu objetivo era formular os princípios fundamentais dessa sociedade para que eles fossem inteligíveis para a opinião esclarecida dos indivíduos influentes na vida política e social.

4. Afirmei acima que não fazia parte da ocupação escolhida por Mill escrever obras eruditas importantes ou contribuições originais ao pensamento filosófico ou social. Na verdade, porém, vejo nele um pensador profundo e original, mas cuja originalidade é sempre reprimida, e isso por duas razões:

Em primeiro lugar, esta é uma necessidade da própria ocupação que escolheu: a fim de chamar a atenção dos indivíduos influentes na vida política – indivíduos que (conforme afirma em sua resenha de *A democracia na América*, de Tocqueville) têm propriedade, inteligência e capacidade de combinação (habilidade de se associar a outras pessoas para conseguir algo, especialmente no âmbito do governo)[2] –, seus escritos não podem parecer demasiadamente originais, eruditos ou difíceis. Caso contrário, o autor perde seu público.

Em segundo lugar, a originalidade de Mill foi reprimida pela complicada relação psicológica entre ele e seu pai. Parece que lhe era impossível romper explícita e publicamente com o utilitarismo defendido por seu pai e Bentham. Fazer isso seria dar razão aos "tories" (membros do partido con-

---

1. Seita francesa formada por seguidores de Saint-Simon, que acreditavam que aos períodos historicamente orgânicos se seguem períodos críticos caracterizados por dúvida e ceticismo.

2. John Stuart Mill, *Collected Works* (*CW*) (Toronto: University of Toronto Press, 1963-91), vol. XVIII, p. 163.

servador britânico), tidos por Mill como seus adversários políticos e defensores da doutrina conservadora intuicionista à qual ele constantemente se opunha[3]. Mill de fato expressou sérias reservas sobre a doutrina de Bentham em dois ensaios, "Bentham" (1838) e "Coleridge" (1840), mas não surpreende que ele tenha sido mais crítico em seu ensaio anônimo intitulado "Remarks on Bentham's Philosophy" [Comentários sobre a filosofia de Bentham] (1833)[4].

5. Na ocupação que escolheu, Mill seguramente foi bem-sucedido em escala extraordinária. Tornou-se um dos mais influentes autores políticos e sociais da Era Vitoriana. Para os nossos propósitos aqui, compreender a escolha de ocupação de Mill ajuda-nos a compreender as falhas de suas obras: terminologia frequentemente indefinida e ambígua, estilo quase sempre arrogante e tom de sermão, sem qualquer resquício de insegurança, mesmo quando estão sendo discutidas as questões mais intricadas. Seus antipatizantes diziam que a intenção dele era persuadir e, quando isso não dava certo, punir.

Essas falhas são mais importunas nos ensaios publicados na última fase da vida de Mill (mais ou menos após 1850), obras amplamente lidas, três das quais serão discutidas aqui: *Utilitarianism* [*Utilitarismo*], *On Liberty* [*Sobre a liberdade*] e *The Subjection of Women* [*A sujeição das mulheres*]. Nessa época, Mill já havia conquistado a atenção da Inglaterra, sabia disso e pretendia mantê-la. Porém o período mais criativo de sua vida foi aproximadamente 1827-48. Quem quer que duvide dos talentos extraordinários de Mill basta pensar nas obras desse período, a começar por *Essays on Some Unsettled Questions of Political Economy* [Ensaios sobre algumas questões não resolvidas da economia política] (escritos entre o final de 1830 e o início de 1831; o quinto ensaio foi parcialmente reescrito em 1833, mas publicado somente em 1844) e, em seguida, os muitos e brilhantes ensaios escritos na década de 1830 e *A System of Logic* [Sistema da lógica], de 1843, além de *The Principles of Political Economy* [*Princípios da economia política*], de 1848.

A despeito das falhas, é um grande erro adotar uma atitude de superioridade ao ler Mill, que é uma importante figura e merece nossa atenção e respeito.

3. Ver Mill, *Whewell on Moral Philosophy* (1852). *CW*, X.
4. Publicado originalmente de forma anônima, como Apêndice B da obra *England and the English*, de Edward Lytton Bulwer (Londres: Richard Bentley, 1833), em *CW*, X.

J. S. Mill: Dados biográficos

1806: Nasce em 20 de maio, em Londres.

1809-20: Período de intensa formação em casa, com o pai.

1820-21: Estadia de um ano na França, na residência de Sir Samuel Bentham.

1822: Estuda Direito. Primeira publicação em jornais.

1823: Inicia carreira na Companhia das Índias Orientais.

1823-29: Período de estudos com amigos na "Sociedade Utilitarista" e na casa de Grote.

1824: Funda a revista *Westminster Review*, para a qual escreveu até 1828.

1826-27: Crise mental.

1830: Conhece Harriet Taylor. Estadia em Paris, durante a Revolução de 1830.

1832: Morte de Bentham; primeiro Projeto de Lei da Reforma Eleitoral.

1833: Publicação de "Comentários sobre a filosofia de Bentham".

1836: Morte do pai.

1838: Publicação de "Bentham" e "Coleridge" (1840).

1843: Publicação de "Sistema da lógica", que teve oito edições enquanto Mill estava vivo.

1844: Publicação dos "Ensaios sobre algumas questões não resolvidas da economia política", escritos em 1831-32.

1848: Publicação de *Princípios da economia política*. Sete edições.

1851: Casa-se com Harriet Taylor, cujo marido, John Taylor, havia morrido em 1849.

1856: Promovido a inspetor-chefe da Companhia das Índias Orientais.

1858: Aposenta-se da Companhia das Índias Orientais. Morte de Harriet Taylor.

1859: Publicação de *Sobre a liberdade*.

1861: Publicação de *Utilitarismo* e *Considerações sobre o governo representativo*.

1865: Eleito membro do Parlamento representando o distrito de Westminster. Derrotado em 1868.

1869: Publicação de *A sujeição das mulheres*.

1871: Morre em 7 de maio, em Avignon.

1873: Publicação de *Autobiografia*.

1879: Publicação de *Capítulos sobre o socialismo*.

§ 2. Um modo de ler o Utilitarismo de Mill

1. Gostaria de propor um modo de ler o ensaio *Utilitarismo* que possibilite estabelecer uma relação entre essa obra e os ensaios críticos anteriores de Mill sobre Bentham: "Comentários sobre a filosofia de Bentham" (1833) e "Bentham" (1838), este último escrito por Mill dois anos após a morte de seu pai, em 1836. Esse ensaio, juntamente com "Coleridge" (1840), marca o rompimento mais explícito de Mill com o utilitarismo defendido por Bentham e por seu pai. É um rompimento explícito porque, a meu ver, conforme ficará claro no devido momento, a forma de utilitarismo que ele desenvolveu era uma doutrina bastante diferente da que foi desenvolvida por esses autores. Isso, contudo, é uma questão de interpretação sem amplo acolhimento.

Nos "Comentários sobre a filosofia de Bentham" (ao qual me referirei como CB em citações textuais), Mill começa definindo a filosofia de Bentham com estas palavras: "Os princípios primeiros [...] são os seguintes: a felicidade, compreendida aqui no sentido de prazer e ausência de sofrimento, é a única coisa desejável em si mesma; todas as coisas são desejáveis apenas como meios para alcançar esse fim: portanto, produzir a maior felicidade possível é o único propósito adequado de todo pensamento e ato da humanidade e, consequentemente, de toda forma de moral e governo; além disso, o prazer e o sofrimento são os únicos instrumentos com os quais se governa a conduta da humanidade" (CB, ¶ 2). Em seguida, faz as seguintes objeções, entre outras, à doutrina de Bentham. A primeira é que Bentham em nenhum momento tenta propor uma justificação filosófica séria do princípio da utilidade e exibe um tom rude e desdenhoso para com seus adversários. Mill argumenta que os defensores de outras doutrinas filosóficas e morais merecem mais que isso (CB, ¶¶ 3-6).

2. A segunda objeção é que Bentham interpreta o princípio da utilidade no sentido restrito como aquilo que Mill chama de princípio das consequências específicas, que aprova ou desaprova um ato com base exclusivamente em um cálculo das consequências que resultariam desse tipo de ato quando amplamente praticado. Mill admite que esse princípio seja condizente em muitos casos, tais como no do legislador preocupado em encorajar ou impedir certos tipos de conduta por meio de incentivos e penalidades legais; admite também o mérito da obra de Bentham ao promover o estudo da jurisprudência e legislação (CB, ¶¶ 8-9).

A objeção de Mill é que essa interpretação do princípio da utilidade é restrita demais para ser empregada nas questões políticas e sociais fundamentais da contemporaneidade, pois estas dizem respeito ao caráter humano como um todo. Nesse tipo de questão, não devemos nos preocupar primordialmente em oferecer incentivos legais para a boa conduta ou impedir que as pessoas cometam crimes, mas em organizar instituições sociais básicas a fim de que os membros da sociedade passem a ter um caráter tal – com objetivos, desejos e sentimentos – que lhes tornem incapazes de cometer crimes ou propensos de antemão a se empenhar na conduta desejada. Essas questões mais amplas forçam-nos a irmos além dos princípios das consequências específicas e a levarmos em consideração a relação entre os atos e a formação do caráter e, com base nisso, a pensarmos na orientação de conduta de uma forma geral através de instituições políticas e sociais. A legislação deve ser vista no contexto histórico mais amplo e vinculada à "teoria das instituições orgânicas e formas gerais de organização política [...] [que] devem ser vistas como os grandes instrumentos para formar o caráter nacional, fazer progredirem à perfeição os membros da comunidade ou para preservá-los da decadência" (CB, § 12; ver de modo geral CB, §§ 7-12).

3. Mill diz, em sua terceira objeção, que Bentham não deve ser visto como um analista excepcional da natureza humana; Bentham, segundo ele, teria cometido o erro de supor que o ser humano é movido inteiramente por um equilíbrio de desejos no que diz respeito aos prazeres e sofrimentos futuros e teria tentado equivocadamente quantificar motivos (desejos e aversões humanas) que, em princípio, são infinitos tanto em número como em gênero. Além disso, Bentham teria ignorado alguns dos motivos sociais importantes, tais como a consciência e o senso de dever, dando a sua doutrina um tom de egoísmo psicológico (CB, §§ 23-30).

Outra objeção de Mill é que Bentham não teria percebido que a maior esperança de progresso da humanidade está na transformação de nosso caráter e em nossos desejos ordenadores e predominantes. Essa falha de Bentham estaria relacionada ao fato de ele não ter visto as instituições políticas e sociais como meios de educação social de um povo e como forma de ajustar as condições da vida social ao estágio civilizacional desse povo (CB, § 35).

4. Finalmente, Mill diz que o erro predominante de Bentham é fixar-se em apenas parte dos motivos que de fato movem as pessoas e acreditar que estas sejam "bem mais frias e mais refletidas do que realmente são".

Essa tendência, relacionada à ideia da identificação artificial – isto é, oriunda da razão – de interesses, leva Bentham a achar que a legislação atinge seu efeito através do cálculo racional que os cidadãos fazem de suas compensações e penalidades, que gera leis e governos capazes de oferecer as necessárias proteções legais. Bentham teria subestimado o papel e os efeitos do hábito e da imaginação, além da importância central da simpatia das pessoas pelas instituições, que depende da continuidade da existência dessas instituições e de sua identidade externa. É essa continuidade e identidade que as adaptam às recordações históricas de um povo, ajudando suas instituições a manter a autoridade que possuem (CB, §§ 36-7). Bentham teria ignorado o fato de que instituições e tradições consagradas tornam possíveis as inúmeras concessões e ajustes sem os quais, para Mill, nenhum governo consegue sobreviver por muito tempo. Para Mill, Bentham era um "pensador incompleto" com muitas ideias de grande mérito e que, embora tenha apresentado essas ideias como verdade completa, deixou aos outros a tarefa de encontrar a outra metade da verdade (CB, §§ 36-7).

5. Com essa crítica a Bentham em mente, creio que podemos considerar cada capítulo do *Utilitarismo* como uma tentativa de Mill no sentido de reformular parte da doutrina defendida por seu pai e Bentham, a fim de que ela possa atender às objeções que ele propôs contra ela nos "Comentários" de 1833. Mill sempre se declara ser um utilitarista dedicado a atualizar a doutrina de dentro para fora, por assim dizer. Uma das polêmicas sobre essas atualizações é determinar se elas são realmente congruentes com o utilitarismo, tendo por base uma caracterização razoavelmente geral dessa doutrina, ou se elas correspondem a uma doutrina substancialmente diferente e, neste último caso, determinar que doutrina é essa. Por enquanto, deixemos de lado essa questão.

O Capítulo I do *Utilitarismo* trata da primeira crítica a Bentham: nele, Mill diz que tratará da questão da justificativa do princípio da utilidade, esboçando os passos necessários em I: §§ 3-5. Esse capítulo, juntamente com os Capítulos IV e V, completam a justificativa de Mill. (A argumentação completa encontra-se em I: §§ 3-5; IV: §§ 1-4, 8-9, 12; V: §§ 26-31, 32-8.) (Em referências textuais, os algarismos relativos aos capítulos são seguidos dos números dos parágrafos. Como sempre, será necessário numerar os parágrafos.)

A argumentação de Mill nesse trecho é prenúncio da argumentação desenvolvida com grande riqueza de detalhes por Henry Sidgwick em sua obra *Methods of Ethics* [Os métodos da ética] (1. ed.: 1874; 7. e última ed.: 1907).

De um modo geral, segundo essa argumentação, todos, inclusive os membros da escola intuicionista (entre os quais se incluíam autores conservadores como Sidgwick e Whewell, dois dos adversários de Mill), admitem que uma das principais bases da conduta correta é que ela tende a promover a felicidade humana. Logo, se houver outro princípio primeiro que venha conflitar com o princípio da utilidade, é preciso ter algum modo de decidir, nos casos de conflito, qual princípio deverá ter prioridade e resolver a questão. Tanto Mill como Sidgwick defendem que nenhum outro princípio é suficientemente geral, exceto o princípio da utilidade, que tem todas as características para servir de princípio primeiro ordenador.

Mill e Sidgwick defendem ambos que o princípio da utilidade é o princípio que tendemos a usar na prática, e que esse uso produz todo tipo de ordem e coerência que os nossos juízos morais ponderados possuam. Sustentam que a moral do senso comum, quando de fato há reflexão e equilíbrio na conduta das pessoas, é secundária e implicitamente utilitária. Como observarei na próxima conferência, Mill impõe esse tipo de raciocínio em V: ¶¶ 26-31 em relação aos vários preceitos da justiça.

6. O Capítulo II contém em seus parágrafos iniciais a reformulação que Mill fez da ideia da utilidade. Concentremo-nos nos parágrafos ¶¶ 1-8, que são os mais relevantes para nossos fins aqui. Eles podem ser divididos da seguinte maneira:

¶ 1: Introdução.

¶ 2: Enuncia o princípio da utilidade, que corresponde mais ou menos ao princípio enunciado por Bentham e que será atualizado por Mill.

¶¶ 3-10: Tratam da objeção de que o utilitarismo é uma doutrina adequada digna apenas de suínos. Ao se confrontar com essa objeção, Mill apresenta sua teoria da felicidade como o fim último (que discutirei adiante). Esses parágrafos formam uma unidade, e suas ideias são desenvolvidas em IV: ¶¶ 4-9.

¶¶ 11-8: Esses parágrafos também formam uma unidade e discutem duas objeções: a primeira é a de que o utilitarismo é impraticável porque a felicidade é inatingível; e a segunda, a de que os seres humanos podem viver sem felicidade e de que a condição para alcançarmos a nobreza da virtude é formar nosso caráter de modo que possamos viver sem ela.

O resto do Capítulo II discute diversas outras objeções. Destaco, porém, os ¶¶ 24-5, que são importantes no esboço da doutrina de Mill sobre a relação entre os preceitos e princípios morais e o próprio princípio da utilidade como padrão ordenador supremo. Esses parágrafos dizem respeito às recentes discussões sobre o fato de Mill ser um utilitarista da ação, um utilitarista normativo ou outra coisa. Tocarei brevemente nessa questão na próxima conferência.

7. O Capítulo III contém a teoria de Mill sobre como o ser humano pode adquirir um firme desejo ordenador de agir com base no princípio da utilidade, isto é, de agir com base nesse princípio independentemente dos diversos tipos de sanções externas, sejam legais ou sociais, entre elas a opinião pública vista como forma de pressão social coerciva. Assim como o Capítulo II desenvolve a ideia da utilidade com alcance maior que o princípio das consequências específicas de Bentham e foi elaborado com intenção de ser aplicado às instituições básicas que configuram e educam o caráter nacional, o Capítulo III também vai além do que Mill chama de psicologia egoísta, racional e calculista de Bentham. Nessa questão, os ¶¶ 8-11 são especialmente importantes e serão discutidos mais tarde.

O Capítulo IV contém parte essencial da justificativa de Mill sobre o princípio da utilidade (a chamada "prova"), enquanto o Capítulo V discute a base utilitarista de diversos princípios e preceitos da justiça e como eles dão sustentação aos direitos morais e legais. Para Mill, Bentham não tratou dessa questão satisfatoriamente; ela é discutida por Mill com impressionante argúcia, em um dos trechos mais veementes do ensaio. Ela será tema da próxima conferência.

§ 3. A felicidade como fim último

1. Voltemo-nos agora para o Capítulo II. Comecemos sem demora examinando a afirmação-resumo de Mill em II: ¶ 10: "De acordo com o Princípio da Maior Felicidade [...] o fim último, com referência ao qual e em razão do qual todas as demais coisas são desejáveis (seja ao pensarmos em nosso próprio bem ou no bem de outrem), é uma existência livre tanto quanto possível de sofrimento e tão rica quanto possível de gozo, tanto em quantidade como em qualidade."

2. Note-se que Mill fala do fim último (a maior felicidade) como uma existência (II: ¶ 10) ou como maneira de existência (II: ¶¶ 8 e 6, respectivamente). A felicidade não são meros sentimentos prazerosos e agradáveis, nem uma série deles, sejam simples ou complexos. É uma maneira, ou ainda um modo de vida experienciado e vivido pela pessoa portadora

dessa vida. Aqui, suponho que um modo de vida seja feliz apenas quando é mais ou menos bem-sucedido em atingir seus objetivos.

Mill não se refere a prazeres e sofrimentos como meros sentimentos ou como experiências sensoriais de determinado tipo. Ao contrário, refere-se a eles, especialmente aos prazeres, como atividades prazerosas que se distinguem por sua fonte (II: § 4), isto é, pelas faculdades, cuja prática faz parte da atividade prazerosa. É nesse sentido que Mill fala de faculdades superiores e faculdades inferiores:

(a) as faculdades superiores são as do intelecto, do sentir e da imaginação e também dos sentimentos morais;

(b) as faculdades inferiores são as associadas às nossas necessidades e exigências físicas, cuja prática dá origem aos prazeres da mera sensação física (II: § 4).

3. Desse modo, à guisa de resumo, a felicidade como o fim último é um modo (ou maneira) de existência – um modo de vida – que traz em si, com a devida intensidade e variedade, um lugar adequado tanto para os prazeres superiores como para os prazeres inferiores, isto é, um lugar adequado para a prática tanto das faculdades superiores como das faculdades inferiores em uma condizente hierarquização de atividades prazerosas.

§ 4. O critério de preferência pessoal

1. O teste de qualidade é definido a seguir. Um prazer será superior em qualidade em relação ao outro nas seguintes situações:

(a) Após experienciar dois prazeres, os indivíduos têm um critério de preferência pessoal em favor da atividade vinculada a um desses prazeres em detrimento da atividade vinculada ao outro prazer, preferência esta que independe de sentirmos uma obrigação moral de preferir o primeiro, assim como independe também de qualquer reflexão sobre suas vantagens circunstanciais (II: § 4).

(b) Uma preferência pessoal por um prazer em detrimento de outro (por exemplo, os prazeres associados a ter "faculdades mais elevadas que os apetites animais" [II: § 4]) significa que não se renunciará ao gozo desse prazer em favor do gozo em qualquer intensidade do outro prazer que nossa natureza for capaz de praticar, mesmo quando se está ciente de que o prazer preferido implica "maior grau de descontentamento" (II: § 5).

(c) Um critério pessoal é o critério de pessoas que tenham adquirido hábitos de autoconsciência e auto-observação (II: ¶ 10).

2. O critério de preferência pessoal abrange dois elementos:

(a) As pessoas que fazem a comparação entre os dois prazeres (atividades prazerosas) devem estar completamente familiarizadas com ambos, o que normalmente implica ter experienciado ambos.

(b) É preciso que essas pessoas tenham hábitos constantes de autoconsciência e auto-observação.

(c) A preferência pessoal resultante desse processo não deve ser influenciada por um senso de obrigação moral.

(d) O critério não deve se formar com base nas vantagens circunstanciais (tais como continuidade, segurança, preço etc.) ou nas consequências (recompensas e punições) dos prazeres em questão, mas à luz de sua inconfundível natureza como prazeres.

Os itens (c) e (d) em conjunto oferecem uma base de apoio para falar da dicotomia entre qualidade e quantidade de prazer. Voltaremos a essa questão posteriormente.

3. Quando Mill diz que ao comparar prazeres não devemos refletir sobre as vantagens circunstanciais, o que ele tem em mente é o tipo de razão que Bentham deu para preferir os prazeres superiores (termo usado por Mill). Nas palavras de Bentham: "Sendo igual a quantidade de prazer, o *pushpin* [espécie de jogo de dardos] é tão bom quanto a poesia."[5] Para entender essa afirmação, pensemos no modo de vida como uma maneira de viver de acordo com um plano de vida que consiste de diversas atividades realizadas de acordo com determinado planejamento. Com essa ideia em mente, o que Bentham quis dizer é que, ao elaborar o planejamento de atividades que definem nosso modo de vida, chega um momento em que a utilidade marginal do jogo de *pushpin* (por unidade de tempo) é exatamente igual à utilidade marginal da poesia (por unidade de tempo). Ele admite que normalmente a quantidade total de tempo e energia que dedicamos à poesia (ou às atividades que nos fazem praticar as faculdades superiores) é maior que o tempo e a energia que dedicamos ao jogo de *pushpin* (ou a jogos e diversões similares). A explicação é que a psicologia humana nos permite devotar mais tempo e energia à poesia antes de nos cansarmos ou nos aborrecermos e perdermos o interesse.

---

5. Jeremy Bentham, *Rationale of Reward* [A lógica da recompensa], em *The Works of Jeremy Bentham* (Londres: Simpkin, Marshall, 1843-59), vol. II, p. 253.

Para Bentham, a fonte do prazer (a atividade que o produz) é irrelevante: sendo iguais a intensidade e a duração, prazer é sempre prazer. Quando Bentham afirma que, de um modo geral, o jogo de *pushpin* é tão bom quanto a poesia, não está expressando uma opinião negativa sobre a poesia (embora de fato tenha nutrido essa opinião)[6], e sim enunciando sua doutrina hedonista.

4. Há, todavia, uma dificuldade causada pelos elementos mencionados a seguir. Mill admite em II: ¶ 8 que as diferenças na quantidade e intensidade do prazer também se manifestam em nossas preferências e são conhecidas por elas. Isto é, em nossas decisões e escolhas também revelamos nossos cálculos de intensidade e quantidade de diferentes prazeres. Porém, se for assim, como o critério de preferência pessoal consegue diferenciar entre qualidade e quantidade de diferentes prazeres?

A resposta, creio, reside na estrutura peculiar do planejamento de atividades que define nosso modo preferencial de existência bem como nas prioridades que revelamos ao elaborar esse planejamento e ao atualizá-lo à medida que mudam as circunstâncias.

Dessa forma, o que demonstra a qualidade superior de um prazer (como atividade) em relação a outro prazer é o fato de que não o abandonaremos por completo (isto é, não o eliminaremos de nosso planejamento, de nosso modo de vida) em troca da realização de algum prazer inferior do qual nossa natureza seja capaz. Ao configurar nosso modo de vida (ou ao planejar nossas atividades), chega um momento em que a taxa de câmbio dos prazeres inferiores em relação aos prazeres superiores é praticamente infinita. A recusa em abandonar os prazeres superiores em troca de qualquer quantidade dos prazeres inferiores demonstra a prioridade especial dos primeiros (II: ¶¶ 5-6).

5. Todavia, ainda resta uma questão. Por certo, ao elaborar nosso planejamento de atividades, deve chegar um momento em que a taxa de câmbio inverso dos prazeres superiores em relação aos prazeres inferiores também se torna praticamente infinita. Isso porque precisamos reservar

---

6. A esse respeito, ver os comentários de Mill em seu ensaio "Bentham" (*CW*, vol. X, pp. 113 s.), no qual ele fala das "opiniões peculiares de Bentham sobre a poesia". Segundo Mill, Bentham gostava de música, pintura e escultura, mas "com relação à poesia [...] que emprega a linguagem das palavras, não nutria nenhuma predileção. As palavras, para ele, são pervertidas por sua própria função, quando empregadas para expressar qualquer coisa exceto as verdades da lógica". Mesmo assim, continua Mill, a menção da dicotomia entre *pushpin* e poesia em Bentham "é apenas um modo paradoxo de afirmar aquilo que ele teria dito igualmente sobre as coisas que mais lhe inspiravam estima e admiração".

certa quantidade mínima de tempo e energia para nos manter bem, com saúde e de bom humor. Isso é necessário a fim de realizarmos com eficácia nossas outras atividades, particularmente as de natureza superior. Assim, para expressar a diferenciação de Mill entre qualidade e quantidade de prazer, devemos dizer que são diferentes as explicações segundo as quais as duas taxas de câmbio se tornam praticamente infinitas. No caso de nossa busca do mínimo necessário para nos manter bem, com saúde e de bom humor, a explicação é fisiológica e psicológica, pois diz respeito a nossas condições físicas e a nosso estado de espírito. Com a outra taxa de câmbio, por sua vez, a explicação reside em traços intrínsecos às atividades que envolvem a prática das faculdades superiores.

6. Em suma, a diferenciação feita por Mill entre quantidade e qualidade de prazeres (atividades) é esta: quando observamos os modos de vida que pessoalmente preferimos, os planejamentos de atividades (no decorrer de um espaço de tempo condizente de, digamos, um ano) que definem esses modos de vida apresentam diversos traços característicos:

(a) Há essencialmente dois tipos diferentes de atividades a diferenciar nesses planejamentos, a saber, as que envolvem a prática das faculdades superiores e as que abrangem e envolvem as faculdades inferiores. Esses dois tipos de faculdades são vistos como fontes de tipos de prazeres qualitativamente distintos no sentido acima explicado.

(b) Ao planejar nossas atividades, devemos, obviamente, atribuir prioridade significativa às atividades que geram os prazeres inferiores; isso é necessário para que tenhamos saúde e vigor normais e bem-estar psicológico. Uma vez assegurado esse mínimo, a concretização mais ampla dos prazeres inferiores rapidamente se torna menos importante e logo sua prioridade se aproxima de zero.

(c) Por outro lado, acima desse mínimo, os prazeres superiores rapidamente assumem o primeiro plano e se tornam o foco e centro de nosso modo de vida, como demonstrado em nosso planejamento de atividades por unidade de tempo condizente. Acima desse mínimo, nunca desistiríamos – ou abdicaríamos (termo usado por Mill em II: ¶ 5) – livremente das atividades que geram prazeres superiores, não importando o grau de compensação obtido ao concretizarmos os prazeres inferiores.

(d) Finalmente, nas avaliações feitas conforme o item (c), não se justificam as vantagens circunstanciais ou consequências das atividades superiores como grupo, exceto quando necessário para assegurar que o planejamento de atividades seja praticável e viável.

Todos esses traços juntos é o que fortalece os termos "qualidade" e "quantidade" de prazer. Quando Mill se refere a essa diferenciação, tem em mente a estrutura especial do planejamento geral de atividades que definem nosso modo de vida e a prioridade que damos às atividades que envolvem a prática de nossas faculdades superiores. Desse modo, concebemos a felicidade como um modo de vida mais ou menos bem-sucedido em relação às expectativas razoáveis sobre o que a vida pode nos oferecer (II: ¶ 12). Dizer que existem prazeres superiores e inferiores é dizer apenas que preferimos pessoalmente um modo de vida cuja estrutura especial atribui foco central e prioridade às atividades que recorrem às faculdades superiores.

§ 5. Comentários adicionais sobre o critério de preferência pessoal

(a) Em primeiro lugar, para os objetivos que Mill tinha em mente, não acho necessário fazer nenhuma diferenciação minuciosa dentro das categorias de prazeres superiores e prazeres inferiores. Ele estava preocupado em refutar a objeção feita por Carlyle e outros de que o utilitarismo é uma doutrina digna apenas de suínos. Para refutar essa acusação, ele recorre ao argumento de que ela pressupõe uma visão negativa da natureza humana; em seguida, reage a ela com sua própria diferenciação entre prazeres superiores e prazeres inferiores. Uma vez feita essa diferenciação e estabelecida a preferência pelos prazeres superiores, Mill consegue demonstrar que tinha razão. À luz de sua doutrina como um todo, não são necessários maiores refinamentos dentro da categoria dos prazeres superiores e inferiores.

(b) Mill comenta (II: ¶ 8) que "nem sofrimentos nem prazeres são homogêneos; o sofrimento é sempre heterogêneo em relação ao prazer". Mais adiante, diz que toda diferenciação dentro das categorias de prazeres e sofrimentos, e entre prazeres e sofrimentos, reflete em nossos juízos, resultando em nossas decisões e escolhas reais. Isso enfatiza ainda mais o fato de que a diferenciação entre qualidade e quantidade de prazeres reside em traços estruturais especiais e em prioridades incrustadas no planejamento preferido de atividades que definem nosso modo de vida.

(c) Por isso é um erro infeliz ver a diferenciação feita por Mill entre qualidade e quantidade de prazeres como algo amparado nas diferenças entre as qualidades inescrutáveis dos prazeres e sofrimentos vistos como tipos de sentimentos ou experiências sensoriais. Todas as diferenciações que Mill faz ou precisa fazer refletem em nossas decisões e escolhas reais.

A meu ver, ele quer dizer que todas essas diferenciações dependem de questões evidentes na estrutura especial e prioridades do modo de vida que preferimos pessoalmente.

§ 6. A psicologia subjacente de Mill

1. Discutirei agora alguns aspectos da psicologia moral que subjaz à concepção da utilidade em *Utilitarismo*. Essa psicologia consiste de diversos princípios psicológicos importantes. Um deles – o princípio da dignidade – sustenta a ideia de felicidade que acabamos de discutir. Outro, que é objeto de III: ¶¶ 6-11 e afirma que a felicidade geral é reconhecida como padrão ético e que os homens têm o desejo de estar em união com seus próximos, dá sustentação à ideia de Mill sobre a sanção última ao princípio da utilidade considerado como princípio básico da moral. Tratarei primeiro do princípio da dignidade.

Já vimos como se pode dar sentido à ideia das diferenças na qualidade dos prazeres fazendo referência à estrutura e prioridades incrustadas no modo de vida que preferimos pessoalmente como seres humanos normais. Para Mill, porém, esse critério não é suficiente. Segundo ele (II: ¶¶ 4, 6), também achamos que uma vida não voltada para as atividades que recorrem a nossas faculdades superiores é uma forma degradante de existência.

Mill diz que a relutância em viver uma vida assim pode ser atribuída ao orgulho ou ao gosto pela liberdade e independência pessoal, ou mesmo ao gosto pelo poder. Acredita, porém, que a explicação mais condizente para isso está no senso de dignidade que todos os seres humanos possuem e que é proporcional ao desenvolvimento de suas faculdades superiores (II: ¶ 6). Com este último comentário creio que ele quis dizer: proporcional ao grau em que nossas faculdades superiores têm sido concretizadas através de treinamento e educação adequadas, sem que o desenvolvimento dessas faculdades seja retardado por condições de pobreza ou falta de oportunidade e muito menos por circunstâncias hostis.

2. Para Mill, nosso senso de dignidade nos é tão importante que nenhum modo de existência que o viole pode ser desejado por nós sem uma explicação especial (II: ¶ 7). Pensar que o desejo de manter nossa dignidade é realizado com o sacrifício da felicidade é, para Mill, confundir a felicidade com o contentamento. A questão que surge é saber de que forma a ideia da dignidade em Mill se relaciona com o que ele diz sobre os praze-

res superiores e inferiores. Será outro modo de fazer a mesma diferenciação ou ela acrescenta mais um elemento? Além disso, será ela congruente com a doutrina utilitarista de Mill?

O texto parece obscuro a esse respeito. Suponho que a ideia da dignidade não acrescenta um novo elemento. Mas pode-se perguntar se é possível interpretá-la de um modo que seja congruente com a teoria de Mill conforme apresentada nesta conferência; esse tópico será retomado mais adiante quando passarmos a discutir a obra *Sobre a liberdade*. O novo elemento é este: não apenas temos preferência pessoal pelos prazeres superiores em detrimento dos prazeres inferiores, como também temos um desejo de ordem superior de ter desejos cultivados por um modo de vida convenientemente voltado para as atividades superiores e suficiente para sustentá-las.

O desejo de ordem superior é, em primeiro lugar, um desejo que temos, como seres humanos dotados de faculdades superiores, de que essas faculdades sejam concretizadas e cultivadas; em segundo lugar, é um desejo de termos desejos condizentes para pôr em movimento nossas faculdades superiores e desfrutar de sua prática e de não termos desejos que interfiram nisso.

3. É importante observar que ao se referir ao senso de dignidade Mill usa a terminologia dos ideais e da perfeição humana (II: ¶ 6). Ele fala de autorrespeito, hierarquia, posição e de certos modos de vida vistos por nós como degradantes e indignos. Introduz, na verdade, outra forma de valor além do prazeroso e do agradável: o admirável e o digno, bem como seus contrários, o degradante e o desprezível[7].

Dessa forma, nosso senso de dignidade está vinculado ao reconhecimento de que alguns modos de vida são admiráveis e dignos de nossa natureza, enquanto outros estão aquém de nossa dignidade e são impróprios. É essencial acrescentar que o senso de dignidade não deriva de um senso de obrigação moral. Isso conflitaria com uma das condições do critério de preferência pessoal e também com a ideia do senso de dignidade como forma diferente de valor.

---

7. Mill discute esses valores em "Bentham", *CW*, X, pp. 95 s. e 112 s., bem como em *On Liberty*, IV: ¶¶ 4-12 *passim*.

MILL II

A ideia da justiça em Mill

§ 1. Nosso modo de abordar Mill

1. Este é um bom momento para explicar nosso modo de abordar Mill e relacioná-lo à abordagem que fizemos de Locke e Rousseau.

Em Locke, discutimos principalmente dois elementos. Primeiro, analisamos a teoria lockiana da legitimidade, isto é, o critério usado por Locke para definir o regime legítimo como regime que surge na história ideal. Já vimos que esse regime é aquele que pode ser objeto de contrato entre pessoas racionais sem violar nenhum dever que lhe é imposto pela lei fundamental da natureza. E, em segundo lugar, analisamos a teoria da propriedade em Locke e sua compatibilidade com as liberdades básicas desiguais (a propriedade como qualificação para o direito ao voto) e, dessa forma, com o estado de classes.

Em Rousseau, também analisamos principalmente dois elementos: primeiro, a teoria da desigualdade e suas origens históricas e consequências políticas e sociais ao gerar as depravações e os males da civilização. Isso introduziu a questão da existência ou não existência de princípios do direito e da justiça que, quando concretizados nas instituições da sociedade, mantenham as depravações e os males sob controle, quando não totalmente eliminados. O *Contrato social* é uma resposta a essa questão. Rousseau vê o pacto social como algo que define os princípios desejados como normas da cooperação política e social entre cidadãos, que, por sua vez, são concebidos como indivíduos livres e iguais; por fim, tentamos compreender a ideia da vontade geral em Rousseau.

Vimos que Rousseau leva a ideia do pacto social mais além em relação a Locke. A concepção de Rousseau sobre o papel e a importância da igualdade (e da desigualdade) é mais profunda e mais central. A teoria da justiça como equidade[1] segue os passos de Rousseau mais de perto em ambos esses aspectos.

2. Comecemos enunciando um problema sobre como compreender Mill. Em muitos de seus escritos, Mill enuncia certos princípios aos quais às vezes chama de "princípios do mundo moderno". Pode-se pensar em tais princípios como princípios da justiça política e social para a estrutura básica da sociedade[2]. Eles serão discutidos com algum detalhamento nas próximas duas conferências, quando tratarmos dos ensaios *Sobre a liberdade* e *A sujeição das mulheres*; por enquanto, basta dizer que para Mill é necessário proteger os direitos dos indivíduos e minorias contra a possível opressão das maiorias democráticas modernas (*Sobre a liberdade*, Capítulo I).

Acredito que o conteúdo dos princípios da justiça política e social em Mill se aproxime bastante do conteúdo dos dois princípios da justiça como equidade[3]. Essa proximidade, suponho, é suficiente para nos permitir considerar mais ou menos iguais os conteúdos essenciais desses princípios, tendo em vista os nossos propósitos aqui. O problema a enfrentar agora é o seguinte:

Como é possível que uma doutrina aparentemente utilitarista resulte no mesmo conteúdo (mesmos princípios da justiça) que a teoria da justiça como equidade? Há pelo menos duas respostas possíveis para isso:

(a) Talvez os princípios da justiça política possam ser justificados – ou inferidos – em ambas as teorias, de modo que ambas os sustentem de forma semelhante a um consenso por sobreposição[4]. Em *Justiça como equi-*

---

1. Nome da concepção política da justiça desenvolvida em Rawls, *A Theory of Justice* (Cambridge, Mass.: Harvard University Press, 1971; ed. rev. 1999) e em *Justice as Fairness: A Restatement*, org. Erin Kelly (Cambridge, Mass.: Harvard University Press, 2001), obra que de agora em diante será mencionada como *Restatement*.
2. A estrutura básica de uma sociedade consiste nas principais instituições políticas e sociais dessa sociedade, interligação em um sistema de cooperação (*Restatement*, pp. 8 s.).
3. Os dois princípios da justiça como equidade são: (a) cada pessoa tem o mesmo direito irrevogável a um esquema plenamente adequado de liberdades básicas iguais que seja compatível com o mesmo esquema de liberdades para todos; e (b) as desigualdades sociais e econômicas devem satisfazer a duas condições: primeiro, devem estar vinculadas a cargos e posições acessíveis a todos em condições de igualdade equitativa de oportunidades; e, em segundo lugar, devem beneficiar ao máximo os membros menos favorecidos da sociedade. Esta última condição é chamada de "princípio da diferença". Alguns autores preferem o termo "princípio maximin", mas prefiro falar de "princípio da diferença" para diferenciá-lo da regra maximin de decisão em condições de incerteza (*Restatement*, pp. 42 s.).
4. Consenso por sobreposição é o consenso no qual a mesma concepção política da justiça é endossada por doutrinas religiosas, filosóficas e morais razoáveis, ainda que antagônicas entre

dade: uma reformulação, afirmei que as partes contratantes na posição original, ao selecionarem princípios a serem incorporados pela estrutura básica, poderiam ser vistas como usuárias daquilo que chamei de função da utilidade baseada nas necessidades e exigências fundamentais dos cidadãos concebidos como pessoas livres e iguais e caracterizadas pelas duas competências morais: a capacidade de ter um senso de justiça e a capacidade de formular uma concepção do bem. A função da utilidade não se baseia nas preferências e interesses reais das pessoas, que, ao usarem essa função devidamente construída, estariam adotando os dois princípios da justiça[5]. A concepção da utilidade em Mill poderia ter resultado bem semelhante. Esse é um elemento que precisa ser discutido.

(b) Por outro lado, Mill pode ter se enganado ao acreditar que sua doutrina serviria de base para a teoria que elaborou sobre os princípios do mundo moderno. Embora possa ter achado que sua concepção da utilidade tenha esse papel, talvez isso não seja verdade de fato.

3. Suponhamos que a segunda resposta não seja correta e que alguém com os imensos talentos de Mill não possa se enganar sobre algo que desempenha uma função tão básica em toda a sua doutrina. Pequenos enganos e deslizes, sim – estes não têm importância e podem ser corrigidos. Porém erros fundamentais no nível mais básico, não. Essa possibilidade deve ser considerada bastante implausível, a menos que descubramos, para nosso espanto, que não resta outra alternativa.

Chamo a atenção para o fato de que este é um preceito metodológico. Ele nos ajuda a decidir sobre como devemos abordar e interpretar os textos que lemos. É preciso ter confiança no autor, especialmente se ele for talentoso. Se percebermos algo de errado ao interpretarmos o texto de determinada forma, então devemos assumir que o autor teria percebido esse detalhe. Dessa forma, nossa interpretação provavelmente estará errada. Em seguida, perguntemos: como ler o texto e evitar essa dificuldade?

Assim, por enquanto, suponho que a primeira alternativa seja a correta e que, portanto, a concepção da utilidade em Mill, juntamente com os princípios fundamentais de sua psicologia moral e teoria social, o fazem concluir corretamente que os princípios do mundo moderno por ele enunciados seriam mais eficazes na maximização da felicidade humana, com-

---

si, que ganham um conjunto significativo de partidários e perduram de uma geração a outra (*Restatement*, pp. 32 e 184).

5. *Restatement*, p. 107.

preendida como modo de existência (modo de vida) conforme descrito no importante trecho do *Utilitarismo*, II: ¶¶ 3-10.

4. Para testar essa compreensão da doutrina de Mill, é preciso observar seus detalhes apresentados nos ensaios que estamos lendo: *Utilitarismo, Sobre a liberdade* e *A sujeição das mulheres*. Precisamos descobrir de que modo Mill trata diversas questões políticas importantes e examinar de que modo a concepção da utilidade se relaciona com os princípios do mundo moderno, especialmente com os princípios da justiça e com o princípio da liberdade.

Para isso, tentarei demonstrar que uma leitura plausível da doutrina de Mill – sem pretensão de ser a mais plausível – pode ser considerada utilitarista, quando compreendida em termos da concepção da utilidade de Mill[6]. Embora, a meu ver, Mill abra espaço para que os valores perfeccionistas desempenhem um papel importante, sua doutrina ainda assim é utilitarista no sentido de que não atribui aos valores perfeccionistas certo peso como razões em questões políticas, especialmente em questões da liberdade. Explicarei isso nas próximas duas conferências.

Um traço especial da doutrina de Mill é que ela se ampara em uma teoria psicológica específica da natureza humana, expressa em certos princípios primeiros bastante específicos. Mill menciona esses princípios como "as leis gerais da constituição humana" (*Utilitarismo*, V: ¶ 3). Entre esses princípios estão os seguintes (o primeiro deles já foi discutido na última conferência):

(a) Critério de preferência pessoal: *Utilitarismo*, II: ¶¶ 5-8.
(b) Princípio da dignidade: *Utilitarismo*, II: ¶¶ 4, 6-7; *Sobre a liberdade*, III: ¶ 6.
(c) Princípio da vida em união com os outros: *Utilitarismo*, III: ¶¶ 8-11.
(d) Princípio da individualidade: *Sobre a liberdade*, III: ¶ 1.
(e) Princípio aristotélico: *Utilitarismo*, II: ¶ 8.

Obviamente, esses princípios estão inter-relacionados de diversos modos, visto que alguns parecem servir de respaldo ou base para outros; por exemplo, (b) poderia ser considerado base, ou pelo menos respaldo, de (a). Essas questões serão, porém, deixadas de lado por enquanto.

---

6. Se a concepção da utilidade de Mill é ou não utilitarista, esta é outra questão. Creio que não, mas deixo isso de lado por enquanto.

5. Não defenderei que esses princípios sejam corretos ou incorretos, embora muitos pareçam achá-los implausíveis. O fato é que eles fazem a doutrina de Mill depender de uma psicologia humana bastante específica. Talvez esperemos de uma concepção política da justiça maior firmeza em seus princípios e, na medida do possível, dependência apenas em relação a traços psicológicos da natureza humana que sejam evidentes ao senso comum. Por outro lado, porém, se os princípios psicológicos de Mill forem corretos, então sua doutrina por enquanto pode ser considerada sólida.

Nessa questão, há uma série de possibilidades. É possível uma concepção política depender de uma psicologia humana bastante específica, ou melhor, de uma psicologia mais geral aliada a uma concepção normativa bastante específica da pessoa e da sociedade. Um exemplo desse tipo de concepção normativa é aquela usada na teoria da justiça como equidade[7]. Minha hipótese é de que as concepções políticas diferem no modo como concebem a divisão do trabalho entre as concepções políticas normativas, de um lado, e os princípios psicológicos básicos, de outro. Com um princípio tão geral e abstrato como o da utilidade, mesmo na interpretação que Mill lhe deu, parece ser necessária uma psicologia um tanto espe-

---

7. A concepção normativa da pessoa e da sociedade é resultado de nossa teoria e prática morais e políticas, e não de nossos traços biológicos ou psicológicos. Na teoria da justiça como equidade, ao definir a sociedade como sistema equitativo de cooperação, usamos a ideia concomitante de pessoas livres e iguais para nos referirmos a indivíduos que podem desempenhar o papel de membros plenamente cooperantes por toda a vida. A concepção normativa e política da pessoa na teoria da justiça como equidade está vinculada às capacidades das pessoas como cidadãos. Elas são livres e iguais e têm as duas competências morais: (1) capacidade de ter senso de justiça (habilidade de compreender e aplicar os princípios da justiça política que especificam os termos justos da cooperação, bem como de agir com base neles) e (2) capacidade de ter uma concepção do bem (ter, atualizar e adotar racionalmente uma família ordenada de fins últimos e objetivos que definem a concepção de uma pessoa sobre o que tem valor na vida humana – concepção que normalmente faz parte de uma doutrina religiosa, filosófica ou moral abrangente). Além disso, as pessoas livres e iguais têm as competências da razão, inferência e juízo, necessárias para o exercício das duas competências morais.

São *iguais* no sentido de que são vistas como indivíduos com um grau mínimo e essencial de capacidades morais necessárias para se empenharem na cooperação social ao longo de suas vidas e para participarem da sociedade como cidadãos iguais. São *livres* no sentido de que concebem a si mesmas e umas às outras como indivíduos dotados da capacidade moral de ter uma concepção do bem e a competência para atualizá-la e alterá-la com base em motivos razoáveis e racionais, se assim o desejarem. Não há para elas perda de identidade se assim quiserem agir. Além disso, elas são *livres* também no sentido de que consideram a si mesmas como fontes autoabonáveis de pretensões válidas – isto é, como indivíduos que têm o direito de fazer reivindicações junto a suas instituições a fim de promover suas concepções do bem (*Restatement*, pp. 18-23).

cífica a fim de chegar a conclusões definitivas. A psicologia da teoria da justiça como equidade, por outro lado, talvez possa ser mais geral em sentidos que serão explicados mais adiante.

§ 2. A ideia da justiça em Mill

1. No Capítulo V, intitulado "Sobre a relação entre a justiça e a utilidade", último e longo capítulo do *Utilitarismo* – correspondendo a mais de um terço do ensaio –, Mill enuncia sua ideia da justiça. Ele reservou o pleno tratamento desse tópico para depois por achar que a aparente incongruência entre o princípio da utilidade e as nossas convicções e sentimentos de justiça é a única dificuldade real na teoria utilitarista da moral (V: ¶ 38). Conforme às vezes fica evidente em suas respostas, Mill acredita que as muitas outras objeções que analisa se baseiam em mal-entendidos ou coisa pior. Com isso, chega a algo que deve ter sido um verdadeiro problema. Sua magnífica análise sobre essa questão deve ser fruto das minuciosas investigações que empreendeu.

A argumentação de Mill no Capítulo V sobre o tema da justiça pode ser resumida da seguinte maneira:

Primeira parte: ¶¶ 1-3: enunciação do problema.
Segunda parte: ¶¶ 4-10: seis tipos de conduta justa e conduta injusta.
Terceira parte: ¶¶ 11-5: análise do conceito de justiça.
Quarta parte: ¶¶ 16-25: (a) sentimento de justiça; (b) base dos direitos no sentimento de justiça (¶¶ 24-5).
Quinta parte: ¶¶ 26-31: conflito dos preceitos da justiça resolvido apenas pelo princípio da utilidade.
Sexta parte: ¶¶ 32-8: justiça definida como conjunto de regras necessárias para satisfazer às necessidades do bem-estar da humanidade.

2. Dois comentários gerais:
(a) Na primeira parte da argumentação, Mill enuncia o problema que lhe ocupará de modo geral no Capítulo V: o sentimento (ou senso) de justiça tem grande intensidade psicológica, além de estar em conflito aparente com o princípio da utilidade. Surge, portanto, a questão: será que o sentimento de justiça ainda assim pode ser explicado de modo congruente com o princípio da utilidade? A intenção de Mill é mostrar que isso é pos-

sível. Para ele, é possível explicar de que modo surge nosso senso de justiça e por que tem tamanha intensidade psicológica (quarta parte): (a) com base no tipo de coisa que consideramos justa ou injusta (segunda parte); e (b) com base em nossa constituição psicológica. A intenção é enunciada em V: ¶ 3: "Se em tudo o que os homens se acostumaram a caracterizar como justo ou injusto está sempre presente algum atributo ou conjunto de atributos de caráter comum, é admissível avaliar se o atributo ou combinação de atributos em questão seria capaz de cristalizar em seu redor um sentimento com caráter e intensidade tão peculiares em virtude das leis gerais de nossa constituição emocional ou se esse sentimento é inexplicável e exige ser visto como uma provisão especial da Natureza."

Mill, é claro, tentará mostrar que a primeira dessas duas alternativas é a verdadeira e que a intensidade do senso de justiça pode ser explicada de modo congruente tanto com o princípio da utilidade como com nossa psicologia moral. Sua argumentação é resumida em V: ¶ 23: "[...] O senso de justiça parece-me ser o desejo animal de repelir ou vingar um mal ou dano causado a si ou àqueles por quem se tem simpatia, desejo este que se estende a todas as pessoas devido à capacidade humana de ampliar sua simpatia e à concepção humana de nutrir um egoísmo inteligente. Destes últimos elementos [ampliação da simpatia e egoísmo inteligente], o sentimento deriva seu caráter moral; dos primeiros [o desejo animal de repelir um mal causado a si], sua peculiar impressionabilidade e a energia da autoafirmação."

Dessa forma, o senso de justiça não confirma uma visão intuicionista de que a justiça é algo *sui generis*. Em vez disso, para Mill, ele se ajusta perfeitamente a uma teoria utilitarista da justiça e a uma teoria psicológica plausível sobre a origem desse sentimento. A justiça não é um padrão independente e separado que existe com o princípio da utilidade e possivelmente tendo peso contrário a este; em vez disso, é desse princípio que ela deriva.

(b) As duas últimas partes da argumentação, a quinta e a sexta, exemplificam o tipo de justificativa que Mill tentou oferecer para o princípio da utilidade, a saber: embora haja preceitos e padrões aparentemente em conflito com esse princípio, uma reflexão atenta revela que esse não é o caso. Isso confirma a ideia que observamos anteriormente: ao justificar o princípio da utilidade, Mill alegou que este é o único princípio moral de caráter suficientemente geral e conteúdo adequado para servir de princípio primeiro de uma doutrina moral e política.

Essa forma de argumentação é belamente exibida na quinta parte, ¶¶ 26-31, em que Mill defende que o conflito entre os vários preceitos da justiça pode ser resolvido apenas recorrendo-se a um princípio que seja superior a qualquer outro princípio. Para Mill, apenas o princípio da utilidade pode, afinal, servir a esse propósito. Assim, por exemplo, em V: ¶ 28 afirma o seguinte sobre as pessoas que concordam entre si que um ato seja injusto, mas discordam umas das outras sobre as razões dessa concordância: "[...] enquanto a questão for discutida como se dissesse respeito apenas à justiça, sem investigar os princípios que subjazem à justiça e são sua fonte da autoridade, serei incapaz de encontrar um modo de refutar esses arrazoados". Os últimos parágrafos, ¶¶ 32-8, são as últimas partes da justificativa de Mill para seu princípio da utilidade.

§ 3. O lugar da justiça na moral

1. Na terceira parte do Capítulo V, Mill investiga diversos tipos de atos e instituições que a opinião moral geral considera justos ou injustos. Aqui está ele, descrevendo, por assim dizer, os dados: sua ideia da justiça, derivada da utilidade, e os princípios da psicologia moral devem ajustar-se aos argumentos expostos na investigação.

Mill expõe seis argumentos, que serão resumidos brevemente a seguir:

(a) Considera-se comumente injusto violar e justo respeitar os direitos legais das pessoas (V: ¶ 5). (Aqui, admite-se implicitamente que a lei não é injusta.)

(b) Porém, visto que algumas leis podem ser injustas, as pessoas às vezes recebem direitos legais que não deveriam ter e às vezes lhe são negados direitos legais que deveriam ter. Assim, um segundo tipo de injustiça é tirar das pessoas, ou negar-lhes, algo a que elas têm um direito moral (V: ¶ 6).

(c) É justo que as pessoas tenham algo que mereçam, bom ou ruim, e injusto que tenham algo que não mereçam, bom ou ruim (V: ¶ 7).

(d) É injusto cometer quebra de confiança ou violar acordos, bem como frustrar expectativas legítimas (V: ¶ 8).

(e) Quando se trata de direitos, é injusto ser parcial, isto é, ser influenciado por ponderações que não deveriam ter relevância no caso em questão. A imparcialidade – quando o indivíduo é influenciado exclusivamente pelas ponderações relevantes – é uma obrigação da justiça que pesa sobre juízes, preceptores e pais com capacidade judicial (V: ¶ 9).

(f) Intimamente relacionada à imparcialidade é a igualdade no sentido de justiça natural, isto é, quando se dá proteção igual aos direitos de todos (V: § 10).

2. Em seguida à investigação dos dados, Mill identifica o lugar que o conceito da justiça ocupa dentro de sua doutrina do utilitarismo como um todo. Observemos o esquema na Figura 6.

Ponto de vista avaliatório é o termo que eu uso – não Mill – com referência ao conceito mais geral de valor: todas as formas de valor reconhecidas por Mill, morais e não morais, se enquadram nessa categoria. A classificação de Mill não é apresentada de modo meticuloso. Ainda assim, ela serve aos propósitos do filósofo na distinção entre a moral (certo e errado) e o prazeroso, o admirável e o oportuno ou conveniente; e, em seguida, dentro da subcategoria da moral, na distinção entre a justiça e a caridade e benevolência.

```
moral: certo e errado        o prazeroso       o admirável        o conveniente
       /      \                                                    (Utilitarismo, II, § 23)
      /        \
     ↓          ↓                                  ↓                     ↓
  deveres    deveres                           o perfeito            o oportuno
  perfeitos  imperfeitos
     ↓          ↓
  justiça   caridade e
            benevolência
```

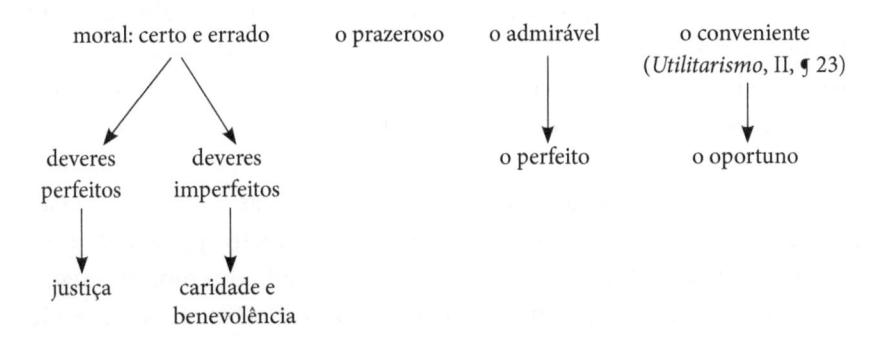

Figura 6. Mill: o ponto de vista avaliatório.

A definição da moral em Mill – isto é, do certo e do errado – é a seguinte: certos são os atos que deveriam ser praticados e errados são os que não deveriam ser praticados; quem não age de modo condizente com esse preceito deve receber alguma forma de punição. Tal punição ocorre através do direito, reprovação pública (opinião moral) ou da repreensão da consciência. Há aqui três espécies bem diferentes de sanções. Através da reflexão sobre a utilidade de um ato, decide-se se ele deveria ser praticado ou não. Decide-se também qual sanção é a melhor a ser aplicada em diferentes tipos de circunstâncias. Aqui, o termo "repreensão da consciência" refere-se indiretamente à educação moral. A melhor maneira de impor sanção a alguns atos é educando as pessoas para que suas consciências as repreendam por praticá-los.

Assim, para recapitular a ideia de Mill: um ato é errado se, por exemplo, for uma espécie de ato que não apenas tenha más consequências quando praticado de modo geral, mas que suas consequências sejam tão más que façam aumentar a utilidade social geral do estabelecimento de sanções condizentes para garantir certo grau de obediência (não necessariamente obediência perfeita, visto que isso exigiria medidas draconianas). Ora, o estabelecimento dessas sanções é sempre dispendioso em termos de utilidade. Ele inclui os custos da política, tribunais e prisões. As sanções da opinião moral pública e da consciência também incluem desutilidades, embora menos óbvias. Não obstante, no cômputo geral, o ganho no caso de atos errados é julgado suficiente para justificar impô-los.

3. Para Mill, o que distingue o justo do injusto como elementos da categoria mais abrangente dos certos e errados – por exemplo, o que os distingue da caridade (beneficência) e da falta desta – é a ideia do certo no âmbito pessoal. Em suas palavras: "O termo justiça sugere algo que não apenas é certo fazer e errado não fazer, mas que, além disso, uma pessoa específica [nominável] possa reclamar de nós como seu direito *moral*" (V: ¶ 15). Em contraposição, nenhuma pessoa específica e nominável tem direito moral sobre nossa beneficência ou caridade. Os deveres "perfeitos" da justiça têm direitos correlatos em algumas pessoas nomináveis; essas pessoas têm uma pretensão válida junto à sociedade para que seus direitos sejam garantidos. Mill afirma mais adiante: "Quando dizemos que algo é direito de uma pessoa, queremos dizer que essa pessoa tem uma pretensão válida junto à sociedade para esta a proteja na posse da coisa em questão, seja por força da lei ou por força da educação e opinião. Se a pessoa tem aquilo que chamamos de pretensão suficiente, com base em um motivo qualquer, à posse de algo que lhe é garantido pela sociedade, dizemos que ela tem direito a essa coisa" (V: ¶ 24). "Assim, em minha concepção, ter um direito é ter algo cuja posse a sociedade deveria defender. Se um opositor me perguntar o porquê desse dever, não posso oferecer nenhuma outra razão a não ser a da utilidade geral" (V: ¶ 25).

4. Segundo Mill, na interpretação que faço de seu texto[8], a posse de direitos é definida pelas regras que regulamentam os direitos e a justiça e são aplicáveis a todos. Muitas vezes, mas não sempre, essas são regras legais devidamente justificadas. Porém, na doutrina de Mill, ter um direito

---

8. Sigo aqui os passos de Fred Berger, em *Happiness, Justice, and Freedom* (Berkeley: University of California Press, 1984), p. 132.

é um fato que não depende das utilidades (custos e benefícios) em uma circunstância específica. Embora os direitos possam ser anulados em circunstâncias específicas, isso pode acontecer apenas em condições muito incomuns; isso acontece especialmente com os direitos básicos da justiça.

De fato, a instituição de direitos tem como propósito inibir e mesmo tornar desnecessário o cálculo das utilidades em circunstâncias específicas. A segurança oferecida pelos direitos básicos estaria em perigo se houvesse a crença difundida de que é possível violar um direito em razão dos pequenos ganhos eventualmente revelados nesse tipo de cálculo.

Recapitulando: ter um direito é um fato que não depende da comparação das utilidades em circunstâncias específicas, mas sim das regras (legais ou não) da justiça e da utilidade dessas regras quando seu cumprimento é exigido de todos. Contudo, é possível anular um direito, mas apenas em condições muito excepcionais, quando os ganhos de utilidade e as perdas para um e outro lado forem claramente de altíssimo valor. Nessas condições excepcionais, poderá ser suspensa a regra segundo a qual não se deve orientar pelas utilidades em circunstâncias específicas.

§ 4. Características dos direitos morais em Mill

1. Para Mill, os direitos morais têm, aparentemente, três características. Isso se aplica especialmente aos direitos políticos e sociais tidos por Mill como essenciais para as instituições do mundo moderno e que descreverei nas próximas duas conferências. Aqui, valho-me das ideias contidas em V: ¶¶ 16-25, 32-3.

Uma dessas características é que a fim de haver direitos morais, tais como os direitos da justiça, é preciso haver razões de especial peso que lhes deem sustentação. Tais razões devem ter peso suficientemente grande para justificar que se exija de outras pessoas o respeito a esses direitos – se necessário, por força da lei. Portanto, essas razões devem ser suficientemente urgentes para justificar a criação da máquina institucional necessária para a concretização desse propósito.

Nas palavras de Mill, essas razões estão vinculadas aos "elementos essenciais do bem-estar humano" (V: ¶ 32), ao "fundamento mesmo de nossa existência" (V: ¶ 25). Note-se, mais uma vez, que elas se fundam nas espécies de utilidade que são "extraordinariamente importantes e convincentes" (V: ¶ 25).

2. Uma segunda característica dos direitos morais é sua natureza categórica; quero dizer com isso que, para Mill, ter um direito moral é ter uma justificação moral (e não simplesmente legal) para exigir algo – por exemplo, que os outros respeitem nossa liberdade – através de sanções legais ou da opinião moral geral, conforme conveniente. Embora os direitos morais não sejam absolutos – às vezes eles podem ser anulados, não raro por outros direitos, visto que os direitos podem conflitar uns com os outros –, não podem, como já vimos, ser anulados exceto por razões de peso e urgência muito especiais.

Dessa forma, por exemplo, Mill sugere que os direitos da justiça não podem ser anulados em razão de medidas públicas, isto é, com base no modo mais adequado para administrar algum setor das relações humanas. Ver V: §§ 32-3, em que Mill diz que não estamos enganados ao acreditar "que a justiça é algo mais sagrado que as medidas públicas e que se deveria dar ouvidos a estas apenas quando a primeira houver sido satisfeita" (V: § 32). Essa observação parece enunciar algo semelhante a uma prioridade da justiça básica. Isso também ocorre com a observação acrescentada por Mill mais adiante: "Justiça é um nome dado a certas categorias de regras morais que dizem respeito aos elementos essenciais do bem-estar humano com maior precisão – e são, portanto, de maior obrigação absoluta – que quaisquer outras regras de orientação de vida" (V: § 32). Mill vai além e diz que a essência da justiça é a de um direito constituinte de um indivíduo, e isso atesta e sugere essa obrigação mais vinculante. As regras morais da justiça que nos proíbem de interferir indevidamente na liberdade de outrem são "[...] mais vitais para o bem-estar humano que quaisquer máximas, por mais importantes que sejam, que apenas apontam o melhor modo de administrar algum setor das relações humanas" (V: § 33). Tudo isso profetiza a famosa distinção feita por Dworkin entre as questões de princípios e as questões de medidas públicas, bem como a concepção dos direitos como trunfos[9].

Uma terceira característica dos direitos morais, especialmente da justiça, é que as pretensões por eles validadas adquirem força contra a legislação vigente e as instituições existentes. Quando estas negam essas pretensões, deveria ser cogitada a reforma da legislação e das instituições, que, a depender das circunstâncias, poderia ser justificada.

---

9. Ver Ronald Dworkin, *Taking Rights Seriously* (Cambridge, Mass.: Harvard University Press, 1978), pp. 184-205. [Trad. bras.: *Levando os direitos a sério*. São Paulo: WMF Martins Fontes, 2010.]

3. Temos agora o seguinte problema: há dois modos de justificar os direitos legais, isto é, os direitos reconhecidos pelas leis e instituições[10]:

(a) Recorrendo a um princípio condizente de elaboração de medidas públicas ou a um princípio do bem comum e talvez também ao princípio da organização eficiente ou eficaz. Ou:

(b) Recorrendo aos direitos morais, tais como os da justiça política e social. Esses direitos morais são considerados identificáveis antes e independentemente de as instituições legais existentes adquirirem natureza específica. Descobre-se o caráter desses direitos quando se pondera sobre as necessidades e exigências básicas dos indivíduos. Tais necessidades e exigências fundamentam as pretensões das pessoas aos direitos da justiça. É a elas que Mill se refere quando recorre "ao fundamento mesmo de nossa existência" (V: § 25), aos "elementos essenciais do bem-estar humano" (V: § 32), entre outras expressões.

Ora, esses dois tipos de justificação são bastante diferentes. Quando, por exemplo, o Congresso discute a criação de um sistema de subsídios ao preço de certos produtos agrícolas, a fim de estimular a produção, atenuar mudanças de preço etc., esta é uma questão de medidas públicas. Ninguém pressupõe que os agricultores têm um direito moral a um sistema de subsídios ao preço. Comparemos esse direito aos direitos básicos, tais como a liberdade de consciência e os direitos de sufrágio. As questões de medidas públicas podem ser a coisa certa ou a melhor coisa a fazer em determinadas circunstâncias, mas proteger legalmente os direitos de justiça é diferente.

O raciocínio é este: instituir uma medida pública que crie subsídios ao preço (no exemplo acima) é algo justificável quando se recorre ao bem-estar da sociedade como um todo ou ao bem comum; criar leis fazendo referência aos direitos da justiça improvisadamente não é justificável. Em vez de seguir este último caminho, a doutrina de Mill faz referência às exigências essenciais independentemente identificáveis dos indivíduos, nas quais se fundam os direitos da justiça.

Na definição dos direitos da justiça, não há referência aparente ao bem-estar social coletivo. Quando Mill identifica os elementos essenciais do bem-estar humano – aos quais dá o nome de elementos do fundamen-

---

10. Essa distinção encontra-se em H. L. A. Hart, "Natural Rights: Bentham and John Stuart Mill", que faz parte de *Essays on Bentham* (Oxford: Clarendon Press, 1982), pp. 94 s. Minha análise deve bastante a essa obra.

to de nossa existência –, não faz isso com o intuito de maximizar a unidade total. O que tem em mente são as necessidades básicas dos indivíduos e os elementos que constituem a estrutura mesma da existência humana. Todavia, Mill acrescenta que, se alguém lhe perguntar por que proteger legalmente os direitos da justiça, responderá que "não posso oferecer nenhuma outra razão a não ser a da utilidade geral" (V: ¶ 25).

§ 5. O critério duplo de Mill

1. Mill parece comprometido com um critério duplo[11] para identificar os direitos básicos dos indivíduos – direitos que, em minha interpretação, são os direitos básicos da justiça política e social. As duas partes desse critério são:

(i) Primeira parte: atentar para os elementos essenciais do bem-estar humano e para o fundamento de nossa existência; estes (aparentemente) justificam os direitos morais sem ponderações sobre a coletividade.

(ii) Segunda parte: atentar para as regras gerais cujo cumprimento tem o efeito especial de produzir utilidade social no sentido coletivo e tendem, portanto, a maximizar a utilidade.

A fim de evitar contradições, a teoria dos direitos de Mill deve ser tal que as duas partes do critério duplo devam sempre convergir (bloqueando circunstâncias caprichosas)[12]. Isso tem a seguinte implicação: pensando pelo menos no longo prazo, a maximização da utilidade no sentido coletivo normalmente, senão sempre, exige a criação de instituições políticas e sociais para que as regras legais estipulem e façam cumprir a proteção aos direitos básicos da justiça. Esses direitos são identificados pelos elementos constitutivos do fundamento mesmo de nossa existência como pessoa. E o cumprimento dessas regras assegura e protege igualmente para todas as pessoas os elementos essenciais do bem-estar humano, sobre os quais se fundam os direitos da justiça.

2. Mas como é possível saber se as duas partes do critério de Mill sempre coincidem? Mill não tenta demonstrar no Capítulo V que para a maximização da utilidade geral é necessário conceder a todas as pessoas os mesmos direitos iguais da justiça. Por que não obter maior utilidade social

---

11. Hart, "Natural Rights", p. 96.
12. Para nós, elas não precisam necessariamente convergir.

negando a uma pequena minoria certos direitos iguais? Não é necessário negar completamente a essa minoria os direitos morais da justiça, mas por que todos têm de gozar da proteção igualitária de todos os direitos morais da justiça? O que torna Mill tão confiante de que todos deveriam ter os mesmos direitos iguais, a serem assegurados igualmente?

Note-se que, segundo Mill, a opinião geral acredita que o justo, embora "genericamente distinto do [...] conveniente [isto é, da utilidade social coletiva: II: ¶ 23] e conceitualmente contrário a ele", sempre coincide com ele no longo prazo. A esse respeito, ver os comentários em V: ¶¶ 1-2. Isso sugere que no Capítulo V Mill está interessado principalmente em duas coisas:

A primeira delas é oferecer uma teoria da intensidade (ou força) psicológica de nosso senso de justiça que seja congruente com o princípio da utilidade.

A outra é explicar por que, em uma doutrina utilitarista, pode haver certos direitos morais e direitos da justiça que a sociedade deve proteger, permitindo violações apenas nos casos mais excepcionais.

Contudo, meu problema – e também o de Hart – é que é possível vislumbrar, a partir do que foi dito até agora, um modo possível de saber que em geral fazer cumprir direitos iguais para todos leva à maximização da utilidade (compreendida no sentido que lhe foi atribuído por Mill). Para que isso seja possível, parece que somos obrigados a sempre fazer pressuposições especiais. Se assim for, quais são essas pressuposições? Identificá-las faz parte de nossa tarefa de compreender Mill. Voltarei a esse assunto mais adiante.

3. A propósito, não adianta apelar para a máxima de Bentham segundo a qual "cada qual deve valer por um, ninguém por mais de um". Isso porque:

(a) Quando interpretada de uma maneira, essa é simplesmente uma regra resultante de como se deve pesar a utilidade, isto é, a utilidade igual de pessoas diferentes deve ter peso igual para chegar à soma da utilidade social. A função da utilidade social é uma simples soma linear das utilidades (uma para cada pessoa) com pesos idênticos para todas as pessoas. A esse respeito, ver a nota referente a V: ¶ 36. H. S. Maine contradiz essa regra quando diz que a utilidade de um brâmane deve ter um peso 20 vezes igual ao de pessoas que não são brâmanes[13].

---

13. Ver H. S. Maine, *Lectures on the Early History of Institutions* (Londres: Murray, 1897), pp. 399 s.

Essa interpretação de "cada qual deve valer por um" é simplesmente um truísmo sobre o modo de medir e somar a utilidade social. Segundo esse truísmo, prazeres são prazeres e devem ter o mesmo peso independente do indivíduo em cuja consciência ocorrem. Justiça igual para prazeres iguais – é exatamente esse o sentido da medição! Comparemos a medição da utilidade social com a medição da quantidade de água: um quarto de água em um reservatório é igual a um quarto de água em outro. Porém, isso não resolve a questão de por que se deve assegurar direitos iguais a todos. A resposta de Mill parece estranhamente ignorar essa questão, e desconheço por que motivo.

(b) Quando interpretada de outra maneira, "cada qual vale por um" significa que todos têm "igual pretensão a todos os meios para a felicidade" ou que "todas as pessoas têm um direito à igualdade de tratamento"; porém Mill acrescenta: "exceto quando alguma conveniência reconhecida exija o oposto" (V: ¶ 36). Assim, a injustiça consiste em parte das desigualdades que não são justificadas pela conveniência social, isto é, por algo que seja necessário para maximizar a utilidade social no longo prazo. Essa segunda interpretação nos deixa no mesmo ponto em que estávamos.

4. Restam-nos duas questões que precisamos resolver.

Em primeiro lugar, por que Mill é tão confiante que as duas partes de seu critério para identificar os direitos básicos da justiça não divergem? Ou, em outras palavras, por que ele é tão confiante que as instituições políticas e sociais que concretizam os princípios do mundo moderno – princípios com um contexto um tanto semelhante aos dois princípios da justiça como equidade – são necessárias para maximizar a utilidade social (no longo prazo), dadas as condições históricas do mundo moderno? E de que modo a resposta que ele ofereceu fia-se na concepção da utilidade explicitada em *Utilitarismo*, II: ¶¶ 3-10?

Em segundo lugar, se estiver correta nossa hipótese de que a confiança de Mill se ampara em certos princípios psicológicos um tanto específicos da natureza humana, que princípios mais específicos são esses e de que modo, segundo Mill, eles funcionam em conjunto com a concepção da utilidade elaborada para justificar os princípios do mundo moderno? Uma vez que a doutrina de Mill esteja plenamente exposta, teremos de perguntar se ela é propriamente utilitarista, mas por enquanto deixo esse tema de lado. Nosso primeiro objetivo deve ser compreendê-la.

§ 6. O desejo de estar em união com outros

1. Na última conferência, analisamos o senso de dignidade como princípio psicológico que sustenta a ideia da felicidade como modo de vida que atribui lugar especial e prioridade a atividades que envolvem o exercício das faculdades superiores. Agora voltemo-nos para outro princípio da psicologia de Mill, o desejo de estar em união com os outros. Ele é tratado em III: ¶¶ 8-11 em referência àquilo que Mill chama de máxima sanção da moral utilitarista. Nele se inclui o desejo ou disposição de agir com justeza e por esse motivo é agora devidamente discutido.

Conforme mencionado anteriormente, o Capítulo III apresenta parte da psicologia moral de Mill e sua teoria de como os indivíduos podem ser movidos a agir com base no princípio da utilidade e nos requisitos da justiça (e não simplesmente de acordo com eles). Em algumas passagens, esse capítulo não é muito claro, mas creio que podemos compreender seu sentido de modo satisfatório para os nossos propósitos aqui.

Um dos argumentos principais de Mill é que independente da concepção filosófica que tenhamos sobre os juízos morais, quer acreditemos que o fundamento de nossas distinções morais é transcendental ou objetivo, quer tenhamos um posicionamento naturalista ou subjetivo, ainda assim será verdade que como agentes morais não agimos com base em princípios morais a menos que sejamos movidos por nossa consciência, por convicção moral ou por alguma outra forma de motivação moral. A conduta correta deve ter alguma base em nossa natureza e caráter. Dessa forma, uma doutrina transcendentalista ou intuicionista, assim como a doutrina utilitarista ou qualquer outra, deve conter uma psicologia moral.

Outro argumento principal é que a experiência histórica mostra que é possível sermos educados para agir com base no princípio da utilidade e também em outros princípios morais. Mill sustenta que o princípio da utilidade tem um ponto de apoio em nossa psicologia moral, e esse ponto de apoio é pelo menos tão seguro e natural como o de qualquer outro princípio.

2. Concentremo-nos agora nos ¶¶ 8-11, que finalizam o Capítulo III. Os ¶¶ 8-9 formam uma unidade, assim como os ¶¶ 10-1. Comecemos com ¶¶ 8-9. Neles, Mill enuncia diversas teses gerais de sua psicologia moral, quais sejam:

(a) Nossos sentimentos e atitudes morais com certeza não são inatos no sentido de estarem presentes espontaneamente em cada um de nós sem que sejamos treinados e educados para eles; porém, assim como as capacidades educadas de falar, raciocinar, construir cidades e atuar na agricultura, os sentimentos e atitudes morais podem, em pequena escala, brotar de modo espontâneo e são suscetíveis também a serem conduzidos a um nível superior de refinamento e desenvolvimento.

(b) Mill admite que, através do uso suficientemente amplo de sanções externas e de treinamento moral inicial orientado pelas leis da associação, nossa faculdade moral pode ser cultivada em quase qualquer direção. Há, porém, uma diferença: formas primitivas de associação criadas de modo inteiramente artificial e sem sustentação na natureza humana cedem gradualmente à força desagregadora da análise intelectual. A menos que o sentimento de dever esteja associado a um princípio congênito de nossa natureza e em harmonia com os sentimentos naturais que ela produz, ao se tornar objeto da análise intelectual ele perde gradualmente seu poder de nos mover. Essa é uma parte do critério de Mill sobre o natural e o artificial.

(c) Logo, Mill precisa demonstrar que, tendo em vista o conteúdo do princípio da utilidade, os sentimentos de dever e de obrigação moral associados a esse princípio atendem a essa condição essencial, pois, caso contrário, seriam artificiais e, portanto, reduzidos a nada à luz da reflexão e da análise.

3. Mill tenta fazer essa demonstração nos ¶¶ 10-1. Começa dizendo que existe um forte sentimento moral na natureza humana que sustenta o princípio da utilidade, a saber, o desejo de estar em união com os outros. Esse desejo, mesmo alheio ao aprendizado baseado nas leis da associação, tende a se tornar mais forte com as influências do avanço da civilização. Analisemos primeiro o conteúdo desse desejo de estar em união e, em seguida, as influências que o tornam mais forte à medida que a civilização avança.

(a) O conteúdo desse desejo é descrito por Mill no ¶ 11 como o desejo de não sermos rivais uns dos outros na obtenção dos meios para alcançar a felicidade. Também é o desejo de haver harmonia entre nossos sentimentos e objetivos e os sentimentos e objetivos dos outros, de modo que os propósitos de nossa conduta e os dos outros não sejam conflitantes, mas complementares. O que Mill tem em mente é que o desejo de estar em união com os outros é o desejo de agir com base no princípio da reciprocidade. Diz ele no ¶ 10 que, quando perfeito, o sentimento de união com os outros nunca nos faria desejar qualquer condição benéfica para nós mesmos que não pudesse ser desfrutada também por outras pessoas[14].

(b) Por que esse desejo é o fruto natural de nossa natureza? Segundo Mill, o estado social em si não apenas faz parte de nossa natureza, como também é necessário e habitual. Tendemos a considerar quaisquer características da sociedade que sejam essenciais à nossa natureza como essenciais a nós mesmos. A sociedade é nosso *habitat* natural, por assim dizer, e dessa forma o que lhe é essencial deve estar em harmonia com nossa natureza. Mas de que modo as características essenciais para a sociedade moderna foram afetadas pelos avanços da civilização? O desejo de estar em união com os outros é cada vez mais típico na época atual; por isso Mill deve acreditar que certas características especiais de uma sociedade em avanço sustentam cada vez mais esse desejo.

(c) Mill expõe brevemente sobre essas características no longo parágrafo 10 do Capítulo III. Elas não são enumeradas com precisão, mas aparentemente a ideia principal ali é que inúmeras transformações estão fazendo da sociedade moderna cada vez mais uma sociedade em que as pessoas reconhecem que devem ter, naturalmente, o devido respeito para com os sentimentos e interesses dos outros. A crescente igualdade na civilização moderna e o grande nível de cooperação com outras pessoas e de propostas de objetivos coletivos nos tornaram conscientes de que devemos trabalhar juntos em favor de fins compartilhados, e não individuais.

(d) A crescente igualdade na sociedade moderna surge da seguinte maneira: segundo Mill, toda forma de sociedade entre seres humanos, exceto aquela entre senhor e escravo, é impossível a menos que sejam consultados os interesses de todos; além disso, uma sociedade entre pessoas que se consideram iguais somente poderá existir se houver acordo no sentido de que os interesses de todos devam ser igualmente respeitados. Em qualquer estágio da sociedade, todo indivíduo, "exceto um monarca absoluto, vive em condições de igualdade com alguém; e em toda época faz-se algum avanço em direção a um Estado no qual seja impossível viver permanentemente em outras condições [diferentes das condições de igualdade] com os outros". Assim, o avanço da civilização em direção a uma maior igualdade fortalece o desejo de estar em união com os outros.

---

14. Ao afirmar isso, Mill nos faz perguntar se sua teoria da igualdade e justiça distributiva não seria mais bem expressa se nos referíssemos a ela como princípio da diferença (ver *Restatement*, pp. 42 s.) em vez de princípio da utilidade. Esse raciocínio, porém, não será desdobrado aqui.

Além disso, esse desejo é inato a nossa natureza, está em harmonia com ela e, portanto, não é artificial. Por quê? Porque a condição de igualdade é natural à sociedade. Ela é o resultado da superação de barreiras históricas e desigualdades de poder e propriedade resultantes de uso da força e conquista e mantidas durante muito tempo por domínio, ignorância e pelo estado de pobreza geral da sociedade primitiva.

4. Assim, à parte do princípio da dignidade, qual é a máxima sanção do princípio da utilidade voltado para a justiça igualitária? Na descrição de Mill, essa sanção aparentemente tem dois componentes. O primeiro é o desejo de estar em união com os outros, encorajado e fortalecido pelas condições de igualdade na sociedade moderna; o segundo é um conjunto de determinadas convicções sobre esse desejo e atitudes a ele relacionadas.

O segundo componente precisa ser esclarecido. Mill, ao que parece, quer dizer que para as pessoas que têm esse desejo, ele é tão natural quanto os sentimentos que o acompanham. Isto é, esse desejo não lhes parece, mediante reflexão e análise, ser algo imposto pela educação orientada pelas leis da associação ou por leis que se amparam no poder intimidador da sociedade, tampouco algo que tenda a desaparecer tão logo se deem conta disso. Ao contrário, esse desejo lhes parece ser um atributo cuja falta não lhes seria benéfica.

Assim, através do critério proposto por Mill de distinção entre o artificial e o natural, o desejo de viver em união com os outros é natural, e não determinado pela análise intelectual. E é essa convicção (na verdade, todas essas convicções e atitudes juntas) sobre o desejo de estar em união com os outros que, para Mill, é a máxima sanção do princípio da utilidade e, portanto, é a máxima base de nossa disposição para propor justiça.

A questão que surge agora é: qual o grau de solidez da resposta ou explicação dada por Mill sobre esse tema? É realmente possível decifrá-la? Será necessário refinar a compreensão que temos dela? De que modo podemos tentar fazer esse refinamento?

MILL III

O princípio da liberdade

§ 1. O problema de *Sobre a liberdade* (1859)

1. Comecemos enunciando o problema de *Sobre a liberdade*, formulado por Mill no Capítulo I. Não se trata do problema filosófico da liberdade do arbítrio, mas da liberdade civil ou social. É o problema relativo à "natureza e aos limites do poder que a sociedade pode exercer legitimamente sobre o indivíduo". Trata-se de um problema antigo, mas que, segundo Mill, assumiu uma nova forma sob novas condições na sociedade da Inglaterra de sua época. Ele exige, portanto, um tratamento diferente e que, na doutrina de Mill, envolve questões mais fundamentais (I: ¶ 1). O que Mill tem em mente é que o problema da liberdade, conforme sua previsão, surgirá em uma nova era orgânica na qual a sociedade será democrática, laica e industrial.

O problema em questão não diz respeito à proteção da sociedade contra a tirania dos monarcas ou governantes em geral, pois isso já foi resolvido com o estabelecimento de várias revisões constitucionais relativas ao poder governamental e com as imunidades e direitos políticos. Ele diz respeito aos abusos do próprio governo democrático, especialmente ao abuso do poder das maiorias sobre as minorias. Segundo Mill, "a vontade do povo [...] significa praticamente que a vontade da parte mais numerosa ou mais ativa do povo – a maioria ou aqueles que têm êxito em serem aceitos como maioria; consequentemente, o povo pode desejar oprimir uma parte de seus membros; isso torna as precauções contra esse tipo de evento tão necessárias quanto aquelas contra abusos de poder" (I: ¶ 4). Assim, a preocupação de Mill é a chamada "tirania da maioria", que já havia sido tratada por Tocqueville[1].

2. Note-se, entretanto, que Mill preocupa-se igualmente com "a tirania da opinião e sentimento prevalecentes [...] a tendência da sociedade de

---

1. Ver Alexis de Tocqueville, *Democracy in America* (1. ed., 1835).

impor, por meios outros que não as penalidades civis, suas próprias ideias e práticas como regras de conduta sobre os que não concordarem com elas; para estorvar o desenvolvimento [...] de qualquer individualidade que não esteja em harmonia com seus métodos [...]. Há um limite para a independência legítima da opinião coletiva na independência pessoal; e encontrar esse limite e protegê-lo de intromissão é tão indispensável para o bom estado das relações humanas quanto a proteção contra o despotismo político" (I: ¶ 5). Além disso, Mill prevê que esse problema ocorrerá sob as novas condições da iminente sociedade democrática, na qual a recém-emancipada classe trabalhadora – a classe mais numerosa – terá direito ao voto.

O problema, então, é como determinar o que é, sob essas novas condições, o "adequado ajuste entre a independência pessoal e o controle social" (I: ¶ 6). Algumas regras de conduta, legais e morais, são simplesmente desnecessárias. Diferentes épocas resolvem essa questão de modos diferentes, e ainda assim cada uma delas considera seu próprio método "evidente e justificável por si mesmo" (I: ¶ 6).

3. Neste ponto de sua argumentação, Mill enfatiza várias falhas características da opinião moral prevalecente. Dessa forma, essa opinião geralmente é impetuosa, efeito do costume e tradição. As pessoas são inclinadas a pensar que não é necessária nenhuma razão para sustentar suas convicções morais. De fato, alguns filósofos (aqui talvez Mill esteja se referindo aos intuicionistas conservadores) nos encorajam a pensar que nossos sentimentos são "melhores que as razões, tornando-as desnecessárias" (I: ¶ 6). Em seguida, Mill enuncia um dos princípios primordiais que pretende atacar: "O princípio prático que os guia em suas opiniões sobre o controle da conduta humana é a noção que há na mente de cada indivíduo segundo a qual cada um deve ser obrigado a agir segundo o gosto dele próprio e daqueles com quem simpatiza" (I: ¶ 6). Naturalmente, ninguém "admite a si mesmo que seu padrão de julgamento é seu gosto pessoal", mas Mill sustenta que isso é verdade mesmo assim, visto que "uma opinião sobre determinado modo de conduta sem amparo em razões poderá valer apenas como preferência pessoal; e se as razões eventualmente expostas forem um mero apelo a uma preferência semelhante sentida por outras pessoas, ainda assim elas serão nada mais que a preferência de muitas pessoas em vez da preferência de uma única pessoa" (II: ¶ 6). Para a maioria das pessoas, contudo, suas próprias preferências amparadas pelas preferências dos outros são razões perfeitamente satisfatórias – na verda-

de, são as únicas razões que elas têm para justificar suas convicções morais. [Ver também IV: § 12.]

4. A opinião moral prevalecente na sociedade tende a ser, segundo Mill, um agrupamento de preferências compartilhadas irracionais, apressadas e com amparo mútuo; contudo, ela é influenciada por muitos fatores:

(a) Por exemplo, onde há uma classe social em ascensão, grande parte da moral de um país reflete os interesses dessa classe e seus sentimentos de superioridade em relação às demais classes.

(b) Por outro lado, os interesses gerais e óbvios da sociedade têm uma grande participação em influenciar a opinião moral, de modo que o papel da utilidade (no sentido humiano vago de apelo a esses interesses) não é importante. Esses interesses gerais, entretanto, provocam seu efeito menos por serem reconhecidos pela razão do que como consequência das simpatias e aversões que deles resultam.

Dessa forma, para recapitular o raciocínio de Mill, os gostos e aversões irracionais da sociedade ou de parte dominante da sociedade são os elementos principais que, até agora, têm determinado as regras da observância geral que têm sido impostas por sanções da lei e pela opinião prevalecente. Além disso, "onde quer que o sentimento da maioria ainda seja genuíno e intenso, verifica-se que ele pouco perdeu do direito que tem de ser acatado" (I: § 7).

5. Mencionei esses detalhes porque eles nos ajudam a reconhecer de que modo Mill vê o problema da liberdade e o que, em sua opinião, faz o Princípio da Liberdade, enunciado pela primeira vez em I: § 9. Mill pretende mudar não apenas o ajuste entre as regras sociais e a independência pessoal, conforme determinado até aqui, como também o modo como o público – a opinião informada cuja atenção ele pretende angariar – raciocina sobre esses ajustes. O Princípio da Liberdade é apresentado como uma razão pública da futura era democrática: Mill o vê como um princípio para orientar as decisões políticas do público nesse tipo de questão. Ele teme que na nova sociedade democrática a oscilação da opinião prevalecente e irracional pudesse ser muito pior do que foi no passado.

Note-se que, para Mill, a hora de fazer as mudanças é "agora", mas a situação não é irremediável. [Cf. III: esp. § 19.] "A maioria ainda não aprendeu a sentir o poder do governo [como] seu próprio poder, nem as opiniões do governo como suas próprias opiniões" (I: § 8). Quando os membros da maioria, inclusive a nova classe trabalhadora, passarem a sentir dessa forma, a liberdade pessoal ficará tão exposta à invasão do governo quanto tem sido durante muito tempo exposta à invasão da opinião pública.

Por outro lado, Mill acredita que há muita resistência latente a tais invasões. Porém a situação, em sua opinião, encontra-se em fluxo constante e pode oscilar para um lado ou para o outro. "Não há [...] princípio reconhecido através do qual seja habitualmente testada a propriedade ou impropriedade da interferência do governo. As pessoas decidem de acordo com suas preferências pessoais" (I: ¶ 8).

As pessoas raramente decidem de acordo com algum princípio, "por elas cumprido de modo contínuo, a respeito do que é próprio nas ações do governo". É em razão dessa falta de princípio (nesse estado de instabilidade) que quando há intervenção do governo provavelmente se trata de um ato errado que não é visto como direito (I: ¶ 8).

6. Unindo isso a I: ¶ 15, no qual Mill fala da tendência atual de aumentar o poder da sociedade e ao mesmo tempo reduzir o poder do indivíduo, podemos dizer que ele pretendia fazer o seguinte:

(a) Mill objetivava enunciar um princípio da liberdade que fosse condizente com a nova era democrática vindoura. Esse princípio seria então responsável por dirigir o debate político público sobre o ajuste entre as regras sociais e a independência pessoal.

(b) Com argumentos convincentes, Mill pretendia angariar apoio a esse princípio "[...] uma poderosa barreira de convicção moral" (I: ¶ 15). A disposição das pessoas de impor suas próprias opiniões somente pode ser contida por um poder contrário; nesse caso, Mill acredita que esse poder deve ser pelo menos o poder da convicção moral.

(c) Esses argumentos devem ser baseados na razão, pois apenas assim eles recorrem a convicções genuinamente morais, e não a preferências amplamente compartilhadas e de amparo mútuo. Neste ponto, torna-se evidente que quando se refere a argumentos fundamentados Mill quer dizer argumentos fundados no Princípio da Liberdade (explicado por ele no Capítulo I, ¶¶ 9-13) e relacionados a sua concepção da utilidade (I: ¶ 11). Para Mill, esse princípio atende a todos os requisitos de um princípio fundamentado, enquanto o mesmo não acontece com nenhum outro princípio.

Dessa forma, o Princípio da Liberdade é apresentado como um princípio político público concebido para ordenar a independência pessoal e o controle social (I: ¶ 6). Como tal, será instrumental na configuração do caráter nacional para que ele adquira as metas, aspirações e ideais exigidos na era vindoura.

Note-se como é evidente aqui a ocupação escolhida por Mill: ele se vê como educador de opinião influente e essa é sua meta. Para Mill a situação não é irremediável: o futuro ainda está em aberto. Não é exagero nem simples utopia tentar evitar toda possível forma de tirania das maiorias democráticas na era vindoura. É evidente que Mill atribui eficácia significativa às convicções morais e ao debate intelectual sobre questões políticas e sociais. (Aqui ele parece diferir de Marx. Porém, há uma questão que exprime isso de modo mais exato: Marx também afirma que *Das Kapital* tem um papel social.) Tentativas de convencer alguém com base na razão e argumentação podem ter um importante significado, pelo menos nas circunstâncias de instabilidade, e ainda podem assumir uma ou outra direção. Não diria que o tom de Mill é particularmente otimista. Ele faz o que acha que pode fazer de melhor nas circunstâncias atuais.

Os trechos de *Sobre a liberdade* para ler com especial atenção são:

I: todo o capítulo
II: ¶¶ 1-11 e os últimos 5 parágrafos, 37-41
III: ¶¶ 1-9, 14, 19 e o importante ¶ 13
IV: ¶¶ 1-12
V: ¶¶ 1-4 e os últimos 8 parágrafos, 16-23 (relativos ao governo, ao socialismo estatal e à burocracia).

§ 2. Algumas ideias preliminares sobre o princípio de Mill

1. Antes de discutir o sentido e a força do Princípio da Liberdade de Mill, analiso algumas ideias preliminares que lhe dizem respeito. Note-se, antes de tudo, que para Mill esse princípio abrange certas liberdades enumeradas. Estas são especificadas em uma lista e não por uma definição da liberdade em geral ou da liberdade como tal. (Esse procedimento foi usado na teoria da justiça como equidade, que segue o pensamento de Mill nesse tópico.) As liberdades enumeradas recebem proteção especial e são definidas por certos direitos legais e morais da justiça.

(a) A primeira dessas liberdades (abrangendo a esfera íntima da consciência) é a liberdade de consciência, liberdade de pensamento e sentimento; trata-se da liberdade absoluta de opinião e ponto de vista em todos os assuntos, práticos ou especulativos, científicos, morais ou teológicos. A liberdade de expressão e de imprensa lhe é praticamente inseparável.

(b) A segunda é a liberdade de gostos e ocupações, isto é, de configurar o "nosso plano de vida a fim de que ele seja adequado a nosso caráter", liberdade essa que não sofre contenção enquanto não ferirmos os interesses legítimos (ou direitos morais) de outrem, mesmo que os outros considerem nossa conduta tola, degradante ou errada.

(c) A terceira é a liberdade de se associar a outros por quaisquer motivos que não firam os interesses (legítimos) de outrem; liberdade de associação. (A respeito de a, b e c, ver I: ¶ 12.) Mill acrescenta que "nenhuma sociedade em que essas liberdades deixem de ser respeitadas de modo geral será livre, seja qual for sua forma de governo; e nenhuma sociedade é completamente livre se essas liberdades não existirem de modo absoluto e irrestrito" (I: ¶ 13). Assim, na maior parte do tempo, Mill apresenta sua argumentação defendendo liberdades específicas. Seu foco primordial recai sobre as duas primeiras, nos Capítulos II e III, respectivamente.

2. Observemos agora o alcance e as condições em que, segundo Mill, o Princípio da Liberdade se aplica:

(a) Esse princípio não se aplica a crianças e adultos imaturos, nem a indivíduos com distúrbios mentais (I: ¶ 10).

(b) Tampouco se aplica a sociedades retrógradas. Segundo Mill, "a liberdade, como princípio, não tem aplicação em nenhum estado de coisas anterior à época em que a humanidade se tornou capaz de se aperfeiçoar através do debate livre e igualitário" (I: ¶ 10). Mill observa que as nações que lhe interessam no ensaio são aquelas que há muito atingiram essa fase.

(c) Mais adiante, Mill acrescenta que o Princípio da Liberdade não se aplica a pessoas rodeadas de inimigos externos e sempre propensos a ataque hostil. Tampouco se aplica a um povo perturbado por agitação e disputas, situações em que o afrouxamento do autodomínio pode se tornar fatal (I: ¶ 14).

3. Com base nessas observações, é evidente que o Princípio da Liberdade não é um princípio primeiro ou supremo, mas subordinado ao Princípio da Utilidade, em cujos termos deve ser justificado. O Princípio da Liberdade é uma espécie de axioma indireto (*Utilitarismo*, II: ¶¶ 24-5). Não obstante, é de grande importância, pois é um princípio da razão pública – um princípio político para orientar o debate do público em uma sociedade democrática.

O fato de Mill ver no Princípio da Liberdade um axioma indireto, um princípio subordinado (II: ¶ 24), é confirmado quando ele afirma em I: ¶ 11: "[...] Renuncio a qualquer vantagem que porventura derive a meu favor da ideia do direito abstrato como algo independente da utilidade. Vejo a utilidade como o apelo máximo em todas as questões éticas." Mas faz um aditamento bastante crucial: "[...] mas esta deve ser a utilidade no sentido mais amplo, fundada nos interesses permanentes do homem como ser progressista".

Na próxima conferência, discutirei esses interesses permanentes e tentarei relacioná-los aos princípios psicológicos que subjazem à doutrina de Mill. Por enquanto, chamo a atenção para o fato de que entre eles estão os interesses na firme garantia dos direitos morais da justiça, que estabelecem o "fundamento mesmo de nossa existência" (*Utilitarismo*, V: § 25). Outro interesse permanente é o interesse nas condições da livre individualidade, que são parte essencial da máquina das transformações evolutivas.

A ideia de Mill é que apenas se a sociedade democrática seguir o Princípio da Liberdade no ordenamento do debate público sobre as regras ligadas à relação entre os indivíduos e a sociedade – e apenas se ela ajustar suas atitudes e leis nesse sentido – é que suas instituições políticas e sociais poderão cumprir seu papel de formação do caráter nacional, a fim de que os cidadãos possam realizar os interesses permanentes do homem como ser progressista.

§ 3. Enunciado do Princípio da Liberdade

1. Mill enuncia o Princípio da Liberdade em I: §§ 9-13; IV: §§ 3, 6; V: § 2, com explicações adicionais em §§ 3 e 4. Na primeira ocorrência, o princípio é assim enunciado (I: § 9): "[...] o único fim para o qual a humanidade recebe garantia, individual ou coletiva, para interferir na liberdade de ação de qualquer membro seu, é a autoproteção". Mill acrescenta que "[...] o único propósito para o qual se pode exercer legitimamente poder sobre algum membro de uma comunidade civilizada, contra sua vontade, é para prevenir danos a outrem. O bem desse indivíduo, seja físico ou moral, não é garantia suficiente". O bem de um indivíduo é uma boa razão para "censurá-lo, debater com ele, persuadi-lo, implorar-lhe algo, mas não para constrangê-lo nem castigá-lo caso ele não aja como queríamos". A justificativa dessa coação exige que a conduta em questão tenha probabilidade de causar mal a outrem. Quanto à parte da conduta de uma pessoa que diz respeito somente a ela, Mill diz o seguinte: "a independência desse indivíduo é, de direito, absoluta. Sobre si mesmo, sobre seu próprio corpo e mente, ele é soberano" (I: § 9).

2. Naturalmente, a intenção de Mill é que esse princípio se aplique às restrições da liberdade resultantes daquilo que Mill chama de "coação

moral da opinião pública", bem como às restrições da lei e outras instituições em razão de sanções do Estado. Pode-se formular o princípio da liberdade na forma de três disposições:

(a) Primeira disposição: a sociedade, através de suas leis e da pressão moral da opinião geral, nunca deverá interferir nas crenças e conduta dos indivíduos, a menos que essas crenças e conduta firam os interesses legítimos, isto é, os direitos (morais) dos outros. Em especial, apenas as razões do certo e do errado devem recorrer às discussões públicas. Isso exclui três tipos de razões (*Sobre a liberdade*, III: ¶ 9; IV: ¶ 3):

(i) Razões paternalistas, que invocam razões fundadas no bem de outras pessoas – definidas em termos daquilo que é sábio e prudente sob o ponto de vista dessas pessoas.

(ii) Razões de excelência e ideais da perfeição humana, definidas através da referência aos nossos ideais – isto é, aos ideais da sociedade – de excelência e perfeição. (*Utilitarismo*, II: ¶ 6; *Sobre a liberdade*, IV: ¶¶ 5, 7. Importante também é todo o trecho em IV: ¶¶ 3-12.)

(iii) Razões de aversões ou repugnância, isto é, de preferência, nas quais a aversão, repugnância ou preferência não podem ser sustentadas por razões do certo e do errado, conforme definidas em *Utilitarismo*, V: ¶¶ 14-5.

Desse modo, uma forma de ler o Princípio da Liberdade de Mill como princípio da razão pública é vê-lo como um princípio que impede que certos tipos de razões sejam incluídos na legislação ou na orientação da coação moral da opinião pública (como sanção social). No caso da razão pública, os três tipos de razões listados acima têm peso zero.

Chamo a atenção aqui para uma questão de interpretação. Na minha leitura da primeira disposição do Princípio da Liberdade, ela quer dizer que a sociedade nunca deverá interferir na crença e na conduta de um indivíduo a menos que elas firam os interesses legítimos, isto é, os direitos morais, de outrem. Isso nem sempre é compatível com as palavras do próprio Mill ao enunciar o princípio. Por exemplo, em I: ¶ 9: "[...] o único fim para o qual a humanidade recebe garantia [...] para interferir na liberdade de ação de qualquer membro seu, é a autoproteção". Ou ainda: "[...] prevenir danos aos outros". Ou: "a conduta [...] deve ser calculada a fim de causar mal a outrem". Ou: "a única parte da conduta de um indivíduo pela qual ele responde perante a sociedade é a que concerne aos outros". E em I: ¶ 11 Mill fala da conduta "prejudicial aos outros" e em IV: ¶ 3, da conduta que "afeta prejudicialmente os interesses dos outros".

Obviamente, muito do que os outros fazem diz respeito a nós, mas isso não quer dizer que o que eles fazem nos causa mal. Como Mill diz em IV: ¶ 3: "Os atos de um indivíduo podem ser prejudiciais aos outros [...] sem que violem direitos constituídos dos outros." "Concernir" e "afetar" são termos gerais bastante abrangentes. Precisamos então decidir como resolver essa ambiguidade e imprecisão implícitas nas palavras de Mill de um modo que nos permita compreender o texto. Para que isso seja possível, minha interpretação é que o texto mais importante está em III: ¶ 9 e é sustentado por IV: ¶ 3. Assim, dizemos o seguinte, com base em IV: ¶ 3:

Primeira disposição: a sociedade nunca deveria interferir nas crenças e na conduta de um indivíduo por lei, punição ou por coação da opinião pública a menos que elas firam – isto é, ofendam ou violem – os interesses legítimos dos outros, seja em provisões legais expressas (consideradas justificadas) ou por entendimento tácito que devam ser considerados direitos (morais).

Isso ainda carece de explicação e interpretação, mas já estamos quase chegando a uma doutrina de contornos definidos. Tomemos os fragmentos no início de III: ¶ 9 e partes posteriores desse parágrafo para elaborar a mesma ideia de modo mais exato: a sociedade deve permitir o cultivo da individualidade "dentro dos limites impostos pelos direitos (morais) e interesses (legítimos) dos outros". Por essa razão, os indivíduos "devem manter-se dentro dos limites das rigorosas regras da justiça em consideração aos outros" e dentro desses limites devem dar tratamento imparcial à natureza de diferentes indivíduos, permitindo-lhes viver vidas diferentes conforme escolherem, pois "tudo o que reprime a individualidade é despotismo".

Aceitemos essa interpretação por enquanto e continuemos a exposição.

Mill não nega que em outros contextos – digamos, no contexto da vida pessoal ou da vida interna de várias associações – considerações que por pouco não violam os direitos (morais) dos outros podem ser razões sensatas. Claro que podem. Tampouco nega que nossa aversão ou contrariedade para com as crenças e a conduta dos outros nos é penosa, mesmo quando não afeta os nossos direitos ou interesses legítimos. Claro que é penosa! Assim, ela é também uma desutilidade, para usar o termo geral.

Segundo Mill, para promover os interesses permanentes do homem como ser progressista, a sociedade fará melhor se for firmemente fiel ao Princípio da Liberdade, que nos manda excluir os três tipos de razões mencionados acima. Assim, o princípio de Mill impõe uma restrição estratégica sobre as razões admissíveis no debate político público e com isso define uma ideia da razão pública. (Compare-se essa ideia à da razão pública em *Justiça como equidade: uma reformulação*.)²

3. Segunda disposição: se certos tipos de crença e conduta dos indivíduos de fato ferirem os interesses legítimos e direitos morais dos outros, como demonstrado nas considerações do certo e errado admissíveis pela primeira disposição, então o debate público pode tratar propriamente da questão da restrição às crenças e à conduta. A questão pode então ser discutida com base em seus próprios méritos, excluindo, obviamente, os três tipos de razões mencionados acima.

Note-se que o fato de a ofensa aos interesses legítimos ou direitos morais dos outros (conforme sua interpretação ou definição atual) poder justificar por si só a interferência da lei e opinião moral não significa que isso ocorre sempre. A questão ainda assim precisará ser discutida com base em seus próprios méritos nos termos das razões admissíveis.

Terceira disposição: a questão deve ser resolvida com base nesses méritos.

4. Recapitulando, a força essencial do princípio da liberdade de Mill vem dos três tipos de razões excluídos pela primeira disposição, e as duas últimas disposições dizem, efetivamente, que as razões do certo e errado, conforme definidas em *Utilitarismo*, Capítulo V: ¶¶ 14-5, especialmente as razões dos direitos morais e da justiça, devem resolver a questão. O resultado é que apenas certos tipos de razões – apenas certos tipos de utilidades – são apropriados para serem invocados na forma de razão pública vislumbrada por Mill.

§ 4. Sobre o direito natural (abstrato)

1. Analisemos o porquê de Mill ter afirmado (em I: ¶ 11) que renuncia a qualquer vantagem que possa derivar da ideia do direito abstrato como algo independente da utilidade.

Um motivo óbvio, decerto, é simplesmente para informar o leitor de seu posicionamento filosófico e para reafirmar sua doutrina utilitarista,

---

2. Justificar publicamente nossos juízos políticos perante outrem é convencê-lo por meio da razão pública, isto é, por meio de raciocínios e inferências condizentes com questões políticas fundamentais, e recorrer a crenças, motivos e valores políticos que é razoável que os outros também reconheçam e endossem. Rawls, *Restatement*, p. 27. Ver também § 26.

segundo a qual todos os direitos, sejam morais, legais ou institucionais, são fundados na utilidade (*Utilitarismo*, V: ¶ 25).

Os utilitaristas em geral reconheceram direitos tais como os diversos direitos da propriedade privada. Para eles, esses direitos se justificam por promoverem o bem-estar geral. Porém, também é possível, pelo menos em princípio, argumentar que as restrições ao direito de propriedade ou sua completa abolição devem ser ainda mais favoráveis ao bem-estar geral, tendo em vista as condições sociais atuais ou futuras.

Mill aceita a forma geral desse argumento. As características especiais de sua doutrina derivam de sua interpretação da utilidade nos termos dos interesses permanentes do homem como ser progressista. A ideia de que os direitos têm uma justificação filosófica independente da utilidade – sendo esta compreendida à maneira de Bentham, Mill ou de outra forma – foi rejeitada por todos os utilitaristas. Essa foi uma de suas objeções à ideia dos direitos naturais, descrita por Bentham como "disparate sobre pernas de pau"[3].

2. Uma segunda razão de Mill mencionar seu repúdio ao direito abstrato é que a formulação que deu ao princípio da liberdade pode dar a impressão de pressupor esse tipo de direito, e sua intenção é negar isso.

Se a maioria esmagadora da sociedade quer tanto interferir na conduta ególatra de um pequeno número de outros indivíduos – e Mill, no veemente capítulo de *Sobre a liberdade* intitulado "Liberdade de pensamento e debate", diz que ela não tem o direito de fazer isso (*Sobre a liberdade*, II: ¶ 1) – perguntemos, então, por que não? Em algumas interpretações da utilidade, a soma da utilidade certamente daria a impressão de aumentar.

Nesse mesmo texto (II: ¶ 1), Mill também diz que o princípio da liberdade de pensamento e debate deve governar absolutamente a conduta da sociedade para com o indivíduo quando surgir a questão da compulsão e do controle. Aqui, quando Mill usa o termo "absolutamente", suponho que queira dizer que o princípio da liberdade não admite exceções, que sempre vigora sob as condições normais da era democrática (pelo menos impedindo circunstâncias muito especiais). Com isso, vemo-nos obrigados a nos perguntar o que faz o princípio da liberdade vigorar sempre e não

---

3. Bentham afirmou em *Anarchical Fallacies*: "Falar de direitos naturais é um simples disparate; de direitos naturais e imprescritíveis, um disparate retórico – disparate sobre pernas de pau." Ver *Nonsense upon Stilts*, org. Jeremy Waldron (Londres: Methuen, 1987), p. 53. Esse livro contém três ensaios críticos historicamente importantes sobre os direitos do homem, de autoria de Bentham, Burke e Marx.

permitir exceções, mesmo no caso de um único indivíduo, a menos que o princípio invoque algum direito natural que não possa ser anulado.

Aqui é preciso ter em mente a afirmação de Mill em II: ¶ 1, na qual ele diz que mesmo um povo inteiro carece do poder (direito) de silenciar o debate político, mesmo contra uma única pessoa. Esse poder, quando exercido pelo povo ou pelo governo, é ilegítimo. Diz Mill: "Se todos os homens menos um fossem da mesma opinião e apenas uma única pessoa fosse de opinião contrária, a humanidade não teria maior justificação para silenciar essa única pessoa do que ele teria, se tivesse o poder em suas mãos, para silenciar o resto da humanidade." Mais uma vez, isso nos leva a perguntar: como é possível que o número de pessoas deixe de ter importância na justificativa para silenciar o debate a menos que alguma doutrina do direito natural, isto é, direito abstrato, sirva de sustentação? Estaria Mill cedendo a floreios retóricos?

3. Na minha interpretação, as passagens que sugerem uma doutrina dos direitos abstratos são o modo de Mill dizer que para a promoção dos interesses permanentes do homem como ser progressista é melhor que a concepção política pública da sociedade democrática do futuro sempre assevere o princípio da liberdade, sem exceção, mesmo quando aplicada ao caso de um único indivíduo dissidente.

Tenhamos em mente que Mill está defendendo o princípio da liberdade como algo subordinado ao princípio da utilidade e que deve dirigir os debates políticos públicos sobre como ordenar as instituições políticas e sociais básicas. Lembremos que para Mill essas instituições são modos de formar e educar um caráter nacional adequado para a era democrática. Com isso, ele quer dizer que, quando compreendermos o papel do princípio da liberdade e as condições atuais e futuras de sua aplicação, veremos que não há boas razões fundadas na utilidade para fazer exceções se a utilidade for compreendida propriamente como os interesses permanentes do homem como ser progressista.

Essa interpretação é confirmada pelas palavras de Mill em II: ¶ 1: "Fosse uma opinião um bem pessoal sem valor exceto para o dono; se ser impedido no gozo desse bem fosse simplesmente um dano particular, faria diferença que o dano fosse infligido apenas a algumas pessoas ou a muitas. Porém, o mal específico de silenciar a expressão de uma opinião é que com isso se despoja a raça humana, tanto a posteridade quanto as gerações presentes; aqueles que dissentem da opinião ainda mais que os que a sustentam. Se a opinião for certa, perde-se a oportunidade de trocar o erro pela verdade; se errada, perde-se algo que é um benefício quase tão grande: a percepção mais clara [...] da verdade, produzida pela sua colisão com o erro."

Naturalmente, Mill tem em mente a opinião sobre questões gerais das doutrinas: políticas, sociais, morais, filosóficas e religiosas. Para ele, faz parte dos interesses permanentes (segurança e individualidade) do homem como ser progressista saber quais dessas doutrinas são verdadeiras ou mais razoáveis; a condição necessária da crença razoável nessas questões seria, segundo ele, a completa liberdade de debate e informação. "As crenças em que mais confiamos não têm salvaguarda sobre a qual possam repousar, mas sim um constante convite ao mundo todo para que lhe provem improcedentes" (II: ¶ 8).

Assim, ao impedir que uma pessoa expresse uma opinião, incorremos em dano ao processo público do livre debate. E esse livre processo de debate é necessário para promovermos os interesses permanentes do homem como ser progressista na era atual. Além disso, o dano ao livre debate é causado sem qualquer vantagem compensadora. Silenciar o debate não apenas educa o tipo errado de caráter nacional, como também tende a privar a sociedade e seus membros dos benefícios da verdade. Este último argumento é apresentado em *Sobre a liberdade*, II: ¶¶ 3-11, o "argumento da infalibilidade", no qual Mill sustenta que nenhum ser humano, independente de suas convicções, é infalível; e, se todos que expressarem opiniões contrárias forem oprimidos, os que estiverem errados perderão a chance de descobrir a verdade.

Conclusão

Conforme vimos, a ideia da razão pública envolve a ideia das razões admissíveis e razões inadmissíveis. Porém, é preciso explicar por que todas as razões são do tipo inadmissível, visto ser fácil imaginar que todas as razões devam ser rotuladas. Diferentes concepções políticas da justiça podem, naturalmente, definir diferentes razões como admissíveis e oferecer diferentes motivos para isso.

Na teoria da justiça como equidade, o motivo limitador das razões que pode ser admitido na razão pública é o princípio liberal da legitimidade – princípio segundo o qual o poder político coletivo dos cidadãos sobre questões constitucionais essenciais e questões básicas da justiça distributiva deveria despertar um apelo aos valores políticos cujo endosso se espera razoavelmente do cidadão, repousando assim no entendimento compartilhado pelos membros da sociedade. Devido à existência do pluralismo razoável, mantido e sustentado pelas instituições livres, os cidadãos têm um dever uns para com os outros de exercer seu poder de acordo com esse princípio. Uma sociedade democrática em que isso ocorre estará realizando um ideal de civilidade[4].

Os motivos de Mill para justificar sua ideia da razão pública são, naturalmente, diferentes, mas dificilmente antagônicos. O princípio da liberdade, juntamente com os princípios do direito moral e da justiça e os outros princípios do mundo moderno, são todos subordinados ao princípio supremo da utilidade. O princípio da liberdade deve ser seguido rigorosamente no debate público. Isso faz parte da tarefa das instituições básicas de uma sociedade de educar os cidadãos para certo caráter nacional, isto é, um caráter que, naturalmente, pressupõe as liberdades igualitárias e promove do modo mais eficiente possível os interesses permanentes da humanidade.

---

[4]. Ver *Restatement*, pp. 40-1 e 90-1, sobre o princípio liberal da legitimidade e sobre a existência do pluralismo razoável. Ver também Rawls, *Political Liberalism* (Nova York: Columbia University Press, 1996); ed. brochura, pp. 137, 217.

MILL IV

A doutrina de Mill como um todo

§ 1. Introdução

1. Mais uma vez, enuncio a questão que pretendemos analisar sobre a doutrina de Mill. Até aqui, supus que os chamados princípios do mundo moderno, expressão usada por Mill para se referir aos princípios da justiça e liberdade, têm aproximadamente o mesmo conteúdo que os dois princípios da justiça. Logo, a sociedade bem-ordenada de Mill teria, creio, instituições básicas similares às da sociedade bem-ordenada da justiça como equidade.

A expressão "os princípios do mundo moderno" é extraída de *A sujeição das mulheres*, IV: ¶ 2, parágrafo em que Mill afirma que "a lei da servidão no matrimônio é uma monstruosa contradição de todos os princípios do mundo moderno". Em outras partes do ensaio, Mill emprega outras designações, tais como "princípios envolvidos na sociedade moderna" (I: ¶ 23); "princípio(s) do movimento moderno na moral e política" (IV: ¶ 5). Também se refere ao "caráter peculiar do mundo moderno", expressão que é seguida por um enunciado da natureza das instituições modernas e ideias sociais, e dos princípios de uma sociedade aberta que permitem a liberdade do movimento e irrestrita escolha dos indivíduos; discorre também sobre a garantia da igualdade de oportunidade, em contraposição às condições aristocráticas do passado, nas quais todos nasciam predestinados a uma posição social fixa (I: ¶ 13).

2. Os princípios primordiais do mundo moderno seriam os seguintes, embora Mill não discuta sua importância relativa. Todas as referências abaixo são retiradas de *A sujeição das mulheres*[1].

(a) Princípio da justiça igual e da igualdade de direitos (básicos).

---

1. Assim como antes, devido à falta de texto aceito como padrão e facilmente disponível, farei menções aos parágrafos de cada capítulo. Isso obriga à numeração manual desses parágrafos.

II: ¶¶ 11-2, 16; IV: ¶¶ 3, 5, 9, 18 (ver também *Utilitarismo*, V: ¶¶ 4-10)
(b) Princípio da liberdade.
I: ¶ 13; IV: ¶¶ 9-20 (ver também *Sobre a liberdade*, I: ¶¶ 9-12)
(c) Princípios da sociedade aberta e da livre escolha de ocupação e modo de vida.
I: ¶¶ 13-5
(d) Igualdade de oportunidade.
I: ¶¶ 23-4
(e) Princípio da livre e justa competição econômica e social.
I: ¶¶ 14-6
(f) Princípio da cooperação (social) entre iguais.
II: ¶¶ 7-12
(g) Princípio do matrimônio moderno como igualdade entre marido e esposa.
I: ¶ 25; II: ¶¶ 12, 16; IV: ¶¶ 12, 15-6, 18
(h) Verdadeiro princípio da caridade pública: ajudar as pessoas a ajudarem a si mesmas.
IV: ¶ 11

3. Comentarei agora sobre o feminismo (por assim dizer) de Mill, que difere do feminismo bem mais radical da época atual. O feminismo de Mill simplesmente significa a plena justiça e igualdade para as mulheres e a abolição da sujeição que lhes havia sido imposta durante muito tempo. Para Mill, a posição das mulheres no casamento era intolerável. Com isso, ele estava se referindo, por exemplo, ao fato de que as propriedades das mulheres se tornavam, por direito, propriedades de seus maridos, a quem deviam obediência. Com exceção da realeza, a sujeição social das mulheres se sobressai, para Mill, como "um fato isolado nas instituições sociais modernas, uma solitária violação do que se tornou a lei fundamental dessas instituições; a única relíquia de um mundo antigo de teoria e prática reprovada em tudo o mais, mas ainda conservada em algo que inspira o interesse mais universal possível" (I: ¶ 16).

Embora isso pareça claro e talvez óbvio para muitos hoje em dia, não o era na época de Mill. Os contemporâneos de Mill o viam como fanático em duas questões. Uma era o aumento populacional, que para Mill debilitava o bem-estar das classes trabalhadoras; a outra era a sujeição das mulheres. Para os outros, Mill era simplesmente um desequilibrado quando se tratava desses temas; as pessoas balançavam a cabeça e paravam de lhe dar ouvidos.

Para Mill, porém, esses temas estavam inter-relacionados. O bem-estar das classes trabalhadoras exigia limitação do tamanho das famílias; o mesmo era exigido também para a igualdade das mulheres. Além disso, a igualdade entre marido e esposa perante a lei era necessária a fim de que a família não se tornasse uma escola de despotismo, "enquanto a família devidamente constituída seria a verdadeira escola das virtudes da liberdade", como Mill afirma em II: ¶ 12. Enquanto a família continuar sendo uma escola de despotismo, o caráter dos homens será gravemente corrompido, enfraquecendo as tendências desejáveis de igualdade em todas as instituições da sociedade. Assim, embora certamente arraigado na convicção de Mill sobre o erro grave da sujeição das mulheres, o feminismo defendido pelo filósofo sustentava-se, em sua argumentação, no amplo benefício social representado pela realização da justiça igualitária para as mulheres.

§ 2. A estrutura de sustentação da doutrina de Mill

1. Analisemos agora a estrutura de sustentação da doutrina de Mill – isto é, seus pressupostos morais e psicológicos básicos – a fim de compreender de que modo o utilitarismo por ele defendido e apresentado inicialmente como igual ao utilitarismo de seu pai e de Bentham resultaria na ideia dos princípios do mundo moderno.

Ao tratar dessa questão, examinamos primeiramente a concepção da utilidade em Mill, juntamente com o critério de preferência pessoal. Em seguida, discutimos a ideia dos direitos morais da justiça e o critério aparentemente duplo para identificar os direitos básicos dos indivíduos. Depois, analisamos o princípio da liberdade como um princípio para dirigir a razão pública e seu caráter de princípio subordinado ao princípio da utilidade. Tudo isso nos leva a indagar:

Em primeiro lugar, o motivo de Mill ser tão confiante de que seus princípios do mundo moderno, isto é, os princípios da justiça e da liberdade com os outros, listados acima, são princípios que, se realizados nas instituições básicas, maximizariam a utilidade no longo prazo, conforme definido pelos interesses permanentes do homem como ser progressista. Naturalmente, a utilidade é compreendida aqui à luz de *Utilitarismo*, II: ¶¶ 3-10, enquanto a ideia dos interesses permanentes do homem é extraída de *Sobre a liberdade*, I: ¶ 11.

É preciso também saber de que modo a doutrina de Mill lida com outros valores além da felicidade e como especificamente ela recorre a uma teoria psicológica da natureza humana. Isso nos leva a indagar:

Em segundo lugar, se a doutrina de Mill inclui e enfatiza certos valores e ideais perfeccionistas que estariam incluídos nas categorias do admirável e do excelente, que são ideias que ele reconhece, ou se, uma vez pressuposta a concepção da utilidade como felicidade, essa doutrina se ampara exclusivamente nos princípios psicológicos que descrevem a natureza humana em seu nível mais profundo.

2. Sem plena confiança de que esta última alternativa é correta, concluo esta análise esboçando (mais que isso é impossível) uma leitura psicológica do utilitarismo de Mill como um todo formulado como uma doutrina política e social a ser aplicada à estrutura básica. Isso ainda permite que em outras situações a doutrina de Mill assuma uma forma diferente, embora, em geral, subordinada. Os interesses políticos e sociais permanentes normalmente anulariam considerações mais específicas e subordinadas.

A leitura começa com a ideia de que a felicidade (definida em *Utilitarismo*, II: §§ 3-10) por si só é boa e deve ser maximizada por estruturas políticas e sociais sempre visando ao longo prazo. Isso resulta no princípio da utilidade em um de seus sentidos políticos e sociais. Trata-se, proponho, do princípio moral supremo da doutrina política de Mill. Ou, mais seguramente, do princípio supremo da teoria do certo e do errado na moral e da justiça política e social.

3. Como já afirmei, para chegar a suas conclusões mais definitivas, Mill se ampara em uma concepção psicológica da natureza humana bastante específica. Para ele, essa concepção é suficientemente definida para gerar os princípios da justiça básica e as liberdades essenciais, a partir de sua concepção da utilidade como os interesses permanentes do homem (aqui abrevio a expressão original) e das condições do mundo moderno com suas tendências atuais. Assim, nosso problema é indicar os princípios primeiros psicológicos e esboçar de que modo Mill teria pensado que eles conduziriam à conclusão que chegou quando combinados com seus demais pressupostos.

Os princípios psicológicos primordiais parecem ser estes:

(a) Critério de preferência pessoal: *Utilitarismo*, II: §§ 5-8;
(b) Princípio da dignidade: *ib.*, II: §§ 4, 6-7; *Sobre a liberdade*, III: § 6;
(c) Princípio da vida em união com os outros: *Utilitarismo*, III: §§ 8-11;

(d) Princípio aristotélico: *ib.*, II: ¶ 8 (ver TJ, seção 65);
(e) Princípio da individualidade: *Sobre a liberdade*, III: ¶¶ 1-9;
(f) Reconhecimento de nosso bem natural: *Utilitarismo*, III: ¶¶ 10-1.

Os três primeiros já foram discutidos nas conferências I e II.

O último é descrito como a capacidade que temos de reconhecer nosso bem natural e distingui-lo de nosso bem aparente como mero artefato do aprendizado social e associacionista, muitas vezes através de algum tipo de recompensa e punição. Sem dúvida, há modos melhores de enunciar esses princípios, mas por enquanto a lista acima bastará.

Basicamente, o papel desses princípios psicológicos na doutrina de Mill seria este: juntamente com o princípio normativo da utilidade e outras considerações, tais como as condições históricas e sociais do mundo moderno e suas tendências de transformações, esses princípios identificam os quatro interesses permanentes dos seres humanos.

Resta-nos apenas explicar de que modo devem ser compreendidas as frequentes referências de Mill aos valores perfeccionistas. Deixo essa questão para o final, quando toda a doutrina de Mill estiver diante de nós.

§ 3. Os dois primeiros interesses permanentes do homem

1. Cabe agora a pergunta: em que sentido os interesses permanentes são permanentes? De que modo eles estão vinculados à ideia de que o ser humano é um ser progressista? Mill não discute essas questões, de modo que temos de buscar entendê-las.

Acredito que a ideia do homem como ser progressista indique a possibilidade de um aperfeiçoamento mais ou menos contínuo da civilização humana, que finalmente alcança o estado normal e natural de plena igualdade descrito em *Utilitarismo*, III: ¶¶ 10-1. Nesse estado, a sociedade responde plenamente aos princípios da justiça e da liberdade igualitárias propostos por Mill. Assim, para Mill, o progresso seria um desenvolvimento que se dá no decorrer do tempo caminhando para o estado de sociedade praticamente melhor possível, mas normal e natural.

Ora, para que seja possível o progresso, deve haver certas condições necessárias. Assim, seguindo as indicações do Capítulo V do *Utilitarismo*, digamos que um dos interesses permanentes é o interesse em receber garantia dos direitos morais básicos da justiça igualitária. Isso significa que o interesse que temos na sociedade, através de suas leis, instituições e opinião moral comum, é um interesse em que a sociedade obtenha para nós "os elementos essenciais de nosso bem-estar" e "nos assegure o fundamento mesmo de nossa existência" (V: ¶¶ 32, 25).

Em seguida, analisemos os interesses permanentes que surgem da ideia do homem como ser progressista. Aparentemente, esses interesses devem atender a estas duas condições:

(i) Um interesse nas condições sociais necessárias para o contínuo progresso ou desenvolvimento da civilização até que a sociedade alcance o estado praticamente melhor possível (moralmente falando).

(ii) Um interesse nas condições sociais que sejam, elas próprias, condições do melhor estado possível e necessárias para o funcionamento deste. Essas condições são necessárias para que esse estado continue sendo o melhor possível.

Dessa forma, os interesses permanentes são permanentes de dois modos. Primeiro, como interesses nas condições necessárias para o progresso contínuo até alcançarmos o estado da sociedade que seja o melhor possível e também natural; em segundo lugar, como interesses nas condições necessárias para permanecermos nesse melhor estado possível, uma vez alcançado. Na ideia de Mill sobre o melhor estado possível, está implícita a ideia de que é em tal sociedade que nossa natureza como seres sociais se realiza da melhor maneira possível. É ela que melhor traz à tona e exercita nossas faculdades superiores, satisfazendo a nossas mais importantes ânsias e aspirações, tudo isso de modo congruente com os direitos básicos da justiça igualitária e com os interesses legítimos dos outros. A respeito desta última afirmação, ver *Sobre a liberdade*, III: ¶ 9.

Recapitulando: o primeiro interesse permanente é o interesse nos direitos básicos da justiça igualitária; trata-se do interesse nas condições necessárias para o progresso contínuo até que a sociedade alcance o melhor estado possível como estado de igualdade e necessário para que permaneçamos nesse estado uma vez que ele é alcançado.

2. Com base no Capítulo II de *Sobre a liberdade*, creio que podemos identificar um segundo interesse permanente. Recordemos que esse capítulo discute as liberdades que protegem o domínio interior da consciência (termo empregado por Mill). Essas liberdades são a liberdade de consciência, a liberdade de pensamento e emoção e a liberdade absoluta de opinião e ponto de vista em todos os assuntos, práticos e especulativos, científicos, morais e teológicos.

Mill está interessado aqui na crença e no debate sobre as doutrinas gerais da religião, filosofia, moral e ciência, bem como sobre todos os assuntos e questões gerais de natureza política e social e questões de medidas públicas. Ele não se refere à expressão como forma de incentivo com probabilidade de romper a paz ou incitar a multidão à violência; tampouco como modo de revelar estratégias de guerra ou em situações semelhantes. Esse tipo de situação é mencionado em *Sobre a liberdade*, III: § 1, parágrafo em que Mill admite a possibilidade de restrição a essa forma de expressão (nota relativa a II: § 1).

Desse modo, o segundo interesse permanente é nas condições sociais relativas às leis, instituições e atitudes públicas que garantem a liberdade de expressão e liberdade de consciência. O raciocínio de Mill no Capítulo II de *Sobre a liberdade* é que tais condições são necessárias para a descoberta da verdade em todos os assuntos. Além disso, Mill também supõe que tenhamos um interesse permanente em conhecer a verdade. Ele não nutre o tipo de pensamento sombrio que se pode encontrar em romancistas russos tais como Dostoiévski; basta mencionar o relato de Ivã sobre o Grande Inquisidor em *Os irmãos Karamázov*, onde se sugere que conhecer a verdade seria terrível, tornando-nos desamparados e dispostos a apoiar um regime ditatorial para preservar nossas confortantes e necessárias ilusões. Agostinho e Dostoiévski são as duas mentes sombrias do pensamento ocidental, que foi profundamente definido pelo primeiro.

3. O argumento de Mill sobre a infalibilidade, que se encontra em II: §§ 3-11 e é muito criticado, transmite essas ideias e pode ser exposto da seguinte maneira: quando a sociedade, através de suas leis e instituições, proíbe o debate sobre certas doutrinas gerais, ela admite implicitamente que a verdade sobre determinadas questões já é conhecida com certeza. Em outras palavras, a sociedade pressupõe não haver possibilidade de que doutrinas aceitas não sejam verdade e sejam plenamente corretas, isto é, infalíveis. Por que Mill afirma isso?

Suspeito que o argumento se apoia nas seguintes premissas:

(a) O conhecimento da verdade sobre doutrinas gerais é sempre benéfico; é um grande benefício, pelo menos quando elas têm importância significativa.

(b) O livre debate sobre essas doutrinas é condição necessária para a correção dos erros.

(c) O livre debate também é condição necessária para que tenhamos garantia racional de que as doutrinas gerais em que acreditamos sejam corretas.

(d) O livre debate, além disso, é condição necessária para compreender e reconhecer nossas próprias crenças de modo pleno e adequado, ajudando-nos, dessa forma, a nos apropriar delas. Ver *Sobre a liberdade*, III: ¶¶ 2-8.

(e) A sociedade atual encontra-se em um estado que lhe permite aprender com o livre debate sobre as doutrinas gerais e a se desenvolver através delas.

Com todos esses pressupostos, Mill sustenta que é irracional a sociedade silenciar o debate geral, a menos que veja a si própria como infalível; isto é, a menos que acredite que já possua a verdade e suponha não haver possibilidade de estar enganada. O argumento de Mill supõe ser essa uma conclusão por redução: todos a rejeitam. Se a sociedade acreditar que não possui a verdade ou que de fato há uma possibilidade real de estar enganada ou ignorar algum aspecto da verdade, estará pondo em risco sem razão um dos interesses permanentes dos seres humanos como seres progressistas: nosso interesse em conhecer a verdade e em manter as condições necessárias para a descoberta e o reconhecimento de todas as questões significativas.

§ 4. Os dois outros interesses permanentes

1. Tratemos agora dos dois outros interesses permanentes. O primeiro pode ser vinculado às liberdades discutidas por Mill no Capítulo III de *Sobre a liberdade*, a saber:

Liberdade de gostos e ocupações e liberdade de configurar o nosso modo de vida a fim de que ele seja adequado a nosso caráter, sem contenção, enquanto não ferirmos os interesses legítimos de outrem protegidos pelos direitos iguais da justiça e preceitos do certo e errado. Dessa forma, temos liberdade mesmo que os outros considerem nossa conduta tola ou imprudente, de forma alguma admirável ou mesmo desprezível. Essas liberdades são acompanhadas da liberdade de associação para que elas se tornem efetivas.

Chamemos o interesse na firme garantia dessas liberdades de interesse permanente nas condições da individualidade, aqui entendida como individualidade na associação com pessoas de ideias afins. Em III: ¶¶ 10-9, Mill afirma que essas liberdades são condição essencial para o progresso da civilização. Em III: ¶ 17, diz que "a única fonte infalível e permanente de aperfeiçoamento é a própria liberdade". Assim, esse interesse permanente, juntamente com o interesse permanente na liberdade de pensamento e na liberdade de consciência, é um interesse que temos como seres progressistas.

Naturalmente, essas liberdades são essenciais não apenas agora, como também no melhor estado possível da sociedade. Em Mill, elas são fundamentais de modo menos óbvio, que pode ser assim expresso: apenas quando essas liberdades são plenamente respeitadas é que o critério de preferência pessoal pode ser devidamente aplicado. É difícil exagerar a importância disso: equivale a dizer que somente com instituições livres é que as pessoas adquirem suficiente autocompreensão para saber ou decidir razoavelmente qual modo de vida oferece as melhores chances de felicidade (aqui entendida no sentido que Mill lhe atribuiu). Em breve, voltarei a esse elemento essencial.

2. Finalmente, chegamos ao quarto e último interesse permanente. Vinculo-o à crença de Mill (enunciada em *Utilitarismo*, III: ¶¶ 8-11) de que o estado normal da sociedade, isto é, o estado de plena adaptação a nossa natureza mais profunda, é uma sociedade na qual os direitos iguais da justiça e liberdade (analisados acima) são firmemente garantidos.

Nesse estado normal (e natural) da sociedade, é impossível a associação com outros indivíduos exceto com a condição de que os interesses de todos sejam levados igualmente em consideração. Esse estado, por sua vez, gera o desejo, considerado por Mill parte da natureza humana, de viver em união com os outros. Esse desejo, cuja definição à primeira vista parece obscura, é explicado por Mill como o desejo de não se beneficiar de nenhuma condição social a menos que outros indivíduos também gozem desses benefícios. Temos aqui o princípio da reciprocidade. *Utilitarismo*, III: ¶ 10: "Em um estado de aperfeiçoamento do espírito humano, as influências estão em constante aumento, tendendo a gerar em cada indivíduo um sentimento de união com os demais; sentimento esse que, se perfeito, nunca o faria pensar nem desejar nenhuma condição benéfica para si da qual os demais também não pudessem gozar."

Dessa forma, nosso quarto interesse permanente é o interesse que temos nas condições e instituições sociais que definem o estado natural da sociedade como estado de igualdade e fazem desse estado um estado de possível equilíbrio estável.

3. Recapitulando: os quatro interesses permanentes são:

(a) Em primeiro lugar, o interesse permanente nas instituições que garantem os direitos básicos da justiça igualitária (conforme discutidas em *Utilitarismo*, V). Esses direitos protegem os "elementos essenciais de nosso bem-estar" e "nos asseguram o fundamento mesmo de nossa existência", além de serem necessários para o progresso. Trata-se de um interesse que temos em todos os estágios de civilização.

(b) Em segundo lugar, o interesse permanente nas instituições livres e nas atitudes públicas da opinião moral que asseveram a liberdade de pensamento e a liberdade de consciência. Essas instituições e atitudes são necessárias para o progresso do estado natural da sociedade como estado de igualdade, além de serem necessárias para manter esse estado.

(c) Em terceiro lugar, o interesse permanente nas instituições livres e atitudes públicas que permitem a individualidade e, dessa forma, protegem e estimulam a liberdade de gostos e a nossa escolha de um modo de vida adequado a nosso caráter, tudo isso permitindo que nos apropriemos desse modo de vida. Esse é paralelamente também o interesse na liberdade de associação, que dá à individualidade seu caráter efetivo.

(d) Em quarto lugar, o interesse permanente nas instituições justas e livres e nas atitudes necessárias para concretizar o estado natural e normal da sociedade como estado de igualdade.

§ 5. Relação com o critério de preferência pessoal

1. Isso completa nossa investigação sobre os quatro interesses permanentes do homem como ser progressista. Ela não tem a pretensão de ser completa; é possível que haja outros interesses permanentes de acordo com Mill e, além disso, reconheçamos que as diferenças apontadas são um tanto artificiais. Mas creio que elas sejam úteis na exposição do todo da doutrina.

Como afirmado anteriormente, Mill pretende sustentar que, uma vez que adotemos essa concepção da utilidade (*Utilitarismo*, II: ¶¶ 3-10), os princípios da justiça e da liberdade, complementados pela opinião moral pública que os endossa, definem a ordem política e social mais eficiente para realizar nossos interesses permanentes. Dadas as condições do mundo moderno e os princípios da psicologia humana, não há modo melhor de ordenar as instituições políticas e sociais. Mas por que, nos pressupostos de Mill, isso seria verdade? Como ele explica isso em detalhes?

2. Um elemento crucial para toda a doutrina de Mill é a ideia de que apenas em circunstâncias sociais justas e livres é que o critério de preferência pessoal pode ser adequadamente aplicado. Recordemos que esse critério envolve a emissão do juízo de que um prazer ou atividade é superior a

outro(a) em termos de qualidade e mais adequado(a) (e, nesse sentido, melhor) a um ser dotado das faculdades superiores. Esse último detalhe é responsável pelo vínculo com o princípio da dignidade. A importante consequência disso é que, na ausência de circunstâncias justas e livres, não há como a sociedade adquirir o conhecimento e a informação específicos de que necessita para maximizar a utilidade entendida no sentido definido por Mill. Isso por duas razões:

(i) Em primeiro lugar, apenas se houver essas instituições é que as pessoas, individual ou coletivamente, podem educar e desenvolver suas faculdades da forma mais adequada a seu caráter e inclinações. Assim, as instituições são necessárias para que conheçamos quais atividades seriam endossadas pelo critério de preferência pessoal.

(ii) Em segundo lugar, não há agência central na sociedade – escritório central de informações ou conselho de planejamento – que possua as informações necessárias para a maximização da utilidade e que, portanto, saberia quais leis e regulamentos específicos e detalhados promoveriam os quatro interesses permanentes.

3. Pensemos na seguinte analogia. Mill supõe que as pessoas sejam mais ou menos como uma empresa em um mercado perfeitamente competitivo. Em um mercado assim, a empresa decide o que produzir com base nos preços de suas matérias-primas e produtos. Não há agência central de planejamento que diga o que fazer. Sob certas condições, definidas pela teoria econômica, quando cada empresa maximiza seus lucros, o produto social total é gerado de modo eficiente (no sentido empregado por Pareto).

A analogia é esta: apenas sob as condições de um mercado competitivo é que se supõe que as empresas saibam o que e como é melhor produzir. Os preços fixados em mercados competitivos contêm as informações necessárias para que as decisões das empresas sejam eficientes. Logo, elas ficam livres para tomar decisões sobre produção de modo independente uma da outra.

Para Mill, é apenas quando devidamente educados e após terem recebido oportunidade para desenvolver suas faculdades sob condições de justiça igualitária e livres instituições é que os indivíduos podem saber quais atividades superiores são as melhores para satisfazer a sua natureza e caráter.

O resultado é que para maximizar a utilidade, no sentido atribuído por Mill, é necessário criar instituições justas e livres e educar as habilidades das pessoas. Isso oferece as condições contextuais nas quais pode ser aplicado o critério de preferência pessoal. Se a sociedade usar essas instituições para outros fins e ainda assim esperar maximizar a utilidade, simplesmente estará funcionando no escuro. Apenas pessoas criadas e educadas sob as condições sociais de instituições livres poderão ter, conforme o caso individual de cada uma, as informações necessárias.

4. Faço aqui algumas observações. Em primeiro lugar, conforme já mencionado anteriormente, creio que Mill não faz uma diferenciação minuciosa dentro das categorias de prazeres superiores e de prazeres inferiores. O beisebol é uma atividade superior, e por que não? Mill está preocupado em parte em refutar a doutrina de Carlyle segundo a qual o utilitarismo é uma "doutrina digna apenas de suínos" (*Utilitarismo*, II: ¶ 3) e em salientar que a diferenciação entre os prazeres superiores e os prazeres inferiores, assim como entre as faculdades superiores e as faculdades inferiores, pode ser feita recorrendo ao critério de preferência pessoal. Para esses propósitos bastaria uma diferenciação aproximada.

Uma segunda observação é que a falta de diferenciações minuciosas significa que para Mill todas as pessoas normais são igualmente capazes de aproveitar e exercer suas faculdades superiores, mesmo admitindo que algumas sejam mais talentosas que outras. Essa afirmação poderia ser reformulada de modo mais preciso: todas as pessoas normais (com a devida educação etc.) têm uma série de atividades superiores que elas desejariam incluir no centro de suas vidas. Mill também sustenta que, se houver oportunidades decentes, essas pessoas farão isso de fato, objetando a explicações especiais. (Naturalmente, essas séries de atividades diferem de pessoa a pessoa.) Tudo isso é confirmado pelas explicações mencionadas por Mill em *Utilitarismo*, II: ¶ 7, quando ele trata dos aparentes desvios do princípio da dignidade, princípio psicológico básico que sustenta o critério de preferência pessoal. A ideia de que as atividades e faculdades superiores são exclusivamente intelectuais, estéticas e acadêmicas é uma bobagem.

Uma terceira observação é que os prazeres superiores dos indivíduos de maior talento (admitindo-se que existam tais indivíduos) não têm valor maior que os prazeres superiores dos de menor talento. Todas as atividades que são objeto da preferência pessoal de pessoas normais, devidamente educadas e vivendo em uma sociedade de instituições justas e livres, têm o mesmo peso. De fato, creio que afinal não haverá ocasião em que seja necessário na prática comparar os valores dos prazeres. Isso, porém, precisaria ser demonstrado. À primeira vista, parece que as diferenças em qualidade dos prazeres podem, e de fato deveriam, afetar as medidas públicas sociais. Será possível defender essa ideia sem a necessidade de uma diferenciação minuciosa? Aqui somos levados a uma argumentação casuística[2].

Finalmente, uma quarta observação: para Mill, não há teoria psicológica geral da natureza humana que possa ser aplicada à sociedade ou a uma agência central de planejamento que nos diga, através de certos testes psicológicos, qual modo de vida específico é o melhor para este ou aquele indivíduo. A melhor informação pode ser obtida observando-se as decisões dos indivíduos livres: deixemos que eles decidam por si sós sobre seu modo de vida sob as necessárias condições livres. Esses indivíduos devem determinar qual família de atividades superiores é a melhor para se tornar o foco de suas vidas. Não existe uma teoria psicológica geral que nos dê essa informação de antemão.

5. Concluindo: os direitos iguais da justiça e os três tipos de liberdade definem as condições institucionais necessárias para que os cidadãos iguais de uma sociedade democrática da época atual estejam na melhor posição possível para que cada um encontre o modo de vida que lhe seja mais adequado. Isso ajuda a compreender por que Mill acredita – como parece acreditar – que as instituições justas e livres são necessárias para maximizar a utilidade, entendida nos termos de nosso interesse permanente como seres progressistas.

§ 6. Relação com a individualidade

1. Vimos que o princípio da individualidade está ligado ao critério de preferência pessoal. É necessário, então, analisar seu significado como princípio psicológico básico. Em *Sobre a liberdade*, III: § 1, Mill diz o seguinte: "É desejável [...], em coisas que não dizem respeito primordialmente aos outros, que a individualidade deva asseverar a si mesma. Quando a regra de conduta não advém do caráter do próprio indivíduo, mas das tradições ou costumes de outras pessoas, está ausente um dos principais ingredientes da felicidade e o mais importante ingrediente do progresso individual e social." Esse é um princípio psicológico, pois a individualidade é um dos ingredientes da felicidade. (Sobre esse tema, é importante todo o trecho de *Sobre a liberdade*, III: §§ 1-9.)

---

2. Essa questão foi proposta por Jeffrey Cohen, Universidade Columbia.

Para Mill, a individualidade tem dois componentes:

(a) Um deles é o ideal grego de autodesenvolvimento de nossas diversas competências, inclusive o desenvolvimento e exercício de nossas faculdades superiores (III: ¶ 8).

(b) O outro é o ideal cristão do governo de si mesmo, que inclui, entre outros elementos (na minha interpretação de Mill), o reconhecimento dos limites de nossa conduta impostos pelos direitos básicos da justiça (III: ¶¶ 8-9).

2. Em III: ¶ 8, Mill afirma que, se faz parte da religião acreditar que fomos criados por um ser bom, é congruente com a religião acreditar que temos faculdades superiores a fim de serem cultivadas e desenvolvidas, em vez de enraizadas e esgotadas. Também é congruente com a religião que Deus se regozije ao nos aproximarmos da realização da concepção ideal incorporada em nossas faculdades. Aqui, Mill rejeita o que ele chama de "concepção calvinista da humanidade", na qual "todo o bem de que a humanidade é capaz consiste de obediência" e as faculdades, capacidades e suscetibilidades humanas sejam espremidas (III: ¶ 7).

A ideia de Mill parece ser apresentada como um ideal perfeccionista. Mais adiante analisaremos em que medida se deve compreendê-la como uma doutrina psicológica. Por enquanto, comento simplesmente que Mill fala de ideais porque para ele os ideais caracterizam modos de vida que seriam adotados e seguidos pelas pessoas sob as condições necessárias para que o critério de preferência pessoal funcione em conjunto com o princípio da dignidade. Esses ideais caracterizam modos de vida que estão em mais profundo acordo com nossa natureza livre e plenamente desenvolvida.

3. Um traço da ideia da individualidade em Mill se revela quando a comparamos a uma teoria mais antiga. Quando Locke discute a tolerância na "Carta sobre a tolerância" (1689), ele está preocupado em grande parte com o problema da superação das guerras religiosas. A solução que propõe é que a Igreja seja uma associação voluntária dentro do Estado e este, por sua vez, respeite a liberdade de consciência dentro de certos limites. Durante as guerras religiosas, era pressuposto geral que o conteúdo da crença estava acima de tudo em importância. Deve-se acreditar na verdade, na doutrina verdadeira, sob pena de pôr em risco a própria salvação. O erro religioso era tido como algo terrível, e quem propagasse erro atiçava terror.

Contudo, na época de Mill, essa ideia obviamente era vista de outro modo. As lutas em torno do princípio da tolerância já haviam cessado. Embora o conteúdo da crença obviamente não seja desprovido de importância, continua sendo importante o modo de crer. O que importa agora é em que medida nos apropriamos de nossas crenças; em que medida tentamos entendê-las, buscando apurar seu sentido mais profundo e lhes atribuir um papel central em nossas vidas, e não, por assim dizer, simplesmente expressá-las sem convicção.

Essa atitude é moderna, embora tenha surgido no decurso das guerras religiosas. Naturalmente, ela não é uma ideia original de Mill, que a reconhece explicitamente em Wilhelm Humboldt (1792); além disso, Milton já dizia em *Areopagitica*, § 49: "[...] se um homem acredita em coisas apenas porque seu pastor o manda acreditar ou a assembleia assim determina, sem conhecer outra razão, ainda que sua crença seja verdadeira, a verdade mesma que ele sustenta torna-se heresia". Rousseau também foi uma influência significativa nesse modo de pensar, com sua ênfase no eu e no valor intrínseco da vida interior cultivada por auto-observação. Qualquer que tenha sido a origem dessa atitude, Mill a enuncia de modo significativo em *Sobre a liberdade*, III: §§ 1-9.

Parte dessa atitude moderna é que a crença no erro não é mais temida do mesmo modo. Certamente é temida, pois o erro pode gerar grandes danos, mas não temida como algo que inevitavelmente leva à maldição. Sinceridade e escrúpulos também são significativos. Mill claramente não admite a possibilidade de que os indivíduos que tenham se enganado em suas crenças religiosas serão malditos por esse motivo. Seu pressuposto é que o erro não terá essa consequência. Acredito que a crença seja necessária para que o valor da individualidade adquira importância central, como acontece em Mill. A ideia da importância de nos apropriarmos de nossas crenças e aspirações pareceria simplesmente irracional se o erro, como tal, pudesse levar à maldição.

4. Já mencionei que faz parte da ideia da individualidade de Mill incluir a nossa apropriação das crenças que assumimos. Esse é um dos aspectos do livre autodesenvolvimento. Outros aspectos salientados por Mill são: apropriação de nosso plano de vida, apropriação de nossos desejos, equilíbrio entre nossos desejos e impulsos, e criação de uma ordem pessoal de prioridades.

Não creio que Mill queira dizer que devemos nos tornar diferentes de outras pessoas apenas para sermos diferentes. Ao contrário, creio que ele quer dizer que, por mais diferentes, que seja nosso plano de vida em relação aos planos de vida dos outros, deveríamos nos apropriar de nosso plano de vida; isto é, deveríamos entender seu significado e incorporá-lo em nosso pensamento e caráter. Não precisamos escolher um modo de vida, como uma espécie de "selecionador teleológico". Em vez disso, podemos asseverar nosso modo de vida após a devida ponderação, e não segui-la simplesmente como um hábito. Se fizermos isso, teremos aprendido a ver o sentido de nosso modo de vida, penetrando em suas camadas de sentido mais profundas através do uso pleno e livre de nossas faculdades do pensamento, imaginação e sentimento. Desse modo, teremos nos apropriado de nosso modo de vida, ainda que ele próprio tenha sido consagrado e, nesse sentido, adquirido o status de tradição.

Menciono essa questão porque às vezes se diz que Mill enfatiza a excentricidade, isto é, a maneira de agir sem seguir os padrões. Essa, a meu ver, é uma leitura errônea. Certamente, Mill espera que as instituições livres conduzam a uma maior diversidade cultural, que ele considera desejável. Porém, sua ênfase recai sobre o autodesenvolvimento e governo de si mesmo; este último sugere autodisciplina, e nenhum desses termos, seja individual ou conjuntamente, deve ser confundido com excentricidade. A ideia básica é nosso interesse na individualidade, aqui compreendida como a formação livre e refletida de nosso pensamento e caráter dentro dos rigorosos limites impostos pelos direitos iguais da justiça para todos.

A respeito desta última ideia, deve-se mencionar o importante parágrafo sobre os limites da justiça em III: 9:

> Não é fazendo exaurir em uniformidade tudo o que existe de individual dentro de si, mas cultivando-o e estimulando-o dentro dos limites impostos pelos direitos e interesses alheios que o ser humano se torna um nobre e belo objeto de contemplação; [...] Na medida em que se desenvolve sua individualidade, cada pessoa se torna mais valiosa para si mesma e, portanto, capaz de ser mais valiosa para os outros. [...] Quando estamos presos às rígidas normas da justiça por respeito aos outros, desenvolvem-se os nossos sentimentos e capacidades que têm por objeto o bem dos outros. Mas quando somos proibidos de desfrutar de algo que não afeta o bem dos outros, meramente por lhes desagradar, nada de valioso se desenvolve, exceto um vigor de caráter que pode despontar na forma de resistência à proibição. [...] Para a livre ação da natureza de cada um, é essencial que pessoas diferentes tenham permissão para viver vidas diferentes.

O pensamento de Mill aqui sugere a ideia adicional que infelizmente não temos tempo de discutir, qual seja: o maior valor geral alcançado em uma sociedade de instituições livres através da diversidade humana, como resultado do autodesenvolvimento da individualidade dentro dos limites do governo de si mesmo, que inclui o respeito aos direitos da justiça. Esse tema é importante no liberalismo de Mill e em outras formas modernas do liberalismo. Nunca poderia ser encontrado em Locke, pois Locke nunca teria visto a diversidade religiosa como algo bom em si mesmo, embora talvez tenha pensado que essa diversidade tem suas compensações quando possibilita a aceitação do princípio da liberdade de fé religiosa e tolerância.

§ 7. O lugar dos valores perfeccionistas

1. Concluo com duas considerações. A primeira diz respeito ao lugar que ocupam na doutrina de Mill os valores perfeccionistas, que ele tantas vezes menciona. É evidente que esses valores desempenham um papel relacionado ao princípio da dignidade e da individualidade. Mas qual o melhor modo de compreendê-los? Em que sentido Mill defende ou endossa os valores perfeccionistas? Que eventuais instituições políticas e sociais eles justificam?

Mill certamente reconhece a existência dos valores perfeccionistas do admirável e do excelente, bem como em seus opostos, o degradante e o desprezível. Para ele, esses são valores de importância significativa. Além disso, ele pressupõe que esses valores são reconhecidos por nós, visto que na forma do princípio da dignidade eles subjazem à ideia central do critério de preferência pessoal, que sempre inclui um juízo sobre o que nos é apropriado. Assim, o fato de reconhecermos a existência desses valores e sua grande importância para nós é uma parte fundamental da doutrina normativa de Mill e ampara-se na psicologia humana básica por ele desenvolvida.

Todavia, tendo em vista o conteúdo do princípio da liberdade – e a exclusão que ele faz dos motivos perfeccionistas para limitar a liberdade individual –, esses valores não podem ser impostos pelas sanções da lei e da opinião moral comum como pressão social coercitiva. Cabe a cada um de nós e a nossos amigos e associados resolvermos essa questão para nós mesmos. Nesse sentido, a doutrina de Mill não é perfeccionista.

2. Os valores fundamentais da doutrina política e social de Mill são os da justiça e da liberdade, conforme expostos nos princípios do mundo moderno. Se objetássemos que ele deixou de lado os valores perfeccionis-

tas, ele responderia, sugiro eu, que em vez tê-los deixado de lado, ele os levou em consideração como deveriam, isto é, estipulando princípios que quando realizados em estruturas sociais serão os mais eficazes em fazer as pessoas atribuírem livremente – e de acordo com sua própria natureza e com os conselhos e incentivos de amigos e associados, conforme lhes forem mais convenientes – a esses valores um papel central em suas vidas.

Não é necessário, diria eu, coagir as pessoas a se ocuparem com atividades que realizam esses valores; tentar fazer isso quando as instituições da justiça e da liberdade não estão em funcionamento pode gerar maior dano que benefício. Por outro lado, uma vez que essas instituições estejam em pleno funcionamento, os valores da perfeição serão realizados do modo mais apropriado possível em vidas e associações livres dentro dos limites das instituições justas e livres. Os valores da justiça e da liberdade têm um papel subjacente fundamental e, nesse sentido, certa prioridade. Mill diria que ele dá aos valores perfeccionistas o que merecem.

3. Quanto à segunda consideração – sobre o papel dos princípios psicológicos de Mill –, faço a seguinte observação: todas as doutrinas morais contêm conceitos e princípios normativos combinados com elementos da psicologia humana e da sociologia política, juntamente com outros pressupostos institucionais e históricos. A doutrina de Mill não é exceção. Todavia, ela contém um pressuposto normativo principal – o princípio da utilidade, com seus conceitos e valores associados. O papel essencial desse princípio é visto em todos os lugares e reina supremo como uma doutrina teológica no capítulo sobre a lógica da prática (ou arte) no final de *Sistema da lógica* (1843).

Os primeiros princípios da psicologia de Mill desempenham um papel essencial e se fracassarem ou nos parecerem implausíveis farão com que a doutrina fracasse ou pareça insegura. Na resposta de Mill, conforme sugeri, muito depende desses princípios. Contudo, todas as doutrinas morais dependem da psicologia moral que lhes subjazem. A doutrina de Mill também não é diferente nesse aspecto.

Não me preocupei muito com o sucesso geral da doutrina de Mill. Em vez disso, me ocupei em explicar de que modo, dadas suas origens aparentemente benthamianas, Mill logrou afinal enunciar os princípios da justiça, liberdade e igualdade sem grande distância em relação à teoria da justiça como equidade, fazendo com que sua doutrina política e social – resultante de sua doutrina moral geral – fosse capaz de nos oferecer os princípios de um liberalismo moderno e abrangente.

Apêndice: Observações sobre a teoria social de Mill [c. 1980]

A. Observações preliminares: o contexto da teoria social:
   1. Para compreender Mill, é essencial compreender também *tanto* a concepção que ele tinha de sua *ocupação* (como *educador* da opinião pública de elite com o objetivo de estabelecer consenso suficiente sobre os princípios primeiros do mundo moderno para a era orgânica vindoura) *quanto* a teoria social subjacente que lhe permitiu identificar um avanço histórico. Os ensaios *Utilitarismo* (1861), *Sobre a liberdade* (1859), *Considerações sobre o governo representativo* (1861) e *A sujeição das mulheres* (1869) devem ser lidos todos à luz disso.
   2. Porém, eles não são suficientes por si sós: outros escritos apresentam a teoria social com maior detalhe, especialmente *Princípios da economia política* (1. ed.: 1848; 3. ed.: 1852) e *Sistema da lógica* (1843). No primeiro, especialmente os Capítulos 1-2 do Livro II (sobre a propriedade), Capítulos 1 e 6-7 do Livro IV (sobre o Estado Estacionário e o futuro das classes trabalhadoras) e os Capítulos 1-2 e 8-11 do Livro V (sobre o papel do governo); e no último, Livro VI (sobre o método das ciências sociais), que também é o ponto culminante da *Lógica*. Além disso, ver *Capítulos sobre o socialismo* (1879) e obras em que Mill contextualiza as origens de suas ideias, tais como *Autobiografia* (1873) etc.

B. *Considerações sobre o governo representativo*: governo representativo como a *melhor medida pública possível e objetivo do progresso*:
   1. Os três primeiros capítulos dessa obra apresentam a teoria social que subjaz à doutrina de Mill e merecem ser lidos com maior atenção, embora outros capítulos esclareçam muitos detalhes. Por exemplo, os Capítulos 7-8 apresentam os argumentos de Mill em favor de suas controversas propostas sobre a *representação* proporcional de minorias e votação plural para os indivíduos de educação avançada (o que é esclarecedor são as *razões* de Mill para essas propostas e o fato de elas se adaptarem a sua dou-

trina geral). Os principais temas são ilustrados na discussão sobre governo local, nacionalismo, federalismo e governo de territórios dependentes, nos Capítulos 15-8.

2. O Capítulo I discute o problema fundamental sobre até que ponto a forma de governo é uma questão acessível à escolha racional. Nos parágrafos 4-11, Mill rejeita a ideia (de Bentham) de que o governo é um *meio* para alcançar um *fim* (e que pode ser adotado como tal) e (de Coleridge) de que ele é um *desenvolvimento orgânico* que não está sujeito aos comandos humanos. A conclusão de Mill é que dentro dos limites de certas condições (enunciadas nos parágrafos 8-9) nossas instituições são uma questão de escolha (parágrafo 11).

3. Os parágrafos 12-4 discutem uma objeção fundamental a essa conclusão: a forma de governo já é fixada em todos os seus elementos essenciais pela *distribuição* dos elementos do poder social e que o poder maior é titular da autoridade governamental; assim, qualquer transformação deve ser *precedida* por uma *transformação* da distribuição do poder social. Em resposta, Mill diz que essa doutrina é imprecisa demais para ser avaliada; para torná-la mais exata, ele enumera seis elementos principais do poder social: (i) *força física* (em números), (ii) *propriedade*, (iii) *inteligência*, (iv) *organização*, (v) *posse da autoridade governamental*, (vi) poder social ativo orientado pela *opinião pública* unificada e eficaz (e por suas variações de maior ou menor eficácia, tais como a [opinião] passiva e desagregada). Essa é uma ideia do *equilíbrio geral* do poder social: o equilíbrio depende da configuração mutável desses elementos.

4. Observemos que nesse capítulo e nos dois seguintes a argumentação de Mill defende o realismo e a praticidade da ocupação que adotou como educador público; ele argumenta que, devido à configuração dos elementos sociais do poder em sua época (na época de transição), o sexto elemento do poder pode ter peso considerável e quem tentar influenciá-lo poderá conseguir o que quiser. Isso talvez possa ser feito *agora*, mas *depois* talvez não. Lembremos de *Sobre a liberdade*, III: § 19. Assim, Mill tem uma *teoria* que explica a racionalidade de sua ocupação.

5. Essa teoria foi discutida anos antes, no importante Livro VI de *Sistema da lógica*, especialmente no Capítulo 10; aqui, Mill argumenta que, das leis que regem a sucessão dos estados sociais, deve-se depreender o fato histórico aparente de que as *grandes* mudanças culturais e sociais foram precedidas por transformações *intelectuais* que, por sua vez, resultaram

de estados *anteriores* do desenvolvimento *intelectual*. Como as transformações intelectuais são em parte *autônomas*, as transformações sociais não podem residir exclusivamente em transformações nos outros elementos do poder social.

6. Finalmente, note-se que os Capítulos II-III de *Considerações sobre o governo representativo* ajudam a compreender a ideia da utilidade em Mill no sentido mais amplo, isto é, como algo que promove "os *interesses permanentes* do homem como ser *progressista*" (*Sobre a liberdade*, I: ¶ 11): a melhor forma de organização política para realizar esses interesses é o *Governo Representativo* (*cf. Utilitarismo*, II: ¶¶ 3-9, 11-8; III, especialmente ¶¶ 8-11; *Sobre a liberdade*, III: ¶¶ 2-9), e há uma tendência histórica que favorece as condições que possibilitam tal forma de governo. Assim, o teste geral da utilidade é responder às seguintes perguntas: qual o grau de sucesso que as instituições têm ao favorecerem essa tendência histórica? Qual seu grau de adequação para representar o governo? etc.

C. *Princípios da economia política*:

cujo subtítulo é *com algumas de suas aplicações para a filosofia social*:

1. Creio que a ideia de que Mill é um defensor do que chamamos de capitalismo do *laissez-faire* é uma absoluta distorção, como se pode perceber na leitura dos trechos da *Economia política* mencionados acima, em A: 2; no Livro II, Mill propõe regras relativas à titularidade de propriedades, heranças, bens legados etc. que certamente não são voltadas para a igualdade de propriedades, mas para a prevenção de grandes concentrações e para a distribuição não tão desigual da propriedade entre todas as classes sociais no decorrer do tempo. Essas regras baseiam-se no utilitarismo definido em seu sentido mais amplo (B: 6, acima). Os parágrafos 1-2 e 8-11 do Livro V discutem especialmente as situações em que o governo deve ser ativo e de que modo.

2. No Livro IV, Mill apresenta, na verdade, uma *reinterpretação* da ideia ricardiana de um Estado Estacionário, alterando enormemente as implicações políticas e sociais dessa ideia: Mill vê o Estado Estacionário não como um *apocalipse* a ser *evitado* através da acumulação contínua de capital e inovações, mas como um estado desejável e bem-vindo. A mudança destrói o etos da sociedade capitalista moderna como uma sociedade com perpétuo crescimento de capital e riquezas; ver a esse respeito os Capítulos 1, 5-6.

3. Mil defendeu algo que hoje em dia muitas vezes recebe o nome de "autogestão dos trabalhadores" no setor industrial; suas razões para isso, em congruência com a maior parte de sua doutrina, foi que esse sistema estimula a participação, estimulando também, dessa forma, indivíduos ativos e vigorosos. Embora rejeite o socialismo estatal como um sistema burocrático, para Mill a autogestão [entre os trabalhadores] em empresas privadas seria vitoriosa se os mercados fossem competitivos. Nessa visão, o feminismo de Mill desempenha um importante papel. Ver *A sujeição das mulheres*, especialmente o Capítulo 2.

MARX

MARX I
A ideia do capitalismo como sistema social em Marx

§ 1. Observações preliminares

Karl Marx viveu no período 1818-83, e isso o torna contemporâneo de J. S. Mill (1806-73), que lhe era doze anos mais velho. Nasceu em um século que já demonstrava sério interesse pelo socialismo, inclusive pela obra dos saint-simonianos, com os quais Mill teve ligação na juventude.

Um dos feitos mais notáveis de Marx é que saindo de uma formação acadêmica em jurisprudência e filosofia na Universidade de Berlim, no final dos anos 1830, somente aos 28 anos ele passou a se dedicar à economia para esclarecer e aprofundar suas ideias. Seus admiráveis talentos são comprovados pelo fato de ele ter se tornado uma das grandes figuras da economia do século XIX, ao lado de Ricardo, Mill, Walras e Marshall. Foi um estudioso autodidata e solitário. Enquanto Ricardo e Mill conheciam outros economistas da escola clássica, formando com eles uma espécie de grupo de trabalho, Marx não tinha colegas desse tipo. Friedrich Engels, que foi seu amigo e colaborador a partir do início dos anos 1840 e lhe foi indispensável em muitos sentidos, não era um pensador original de igual calibre e não podia lhe oferecer o tipo de auxílio intelectual de que precisava. O próprio Engels declara: "A contribuição que eu trouxe, [...] Marx também teria podido trazê-la mesmo sem mim. Os feitos que ele obteve, eu não teria sido capaz de realizá-los. [...] Marx era um gênio; nós outros, no máximo, homens de talento."[1] Dadas as circunstâncias de sua vida, as realizações de Marx como teórico da economia e sociólogo político do capitalismo são extraordinárias e até dignas de um herói.

---

1. Friedrich Engels, *Ludwig Feuerbach and the End of Classical German Philosophy*, p. 386. Tucker (ver nota 2) dá mais crédito a Engels do que este deu a si mesmo: "Os talentos de Engels e Marx eram em grande medida complementares. O marxismo clássico é uma amálgama da qual a obra de Engels constitui parte inalienável." Ver Introdução de *The Marx-Engels Reader*, § 4.

1. As obras de Marx que estudaremos podem ser divididas em grupos. O primeiro grupo é formado por obras da juventude e outros escritos filosóficos do início dos anos 1840: *A questão judaica* (1843) e *A ideologia alemã* (1845-46)[2]. Outras obras importantes, embora não sejam estudadas aqui: *Manuscritos econômico-filosóficos* (1844) e *Teses sobre Feuerbach* (1845).

No segundo grupo estão partes dos escritos de economia: *O capital*, vol. 1 (1867) (primeiro esboço, 1861-63); vol. II (1885) (escrito em 1868-70 e 1875-78); vol. III (1894) (primeiro esboço, 1864-65). Outra obra importante, mas que não será estudada aqui, é *Grundrisse* (1857-58)[3].

E no terceiro grupo, um dos escritos políticos de Marx: *Crítica ao programa de Gotha* (1875)[4].

2. Nossos objetivos ao discutir Marx são extremamente modestos, mais ainda que os que tivemos ao discutir Mill. Aqui, Marx será analisado exclusivamente como crítico do liberalismo. Com isso em mente, concentrarei a análise nas ideias de Marx sobre direito e justiça, especialmente quando pertinentes à questão da justiça do capitalismo como sistema social baseado na propriedade privada dos meios de produção. O pensamento de Marx tem enorme alcance e apresenta extraordinárias dificuldades. A própria tarefa de compreender as ideias do *Capital* – em todos os três volumes – já é motivo de temor, que dirá a de dominá-las. Todavia, é bem melhor discutir Marx com brevidade do que deixar de discuti-lo. Espero aqui provocar o desejo de retornar ao pensamento desse filósofo e de estudá-lo mais profundamente em outro momento.

Ao mencionar que me concentrarei na crítica de Marx ao liberalismo, quero dizer que examinaremos as críticas do filósofo contra o capitalismo como sistema social – críticas estas que à primeira vista talvez deem a

---

2. Todas as obras para estudo fazem parte da antologia organizada por Robert C. Tucker, *The Marx-Engels Reader*, 2. ed. (Nova York: W. W. Norton, 1978). Nessa edição, os dois ensaios encontram-se às páginas 26-52 e 147-200. Este último trecho é apenas a primeira parte de *German Ideology* [A ideologia alemã], obra publicada em *Collected Works of Marx and Engels*, vol. 5 (Londres: Lawrence and Wishart, 1976) que contém mais de quinhentas páginas.

3. Em *O capital*, vol. I, leremos os seguintes trechos: Cap. 1, "A mercadoria", seções 1, 2, 4; Cap. 4, "A fórmula geral do capital", todo o capítulo; Cap. 6, "Compra e venda da força de trabalho", todo o capítulo; Cap. 7, "Processo de trabalho e processo de produção de mais-valia", seção 2, pp. 357-61; Cap. 10, "A jornada de trabalho", seções 1, 2. Todos esses trechos se encontram em Tucker, *The Marx-Engels Reader*. Em *O capital*, vol. III, leremos o trecho selecionado em Tucker, pp. 439-41.

4. Nessa obra, leremos apenas a seção 1, conforme apresentada em Tucker, *The Marx-Engels Reader*, pp. 525-34.

impressão de se estenderem à democracia de cidadãos-proprietários ou ao socialismo liberal. Tentaremos analisar as críticas que mais carecem de resposta. Por exemplo:

(a) À objeção de Marx de que alguns dos direitos e liberdades básicas – isto é, os direitos e liberdades que ele vincula aos direitos humanos (e que chamamos de liberdades dos modernos) – expressam e protegem os egoísmos recíprocos dos cidadãos na sociedade civil de um mundo capitalista, respondemos que em uma democracia bem-ordenada de cidadãos-proprietários esses direitos e liberdades, devidamente especificados, expressam corretamente e protegem os interesses superiores de cidadãos livres e iguais. Embora se permita a posse de patrimônio produtivo, tais direitos não são direitos básicos, mas sujeitos à exigência de que, nas condições atuais, sejam o modo mais eficaz de cumprir os princípios da justiça.

(b) À objeção de que os direitos e liberdades políticos de um regime constitucional são meramente formais, respondemos que o valor justo das liberdades políticas (aliado à aplicação dos outros princípios da justiça) pode assegurar que todos os cidadãos, independente de posição social, tenham oportunidade justa para exercer influência política. Esse é um dos aspectos igualitaristas essenciais da teoria da justiça como equidade.

(c) À objeção de Marx de que um regime constitucional com propriedade privada garante apenas as chamadas liberdades negativas (que abrangem a liberdade de agir sem impedimentos por parte dos outros), respondemos que as instituições que sustentam uma democracia de cidadãos-proprietários, aliadas à justa igualdade de oportunidade e ao princípio da diferença ou outro princípio análogo, oferecem a devida proteção às chamadas liberdades positivas (que abrangem a ausência de obstáculos às opções e atividades possíveis dos indivíduos e levam à autorrealização)[5].

(d) À objeção contra a divisão do trabalho no capitalismo, respondemos que os aspectos limitadores e aviltantes da divisão seriam em grande parte superados tão logo se realizassem as instituições de uma democracia de cidadãos-proprietários[6].

Porém, enquanto a ideia da democracia de cidadãos-proprietários procura atender às objeções legítimas contra a tradição socialista, a ideia da

---

5. Ver Isaiah Berlin, *Four Essays on Liberty* (Oxford: Oxford University Press, 1969): Introdução, § 2, e o ensaio "Two Concepts of Liberty".

6. John Rawls, *A Theory of Justice* (Cambridge, Mass.: Harvard University Press, 1971), p. 529; ed. rev. (1999), pp. 463 s.

sociedade bem-ordenada da teoria da justiça como equidade é bastante distinta da ideia da sociedade do comunismo total. Esta parece ser uma sociedade além da justiça, no sentido de que nela foram superadas as circunstâncias que dão origem ao problema da justiça distributiva, e os cidadãos não precisam se preocupar (e de fato não se preocupam) com esse problema na vida cotidiana. A teoria da justiça como equidade, por outro lado, pressupõe, à vista dos fatos gerais da sociologia política dos regimes democráticos (tais como o pluralismo razoável), que os princípios e virtudes políticas que fazem parte de diversas espécies de justiça desempenham uma função na vida política pública. O esvaecimento da justiça, mesmo da justiça distributiva, não é possível nem parece ser desejável. Essa é uma questão intrigante que, apesar da tentação, não discutirei mais detalhadamente.

3. Nesta conferência, analisarei os objetivos da teoria econômica de Marx e a concepção marxiana do capitalismo como sistema social. Naturalmente, é possível tratar essas questões de modo apenas elementar e simplificado. Se mantivermos em mente que nossos objetivos são modestos, talvez não haja nada de mal nisso. A economia marxiana recebe aqui atenção especial não apenas por ocupar lugar central no pensamento de Marx, como também por ser central para a teoria marxiana do capitalismo como sistema de dominação e exploração e, portanto, para a teoria do capitalismo como sistema social injusto. A fim de compreender Marx como crítico do liberalismo, deve-se tentar entender por que motivo o capitalismo é para ele um sistema injusto. Isso porque, embora as teorias liberais, em sua maior parte, ao contrário do libertarianismo[7], não sejam comprometidas com o direito à propriedade privada dos meios de produção, muitos liberais, assim como Mill, a defenderam – não em termos gerais, mas quando justificada em certas condições.

Com essas considerações em vista, nas três conferências sobre Marx tentarei cobrir os seguintes tópicos:

Na primeira, analiso de que modo Marx via o capitalismo como sistema social e saliento, infelizmente com brevidade demais, o sentido de teoria marxiana do valor-trabalho e sua intenção implícita.

Na segunda conferência, examino o modo como Marx via os direitos e a justiça e investigo com brevidade uma questão muito discutida ultimamente, qual seja, se o capitalismo, para Marx, é um sistema social injusto

---

7. Para um ponto de vista libertário, ver Robert Nozick, *Anarchy, State and Utopia* (Nova York: Basic Books, 1974). [Trad. bras.: *Anarquia, Estado e utopia*. São Paulo: WMF Martins Fontes, 2011.]

ou um sistema que deve ser condenado apenas à luz de valores diferentes da justiça e não vinculados a ela. É evidente que Marx condena o capitalismo. Os valores básicos para os quais ele apela ao fazer essa condenação é que parecem menos evidentes.

Na terceira conferência, discuto brevemente a concepção marxiana da sociedade do comunismo total como uma sociedade de produtores livremente associados na qual já foram superadas a consciência ideológica (ou falsa), a alienação e a exploração. Questionarei se, para Marx, a sociedade do comunismo total é uma sociedade além da justiça e se a ideia de direito continua desempenhando nela alguma função essencial.

É evidente que, assim como em Mill, conseguiremos estudar apenas uma fração do pensamento de Marx. Isso talvez justifique interpretar a obra de Marx aqui sob uma única perspectiva: como crítica ao liberalismo. Essa interpretação oferece um método esclarecedor para vislumbrar a grande influência da doutrina de Marx.

4. Faço aqui um breve comentário sobre a importância de Marx antes de prosseguir. Após a recente queda da União Soviética, talvez haja quem pense que a filosofia e a economia socialistas de Marx não tenham importância atualmente. Creio que pensar assim seria incorrer em grave erro por pelo menos duas razões.

A primeira razão é que, embora o socialismo centralizador, tal como o da União Soviética, tenha caído em descrédito – na verdade, ele nunca foi uma doutrina plausível –, o mesmo não se aplica ao socialismo liberal. Este é uma doutrina reveladora e digna de mérito que tem quatro elementos:

(a) Um regime político democrático e constitucional, com o valor justo das liberdades políticas.
(b) Um sistema de mercados competitivos livres, garantido pela lei, se necessário.
(c) Um esquema de empreendimentos comerciais de propriedade dos trabalhadores ou, em parte, também de propriedade pública, mantidos através de participações acionárias e administrados por diretores eleitos ou escolhidos internamente.
(d) Um sistema de propriedades capaz de estabelecer uma distribuição ampla e mais ou menos equilibrada dos meios de produção e recursos naturais[8].

---

8. A respeito desses elementos, ver John Roemer, *Liberal Socialism* (Cambridge, Mass.: Harvard University Press, 1994).

Naturalmente, tudo isso exige análise muito mais complexa. Aqui, porém, lembro apenas os aspectos essenciais.

A outra razão para reconhecer a importância do pensamento socialista de Marx é que o capitalismo do *laissez-faire* tem sérias desvantagens que devem ser assinaladas e exigem reformas radicais, e o socialismo liberal e outras doutrinas podem ajudar a encontrar a melhor maneira de fazer essas alterações.

§ 2. Aspectos do capitalismo como sistema social

1. Marx chamou de sociedades de classes as sociedades por ele estudadas. São sociedades em que o excedente social – isto é, o produto total do sobretrabalho (trabalho não remunerado)[9] – é apropriado pelos membros de uma classe em virtude da posição que ocupam no sistema social. Por exemplo, em sociedades escravocratas tais como o Sul dos Estados Unidos no período anterior à Guerra Civil americana, a mão de obra do escravo está à disposição do senhor, seu proprietário; e o sobretrabalho (trabalho não remunerado) do escravo – voltarei depois a essa definição e outros detalhes – e o produto desse trabalho são propriedade do senhor de escravos. Na sociedade feudal, o sobretrabalho do vassalo era apropriado pelo suserano a quem o vassalo estava vinculado e em cujos feudos o vassalo era obrigado a trabalhar determinada quantidade de dias por ano. Era um trabalho forçado, pois o suserano era dono do que era produzido em seus feudos pelo vassalo.

Esses dois exemplos ilustram claramente os arranjos institucionais que permitem que determinada classe – proprietários de escravos e suseranos – se aproprie do sobretrabalho de outras. Esses indivíduos conseguem isso em virtude da posição que ocupam no sistema social. Para Marx, uma das unidades fundamentais de análise são as classes, definidas em relação a todo o sistema social como modo de produção em que elas ocupam uma posição bem definida e desempenham uma função econômica.

2. Marx estuda o capitalismo como uma sociedade de classes no sentido acima. Isso significa que para ele existe uma classe de indivíduos na

---

9. Sobretrabalho ou trabalho não remunerado é aquele em que o trabalhador é obrigado a produzir mais do que o necessário para obter as mercadorias necessárias para sustento próprio e de sua família. Esse tipo de trabalho nada acresce ao consumo e à subsistência individual do trabalhador; quem ganha com ele são outras pessoas: suseranos, proprietários de escravos ou capitalistas.

sociedade capitalista que em virtude de sua posição no arranjo institucional tem condições de se apropriar do sobretrabalho dos outros. Para Marx, o capitalismo, assim como a escravidão e o feudalismo, é um sistema de dominação e exploração.

O que distingue o capitalismo é que para os indivíduos que tomam suas decisões e orientam suas ações de acordo com as normas capitalistas ele não parece ser um sistema de dominação e exploração. Como isso é possível? Como a exploração e a dominação passam despercebidas? Essa questão traz uma dificuldade: para Marx, é necessário ter uma teoria para explicar por que esses aspectos do sistema passam despercebidos e de que modo eles são camuflados. Isso, porém, adianta a discussão antes do tempo.

3. Vejamos agora em detalhes de que modo Marx via o capitalismo como sistema social:

Em primeiro lugar, o capitalismo é um sistema social dividido em duas classes mutuamente excludentes e acabadas: os capitalistas e os trabalhadores. Essa, naturalmente, é uma concepção simplificada. Ela pode se tornar mais complexa quando outras classes são levadas em consideração – proprietários de terras, pequena burguesia – à medida que avança a investigação. Aqui, porém, fiquemos com a concepção simples.

(a) Os capitalistas possuem e controlam todos os meios (instrumentos) de produção, bem como todos os recursos naturais (terras, recursos minerais etc.). Porém, no capitalismo não há escravidão. O único fator de produção que os capitalistas não possuem é a força de trabalho dos outros, isto é, a capacidade que as pessoas têm para o trabalho. Quem possui esse fator de produção são os próprios trabalhadores, individualmente.

(b) A fim de exercer e aplicar sua força de trabalho, que é o único fato de produção que possuem, os trabalhadores devem ter acesso aos meios de produção dominados pelos capitalistas e poder usar esses meios. Sem estes, seu trabalho não é produtivo.

4. O segundo aspecto do capitalismo é que nele existe um sistema de mercados competitivos livres. A produção das indústrias de bens de consumo é vendida a famílias em mercados especiais de escoamento desses produtos. Existem também mercados especiais para venda de fatores de produção a outros capitalistas – ou a proprietários de terras, se incluirmos também essa classe. E, finalmente, existe um mercado de trabalho no qual os capitalistas podem alugar a força de trabalho dos trabalhadores. Os fatores de produção e os fundos de capital circulam livremente nesses mercados. Os fundos de capital, em particular, fluem para indústrias que apre-

sentam a maior taxa de lucro, e isso tende a estabelecer uma taxa de lucro uniforme em todas as indústrias.

(a) No *Grundrisse*, Marx se refere ao capitalismo como um sistema de independência pessoal, diferente do feudalismo, que era um sistema de dependência pessoal[10]. As instituições da servidão e escravidão ilustram o que é um sistema de dependência pessoal. Como vimos acima, os vassalos e os escravos são, sob diferentes perspectivas, propriedade do suserano ou do proprietário de escravos. Por exemplo, os vassalos não têm liberdade de movimento e são vinculados ao feudo de seu suserano, para quem precisam trabalhar determinada quantidade de dias por ano, sendo o produto de seu trabalho propriedade do suserano. Nesse caso, segundo Marx, a existência e a taxa do trabalho não remunerado (sobretrabalho) são visíveis e patentes.

O que Marx quer dizer com isso é que tanto o suserano como o vassalo sabem quantos dias o vassalo tem de trabalhar nos feudos do suserano e tanto um como o outro conhecem a taxa da exploração, definida pelo quociente entre o número de dias em que os vassalos trabalham para os suseranos e o número de dias em que eles trabalham para si mesmos. Se os vassalos souberem fazer contas, conhecerão a taxa da exploração, pois ela é patente.

Digamos que esse quociente seja s/v. Ele é igual ao quociente entre sobretrabalho e trabalho necessário. É igual também à proporção entre as horas em que os vassalos trabalham para o suserano e as horas em que eles trabalham para si próprios e suas famílias. Além disso, muitas vezes ele é igual à taxa da exploração. Isso será tratado mais adiante.

(b) O capitalismo, por outro lado, é um sistema de independência pessoal porque os trabalhadores são livres para assumir outros empregos e porque o acordo de remuneração imposto ao mercado é pretensamente um contrato entre agentes econômicos livres e independentes. Todos esses agentes são vistos como indivíduos protegidos por um sistema de leis que garante a liberdade de contrato e regulamenta as condições dos compromissos assumidos.

Para Marx, a característica principal do capitalismo é que, apesar de ser um sistema social com independência pessoal, mercados livres e competitivos e liberdade de contrato, ele ainda é um sistema com sobretraba-

---

10. *Grundrisse*: Edição Pelican, pp. 156-65, *cf.* 158. Ver também *O capital*, vol. 1, Cap. 1: § 4. (Tucker, *The Marx-Engels Reader*, pp. 325, 365.)

lho/trabalho não remunerado (também conhecido como mais-valia, isto é, o valor do que é produzido pelo sobretrabalho). O problema, para Marx, era: como isso é possível? E de que modo isso acontece ocultamente sob a superfície de transações do dia a dia do sistema econômico?

Um exemplo simples ilustra o que Marx quer dizer. No capitalismo, os trabalhadores são pagos, digamos, com um salário referente à jornada-padrão (de doze horas). O capitalista aluga a força de trabalho (*Arbeitskraft*) do trabalhador, e essa força de trabalho pode ser usada mais ou menos intensamente ou até por maior tempo se a jornada-padrão for prolongada. Segundo Marx, uma característica exclusiva da força de trabalho é que ela é o único fator de produção que enquanto for capaz de produzir gera mais valor do que o necessário para se sustentar com o passar do tempo. Outros fatores simplesmente geram o mesmo valor gasto para criá-los. Poder-se-ia dizer que a mão de obra humana é criativa e constitui um fator de produção claramente necessário. Se ela não fosse necessária, o sistema econômico não poderia se desenvolver.

Tudo isso é evidente no feudalismo, no qual o vassalo é obrigado a realizar trabalho forçado no feudo do suserano, e também na escravidão. Porém os trabalhadores no sistema capitalista não têm como dizer quantas horas trabalhadas são necessárias para seu sustento próprio, nem quantas horas constituem sobretrabalho em benefício do capitalista. Esse fato é ocultado através de acordos institucionais. Assim, a característica peculiar do capitalismo é que nele, ao contrário da escravidão e do feudalismo, a extração do sobretrabalho (trabalho não remunerado) dos trabalhadores não é patente. As pessoas não estão conscientes da existência e da taxa dessa extração[11].

Assim, um dos objetivos da *teoria do valor-trabalho* de Marx é tentar explicar como é possível o sobretrabalho existir em um sistema de independência pessoal e de que modo se ocultam a existência e a taxa desse sobretrabalho.

5. A terceira característica do capitalismo é que suas duas espécies de agentes econômicos – os capitalistas e os trabalhadores – têm diferentes papéis e metas no sistema social visto como modo de produção:

(a) O papel e a meta dos capitalistas são representados pelo ciclo D-M-D^* (sendo $D < D^*$ e D = dinheiro e M = mercadoria). Essa fórmula repre-

---

11. A esse respeito, ver *O capital*, vol. 1, Cap. 10: § 2, em Tucker, *The Marx-Engels Reader*, p. 365.

senta o fato de que os capitalistas investem fundos de capital líquido de valor D em máquinas e materiais e em adiantamentos ao trabalho (na forma de alimentos, suprimentos, equipamentos e itens afins) para produzir um estoque de mercadorias (produção) a ser vendido visando ao lucro. (Comumente, $D < D^*$.)

(b) O papel e a meta dos trabalhadores são representados pelo ciclo $M\text{-}D\text{-}M^*$, sendo o valor de M normalmente igual ao valor de M^*. Essa fórmula representa o fato de que os trabalhadores concordam em trabalhar – e, portanto, produzir – visando ao uso. Isto é, os trabalhadores trabalham a fim de adquirir com seus salários as mercadorias necessárias para seu sustento próprio – para manter sua força de trabalho – e para se reproduzir sustentando suas famílias e filhos.

6. A quarta característica do capitalismo é uma consequência das diferenças apontadas anteriormente entre os papéis sociais e as metas dos capitalistas e dos trabalhadores: o papel social dos capitalistas é poupar, isto é, acumular capital real e aumentar as forças produtivas da sociedade – fábricas, o maquinário etc. – com o passar do tempo.

(a) A fórmula $D < D^*$ do ciclo dos capitalistas expressa o fato de que eles estão em posição de acumular e aumentar seu capital real. São os capitalistas que poupam. A poupança líquida real cumulativa de todos os capitalistas constitui os meios de produção da sociedade como um todo: maquinário, fábricas, terra em melhores condições (se acrescentarmos os proprietários de terras) etc. Assim, no sistema social capitalista, são os capitalistas que, individualmente e em competição uns com os outros, tomam as decisões da sociedade no que se refere à extensão e ao destino da poupança real (investimento) em cada período. Tudo isso define quais indústrias e quais modos de produção podem se expandir e quais deles entrarão em declínio.

(b) A meta subjetiva dos capitalistas – isto é, aquilo que eles almejam e têm em mente – ao investir seus fundos de capital não é o simples lucro, mas o lucro máximo. Embora o nível de consumo dos capitalistas seja consideravelmente mais alto que o dos trabalhadores, eles não se esforçam para obter – no período em que o capitalismo está no ápice, cumprindo seu papel histórico – um nível cada vez maior de consumo.

(c) O motivo pelo qual eles não fazem isso é que a competição dos capitalistas uns com os outros (empresas *versus* empresas) força-os a poupar e inovar. Caso contrário, suas empresas fracassarão e eles deixarão de ser capitalistas. Assim, os capitalistas como indivíduos em geral não são ociosos: muitas vezes, são administradores e superintendentes de suas próprias empresas e as ajudam a operar. Em troca disso, recebem salários de administração, que não contam como lucro. O que interessa a Marx é a origem e a fonte do lucro puro, que é algo que os capitalistas recebem simplesmente por serem proprietários dos meios de produção.

(d) Os capitalistas podem desempenhar o papel social de aumentar o capital real devido a sua posição como proprietários dos meios de produção, recursos naturais etc., e não da força de trabalho. Sua posição social lhes permite controlar o destino dos investimentos, a organização da produção e o processo laboral em termos gerais, além de ter a posse da produção, que pode então ser vendida visando ao lucro, continuamente, à medida que aumenta o acúmulo.

O exercício de todas essas prerrogativas de quem goza da propriedade dos meios de produção é um elemento essencial do papel dominante dos capitalistas, não apenas na empresa, mas na sociedade como um todo (por exemplo, na determinação do destino dos investimentos).

(e) Finalmente, falta acrescentar que os trabalhadores não poupam no decorrer de sua vida como um todo; quando poupam, trata-se de consumo protelado (como, por exemplo, no caso da poupança para consumo durante a velhice). Considerando todos os trabalhadores, a poupança líquida é igual a zero: o que os trabalhadores mais jovens poupam é gasto pelos trabalhadores mais velhos. (Esse raciocínio pressupõe a constância da população trabalhadora.)

7. A quinta característica do capitalismo, evidente a partir das anteriores, é que as duas classes (no modelo simples) têm interesses opostos e desempenham papéis distintos no sistema social. Nas últimas fases do capitalismo, após seu período de ápice, essas classes se tornam cada vez mais antagônicas e o conflito social se torna mais visível e crônico. Isso nos leva à teoria marxiana do colapso.

§ 3. A teoria do valor-trabalho

1. Até aqui, quase nada foi mencionado a respeito da teoria do valor-trabalho. Isso, sem dúvida, pode parecer estranho, visto que essa teoria é associada ao nome de Marx. Entretanto, acho melhor – ou pelo menos facilita nossa compreensão – analisar primeiro as características principais do capitalismo como ordem social na concepção de Marx e oferecer alguns

elementos que expliquem por que o capitalismo talvez tenha sido para ele um sistema de dominação e exploração. Creio que é nesse contexto que se compreende mais facilmente o sentido da teoria marxiana do valor-trabalho.

Pensemos na teoria do valor-trabalho como uma teoria que diz várias coisas. Em primeiro lugar, ela diz que o valor agregado total em uma sociedade produtora de mercadorias corresponde ao tempo total de trabalho gasto pela sociedade. Em segundo lugar, ela diz que o total da mais-valia corresponde ao total do tempo de trabalho não remunerado. Aqui, trabalho não remunerado é trabalho desnecessário[12], cuja renda não é recebida pelo trabalhador.

Para Marx, sob a perspectiva da sociedade como um todo, a mão de obra humana potencial de todos os membros da sociedade é um fator de produção de especial importância social. É especial no sentido de que não deve ser considerada da mesma maneira que outros fatores de produção não humanos, tais como a terra, recursos naturais, ferramentas e maquinário e demais fatores. Estes últimos são resultado de trabalho realizado no passado. A mão de obra humana é especial também no sentido de que é um fator de produção peculiar à sociedade. Sob a perspectiva mais simples, uma sociedade humana organiza-se a fim de que os seres humanos possam produzir e se reproduzir no decorrer do tempo por meio da mão de obra humana coletiva, sempre fazendo uso dos recursos e das forças da natureza que estão sob o controle da sociedade.

Ora, nas sociedades de classes o total da mais-valia não é compartilhado apenas por quem o produz; grandes parcelas da mais-valia também vão para pessoas que ou não realizam trabalho algum ou recebem mais do que lhes é garantido em razão de seu tempo de trabalho. Na sociedade escravocrata ou feudal, esse é patente. Na sociedade capitalista, porém, como já dissemos, isso segundo Marx é ocultado, de modo que precisamos de uma teoria, ainda segundo Marx, para explicar o modo como isso acontece em um sistema de independência pessoal no qual os contratos são celebrados entre agentes econômicos pretensamente livres e iguais.

2. O objetivo da teoria do valor-trabalho é penetrar sob as aparências superficiais da ordem capitalista e nos permitir acompanhar o gasto de

---

12. [O trabalho não remunerado é "desnecessário" na medida em que os trabalhadores não precisam receber (e portanto não recebem) salários para poder adquirir, nas palavras de Rawls, acima, "as mercadorias necessárias para seu sustento próprio – para manter sua força de trabalho – e para se reproduzir sustentando suas famílias e filhos". (N. do Org.)]

tempo de trabalho e perceber os diversos ardis institucionais através dos quais o sobretrabalho (trabalho não remunerado) é extraído da classe trabalhadora e em que quantidade. Marx não se interessa apenas pela origem das rendas não assalariadas e por sua redistribuição e ocultação. Outro objetivo seu é conhecer os detalhes desses processos ocultos e descobrir se os fluxos de tempo de trabalho podem ser quantificados.

A resposta de Marx sobre a origem das rendas não assalariadas encontra-se em *O capital*, vol. I. Para ele, os capitalistas, como classe social, têm os meios de produção como sua propriedade privada, e isso lhes permite extrair certa quantidade de sobretrabalho (trabalho não remunerado). Os trabalhadores são obrigados, por assim dizer, a pagar uma taxa – na forma de sobretrabalho – em troca do uso desses instrumentos produtivos. Em *O capital*, vol. III, Marx explica de que modo a mais-valia total é extraída e depois redistribuída na forma de lucro, juro e renda da terra entre os diversos requerentes: os proprietários de terras a recebem na forma de renda e os agiotas, na forma de juro. Também nesse caso a propriedade de terras é crucial. Quem possui terras férteis ou recursos naturais ou tem fundos líquidos pode ser capaz de convencer os capitalistas a desistir de parte de seu lucro para pagar renda pelo uso das terras ou pagar juro por um empréstimo. Os capitalistas extraem sobretrabalho dos trabalhadores, enquanto os proprietários de terras e agiotas extraem dos capitalistas parte dos lucros obtidos por estes. Os exploradores são, eles também, explorados. "São todos canibais!", proclama o título de uma obra de Fitzhugh[13].

3. Se isso for verdade (sigo aqui os passos de Baumol[14]), Marx não se interessa pela teoria do preço. Ele sabe perfeitamente que os preços podem ser explicados em termos de oferta e demanda em um sistema de mercados competitivos e sem usar o valor-trabalho.

Tampouco a teoria do valor-trabalho de Marx é uma teoria do preço justo tal como a teoria do preço dos escolásticos tardios, que se interessavam pela ideia do preço justo. Esses pensadores concluíram que o preço justo era o preço competitivo sob determinadas condições adequadas de mercado, tal como na ausência de monopólio, fome ou seca.

---

13. Esse é o título do famoso tratado antiescravagista de George Fitzhugh, datado de 1856, no qual o autor afirma que os escravos negros do Sul dos Estados Unidos são os indivíduos mais livres do mundo.

14. W. J. Baumol, "The Transformation of Values: What Marx 'Really' Meant (An Interpretation)", *Journal of Economic Literature* (1974).

Segundo Marx, "a utilidade de uma coisa faz dela um valor de uso". Porém "os valores de uso tornam-se realidade somente com o uso ou consumo; constituem, além disso, a essência de toda riqueza" (Tucker, *The Marx-Engels Reader*, p. 303). Marx não afirma, porém, que o trabalho é a fonte de toda riqueza material – isto é, dos valores de uso produzidos pelo trabalho. Ele rejeita essa ideia explicitamente: "Os valores de uso [...] são uma união de dois elementos: matéria e trabalho. Se subtrairmos o trabalho útil gasto com eles, sempre restará um substrato material, que é fornecido pela natureza e não tem relação com o homem." O homem age "como a natureza, isto é, alterando a forma da matéria" (Tucker, p. 309).

Por fim, para Marx a exploração não surge das imperfeições do mercado nem da presença de elementos oligopolistas[15]. A teoria marxiana do valor-trabalho pretende mostrar, entre outras coisas, que mesmo em um sistema de perfeita competição existe exploração na sociedade capitalista. Marx busca iluminar – esclarecer para que todos possam ver – o modo pelo qual a ordem capitalista, mesmo quando é plenamente competitiva e mesmo quando satisfaz plenamente a concepção da justiça que lhe é mais adequada, continua sendo um sistema social injusto de dominação e exploração. Este último elemento é crucial. Marx quer dizer que mesmo um sistema capitalista perfeitamente justo – justo por seus próprios critérios e pelos critérios da concepção da justiça que lhe é mais adequada – continua sendo um sistema de exploração. Tal sistema substitui a exploração feudal pela exploração capitalista[16]. No final, os dois tipos de exploração são iguais. É isso que a teoria do valor-trabalho pretende demonstrar.

4. Devo mencionar que a meu ver a teoria do valor-trabalho não é bem-sucedida. De fato, creio que as ideias de Marx podem ser mais bem enunciadas sem recorrer a essa teoria. Nisso aceito a interpretação de Marglin e muitos outros economistas marxistas contemporâneos, que não consideram a teoria do valor-trabalho nem perfeita nem essencial. Às vezes, ela é insuficiente; outras vezes, mesmo quando suficiente, é supérflua[17].

O verdadeiro sentido da teoria do valor-trabalho diz respeito à controvérsia fundamental sobre a natureza do produto capitalista. Opondo-se à concepção neo-ortodoxa dominante, que salienta a paridade das reivin-

---

15. Essa opinião pode ser encontrada em A. C. Pigou, *The Economics of Welfare* (Londres: Macmillan, 1920).

16. *O capital*, I, Cap. XXVI: ¶¶ 5-7, em Tucker, *The Marx-Engels Reader*, p. 433.

17. Ver Stephen A. Marglin, *Growth, Distribution, and Prices* [Crescimento, distribuição e preços] (Cambridge, Mass.: Harvard University Press, 1984), pp. 462 s.

dicações de terras, capital e trabalho e, portanto, a paridade das reivindicações dos proprietários de terras, capitalistas e trabalhadores, Marx destaca o papel central e básico da classe trabalhadora no modo de produção capitalista e em modos de produção anteriores. O objetivo da teoria do valor-trabalho é realçar as características principais do capitalismo como modo de produção ocultadas pela paridade dos capitalistas nas relações cambiais do mercado. Tudo isso à guisa de oferecer aquilo que Marx considerava ser a base verdadeiramente científica para a condenação do capitalismo como sistema de dominação e exploração[18]. Voltaremos a esse tema na próxima conferência ao discutirmos Marx e a justiça.

5. Dito isso, concluo com um comentário sobre a força de trabalho: Marx orgulhava-se da diferenciação que fez entre força de trabalho, de um lado, e trabalho ou uso da força de trabalho, de outro. Para ele, essa diferenciação o ajudou a explicar de que modo seria possível o surgimento do lucro em um sistema de mercados livres de intercâmbios não impostos, no qual os valores são trocados por valores iguais em todos os mercados.

Marx afirma (com base nos pressupostos do vol. I) que o capitalista, ao contratar o trabalhador, paga-lhe o valor pleno de sua força de trabalho. Isso significa, como vimos, que um trabalhador recebe remuneração que corresponde ao tempo de trabalho necessário para a produção de sua força de trabalho. Durante uma jornada de trabalho, isso equivale ao valor necessário para cobrir a manutenção do trabalhador, depreciações e outras perdas. Em suma, a remuneração de um trabalhador cobre aquilo que é socialmente necessário para lhe permitir produzir e se reproduzir no decorrer do tempo.

A diferenciação entre força de trabalho e uso da força de trabalho é análoga à diferenciação entre uma máquina (capital na forma de equipamento) e o uso da máquina (para determinado fim durante determinado período). Os capitalistas, ao contratar os trabalhadores, alugam as máquinas humanas. Esse conceito do ser humano como uma máquina recebeu de Walras o nome de "capital pessoal". Formação e treinamento muitas vezes são chamados de investimentos em "capital humano". Em que medida o capitalista pode usar a máquina humana? O que o capitalista pode mandar o trabalhador fazer durante uma jornada de trabalho? Isso varia. De qualquer forma, o capitalista pagou pela máquina o valor de uma jornada

---

18. Ver Marglin, *Growth, Distribution, and Prices*, pp. 463, 468.

plena. Contratar o trabalhador vale a pena porque a força de trabalho tem a capacidade de produzir mais valor do que o necessário para produzir a própria força de trabalho. É essa a ideia essencial[19].

Apêndice: Conferência Marx I

1. Passemos agora a algumas definições e observações que esclarecem a teoria do valor-trabalho. Em *O capital*, vol. I, estudaremos os seguintes trechos selecionados (todos retirados de Tucker, *The Marx-Engels Reader*):

Cap. 1: A mercadoria, seções 1, 2, 4;
Cap. 4: A fórmula geral do capital, todo o capítulo;
Cap. 6: Compra e venda da força de trabalho, todo o capítulo;
Cap. 7: Processo de trabalho e processo de produção de mais-valia, seção 2, pp. 357-61;
Cap. 10: A jornada de trabalho, seções 1, 2.

Em *O capital*, vol. III, estudaremos o trecho selecionado em Tucker, pp. 439-41.

2. Referências (em Tucker): as definições de elementos da teoria do valor-trabalho: definição de mercadoria: 306 s:

o valor de uma mercadoria é igual ao tempo de trabalho socialmente necessário para sua produção: 305-7;

tempo de trabalho socialmente necessário: 306;
trabalho abstrato *vs.* trabalho concreto: 310;
trabalho simples: 310;
trabalho simples é trabalho não qualificado: 311;
trabalho qualificado é o trabalho simples multiplicado: 310;
definição de força de trabalho: 336;
definição do valor da força de trabalho: 339.

3. Um esquema: em relação ao Cap. 10. seção 1, pp. 361-4 (ver Figura 7):
trabalho necessário *vs.* sobretrabalho: 361-4;
mais-valia: 351;
mais-valia absoluta e mais-valia relativa: 418.

---

19. Há aqui uma dificuldade: se o trabalho por si só é criativo, por que os capitalistas não aumentam o valor do trabalho até obter lucro zero? A esse respeito, ver Joseph A. Schumpeter, *History of Economic Analysis* [História da análise econômica] (Oxford: Oxford University Press, 1954), pp. 650 s. A pergunta tem ainda outras respostas.

4. Uma definição:

Valor de uma massa de mercadorias = valor agregado por: $C + V + S$, sendo C = capital constante (maquinário, matérias-primas etc.);

V = capital variável (salários ou trabalho remunerado);

S = sobretrabalho (trabalho não remunerado).

Como o maquinário e as matérias-primas não agregam valor e os salários são pagos em troca de trabalho necessário, a mais-valia total é o produto do sobretrabalho total.

Tempo de trabalho remunerado	Tempo de trabalho não remunerado
Salários	Lucros
(Capital variável)	(Mais-valia)
Trabalho necessário	Sobretrabalho
Jornada de trabalho	

Figura 7. Esquema, Marx, O capital, vol. I, Cap. 10, seção 1.

Isso significa que a teoria do valor-trabalho de Marx atribui toda a mais-valia dos membros da sociedade em um período qualquer ao sobretrabalho (trabalho não remunerado).

5. Alguns quocientes:

s/v = quociente entre sobretrabalho e trabalho necessário;

= taxa de exploração (taxa de mais-valia);

$s/c + v$ = taxa de lucro;

$c/c + v$ = composição orgânica do capital.

6. Uma observação:

A taxa de lucro depende apenas de s/v e $c/c + v$, isto é, apenas da taxa de mais-valia (exploração) e da composição orgânica do capital.

Essa relação é válida porque:

$$s/c + v = (s/v)(1 - (c/c + v)),$$

fórmula segundo a qual a taxa de lucro é igual à taxa de exploração multiplicada por um menos a composição orgânica do capital ($= c/c + v$).

Assim, quanto maior a taxa de exploração, maior a taxa de lucro; e quanto maior a composição orgânica do capital, menor a taxa de lucro.

MARX II

A concepção do direito e da justiça em Marx

§ 1. Um paradoxo da concepção da justiça em Marx

1. Comecemos com uma pequena discussão a respeito das ideias de Marx sobre a exploração. A definição que Marx deu à exploração em sua teoria do valor-trabalho é puramente descritiva: a exploração é igual ao quociente entre o sobretrabalho (trabalho não remunerado) e o trabalho necessário, ou s/v. Isso, porém, certamente não explica tudo sobre o conceito de exploração. Isso porque, assim como qualquer outro tipo de sociedade, a sociedade socialista justa precisa, teoricamente, de um excedente social para poder oferecer bens comuns, tais como saúde pública, educação, bem-estar, proteção ambiental etc. Isso significa que as pessoas devem trabalhar mais tempo do que o necessário para produzir os bens que recebem como remuneração. Isso ocorre em toda sociedade em que se queira viver. Assim, embora o quociente s/v seja definido como a taxa de exploração e embora essa definição seja puramente descritiva, deve haver mais elementos para explicar a exploração. A exploração certamente é um conceito moral que apela implicitamente para certos princípios de determinada concepção da justiça; caso contrário, ela não teria para nós o interesse que desperta.

Para Marx, o contexto institucional em que ocorre o quociente s/v faz desse quociente uma medida da exploração. Os fatores que determinam se esse quociente será igual à taxa de exploração são a natureza da estrutura básica que lhe dá origem e quem tem o controle institucional de s. Marx deve encontrar um modo de julgar se a estrutura básica é justa ou injusta. Na próxima conferência, comentarei que para ele a exploração surge assim que a estrutura básica passe a se sustentar na desigualdade básica entre as duas principais classes da sociedade capitalista no que se refere ao patrimônio produtivo alienável. No caso do capitalismo, o sobretrabalho não é de forma alguma coletivamente controlado pelos trabalhadores – por exemplo, através de votação democrática –, nem é controlado em geral visando ao bem dos trabalhadores, ao contrário do que ocorre na sociedade socialista, em que o total de bens não destinados ao consumo (que substitui *s* no caso socialista) tem essas duas características. Deve-se observar a estrutura básica da sociedade para descobrir de que modo é usado aquilo que é produzido com *s*. Se esse uso for para coisas como saúde pública, educação e bem-estar do trabalhador comum, *s* deixará de ser considerado sobretrabalho[1].

O resultado é que o conceito de exploração pressupõe uma concepção de direito e justiça à luz da qual é julgada a estrutura básica da sociedade em questão. É necessária, se não uma concepção de direito e justiça, pelo menos alguma espécie de doutrina normativa. Isso levanta uma questão: que tipo de doutrina normativa Marx defendia? Tem havido considerável controvérsia sobre esse assunto entre estudiosos do pensamento de Marx, sejam eles marxistas ou não. Discute-se, por exemplo, se Marx condenou o capitalismo como um sistema injusto. Há quem acredite que sim, assim como há quem acredite que não.

Naturalmente, ambos os lados partem do princípio de que Marx condenou o capitalismo. Isso é óbvio e salta aos olhos nas páginas de *O capital*. A questão, porém, refere-se aos valores específicos usados por Marx como justificativa para a condenação. Inclui-se entre esses valores uma concepção de direito e justiça? Ou eles se expressam em termos de outros valores, tais como a liberdade, a autorrealização e a benevolência?

2. Minha sugestão de resposta (seguindo os passos de Norman Geras e G. A. Cohen) é que Marx de fato condenou o capitalismo como injusto. Porém ele não se via como autor desse tipo de condenação[2]. O que explica esse aparente paradoxo é que os comentários explícitos de Marx sobre a justiça interpretam o conceito de justiça de modo estrito, em dois aspectos:

(a) Marx acredita que a justiça seja as normas legais e jurídicas predominantes e intrínsecas à ordem social e econômica; quando conveniente, elas se adaptam para que essa ordem cumpra seu papel histórico.

(b) Marx acredita ainda que a justiça se refira às relações cambiais no mercado e, mais que isso, à consequente distribuição de renda e de bens de consumo. Nessa perspectiva, a justiça é comutativa e distributiva, ambas compreendidas no sentido estrito.

---

1. Ver Tucker, *The Marx-Engels Reader*, p. 440, trecho de *O capital*, vol. 3.
2. Ver Norman Geras, "The Controversy about Marx and Justice", in: *Literature of Revolution: Essays on Marxism* (Londres: Verso, 1986), p. 36.

Porém, se imaginarmos uma concepção geral da justiça política como uma concepção que se aplica à estrutura básica da sociedade e, portanto, às instituições da justiça do contexto social, é possível que Marx tenha tido, pelo menos implicitamente, uma concepção da justiça política no sentido geral. Se isso for verdade, porá fim ao paradoxo. Mas a confirmação de que ele de fato tinha essa concepção dependerá, como vimos, dos valores específicos para os quais Marx apela ao condenar o capitalismo.

3. Prosseguirei, em primeiro lugar, com um esboço de algumas razões que justifiquem afirmar que Marx não condena o capitalismo como injusto. Em seguida, esboçarei algumas razões que justifiquem afirmar que ele de fato condena o capitalismo, pelo menos implicitamente. Neste último caso, quero dizer que as afirmações de Marx sugerem que o capitalismo seja injusto, embora ele não tenha afirmado isso com todas as palavras.

Mais adiante, esboçarei a concepção marxiana da sociedade do comunismo total – o ideal que guia Marx no julgamento do capitalismo e de todas as formas de sociedade que lhe precederam – para então analisar se esse ideal contém elementos que o façam trazer em si uma concepção da justiça política e de que modo isso eventualmente aconteceria em uma sociedade além da justiça.

Contudo, deve-se admitir que essa questão pode não ter resposta conclusiva. Marx não a analisou de forma cuidadosa nem sistemática. Embora tenha sido um estudioso por natureza e temperamento, seus objetivos o fizeram acreditar que essa questão não era importante. Havia, para ele, coisas mais urgentes. Talvez, ao fazer isso, tenha cometido um grande erro, pois sua atitude aparentemente de desdém para com concepções de direito e justiça pode ter tido consequências sérias e duradouras para o socialismo. Talvez sim, talvez não. Se, porém, deixarmos essa questão de lado, teremos de unir os elementos do pensamento marxiano e buscar a melhor doutrina geral que explique e ligue os aspectos mais importantes e de formulação mais clara desse pensamento.

§ 2. A justiça como concepção jurídica

1. Começo por expor a linha de interpretação sugerida por Allen Wood e outros[3]. Vamos primeiro às ideias principais e, em seguida, ao detalhamento de alguns aspectos.

3. Allen Wood, *Karl Marx* (Londres: Routledge, 1981).

(a) Marx afirma em *O capital* que a relação salarial, como troca de valores equivalentes (força de trabalho em troca de remuneração) não implica injustiça ao trabalhador.

(b) Na *Crítica ao programa de Gotha*, Marx ataca a concepção socialista da distribuição justa como uma concepção seriamente equivocada que se desenvolve na direção errada.

(c) As normas do direito e da justiça, em Marx, são elementos internos – isto é, essenciais – de modos de produção específicos; nesse sentido, são relativas ao período histórico específico em que são vigentes.

(d) Para Marx, a moral em geral é produto da ideologia e, portanto, pertence à superestrutura da sociedade; a moral, e com ela a justiça, se transforma quando a superestrutura se ajusta à sequência histórica dos modos de produção específicos.

(e) Insistir que Marx se interessa pela justiça é lançar as ideias do filósofo equivocadamente na direção limitada e reformista dos interesses distributivos, tais como os níveis salariais e as diferenças de renda, enquanto seus objetivos eram de natureza claramente mais fundamental e mais revolucionária, pois diziam respeito à transformação da propriedade privada e do próprio sistema salarial.

(f) Dizer que Marx se interessava pela justiça é desviar de seu empenho principal, que era revelar as forças históricas reais e ativas que, segundo ele, estavam conduzindo à ruína e queda do capitalismo. Dizer isso seria, ao contrário, o mesmo que trazer à tona os diversos argumentos morais, que Marx considerava idealistas e dos quais ele tinha sérias suspeitas.

(g) Além disso, ele acreditava que a justiça, por ser um valor jurídico, não poderia vigorar em uma sociedade do comunismo total, pois esta teria sido concebida por Marx como uma sociedade sem instituições jurídicas legislativas e estatais.

(h) A sociedade do comunismo total concebida por Marx está livre das situações de escassez e conflitos. São essas situações que tornam necessárias as normas da justiça, cujo objetivo é estabelecer o padrão distributivo: "Cada um dá aquilo que pode e recebe aquilo de que precisa."[4]

(i) É claro que Marx condenou o capitalismo, mas o fez em nome de outros valores, tais como a liberdade e a autorrealização.

2. Passo agora a expor alguns detalhes sobre essa primeira linha de interpretação. Para Wood, por exemplo, Marx não somente não critica o

---

4. Ver *Critique of the Gotha Program*, I, Tucker, p. 531.

capitalismo como injusto, como também parece dizer o contrário[5]. Assim explicou Wood essa afirmação:

Para Marx, a concepção da justiça é uma concepção política e jurídica associada à separação institucional entre Estado e sociedade. Essa separação pressupõe serem necessárias para o Estado – supõe, portanto, existirem – uma classe dominante e uma classe dominada. Onde há um Estado com essas características há também exploração (no sentido de Marx). As instituições políticas e de direito pertencem àquilo que Marx às vezes chama de superestrutura: elas têm função reguladora e se ajustam às exigências do modo e relações de produção. Toda forma de sociedade, toda espécie de organização política com um modo de produção específico tem uma concepção peculiar da justiça que é própria do sistema social por ela criado. Quando essas instituições estão devidamente adaptadas ao modo de produção subjacente, cumprem com eficácia as exigências operacionais desse modo de produção.

Assim, para Marx, as instituições devidamente adaptadas da superestrutura trazem em si uma concepção da justiça que atende ao papel histórico do modo de produção subjacente. O capitalismo, assim como qualquer outro modo de produção histórico, tem uma superestrutura devidamente adaptada e uma concepção da justiça que lhe é adequada. Essa concepção é aquela que melhor cumpre o papel histórico do capitalismo no sentido de aumentar os meios de produção rapidamente em relação a formas de sociedade que lhe precederam. Porém, "o trabalhador moderno [...] em vez de ascender com o progresso da indústria, mergulha cada vez mais aquém das condições de existência de sua própria classe. Torna-se um indigente" (*Manifesto do Partido Comunista*, Tucker, p. 483).

Dessa forma, o fato de o capitalismo cumprir seu papel é o que possibilita a existência da sociedade do comunismo total no futuro não muito distante. De fato, no *Manifesto do Partido Comunista*, o capitalista como personificação do capital é o grande herói da história que transforma o mundo e prepara o caminho para a "vitória do proletariado" e para a sociedade idealizada por Marx[6].

3. Assim, de acordo com essa linha de interpretação, o capitalismo, especialmente em seu período de ápice, isto é, no período em que ele cumpre seu papel histórico de aumentar os meios de produção, não é injusto.

---

5. Wood, *Karl Marx*.
6. Ver "Manifesto of the Communist Party", seção I, Tucker, pp. 473-83.

Há uma concepção da justiça que lhe é própria e o torna justo enquanto suas normas forem respeitadas. São simplesmente relevantes outras concepções da justiça, que podem se aplicar a outros modos de produção que existiram em épocas anteriores ou que existirão no futuro, mas não se aplicam às condições históricas peculiares do capitalismo.

Daí se conclui que não há uma concepção da justiça que seja sempre aplicável ou que se aplique a todas as formas de sociedade. Nesse sentido, não há, para Marx, princípios da justiça de validade universal. Uma concepção da justiça será aplicável a determinado sistema político e social se for própria do modo de produção atual tendo em vista o papel histórico que este tem de cumprir.

Essa linha de interpretação é sugerida em um trecho de *O capital*, vol. III:

> Aqui, falar de justiça natural, como o faz Gilbart, [...] é absurdo. A justiça das transações entre os agentes de produção ampara-se no fato de que estas surgem como consequência natural das relações de produção. As formas jurídicas em que essas transações econômicas aparecem como atos intencionais das partes em questão, como expressões de sua vontade comum e como contratos cuja execução pode ser exigida de uma das partes por lei, não podem, sendo meras formas, definir esse conteúdo. Elas meramente o *expressam*. O conteúdo será *justo* sempre que corresponder ao modo de produção, sempre que for próprio do modo de produção. Será injusto sempre que estiver em contradição com o modo de produção. A escravidão, com base na produção capitalista, é *injusta*; o mesmo se diz da *fraude* na qualidade das mercadorias. (*O capital*, vol. III, edição da International Publishers, pp. 339-40, Cap. 21, ¶ 5; grifos meus.)

Esse trecho aparece quando Marx discute o capital a juros. Na nota a ele correspondente, Marx cita Gilbart em *The History and Principles of Banking* [História e princípios do sistema bancário] (Londres, 1834): "Quem toma emprestado dinheiro visando ao lucro deve dar parte desse lucro ao mutuante – esse é um princípio inquestionável da justiça natural." A resposta de Marx é que o pagamento de juro não é uma questão de princípio inquestionável da justiça natural. É consequência natural da oferta e demanda de fundos no mercado monetário, visto que esse mercado faz parte da estrutura do capitalismo. O empréstimo é um contrato válido, e o sistema de leis vigente no capitalismo fará com que ele seja cumprido.

4. O trecho acima por si só não é uma exposição da concepção da justiça no sistema capitalista, mas sugere diversas ideias. Em primeiro lugar, Marx faz uma diferenciação entre as formas jurídicas – por exemplo, a forma jurídica de um contrato (válido) (contrato de empréstimo, contrato de compra e venda etc.) – e os conteúdos dessas formas. As mesmas formas jurídicas podem ser encontradas em muitos diferentes sistemas de direito e podem se aplicar a transações econômicas em modos de produção extremamente diversos um do outro. Quanto aos conteúdos, suponho que o conteúdo da forma jurídica do contrato, por exemplo, se refira aos tipos específicos de contratos que podem ser celebrados legalmente e cuja execução será exigida por lei. Assim, no sistema capitalista, um contrato de escravidão (com o objetivo de comprar ou vender escravos) é nulo e, portanto, injusto de acordo com a concepção capitalista da justiça. Suponho também que o conteúdo da forma jurídica do contrato abranja as diversas condições nas quais se fazem acordos válidos. Dessa forma, no sistema capitalista, a fraude e o logro, quando usados com o fim de celebrar acordos, são excluídos como injustos, assim como tudo o mais que for claramente incompatível com um regime de contrato voluntário.

Em segundo lugar, ao que parece, a escravidão, a fraude e outros atos serão injustos em determinado modo de produção se o ato de permitir a escravidão e práticas fraudulentas definir um conteúdo para o direito contratual que seja mais adequado para o modo de produção atual e esteja bem adaptado ao funcionamento desse modo de produção no cumprimento de seu papel histórico. Lembremos que o papel histórico do modo de produção capitalista é acumular rapidamente capital (real) e desenvolver a tecnologia para usá-lo de maneira inovadora.

Portanto, a forma jurídica do direito contratual no sistema capitalista é mais adequada quando seu conteúdo está adaptado a fim de permitir que esse modo de produção acumule capital da maneira mais eficaz. A escravidão é incompatível com esse processo e, por extensão, com as exigências do capitalismo como modo de produção. Como o capitalismo é um sistema de dependência pessoal, a escravidão é injusta por força da concepção capitalista da justiça. Uma característica essencial do capitalismo é que ele é um sistema de mercados competitivos livres, entre os quais se inclui um mercado livre para a contratação de força de trabalho livre.

Nesse sentido, acredita-se que, para Marx, a relação salarial competitiva, como característica essencial do capitalismo, não será injusta se os trabalhadores receberem como pagamento o pleno valor de sua força de trabalho, isto é, o equivalente ao tempo de trabalho socialmente necessário para produzir e reproduzir a força de trabalho dos trabalhadores. Ao discutir o contrato trabalhista em *O capital*, Marx afirma:

> A verdadeira influência para ele [capitalista] foi o valor de uso específico que essa mercadoria [força de trabalho] possui como *fonte não apenas de valor, mas também de valor ainda maior do que o que ela própria tem* [grifos em itálico no original de Marx]. Esse é o serviço especial que o capitalista espera da força de trabalho, e nessa transação ele age de acordo com as "leis eternas" do intercâmbio de mercadorias. O vendedor da força de trabalho, assim como o vendedor de qualquer outra mercadoria, realiza o valor de troca dessa mercadoria e desfaz-se de seu valor de uso. [...] O dono do dinheiro pagou o valor da força de trabalho por uma jornada; portanto, será seu o uso dessa força de trabalho por uma jornada, isto é, pertence-lhe uma jornada de trabalho. O fato de, por um lado, a manutenção diária da força de trabalho custar apenas a metade de uma jornada de trabalho, enquanto, por outro lado, a mesma força de trabalho é capaz de ser usada durante uma jornada inteira, fazendo, consequentemente, com que o valor criado por seu uso durante uma jornada seja equivalente ao dobro do que o proprietário pagou por esse uso, é, sem dúvida, sorte do comprador, nunca uma ofensa ao vendedor. (*O capital*, vol. I, Capítulo 7, § 2, ¶ 21; ou Tucker, 357-8.)

Isto é, não é ofensa nem injustiça fundada na concepção da justiça adequada ao capitalismo. Como Marx diz algumas linhas mais adiante, "troca-se equivalente por equivalente". Dessa forma, satisfaz-se a concepção da justiça própria do capitalismo. Pagar aos trabalhadores menos do que o valor de sua força de trabalho seria injusto; esse é um exemplo muito mais relevante de injustiça do que a escravidão. Isso leva a crer, então, que para Marx o capitalismo, com seu mercado competitivo livre, é perfeitamente justo, ou pelo menos não é injusto!

5. Naturalmente, essa ideia da concepção capitalista da justiça como algo adequado ao modo de produção capitalista não pertence à própria concepção capitalista da justiça. De acordo com essa linha de interpretação, ela pertence à ideia marxiana do papel histórico da concepção da justiça como parte da consciência ideológica da sociedade capitalista. A concepção capitalista da justiça, conforme apresentada em seus próprios

termos, fala da liberdade, da igualdade e dos direitos iguais do homem. É sobre esses princípios que se sustentam o regime do livre contrato e o sistema de independência pessoal.

Voltarei mais adiante a essa ideia da consciência ideológica e comento aqui apenas que ela é sempre uma forma de falsa consciência de duas espécies: pode ser uma ilusão ou um devaneio. Isso, porém, adianta a discussão antes do tempo.

§ 3. A ideia de que Marx condena o capitalismo como injusto

1. Contrários à linha de interpretação que acabamos de discutir, alguns autores (entre eles Norman Geras e G. A. Cohen)[7] afirmam que Marx não acha o capitalismo injusto e que ele faz declarações que levam a conclusões explícitas nesse sentido. Portanto, concluem esses autores, Marx tem e usa uma concepção de direito e justiça, esteja ou não consciente disso.

Estas são algumas das ideias principais dessa segunda linha de interpretação:

(a) A insistência de Marx de que a relação salarial é uma relação de troca de equivalente por equivalente foi feita de uma perspectiva parcial e condicional, na qual essa relação é considerada parte de um sistema de circulação na sociedade capitalista. Ela foi reforçada com uma interpretação do modo de produção como um todo segundo a qual a relação salarial jamais é uma relação de troca, mas uma relação claramente exploradora, simplesmente igualando-se à expropriação de trabalho não remunerado.

(b) Embora Marx tenha de fato se envolvido em polêmica contra o que considerava ser uma crítica moralista e ineficaz, em sua teoria do capitalismo ele apresentou a exploração como algo iníquo e injusto, muitas vezes referindo-se ao capitalismo com termos como "roubo" e "furto". Essas expressões sugerem que os processos estudados por Marx lhe pareciam iníquos e injustos.

(c) Mais tarde, quando elaborou a *Crítica ao programa de Gotha*, Marx situou o princípio da distribuição de acordo com a necessidade acima do princípio da distribuição de acordo com o trabalho, no socialismo (primeiro estágio da sociedade comunista), bem como acima das normas do

---

7. Ver a resenha de Cohen sobre *Karl Marx*, de Allen Wood, em *Mind*, julho de 1983.

capitalismo. Ao fazer isso, Marx praticamente assumiu um padrão objetivo e não histórico da justiça para julgar os modos de produção e as sociedades emparelhadas.

(d) As aparentes afirmações de Marx sobre o relativismo moral são, na verdade, afirmações sobre o fato de que certas condições materiais são mesmo necessárias a fim de realizar certos princípios da justiça e equidade e outros princípios importantes. A existência de instituições justas e equitativas pressupõe certo contexto de circunstâncias materiais, e ignorar esse fato é demonstrar falta de realismo e compreensão.

(e) O interesse em questões distributivas não é reformista no sentido pejorativo se tivermos uma concepção ampla da justiça cobrindo a distribuição de todos os tipos de direitos básicos e, dessa forma, incluindo os direitos à propriedade e outros temas fundamentais. Isso certamente permite a Marx ter uma doutrina revolucionária, não inibindo de modo algum a elaboração de uma doutrina assim.

(f) Embora Marx não acredite que a crítica moral fundada na justiça e em outras concepções seja suficiente, ainda assim ela tinha um lugar no pensamento marxiano e era compatível com a análise das forças históricas geradoras de transformações.

(g) Classificar concepções de direito e justiça como jurídicas é, em geral, uma opção demasiadamente restrita. Essas concepções podem ser elaboradas independentemente de instituições estatais com finalidade coercitiva e de seus sistemas de direito; na verdade, isso ocorre sempre que elas são usadas para julgar a estrutura básica da sociedade e seus arranjos fundamentais.

(h) De fato, o princípio "cada um dá aquilo que pode e recebe aquilo de que precisa" é um princípio desse tipo. Na verdade, ele tem por objetivo um direito igual de autorrealização para todos, mesmo que para Marx ele ocorra com o desaparecimento do Estado e suas instituições coercitivas de direito.

(i) Finalmente, a suposta diferenciação entre as espécies de valores e princípios – valores e princípios de direito e justiça *versus* valores e princípios da liberdade e autorrealização – se torna completamente arbitrária à vista do princípio marxiano para o estabelecimento da sociedade do comunismo total. Fato é que esse princípio garante um direito igual de autorrealização, se quisermos usar esse termo. E certamente se pode falar da distribuição justa de liberdades básicas do mesmo modo que se pode falar da distribuição de uma coisa qualquer. Talvez, como veremos, Marx também admita outros direitos básicos iguais.

2. As considerações acima bastam no que se refere à breve exposição das ideias gerais dessa linha de interpretação. Passo agora, assim como na primeira linha de interpretação, a expor alguns detalhes. Contrários à primeira linha, os autores que sustentam esta segunda linha afirmam que, quando analisamos, por exemplo, a concepção de Marx sobre a relação de troca entre os capitalistas e os trabalhadores em sua verdadeira essência por baixo das aparências superficiais da sociedade capitalista, torna-se claro que para ele não há nenhum intercâmbio, mas um mero faz de conta, isto é, trabalho forçado[8].

A troca de equivalentes, operação original com a qual começamos, encontra-se hoje torcida de tal modo que há apenas a aparência de troca. Isso se deve, em primeiro lugar, ao fato de que o capital que se troca pela força de trabalho é ele próprio nada mais que uma parte do produto do trabalho alheio apropriado sem um equivalente; em segundo lugar, ao fato de que esse capital não apenas deve ser substituído por quem o produz [o trabalhador], como também deve ser acrescido de um excedente. A relação de troca que subsiste entre o capitalista e o trabalhador torna-se um mero simulacro que faz parte do processo de circulação, uma mera aparência. [...] A contínua compra e venda de força de trabalho, agora, é a mera aparência; o fato é este: o capitalista se apropria sempre, sem equivalente, de uma parte do trabalho alheio anteriormente materializado e o troca por uma quantidade maior de mão de obra viva.[9]

Marx segue afirmando que esse processo se repete em conformidade com as leis da propriedade e intercâmbio na sociedade capitalista e não constitui uma violação, mas uma aplicação dessas leis. Segundo essas leis, é direito do capitalista apropriar-se do trabalho não remunerado alheio ou do produto deste. Diz ele (p. 584, no final do mesmo parágrafo): "A separação entre a propriedade e o trabalho tornou-se a consequência necessária de uma lei que aparentemente teve origem na igualdade entre esses dois elementos." Ele comenta, em uma nota sobre essa frase, que o princípio original de que o trabalhador poderia apropriar-se do produto de seu

---

8. *O capital*, vol. I, Cap. 24: "Transformação da mais-valia em capital" (Nova York: International Publishers, 1967), pp. 583 s.
9. *Ib.*, p. 583.

próprio trabalho passou por uma "conversão dialética". Isso se deu sob as aparências superficiais das instituições capitalistas.

3. Isso não soa como alguém que descreve um sistema de instituições básicas que ele é capaz de aprovar e aceitar como justo. Isso nos leva a perguntar se Marx de fato diz coisas que normalmente seriam interpretadas como afirmações indicadoras de que ele considera o capitalismo injusto. Os defensores da linha de interpretação que estamos discutindo agora afirmam que sim e que isso ocorre quando Marx se refere à apropriação capitalista da mais-valia como roubo, furto e termos semelhantes. Essa afirmação de Marx, dizem aqueles defensores, sugere que o capitalista não tem direito de se apropriar da mais-valia e que ao fazer isso ele está agindo de modo iníquo ou injusto. Poderíamos dizer, em vez disso, que injusto não é o capitalista, mas o próprio sistema.

Assim, ao mencionar o produto excedente como "o tributo extorquido anualmente da classe trabalhadora pela classe capitalista", Marx continua: "Mesmo que a classe capitalista use uma parte do tributo para adquirir mais força de trabalho pelo preço pleno, trocando equivalente por equivalente, tudo isso ainda continua sendo a velha atividade do conquistador que compra as mercadorias dos conquistados com o dinheiro que lhes roubou."[10]

Esse trecho não é isolado. Há muitos outros, como aquele em que Marx diz que o produto anual da mais-valia é uma "apropriação indébita de que foram vítimas os trabalhadores ingleses, sem recebimento de equivalente em troca". Diz também que "todo progresso da agricultura capitalista é um progresso na arte não apenas de roubar o trabalhador, como também de pilhar o solo". E descreve a esperada abolição da propriedade capitalista como "a expropriação de uns poucos usurpadores"[11]. Afirmações desse tipo encontram-se em inúmeros outros trechos.

Em outros, Marx diz que pode parecer que o trabalhador celebra um contrato voluntariamente; a esfera da circulação parece ser "um verdadeiro Éden de direitos inatos do homem [...]. Imperam somente a Liberdade, a Igualdade, a Propriedade e Bentham" (*O capital*, vol. I, edição da International Publishers, p. 176; Tucker, p. 343). Também aqui, porém,

---

10. Geras, *Literature of Revolution*, p. 17, citando trecho de *O capital*, vol. I (edição da Penguin), p. 728. Há outros trechos semelhantes em *O capital*, vol. I. Ver I: pp. 638, 728, 743, 761, 874, 875, 885, 889, 895, 930. Vol. III: p. 31. *Grundrisse*, p. 705.

11. Geras, *Literature of Revolution*, p. 17.

a realidade é outra: no acordo voluntário do trabalhador livre, este "é compelido por condições sociais a vender a totalidade de sua vida ativa, sua própria capacidade de trabalhar" (Tucker, p. 376). E ainda: "o capital [...] suga uma quantidade determinada de sobretrabalho dos produtores diretos, isto é, dos trabalhadores; obtém esse sobretrabalho sem um equivalente, fazendo dele, em essência, sempre um trabalho forçado – ainda que se acredite que ele resulta de um acordo contratual livre" (*O capital*, vol. III, Tucker, p. 440).

Voltando à linha de interpretação que estamos examinando: tendo em vista que Marx não acreditava que os capitalistas roubam os trabalhadores de acordo com a concepção capitalista da justiça, ele deve ter tido em mente que isso ocorria em outro sentido. Além disso, visto que Marx condenou a escravidão e o feudalismo em termos bastante semelhantes, esse outro sentido supostamente faz parte de uma concepção da justiça que goza de validade geral. Isto é, tal concepção deve se aplicar à estrutura básica da maioria das sociedades, se não para todas elas, e desse modo será não relativista.

Assim, os autores (entre eles G. A. Cohen) que afirmam que Marx condenou o capitalismo como injusto compartilhavam da seguinte opinião: visto que Marx não acreditava que os capitalistas praticam roubo em conformidade com a concepção da justiça adequada ao capitalismo, ele deve ter acreditado que esse roubo ocorre de acordo com uma concepção não capitalista da justiça, pois roubar é tomar o que pertence legitimamente a outra pessoa e, portanto, é agir de modo injusto. Qualquer sistema econômico que se diz baseado em furto deve ser visto como injusto (segundo Cohen).

§ 4. Relação com a
teoria da distribuição segundo a produtividade marginal

1. A meu ver, é correta essa linha de interpretação sustentada por Geras, Cohen e outros. Tentarei, porém, sugerir uma variante. Para começar a expor essa variante e ilustrar o objetivo da teoria marxiana do valor-trabalho, imaginemos qual seria a resposta de Marx à teoria da distribuição segundo a produtividade marginal. Sem dúvida, embora essa teoria estivesse em desenvolvimento no ano em que Marx morreu (1883), é impossível que ele tenha tomado conhecimento dela. Porém, com base em muitas das ideias por ele formuladas, é possível perceber a opinião que ele teria tido sobre essa teoria.

Essa teoria tem sido usada ocasionalmente para afirmar que, em condições de livre competição, a distribuição da riqueza e da renda no capitalismo é justa. Esse argumento, raramente encontrado atualmente[12], não era incomum no final do século XIX, logo depois que a teoria da produtividade marginal foi desenvolvida pelos economistas clássicos. Estes introduziram a ideia da utilidade marginal e produtividade marginal na teoria do preço. Em termos bem gerais, a ideia é que cada fator de produção – trabalho, terra e capital – contribui para a produção total da sociedade. De acordo com o preceito "cada pessoa será beneficiada na medida de sua contribuição pessoal", é justo que os indivíduos que contribuem com terras e capital compartilhem da produção assim como a mão de obra. Nas palavras de Adam Smith: "[...] a renda da terra pode ser considerada o produto das forças da natureza cujo uso o proprietário de terras empresta ao lavrador. [...] Ela [a renda da terra] é a obra da natureza que permanece após dedução ou compensação de tudo o que pode ser considerado obra do homem"[13]. A resposta de Marx contra esse argumento: como a Mãe Natureza não está aqui para coletar seu quinhão, o proprietário de terras vem para reclamá-la em seu nome.

2. Marx afirmou o seguinte (*O capital*, vol. III, International Publishers, p. 824): "Em si, esses meios de produção são, por natureza, capital; o capital é somente uma 'apelação econômica' a esses meios de produção; dessa forma, a terra em si é por natureza as extensões territoriais monopolizadas por determinado número de proprietários. Do mesmo modo que os produtos confrontam o produtor como força independente na forma de capital e de capitalistas – que são nada mais que a personificação do capital –, assim também a terra personifica-se no proprietário de terras e se levanta para exigir, como força independente, seu quinhão do produto criado com sua ajuda. Assim, não é a terra que recebe a parte que lhe cabe do produto para a restauração e aumento de sua produtividade, mas é o proprietário de terras que toma seu quinhão do produto para pechinchar ou esbanjar."

Naturalmente, as últimas palavras desse trecho, "pechinchar ou esbanjar", são uma distração e obscurecem, assim como muitas vezes acon-

---

12. [Esta parte da conferência foi escrita no início dos anos 1980, quando os pressupostos que sustentavam as discussões políticas e acadêmicas sobre a justiça distributiva eram bastante diferentes do que são hoje. (N. do Org.)]

13. Adam Smith, *Wealth of Nations* (Nova York: Random House, 1937), Livro II, Cap. V, pp. 344 s.

tece com as expressões de desdém de Marx, a ideia principal. A ideia aqui não é que o proprietário de terras pode ser um perdulário e levar uma vida de ócio e luxúria, pois muitos proprietários de terras são escrupulosos e cuidam de suas propriedades. (Lembremos de Levin em *Ana Karenina*, de Tolstói.) Ao contrário, a ideia é que o proprietário de terras recebe uma compensação exclusivamente como proprietário; isto é, ele recebe pela terra uma renda que indica a medida da contribuição marginal da terra: o preço de uma unidade de terra depende de seu valor para o produtor de grãos, por exemplo. Marx não se refere ao pagamento que o proprietário de terras ganha em troca da administração da propriedade, pois o pagamento que os capitalistas e proprietários de terras ganham como salários de administradores não conta como extração de mais-valia.

O que conta na extração de mais-valia é o que o capitalista ou proprietário de terras recebe além dos salários de administrador, isto é, o que eles recebem simplesmente por serem proprietários dos fatores de produção escassos em demanda no mercado. Para Marx, é o sistema social do capitalismo que concede a certas classes a posição estratégica de posse dos meios de produção, que lhes permite exigir compensações na forma de lucro, juro e renda da terra.

Note-se que, quando Marx fala da terra que "se personifica no proprietário de terras", esse modo um tanto enigmático de falar refere-se ao fato de que é o proprietário, como agente econômico que possui a terra, que se apresenta no mercado para receber o pagamento pelo uso da terra. O sistema de mercados, com suas diversas categorias de agentes, faz os diversos tipos de pagamento – lucro, juro, renda da terra e salários – parecerem perfeitamente naturais, como se existissem "desde tempos imemoriais".

3. Analisemos o longo (e antepenúltimo) parágrafo do Capítulo 48 ("A fórmula da trindade"), em *O capital*, vol. III, International Publishers, p. 830:

> No capital-lucro, ou melhor, capital-juro, capital-renda, capital-salário, na trindade econômica representada como partes integrantes do valor e da riqueza em geral e de suas fontes, temos o grande embuste do modo de produção capitalista: a conversão de relações sociais em coisas, a direta aglutinação das relações produtivas materiais com sua determinação histórica e social. É um mundo encantado, pervertido e às avessas [...] [contudo] é [...] natural que os verdadeiros agentes da produção se sintam completamente à vontade nessas formas alienadas e irracionais de [...] ilusão nas quais vivem e encontram sua ocupação diária [...]. Essa

fórmula [a fórmula da trindade] [...] corresponde aos interesses das classes dominantes ao proclamar a necessidade física e a eterna justificação de suas fontes de renda e elevá-las à categoria de dogma.

Em um trecho anterior, Marx menciona que a fórmula da trindade apresenta "uma incongruência uniforme e simétrica" (vol. III, International Publishers, p. 824). Creio que o que ele quis dizer com isso é que a fórmula da trindade apresenta o capital, a terra e o trabalho como três associados coiguais no processo de produção e que, na qualidade de associados coiguais, cada um merece seu quinhão da produção de acordo com sua contribuição individual. A fórmula apresenta os três fatores de produção no mesmo nível, com uniformidade e simetria. Ela é uma incongruência porque, como dissemos, na teoria marxiana do valor-trabalho o trabalho é visto como fator de produção especial. Sob o ponto de vista social, o produto total do processo de produção é obtido graças ao trabalho passado e presente. As aparências superficiais das instituições capitalistas ocultam a extração da mais-valia e a conversão desta em lucro, juro e renda da terra[14].

É importante ter em mente que Marx não está dizendo que no período de ápice do capitalismo, quando ele cumpre seu papel histórico, a crença geral na injustiça do lucro, juro e renda da terra seja resultado de logro, isto é, uma crença que surge como resultado da hábil manipulação do imaginário coletivo por parte de certas pessoas que atuam nos bastidores, sempre dispostas a lucrar com os falsos juízos dos outros. Ao contrário, para Marx, a crença generalizada na justiça do lucro, juro e renda da terra é perfeitamente natural – uma ilusão (e não um devaneio) – em razão da situação dos agentes econômicos no sistema das instituições capitalistas

---

14. Marx diz em *O capital*, vol. III, Cap. 48, Parte III, p. 825 (Nova York: International Publishers, 1967), e também em *Selected Writings* [Escritos selecionados], org. David McLellan (Oxford: Oxford University Press, 1977): "[...] o papel respectivo desempenhado pela terra como campo de atividade original do trabalho [...] assim como o outro papel respectivo desempenhado pelos insumos (instrumentos, matérias-primas etc.) no processo geral de produção, devem dar a impressão de estarem expressos nos respectivos quinhões reivindicados por eles na forma de capital e propriedade de terras, isto é, nos quinhões que cabem aos representantes sociais do capital e da propriedade de terras na forma de lucro (juro) e renda da terra; o mesmo se dá com o trabalhador: o papel que seu trabalho desempenha no processo de produção é expresso em salários. A renda, o lucro e os salários parecem, portanto, ter como origem o papel desempenhado pela terra, insumos e trabalho no processo de trabalho simples, mesmo quando acreditamos que este seja conduzido meramente pelo homem e pela natureza, sem nenhuma determinação histórica" (McLellan, *Selected Writings*, p. 501).

como sistema de independência pessoal. Essa crença é parte de uma concepção capitalista da justiça adaptada às exigências do modo de produção capitalista. Ela caracteriza a consciência ideológica (falsa) da sociedade capitalista e é compartilhada tanto por trabalhadores como por capitalistas. É uma ilusão que *O capital* procura afastar, agora que o capitalismo cumpriu seu papel histórico.

§ 5. O papel alocativo e o papel distributivo dos preços

1. A fim de esclarecer ainda mais a doutrina de Marx e revelar sua possível concepção da justiça, façamos uma diferenciação entre o papel alocativo e o papel distributivo dos preços[15]. O papel alocativo está relacionado com o uso dos preços para obter eficiência econômica, isto é, para direcionar os recursos escassos e os fatores de produção a formas de uso que gerem o maior benefício social possível. O papel distributivo dos preços é determinar a renda a ser recebida por indivíduos em troca de sua contribuição pessoal para a produção.

Ora, é perfeitamente congruente que um regime socialista estabeleça uma taxa de juros, através, digamos, da criação de um mercado monetário no qual as empresas administradas pelos trabalhadores possam tomar empréstimos para expansão de seu capital. Essa taxa de juros alocará receitas a projetos de investimento e oferecerá uma base para computar os custos de aluguel para uso do capital e recursos naturais escassos tais como terras e recursos minerais. De fato, isso precisa ser feito a fim de que os meios de produção sejam empregados da melhor maneira possível do ponto de vista social. Isso porque, mesmo que esses recursos caiam do céu sem esforço humano, ainda assim serão produtivos, como Marx reconhece e tem cuidado de salientar. Quando combinados com outros fatores de produção, o resultado é uma maior produção.

Contudo, isso não significa que haja pessoas particulares que, como proprietários dos recursos, recebam o equivalente monetário do valor avaliado desses recursos como renda pessoal. Ao contrário, em um regime socialista, os preços contábeis são indicadores econômicos a serem usados para elaborar um planejamento eficaz da economia. Exceto no caso dos diversos tipos de trabalho – intelectuais e físicos –, no regime socialista os

---

15. Ver Rawls, *A Theory of Justice*, § 42.

preços não correspondem à renda paga a pessoas particulares. Nesse regime, os preços imputados aos recursos naturais e ao patrimônio coletivo não têm papel distributivo. No capitalismo, por outro lado, esses preços têm um papel distributivo, caracterizando o que chamei de puro domínio. Essa diferenciação entre os dois papéis demonstra a importância de distinguir, por um lado, o uso do mercado para organização eficaz da economia e, por outro lado, um sistema de propriedade privada no qual o valor dos recursos torna-se renda pessoal de seus donos. Este último uso ilustra a propriedade privada como base da exploração.

2. Apresento aqui um modo de revelar o propósito da teoria marxiana do valor-trabalho. Uma objeção que se fez a Marx é esta: assim como ele atribui a produção total ao trabalho, também podemos, se quisermos, atribuí-la ao capital ou à terra e concluir que a exploração tem por vítima o capital ou a terra[16]. Segundo essa objeção, a terra ou o capital, qualquer um que escolhermos, produz mais do que o necessário para se reproduzir, gerando, assim, um excedente. Isso é de fato possível se entendermos o capital, a terra e o trabalho como fatores de produção perfeitamente simétricos. Para Marx, esse seria um truque formal: sua ideia, como vimos, é que o capital e a terra, de um lado, e o trabalho, de outro lado, não devem ser interpretados como fatores simétricos.

Rejeitando essa interpretação, Marx acredita que a mão de obra humana é o único fator de produção relevante do ponto de vista social na análise da justiça das instituições econômicas. Sendo assim, o lucro, o juro e a renda, puramente falando, como formas de compensação do puro domínio, devem ser atribuídos ao trabalho. Diz-se que essas compensações são pagas com o produto do sobretrabalho e que elas são iguais ao valor total produzido pelo trabalho menos o valor consumido pelo próprio trabalho.

Assim, a meu ver, Marx diz que, quando nos afastamos dos diversos modos de produção que existiram historicamente e que existirão no futuro, é preciso, naturalmente, reconhecer que o capital e a terra são produtivos. Porém, do ponto de vista dos membros da sociedade que considerarem conjuntamente esses modos de produção, o único recurso social relevante é o trabalho somado de todos eles. O que os preocupa é de que modo as instituições sociais e econômicas devem ser organizadas a fim de que possam cooperar em termos justos e usar eficazmente seu trabalho somado,

---

16. Ver o Teorema da Exploração Generalizada da Mercadoria, provado por John Roemer em *Value, Exploitation, and Class* (Nova York: Horwood, 1986), § 3.2.

juntamente com as forças da natureza e conforme definido pela sociedade como um todo. Creio que essa ideia forma a base da concepção marxiana da sociedade de produtores livremente associados. Ver *O capital*, vol. I, Capítulo 1, § 4 (Tucker, p. 327), trecho em que Marx diz: "O processo vital da sociedade, baseado no processo de produção material, não tira seu enigmático véu até que seja tratado como produção realizada por homens livremente associados e conscientemente regulada por eles de acordo com um plano combinado. Isso, contudo, exige que a sociedade tenha certa estrutura de base ou conjunto de condições de existência que, por sua vez, são o produto espontâneo de um longo processo de desenvolvimento."

3. Creio que Marx tinha por pressuposto a ideia de que o trabalho somado das pessoas é o único recurso social relevante que elas possuem. Esse ponto de vista básico é óbvio para Marx; dessa forma, a ideia básica da teoria do valor-trabalho lhe é igualmente óbvia. Uma teoria do valor-capital ou valor-terra que fala da exploração do capital ou da terra é simplesmente leviana. Uma sociedade de fato mantém e tem controle sobre certos recursos naturais produtivos; porém, do ponto de vista dos membros da sociedade em suas relações sociais, o recurso relevante que possuem como seres humanos é simplesmente seu trabalho, e o melhor modo de usá-lo é de acordo com um plano combinado de forma aberta e democrática. Isso será discutido na próxima conferência.

Marx pressupõe, então, que todos os membros da sociedade têm igual direito, baseado na justiça, de pleno acesso aos meios de produção da sociedade e aos recursos naturais, bem como de uso desses recursos. A questão fundamental é como usar esses meios de modo eficaz, como compartilhar o trabalho, como produzir os bens mercantis etc. Portanto, para Marx, a renda puramente econômica oriunda da posse de propriedades é injusta porque nega efetivamente as reivindicações justas de acesso e uso, e qualquer sistema que institui uma renda desse tipo é um sistema de dominação e exploração. E é por isso que ele descreve a apropriação do produto do sobretrabalho pelos capitalistas com termos como "roubo", "apropriação indébita", "trabalho forçado" e "furto".

4. Vimos que, em *O capital*, Marx não nega que o capitalismo, como modo de produção econômico e social, tenha um papel histórico fundamental. A colossal façanha do capitalismo é aumentar os meios de produção e possibilitar a existência da sociedade comunista do futuro. É esse o papel histórico do capitalismo como sistema de dominação e exploração.

Um dos objetivos de *O capital* é explicar esse papel histórico e descrever o processo histórico através do qual ele foi executado.

Porém, na época de Marx, o capitalismo já havia cumprido seu papel histórico, de modo que outro objetivo de *O capital* era apressar a transição. Para Marx, se compreendermos o funcionamento do capitalismo, seremos capazes de reconhecê-lo como sistema de exploração – um sistema em que a mão de obra é forçada a trabalhar durante certo período em troca de nada (trabalho não remunerado). Veremos, então, o capitalismo como um sistema baseado em furto camuflado. Um dos pressupostos de Marx é que todos nós aceitamos implicitamente a ideia fundamental de que a mão de obra é o único recurso relevante que temos, juntos, como sociedade, quando confrontados com a natureza. Outro pressuposto é que todos deveríamos contribuir para a sociedade com parcelas justas de trabalho, tendo igual acesso aos meios de produção e recursos naturais, assim como igual uso desses meios e recursos. É por isso que ele rejeita a legitimidade da propriedade privada dos meios de produção quando considerada com seu papel distributivo, por ela ser incongruente com a justiça básica.

Concluo esta conferência lembrando que nada comentei sobre a congruência ou incongruência das diversas ideias de Marx sobre a justiça e injustiça do capitalismo. Será possível afirmar que a base sobre a qual Marx parece dizer que o capitalismo não é injusto é incongruente com a descrição que ele faz do capitalismo como um sistema de trabalho forçado e furto camuflado? Será que ela é congruente com a ideia marxiana de que a mão de obra humana é o único fator de produção relevante do ponto de vista social e que todos os membros da sociedade têm igual direito de acesso aos meios de produção da sociedade e aos recursos naturais e de uso desses meios e recursos? Creio que as diversas ideias de Marx sobre a justiça podem ser compreendidas de um modo que sejam congruentes umas com as outras, e esse será o ponto de partida da próxima conferência.

MARX III

O ideal de Marx: uma sociedade de produtores livremente associados

§ 1. Há congruência nas ideias de Marx sobre a justiça?

1. Na última conferência, discuti três assuntos:

(a) Trechos em que Marx parece dizer que o capitalismo é justo ou pelo menos que não é injusto.

(b) Trechos em que Marx faz afirmações que sugerem que o capitalismo seja injusto, como, por exemplo, ao caracterizar a apropriação da mais-valia com expressões como "trabalho forçado", "apropriação indébita" e "furto camuflado".

(c) A possível resposta de Marx sobre a teoria da distribuição segundo a produtividade marginal (caso houvesse tomado conhecimento dela) como tentativa de justificar a forma de distribuição gerada pelo capitalismo; em seguida, sugeri que, para Marx:

  (i) o total da mão de obra humana da sociedade é o único fato de produção relevante sob o ponto de vista social – isto é, sob o ponto de vista de todos os membros da sociedade como produtores livremente associados; e

  (ii) todos os membros da sociedade – isto é, todos os produtores livremente associados – têm igual direito de acesso aos meios de produção da sociedade e aos recursos naturais, bem como de uso desses meios e recursos.

2. Embora as várias afirmações de Marx sobre a justiça talvez pareçam contraditórias, elas podem se tornar congruentes quando interpretadas da seguinte maneira:

(a) A respeito do trecho em que Marx talvez pareça afirmar que o capitalismo é justo (com fundamento na concepção da justiça adequada ao capitalismo em seu período histórico), podemos dizer que ali ele descreve a consciência ideológica das sociedades capitalistas e a concepção jurídica expressa pelo sistema de direito de uma ordem social capitalista. Quando

Marx diz que determinada concepção jurídica da justiça é adequada ao capitalismo e não devidamente adaptada às necessidades operacionais deste, sua intenção não é endossar essa concepção da justiça. Ele apenas comenta sobre a concepção jurídica da justiça adequada ao capitalismo, isto é, sobre como funciona a concepção da justiça que ele próprio mantinha, sobre o papel social que ela desempenha e sobre o modo como ela dá forma às ideias que os capitalistas e os trabalhadores têm sobre a justiça.

(b) Se estiver correta essa interpretação da concepção jurídica da justiça em Marx, as ideias que ele expôs serão congruentes. Pode-se dizer simplesmente que, ao descrever a apropriação capitalista do sobretrabalho com termos como "trabalho forçado", "apropriação indébita" e "furto camuflado", Marx expressa suas próprias convicções. Ele sugere que a apropriação capitalista é injusta, mas não diz isso expressamente com todas as palavras e talvez nem esteja ciente de todas as implicações de suas afirmações.

(c) A respeito da crença de Marx de que a mão de obra humana é o único fator de produção relevante sob o ponto de vista social e sobre a alegação de que todos têm igual direito de acesso aos meios de produção da sociedade e aos recursos naturais e de uso desses meios e recursos, pode-se dizer o seguinte:

    (i) essa é a concepção da justiça implícita na descrição que Marx faz da apropriação capitalista como roubo, apropriação indébita e outros termos, uma vez que a posse dos meios de produção como propriedade privada viola a igualdade de direitos. Além disso,

    (ii) essa concepção da justiça não é relativa às condições históricas, no sentido de ter havido diferentes concepções jurídicas da justiça adequadas respectivamente à escravidão da Antiguidade, ao feudalismo da Idade Média ou ao capitalismo da contemporaneidade. Cada uma dessas concepções é relativa às condições históricas e adequada apenas a seu período histórico específico. É nesse sentido que Marx condena todos aqueles modos de produção e as concepções jurídicas da justiça a eles associadas. Visto ser sempre verdade que a mão de obra humana é o único fator de produção relevante, ele rejeita todas as formas sociais da pré--história[1] como fundamentalmente injustas à luz desse padrão.

---

1. Marx refere-se ao processo histórico que leva ao capitalismo (isto é, à separação entre o produtor e os meios de produção) como "o estágio pré-histórico do capitalismo" (*O capital*,

(iii) O fato de uma sociedade de produtores livremente associados não poder ser realizada sob todas as condições históricas, devendo assim esperar até que o capitalismo aumente os meios de produção e os conhecimentos tecnológicos, não faz do ideal desse tipo de sociedade um ideal relativista. Isso quer dizer simplesmente que a concepção política da justiça do próprio Marx e os ideais a ela associados somente poderão realizar-se plenamente sob certas condições; isso, por outro lado, aplica--se a toda concepção e a todo ideal;

(iv) Em contraposição, as concepções jurídicas adequadas à escravidão, ao feudalismo e ao capitalismo nunca são válidas, mas servem a um propósito histórico e instrumental essencial durante certo período. As sociedades a cujos modos de produção essas concepções são adequadas podem ser, quando muito, isentas ou perdoadas, mas apenas por serem estágios necessários rumo a uma sociedade de produtores livremente associados no final da pré-história.

§ 2. O motivo de Marx não discutir explicitamente suas ideias sobre a justiça

1. Não deixa de intrigar o fato de que, admitindo-se que sejam congruentes as ideias de Marx sobre a justiça, ele não as tenha discutido pelo menos o bastante para afastar as ambiguidades de seu pensamento. Naturalmente, como já disse antes, ele parece nunca ter pensado sobre a justiça de modo sistemático, preferindo considerar bem mais urgentes muitos outros tópicos. Parece haver, porém, outras razões por trás dessa escolha. Mencionarei a seguir várias delas:

(a) Uma dessas razões é que Marx se opunha aos socialistas utópicos. Isso tem relação com a seguinte afirmação de Marx: "Os filósofos, até agora, apenas *interpretaram* o mundo de diversas maneiras; o fundamental, contudo, é *transformá-lo*" (*Tese XI sobre Feuerbach*, Tucker, p. 145; grifos em itálico no original de Marx). Tem relação também com o empenho de

vol. I, Tucker, pp. 714 s.) e, quando se refere a todos os processos que levam ao desejado surgimento da sociedade dos produtores livremente associados, menciona-os simplesmente como "pré-história".

Marx em *O capital* no sentido de reconhecer as "leis do movimento" do capitalismo e entender o funcionamento real do capitalismo, a fim de que, nas condições oportunas, todos soubessem como agir de modo realista e bem-informado.

(b) Outra razão para Marx não ter discutido suas ideias sobre a justiça é que ele se opunha ao reformismo e à tendência de concentração em questões da justiça distributiva – isto é, na distribuição de renda e riqueza e no aumento dos salários – como limitados demais. Naturalmente, ele não se opunha ao aumento dos salários em si; ao contrário, até exorta os trabalhadores a continuar lutando em prol do aumento salarial. Porém, em sua visão, os trabalhadores deveriam lutar pelo aumento salarial como parte de seus esforços de avanço da reconstrução econômica da sociedade. Em uma conferência ministrada em Londres em 1865 perante o Conselho Geral da Primeira Internacional, ele disse: "Em vez do lema conservador '*Salário justo por uma jornada de trabalho justa*', eles [trabalhadores] deveriam inscrever em seu estandarte a divisa '*Abolição do sistema salarial*.'"[2]

(c) Para Marx, os socialistas utópicos representam as tentativas iniciais da classe trabalhadora de realizar seus objetivos. A condição de subdesenvolvimento dessa classe e as circunstâncias econômicas necessárias para sua emancipação impossibilitaram que os socialistas utópicos desenvolvessem uma concepção teórica realista das condições necessárias para o cumprimento bem-sucedido desses objetivos. Em vez disso, eles partiram do princípio de que há uma nova ciência baseada em uma concepção do futuro que lhes permitirá criar as condições necessárias para a emancipação através de uma intervenção pessoal de cima para baixo ou através de persuasão moral. Os socialistas utópicos não veem a classe trabalhadora como o agente de sua própria emancipação, como Marx acredita que ela deve ser. Para eles, a classe trabalhadora é simplesmente a classe mais sofredora e não, como em Marx, uma classe politicamente ativa e movida pelas necessidades imperiosas de sua própria situação social como classe.

(d) Outro elemento é que a fase inicial representada pelos socialistas utópicos é marcada por uma anarquia de pensamento e por muitas concepções diversas sobre como seria a sociedade futura ideal. Esse estado de anarquia é plenamente natural à vista da natureza altamente pessoal e não histórica dessas doutrinas. Estas são, afinal, projetos para um futuro ima-

---

2. Marx, *Value, Price and Profit* (Nova York: International Publishers, 1935), Cap. XIV, p. 61. [Quinto parágrafo a partir do final.]

ginado, e não o resultado de uma análise teórica realista das atuais condições políticas e sociais. Esses projetos, para Marx, foram desenvolvidos ignorando o que ele chama de "leis do movimento do capitalismo", leis que produzirão, no devido momento, as condições necessárias para a completa abolição das classes. Segundo Marx, o anarquismo das concepções do futuro encontradas entre os socialistas utópicos somente pode ser superado com uma compreensão teórica exata das circunstâncias atuais e possíveis; tal compreensão tornará claro o que deve ser feito[3].

(e) Outra objeção de Marx contra os socialistas utópicos é que eles estariam vinculados a suas próprias concepções do futuro e por acharem que podiam impor essas concepções à sociedade de cima para baixo viam como desnecessárias a luta de classes e a ação revolucionária. Seu apelo tinha por alvo a "humanidade", como categoria mais ampla e mais fundamental do que classe. Por isso, para Marx, eles não teriam conseguido captar a base estamentária do capitalismo e a abrangência da transformação necessária para superá-lo. Do ponto de vista de Marx, os socialistas utópicos são reacionários no sentido de que suas doutrinas os levam a se opor ao único caminho realista para a emancipação, a saber, à luta revolucionária e à organização da classe trabalhadora como força política.

Assim, Marx acreditava que os socialistas utópicos agiam contra o caminho correto, que era, conforme dissera em um artigo no início da carreira, o de desenvolver "novos princípios para o mundo a partir dos princípios que ele já aplica. Não dizemos ao mundo: 'Parem de lutar; a luta é vã. Ouçam nosso grito, que é o verdadeiro lema da luta.' (Em vez disso,) Apenas mostramos ao mundo qual o objetivo de sua luta, pois a consciência é algo que ele *deve* adquirir, queira ou não"[4]. O objetivo (explícito) de Marx, então, é mostrar ao mundo – isto é, à classe trabalhadora como força política em pleno desenvolvimento e cada vez mais ativa – aquilo pelo qual se luta e não aquilo pelo qual se deve lutar. Para isso, Marx quer explicar à classe trabalhadora o significado de suas próprias experiências e atos na atual situação histórica. Sua intenção é elucidar o papel que a classe trabalhadora deve assumir em sua própria emancipação. Assim, um dos objetivos de *O capital* é explicitar as leis do movimento do capitalismo

---

3. *Cf.* Marx, *Selected Writings*, org. David McLellan, 2. ed., p. 149 (Oxford: Oxford University Press, 2000), citando *A sagrada família*.

4. Tucker, *The Marx-Engels Reader*, 2. ed., pp. 14 s., "Letter to Arnold Ruge", Deutsch-Französischer Jahrbücher, 1844; ver também Marx, *Selected Writings*, org. por McLellan, 2. ed., pp. 44-5.

como sistema social, a fim de que a compreensão da classe trabalhadora sobre sua própria situação e sobre seu papel histórico possa ter uma base científica realista, em vez de se fundar em concepções pessoais e morais do futuro abraçadas por visionários.

(f) Por fim, Marx vê com suspeita o mero discurso sobre ideais morais, especialmente sobre a justiça, liberdade, igualdade e fraternidade. Sua suspeita se dirige também contra indivíduos que mostram razões ostensivamente idealistas para apoiar o socialismo. Para ele, as críticas contra o capitalismo feitas com base nesses ideais têm tendência de serem não históricas e de não compreenderem corretamente as condições sociais e econômicas necessárias para melhorar a situação, mesmo sob a perspectiva desses ideais. Por exemplo, somos inclinados a acreditar que a justiça na distribuição pode ser aperfeiçoada de modo mais ou menos independente das relações de produção. Isso nos instiga a procurar a melhor doutrina da justiça distributiva que nos guie nesse caminho. Porém a distribuição não é independente das relações de produção – estas são, para Marx, fundamentais[5].

Marx também acredita que, em geral, deixando de lado muitas exceções individuais, os laços dos interesses de classe (em uma sociedade dividida em classes) são fortes demais. Se não assumirmos riscos com a classe trabalhadora, juntando-nos a ela em sua luta e sofrendo com ela em seu destino, não seremos seus aliados confiáveis. Reflexões sobre direito e justiça geralmente não podem servir de base firme para nos estimular a agir dessa maneira. Para Marx, normalmente somos estimulados por nossas necessidades imperiosas, que, em uma classe social, são determinadas por nossa posição social. Não reconhecer isso seria uma forma de devaneio deliberado.

Concluindo: Marx pode ter sido movido por muitas razões para não afirmar com todas as palavras que o capitalismo é injusto. Nenhuma delas, porém, o impede de elaborar ideias sobre a justiça e acreditar sinceramente consigo mesmo que o capitalismo seja injusto.

§ 3. O desaparecimento da consciência ideológica

1. Discutirei agora o que significa o primeiro estágio do comunismo, de acordo com a *Crítica ao programa de Gotha*, e em seguida tratarei de

---

5. A esse respeito, ver seção I da *Crítica ao programa de Gotha*.

algumas questões sobre o segundo estágio, o do comunismo total. Usarei a designação "sociedade de produtores livremente associados", muito usada em *O capital*, para me referir à sociedade ideal de Marx. De que modo se pode descrevê-la com poucas palavras?

Talvez da seguinte maneira: a sociedade de produtores livremente associados tem dois estágios, o estágio socialista e o do comunismo total. Cada um deles responde à seguinte descrição em duas partes, cada uma das quais será discutida adiante com alguma profundidade.

Em primeiro lugar, a sociedade de produtores livremente associados é uma sociedade em que a consciência ideológica já desapareceu. Seus membros compreendem o mundo social em que vivem e não têm ilusões sobre como ele funciona. Além disso, dado o desaparecimento da consciência ideológica, não têm devaneios sobre o papel que desempenham na sociedade, nem precisam desses devaneios.

Em segundo lugar, a sociedade de produtores livremente associados é uma sociedade em que não há nem alienação nem exploração.

Poder-se-ia questionar se o primeiro estágio do socialismo satisfaz suficientemente a esses requisitos. Para os nossos limitados propósitos aqui, assumiremos que sim.

2. Começo com o primeiro desses requisitos. Para Marx, a consciência ideológica é determinado tipo de falsa consciência. Ter uma ideologia, no sentido de Marx, não é simplesmente ter uma filosofia ou um conjunto de princípios e valores políticos, conforme a acepção muito comum de "ideologia" hoje em dia. Infelizmente, o termo tem sido abusado e perdeu o sentido original que Marx lhe deu. Para Marx, a ideologia não é simplesmente falsa; sua falsidade cumpre o papel sociológico e psicológico definido de manter a sociedade como sistema social.

Segundo a argumentação de Marx, há dois tipos de consciência ideológica: ilusões e devaneios. As ilusões são reais, pois com nossas capacidades totalmente normais de percepção e inferência somos enganados pelas aparências superficiais das coisas. Do mesmo modo, somos enganados pelas aparências superficiais das instituições, não conseguindo ver o que realmente acontece além da superfície. Nossas crenças são falsas porque somos ludibriados pelos simulacros, que são extremamente enganosos. Isso se dá de modo análogo às ilusões de ótica.

Em *O capital*, vol. I, Capítulo 1: § 4, Marx discute minuciosamente de que modo, ao concentrarmos nossa atenção nos preços relativos das mercadorias e nos fixarmos na relação entre preços e objetos, deixamos de ver a importância do fato de que as mercadorias são produzidas pela mão de obra humana e de que os preços expressam uma relação social entre produtores. Um exemplo mais claro e mais simples é dado por Marx quando discorre sobre a camuflagem do quociente entre trabalho necessário e sobretrabalho através do sistema salarial, contrastando com a clareza do sistema feudal, no qual é patente o sobretrabalho realizado pelo vassalo (*O capital*, vol. 1, Tucker, p. 365). Não há nada no modo como os salários são pagos que alerte aos trabalhadores sobre o valor pago pelo trabalho necessário e pelo sobretrabalho. Os trabalhadores provavelmente sequer são conscientes da diferença[6].

É em parte por causa dessas ilusões que Marx acredita ser necessária uma teoria econômica – e, em especial, uma teoria do valor-trabalho – a fim de irmos além das aparências superficiais capciosas e enganosas das instituições capitalistas. Marx afirma: "Toda ciência seria supérflua se houvesse coincidência imediata entre a aparência externa e a essência das coisas." *O capital*, vol. III, Capítulo XLVIII: § 3 (Nova York: International Publishers, 1967), p. 817.

Na sociedade de produtores livremente associados de fato há coincidência imediata entre a forma das aparências e a essência das coisas na política e economia. Isso porque as atividades econômicas da sociedade são realizadas em conformidade com um plano econômico elaborado publicamente de acordo com procedimentos democráticos. Voltarei a esse assunto mais adiante.

3. O outro tipo de consciência ideológica são os devaneios. Eles também são ou implicam crenças falsas; mas também implicam valores falsos ou irracionais. Estes são valores que não abraçaríamos se estivéssemos plenamente cientes do motivo pelo qual os defendemos, ou se não tivéssemos certas necessidades psicológicas que nos afligem e nos sujeitam a tensões especiais típicas de quem tem nossa posição e papel na sociedade.

Como bem se sabe, Marx via a religião como uma forma de consciência ideológica nesse sentido. Porém via também que é inútil criticar a religião como fizeram Feuerbach e os jovens hegelianos, que alegavam que a alienação religiosa é uma forma de fixação em uma realização imaginária em um mundo imaginário. Grande parte da psicologia da religião de Feuerbach

---

6. Ver cálculos em Duncan Foley, *Understanding Capital: Marx's Economic Theory* (Cambridge, Mass.: Harvard University Press, 1986), p. 46.

pode estar correta, mas explicá-la às pessoas não as ajuda a superar o apego à religião.

O que levou Marx a considerar inútil essa crítica é que as necessidades psicológicas às quais se refere a doutrina de Feuerbach dependem das condições sociais atuais. A religião faz parte da adaptação psicológica das pessoas a sua posição e a seu papel sociais. Até que as condições sociais se transformem, permitindo que as necessidades humanas sejam satisfeitas de modo eficaz em uma sociedade de produtores livremente associados, sempre haverá religião. Nas palavras de Marx em *O capital*, I (Tucker, 327): "O reflexo religioso do mundo real somente poderá, em todo caso, desvanecer-se quando as relações práticas da vida cotidiana oferecerem ao homem apenas relações perfeitamente inteligíveis e razoáveis [*durchsichtig vernünftig*] para com seus próximos e com a natureza."

Isso nos lembra o argumento da Tese XI de Marx – a última tese – sobre Feuerbach, que afirma, na íntegra: "Os filósofos, até agora, apenas *interpretaram* o mundo de diversas maneiras; o fundamental, contudo, é *transformá-lo*." Também nos lembra a observação de Hegel: "Quem vê o mundo racionalmente é racionalmente por ele visto." A isso Marx acrescenta, praticamente, que não poderemos olhar o mundo racionalmente até que sejamos racionais; e não poderemos ser racionais até que nosso mundo seja racional. Portanto, quando as condições permitirem, deveremos transformar nosso mundo social para que ele se torne racional.

4. Para Marx, outro tipo de devaneio está nas necessidades do sistema social e nas necessidades que devem ter os indivíduos que dele participam a fim de que ele funcione devidamente. Ora, o sistema capitalista implica roubo e furto no sentido de que ele implica a apropriação do produto excedente dos trabalhadores em violação do direito igual que estes têm de acesso aos meios de produção da sociedade. Todavia, o modo de produção capitalista tem o papel histórico de aumentar os meios de produção, a fim de possibilitar a existência de uma sociedade de produtores livremente associados. É essencial para o perfeito funcionamento do capitalismo (quando ele cumpre seu papel histórico) que haja ocultação desse roubo e furto. Isso porque, por ver tanto a si mesmos como aos trabalhadores como pessoas decentes, os capitalistas não querem ser ladrões, nem ser vistos como ladrões. Essa é, por assim dizer, a *List der Vernunft*, ou "astúcia da razão", de Hegel.

Assim, no período de ápice do capitalismo, a concepção jurídica da justiça, da qual Marx às vezes zomba como "o verdadeiro Éden dos direitos inatos do homem" (*O capital*, vol. I, Capítulo VI, Tucker, p. 343), permite que todos os agentes econômicos, tanto capitalistas quanto trabalhadores, vejam suas respectivas posições como justas e suas rendas e riquezas como merecidas. Isso, juntamente com as aparências enganosas das instituições capitalistas, facilita o funcionamento da ordem social.

Em uma sociedade de produtores livremente associados, esses devaneios não são mais necessários: o funcionamento da economia é guiado por um plano democrático publicamente conhecido e, portanto, patente, sem consequências preocupantes.

§ 4. Uma sociedade sem alienação

1. O segundo requisito para que exista uma sociedade de produtores livremente associados é a inexistência de alienação e exploração. Nos Manuscritos de Paris, de 1844, em uma seção intitulada "O trabalho alienado" (Tucker, pp. 70-81), Marx discute quatro aspectos da ideia de alienação:

No modo de produção capitalista, os trabalhadores são alienados, em primeiro lugar, do produto de seu trabalho, daquilo que produzem. O produto do trabalho dos trabalhadores se torna algo estranho, possuído e controlado por outros indivíduos – os capitalistas – que dele podem dispor como bem entenderem.

Mais que isso, porém, o sobretrabalho dos trabalhadores faz aumentar a enorme massa de capital (real) e, portanto, é incorporado à riqueza e à esfera de controle da classe cujos interesses são antagônicos aos dos trabalhadores. Além disso, os produtos do trabalho são levados ao mercado, e o movimento de preços – que são determinados pela concorrência – não é compreendido pelos trabalhadores (nem por nenhum outro indivíduo), pois não há plano de produção democraticamente definido.

Assim, os preços dos produtos do trabalho dos trabalhadores se ajustam às forças do mercado de maneira aparentemente controlada por um poder estranho. Esse poder é independente dos trabalhadores como produtores e os mantém em servidão em relação aos produtos de seu trabalho.

Em segundo lugar, o trabalhador é alienado da própria atividade produtiva do trabalho. Isto é, o trabalho é externo aos trabalhadores, pois não visa à realização da natureza dos trabalhadores. O trabalho não exerce nem desenvolve as capacidades naturais dos trabalhadores; tampouco é voluntário, e sim forçado, realizado apenas como meio de satisfação de outras necessidades. Em suma, o trabalho não compensa.

2. Em terceiro lugar, os trabalhadores são alienados de sua espécie e de sua vida-espécie (*Gattungswesen*). O mesmo se dá com os capitalistas. É verdade que a ideia da vida-espécie é um tanto obscura à primeira vista. Porém ela é típica do Idealismo alemão e é importante não banalizá-la. A banalização ocorre, por exemplo, quando se diz que chamar os seres humanos de "seres genéricos" significa considerá-los por natureza seres sociais. Ou que os seres humanos têm razão e autoconsciência e são conscientes de si e de outros seres humanos como seres que pertencem a uma única espécie, cujos membros possuem, eles também, razão e autoconsciência.

Ao contrário, creio que a ideia de Marx tem muito mais elementos. Ele tem em mente algo neste sentido: os seres humanos são uma espécie natural distinta, no sentido de que coletivamente produzem e reproduzem as condições de sua vida social no decorrer do tempo. Todavia, além disso, as formas sociais dos seres humanos evoluem historicamente e em determinada sequência até que afinal surja uma forma social mais ou menos adequada à natureza dos homens como seres racionais e ativos que, por assim dizer, criam, trabalhando com as forças da natureza, as condições de sua plena autorrealização social. A atividade através da qual se obtém essa autoexpressão coletiva é a atividade da espécie; isto é, ela é o trabalho realizado por muitas gerações em cooperação e se conclui somente após um longo período. Em suma: ela é o trabalho da espécie no decorrer da história. A espécie chegará à terra prometida – a sociedade do comunismo total –, mas nem todos os seus membros o farão. (Lembremos a ideia da perfectibilidade do homem no *Segundo discurso*, de Rousseau.)

Parte essencial dessa autocriação social dos seres humanos no decorrer da história é a atividade econômica. Viver alienado da espécie é, antes de tudo, não compreender esse processo; é também não participar dessa atividade de modo autorrealizável.

Se perguntarmos a importância desse tipo de participação para todos, a resposta será dada pelo tipo de sistema econômico que existe na sociedade de produtores livremente associados. Captamos um pouco dessa resposta ao ler as palavras de Marx na *Crítica ao programa de Gotha* sobre o primeiro estágio do socialismo. Voltarei a esse assunto adiante.

O quarto aspecto da alienação é que somos alienados em relação a outras pessoas. No capitalismo, a alienação assume a forma especial dada pelo mercado livre. Nesse caso, os trabalhadores são sujeitos diretamente ao poder dos capitalistas. Estes têm o poder de extrair sobretrabalho através do mercado de uma forma que não é patente para todos. E a relação entre capitalistas e trabalhadores é antagônica; os membros dessas classes são alienados um do outro e participam de um sistema econômico que tende a tornar os indivíduos indiferentes aos interesses uns dos outros.

3. Assim, a afirmação de Marx sobre a ausência de alienação e exploração em uma sociedade de produtores livremente associados pode ser compreendida desta forma: se investigarmos as quatro espécies ou aspectos da alienação, verificaremos que na sociedade de produtores livremente associados desapareceram tanto a alienação como a consciência ideológica. Isso porque nessa sociedade todos podem participar do processo de planejamento público democrático e todos contribuem para a consecução do plano resultante desse processo.

§ 5. Ausência de exploração

1. A segunda característica do segundo requisito de uma sociedade de produtores livremente associados é a ausência de exploração. Lembremos que para que haja exploração não basta que $s/v > 0$, em que s é o sobretrabalho (trabalho não remunerado) e v é o trabalho necessário para produzir bens para o próprio consumo do trabalhador. Isso é satisfatório no capitalismo, pois os capitalistas controlam o sobretrabalho e se beneficiam dele. Porém, em uma sociedade de produtores livremente associados – uma sociedade socialista – não há sobretrabalho (trabalho não remunerado). Isso porque em uma sociedade socialista, assim como em toda sociedade justa, deve haver um excedente a ser usado para o benefício do trabalhador – para gastos sociais tais como saúde pública, educação e bem-estar. Além disso, diz Marx: "Uma quantidade definida de sobretrabalho é requerida como seguro contra acidentes e com base na necessária e progressiva expansão do processo de reprodução ao acompanhar o desenvolvimento das necessidades e o crescimento da população" (*O capital*, vol. I, Tucker, p. 440). Assim, como vimos, o que faz com que $s/v > 0$ exploração é a natureza da estrutura básica da sociedade em que surge a exploração. Não há exploração no socialismo porque nele a atividade econômica segue um plano democrático público com a participação igual de todos. Isso respeita o direito igual arraigado na ideia marxiana da justiça, segundo a qual todos devem ter igual acesso aos recursos da sociedade.

2. Recordemos as principais características do contexto institucional do capitalismo que levam à exploração (façamos do quociente $s/v > 0$ um

indicador da exploração). Elas são simplesmente as prerrogativas da propriedade privada dos meios de produção, a saber:

(a) O excedente coletivo da sociedade (total de coisas produzidas pelo sobretrabalho) vai para as mãos de outras pessoas (não para as dos trabalhadores), que têm a posse dos meios de produção (por meio de procedimentos da ordem jurídica, contratos justos etc.). Assim, os proprietários, como classe social, são donos do resultado da produção.

(b) Os proprietários dos meios de produção também exercem controle autocrático sobre o processo de trabalho em suas empresas e em seus setores de atuação. São eles, e não os trabalhadores, que decidem sobre a introdução e o uso de novo maquinário, a extensão e detalhes da divisão de trabalho etc.

(c) Além disso, os proprietários dos meios de produção determinam a extensão e o direcionamento do fluxo de novos investimentos; decidem, por exemplo – cada empresa individualmente (admitindo-se que haja concorrência) –, onde seu capital excedente será mais bem aplicado para maximizar o lucro no longo prazo. Assim, essa classe determina (como um todo, mas não conjuntamente) o uso a ser feito do excedente social e a taxa de crescimento da economia.

3. Dessa forma, o resultado é que, para Marx, não há exploração quando essas prerrogativas estão nas mãos dos produtores livremente associados e são exercidas com base em um plano democrático público que todos compreendam e em cuja elaboração todos participem. Tampouco há consciência ideológica ou alienação. A sociedade de produtores livremente associados alcança a "unidade entre teoria e prática".

Em outras palavras, a compreensão compartilhada dos produtores sobre o mundo social em que vivem, conforme expressa no plano econômico público, é uma descrição verdadeira desse mundo. É também uma descrição de um mundo social justo e bom, no qual os indivíduos satisfazem às necessidades humanas de liberdade e autodesenvolvimento, reconhecendo, ao mesmo tempo, o direito de todos ao igual acesso aos recursos da sociedade.

§ 6. Comunismo total: superação do primeiro defeito do socialismo

1. Até agora, ao investigar a ideia da sociedade de produtores livremente associados, tenho procurado salientar a importância, para Marx, da ideia do plano econômico elaborado democraticamente, que todos compreendam e do qual todos participem.

Para Marx, se a sociedade de produtores livremente associados seguir esse plano, a consciência ideológica desaparecerá e não haverá alienação nem exploração. Disso resulta uma união entre teoria e prática: entenderemos então a razão de nossos atos, que, por sua vez, realizarão nossas capacidades em condições de liberdade. Contudo, no primeiro estágio do comunismo – seguindo a tradição, chamemos esse estágio de "socialismo" –, ainda há muita desigualdade, devido à desigualdade de dons inatos e ao fato de que o trabalho é recompensado por sua duração e intensidade em bens de consumo. Essa recompensa aos dons inatos tem sido chamada de exploração socialista[7].

Além disso, há ainda divisão do trabalho, pois, como Marx sugere (*Crítica ao programa de Gotha*, Tucker, p. 531), é apenas na fase mais avançada da sociedade comunista – novamente seguindo a tradição, chamaremos essa fase de "comunismo" – que a divisão do trabalho é superada. Marx parece ver esses dois defeitos, a desigualdade e a divisão do trabalho, como elementos inevitáveis em uma sociedade que acaba de emergir do capitalismo após longa luta, assim como no primeiro estágio, o do socialismo.

Para nossos propósitos aqui, aceitarei a ideia do plano público e democrático de Marx. Aceito também a ideia de que esse plano elimina a consciência ideológica, a alienação e a exploração (exceto, possivelmente, a exploração socialista, conforme definida por Roemer, acima). A ideia do plano econômico público e democrático apresenta muitas dificuldades e foi elaborada de modo extremamente vago por Marx, que a deixou como um problema para o futuro. As dificuldades dessa ideia não serão discutidas aqui. Em vez disso, discutirei diversas outras questões que mais se aproximam de nossas preocupações com as ideias marxianas da justiça e com a crítica de Marx à tradição liberal.

2. Comecemos discutindo o primeiro defeito do socialismo, a desigualdade de quotas de bens de consumo resultante da desigualdade de dons naturais, que é uma forma de "privilégio natural". Lembremos o trecho da *Crítica ao programa de Gotha* (Tucker, pp. 530-1):

"Direitos iguais [...] ainda assim são, em princípio, direitos burgueses."
"Direitos naturais ainda assim são [...] estigmatizados por uma limitação burguesa."
"Os direitos dos produtores são proporcionais ao trabalho que produzem."

---

7. Ver John Roemer, *Value, Exploitation, and Class* (Nova York: Horwood, 1986), pp. 77 s.

"A igualdade consiste [em aplicar] um único critério para todos, o trabalho."

"Porém, um homem é superior a outro, seja física ou intelectualmente, e, dessa forma, produz mais trabalho durante o mesmo período."

"Direitos iguais são direitos desiguais em troca de trabalho desigual."

"A desigualdade de dons inatos dos indivíduos e, portanto, a capacidade produtiva [são reconhecidas] como privilégios naturais."

"São, portanto, direitos desiguais em seu conteúdo, assim como qualquer direito."

"Além disso, [alguns indivíduos têm famílias maiores e diversas outras reivindicações procedentes].

"Para evitar todos esses defeitos, os direitos deveriam ser desiguais, em vez de iguais."

3. Marx parece aceitar essa desigualdade como algo inevitável na primeira fase da sociedade comunista. Diz ele: "Os direitos nunca podem ser superiores à estrutura econômica da sociedade e ao desenvolvimento cultural por ela condicionado" (*Crítica ao programa de Gotha*, p. 531). Assim, é preciso esperar até que haja uma transformação das condições econômicas.

Por que, porém, temos simplesmente de esperar por essa transformação? Por que, por exemplo, a sociedade não poderia, através da adoção de um princípio como o Princípio da Diferença[8], impor diversos impostos etc. e ajustar os incentivos a fim de que os maiores dons naturais de alguns sejam empregados para vantagem dos que têm dons naturais menores? Terá sido um simples descuido da parte de Marx o fato de ele não ter pensado nisso?

Seguindo os passos de G. A. Cohen, digamos que Marx defende o que podemos chamar de um ponto de vista libertário que pode ser descrito da seguinte maneira:

(a) "Todo indivíduo tem a plena soberania individual sobre sua própria pessoa e capacidades; e todo indivíduo tem o direito moral de fazer consigo o que quiser, desde que não viole os direitos de soberania individual de ninguém." Portanto,

---

8. O Princípio da Diferença é a segunda parte do segundo e último princípio da justiça na teoria da justiça como equidade; segundo esse princípio, as desigualdades sociais e econômicas devem satisfazer a duas condições: em primeiro lugar, devem ser vinculadas a cargos e postos acessíveis a todos em condições de justa igualdade de oportunidade; e, em segundo lugar, devem visar ao maior benefício possível dos membros menos privilegiados da sociedade. Rawls, *Restatement*, pp. 42 s.

(b) "O indivíduo não poderá, sofrendo pena de coação, ser levado a prestar ajuda a alguém, a menos que tenha sido esta sua intenção."

A proposição (b) é entendida como consequência de (a)[9].

4. Ainda seguindo os passos de Cohen, o libertarianismo, segundo a definição, "pode combinar-se com outros [...] princípios no que diz respeito aos recursos produtivos que não são pessoas" – terras, recursos minerais e forças da natureza. A corrente que poderíamos chamar de libertarianismo de direita (Robert Nozick, em *Anarquia, Estado e utopia*) "acrescenta ainda que as pessoas com soberania individual podem adquirir direitos de peso semelhante em quantidades desiguais. O libertarianismo de esquerda, por outro lado, é igualitário no que diz respeito à distribuição de recursos externos brutos. Henry George, Leon Walras, Herbert Spencer e Hillel Steiner foram representantes dessa doutrina[10].

Eu não diria que Marx é um libertário de esquerda, pois ele certamente não se descreveria dessa forma. Essa doutrina, porém, é compatível com suas ideias em diversos aspectos:

(a) Em primeiro lugar, o libertarianismo é uma crítica ao capitalismo conforme sua definição proposta na análise que fizemos. Essa crítica vê a exploração como algo fundado no fato de que os capitalistas são donos de todos os meios de produção. Já sugeri anteriormente que, para Marx, todos têm direitos iguais de acesso a esses recursos e de uso deles. Trata-se de um monopólio de classe dos meios de produção que é a raiz da exploração.

(b) Marx não sugere que os indivíduos mais privilegiados em termos de dons inatos devam ser obrigados a ganhar suas parcelas maiores de consumo a fim de contribuir para o bem-estar dos menos privilegiados. Além de respeitar o direito igual de todos de acesso aos recursos naturais externos, ninguém deve nada a ninguém a não ser aquilo que desejar fazer voluntariamente. Os menos privilegiados não carecem de acesso aos recursos externos; são simplesmente menos privilegiados.

(c) Essa postura está em consonância com as ideias de Marx em *A ideologia alemã*. Não é uma postura segundo a qual as pessoas sejam ordenadas a ajudar umas às outras, nem uma postura que tenha inculcado nas pessoas diversos deveres e obrigações através da cultura gerada em torno dela. Ao contrário, Marx refere-se a uma sociedade sem esse tipo de lição

---

9. G. A. Cohen: "Self Ownership, Communism, and Equality", *Proceedings of the Aristotelian Society* 64 (Suplemento), 1990, pp. 1 s.

10. *Ib.*, p. 118.

moral, uma sociedade na qual as pessoas não têm sérios conflitos de interesse umas com as outras e podem fazer o que quiserem, pois já foi superada a divisão do trabalho (*A ideologia alemã*, Tucker, p. 160).

Minha conclusão é de que Marx rejeitaria o princípio da diferença e outros princípios afins. Conforme observado por Cohen, Marx vê o comunismo como um igualitarismo radical – igualdade de acesso aos recursos da sociedade – sem coação. Este último aspecto significa que ninguém pode ser obrigado a se beneficiar apenas a fim de contribuir para o bem-estar dos outros. Isso seria coação. Seria o mesmo que conceder a algumas pessoas (àquelas que recebem auxílio) o direito de determinar de que modo os outros devem usar suas capacidades – desde que todos respeitem o direito a igual acesso, que é um princípio libertário de esquerda. Minha proposta, por outro lado, é que devem ser introduzidos princípios como o Princípio da Diferença ou outras medidas afins para que a justiça do contexto social seja preservada no decorrer da história.

§ 7. Comunismo total: superação da divisão do trabalho

1. O que possibilita a superação da divisão do trabalho? Antes disso, porém, o que há de mal na divisão do trabalho? Na verdade, são muitos fatores, e alguns deles são listados no trecho bastante conhecido de *A ideologia alemã*: "[...] tão logo começa a haver a divisão do trabalho, cada indivíduo passa a ter uma esfera de atividade especial e exclusiva que lhe é imposta e da qual não pode fugir. O indivíduo [...] deve continuar assim [nessa esfera de atividade] se não quiser perder seus meios de subsistência; na sociedade comunista, porém, onde ninguém tem uma esfera exclusiva de atividade e cada indivíduo pode aperfeiçoar-se no ramo que desejar, a sociedade regula a produção geral, permitindo, assim, que eu faça uma coisa hoje e outra amanhã [...] como bem entender" (Tucker, p. 160).

2. O que, então, atrai Marx nessa descrição do comunismo? Em primeiro lugar, no comunismo podemos fazer "como bem entendermos". Nossas atividades são desenvolvidas de forma harmoniosa com as dos outros indivíduos. Fazemos o que queremos, eles fazem o que querem, e todos nós podemos ter atividades conjuntas. Porém não há sensação de constrangimento moral nem de obrigações morais; não há sensação de estarmos atados a princípios que definem os direitos e a justiça.

A sociedade comunista é uma sociedade em que já desapareceu a consciência diária de uma sensação de direito, justiça e obrigação moral. Para Marx, ela não é mais necessária, nem tem um papel a desempenhar.

3. Outra característica que atrai Marx ao comunismo é que no comunismo todos podem, caso desejem, realizar suas várias capacidades e se dedicar a qualquer uma entre todas as atividades humanas. Podemos todos nos tornar – se assim quisermos – indivíduos versáteis que exibem todas as possibilidades humanas. Esse é um dos significados da superação da divisão do trabalho.

Nessa concepção, se fôssemos músicos, por exemplo, poderíamos querer nos revezar tocando todos os instrumentos de uma orquestra. (Se isso parecer implausível, basta pensar na orquestra como a gama total das atividades humanas.) Por outro lado, há uma ideia contrária, enunciada por Wilhelm von Humboldt e ilustrada pela analogia da orquestra em *Uma teoria da justiça*, § 79, nota 4. Segundo essa ideia [a da união social], através da divisão do trabalho podemos cooperar uns com os outros na realização do total das capacidades humanas de cada um e ainda usufruir juntos, em uma atividade coletiva, dessa realização.

Essa é uma ideia diferente, na qual a divisão do trabalho possibilita algo que sem ela seria inatingível e que, além disso, seria aceitável somente sob certas condições – ausência de constrangimento e exclusividade, os mesmos fatores que Marx desaprova. Mas essa não é uma ideia de Marx. Para Marx, os homens devem se tornar indivíduos versáteis que se associam aos outros apenas quando querem. Essa ideia é congruente com a ideia da soberania individual conforme definida anteriormente e não se deixa restringir pela consciência de uma sensação de direito e justiça.

4. O que possibilita a superação da divisão do trabalho? Ao que parece, são essencialmente três fatores:

(a) Abundância ilimitada, que resulta do aumento dos meios de produção.

(b) O trabalho se torna a necessidade máxima da vida: as pessoas precisam trabalhar, e isso torna desnecessário instigá-las ao trabalho por meio de incentivos.

(c) O trabalho, além disso, atrai as pessoas – tem para elas um significado –, fator que deriva de (b).

Dois trechos de Marx são especialmente relevantes nessa argumentação. Em uma passagem de *Crítica ao programa de Gotha* (Tucker, p. 531;

McLellan, p. 615), Marx diz que apenas no período de ápice do comunismo "o estreito horizonte dos direitos burgueses" é ultrapassado (trata-se da desigualdade que discutimos antes). "Não há mais a antítese entre trabalho intelectual e trabalho físico." O trabalho torna-se "não apenas um meio de vida, mas a necessidade máxima da vida"; e a sociedade assume a divisa: "Cada um dá aquilo que pode e recebe aquilo de que precisa!"[11]

O outro trecho, retirado de *O capital*, vol. III (Tucker, p. 441), diz respeito ao âmbito da liberdade que se inicia "apenas onde não mais haja trabalho determinado pela necessidade e considerações mundanas".

5. Como interpretar o preceito "Cada um dá aquilo que pode e recebe aquilo de que precisa"? Não creio que se trate de um preceito de justiça, nem princípio de direito. É simplesmente um preceito ou princípio descritivo que se refere com precisão às coisas que acontecem e ao modo como elas acontecem no período de ápice do comunismo.

§ 8. O período de ápice do comunismo é uma sociedade além da justiça?

1. Muita gente tem tido vontade de dizer que o comunismo é uma sociedade além da justiça. Em que sentido isso é verdade? Depende de que aspecto da sociedade comunista estivermos analisando. Lembremos que o comunismo é igual ao igualitarismo radical sem o elemento da coação. Essa ideia ainda é válida e envolve os seguintes elementos:

(a) O direito igual de todos de acesso aos meios de produção da sociedade e de uso desses meios.

(b) O direito de todos de participar, juntamente com outros indivíduos, de procedimentos públicos e democráticos de elaboração do plano econômico.

(c) Participação igual – pressuposição minha – na realização do trabalho necessário da sociedade que ninguém queira realizar, quando esse trabalho existir (admite-se que ele exista).

Logo, a distribuição de bens será justa se aceitarmos a igualdade como justa. Além disso, o direito igual de todos ao uso dos recursos e à participação no planejamento público democrático é respeitado, desde que esse planejamento seja necessário. Assim, de certo modo – segundo essa ideia da justiça – a sociedade comunista certamente é justa.

---

11. Esse preceito é de Louis Blanc e faz parte de *Organization of Work*, 9. ed. (Paris, 1850).

2. Por outro lado, a sociedade comunista parece ser além da justiça. Isto é, embora ela alcance a justiça no sentido que acabamos de definir, faz isso sem depender da sensação de direito e justiça que as pessoas possam ter. Os membros da sociedade comunista não são pessoas movidas pelos princípios e virtudes da justiça – isto é, pela disposição de agir com base em princípios e preceitos da justiça. Elas talvez estejam cientes do que é a justiça e talvez se recordem de que a justiça motivou as ações de seus ancestrais; porém elas não se preocupam séria e cotidianamente com a justiça nem com debates sobre os requisitos da justiça. Essas pessoas nos são estranhas e difíceis de descrever.

Contudo, a ausência de preocupação com a justiça era uma característica que atraía Marx. Caberia perguntar se ela é realmente uma característica que atrai a nós também. Conseguiremos compreender como ela seria na prática? Lembremos do que Mill diz em *Sobre a liberdade*, III: § 9[12]. É fácil rejeitar a abundância ilimitada de Marx como utopia. Porém a questão da desejabilidade do esvaecimento da justiça levanta outra questão bem mais profunda.

Para mim, o esvaecimento da justiça é tanto indesejável em si, como também uma questão de prática. Creio que as instituições justas não surgirão por si sós, pois elas dependem em certo grau – embora, naturalmente, não só – de que os cidadãos tenham uma sensação de justiça aprendida exatamente nos contextos em que se dão essas instituições. A ausência de preocupação com a justiça é indesejável em si, pois ter uma sensação de justiça e tudo o que ela traz consigo faz parte da vida humana e do esforço de compreender os outros e de reconhecer os direitos alheios. Agir sempre como bem se entende, sem se preocupar com os direitos alheios, nem estar ciente deles, seria levar uma vida sem consciência das condições essenciais de uma sociedade humana decente.

Observações finais

Nestas conferências, tentei explicar o lugar central que ocupa a ideia marxiana da sociedade de produtores livremente associados que condu-

---

12. Mill diz que é "cultivando e estimulando [o que tem de individual] dentro dos limites impostos pelos direitos e interesses alheios que o ser humano se torna um nobre e belo objeto de contemplação. [...] Não se pode abolir toda forma de pressão necessária para prevenir que os espécimes mais fortes da natureza humana desrespeitem os direitos alheios. [...] Quando forçado a seguir regras rígidas de justiça em prol dos outros, o indivíduo desenvolve os sentimentos e aptidões que têm por objeto o bem alheio".

zem sua vida-espécie – termo do próprio Marx – de acordo com um plano econômico público e elaborado democraticamente, que todos compreendam e do qual todos participem.

Quando a sociedade se comporta dessa maneira, a consciência ideológica desaparece e não há alienação nem exploração. Haverá, então, uma unidade de teoria e prática: todos entenderemos a razão de nossos atos, que, por sua vez, realizarão nossas capacidades naturais em condições de liberdade. A ideia do plano econômico público, democrático e com a participação de toda a sociedade tem raízes muito profundas e consequências fundamentais no pensamento de Marx. É importante ver isso, especialmente agora que a queda do comunismo pode nos levar facilmente à tentação de ignorar essas relações e imaginar que é a própria ideia do plano econômico democrático que se encontra em descrédito. Embora se possa rejeitar essa ideia, é preciso tentar compreender por que razão ela desempenha um papel tão central na tradição socialista e qual a importância que ela tem para nós hoje.

APÊNDICES

Quatro conferências sobre Henry Sidgwick

Cinco conferências sobre Joseph Butler

Ementa do curso

ÍNDICE REMISSIVO

QUATRO CONFERÊNCIAS SOBRE HENRY SIDGWICK

(outono de 1976, 1979)

CONFERÊNCIA I

Sidgwick e *Os métodos da ética*

§ 1. Observações preliminares

(1) Recordemos que na primeira conferência sobre Hume comentei que a tradição histórica do utilitarismo se estende aproximadamente de 1700 a 1900. E o que chamo de "linhagem clássica" dentro dessa tradição é representada por Bentham, Edgeworth e Sidgwick (vamos chamar esse grupo de "linhagem BES"). *Os métodos da ética*, escrito por Sidgwick (1. ed.: 1874; 7. e última ed.: 1907), é o mais refinado e completo manifesto filosófico da doutrina utilitarista (contido no Livro I, Cap. 9; Livro II, Cap. 2; Livro III, Cap. 13-14; Livro IV); pode-se dizer que ele representa a conclusão de uma fase de desenvolvimento histórico. Bentham e Edgeworth são mais originais no que se refere ao acréscimo de ideias fundamentais ao princípio da utilidade clássico, que, nesses filósofos, é uma noção precisa, definida e sujeita a interpretações matemáticas, contrastando com a noção humiana da utilidade, bem mais vaga e equivalente à felicidade e às necessidades da sociedade – porém, se comprimirmos de alguma forma a ideia humiana do ponto de vista do espectador judicioso, veremos que ela traz latente uma transição natural para o princípio clássico. (Ver a segunda conferência sobre Hume e a análise abaixo.) A originalidade de Sidgwick reside na concepção que ele tinha da filosofia moral em si: o que ela é, como fazê-la etc.

(2) Ao decidir estudar os três autores utilitaristas – Hume, Sidgwick e J. S. Mill –, fixamo-nos em primeira instância na noção da utilidade e dedicamos atenção ao modo como ela é definida e compreendida. Com esse método, encontraremos três noções bastante diferentes da utilidade: a de Hume, a de Sidgwick (isto é, a da linhagem BES) e a de J. S. Mill.

Na segunda conferência sobre Hume, analisamos a ideia do ponto de vista do espectador judicioso[1] para descobrir:
(i) qual era, para Hume, o papel desse ponto de vista em sua teoria psicológica e naturalista da moral; e
(ii) se ele oferecia um modo intuitivo para se chegar a uma noção de utilidade mais precisa (mais exata) que aquela usada por Hume no *Tratado*, na *Investigação sobre os princípios da moral* e no ensaio "Do contrato original" – noção que, como vimos, não apresenta contraste definido em relação ao critério do contrato social de Locke quando ambos esses princípios são usados como princípios normativos.

Sugeri anteriormente que se pode chegar a esse modo natural ou intuitivo com o seguinte procedimento:

(a) Partimos da ideia de Hume de que as aprovações e desaprovações morais são articuladas com as emoções humanas naturais – isto é, paixões originais de nossa natureza (e inerentes a ela) –, que são o amor e o ódio. Ou ainda, como na *Investigação*, articuladas com o princípio da humanidade (benevolência).

(b) As aprovações e desaprovações fundam-se no princípio da humanidade despertado pelo ponto de vista do espectador judicioso. Quanto a isso, observemos o importante parágrafo 5 da seção VI da *Investigação*, no qual Hume afirma: "Os mesmos dons [qualidades de caráter] do intelecto, em qualquer circunstância, conformam-se ora ao sentimento moral, ora ao sentimento da humanidade; o mesmo temperamento é suscetível a altos graus de influência ora deste, ora daquele; e a mesma alteração nos objetos, através de uma maior aproximação ou por ligações, estimula ora um, ora o outro."

Hume prossegue: "Conforme todas as regras da filosofia, portanto, é forçoso concluir que esses sentimentos são originalmente os mesmos [com isso, ele quis dizer que na origem esses sentimentos são os mesmos na esfera do eu, *neste momento*], pois, em cada particular, mesmo no mais diminuto, são governados [em igual medida] pelas mesmas leis e movidos pelos mesmos objetos."[2]

(c) Em seguida, se combinarmos esses dois pressupostos para formarmos uma ideia dos juízos morais *comparativos*, veremos que não deixa de

---

1. A respeito do termo "espectador judicioso", ver *Tratado da natureza humana*, Livro III, Parte III, seção 1, ¶ 14.
2. *An Enquiry Concerning the Principles of Morals*, pp. 235-6.

ser natural dizer que do ponto de vista do espectador judicioso aprovamos com mais veemência, isto é, em maior medida, uma instituição ou conjunto de qualidades em detrimento de outro(a) se ele(a) produzir (ou der a impressão de produzir) mais felicidade. O aumento da felicidade estimula mais nossos sentimentos. Com isso, estamos nos aproximando da definição da utilidade proposta por Bentham-Edgeworth-Sidgwick.

Em Hume, encontramos alguns sinais dessa noção mais precisa, mas não muitos. Em certa altura da *Investigação*, Hume refere-se ao "peso do bem" (Apêndice III); e em outro trecho ele demonstra estar consciente do princípio da utilidade marginal decrescente: ver a análise da impraticabilidade da igualdade perfeita (seção III, parágrafo 25, p. 194). Essencialmente, porém, uma noção mais precisa do utilitarismo começa a surgir somente com os filósofos da linhagem BES. Ao chamar essa noção de "mais precisa", não quero sugerir que ela seja absolutamente a melhor de todas, em termos filosóficos. O fato, contudo, é que ela oferece um claro contraste em relação a outras teorias, e isso lhe dá uma vantagem: com ela, podemos no mínimo ver mais claramente as diferenças entre o utilitarismo e a tradição do contrato social. Em parte, é devido a nossa busca dessa precisão e clareza que passamos agora a estudar Sidgwick.

(3) Discutirei agora *Os métodos da ética* como obra de filosofia. Esse livro é para mim – opinião sem dúvida um tanto excêntrica – importante tanto do ponto de vista filosófico como do ponto de vista histórico.

(a) Em primeiro lugar, o livro simboliza o retorno irrestrito e sério de Oxford e Cambridge à tradição filosófica anglo-saxã. Lembremos que esse retorno é recente, começando aproximadamente em 1870. Sidgwick teve certa importância nesse contexto ao se recusar a aceitar os Trinta e Nove Artigos, em 1869[3], e renunciar ao cargo de membro da congregação do Trinity College. Isso não quer dizer que não tenha havido figuras importantes de atuação universitária antes de Sidgwick; F. D. Maurice, Whewell e John Grote foram alguns exemplos, mas todos os três eram anglicanos e

---

3. [Os Trinta e Nove Artigos formavam o núcleo da confissão da Igreja Anglicana, apresentados em 1563 e aprovados pela Assembleia Anglicana e pelo Parlamento em 1571. Baseavam-se em grande parte na Confissão Luterana de Augsburgo (1530) e na Confissão de Württemberg (1562). É um documento que assevera as doutrinas ortodoxas cristãs da Trindade, da Pessoa de Cristo e da corrupção humana; além disso, assume um caráter protestante (ou "católico reformado") em sua ênfase na justificação pela fé, nas Escrituras e na existência de apenas dois sacramentos. Ver Stephen Sykes e John Booty (orgs.), *The Study of Anglicanism* (Nova York: Fortress Press, 1988), pp. 134-7. (N. do Org.)]

rejeitavam o utilitarismo e o empirismo (personificados por filósofos como Hume, Bentham e Mill, pai e filho). Talvez se possa dizer que eles tinham um compromisso para com a oposição ao utilitarismo porque consideravam essa doutrina incongruente com as convicções religiosas que defendiam. A oposição em si não representa perigo, mas quando se torna condição para que um intelectual permaneça na universidade o quadro se altera.

(b) *Os métodos da ética* é a formulação mais clara e mais acessível da doutrina utilitarista clássica, segundo a qual o fim moral último de todo ato social ou individual é obter a maior soma líquida possível de felicidade para todos os seres sensíveis. A felicidade é definida como o saldo líquido (positivo ou negativo) do prazer menos a dor, ou, conforme Sidgwick preferia dizer, como o saldo líquido da consciência agradável menos a consciência desagradável. Na época de Sidgwick, a doutrina clássica que acabamos de esboçar era conhecida havia muito tempo, devido às obras de Bentham e à influência que elas exerceram sobre filósofos posteriores. O que torna *Os métodos da ética* uma obra tão importante é o fato de Sidgwick ser mais consciente que outros autores clássicos quanto às muitas dificuldades enfrentadas pela doutrina utilitarista e tentar lidar com essas dificuldades de modo coerente e meticuloso, mas nunca se afastando dos rigorosos limites da doutrina, tal como fez J. S. Mill, por exemplo. O livro de Sidgwick, portanto, é entre as obras estritamente clássicas do utilitarismo a de maior profundidade filosófica e representa, por assim dizer, a conclusão de um período dessa tradição.

(c) A obra é importante ainda por outro motivo. *Os métodos da ética* é a primeira obra verdadeiramente acadêmica sobre filosofia moral (em língua inglesa), moderna tanto em seu método como no espírito de sua abordagem. Nela, a filosofia moral é tratada como qualquer outro ramo do conhecimento. Promete oferecer um estudo comparativo e sistemático das concepções morais, a começar com as mais importantes tanto do ponto de vista histórico como com base em critérios contemporâneos. Sidgwick incumbiu-se desse estudo por acreditar que de outra forma seria impossível elaborar uma justificação da doutrina clássica (ou de qualquer outra concepção moral). E era essa justificação que ele pretendia oferecer. Para isso, ele tenta reduzir todas as principais concepções morais a apenas três: hedonismo egoísta, intuicionismo e hedonismo universal (doutrina utilitarista clássica). Após a descrição do objeto e dos limites da ética, no Livro I, os três livros seguintes tratam dessas três concepções na ordem mencionada acima, embora se deva observar que até o final do Livro III o hedonismo universal é explicado e defendido como uma doutrina de natureza tão superior quanto o intuicionismo. No Livro IV, há uma justificação sistemática do hedonismo universalista em detrimento do intuicionismo. Na leitura, cria-se a expectativa de que Sidgwick prossiga e defenda o hedonismo universalista como uma doutrina que também é superior ao hedonismo egoísta, pois é evidente a simpatia filosófica e moral que o autor nutre pelo primeiro. Porém, ele se vê impossibilitado de fazer isso e acredita que ambas as formas de hedonismo satisfazem igualmente aos critérios da justificação fundamentada que formulou tão meticulosamente. Sidgwick conclui com assombro que nossa razão prática parece estar em conflito interno; a questão de se e como esse conflito pode ser solucionado permanece em aberto, a ser tratada não em uma obra de ética, mas somente após termos feito um exame geral dos critérios de verdade e falsidade das crenças.

(d) *Os métodos da ética* tem dois sérios defeitos com os quais não precisamos nos preocupar agora: (i) a obra contém uma gama um tanto restrita de comparações e omite, a meu ver, diversos aspectos fundamentais que deveriam fazer parte de uma concepção da moral; (ii) Sidgwick não consegue ver a doutrina de Kant como uma concepção moral distinta e que merece ser estudada por si só. Apesar dos defeitos, Sidgwick apresenta uma comparação abrangente, completa e bem-feita entre o utilitarismo e o intuicionismo.

(e) A originalidade de Sidgwick reside na concepção que ele elaborou da disciplina da filosofia moral e na ideia de que qualquer justificação fundamentada e satisfatória de qualquer concepção moral específica deve partir do conhecimento completo e de uma comparação sistemática das concepções morais mais significativas da tradição filosófica. *Os métodos da ética* é uma obra fundamental porque desenvolve essa concepção da filosofia moral com maestria e segurança e com pleno domínio dos detalhes necessários. A melhor maneira de iniciar uma compreensão precisa e um estudo bem-informado da doutrina utilitarista clássica – que ainda hoje é altamente relevante para a filosofia moral contemporânea – é partindo de um estudo meticuloso do tratado de Sidgwick.

A natureza acadêmica de *Os métodos da ética* e, sem dúvida, certas características do estilo de Sidgwick dificultam a leitura da obra, que facilmente dá a impressão de ser maçante e cansativa; entretanto, não é raro obras acadêmicas serem maçantes, mesmo as de primeira categoria, a menos que o leitor se deixe envolver pelas ideias e esteja suficientemente preparado antes de iniciar a leitura. Nem poderia ser diferente. Assim, minha tarefa aqui é tentar dar informações suficientes sobre *Os métodos da ética* e sobre o contexto da obra para que se esteja em posição de pelo menos reconhecer o objeto da argumentação. É preciso avançar aos poucos.

(4) Dados biográficos: toda a vida de Sidgwick se deu durante o reinado da rainha Vitória (1837-1901); ele nasceu em 31 de maio de 1838 e morreu em 28 de agosto de 1900. Seu pai, neto de um rico fabricante de caixões, frequentou o Trinity College, em Cambridge, e tornou-se clérigo da Igreja Anglicana, nomeado em seguida professor do liceu de Skipton, Yorkshire, vindo a falecer em 1841.

Henry Sidgwick frequentou o internato de ensino público Rugby School e em 1855 ingressou no Trinity College; após brilhante carreira no curso de graduação, tornou-se membro da congregação do Trinity College em 1859 (aos 21 anos de idade). Renunciou ao cargo de membro da congregação em 1869 (aos 31 anos) em razão de suas incertezas religiosas: para a permanência no cargo era necessário aderir aos Trinta e Nove Artigos da Igreja Anglicana[4]. Após a renúncia, recebeu prontamente um cargo especial para o qual não era necessária a adesão por escrito aos Artigos; além disso, foi renomeado membro da congregação da faculdade após a revogação da lei que exigia a adesão por escrito. Em 1883, aos 45 anos, tornou-se professor titular da cátedra Knightbridge (sucedendo a Birks, que, por sua vez, era sucessor de F. D. Maurice). Nunca ensinou em outra instituição. Recebeu convite de William James para uma temporada em Harvard durante o ano de 1900, mas parecia não estar interessado em seguir essa oportunidade.

---

4. [Os seguintes comentários foram encontrados entre os apontamentos de Rawls sobre Sidgwick e referem-se às ideias que levaram Sidgwick a renunciar ao cargo. Os comentários parecem seguir os passos da análise de J. B. Schneewind em *Sidgwick's Ethics and Victorian Moral Philosophy* [A ética de Sidgwick e a filosofia moral vitoriana] (Oxford: Oxford University Press, 1977), pp. 48-52.] "As ideias de Sidgwick no panfleto 'The Ethics of Conformity and Subscription' [A ética da submissão e da adesão] (1870): qual é o *dever* dos membros progressistas de uma comunidade religiosa para com essa comunidade no que se refere à expressão de opiniões discordantes? Para Sidgwick, é preciso escolher entre dois males: perda da veracidade e absoluta imutabilidade. É preciso aceitar *certo grau de insinceridade,* cujo mal pode ser reduzido apenas: (1) se houver um limite máximo [de insinceridade] e (2) se encorajarmos a aberta declaração de discordância. Três principais características [do ensaio de Sidgwick]: (1) É uma avaliação realista [da prática corrente], não do ideal [da sociedade]; (2) Não há regras claras do senso comum que nos guiem na decisão sobre como agir em caso de conflito entre dois deveres [por exemplo, entre o dever de veracidade e o dever de fidelidade à igreja escolhida]; (3) As dificuldades e os conflitos devem ser solucionados através de alguma forma de apelo ao princípio do utilitarismo." (N. do Org.)]

Em 1876, aos 39 anos, casou-se com Eleanor Balfour, irmã de Arthur Balfour, que mais tarde foi primeiro-ministro. Eleanor Balfour fundou o Newnham College, a primeira instituição de nível superior para mulheres em Cambridge.

A respeito de seu aluno G. E. Moore, Sidgwick certa vez disse: "É um sujeito de maior astúcia – aliás, em notável proporção – que discernimento."[5]

§ 2. A estrutura e argumentação de Os métodos da ética

(1) Talvez a primeira coisa a observar sobre Os métodos da ética é que essa obra não se propõe defender nem justificar uma doutrina moral e filosófica ou teológica em particular. Nesse sentido, difere da maioria das obras que a precederam, tais como as de Hobbes, Locke, Bentham e J. S. Mill. Naturalmente, isso é parte do que eu tinha em mente ao dizer que em Os métodos da ética a filosofia moral é tratada como qualquer outro ramo do conhecimento.

Mais que isso, porém, note-se o comentário de Sidgwick no Prefácio à primeira edição (Os métodos da ética, p. vii; a obra será mencionada daqui em diante como ME) indicando que seu objetivo é examinar (eu diria ainda: comparar e contrastar) todos "os diferentes métodos para obter as convicções [morais] fundamentadas sobre os deveres dos indivíduos, convicções estas que se encontram – seja explícita ou implicitamente – na consciência moral da humanidade como um todo". Tais métodos "foram desenvolvidos, isolada ou conjuntamente, por pensadores individuais e evoluíram a ponto de serem incluídos em sistemas que hoje são históricos" (p. vii). A intenção de Sidgwick é descrever e criticar (estudar) esses métodos "a partir de uma posição neutra e tão imparcial quanto possível" (p. viii). Parte de nossa tarefa aqui é entender qual é essa posição neutra e imparcial.

O que é um "método da ética"? Sidgwick o define como qualquer procedimento racional que nos permita determinar o que os seres humanos individuais devem fazer, quais atos seus são corretos ou o que devem bus-

---

5. Ver J. B. Schneewind, *Sidgwick's Ethics and Victorian Moral Philosophy*, pp. 15-7. Para quem desejar consultar uma segunda obra sobre a ética de Sidgwick, este livro de Schneewind é altamente recomendável e oferece uma análise abrangente da doutrina de Sidgwick, situando-a no contexto da história da filosofia moral inglesa.

car realizar através de atos (livres) voluntários (*ME*, p. 1). A expressão "seres humanos individuais" distingue a ética da política, que, segundo Sidgwick, tem por objetivo investigar o que é uma legislação correta ou boa[6], mas essa distinção não é importante para nós, pois o princípio da utilidade se aplica a ambas e a análise da justiça empreendida por Sidgwick pertence, na verdade, ao âmbito da política.

Sidgwick pressupõe que, em qualquer circunstância, há algo (uma instituição, prática etc. alternativa definida) cuja realização ou viabilização (quando possível) é correta ou razoável e que é possível termos consciência desse fato em princípio. (Ver *ME*, Prefácio, 1. ed., p. vii.) Além disso, Sidgwick pressupõe que um método racional é aquele que pode se aplicar a todos os seres humanos racionais (e razoáveis) a fim de obter o mesmo resultado, quando seguido corretamente (*cf. ME*, pp. 27, 33). Em suma, *uma única resposta* é a *correta* ou a *melhor*, que será a *mesma* para todas as mentes racionais. Para Sidgwick, esse pressuposto é característico da ciência e da busca da verdade e vale para a filosofia moral e para as crenças éticas. Segundo ele, o pressuposto está implícito "[...] na própria noção da Verdade, que é essencialmente a mesma para todas as mentes, [de modo que] quando outro indivíduo nega uma proposição que eu tenha afirmado isso tende a enfraquecer minha confiança na validade dessa proposição" (*ME*, p. 341).

Essas afirmações são feitas quando Sidgwick explica por que a marca de inquestionabilidade é um *acordo geral de juízos*. Dessa forma, Sidgwick defende a tese da objetividade moral.

(2) Os métodos da ética que Sidgwick tem em mente são os procedimentos arraigados nas doutrinas históricas: as diversas formas de intuicionismo racional e teorias do senso moral, o perfeccionismo e o utilitarismo, além das doutrinas do contrato social, desde que partes destas sejam incorporadas naqueles procedimentos. Entre os métodos da ética, Sidgwick inclui ainda o egoísmo racional.

Note-se que Sidgwick pretende concentrar-se nos métodos propriamente ditos e nas diferenças que eles têm entre si, e não nos resultados práticos que eles possam produzir. Sua intenção é deixar de lado o desejo de oferecer ensinamentos morais, algo que ele pensa ser uma barreira para o avanço da ética, e estudar os métodos partindo de uma curiosidade neu-

---

6. "A política [...] tem por objetivo determinar a constituição própria e a conduta pública correta de sociedades governadas." *ME*, p. 1.

tra. Sidgwick quer esquecer até mesmo o desejo de "encontrar e adotar o verdadeiro método para determinar o que se deve fazer e, em vez disso, simplesmente refletir sobre as conclusões que obteremos racionalmente se partirmos de certas premissas éticas e sobre o grau de certeza e precisão com as quais isso deve ser feito" (*ME*, Prefácio, 1. ed., p. viii).

Essa afirmação não consegue descrever precisamente a tese de Sidgwick, pois ele está disposto a dizer que um método *racional* da ética deve atender a certos critérios, que, como veremos, funcionam como ponto de vista *neutro* que nos permite identificar os diferentes métodos. Não obstante, o desejo de expor e comparar os diversos métodos da ética, com base em um ponto de vista imparcial, é um aspecto importante do livro de Sidgwick que discutimos agora.

Esse aspecto implica que não se deve ver *Os métodos da ética* como uma obra cujo objetivo é justificar o utilitarismo clássico. O utilitarismo é claramente a doutrina pela qual Sidgwick tem preferência e para a qual é mais atraído. Porém, no final de *ME*, Sidgwick acredita ser forçado a reconhecer que, embora o utilitarismo, de um ponto de vista neutro, atenda aos critérios do método racional da ética muito melhor que qualquer forma de intuicionismo e, portanto, seja superior a este, ainda assim o utilitarismo clássico e o egoísmo racional parecem atender a esses critérios com igual sucesso. Sidgwick chega à conclusão importuna de que parece haver um conflito da razão consigo mesma na esfera prática.

(3) A estrutura de *ME* é mais ou menos a seguinte (faço a análise que segue a fim de contextualizar o Capítulo 5, cujo tema é a justiça, a argumentação de Sidgwick como um todo):

(a) *ME* se divide em quatro livros.

O Livro I analisa temas preliminares: definições da ética e do juízo moral, princípios e métodos da ética; definições do livre-arbítrio e de sua relação com a ética; definições do desejo e do prazer; definições do intuicionismo *versus* egoísmo e amor-próprio etc.

Livro II (Egoísmo): como Sidgwick decide que há basicamente apenas três métodos da ética fundamentalmente distintos (egoísmo racional, intuicionismo e utilitarismo), propõe-se oferecer uma comparação e descrição sistemáticas desses métodos. O Livro II dedica-se ao egoísmo racional.

Livro III (Intuicionismo): discorre sobre os diversos tipos de intuicionismo (juntamente com o Capítulo 8 do Livro I) e ao mesmo tempo aponta a fragilidade desse método e alude ao argumento que será exposto mais adiante, a saber, o de que o utilitarismo clássico é superior. Nesse livro, ver especialmente o Capítulo 11 (que contém uma análise da moral do senso comum), o Capítulo 13 (sobre o intuicionismo filosófico) e o Capítulo 14 (sobre o bem supremo).

Livro IV (Utilitarismo): inicia-se com a definição da forma clássica do princípio da utilidade. O Capítulo 1 apresenta parte do ponto de vista ou argumentação neutra e imparcial que nos permite identificar os métodos da ética. O Capítulo 2 discute a prova do princípio da utilidade; o Capítulo 3 investiga a relação entre o senso comum e o utilitarismo, argumentando que o senso comum é, por assim dizer, inconscientemente utilitarista. Os Capítulos 4-5 expõem o método do utilitarismo e o Capítulo 6 discute as relações entre os três métodos da ética, fechando o livro com o dilema do "dualismo da razão prática".

(b) Estritamente falando, a argumentação de *Os métodos da ética* não é uma justificação da doutrina utilitarista clássica, embora esta claramente seja a doutrina para a qual Sidgwick tem maior inclinação. O motivo é que, embora o utilitarismo leve vantagem sobre o intuicionismo nos Livros III-IV, ele empata com o egoísmo racional; isto é, ambos preenchem igualmente bem os critérios objetivos de um método racional da ética. Essa conclusão, à primeira vista surpreendente, é obtida no último capítulo do Livro IV; com isso, chegamos, segundo Sidgwick, a um dualismo da razão prática e a uma falta de solução objetiva à vista.

Assim, com base nessa estrutura e no resumo exposto acima, fica claro que Sidgwick não cumpre seu objetivo. Embora esteja momentaneamente satisfeito com sua correta descrição e comparação dos principais métodos da ética, pelo menos dois deles – o egoísmo racional e o utilitarismo – revelam-se igualmente bem-sucedidos nos testes de neutralidade e imparcialidade aplicados a esses métodos. Portanto, o pressuposto inicial da *objetividade* – a tese de que sempre há uma única resposta – é questionado. Sidgwick sugere uma saída por meio de um pressuposto teológico, mas não teremos tempo de analisar esse pressuposto (que, aliás, vale a pena conhecer, por mais que se esteja convencido de que ele não pode ser correto).

(4) Gostaria de mencionar o seguinte (que será relevante mais tarde): em primeiro lugar, Sidgwick reduz os principais métodos da ética a apenas três – sem dúvida, não sem analisar os demais métodos historicamente importantes: o egoísmo racional (Livro II), o intuicionismo (Livro III) e o utilitarismo (Livro IV). Assim, o perfeccionismo reduz-se ao intuicionismo e a doutrina kantiana, a um princípio formal da equidade segundo a terminologia de Sidgwick (*cf. ME*, p. 379). Essa amplitude de compara-

ção é restrita demais: é imperfeita por não ver que a doutrina de Kant ou qualquer doutrina semelhante é um método da ética com características próprias; a doutrina apresentada em *Teoria da justiça*, por exemplo, é uma delas. Além disso, creio que Sidgwick assimila equivocadamente o perfeccionismo ao intuicionismo. Essa lacuna na amplitude de comparação de Sidgwick é um ponto fraco de sua teoria como um todo.

Em segundo lugar, creio que Sidgwick não deixa de incluir em sua descrição dos métodos da ética certos aspectos importantes de uma concepção moral, mas não discutirei isso com mais detalhes neste momento.

(5) Sobre os critérios gerais de qualquer método racional da ética[7]:

Chamo a atenção para a nota na página 293 (Capítulo 5), na qual Sidgwick diz que quando se refere a definições "arbitrárias" tem em mente aquelas que tanto incluem limitações (exceções e qualificações) "como destroem a inquestionabilidade do princípio; quando examinadas de perto, fazem com que o vejamos como um princípio subordinado". Por trás dessa afirmação está a tese de Sidgwick sobre os critérios dos princípios primeiros de um método racional da ética, que são[8]:

(a) em primeiro lugar, Sidgwick sustenta que os princípios primeiros de um método da ética devem satisfazer às seguintes condições: (i) ser pelo menos tão *certos* quanto qualquer outro princípio moral; (ii) ter *validade superior* à de outros princípios; (iii) ser *realmente inquestionáveis* e não ter validade ou evidência derivada de outro princípio. Além disso:

(b) todo princípio primeiro (iv) deve ser plenamente *racional* no sentido de não conter limitações, nem exceções, nem restrições, a menos que estas sejam autoimposição, isto é, a menos que sejam consequência do próprio princípio, e não simplesmente acrescentadas como condições não sujeitas a explicação (*cf. Os métodos da ética*: nota à p. 293, contendo definição de "arbitrário");

(c) (v) os princípios primeiros devem controlar, regular e *sistematizar* os princípios e critérios subordinados (bem como preceitos e crenças morais de ordem inferior) a fim de organizá-los em um esquema *completo e harmonioso*, isento de elementos arbitrários. Essa exigência vincula-se a outra: (vi) os princípios primeiros devem definir um método da ética que

---

7. A seguir, ofereço uma interpretação do procedimento e argumentação de Sidgwick, mas recomendo ver especialmente o Livro IV, Cap. 2.

8. A esse respeito, recomendo ver *Os métodos da ética*, Livro III, Cap. 11, e Livro IV, Cap. 2; ver também Schneewind, Caps. 9-10.

determine (apure) se um juízo é *verdadeiramente correto*, e não correto apenas na aparência. Os princípios primeiros devem gerar um juízo absolutamente correto e, portanto, (vii) devem servir de agentes racionais e como verdadeiros *guias de prática*, permitindo-nos agir racionalmente. Logo, os princípios primeiros não podem ser vagos, imprecisos nem ambíguos. Por fim, (viii) um princípio primeiro deve *corrigir* oportunamente nossos juízos pré-reflexivos.

A ideia da justiça em Sidgwick (Livro III, Capítulo 5) tem por objetivo mostrar que nenhum dos princípios da justiça encontrados no senso comum preenche esses critérios e, portanto, todos são princípios subordinados. Sidgwick defende especialmente as três últimas condições, (d)-(f), em todo o Livro III, Capítulo 5 (sobre a justiça), embora as três primeiras também sejam contempladas. A ideia da justiça em Sidgwick será objeto da próxima conferência.

CONFERÊNCIA II

As teses de Sidgwick sobre a justiça e sobre o princípio clássico da utilidade

§ 1. A ideia da justiça em Sidgwick

(1) Deve-se ler a ideia da justiça em Sidgwick (Livro III, Capítulo 5) como parte da longa e meticulosa teoria desenvolvida pelo filósofo sobre os princípios intuitivos encontrados no senso comum e aperfeiçoados por diversos autores no esforço de lhes dar formulação de princípios primeiros genuínos e racionais. Sidgwick acredita ter demonstrado em sua investigação sobre esses princípios que em qualquer circunstância eles se revelam vagos e imprecisos tão logo tentemos aplicá-los na prática, além de serem sujeitos a várias exceções e qualificações de caráter arbitrário (arbitrário no sentido de que os princípios em si não incluem nenhuma explicação da base racional dessas exceções e qualificações). Portanto, conclui Sidgwick, esses princípios não podem ser princípios primeiros genuínos racionais e objetivos. É preciso haver *outro(s)* princípio(s) de ordem superior e com função controladora para explicar essas qualificações e condições. Em diversos trechos, Sidgwick indica (e muitas vezes faz mais que simplesmente indicar) que é *forçoso* que esse princípio *de ordem*

superior seja o princípio da utilidade. Tudo isso, naturalmente, tem por pressuposto a crença de que sempre há uma resposta correta e verdadeira e de que é possível conhecê-la e chegar a um consenso quanto a ela (se seguirmos a razão).

(2) Sidgwick discute a noção de justiça em três ocasiões: a mais completa dessas discussões está em *Métodos*, Livro III, Cap. 5; a outra é um breve resumo do Cap. 5 que Sidgwick faz em sua "Análise do senso comum", Livro III, Cap. 11, pp. 349-52; e por fim há o estudo realizado no Livro IV, Cap. 3, pp. 440-8.

Assim explica Sidgwick os diferentes objetivos dessas discussões: no Livro III, Cap. 5, o objetivo é "apurar imparcialmente quais são as reais proposições do senso comum" (*ME*, p. 343); por outro lado, o objetivo da "Análise" do Cap. 11 é "questionar em que medida é possível classificar esses enunciados [isto é, as proposições do senso comum] como verdades intuitivas" (*ME*, p. 343). No Cap. 3 do Livro III, o objetivo é mostrar que, ao lidar com as dificuldades, ambiguidades etc. que surgem na prática quando se tenta definir e especificar as noções de justiça do senso comum, este, por assim dizer, é inconscientemente utilitarista, pois o princípio da utilidade é invocado naturalmente, ainda que de modo implícito. (Uma das definições que Sidgwick deu ao senso comum da humanidade é como algo "expresso de modo geral pelo grupo de pessoas em cujos juízos morais se esteja disposto a confiar" – *ME*, p. 343.) Assim, embora essas diversas ideias da justiça sejam um tanto repetitivas, seu objetivo declarado é diferente; de fato, as observações de Sidgwick não são repetitivas e de certo modo complementam umas às outras.

(3) A seguir, um esboço aproximado do Cap. 5:

(a) Em § 1 (*ME*, pp. 264-8), Sidgwick sustenta que, embora a justiça esteja vinculada em nossas mentes às leis (isto é, à administração da justiça), ela não pode ser identificada como qualquer coisa de caráter legal, pois as leis podem ser injustas. Além disso, embora inclua e sugira a ausência de desigualdades arbitrárias na conformação e administração das leis, ela também não se resume a isso.

(b) Em § 2 (pp. 268-71), Sidgwick discute aquilo que chama de "*justiça conservadora*", isto é, (1) a execução de contratos e entendimentos definidos e (2) a concretização de expectativas que surgem naturalmente das práticas e instituições estabelecidas da sociedade. Contudo, o dever de concretizar essas expectativas não é definido claramente, nem fica claro qual o peso que elas devem ter.

Nível	
0	§ 1: Def. de justiça: 264-8

Nível 1:
- Justiça na aplicação das leis (J como D): 267 s., 441 s.
- Essência da justiça: 379 s., 496 / Princípio da equidade: 384 s.
- Virtude da justiça: 268

Nível 2:
- Justiça substantiva: critério de justiça das leis

Nível 3:
- § 2: Justiça conservadora: def., 269 ss., 442 ss.
- § 3: Justiça ideal: def. 278 ss.
- §§ 5-7: Justiça penal: pp. 280-2, 290-3, 349 / Retributiva: 349 / Reparativa: 281 s.

Nível 4:
- § 3: Justiça distributiva: def. 273, 278 s.

Nível 5:
- § 4: Liberdade natural: def. 274-8, 350 s., 444 s.
- § 6: Princípio do merecimento: def., p. 279
- § 5: Princípio da adequação 282 s.

Nível 6:
- § 5: Liberdade natural (derivada de 279 s.)
- § 6: Ideal socialista: 288-90

Nível 7:
- § 6: Princípio do merecimento como esforço consciente: 283-5, 445-7, 349
- § 6: Princípio da recompensa por serviços: 285 s., 349, 445-7
- § 6: Ideal individualista: 286-8, 444 s.

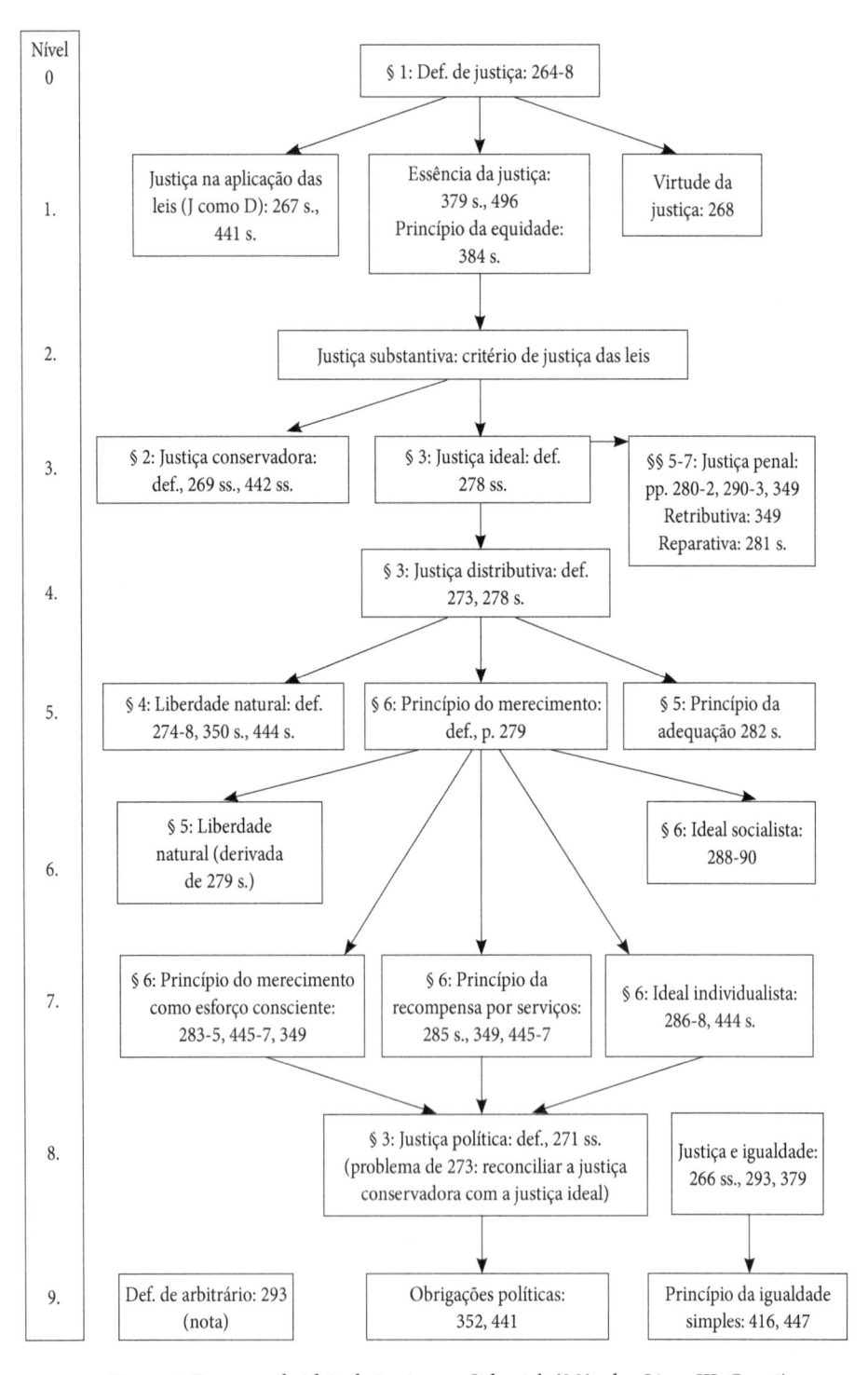

Nível 8:
- § 3: Justiça política: def., 271 ss. (problema de 273: reconciliar a justiça conservadora com a justiça ideal)
- Justiça e igualdade: 266 ss., 293, 379

Nível 9:
- Def. de arbitrário: 293 (nota)
- Obrigações políticas: 352, 441
- Princípio da igualdade simples: 416, 447

Figura 8. Esquema da ideia da justiça em Sidgwick (*Métodos*, Livro III, Cap. 5).

(c) § 3 (pp. 271-4): a ordem social em si pode ser considerada injusta quando julgada segundo o padrão da *justiça ideal*. Há, porém, diferentes concepções desse padrão.

(d) § 4 (pp. 274-8): há uma concepção segundo a qual a liberdade é o fim absoluto; porém a tentativa de elaborar uma noção ideal da liberdade sobre essa base esbarra em dificuldades insuperáveis.

(e) § 5 (pp. 278-83): tampouco a realização da liberdade atende à nossa concepção comum da justiça ideal, qual seja: a recompensa cabe a quem a merecer.

(f) § 6 (pp. 283-90): porém a aplicação desse princípio causa igualmente bastante perplexidade, pois ele admite interpretações diferentes sobre o que é merecimento. Por exemplo, o merecimento pode ser interpretado com base no esforço consciente ou por atos (serviços) realizados; além disso, o princípio da adequação é um fator que provoca confusão.

(g) § 7 (pp. 290-4): da mesma forma, há dificuldades também com o *merecimento de punição* na definição da justiça criminal. Sidgwick encerra a exposição com um resumo de suas conclusões (pp. 293-4).

§ 2. Enunciado do princípio da utilidade clássico

A ideia intuitiva por trás do princípio da utilidade clássico é maximizar o saldo líquido do prazer menos a dor.

(1) Esse princípio aplica-se de modo bastante generalizado a todos os assuntos – situações e práticas, atos e traços de caráter individuais etc. – e em todas as circunstâncias, ideais e não ideais. Assim: em uma situação qualquer, a instituição, ato etc. será correta(o) ou será o melhor a fazer se, entre todas as alternativas factíveis e realizáveis nas circunstâncias em questão, for aquela(e) que maximizar a equação

$$\sum a_i u_i = a_1 u_1 + a_2 u_2 + \ldots + a_n u_n \text{ (soma linear das } u_i\text{)}$$

em que a_i são números reais (correspondentes aos pesos das u_i) e u_i são números reais que representam a utilidade (saldo líquido do prazer menos a dor) para cada indivíduo *I*; esses números levam em consideração todas as consequências da instituição ou ato em questão para cada um dos indivíduos afetados, seja qual for a posição que ocupam no espaço ou tempo e, portanto, não importando em que ponto do futuro vivam esses indivíduos.

(2) Para fixar as ideias, pensemos nos indivíduos em questão como pertencentes à mesma sociedade e ignoremos os demais; incluamos, contudo, todos os indivíduos de m gerações futuras, após as quais, por hipótese, o mundo acabará. A ideia é maximizar a utilidade nesse intervalo de tempo, ignorando o passado, já que o que passou passou e não sofre mais influência dos atos humanos.

(3) Na doutrina clássica, os pesos a_i são todos iguais a 1, pois, como diz J. S. Mill, isso está implícito na ideia de medir prazeres e dores como grandezas objetivas determinadas pela intensidade e duração. Não é necessária nenhuma noção filosófica tal como a de "direitos iguais à felicidade" para contestar Herbert Spencer (*cf.* J. S. Mill, *Utilitarismo*, Cap. 5, parágrafo 36, nota).

(4) As u_i são, conforme mencionado acima, números que medem o saldo líquido da felicidade para cada indivíduo I no intervalo de tempo relevante (durante o qual a instituição ou ato em questão sofre influência). Podemos imaginar esse intervalo de tempo dividido pelos intervalos unitários, de modo que cada u_i seja igual a u_{ij}, em que $j = 1, ... q$. Isso, porém, é apenas afetação que não vale a pena alimentar aqui. Acho que a lógica já ficou clara.

(5) O fundamental a entender é que as u_i representam apenas um tipo de informação: o saldo líquido da utilidade computado, isto é, calculado, exclusivamente a partir da intensidade e duração da consciência agradável ou desagradável dos prazeres e das dores, independente de qualquer relação objetiva que os indivíduos tenham uns com os outros e que são condições dessas experiências, bem como dos objetivos dos desejos cuja satisfação ou insatisfação produz prazer ou dor. Em si, os prazeres da crueldade vingativa têm o mesmo peso que os prazeres da generosidade e da afeição. Como disse Bentham, à margem, o jogo de *push-pin* é tão bom quanto a poesia (uma unidade de *push-pin* é igual a uma unidade de poesia).

§ 3. Alguns comentários sobre as comparações interpessoais da utilidade (comparações IP)

(1) Para falar da maximização de uma soma linear de utilidades é preciso pressupor que faz sentido somar os prazeres e as dores de cada indivíduo e que as unidades em que são calculados esses prazeres e dores são as mesmas para indivíduos diferentes. A doutrina clássica pressupõe a plena

comparabilidade nas comparações interpessoais, isto é, pressupõe (a) que é possível comparar níveis de felicidade e (b) com base nas mesmas unidades. A corrente de pensamento de Bentham-Edgeworth-Sidgwick também pressupõe um zero natural, ponto neutro entre os prazeres e as dores. A respeito dessas questões, ver *Os métodos da ética*, Livro II, Cap. 2[9].

(2) A doutrina clássica pressupõe que cada indivíduo é capaz de calcular e comparar seus próprios níveis de felicidade com base na introspecção e na memória: os prazeres e as dores são aspectos assimilados diretamente em experiências tidas como agradáveis ou desagradáveis.

(3) Partindo do pressuposto de que há um zero natural para todos os indivíduos e também (seguindo os passos de Edgeworth) a mesma diferença apenas perceptível nos níveis de felicidade como unidade comum para todos os indivíduos, e supondo ainda que todos os indivíduos sejam capazes de avaliar coerentemente as diferenças entre os níveis de felicidade, segue-se que as comparações interpessoais necessárias são patentes e não se amparam em escolhas que impliquem casualidade e riscos. (Esses pressupostos são extremamente drásticos e parecem implausíveis, mas retomarei esta análise mais adiante.)

§ 4. Alguns aspectos do princípio da utilidade como princípio primeiro de um método racional da ética

(1) Nesta discussão, temos especial interesse nos aspectos do utilitarismo clássico que levaram Sidgwick a acreditar que essa doutrina supera os defeitos do intuicionismo, conforme mostrou na análise da justiça (examinada na conferência anterior). Com isso em mente, note-se, em primeiro lugar, que o utilitarismo é uma concepção em torno de um único princípio: é impossível haver conflito entre princípios primeiros, pois essa doutrina tem apenas um princípio primeiro. Essa é uma vantagem do utilitarismo sobre o intuicionismo.

(2) Além disso, para Sidgwick, o princípio da utilidade é consequência de três princípios inquestionáveis (ou aparentemente inquestionáveis): (a) o princípio da equidade (*ME*, pp. 379 s.), que Sidgwick acredita já ter sido formulado por Clarke (pp. 384 s.) e Kant (p. 385 s.); (b) o princípio do

---

9. [Ver na terceira conferência sobre Sidgwick, neste livro, uma análise pormenorizada das comparações interpessoais da utilidade. (N. do Org.)]

amor-próprio racional (preferência temporal igual a zero) (p. 381); e (c) o princípio da benevolência racional (pp. 382 s.). Esses três princípios, contudo, em vez de estarem em conflito entre si, geram o princípio único da utilidade; dessa forma, satisfaz-se ao critério da inquestionabilidade sem se renunciar ao critério de ter um guia para a prática. (A esse respeito, ver Conferência I sobre Sidgwick, § 2: 5.)

(3) Sidgwick sustenta que o princípio da utilidade é plenamente racional no sentido de que não se deixa limitar nem restringir por exceções ou qualificações arbitrárias. Esse princípio aplica-se com plena generalidade a todos os exemplos da razão prática. Além disso, o uso das regras secundárias, também chamadas "axiomas médios" (*ME*, p. 350), é explicado pelo próprio princípio, atendendo, assim, ao critério discutido na Conferência I, § 2: 5.

(4) Por fim, o princípio utilitarista harmoniza e sistematiza os juízos do senso comum, ajustando-os de modo coerente e congruente. (Ver, por exemplo, a análise dos valores ideais no Livro III, Cap. 14, e a conclusão (pp. 406 s.) de que nenhum outro princípio, a não ser o da utilidade, é capaz de organizar esses juízos.) Ao mesmo tempo, o princípio da utilidade corrige nossos juízos pré-reflexivos, satisfazendo, assim, também ao critério exposto em § 2: 5, (c), viii. Sidgwick pressupõe que nossos juízos pré-reflexivos (ou pelo menos alguns deles) têm *alguma espécie* de validade aparente, de modo que ordená-los é confirmar ainda mais o princípio da utilidade. (Ver Livro IV, Cap. 2, pp. 419-22.)

§ 5. A crítica de Sidgwick à liberdade natural como exemplo

(1) Em § 4 do Livro III, Cap. 5, Sidgwick argumenta que o princípio da liberdade – segundo o qual a única coisa que as pessoas devem umas às outras, além de suas obrigações contratuais (incluindo a execução dessas obrigações), é a liberdade de não interferência – não pode ser o princípio primeiro de um método racional da ética. Isso porque, em primeiro lugar, (a) esse princípio contém restrições arbitrárias, pois por si só não explica o motivo de não ser aplicável a crianças, deficientes mentais e grupos semelhantes e é obrigado a invocar tacitamente outro princípio, tal como o princípio utilitarista (*ME*, p. 275).

(2) Além disso, (b) é um princípio ambíguo porque situado entre a liberdade de ação, que permite todos os tipos de aborrecimentos exceto a

coação, e a liberdade de evitar pelo menos certos aborrecimentos (mas não todos, presume-se). Porém, mais uma vez, para encontrar o meio-termo entre esses dois extremos inaceitáveis é necessário outro princípio, tal como o princípio utilitarista (pp. 275 s.).

(3) Para que seja possível uma ordem social com base nesse princípio, o princípio da liberdade deve permitir aos indivíduos o direito de limitar sua própria liberdade por meio de contrato. Isso, porém, também deve ter limite, pois dificilmente implicaria permissão para que os indivíduos vendam a si próprios como escravos; contudo, o simples ato de derivar um direito limitado e apropriado para limitar a liberdade individual por meio de contrato com base no princípio da liberdade parece, por si só, impossível. Precisamos de outro princípio, que pode ser superior em validade etc. (p. 276).

(4) Tratando da questão da apropriação de coisas materiais, especialmente da terra (e aqui Sidgwick parece estar pensando em Locke; nos itens 1-3 acima talvez ele estivesse pensando em Spencer), o filósofo sustenta que a melhor maneira de realizar o princípio da liberdade seria sem a apropriação. Se alguém afirmar que, em uma sociedade em que todas as terras tenham sido apropriadas e alguns não tenham herdado nenhuma propriedade de terra, os indivíduos, ainda assim, estão em melhor situação econômica com a apropriação do que sem ela, então essa afirmação significa que a interferência na liberdade pode ser compensada. Na prática, porém, isso seria o mesmo que apelar a outro princípio, de modo que a realização de uma liberdade não pode ser "o fim último da justiça distributiva" (pp. 276 ss.).

§ 6. Outros esclarecimentos sobre a definição do princípio da utilidade

(1) A expressão "a maior felicidade possível para a maior quantidade possível de indivíduos" parece ocorrer pela primeira vez em *An Inquiry Concerning Moral Good and Evil* [Investigação sobre o bem e o mal na moralidade] (1725), de Hutcheson (ver III, § 8). A expressão tem sido usada por alguns como motivo para considerar o princípio da utilidade um contrassenso, pois apresenta dois objetivos (felicidade e quantidade) a maximizar. Isso, porém, é um mal-entendido: o princípio da utilidade é maximizar o total da felicidade, o que significa dizer que a *distribuição* da felicidade entre todas as pessoas existentes – ou entre todas as gerações – e a quantidade de pessoas a receberem essa felicidade (se houver influência

das políticas públicas sobre isso) é determinada por fatores de maximização da utilidade total (não da utilidade média). Sidgwick é claro sobre isso: ver *ME*, pp. 415 s. (ver também *Uma teoria da justiça*, pp. 161 ss.).

(2) Note-se que o princípio da utilidade não atribui peso algum à *igualdade* (entendida como distribuição igualitária da utilidade): a *única* coisa que conta é a utilidade *total*. Isso é sugerido pela natureza cumulativa do princípio (maximizar uma soma linear das u_i). Observe-se que, se o princípio tivesse como objetivo a multiplicação das utilidades, haveria um avanço da igualdade. Assim, a forma matemática do princípio já incorpora uma noção *ética*: a distribuição não é um fator importante.

(3) Na prática, em áreas como a legislação, os utilitaristas muitas vezes pressupõem que as pessoas têm capacidades semelhantes para o prazer e para a dor e que vigora o princípio da menor utilidade marginal; tudo isso sugere, *ceteris paribus*, igualdade na distribuição dos meios para obtenção da felicidade.

CONFERÊNCIA III

O utilitarismo de Sidgwick (outono de 1975)

§ 1. Introdução ao utilitarismo

(1) Como já disse antes, o utilitarismo é a tradição mais longa (mais antiga) da filosofia moral anglo-saxã. Quando me refiro a "anglo-saxã", quero dizer: escrita em língua inglesa; muitos dos autores utilitaristas importantes eram escoceses – Francis Hutcheson, David Hume e Adam Smith –, e no século atual essa corrente teve representantes de peso nos Estados Unidos. Creio não ser exagero dizer que a partir do segundo quartel do século XVIII o utilitarismo tem mais ou menos conseguido dominar a filosofia moral em língua inglesa. Dominar nos seguintes sentidos:

(a) Entre os representantes do utilitarismo encontra-se uma extraordinária sequência de autores – Hutcheson, Hume, Smith, Bentham, Mill, pai e filho, Sidgwick e Edgeworth – que superam, em número e capacidade intelectual, os autores de qualquer outra corrente da filosofia moral, inclusive da teoria do contrato social, idealismo, intuicionismo e perfeccionismo. (É bom lembrar que me refiro à filosofia moral inglesa, e não à da Europa continental: Alemanha, França etc.)

(b) Além disso, o utilitarismo tem tido a tendência de controlar o rumo do filosófico na medida em que outras tradições têm se esforçado, muitas vezes sem sucesso, por construir uma alternativa a esse debate. Embora o intuicionismo e o idealismo talvez sejam bem-sucedidos na tentativa de comprovar vários pontos fracos do utilitarismo, são menos bem-sucedidos quando tentam formular uma doutrina tão sistemática quanto a utilitarista e que seja capaz de se igualar à dos melhores autores utilitaristas. Os principais intuicionistas que tenho em mente ao afirmar isso são Butler, Price, Reid e Whewell; entre os principais idealistas britânicos do século XIX, destaco Hamilton, Bradley e Green.

(c) Mais que isso, o utilitarismo tem tido laços bastante estreitos com a teoria social, e seus principais representantes também têm sido grandes teóricos da política e economia. Basta pensar no fato extraordinário de que todos os autores clássicos da economia política – exceto Ricardo – ocupam lugar igualmente importante no utilitarismo como tradição da filosofia moral! Basta apenas listar os nomes:

Século XVIII: Hume, Adam Smith e Jeremy Bentham.

Século XIX: James e J. S. Mill, Edgeworth e Sidgwick (sendo os dois últimos mais atuantes na economia e na filosofia, respectivamente, mas ambos com interesse nessas duas áreas). O terceiro livro de Sidgwick, *The Principles of Political Economy* [Princípios da economia política] (1884; 3. ed.: 1901), é um pequeno tratado de economia do bem-estar utilitarista que de certo modo é a primeira obra desse tipo.

No século XX, o utilitarismo, muito mais que qualquer outro ramo da filosofia moral, tem exercido influência na economia, através de seus representantes Marshall e Pigou; somente a partir dos anos 1930 é que acaba o domínio da doutrina utilitarista clássica. Hoje, porém, muitos economistas sustentam o que chamam de forma bastante geral de utilitarismo. Continuarei a discutir isso mais adiante.

É, portanto, absolutamente necessário dar ao utilitarismo a devida atenção. É impossível que uma tradição com essa força seja desprovida de mérito.

(2) Faço agora alguns breves comentários sobre os primórdios do utilitarismo no tempo moderno. Assim como a maior parte do restante da filosofia moral e da teoria social em língua inglesa, é conveniente dizer que o utilitarismo começa com Hobbes e com a reação ao pensamento hobbesiano. É preciso lembrar que Hobbes é uma figura de vulto – autor extraordinário, dono de um estilo vigoroso e de uma aparentemente perfeita for-

ma de expressão de sua visão particularmente profunda e um tanto assustadora da vida política. Foi um filósofo que gerou violenta reação: ser considerado seguidor da doutrina hobbesiana era algo um tanto perigoso, por razões fáceis de identificar, pois Hobbes foi o principal representante da moderna infidelidade.

Analisemos e comparemos com Hobbes um moralista cristão ortodoxo como Cudworth, que defendia mais ou menos as ideias filosóficas expostas na coluna esquerda da Figura 9.

Comparemos esse conjunto de ideias com o modo como Hobbes foi interpretado por Cudworth (e pela maior parte dos autores da época) – ver coluna direita[10]. A fim de perceber o significado de Hobbes para sua época, a violência com que suas ideias atacaram a moral cristã e a tradição filosófica, não há fonte melhor que a obra *True Intellectual System* [O verdadeiro sistema intelectual], de Cudworth (*imprimatur* em 1671, publicação em 1678).

(3) Contudo, a reação dos principais utilitaristas a Hobbes foi, é claro, muito diferente da de Cudworth. (Ignorarei aqui os utilitaristas teológicos – Gay, Paley e Austin –, que eram casos especiais; alguns membros desse grupo eram teólogos e ateístas, tais como Hutcheson e Smith.) Em geral, o que incomodava a esses autores em Hobbes não era o (suposto) ateísmo, materialismo, determinismo e individualismo. De certa forma, essas doutrinas eram defendidas também por Hume, Bentham, Mill, pai e filho, e Sidgwick. O que esses autores rejeitavam em Hobbes (ou naquilo que, segundo eles, Hobbes queria dizer ou representava) era o seguinte:

(i) A doutrina do egoísmo psicológico e do egoísmo ético.

(ii) A ideia de que a autoridade política é legitimada por uma força superior (embora dificilmente Hobbes tenha defendido essa ideia) ou por acordos feitos em virtude de uma força superior, ou ainda a ideia de que essa autoridade se ampara em um contrato social ou em qualquer outra espécie de contrato (no sentido comum).

(iii) A tese do relativismo ético.

Assim, é útil pensar no utilitarismo clássico (a corrente à qual pertenceram autores desde Hutcheson-Hume a Sidgwick-Edgeworth) mais ou menos dessa forma, isto é, como uma tentativa de formular uma reação a Hobbes:

---

10. John Passmore, *Ralph Cudworth* (1951), pp. 11 s.

(a) uma concepção moral e política segundo a qual a autoridade política tem por fundamento não o poder, mas os princípios morais – concepção que, além disso, não é relativista, nem baseada no egoísmo psicológico, nem no egoísmo ético.

Ao mesmo tempo, o utilitarismo clássico aceitou como condição do estado da cultura moderna o fato de que uma concepção moral e política deve obrigatoriamente ser secular, isto é:

(b) o utilitarismo clássico não faz os princípios primeiros da moral derivarem da vontade divina e é plenamente compatível com a negação do teísmo (no sentido tradicional). É compatível também com o materialismo, determinismo e individualismo e, portanto, com o que é tido como as conclusões da teoria social e das ciências naturais.

Em suma: o utilitarismo clássico foi a primeira tradição a desenvolver uma concepção moral sistemática com base no pressuposto de uma sociedade secular nas condições modernas. Grande parte do empenho dos autores utilitaristas dedica-se a se opor à tradição moral ortodoxa e a estabelecer uma base moral para as instituições políticas inteiramente livre de contextos teológicos e projetada para ser compatível com os pressupostos seculares e com as tendências do mundo moderno.

Observe-se que a noção de uma sociedade bem-ordenada de base verdadeiramente firme como critério político razoável se ampara sobre a mesma ideia. Sendo assim, é possível aceitar esse objetivo sem querer implicar que os pressupostos [teológicos] ortodoxos sejam falsos. Basta desenvolver uma doutrina moral que não pressuponha essa base [teológica] (se é que isso é possível). Pressuponho que as doutrinas que estamos discutindo aceitam esse objetivo implícito.

Cudworth	Hobbes
Teísmo	Ateísmo
Dualismo (corpo e espírito)	Materialismo
Livre-arbítrio (libertarianismo)	Determinismo
Teoria orgânica do Estado	Individualismo
Moral eterna e imutável	Relativismo ético

Figura 9.

§ 2. O enunciado do princípio da utilidade clássico (Sidgwick)

(1) Sidgwick enuncia meticulosamente o princípio da utilidade em *Métodos da ética*, Livro IV, Cap. I. Farei uma exposição dos principais pontos, com alguns comentários de esclarecimento. Defino o utilitarismo (ou "hedonismo universalista", termo às vezes empregado por Sidgwick) como a concepção ética segundo a qual a instituição ou o conjunto de instituições (objetivamente) correta(s) e a conduta objetivamente correta (dos indivíduos) são aquelas que, em qualquer circunstância, produzirão a maior quantidade de felicidade como um todo, ou que levarão ao maior saldo líquido de felicidade (sentimento agradável).

Nessa soma de felicidade a ser maximizada, devemos incluir todos os indivíduos (pessoas), quem quer que sejam, afetados pela instituição ou conduta em questão (isto é, indivíduos cuja felicidade é afetada positiva ou negativamente). Na verdade, os utilitaristas clássicos acreditavam que em princípio seria necessário incluir todos os seres sensíveis e, portanto, todos os animais e todos os seres vivos capazes de sentir prazer e dor. A inclusão é necessária porque esses seres têm a capacidade de vivenciar essas sensações e a propensão a tê-las. Esse é um aspecto importante do utilitarismo do qual trataremos mais tarde; no momento, suponhamos que as consequências das instituições e atos sejam limitadas aos indivíduos humanos e suas gerações subsequentes.

É possível representar formalmente o princípio utilitarista supondo serem $u_1, ..., u_n$ as utilidades (números que representam os graus de felicidade) dos n indivíduos afetados pela instituição (ou sistema de instituições) ou pelos atos em questão; digamos que estes sejam os n indivíduos de uma sociedade ou de qualquer outro grupo. Suponhamos que $a_1, ..., a_n$ sejam o peso dessas utilidades. Assim, o princípio seria:

$$\text{maximizar: } \sum a_i u_i = a_1 u_1 + ... + a_n u_n$$

Isto é: a alternativa (instituição, ato ou qualquer outra coisa) correta é aquela que pertence ao conjunto de alternativas factíveis (possíveis) que maximizem a função acima. (Suponhamos, por enquanto, que não haja empates.)

É imediatamente óbvio que não se trata aqui do princípio do egoísmo ético: a felicidade de todos é levada em consideração e ganha um peso (supondo que $a_i > 0$).

(2) Observemos aqui um traço muito importante desse princípio: os u_i são medidas numéricas da felicidade e, para Sidgwick, o bem supremo são os sentimentos ou experiências (ou consciência) agradáveis; retornaremos a esse assunto mais tarde. Esses são estados de espírito ou aspectos de estados de espírito que são conhecidos, por assim dizer, de modo direto, através da introspecção; pode-se dizer que eles são *completos em si* (em determinado intervalo de tempo) e *bons* em si (ou, no caso da dor, maus em si). Para o reconhecimento desses sentimentos, não se pressupõe nem se faz uso de nenhum princípio que inclua conceitos tais como direito e justiça, nem nenhum conceito da mesma categoria que estes. Assim, o utilitarismo clássico usa a noção de felicidade e bem supremo definida *independentemente* e, por assim dizer, *anterior a todas as demais noções morais* ou pelo menos às noções de direito e justiça. Esse é um traço característico de concepções *teleológicas* que faz do utilitarismo uma doutrina teleológica[11].

A diferença do utilitarismo em relação a outras concepções teleológicas está na definição do bem, isto é, daquilo que deve ser maximizado. Assim, o perfeccionismo diz que devemos maximizar certas formas de excelência (perfeições humanas e outras) ou certos valores: a beleza das coisas, o conhecimento do mundo (isto é, seus principais componentes estruturais etc.), ou alguma mistura de todos esses elementos[12]. (Às vezes, usa-se o termo "utilitarismo ideal" em referências a essa doutrina, mas trata-se de uma designação incorreta.) O perfeccionismo é exemplificado em G. E. Moore, Hastings Rashdall e em muitos outros autores que atribuem certo peso aos valores perfeccionistas.

No utilitarismo clássico, porém, o bem a ser maximizado é definido subjetivamente, isto é, em termos de sentimentos ou experiências (consciência) agradáveis de indivíduos (humanos).

(3) Essa pode parecer ser uma definição restrita demais do bem. Usei-a, em primeiro lugar, porque ela dá a impressão de clareza e simplicidade e, em segundo lugar, porque é a doutrina de Sidgwick (e também de Bentham e Edgeworth) que a defende com diversos argumentos interessantes (que serão mencionados mais tarde). Sidgwick dá à doutrina clássica no senti-

---

11. [Ver John Rawls, *A Theory of Justice* (Cambridge, Mass.: Harvard University Press, ed. rev., 1999), pp. 21-3, 35-6, 490-1, 495-6, para análises das doutrinas teleológicas e um contraste dessas doutrinas com doutrinas contratualistas. (N. do Org.)]

12. [Ver *A Theory of Justice*, seção 50, sobre o princípio da perfeição. (N. do Org.)]

do estrito o enunciado mais preciso e resiste a todas as tentativas de se afastar dela, especialmente as promovidas por Mill (que discutiremos em seguida), Moore etc.

Se quisermos, contudo, a noção utilitarista do bem pode ser interpretada de modo muito mais amplo: como satisfação ou realização dos interesses humanos não hedonistas ou como satisfação ou realização de interesses (humanos) racionais, impondo certos testes de racionalidade, desde que não incluam os outros conceitos morais (direitos, merecimento moral etc.); isto é, admitimos determinada classe devidamente limitada de correções dos interesses ou desejos humanos (através da deliberação racional etc.). Uma alternativa mais genérica para entender a ideia do bem como felicidade é interpretar esse bem como a execução bem-sucedida de um plano racional de vida (definindo devidamente o termo "racional", assim como antes)[13]. É possível também ampliar o utilitarismo a fim de incluir essas variações; muitas objeções comuns contra a doutrina não são tão plausíveis quando confrontadas com essas formas de utilitarismo. Certamente, Mill está entre os que pretendem categorizar dessa forma (pelo menos) o bem a ser maximizado[14].

O traço crucial da definição do bem no utilitarismo é este:

(a) o utilitarismo define o bem de modo independente (do conceito de direito e do merecimento moral);

(b) define-o também de modo subjetivo: o bem é (i) um sentimento (ou consciência) agradável (prazer); ou (ii) a satisfação dos interesses individuais racionais – definidos com relação aos interesses reais das pessoas – (limitando-se devidamente o termo "racional"); ou ainda (iii) a execução de planos racionais de vida (felicidade);

(c) a definição do bem no utilitarismo é, de certo modo, individualista: o bem supremo é atribuído exclusivamente à experiência consciente dos indivíduos e não pressupõe relações objetivas;

(d) de qualquer forma, é a soma desse bem (isto é, do bem de cada indivíduo) que deve ser maximizada.

Talvez o melhor modo de entender essa espécie de individualismo seja compará-la com outras interpretações.

---

13. [Esse é um exemplo de como Rawls vê o bem de uma pessoa nos termos do plano racional de vida que essa pessoa escolheria em condições de racionalidade deliberativa, levando em consideração o princípio aristotélico. *A Theory of Justice*, seções 63-6. (N. do Org.)]

14. Ver o Apêndice a esta conferência, que trata das variações permissíveis do utilitarismo.

(4) Variações ou Refinamentos Permissíveis: expliquemos com mais detalhes a noção de variação (ou refinamento) permissível do utilitarismo clássico. Qual é seu objetivo? O que se quer dizer com ela? Em primeiro lugar, o objetivo: há uma tendência de usar o termo "utilitarismo" de modo extremamente impreciso, gerando muitos diferentes tipos de concepções morais que se dizem utilitaristas. Essa imprecisão tem um efeito infeliz: ela obscurece a estrutura das diferentes doutrinas morais e não nos permite compreender o que cada uma delas tem de especial. Por isso precisamos da noção de variação permissível do utilitarismo para especificar essas variações, que têm, todas elas, a estrutura característica ou especial da doutrina utilitarista clássica.

O que é essa estrutura característica? (a) Em primeiro lugar, é a estrutura característica que o utilitarismo compartilha com as doutrinas teleológicas em geral: a noção do bem é definida anterior e independentemente da concepção de direito (e de todas as concepções da mesma categoria); assim, um direito é algo que maximiza o bem. Esse modo de introduzir os direitos é um aspecto da ideia natural intuitiva que perpassa o utilitarismo. Refiro-me à ideia de que as condutas e decisões racionais é que maximizam o bem: é uma luta pelo maior bem possível. (Comparar isso com a teoria do contrato social.)

(b) Em segundo lugar, o traço característico que distingue o utilitarismo de outras concepções teleológicas é que ele define o bem de modo subjetivo – por assim dizer, do ponto de vista do sujeito, isto é, do agente humano individual. Isso significa, nesse caso, que:

(i) O bem é definido como consciência agradável (desejável) ou como prazer, sentimento oposto à dor, ou ainda como a satisfação de um desejo de acordo com sua intensidade e duração.

(ii) As capacidades de sentir prazer e dor – ou os desejos e aversões relevantes – são aquelas que as pessoas têm de fato em qualquer circunstância. Toda vez que iniciamos uma deliberação, partimos desses aspectos das pessoas como elas são ou como é possível prever que sejam. A razão prática baseia-se em propensões e desejos *dados*.

Dessa forma, o traço característico do utilitarismo clássico é que ele trata as pessoas de acordo com suas capacidades de sentir prazer e dor, satisfação etc. As reivindicações que as pessoas fazem dos recursos sociais dependem dessas capacidades. Isso se opõe a algumas doutrinas que veem as reivindicações das pessoas de modo diferente, a exemplo da teoria do contrato social e da teoria kantiana.

Passemos agora à definição de variação permissível do utilitarismo: essa definição deve preservar os traços característicos mencionados acima e não introduzir elementos que não estejam em congruência com esses traços. A ideia é que ao analisar o utilitarismo nosso objetivo é descobrir se qualquer doutrina que tenha esses traços pode ser correta. Seria um avanço poder mostrar que todas as doutrinas que tenham esses traços devem ser insatisfatórias.

Por isso talvez estejamos dispostos (conforme sugeri anteriormente) a permitir que essa doutrina – quando ela reforça seus argumentos, fazendo deles uma concepção aprimorada – pressuponha que o bem seja definido como a satisfação de desejos *racionais*, que são desejos que os indivíduos teriam se sujeitassem seus desejos atuais a certas formas de avaliação (usando o princípio da escolha racional). Isso produz uma doutrina (variação) diferente, mas talvez queiramos contá-la como uma variação permissível dentro da mesma estrutura.

A ideia aqui é a seguinte: não teríamos encontrado a falha fundamental do utilitarismo se não lhe permitíssemos essa variação que aprimora a doutrina. (Conforme será discutido adiante, não são permitidos limites aos desejos reais por meio de restrições ao conceito de direito.)

§ 3. Questões sobre as comparações interpessoais

(1) Está claro que a noção de soma dos prazeres (para fins de simplicidade) ou de graus de felicidade de indivíduos diferentes pressupõe alguma forma de comparar e avaliar os prazeres vivenciados por pessoas diferentes. Pode-se dizer, por exemplo, que o indivíduo A tem duas vezes mais prazer que o indivíduo B etc.

Façamos algumas observações sobre essas questões:

Em primeiro lugar, admitamos que os a_i sejam todos iguais e iguais a 1. Isso supostamente é o que Bentham queria dizer (conforme suas afirmações citadas por Mill em *Utilitarianism*, Cap. V, p. 36): "cada qual deve valer por um, ninguém por mais de um". Mill interpreta corretamente essa regra de ponderação; para ele, a regra não implica, como queria Spencer, em *Social Statistics* [Estatística social], um direito igual à felicidade; ao contrário, ela é consequência da definição independente do bem como prazer, satisfação etc. Como diz Mill, ela pressupõe apenas que quantidades iguais de felicidade (prazer) são igualmente desejáveis (boas), quer sejam sentidas pelas mesmas pessoas ou por pessoas diferentes. Tudo isso está implícito na ideia de medição de prazeres. A regra acima faz parte do próprio princípio da utilidade, em vez de ser uma premissa necessária para corroborá-lo[15]. É isso que afirma Mill. E nisso ele tem razão, pois o bem é entendido como prazer (satisfação) e nada além de prazer. (A título de comparação, ver o exemplo dado por Maine, para quem o prazer de um único brâmane equivale a 20 vezes o prazer de indivíduos que não são brâmanes; para chegar a essa conclusão, foi preciso alterar de alguma forma o princípio utilitarista clássico entendido no sentido estrito.)[16]

(2) Dessa forma, admitimos que os pesos sejam todos iguais a 1. Podemos acrescentar que isso vale para todos os indivíduos, por mais distantes que estejam no espaço e no tempo; e, como nossas ações têm efeitos limitados ao presente ou futuro, podemos dizer (deixando o passado para trás) que os prazeres de todas as pessoas do futuro têm os mesmos pesos que os das pessoas do presente. Assim, não há preferência temporal pura. Isso significa que se descontarmos os prazeres futuros, nossos ou de outras pessoas, isso será devido a outro fator que não a simples localização no tempo ou espaço. Caso contrário, estaríamos aplicando incorretamente o princípio da utilidade. Em vez disso, é preciso dizer, por exemplo, que alguns prazeres esperados são, por diversas razões, mais ou menos prováveis, isto é, a realização desses prazeres é mais ou menos incerta. Se for assim, eles podem ser descontados ou ponderados de acordo com sua probabilidade estimada; isso gera a chamada expectativa matemática. Porém essa forma de desconto não implica preferência temporal pura; ela se baseia em estimativas razoáveis de incerteza (probabilidade), e não simplesmente no fato de um prazer estar localizado no futuro.

(3) Passemos agora a alguns comentários sobre as *comparações interpessoais*. Evidentemente, para chegar a comparações interpessoais de utilidade precisamos de pelo menos dois elementos:

---

15. Nas palavras de Mill: "O sr. Herbert Spencer [...] afirma que o princípio da utilidade pressupõe o princípio precedente de que todos têm igual direito à felicidade. Mais correto seria descrevê-lo como um princípio para o qual quantidades iguais de felicidade são igualmente desejáveis, quer sejam sentidas pelas mesmas pessoas ou por pessoas diferentes. Essa, contudo, não é uma *pre*suposição, não é uma premissa necessária para corroborar o princípio da utilidade, mas sim o próprio princípio; de fato, o que é o princípio da utilidade senão aquele segundo o qual 'felicidade' e 'desejável' são termos sinônimos? Se isso sugere outro princípio precedente, este não é outro senão o de que as verdades da aritmética são aplicáveis à avaliação da felicidade da mesma forma que se aplicam à avaliação de todas as grandezas mensuráveis." *Utilitarianism*, Cap. V, nota referente ao parágrafo 36.

16. Henry Maine, *Lectures on the Early History of Institutions* (Londres: Murray, 1897), pp. 397 ss.

(a) Uma medida cardinal de utilidade para cada indivíduo (todos os n indivíduos) e

(b) Um modo de emparelhar as medidas de utilidade de indivíduos diferentes para que possamos fazer as relações e adições relevantes; em resumo, precisamos de regras de correspondência que nos digam como comparar e ponderar os prazeres de pessoas diferentes.

O elemento (a) acima não é suficiente; somente se tivermos (a) e (b) de modo satisfatório é que teremos um modo de fazer comparações interpessoais.

Passo agora a alguns comentários sobre as medidas cardinais. Em primeiro lugar, na doutrina clássica, as medidas cardinais de utilidade baseavam-se nas estimativas que os indivíduos faziam de sua própria felicidade com base na introspecção e na reflexão, bem como na comparação de seus vários estados de bem-estar, isto é, da intensidade e duração desses estados de consciência agradável e desagradável. Em resumo: para a doutrina clássica, os indivíduos são capazes de (a) ordenar seus diversos níveis de bem-estar de modo coerente e (b) dizer que a diferença entre os níveis dos estados A e B é igual à diferença entre C e D (ou maior ou menor que estas). Com base nessas duas suposições, existe de fato uma medida cardinal para cada indivíduo; ela é independente das escolhas (preferências) que incluem risco e incerteza. (Outra possível medida baseia-se em uma teoria que remonta a Edgeworth; ela também é independente de riscos e incertezas)[17]. Assim, a medida de utilidade clássica *não* deve ser confundida com aquela introduzida por Von Neumann-Morgenstern, que se baseia em escolhas coerentes em vez de loterias (diversas combinações

---

17. [Em *A Theory of Justice*, ed. rev., seção 49, p. 282, Rawls diz o seguinte:
"Há vários modos de estabelecer uma medida interpessoal da utilidade. Um deles (que remonta pelo menos a Edgeworth) é supor que um indivíduo é capaz de distinguir apenas um número finito de níveis de utilidade. Afirma-se que uma pessoa é diferente com relação a alternativas que pertencem ao mesmo nível de discriminação, e a medida cardinal da diferença de utilidade entre duas alternativas quaisquer é definida pelo número de níveis distinguíveis que as separam. A escala cardinal resultante é única, como deve ser, até o limite de uma transformação linear positiva. Para fixar uma medida entre as pessoas, podemos supor que a diferença entre níveis vizinhos é igual para todos os indivíduos e a mesma entre todos os níveis. Com essa regra de correspondência interpessoal, os cálculos ficam extremamente simples. Na comparação de alternativas, definimos o número de níveis entre elas para cada indivíduo e então fazemos a soma, levando em conta os valores positivos e negativos." Ver A. K. Sen, *Collective Choice and Social Welfare* (São Francisco: Holden-Day, 1970), pp. 93 s.; a respeito de Edgeworth, ver *Mathematical Psychics* (Londres: Kegan Paul, 1888), pp. 7-9, 60 s. (N. do Org.)]

de alternativas ponderadas por probabilidade). (Talvez possamos retomar esse raciocínio mais tarde.)[18]

Em segundo lugar, ao estabelecermos as regras de correspondência a fim de poder acrescentar as medidas de utilidade de indivíduos diferentes, *não precisamos* ser capazes de comparar os níveis (absolutos) do bem-estar desses indivíduos. A comparabilidade de unidades já é suficiente, tornando desnecessária a comparabilidade de níveis (comparabilidade total = comparabilidade de níveis + comparabilidade de unidades). Como nossa intenção é maximizar a soma do bem-estar, a única coisa que importa é saber qual o acréscimo ou diminuição (de unidades) que cada indivíduo obtém em relação ao ponto de partida por ter realizado as diversas alternativas factíveis. Não importa saber se o indivíduo A, por exemplo, tem um acréscimo ou diminuição de n unidades em relação a um nível superior ou inferior ao nível de B, supondo que haja comparabilidade de unidades. A instituição, política pública ou ato que conseguir o maior aumento líquido (saldo dos valores positivos e negativos) em relação à situação atual maximizará a utilidade através dessas alternativas[19].

§ 4. Restrições filosóficas
à medida satisfatória de comparações interpessoais

(1) Há pelo menos duas restrições filosóficas muito importantes em qualquer conjunto satisfatório de regras de correspondência para comparações interpessoais. Até que tenhamos cumprido essas regras, não poderemos definir uma doutrina utilitarista plausível. A primeira restrição é que as regras de correspondência devem ser tanto relevantes como aceitáveis sob o ponto de vista moral definido pela forma de utilitarismo em questão – que, no nosso caso, é a doutrina utilitarista clássica. Nem todo tipo de correspondência será admissível. Além disso, todas as regras de corres-

---

18. [Ver em Rawls, *A Theory of Justice*, ed. rev., seção 49, pp. 283-4, uma análise da definição da utilidade em Von Neumann-Morgenstern e dos problemas das comparações interpessoais de utilidade. (N. do Org.)]

19. Quando os economistas falam de "acréscimo marginal de utilidades", querem dizer mais ou menos isso – ou precisamente isso, caso suponhamos que os ganhos e perdas (medidos na forma de bens e serviços) sejam suficientemente pequenos para que a utilidade marginal de cada indivíduo permaneça aproximadamente constante em todo o intervalo dos ganhos e perdas possíveis medidos na forma de bens e serviços etc. [Essa frase está riscada nos apontamentos manuscritos de Rawls sobre suas aulas. (N. do Org.)]

pondência parecem incluir algumas suposições éticas firmes, ou pelo menos suposições com implicações éticas, e essas pressuposições devem estar em harmonia com a doutrina em questão.

(2) Para ilustrar essa ideia, tomemos a muito conhecida *regra do zero-um*. Essa regra parte da suposição de que temos medidas cardinais com limites superiores e inferiores e atribui a esses limites superiores e inferiores o valor de zero e um, respectivamente. Isso estabelece uma medida cardinal interpessoal, mas será que é esta a que queremos? Será que ela define um objetivo que queremos maximizar (com base na doutrina utilitarista)? Reflitamos sobre isso à luz do seguinte exemplo extremo (e sem dúvida jocoso) que tem o mérito de expor claramente a dificuldade em questão. Imaginemos uma sociedade que no momento t_0 consiste de um número mais ou menos igual de n pessoas e m gatos (cada pessoa tem seu gato, por assim dizer). Levando em consideração todos os seres sensíveis, escreva: Maximizar:

$$\sum u_i = u_1 + \ldots + u_n + u_{n+1} + \ldots + u_{n+m}$$

Uma quantidade X de maná chove a cada semana eciana[20] (período de tempo). Como distribuir esse maná? Ora, admitamos que os gatos consigam se aproximar do ponto de saciedade ($u = 1$) mais facilmente que os humanos (se adotarmos a regra do 0-1). Assim, com o passar do tempo, talvez maximizemos a soma das utilidades reduzindo o quociente n/m a fim de que no momento t (o momento ideal) existam relativamente poucas pessoas recolhendo e distribuindo o maná à grande quantidade de gatos em estado de quase saciedade. (Estou supondo que a quantidade de maná seja fixada em X para todos os momentos t.) A explicação dessa conclusão é que os gatos são produtores mais eficientes de utilidade por unidade de X se usarmos a regra do 0-1.

Esse exemplo não está sendo usado aqui como objeção séria, mas sim para tornar mais vívida a dificuldade em tela, qual seja: só porque somos capazes de estabelecer *alguma* medida interpessoal até agora, isso não prova nada, pois essa medida deve definir um objetivo a ser maximizado conforme manda a teoria, do ponto de vista filosófico, ou um objetivo com o qual possamos viver. Se a medida interpessoal tiver implicações ina-

---

20. [Referência a John R. Hicks (1904-89), economista britânico ganhador do Prêmio Nobel juntamente com Kenneth Arrow, em 1972. (N. do Org.)]

ceitáveis, o utilitarista supostamente terá em mente outra coisa. Assim, a ideia é que qualquer esquema de regras de correspondência aparentemente tem implicações éticas, (a) através das implicações do princípio resultante e (b) através da incorporação de noções éticas nas regras de correspondência; essas implicações éticas existem mesmo que o esquema *pareça* não incluir nenhuma noção ou princípio moral. O esquema de regras de correspondência tem tais implicações porque estabelece um objetivo que devemos maximizar como o único fim das instituições e atos. Além disso, às vezes pode parecer claro que algumas concepções éticas estejam incorporadas nas regras de correspondência; por exemplo, será que a regra 0-1 é um modo de dizer que os seres sensíveis têm direitos iguais ou (talvez melhor dizendo) reivindicações iguais à maximização da satisfação? Contrastemos esse exemplo com a resposta de Mill a Spencer: os prazeres, com suas propriedades intrínsecas de intensidade e duração (por exemplo), são iguais, independente de quem os tem. O exemplo acima quer dizer simplesmente que a gama completa de prazeres humanos (soma de todos os indivíduos) é igual (por estipulação) à gama completa de prazeres dos felinos (soma de todos os gatos), independente das variações entre os humanos ou entre os felinos ou mesmo entre felinos e humanos. O que justifica essa estipulação? Se rejeitarmos a regra do 0-1 para gatos e humanos, qual será o coeficiente correto? A regra do 0-1 será válida para todas as pessoas? Devemos ter como objetivo prazeres mais simples, conforme sugerido pela regra do 0-1[21]?

(3) Em segundo lugar, o esquema de correspondência (para comparações interpessoais) não deve incluir nenhuma noção ou princípio ético que dependa de noções de *direito* ou *merecimento moral*. Isso porque a doutrina clássica introduz o conceito de direito como algo que maximiza alguma noção de bem definida de modo independente. (Pode-se esclarecer essa ideia com exemplos: hedonismo, excelência humana etc.)

Creio já termos visto que a regra do 0-1 pode conter uma noção ética, como a dos direitos iguais ou reivindicações iguais à (maximização da) satisfação. Naturalmente, isso não é objeção a qualquer doutrina que use o princípio resultante; porém, é preciso deixar claro que esse princípio já não é mais o princípio clássico da utilidade: ele se transformou em outra coisa. Introduzimos o princípio das reivindicações iguais para todos os

---

21. [Ver em *A Theory of Justice*, ed. rev., pp. 284-5, uma análise detalhada das suposições axiológicas implícitas nas comparações interpessoais. (N. do Org.)]

seres sensíveis (humanos), mas de onde o tiramos? Não do fato de ele ser o melhor modo de maximizar a utilidade, pois o usamos na própria definição de utilidade. Portanto, talvez ele seja um princípio primeiro fundamental; em caso positivo, é preciso esclarecer isso. Finalmente, por que *acrescentar* utilidades? Por que não usar o maior produto das utilidades, que normalmente resulta em menos desigualdade na distribuição da utilidade?

(4) As suposições-padrão que os autores utilitaristas muitas vezes usam podem ser modos velados de introduzir e acrescentar princípios primeiros[22]. Isso dependerá do uso e da justificação dessas suposições. Se forem seguidas sem levar em consideração os fatos reais da psicologia individual, elas assumem o caráter de princípios primeiros; isso significa, na prática, que se deve tratar as pessoas como se essas suposições fossem válidas. Se for assim, esses princípios primeiros devem ser observados explicitamente; assim, tal como antes, o que temos aqui não é mais a doutrina clássica no sentido estrito[23].

(5) Finalmente, um exemplo mais sutil do mesmo problema: é preciso ter cuidado e contar entre os prazeres e satisfações apenas os estados de consciência ou sentimentos que estejam devidamente caracterizados, isto é, caracterizados exclusivamente pelas noções do bem e noções não morais. Dessa forma, não há como contestar certas desigualdades – digamos, do ponto de vista utilitarista – com o argumento de que elas provocam ressentimento ou indignação nas pessoas, pois ressentimento e indignação são sentimentos morais; eles implicam que o indivíduo ratifica alguma concepção do direito, justiça etc. e pressupõem a crença de que os princípios

---

22. Ver Maine, *Lectures on the Early History of Institutions*, pp. 399 s. [Ver *A Theory of Justice*, ed. rev., p. 285, em que Rawls diz o seguinte sobre essa mesma referência: "Os comentários de Maine a respeito dos pressupostos utilitaristas são pertinentes aqui. Ele sugere que os fundamentos para esses pressupostos ficam claros quando nos apercebemos de que se trata simplesmente de uma regra operacional da legislação, e que é assim que Bentham os considerava. Em uma sociedade populosa e razoavelmente homogênea, regida por um Legislativo moderno e eficaz, o único princípio que pode nortear a legislação em larga escala é o princípio da utilidade. A necessidade de não considerar as diferenças entre as pessoas, mesmo entre pessoas concretas, conduz à máxima que define que todos sejam igualmente considerados e aos postulados da similaridade e da utilidade marginal. Com certeza, as convenções para as comparações interpessoais devem ser julgadas sob o mesmo enfoque. A doutrina contratualista afirma que, admitindo esse fato, também admitiremos que é melhor abandonar inteiramente a ideia de medir e somar o bem-estar." (N. do Org.)]

23. *Cf.* Lionel Robbins, *The Nature and Significance of Economic Science* (Londres: Macmillan, 1932), p. 141.

definidores dessas concepções são feridos pelas desigualdades. Um argumento desse tipo não é permitido pelas restrições que pesam sobre a doutrina clássica. Em vez dele, o que um utilitarista clássico deve defender é que certas desigualdades causam tanta inveja e angústia ou tanta apatia e depressão (estados de espírito que são, digamos, desagradáveis) que geralmente se obtém o maior saldo de felicidade eliminando tais desigualdades. Mesmo que levemos esses sentimentos morais em consideração, devemos ponderá-los exclusivamente com base em sua intensidade e duração. Será isso conveniente?

(6) Exporei aqui outro exemplo para ilustrar como as noções morais podem ser incluídas entre as funções de utilidade individual. Suponhamos que haja uma variável que represente o posicionamento dos indivíduos em relação à distribuição de bens ou mesmo da satisfação (supondo que todos os indivíduos saibam o que é essa distribuição). Suponhamos ainda que, para os fins deste exemplo, o traço relevante da distribuição realizada atualmente se baseia no coeficiente de Gini: cada indivíduo fica satisfeito ou insatisfeito de acordo com o grau de desigualdade medido por esse coeficiente[24]. Fica mais ou menos satisfeito à medida que a igualdade aumenta, *ceteris paribus*, embora os indivíduos possam diferir no desejo de igualdade. Assim, toda u_i pode ser representada mais ou menos assim:

$$U_i = U_i(X, I, G) \text{ e, portanto, maximiza } \sum U_i \text{ conforme definição}$$

sendo X um vetor dos bens, I a renda e G, o coeficiente de Gini.

Aqui, pode-se supor (para simplificar) que para cada indivíduo haja curvas de indiferença aproximadamente iguais àquelas exibidas na Figura 10.

Esse esquema pode se enquadrar na teoria ordinal ou na teoria cardinal. Para os nossos propósitos aqui, suponhamos que as curvas de indiferença tenham medidas cardinais relevantes que se emaranham conforme

---

24. [O coeficiente de Gini, atribuído a Gini (1912), é uma medida da desigualdade.
"Há diversos modos de definir o coeficiente de Gini; um pouco de manipulação [...] revelará que ele é exatamente a metade da diferença média relativa, definida como a média aritmética dos valores absolutos das diferenças entre todos os pares de rendas. [...] Sem dúvida, um dos apelos do coeficiente de Gini ou da diferença média relativa está no fato de que ele é uma medida bastante direta da diferença de renda, pois registra as diferenças entre *todos* os pares de rendas." Amartya Sen, *On Economic Inequality* (Oxford: Oxford University Press, 1997), pp. 30-1.]

Renda Real Total (baseada em X_i e I_i)

III > II > I

H

M

E

Coeficiente de Gini

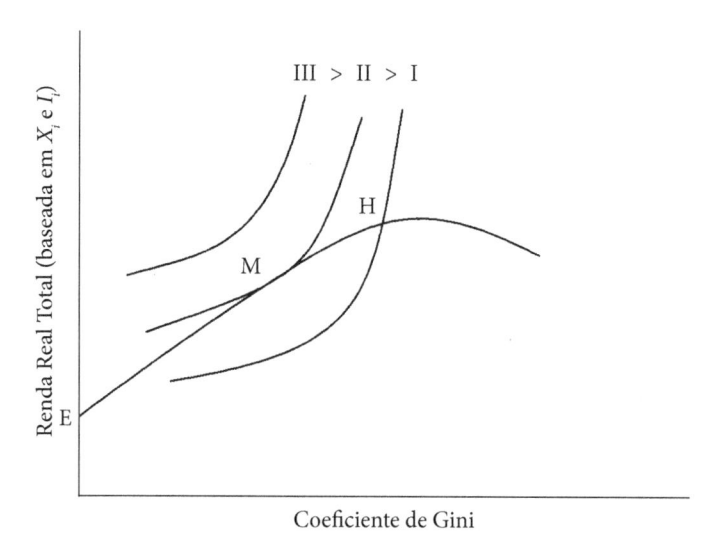

Figura 10.

Curva EH = produção máxima (com base no coeficiente de Gini)[a]
Logo, H = produção máxima (soma de todos os coeficientes de Gini)
Logo, M = ponto mais preferido (para o indivíduo i)[b]

a. [Observações sobre o gráfico: E marca o ponto de interseção entre o eixo vertical e a curva EH; M marca o ponto de interseção entre a curva EH e II; H marca o ponto de interseção entre a curva EH e I. (N. do Org.)]

b. *Cf.* William Breit, "Income Redistribution and Efficiency Norms" [Redistribuição de renda e normas de eficiência], in Hochman e Peterson, *Redistribution Through Public Choice* [Redistribuição por opção pública] (1974).

for conveniente, através das regras de correspondência, com as medidas de outros indivíduos (são válidas as comparações interpessoais).

A ideia, então, é esta: formalmente, é possível prosseguir na maximização do saldo líquido de utilidade. Mas a teoria não será mais teleológica no sentido exigido:

(a) Ao dar espaço para o coeficiente de Gini, os indivíduos levam em conta a distribuição. À primeira vista, parece que eles têm um princípio-padrão do primeiro tipo (princípio baseado em um padrão de distribuição representado por alguma propriedade computada a partir da distribuição dos bens e renda (os X e I).

(b) Precisamos saber sobre que base os indivíduos estão realmente levando em conta a distribuição. Será que a resposta desses indivíduos a G é mesmo baseada em:

(i) benevolência e temperamento simpático?
(ii) convicções morais resultantes de uma concepção dos deveres e beneficência?
(iii) convicções da justiça na distribuição? Convicções de qual concepção, especificamente?
(iv) concepções sobre a conveniência de maior igualdade para a estabilidade social?
(v) concepções sobre a conveniência geral da redução da inveja e da depressão?
(vi) concepções sobre proteção contra possíveis perdas no futuro para o próprio indivíduo (aversão a riscos aplicada a maiores desigualdades e, portanto, desejo de criar uma política pública que vise à redução da desigualdade)?

(c) As três últimas são compatíveis com restrições teleológicas, enquanto as três primeiras, com a possível exceção da primeira, (i), são incompatíveis.

Do ponto de vista da teoria moral, o que pretendemos descobrir não é a base sobre a qual as pessoas de fato levam em conta a distribuição (supostamente todas as seis razões acima e outras influenciam um ou outro indivíduo), mas a base sobre a qual elas acham que deveriam fazer isso, além das concepções morais que elas têm nessa questão. Assim, mais especificamente, até que ponto o utilitarismo clássico permite a distribuição?

§ 5. Algumas questões sobre as ideias de maior quantidade possível de indivíduos, de felicidade e de maximização da utilidade total × utilidade média

(1) A expressão "a maior felicidade possível para a maior quantidade possível de indivíduos", ao que parece, é encontrada pela primeira vez em Francis Hutcheson, *An Inquiry Concerning Moral Good and Evil* (1725), seção III, § 8. Ocasionalmente, ela tem gerado confusão porque não se sabe se o princípio da utilidade nos leva a maximizar o prazer total, a quantidade de pessoas ou alguma mistura ponderada de ambos.

A doutrina clássica é clara: devemos maximizar o prazer total (saldo líquido do prazer menos a dor). No longo prazo, a quantidade de pessoas (isto é, o tamanho da sociedade) deve ser ajustada conforme for conveniente. É isso que diz a doutrina clássica. A maximização de uma mistura ponderada do prazer líquido (total) e da quantidade de pessoas representa uma doutrina intuicionista e não faz parte da doutrina utilitarista clássica. Talvez se deva dizer também que o absurdo atribuído por Von Neumann--Morgenstern ao utilitarismo de Bentham (na segunda edição de *Theory of Games* [Teoria dos jogos], 1947), a saber, o de que Bentham pretendia maximizar duas coisas ao mesmo tempo, a felicidade acumulada e a quantidade de pessoas, é incorreto. Bentham, Edgeworth e Sidgwick não incorreriam nesse tipo de insensatez.

(2) Em segundo lugar, há a questão de saber se devemos maximizar a utilidade *total* ou a utilidade *média* (bem-estar *per capita* ou bem-estar dos membros da sociedade somados). Aqui também a doutrina clássica é perfeitamente clara: devemos maximizar a utilidade *total*, não a utilidade média. As duas, naturalmente, são idênticas no curto prazo enquanto n for fixa (n = população da sociedade). Porém, no longo prazo, n não permanece fixa e sob certas condições as opiniões em favor da utilidade total e da utilidade média produzem diferentes resultados em termos de políticas populacionais ou em termos de qualquer política social na medida em que elas influenciam o tamanho da população (por exemplo, através dos impactos provocados pela taxa de natalidade, taxa de mortalidade etc.). A condição crucial ao determinar o tamanho da população é a taxa relativa de diminuição da utilidade média à medida que a população aumenta. Se a utilidade média cair com lentidão suficiente, a perda na utilidade média *sempre* será menor que o ganho no total devido ao aumento da quantidade de pessoas, de modo que se pode ter, teoricamente, uma população muito grande com uma utilidade muito pequena (para cada indivíduo, a utilidade positiva é maior que 0), em vez de uma população bem menor que maximizaria a utilidade média. Contudo, talvez o utilitarismo não seja um princípio factível para políticas populacionais. Se for assim, surge a pergunta: de que modo o utilitarismo clássico conseguirá assumir a forma de uma doutrina completa?

Deve-se observar que Sidgwick é claro quanto às duas questões acima (ver *ME*, pp. 415 s.). É por isso, entre outros motivos, que digo que Sidgwick é o melhor representante da doutrina utilitarista clássica: ele tem consciência de todas essas questões e as resolve a cada vez de modo coerente com a doutrina. Note-se novamente que, se dissermos que é a utilidade média que deve ser maximizada em vez da utilidade total, daremos a impressão de estar introduzindo um novo princípio primeiro, pois, se o prazer *sozi-*

nho é o único bem, parece óbvio que devemos maximizar a soma do prazer. Por que, nesse caso, a média é tão importante?

§ 6. Observações finais

(1) É importante enfatizar a ideia por trás dos comentários acima. Os comentários de introdução histórica servem para ressaltar a longa continuidade da tradição utilitarista, com seu notável domínio (em pelo menos três aspectos) sobre o curso da filosofia moral anglo-saxã desde (pelo menos) o primeiro quartel do século XVIII e seu forte vínculo com a teoria social, especialmente com a teoria política e a economia; nenhuma outra doutrina de nenhuma outra área do conhecimento se aproxima desse padrão de características.

Além disso, é preciso compreender que os principais utilitaristas, munidos de certas qualificações, mas não muitas, tentaram elaborar como reação a Hobbes uma teoria moral aceitável para uma sociedade secular com as características do mundo moderno. Essa reação a Hobbes (ao contrário da resposta dos ortodoxos cristãos, como Cudworth) ressalta um aspecto do trabalho desses autores: eles representam a primeira teoria moral e política da Modernidade.

(2) Em segundo lugar, nestas conferências, analisei Sidgwick como o último dos principais representantes do utilitarismo clássico no sentido estrito, isto é, do trio Bentham-Edgeworth-Sidgwick. A apresentação de Sidgwick é a mais detalhada; ele tem plena consciência da maior parte (pelo menos) dos problemas da doutrina (de uma forma que nem todos os utilitaristas contemporâneos têm). É preciso reconhecer as muitas implicações da formulação de algo que à primeira vista parece ser um princípio (concepção) um tanto simples. Na verdade, a simplicidade inicial torna a complexidade mais fácil de perceber.

(3) Por fim, passamos rapidamente por algumas das questões que surgem ao fazer comparações interpessoais de bem-estar. Isso foi somente para destacar os problemas, ilustrar as dificuldades. Por exemplo, a regra do 0-1 não é satisfatória, creio eu, quando aplicada ao conjunto de todos os seres sensíveis, embora se saia melhor quando aplicada aos seres humanos. Ela mostra, porém, onde está o problema profundo da doutrina. Não avançaremos nessas questões neste momento, mas é preciso ter consciência desses problemas.

Apêndice à Conferência III:
Sobre as comparações interpessoais cardinais

(1) Ideias: estas são as principais ideias:

(a) Uma medida cardinal para cada indivíduo.

(b) Uma regra de correspondência relevante para fazer a ligação entre essas medidas: no mínimo, com comparabilidade de unidade.

(2) Medidas cardinais × medidas ordinais:

(a) As medidas ordinais simplesmente definem um ordenamento completo do melhor e do pior, mas sem quantificar.

(b) As medidas cardinais definem um zero e uma unidade e informam a quantidade de unidades que há entre cada nível.

(c) Não há escala única, mas sim todas as escalas nas medidas cardinais relacionadas por transformação linear positiva (por exemplo, escalas de temperatura). Nas medidas ordinais, há transformação monotônica positiva.

(3) Nas medidas individuais cardinais do utilitarismo clássico, como em Sidgwick (*ME*, Livro III, Cap. II):

(a) Os indivíduos podem ordenar os níveis de bem-estar por introspecção (ordenamento completo).

(b) Os indivíduos podem ordenar as diferenças entre os níveis por introspecção (ordenamento completo de diferenças entre níveis). (a) e (b) geram uma medida individual cardinal.

(c) Ao fazer esses ordenamentos, não há escolhas nem decisões que incluam risco ou incerteza.

(4) Quanto às regras de correspondência, elas são necessárias para emparelhar as medidas de indivíduos diferentes[25]:

(a) A comparabilidade de níveis é um emparelhamento de níveis.

(b) A comparabilidade de unidades é um emparelhamento de unidades (quantas unidades do indivíduo A = 1 unidade do indivíduo B).

(c) Comparabilidade total = nível + unidade. Para aplicação do utilitarismo, precisamos apenas da comparabilidade de unidades (o utilitarismo se interessa pelos totais, não pelos níveis).

(5) Regra do zero-um como exemplo:

(a) Se calcularmos as consequências dessa regra para a sociedade de pessoas e gatos, é possível que tenhamos resultados estranhos. Porém,

---

25. A esse respeito, *cf.* Amartya Sen, *Collective Choice and Social Welfare* (São Francisco: Holden-Day, 1970), Caps. 7 e 7*.

se rejeitarmos a regra de correspondência pessoas/gatos, por que o fazemos? Será apenas porque não queremos ser escravos de gatos? E qual é o coeficiente correto (ainda que não exatamente, mas de modo aproximado ou muito aproximado)?

(b) Se a regra do 0-1 não puder ser válida para pessoas e gatos, ela será válida entre pessoas? Por que as razões que nos fazem rejeitá-la no caso da correspondência pessoas/gatos não podem nos fazer rejeitá-la na correspondência entre diferentes tipos de pessoas? É possível ou aconselhável aceitarmos essa implicação? Qual o grau de coerência dessas razões para a rejeição em relação à doutrina utilitarista clássica? Será que elas incluem uma doutrina das diferentes qualidades de prazer de um modo que o utilitarismo não pode permitir (tal como em J. S. Mill, embora as ideias de Mill nessa questão não sejam claras)?

(c) Será que a regra do 0-1 implica que devemos cultivar prazeres simples e facilmente saciáveis como questão de política social? Ou, mais que isso, será que ela implica tipos simples de pessoas que facilmente adquirem felicidade sem necessitar de muitos recursos sociais?

(d) Que princípio moral está implícito na regra do 0-1? Reivindicação de satisfação igual ou máxima por parte de todos os seres com capacidade de satisfação?

A regra do 0-1 é um modo útil simplesmente para ilustrar o problema das comparações interpessoais cardinais. E a hipótese é que qualquer esquema de regras de correspondência parece incorporar profundas suposições éticas que são difíceis de afastar do utilitarismo. É aqui que começa a se mostrar a complexidade dessa doutrina.

CONFERÊNCIA IV

Resumo do utilitarismo (1976)

(1) Nas últimas três aulas, discutimos a doutrina utilitarista clássica na formulação dada por Sidgwick em *Os métodos da ética*[26]. (Essa é a linha B-E-S do utilitarismo, embora haja variações entre esses autores. O enun-

---

26. [As observações seguintes, reunidas sob o título de "Transição do utilitarismo", compõem a primeira seção de uma conferência de 1976 sobre "Locke e a doutrina do contrato social". (N. do Org.)]

ciado que Sidgwick deu ao princípio utilitarista é o mais completo e coerente. Ele impulsiona a doutrina clássica até seus limites filosóficos.)

Lembremos que a doutrina utilitarista clássica nos manda maximizar:

$$\sum \sum u_{ij} = u_{11} + u_{21} + \ldots + u_{nm}$$

sendo i = indivíduos e j = períodos de tempo.

Nessa equação, para cada u_{ij}:

(a) O número real representa uma medida cardinal interpessoal de bem-estar líquido para o indivíduo i durante o período j; aqui, esse bem-estar líquido é interpretado *de modo hedonista*, isto é, ele representa a consciência como sentimento desejável (*cf. ME*, I: ix; II: ii; III: x).

(b) Essa medida cardinal baseia-se na introspecção: a avaliação é feita pelo indivíduo (que, supõe-se, é capaz de ordenar não somente os níveis de bem-estar como também as diferenças entre esses níveis, tudo isso através de juízos que não incluem risco nem incerteza (contrariando a tese de Von Neumann-Morgenstern sobre a medida cardinal de utilidade)).

(c) A caracterização das u_{ij} é *teleológica*: não é necessária nenhuma noção do direito para a definição das utilidades.

(2) Ora, a ideia intuitiva do utilitarismo clássico tem uma série de traços interessantes. De fato, pode parecer *inquestionável* que nosso dever é maximizar o bem ou *sempre* realizar atos que, nas circunstâncias em questão, terão provavelmente as melhores consequências, em termos absolutos. O utilitarismo clássico parece ser um modo claro de formular essa ideia.

Formulado desse modo, ele tem muitos traços admiráveis:

(a) É uma concepção de maximização através de *um único* princípio.

(b) Assim, em tese, ele não precisa de *regras de prioridade*; todas as regras vigentes são aproximações, regras empíricas etc.

(c) É uma concepção de validade *inteiramente geral*, aplicável uniformemente em *todas* as áreas.

(d) Tem apenas uma noção básica – o bem – e introduz outras noções (direitos, merecimento moral) através da ideia de maximização.

(e) Muitas vezes ele parece ser prontamente exprimível em forma matemática própria para raciocínios que usam cálculos e é dessa forma que tem sido usado na economia.

Recomenda-se ter em mente esses traços. No decorrer destas conferências, tentei enfatizar as ideias simples e intuitivas que implicitamente parecem servir de guia para o desenvolvimento e a formulação de concepções éticas e políticas. Nesse sentido,

> O utilitarismo clássico evolui a partir da noção de *maximização do bem*; ele ajusta-se prontamente à ideia de uso de todos os meios para a *promoção* do bem na *melhor* maneira possível (usando os instrumentos e recursos sociais *mais econômicos e racionais*).

É essa a estrutura da doutrina utilitarista clássica.

(3) Em minha análise da doutrina, sugeri que a simplicidade do utilitarismo pode ser enganosa:

(a) Ao definir o bem, cujas medidas são as u_{ij}, devemos nos certificar de estarmos cumprindo as restrições de uma teoria *teleológica*: as u_{ij} não podem se adaptar para incluir sentimentos como *ressentimento*, aversões *desinteressadas* e irracionais (Sidgwick) ou atitudes sobre a distribuição (coeficiente de Gini), e assim por diante.

(b) Os procedimentos das comparações interpessoais podem eles próprios incorporar princípios dos direitos, que precisam ser explicitados e necessitam de explicação, tais como a regra do zero-um e outras suposições comuns.

(c) A ideia de que as u_{ij} devam ser *somadas*, e não, por exemplo, multiplicadas é em si uma *suposição ética*; a simples soma é indiferente à distribuição.

(d) Além disso, todas as restrições acima, (a), (b) e (c), podem naturalmente sugerir ou até impor determinada concepção da pessoa, tal como a da pessoa-recipiente [*container-person*] (encontrada em Sidgwick).

Nesse sentido, a ideia é esta: se prestarmos atenção aos detalhes da doutrina clássica, veremos que ela não é tão simples como parece inicialmente. Isso, é claro, não depõe contra ela, mas é um alerta para o fato de que *qualquer* concepção política *razoável* está fadada a ter uma estrutura complexa, ainda que ela se desenvolva a partir de uma ideia intuitiva simples. Supostamente, a teoria do contrato social terá as mesmas características.

(4) Um último comentário sobre o uso da noção de *função de utilidade*. Esse termo é muito usado (na economia e em outras áreas) como representação matemática das preferências, escolhas, decisões etc. de um indivíduo. Por exemplo, alguém poderia usar uma função de utilidade para representar as decisões ou juízos de um intuicionista (*TJ*, § 7). Ou então essas funções poderiam ser usadas para representar as decisões sociais

coletivas tomadas por uma sociedade ou pelos membros dessa sociedade ao expressar suas escolhas por meio de uma Constituição.

A meu ver, é muito infeliz o fato de a noção de função de utilidade ser usada nesse sentido amplo; muito melhor seria proceder da seguinte maneira:

(a) Adotar outro termo conforme for conveniente em cada caso; por exemplo: funções objetivas (múltiplas), função de decisão social ou função de escolha constitucional. Evitar termos como "funções de utilidade" ou "funções de bem-estar", que têm conotações especiais e restritas.

(b) Compreender que essas funções objetivas/de decisão/de juízo somente *representam* ou *descrevem*, para os propósitos de alguma teoria, quais são as escolhas ou decisões de determinados agentes (agentes podem ser pessoas, empresas, associações, sociedades etc.). As funções podem não levar em conta *sequer* o *modo* como esses agentes decidem, o complexo de princípios que eles empregam etc. Um exemplo disso é a função de juízo intuicionista.

(c) Entender que, do ponto de vista da teoria moral, o problema não é *representar* no sentido estrito, mas captar o complexo de princípios que regulam os *juízos* emitidos de fato ou juízos que seriam emitidos no equilíbrio reflexivo e fazem parte deles.

(d) Além disso, matematicamente falando, a função de representação pode ser tal que seja impossível ela descrever o agente de modo natural como um indivíduo que *maximiza algo*. Por exemplo, pode haver objetivos múltiplos ou ordenamentos lexicais (em vez de uma função representativa contínua).

(e) Por fim, não teremos uma teoria utilitarista clássica até que a função de representação observe todas as restrições da teoria teleológica condizente.

Recapitulando a ideia geral:

Os juízos morais ou políticos de um indivíduo podem, supõe-se, ser representados por uma função matemática. Nos termos dessa função, pode-se dizer: o indivíduo emite juízos como se acreditasse que em cada caso a sociedade deva maximizar essa função, promover as *melhores consequências* (definidas por essa função).

Porém esse modo de falar não sugere uma concepção política *específica*. A questão, portanto, é: que *forma* ou *características especiais* dessa função e que concepções e princípios estão por trás dela no pensamento e nos juízos dos agentes (indivíduos e sociedade)?

CINCO CONFERÊNCIAS SOBRE JOSEPH BUTLER

CONFERÊNCIA I

A constituição moral da natureza humana

§ 1. Introdução: Vida (1692-1752), obras e objetivos

(1) Joseph Butler nasceu em Wantage, Berkshire, em 1692. Seu pai queria que ele se tornasse ministro da Igreja Presbiteriana, à qual pertencia. Butler frequentou uma célebre Academia Dissidente em Gloucester (mais tarde transferiu-se para Tewksbury), onde, com o tempo, decidiu converter-se ao anglicanismo. Em 1714, na idade relativamente madura de 22 anos, ingressou como estudante comum sem bolsa de estudos no Oriel College, instituição da Universidade de Oxford, graduando-se em 1718. Nesse mesmo ano, ordenou-se diácono e em seguida foi elevado a presbítero pelo bispo Talbot, na Igreja de São Jaime, em Westminster. Também no mesmo ano, em 1718, foi nomeado pastor da paróquia de Rolls Chapel, em Londres – cargo que manteve até 1726. Durante esse período, escreveu *Sermons* [Sermões], principal livro responsável por sua reputação na filosofia moral, publicado em 1726. Ocupou diversos outros postos, tornando-se, por fim, em 1750, bispo da diocese de Durham. Morreu dois anos depois.

Além dos *Sermões*, Butler também é conhecido por sua obra posterior, *The Analogy of Religion* [Analogia da religião], publicada dez anos após os *Sermões*, em 1736. Não discorrerei muito sobre essa obra, mas é importante tê-la em mente, já que ela nos diz muito sobre as concepções que permeavam os escritos de Butler e sobre o sistema de ideias em cujo âmbito deve ser compreendida a filosofia moral butleriana. Esquecer esse contexto é exatamente o tipo de equívoco interpretativo que quero evitar. Note-se que a *Analogia* contém dois pequenos apêndices: um discorre sobre a identidade pessoal, enquanto o outro é uma curta dissertação (termo usado por Butler) sobre a virtude. Esta última também será incluída nas obras que estudaremos.

(2) Embora o estilo de Butler indique claramente que o filósofo não gostava de se envolver em polêmicas turbulentas, ainda assim as obras butlerianas têm como objetivo refutar determinadas teses e autores decisivos de sua época. Os objetivos de Butler eram práticos no seguinte sentido:

(a) Ele não se deu ao trabalho de provar verdades inegáveis. Tampouco tinha interesse em encontrar novas formulações mais elegantes para afirmar verdades aceitas.

(b) Seus ataques têm por alvo unicamente as opiniões que ele considera perigosas, isto é, aquelas que corrompem a moral ou tendem a questionar crenças e virtudes necessárias à sociedade humana ou à integridade da fé cristã. Butler é um apologista no velho sentido: defensor da moral e da fé racional. Para ele, a filosofia é um modo de defesa, assim como era para Kant (embora com uma curiosa diferença).

(c) As premissas de Butler são sempre as ideias compartilhadas com seus adversários. Ele tem satisfação em reconhecer pressupostos em comum e defender a moral e a crença religiosa racional com base nesses pressupostos. Seu estilo é respeitoso e moderado, embora ocasionalmente faça afirmações veementes sobre as consequências perniciosas das ideias por ele atacadas.

(3) O temperamento filosófico de Butler é prático ainda em outro sentido: ele tem pouco interesse em se dedicar a questões meramente metafísicas, epistemológicas ou de qualquer outra natureza filosófica. Procura evitar sutilezas filosóficas por acreditar que as questões especulativas estejam além do nosso alcance. Essa atitude é expressa nos títulos de dois capítulos da *Analogia*: Parte I, Capítulo 7, "Do governo de Deus, considerado como constituição ou sistema compreendido imperfeitamente", e Parte II, Capítulo 4, "Do cristianismo, considerado como constituição ou sistema compreendido imperfeitamente".

Assim, o objetivo prático de Butler é simplesmente nos fortalecer em nossa prática moral e religiosa cotidiana. Ele não tem interesse em elaborar novos valores morais ou em desenvolver uma nova base para as virtudes morais, nem para a prática religiosa. Butler é um conservador, um defensor da moral e da fé cristã racional. Para ele, a filosofia não é necessária à vida prática em sociedade, mas faz-se necessária quando a base de nossa vida prática é atacada por meios filosóficos. É preciso, por assim dizer, lutar contra a filosofia usando a própria filosofia e, se necessário, somente ela.

§ 2. Os adversários de Butler

É possível dividir os adversários de Butler em dois grupos:

(1) Certos filósofos morais, especialmente Hobbes, mas também Shaftesbury e Hutcheson, entre outros. A diferença entre Butler e esses filósofos fica clara nos *Sermões*, onde as referências são explícitas. Os principais antagonistas são Hobbes e os diversos autores influenciados por Hobbes ou que expressaram ideias semelhantes às de Hobbes, como Mandeville. Um dos modos de compreender a história da filosofia moderna é considerar Hobbes o primeiro autor dessa tradição. Em sua época, ele era visto como a expressão mais dramática da infidelidade política moderna, e isso não causa espanto, pois afinal ele é autor de *Leviatã*, obra de grande influência, talvez a maior da filosofia moral e política em língua inglesa, ainda que sua tese principal deva ser considerada falsa. As doutrinas hobbesianas, segundo se entende, implicam materialismo, determinismo e egoísmo. Acreditava-se que Hobbes estaria negando a base racional da moral – portanto, o hobbesianismo implicava amoralismo e reconhecia o calculismo racional de interesses como a única forma de deliberação prática ou racional. Dizia-se também que Hobbes via nas relações de poder a base da obrigação política e negava qualquer base objetiva ou comum do comportamento moral. Em Hobbes, cabe ao Soberano decidir sobre o teor das leis da sociedade, que representam, portanto, as convenções impostas à sociedade pelo monopólio de poder exercido pelo Soberano, desde que este seja um Soberano efetivo.

Butler, porém, tem grande e evidente interesse em refutar essa visão da obra hobbesiana (assim como Cudworth, Clarke e os utilitaristas Shaftesbury, Hutcheson e Hume). Ele não apenas assume essa incumbência nos trechos em que menciona Hobbes explicitamente (por exemplo, Sermão I, parágrafo 4, nota), como também faz de sua própria concepção da natureza humana o elemento central de sua contestação. Essa concepção difere claramente da (interpretação da) concepção hobbesiana, pois atribui à natureza humana o princípio da benevolência e o princípio supremo da consciência, que nos guia às virtudes morais e nos faz agir somente com base nessas virtudes.

Além dessas diferenças evidentes, há uma de caráter mais fundamental: na visão de Hobbes, a natureza humana muitas vezes é descrita como inepta para a vida em sociedade, movida pela vaidade e pelo desejo de glória e ostentação. Até a razão representa um perigo para nós, pois ela nos leva a especular e imaginar que somos capazes de compreender mais coisas e administrar a sociedade de modo melhor que qualquer outra pessoa. A razão pode nos transformar em fanáticos (aqui Hobbes tem em mente os pregadores de seitas religiosas), tornando a sociedade ingovernável, a menos que reconheçamos com tristeza nossa própria situação e nos comportemos conforme cálculos frios baseados em nosso interesse fundamental na autopreservação. Essa visão de que a humanidade é inepta para a vida em sociedade resulta daquilo que Hobbes considerava ser a insanidade da Guerra Civil Inglesa. É contra essa visão que Butler elabora sua concepção da constituição moral da natureza humana. Isso ficará claro mais adiante, quando esboçarei de modo geral o que é essa constituição.

(2) O outro grupo de adversários, embora não diretamente relevantes para nossos propósitos, são os deístas ingleses contemporâneos de Butler. Esses autores atacavam a necessidade da ideia de que a revelação e o sistema da fé cristã (termo usado por Butler) tenham por base a revelação. Eles acreditavam que a teologia natural era suficiente e que a razão seria capaz de comprovar a existência de Deus como criador do mundo, como ser de inteligência e poder supremos e como modelo de justiça e benevolência. Dois desses autores eram John Toland (1670-1722), autor de *Christianity not Mysterious* [Cristianismo sem mistério], e Matthew Tindal, que escreveu *Christianity as Old as the Creation* [Cristianismo: tão antigo quanto a criação], obras publicadas após os *Sermões* de Butler, em 1730. São obras como essas que Butler ataca na *Analogia* (1736).

Note-se, portanto, que Butler aceita como premissas as teses deístas mencionadas acima (Deus como criador do mundo etc.), tanto nos *Sermões* como na *Analogia*. Não se podem ignorar essas premissas fundamentais na leitura e interpretação dos *Sermões*. Por exemplo, parece haver uma incoerência na teoria butleriana sobre a supremacia da consciência e sobre as solicitações do amor-próprio sereno e racional. Mas essa coerência ou incoerência pode depender daquelas premissas fundamentais. Esse assunto será retomado mais adiante.

§ 3. A constituição moral da natureza humana

Isso nos traz ao assunto principal desta conferência. Mas primeiro farei uma observação sobre o teor do Prefácio e dos primeiros três sermões.

(1) O Prefácio foi incluído na segunda edição e faz um levantamento das teses principais dos *Sermões*. O destaque dado à tese da constituição da natureza humana demonstra que Butler a considerava o elemento central de sua doutrina moral. O primeiro Sermão descreve a constituição da natureza humana com mais detalhe; o segundo concentra-se na noção da autoridade da consciência em contraposição à influência do aguilhão da consciência. Essa é uma importante distinção que Butler procura explicar e defender apelando para a experiência moral humana. Na próxima conferência, tentarei examinar essas afirmações de Butler mais detalhadamente. O terceiro Sermão trata da questão do possível conflito entre a autoridade da consciência e o amor-próprio sereno e racional. Essa questão também é discutida no Prefácio (parágrafos 29 e 41) e no Sermão XI: 20-21.

(2) Voltemos à noção da constituição da natureza humana. Para Butler, ela tem várias características:

(a) A natureza humana tem diversos elementos, que são o mesmo que psicologias ou capacidades e disposições intelectuais.

Butler faz uma distinção entre as seguintes categorias:

(i) Apetites, afeições e paixões de diversas espécies, categoria em que devemos incluir o apego a pessoas, lugares e coisas específicas, inclusive instituições e tradições.

(ii) Os dois princípios gerais e racionais (deliberativos): benevolência e amor-próprio racional. Há certa ambiguidade no tratamento que Butler dá à benevolência; às vezes ele a descreve como uma afeição ou paixão, outras como um princípio geral e deliberativo. Esse problema, que não é importante, pode ser esclarecido quando tratarmos dos Sermões XI-XII. Por enquanto, pensemos na benevolência como um princípio geral e deliberativo (e, portanto, superior).

(iii) O princípio supremo da reflexão (termo às vezes usado por Butler), ou princípio da consciência. É o princípio ou a força do juízo moral, segundo o qual os juízos da consciência nos induzem a agir somente com base nas virtudes morais (veracidade, honestidade, justiça, gratidão etc.).

(b) São esses os elementos da natureza humana. A noção da constituição da natureza humana exige que esses elementos estejam relacionados de certa forma. Eles são organizados em uma hierarquia e guiados por um princípio regulador supremo. Tendo em vista essa exigência, parece que na descrição de Butler tal organização se dá em três níveis: um inferior (afeições e paixões), um intermediário (princípios deliberativos gerais e racionais da benevolência e amor-próprio razoável) e um superior (princípio da reflexão, ou consciência). Assim, a ideia de constituição, para Butler, sugere que normalmente se emite uma decisão dominante quando ela se faz necessária. Atribuir à consciência esse papel dominante e de regulação suprema é o mesmo que dizer que as sentenças ou juízos da consciência, quando necessários, devem especificar razões conclusivas ou decisivas para nossas obrigações. O apelo à consciência é definitivo, pois dá fim à questão.

(c) Para Butler, é preciso acrescentar outro elemento a fim de tornar aplicável a noção da constituição. É preciso especificar a finalidade para a qual está voltada a constituição da natureza humana e com referência à qual se pode compreender a organização dessa constituição. No parágrafo 11 do Prefácio, Butler compara a natureza humana a um relógio. É possível falar da constituição de um relógio porque ele é organizado para nos informar a hora. Essa finalidade nos permite compreender por que os elementos do relógio são organizados de determinada forma. Do mesmo modo, Butler descreve a constituição da natureza humana como algo que se adapta à virtude: seus elementos são organizados de determinada forma – com o caráter dominante e supremo do princípio da reflexão (consciência) – para que possamos ser induzidos a agir de modo virtuoso, a fazer o que é intrinsecamente certo e bom.

(3) À primeira vista, essa comparação entre a constituição da natureza humana e a organização de um relógio parece insatisfatória. Os indivíduos não são artefatos projetados por seres superiores para cumprir certas finalidades por eles estipuladas. Porém, tão logo fazemos essa afirmação, compreendemos que é essa a opinião de Butler; a diferença é que para ele há apenas um ser superior: Deus. Assim, em termos gerais, somos feitos para cumprir as finalidades de Deus, embora nossa compreensão das finalidades e dos planos de governo de Deus seja imperfeita, tanto em sua natureza como na revelação.

Essa doutrina religiosa pode parecer menos alheia se observarmos com atenção nossa própria constituição moral. A tese de Butler torna-se mais clara quando a definimos da seguinte maneira: a constituição humana adapta-se à virtude, que, por sua vez, são as formas de conduta que nos adaptam ao nosso cotidiano como membros da sociedade. O teor das virtudes e das sentenças de nossa consciência leva em consideração as solicitações da sociedade, de outras pessoas e do amor-próprio racional (que, naturalmente, não é sinônimo de egoísmo). Somos seres que, em parte, precisam manter o interesse uns nos outros, pois temos apetites, afeições e apegos de diversas espécies; além disso, porém, precisamos viver em sociedade em razão de nossa própria natureza, e isso é enfatizado várias vezes por Butler. Assim, quando Butler diz que a constituição da natureza humana adapta-se à virtude, a única coisa que pode ter em mente é que ela se adapta às formas de conduta que nos permitem ser membros racionais da sociedade.

Somos capazes de participar de formas da vida social que levam em consideração o nosso próprio bem e o bem dos outros e abrem espaço para eles. Vista dessa maneira, é possível perceber que essa noção da constituição da natureza humana tem como objetivo atacar Hobbes. Mais adiante veremos que a noção da autoridade da consciência também se volta contra Shaftesbury e que a concepção butleriana do teor da consciência (ou melhor, dos juízos da consciência) se volta contra Hutcheson (sobre esse aspecto, ver *Dissertation of Virtue* [Dissertação da virtude]).

CONFERÊNCIA II

A natureza e autoridade da consciência

§ 1. Introdução

Na última conferência, analisei a constituição moral da natureza humana, seus elementos, as relações entre esses elementos – isto é, o modo como eles são organizados na forma de uma constituição moral pela supremacia e autoridade da consciência – e, por fim, a finalidade dessa constituição, que é descrita por Butler como a adaptação de nossa natureza à virtude. Ao discutir sobre esse assunto, expliquei que nossa natureza adapta-se à virtude, que, por sua vez, é constituída pelos elementos e formas de ação e conduta que se adaptam à nossa vida em sociedade, isto é, nos tornam aptos a nos conduzirmos como membros da sociedade preocupados, como é preciso estar, com nossos próprios interesses e com os interesses das pessoas que nos são importantes, mas capazes de sermos justos para com os interesses e ânsias de outros indivíduos. Nossa constituição moral nos torna aptos a viver em sociedade ao nos possibilitar agir de acordo com as solicitações justas do bem da comunidade e do nosso bem pessoal. Essa ênfase na constituição moral da natureza humana como algo que nos torna aptos a viver em sociedade é o elemento central da contestação de Butler a Hobbes.

(1) Nesta conferência, farei algumas observações acerca da tese de Butler sobre a natureza e a autoridade do *princípio da reflexão (consciência)*. Também vale a pena destacar aqui o que Butler considera ser o teor da consciência. Com esse termo, refiro-me aos tipos de atos e formas de conduta e aos tipos de temperamento e caráter de nossa natureza, aprovados pela consciência. Por exemplo, na "Dissertação sobre a virtude II" (apêndice da *Analogia*), Butler contesta Hutcheson com o argumento de que o teor de consciência não é utilitarista. Isso significa que as sentenças de nossa consciência não estão de acordo com princípios da utilidade ou, nas palavras de Butler, que "a benevolência e a falta dela, consideradas individualmente", não abrangem respectivamente "toda a virtude e depravação" (parágrafo 12). Não quer dizer que (adaptando ligeiramente as palavras de Butler) "aprovamos a benevolência para com algumas pessoas e a reprovamos para com outras, ou que reprovamos a injustiça e a falsidade com base em qualquer outro fator que não a mera previsão de provável felicidade preponderante no primeiro caso e infortúnio no segundo" (parágrafo 12).

O interessante aqui é não simplesmente o fato de Butler rejeitar o utilitarismo como uma teoria sobre o teor da consciência (entendida como concepção correta do certo e do virtuoso), mas o tipo de argumento que ele usa para sustentar essa rejeição e a interpretação que ele dá à conclusão a que chega.

(2) A esse respeito, faço dois comentários preliminares: em primeiro lugar, o argumento de Butler sustenta-se simplesmente no apelo aos nossos juízos morais do senso comum, com os quais, para ele, todos ou quase todos nós concordamos. Os juízos a que ele se refere são aqueles emitidos por qualquer pessoa de mentalidade imparcial que pondera sobre os fatos em hora serena. "Mentalidade imparcial" e "hora serena" são, aliás, termos usados por Butler. Naturalmente, ele deixa de discutir várias outras questões que não preciso explicitar aqui. Chamemos os juízos mencionados por Butler de "juízos ponderados". Para Butler, eles são mais ou menos óbvios, isto é, são fatos reconhecidos de nossa experiência moral. A doutrina moral butleriana sustenta-se no apelo à experiência moral e não à revelação ou a teses filosóficas racionalistas. Embora pareça concordar com racionalistas como Clarke, Butler constrói seus argumentos de outra forma. Esse traço de seu método é uma marcante mudança de rumo na filosofia. Além disso, Butler vê a experiência moral como *sui generis*, nunca pressupondo que as noções morais possam ser dissolvidas em noções não morais (desde que seja possível estabelecer uma linha de limite entre

noções de forma independente e prática). Nesse aspecto, ele se diferencia de Hobbes e possivelmente de Hume (ainda veremos isso), ao mesmo tempo que está em concordância com Clarke e os intuicionistas racionais.

O segundo comentário preliminar sobre a rejeição do utilitarismo por Butler (parágrafos 12-6) é que para ele toda doutrina moral é uma teoria da constituição moral da natureza humana. Butler está preparado para cogitar, como possibilidade especulativa, a ideia de que Deus age exclusivamente com base no princípio da benevolência. Para ele, porém, creio que isso seja uma simples possibilidade especulativa; não nos cabe especular sobre fatos que estejam tão além de nossa compreensão. Devemos nos guiar por nossa consciência, com base no lugar que Deus nos deu no mundo, e nossa consciência não tem caráter utilitarista. Isso é o que se sabe e é tudo que se precisa saber. Butler insiste que a felicidade do mundo é a felicidade de Deus, não a nossa: "[...] tampouco conhecemos nosso rumo quando nos empenhamos em promover o bem da humanidade de maneiras diferentes daquelas que Ele [Deus] determinou; isso, de todos os modos, não contraria a veracidade e a justiça [...] é nossa responsabilidade e nosso dever procurar contribuir com conforto, conveniência e até mesmo alegria para com o nosso próximo, dentro dos limites da veracidade e da justiça" (parágrafo 16).

O princípio da benevolência é aprovado dentro dos limites especificados pela justiça, veracidade e demais virtudes relevantes. Além disso, observemos aqui que mais tarde haverá uma grande mudança de rumo na filosofia com Bentham, que dirá enfaticamente que a felicidade do mundo é de nossa responsabilidade (Hume, como veremos, não diz isso). Por que ocorre essa mudança de rumo e o que está por trás dela?

§ 2. Características de nossa faculdade moral

(1) A faculdade moral da consciência e nossa natureza moral nos tornam capazes de controlar nossa conduta moral. Em Butler, "natureza moral" (conceito oposto à faculdade moral humana ou consciência) refere-se às emoções morais (compaixão, ressentimento, indignação etc.) ou ao nosso senso moral de gratidão etc. Sabemos diferenciar, por assim dizer, o prejuízo do dano, espontaneamente (ou "inevitavelmente", como diz Butler) (*Dissertação II*: parágrafo 1).

(2) Tampouco são duvidosas as sentenças da consciência sobre assuntos gerais quando elas se aplicam a situações específicas. Há um padrão

universalmente aceito que, em todas as épocas e em todos os países, tem sido professado em público nas leis fundamentais das Constituições civis: justiça, veracidade e consideração para com o bem comum. Não há o problema da falta de universalidade (parágrafo 1).

(3) É evidente que temos a faculdade da consciência, cujas características são, entre outras:

(a) Seu objeto – isto é, aquilo que ela julga e aprova – são os atos e princípios ativos práticos que, quando se tornam fixos e habituais para nós, determinam nosso caráter (parágrafo 2).

(b) Assim, o objeto de nossa faculdade da consciência são os atos – e não os eventos – nos quais a noção de ato implica a ideia de que eles são realizados por vontade e intento, e neste último inclui-se a intenção de viabilizar determinadas consequências específicas (parágrafo 2).

(c) Além disso, supõe-se que tais atos, como objetos da faculdade da consciência, estão em nossa esfera de controle, através do que fazemos ou deixamos de fazer (parágrafo 2).

(d) Esse ato e conduta são o objeto natural da faculdade moral, assim como a verdade e a falsidade especulativas são objetos naturais da razão especulativa (parágrafo 2).

(4) O resto da *Dissertação* apela para a experiência moral para mostrar aspectos do teor da consciência. (Nesse aspecto, ver a afirmação no final do parágrafo 1, p. 53: "E, quanto a essas próprias sensações internas, o fato de serem reais e o fato de o homem ter em sua natureza paixões e afeições não podem ser mais questionados que o fato de que o homem tem sentidos externos." Ver também o Sermão II, no final do parágrafo 1.) Exemplificando:

(a) Nossa faculdade moral associa-se a atos morais de bondade ou maldade, com mérito ou demérito; essa associação é natural (faz parte de nossa constituição) e não artificial nem acidental (parágrafo 3).

(b) Nossa faculdade moral aprova a prudência como virtude e reprova a insensatez como depravação (*cf.* parágrafos 6-7).

(c) Nossa faculdade moral não aprova a benevolência como única forma de virtude. Aqui, Butler apresenta uma crítica a Hutcheson (parágrafos 8-10).

(5) Lembremos que no Prefácio e no Sermão I o papel do Princípio da Reflexão (consciência) é supremo e regulador. Sua função é administrar e guiar. No Sermão I, Butler discorre brevemente a esse respeito, nos parágrafos 8-9. No parágrafo 8, ele define a consciência, cuja existência ele se

dedica a demonstrar descrevendo dois atos nos quais seria absurdo negar que aprovamos um e reprovamos o outro ao refletirmos serenamente.

§ 3. Linhas gerais do argumento de Butler
sobre a autoridade da consciência: Sermão II

(Referências: Prefácio, parágrafos 24-30, em especial 26-8; Sermão I: parágrafos 8-9.)

(1) Nossa constituição como criaturas e sua adaptação a certas finalidades é uma razão para acreditar que o Autor de nossa natureza a criou para essas finalidades. Observemos as premissas que Butler compartilha com os deístas: ver também parágrafo 3, linhas 9-11 (parágrafo 1).

(2) A objeção à qual se deve resistir: dada a existência da faculdade moral, por que ela é dominante? Por que não deixar cada um seguir sua consciência de modo que ela nos guie apenas quando for mais forte? Que sinal existe de que o Autor de nossa natureza a tenha criado de outra forma? (parágrafo 5)

(3) A objeção supõe não haver diferença entre violar a justiça pelo prazer imediato e agir com justiça quando não há tentação para agir em contrário. Tanto uma como a outra atitude são igualmente fiéis à nossa natureza. Mas se isso for verdade:

(a) a ideia do desvio de nossa natureza seria absurda;

(b) o que o apóstolo Paulo disse sobre sermos leis para nós mesmos seria falso;

(c) pois não faria sentido seguir a natureza como forma de injunção.

Assim, a objeção rejeita a afirmação do apóstolo Paulo, embora pareça permiti-la. A própria linguagem humana mostra que ser fiel à própria natureza não é agir conforme quisermos (parágrafo 6).

(4) É preciso explicar o que significa dizer que cada homem é naturalmente lei para si mesmo e capaz de encontrar em si mesmo o valor do direito e da obrigação a fim de segui-los (parágrafo 6).

(5) Dois sentidos da natureza não são relevantes (parágrafos 7-9).

(6) O terceiro sentido encontra-se no apóstolo Paulo e explica o sentido de dizer que um homem é lei para si mesmo. O argumento é o seguinte (conforme os parágrafos 10-1):

(i) Nossas paixões e afeições para com o bem público e privado são conflitantes.

(ii) Essas paixões e afeições são em si naturais e boas, mas não há como perceber em que profunda medida cada uma faz parte de nossa natureza.

(iii) Nenhuma dessas paixões e afeições pode ser lei para nós.

(iv) Porém, há um princípio superior da consciência que se impõe, com aprovações ou reprovações.

(v) Essa faculdade nos faz sermos lei para nós mesmos.

(vi) Não é um princípio do coração que nos controle através da influência que tem sobre nós, mas uma faculdade diferente e suprema em relação a todos os demais elementos de nossa natureza e que exerce sua própria autoridade.

(vii) Ainda assim, é um princípio que nos influencia e nos induz a obedecer a seus ditames.

(7) O exemplo ilustrativo que Butler usa (um animal capturado com uma armadilha) corresponde ao caso de um homem cujo ato é desproporcional à natureza humana e, portanto, não natural (parágrafo 13). Esse ato é não natural não por ser contrário a atos de amor-próprio meramente como algo natural, visto que o mesmo se aplica quando se reprimem paixões somente por amor-próprio (meramente como algo natural) (parágrafo 15).

(8) É preciso haver outra diferença: o princípio do amor-próprio é superior às paixões. Ele deve nos guiar para que possamos agir com base em nossa natureza. É um princípio superior que não precisa invocar a consciência (parágrafo 16).

(9) Da mesma forma, a consciência é superior às paixões que visam diretamente a objetos sem distinguir os meios necessários para obtê-los. Quando esses meios prejudicam outros indivíduos, a consciência reprova e deve ser obedecida. Aqui, o amor-próprio é desconsiderado. A consciência é suprema independente de sua influência (parágrafo 17).

(10) Assim, temos aqui a diferença entre força e autoridade, aplicada não à lei civil, nem à constituição da sociedade, mas a princípios da natureza humana. Em razão de sua natureza e importância, a consciência é evidentemente superior; ela julga, guia e fiscaliza. E tem essa autoridade e importância independentemente de quanto nos rebelarmos contra ela (parágrafos 18-9).

(11) Nos parágrafos 20-2 há um segundo argumento. Imaginemos o contrário: os limites de nossa conduta situam-se entre a nossa força natural e a nossa tentativa de não causar prejuízo intencional a nós mesmos

nem aos outros. Isso é consequência da ideia de que a força relativa é o *único* fator que distingue os princípios da natureza humana entre si. Os limites superiores, porém, nos tornam incapazes de diferenciar moralmente o patricídio do dever filial, por exemplo. Mas isso seria um absurdo.

Os princípios mencionados nesse argumento são os seguintes:

(1) O funcionamento e controle de nossa natureza indicam a intenção de Deus quanto ao modo em que devemos administrar nossa vida.

(2) Para obter esse conhecimento de nossa natureza, faz-se um apelo à experiência moral: por exemplo, ao modo como somos afetados por nossos sentimentos de vergonha etc., bem como à faculdade da consciência.

(3) Butler pressupõe a existência de acordos indefinidos da consciência.

Qual é o argumento de Butler para explicar a autoridade e supremacia da consciência?

(A) Uma forma desse argumento:

(1) Deus nos fez como seres razoáveis e racionais capazes de sermos lei para nós mesmos.

(2) Seres assim precisam de um princípio ou faculdade de controle se tiverem, como de fato temos, numerosas paixões, afeições e apetites, além de outras afeições gerais conflitantes, tais como a benevolência e o amor-próprio.

(3) Nenhum desses outros princípios, paixões etc. é capaz de oferecer um princípio de controle.

(4) A consciência, como princípio ou faculdade de controle, se diz superior e dona de autoridade:

    (a) Em primeiro lugar, em razão de suas aprovações e reprovações e em razão do comum acordo das pessoas sobre elas.

    (b) Em segundo lugar, porque nos impomos uma autocondenação quando a violamos.

    (c) Nenhum outro princípio ou paixão possui essas características; nenhum outro nos condena se o violarmos.

(5) A linguagem cotidiana sustenta as reivindicações da consciência.

(6) Conforme mostrado com veemência no ressentimento, a consciência é suprema e dominante.

(B) Outra forma do argumento:

(1) Reformular a primeira premissa acima apenas com a presunção de que podemos ser lei para nós mesmos. (Excluir o contexto teológico.)

(2) As demais ideias permanecem, em sua maior parte, como na forma anterior.

§ 4. Resumo do argumento de Butler sobre a autoridade da consciência

(1) Já analisamos o argumento de Butler sobre a autoridade da consciência apresentado no Sermão II, que é inteiramente dedicado a essa questão, e mencionamos ideias sobre as quais Butler discorre em outros trechos (especialmente no Prefácio, parágrafos 24-30, e no Sermão I: 8-9). Examinemos agora qual é esse argumento e se ele, estritamente falando, é mesmo um argumento. As considerações a seguir são, quando muito, uma interpretação do argumento (demonstração) de Butler, que claramente não tenta defender sua tese com rigor.

Acredito que Butler pressuponha cegamente o que chamei de Pressuposto Deísta, segundo o qual Deus, que é o autor da natureza humana, tem determinadas intenções quanto ao modo de ser dessa natureza e ao funcionamento conjunto de seus diversos elementos, e essas intenções são reconhecíveis na estrutura da natureza humana. Butler pressupõe ainda que nós, como seres razoáveis e racionais, podemos ser lei para nós mesmos e participar da vida em sociedade. Ao usar o termo "razoáveis", incluo o que Butler quer dizer com a expressão "mentalidade imparcial". "Razoável" e "mentalidade imparcial" são noções diferentes derivadas da racionalidade. "Mentalidade imparcial" tem o sentido aproximado de adoção do mesmo meio eficaz para alcançar determinados fins ou de ajuste de determinados fins uns aos outros quando eles estão em conflito e não podem ser satisfeitos conjuntamente[1].

(2) Ora, a fim de podermos ser lei para nós mesmos, nossa natureza deve ter o que Butler chama de constituição moral adaptada a algum objetivo e capaz de guiar a si mesma. A questão da autoridade da consciência, ou da falta dessa autoridade, deve ser resolvida buscando em nossa experiência moral qualquer elemento propriamente de autoridade que possa controlar nossa natureza e guiar nossa conduta, adaptando-a à vida em sociedade.

Obviamente, em razão dos muitos elementos de nossa natureza, precisamos de algum princípio regulador. Temos apetites, afeições e paixões de diversas espécies, algumas mais diretamente voltadas para outras pessoas e outras mais diretamente voltadas para nós mesmos. Esses apetites, afeições e paixões concentram-se nos meios para determinados fins – situações etc. – e, em si, não levam em conta o modo como outras pessoas em geral pos-

---

1. Ver nas conferências sobre Hobbes a diferenciação entre razoável e racional.

sam ser afetadas. Essas fontes de conduta têm, digamos, ênfase restrita, seja sobre outras pessoas, seja sobre nós mesmos. Nenhuma delas é capaz de oferecer um princípio de controle ou regulação. Isso se deve à própria natureza dos apetites, afeições e paixões, que não contêm um princípio razoável ou racional que possibilite o autocontrole ou a autorregulação. Butler ilustra essa ideia com o exemplo do animal atraído para a armadilha com a esperança de satisfazer a fome. Se nos comportássemos de maneira semelhante, contrária à afeição por nós mesmos expressa pelo princípio do amor-próprio razoável, também estaríamos agindo errado. Butler usa esse exemplo para ilustrar a ideia geral da supremacia, segundo a qual um princípio de nossa natureza pode ser dominante – isto é, ter autoridade em vez de mera influência – sobre outros elementos de nossa natureza.

(3) Creio que para Butler o amor-próprio razoável não seja o princípio dominante de nossa natureza, embora ele afirme ansiosamente não haver, pelo menos no longo prazo e em razão do domínio moral exercido por Deus, um conflito essencial entre a autoridade da consciência e o amor-próprio razoável. Deixarei para depois a discussão sobre o que Butler considera um conflito aparente. É fácil compreender, porém, que o amor-próprio razoável, embora seja uma afeição geral no sentido de regular determinados apetites, afeições e paixões, é uma afeição voltada para nós mesmos. O objeto do amor-próprio razoável é sempre parcial, pois diz respeito ao bem de apenas uma única pessoa entre muitas e, portanto, é incapaz de oferecer um princípio adequado segundo o qual possamos ser lei para nós mesmos como membros da sociedade.

O mesmo se aplica à benevolência, que muitas vezes também é uma afeição geral (assim como o amor-próprio), no sentido de que ela regula determinadas afeições voltadas para o bem de outras pessoas. Isso acontece quando a benevolência assume a forma de espírito público ou amor à pátria (patriotismo) e sentimentos afins. Porém, enquanto as pessoas que são o alvo de interesse do amor-próprio razoável são sempre bem definidas – isto é, são as mesmas que são movidas pelo amor-próprio –, no caso da benevolência, os alvos de interesse variam e se misturam, em todos os sentidos, de uma pessoa para a outra. C. D. Broad sugere que, ao referir-se à benevolência, Butler tem em mente o princípio da utilidade, que visa à maximização da felicidade da sociedade. Isso, porém, não está nos textos e é até contrário ao que Butler escreveu. O que importa é que nem o amor-próprio nem a benevolência, sejam de natureza geral ou particular, são capazes de oferecer o princípio de autoridade necessário que nos permita ser lei para nós mesmos.

(4) Naturalmente, esse princípio de autoridade pode não existir, embora Butler não admita essa possibilidade. Dizer que somos feitos à semelhança de Deus é dizer que esse princípio faz parte de nossa natureza. Para Butler, nossa experiência moral é testemunho suficiente de que a consciência contém esse princípio.

Em primeiro lugar, esse princípio encontra-se formalizado no fato de que toda pessoa (normal) com mentalidade imparcial e capaz de analisar a questão em momento de serenidade aprova certos tipos de atos e reprova outros. As pessoas reconhecem e decidem que devem agir de determinado modo e não de outro e que essas decisões têm para elas um caráter definitivo e de cumprimento compulsório. Não há como apelar contra essas decisões, pois elas estipulam razões irrefutáveis para o modo como devemos agir. Além disso, o caráter definitivo e compulsório dessas decisões não depende do domínio e da influência efetiva sobre nosso caráter e sobre as fontes de conduta. Por isso, as decisões têm caráter de autoridade. Todas essas características juntas definem o que é a autoridade, que é diferente da influência.

Em segundo lugar, é importante que as pessoas entrem em acordo geral sobre suas aprovações e reprovações. Em outras palavras, usando o termo introduzido acima, o teor das sentenças da consciência é mais ou menos o mesmo em todas as épocas e em todos os países. Isso permite que as sentenças da consciência (desde que se exijam delas, como sempre, as mesmas condições essenciais exigidas no caso das decisões ponderadas) tenham um princípio de autoridade para que possamos ser lei para nós mesmos como membros da sociedade. Evidentemente, se a consciência de cada indivíduo conflitasse com a dos outros, as condições essenciais não seriam atendidas.

Em terceiro lugar, Butler faz outra observação afirmando que quando agimos contra nossa consciência fazemos uma autocondenação e ficamos sujeitos à autoaversão. Aparentemente, ele quis dizer que nenhum outro elemento de nossa natureza tem essa característica. Podemos rejeitar a ideia de ter de fazer autossacrifícios, mas se eles forem razoavelmente necessários de modo algum cairemos em autocondenação. E mesmo que sejamos obrigados a sacrificar os interesses de outros indivíduos em certos casos difíceis (por exemplo, quando é preciso pôr alguém em desvantagem enquanto julgamos uma questão criteriosamente) normalmente ficamos inquietados com esses desvios e atos e muitas vezes profundamente inquietados com a preocupação de fazer tudo o que pudermos para remediar.

Não precisamos nos condenar e odiar por isso, desde que a decisão e medida tomadas tenham sido a alternativa razoável a seguir nas circunstâncias em questão e que essas circunstâncias não tenham sido por obra ou responsabilidade nossa. Essa característica especial da consciência, se é que ela é mesmo especial, está entre as características de nossa experiência moral para as quais Butler apela ao defender a ideia de autoridade da consciência.

Em quarto e último lugar, Butler relaciona a autoridade da consciência à autocondenação que sentimos ao agirmos contrariamente a ela com as paixões morais – por exemplo, com ressentimento, indignação e sentimentos afins. No Sermão VIII: 18 (pp. 148-9), Butler afirma: "Por que os homens deveriam discutir se a realidade da virtude é real ou se é fundada na natureza das coisas, que, no entanto, certamente está fora de questão? Por que, repito, isso deveria ser discutido quando todo homem carrega consigo essa paixão, que lhe proporciona a demonstração de que as regras da justiça e equidade devem guiar suas ações? Ora, todo homem naturalmente sente indignação ao ver exemplos de vilania e baixeza e, portanto, não pode cometê-las sem autocondenação." Assim, se generalizarmos (ou universalizarmos, para usar um termo contemporâneo) os princípios implícitos nas paixões morais do ressentimento e indignação, esses princípios revelarão ser aquilo que Butler chama de "regras da justiça e equidade". Essas regras não são simples regras da razão; em vez disso, para Butler, elas são profundamente sentidas, conforme é demonstrado pelas paixões morais. O motivo de nossa autocondenação quando agimos contra nossa consciência é que estamos agindo de uma forma que detestamos nos outros e que desperta nosso ressentimento e indignação.

(5) Assim, por todas essas razões, Butler pressupõe que as sentenças da consciência tenham autoridade sobre nós, além de influência. Essa distinção entre autoridade e influência é de grande importância, e por isso tentei expor uma possível interpretação. Para concluir, creio que Butler pressupõe que nossa experiência moral seja *sui generis* (e nisso ele concorda com Clarke e os intuicionistas). Isso significa mais ou menos que as noções de aprovação e reprovação moral, o sentido de "dever" presente na ideia de sermos lei para nós mesmos, as noções de ressentimento e indignação como sentimentos que visam ao dano ou prejuízo (atos de maldade) baseiam-se em uma ou mais noções morais primitivas não passíveis de definição mais precisa em termos de noções não morais. Não foi nem será discutido aqui em que medida a teoria da autoridade da consciência em Butler depende dos pressupostos deístas do autor. Suspeito,

contudo, que a maior parte da teoria butleriana possa ser preservada de modo intacto, pelo menos se reconhecermos que para ele a experiência moral é *sui generis*.

CONFERÊNCIA III

A economia das paixões

§ 1. Introdução

Nesta conferência, pretendo discutir o que chamarei de economia das paixões, conforme ilustrada pelo que Butler diz sobre a compaixão nos Sermões V-VII e sobre o ressentimento e o perdão às ofensas nos Sermões VIII-IX. Antes, porém, faço dois breves comentários.

(1) Quero salientar uma vez mais a importância que Butler atribui ao caráter social da natureza humana. Esse é o tema principal do Sermão I. Lembremos que o texto desse sermão é Romanos 12: 4-5: "Pois, assim como temos muitos membros em um só corpo e nem todos os membros têm a mesma função, da mesma forma nós, embora muitos, somos um só corpo em Cristo e cada um de nós é membro um do outro." A intenção de Butler é complementar a analogia sugerida por São Paulo sobre as partes de nosso corpo e o fato de elas constituírem um só corpo, assim como nós, como grupo de muitas pessoas, constituímos uma sociedade e não um mero agregado de indivíduos. A teoria da constituição moral (e não só física) da natureza humana procura demonstrar por que "fomos feitos para a sociedade e para fazer o bem ao próximo" e por que "fomos criados para cuidar de nossa vida, saúde e bem pessoal" (Sermão I: 3, p. 35). (Lembremos que no século XVIII o termo "moral" era usado de forma mais ampla que hoje e muitas vezes tinha o sentido de "psicológico", acepção que Butler tinha em mente ao investigar a "constituição moral da natureza humana".) Uma vez descrita essa constituição, Butler recapitula o tema da natureza social dos seres humanos com a repetição da frase citada acima (I: 9, p. 44) e no longo e sublime parágrafo I: 10 (pp. 44 s.). A segunda frase desse parágrafo é: "A humanidade é, por natureza, tão intimamente unida, e há tamanha correspondência entre as sensações íntimas de um homem e as de outro que a desonra deve ser evitada tanto quanto a dor física e deve ser um objeto de estima e ternura tão desejado

quanto qualquer bem externo." É preciso ler todo o parágrafo². Nele, naturalmente, Butler enfatiza um tema consagrado do cristianismo, não apenas contra a doutrina hobbesiana da inaptidão do homem para a vida em sociedade, como também contra diversas formas de individualismo de modo geral. Menciono essas ideias óbvias apenas para que não as percamos de vista.

(2) Na citação acima do parágrafo I: 10, vê-se que Butler encontra sinais de nossa natureza social nas paixões – por exemplo, no medo de cair em desonra e no desejo de estima. Nesta conferência, discutiremos a compaixão e o ressentimento como paixões especialmente importantes, segundo Butler, para nossa constituição moral como um todo. A compaixão fortalece e sustenta nossa capacidade de seguir os ditames da consciência e as solicitações da benevolência e basear nossos atos neles – embora, como se vê em seguida, seja possível interpretar a compaixão como uma paixão não moral, enquanto o ressentimento, em algumas ocasiões, é ne-

2. [O Sermão I, parágrafo 10, contém na íntegra o seguinte:
"E, tendo em vista todo esse retrospecto, é preciso oferecer um esboço da natureza humana diferente daquele que nos é apresentado. A humanidade é, por natureza, tão intimamente unida, e há tamanha correspondência entre as sensações íntimas de um homem e as de outro que a desonra deve ser evitada tanto quanto a dor física e deve ser um objeto de estima e ternura tão desejado quanto qualquer bem externo. Em muitos casos específicos, as pessoas são levadas a fazer o bem aos outros, conforme a finalidade e natureza de suas afeições, e manifestar que encontram satisfação e deleite nesse caminho de conduta. Há um princípio tão natural atraindo os homens uns aos outros que tendo meramente andado pela mesma terra, respirado o mesmo clima ou mal tendo nascido no mesmo distrito ou divisão artificial é o bastante para dois indivíduos travarem conhecimento e familiaridade muitos anos depois, visto que qualquer coisa servirá a esse propósito. Assim, as relações, meramente nominais, são procuradas e inventadas, não por governantes, mas pelas classes mais baixas, e são consideradas suficientes para unir a humanidade em pequenas fraternidades e sociedades – laços deveras tênues, que podem ser motivos suficientes de ridículo quando absurdamente considerados o verdadeiro princípio dessa união. Na verdade, porém, eles são meras ocasiões, assim como qualquer coisa pode ser ocasião de outra, e por isso nossa natureza nos leva adiante de acordo com sua própria inclinação e predisposição anteriores; essas ocasiões, portanto, nada seriam se não fossem a inclinação e a predisposição prévias da natureza humana. Os homens são tão unidos em um só corpo que sentem uns pelos outros, de modo especial, vergonha, perigo súbito, ressentimento, honra, prosperidade, aflição: uma ou outra ocasião, ou todas elas juntas, desde a natureza social em geral, passando pela benevolência até a relação natural, familiarização, proteção, dependência, formam a base diversa da sociedade. E, portanto, não ter restrições nem consideração para com os outros em nossa conduta é o absurdo especulativo de considerar a nós mesmos como isolados e independentes, como indivíduos que nada têm em sua natureza que inspire respeito para com o próximo, reduzidos à ação e à prática. E esse absurdo é o mesmo que supor que uma mão ou qualquer outra parte do corpo seja desprovida de relação com as demais ou com o corpo como um todo." (N. do Org.)]

cessário para acalmar a compaixão e fortalecer nossa capacidade de cumprir os ditames da justiça, mais precisamente da justiça penal. O ressentimento, porém, não deve ser confundido com a vingança, cuja satisfação é sempre um ato errado; ele próprio deve ser protegido e equilibrado pelo preceito de perdoar aqueles que nos ofendem. Ao usar a expressão "a economia das paixões", quero referir-me a esse *equilíbrio e funcionamento conjunto* das diversas paixões e ao fato de elas auxiliarem nossa capacidade de agir com base nos ditames da consciência, bem como ao espírito público de boa vontade para com os outros de modo geral. As paixões são, por assim dizer, um subsistema que faz parte da constituição moral da natureza humana; têm um papel essencial, para Butler, na adaptação dessa constituição moral à virtude, isto é, às formas de reflexão e conduta que nos permitem participar da vida em sociedade e contribuir para ela.

Quando tratarmos de Hume e Kant, faremos uma comparação das teorias das paixões desses autores e sua importância com a teoria de Butler[3]. Assim, essas investigações do senso comum, de caráter psicológico e intuitivo, são parte essencial do material que pretendemos estudar.

§ 2. O método de Butler

Passemos agora a alguns comentários sobre o método butleriano de abordar as paixões:

(1) Em primeiro lugar, tenhamos em mente o contexto teológico, isto é, aquilo que chamei de "pressupostos deístas" de Butler: Deus existe e tem as propriedades teístas já conhecidas; Deus criou o mundo; além de ser onisciente, onipresente etc., Deus também é benevolente e justo e, portanto, quer o bem dos seres vivos e dos seres humanos em particular. Esses pressupostos nunca são defendidos por Butler, que simplesmente os dá por certos. Embora os *Sermões* não se limitem a esses pressupostos do mesmo modo como a *Analogia* (os *Sermões*, afinal, são sermões e têm as Escrituras como texto), vale a pena, para os nossos propósitos, observar que o pressuposto deísta por si só responde pela maior parte dos elementos (ou todos eles) de que Butler precisa.

---

3. [Ver em John Rawls, *Lectures on the History of Moral Philosophy*, org. Barbara Herman (Cambridge, Mass.: Harvard University Press, 2000), as conferências sobre Hume e Kant mencionadas aqui. (N. do Org.)]

Assim, esses pressupostos explicam por que Butler pode dizer que nossa constituição moral (e o fato de ela nos induzir a pensar e agir) é "a voz de Deus dentro de nós" (Sermão VI: 8, p. 114) e por que ele pode dizer, em outra ocasião, que nossa natureza humana (creio que aqui ele se refira a nossa constituição moral) deve ser considerada sagrada, pois "Deus fez o homem à Sua semelhança" (Sermão VIII: 19, p. 149). Além disso, há uma série de trechos em que Butler pressupõe que nossa constituição moral corretamente descrita indicaria a intenção de Deus quanto à nossa constituição. Assim, no Sermão II: 1 (no qual Butler expõe seu principal argumento sobre a autoridade da consciência), ele diz: "Se a verdadeira natureza de qualquer criatura a guiar e se adaptar a certos propósitos exclusivamente ou mais do que a quaisquer outros, ela será um motivo para acreditar que o Autor dessa natureza a queria por aqueles mesmos propósitos" (p. 51). Note-se que Butler não está argumentando em favor da existência de Deus com determinadas propriedades, intenções etc. Ele parte do princípio de que Deus existe e tem certas intenções, que são coerentes com a ideia de que Deus, ao criar o mundo, agiu com benevolência e justiça. Portanto, pode-se razoavelmente considerar que a constituição moral de nossa natureza faz revelações sobre as intenções de Deus a nosso respeito – intenções que, em razão de nossa relação com Deus, são leis para nós. Uma vez que o exame de nossa constituição demonstra que somos obrigados a considerar as sentenças de nossa consciência como dominantes e supremas (e não simplesmente como algo que exerce mais ou menos influência nesta ou naquela ocasião), para Butler a constituição moral humana tem caráter sagrado e é a voz de Deus.

No parágrafo II: 3, ele prossegue dizendo:

> Desde então, nossas sensações íntimas e as percepções que temos com nossos sentidos externos são igualmente reais; negar as primeiras em favor da experiência de vida e da conduta é tão pouco suscetível de exceção quanto negar os últimos em favor da verdade especulativa [...]. E quanto à sensação íntima, a vergonha, um homem poderá ter tão pouca dúvida do fato de que ela lhe foi dada para impedi-lo de realizar atos vergonhosos do que do fato de que seus olhos lhe foram dados para guiá-lo em seus passos. (p. 53)

E continua:

> [...] quanto a essas próprias sensações internas, o fato de serem reais e o fato de o homem ter em sua natureza paixões e afeições não podem

ser mais questionados que o fato de que o homem tem sentidos externos. Tampouco podem as primeiras (as paixões) estar inteiramente equivocadas, embora, em certa medida, estejam sujeitas a maiores equívocos que os últimos (os sentidos). (p. 53)

Entre as ideias importantes presentes nesse parágrafo está a crença de Butler de que o que ele chama de paixões (que se diferenciam dos apetites, afeições e apegos) sejam elementos importantes de nossa constituição moral, ajudando a nos revelar como devemos nos conduzir segundo a intenção de Deus.

(2) Discorro agora sobre algumas consequências do pressuposto deísta. Em primeiro lugar, nenhuma das paixões é má em si, pois elas não poderiam ter sido partes da intenção de Deus. Claro que há abusos das paixões e exageros que ultrapassam seu uso correto (Sermão VIII: 3-4, pp. 137-8). A vingança é um abuso do ressentimento e ocorre por nossa responsabilidade e culpa (Sermão VIII: 14-15, pp. 145-6). O mau caráter é resultado da desordem de nossa constituição moral, assim como do abuso e da falta de controle de seus vários elementos quando ocorre tal desordem.

Uma segunda consequência do pressuposto deísta é que a paixão, pelo menos uma que seja importante e fundamental, deve ter alguma importância e função naturais em nossa constituição moral como um todo. Naturalmente, ela pode dar a impressão de não ter importância nem função alguma. No pressuposto deísta, porém, isso não ocorre, de modo que somos levados a refletir sobre nossa constituição para descobrir qual é a importância e a função que a paixão tem. Isso é importante para Butler no caso do ressentimento. Para ele, a importância e a função da compaixão são relativamente simples; ela oferece apoio aos ditames da consciência e aos interesses de boa vontade para com os outros, particularmente quando estes estão aflitos e precisam de nossa ajuda. Mas por que deveríamos ter ressentimento, que Butler diz ser única entre as paixões (ao contrário das formas de abuso das paixões) que tem como objetivo infligir dor e sofrimento a outras pessoas, ainda que apenas por causa de um dano (e não prejuízo) que essa pessoa tenha causado? Assim, Butler busca a importância e a função que o ressentimento deve ter; se descrevermos nossa constituição moral corretamente, podemos ser capazes de entender sua essência. Naturalmente, podemos não ser capazes de fazê-lo, visto que o desígnio da natureza e o lugar que nele ocupamos são um desígnio moral do domínio de Deus, embora compreendido imperfeitamente. (Ver *Analogia*:

Parte I, Cap. 7, "Do domínio de Deus, considerado como um desígnio da constituição, imperfeitamente compreendido".)

(3) Faço aqui uma observação que aparece no primeiro parágrafo do Sermão VIII, "Sobre o ressentimento". Quando Butler estuda a constituição moral e seus diversos elementos, sempre a trata como a constituição dos seres naturais vivendo em circunstâncias naturais. Para ele, nossa constituição moral ajusta-se a essas circunstâncias e condições naturais; nossa constituição própria é definida por nossa situação na natureza. Dessa forma, ele diz que em sua investigação deve-se "ver a natureza humana como ela é e as circunstâncias em que são inseridas como elas são, para depois considerar a correspondência entre a natureza e essas circunstâncias, isto é, o modo de ação e conduta a respeito dessas circunstâncias a que nos leva qualquer afeição ou paixão" (p. 136). Ver também Sermão VI: 1, p. 108. Butler diz mencionar essa questão para diferenciar sua investigação de outras voltadas para descobrir por que não somos criaturas mais perfeitas do que somos em realidade – e isso inclui investigar por que nossa consciência tem tanto poder (influência) como autoridade – ou por que não somos inseridos em melhores circunstâncias. Esse tipo de pergunta, porém, não nos interessa. Tentar respondê-las é correr o risco de fazer algo "pior que a curiosidade impertinente" (Sermão VIII: 1, p. 137). Dessa forma, a missão de Butler, segundo ele próprio, não é perguntar: "Por que não somos feitos de uma natureza tal e inseridos em circunstâncias tais que não seja necessária uma paixão tão turbulenta como o ressentimento?" A pergunta, em vez disso, considerando as circunstâncias reais de nossa natureza e condição, é: "Por que ou com que finalidade essa paixão nos foi dada?" E a pergunta serve principalmente para mostrar os abusos dessa paixão (VIII: 2, p. 137). Assim, conforme inclinação de seu temperamento prático, Butler recusa-se a fazer especulações filosóficas ou sutis investigações metafísicas. Na maior parte do tempo, ele atém-se ao que considera serem os fatos evidentes sobre nossa constituição moral, manifestados em nossa experiência moral comum; esses fatos, para o filósofo, são patentes no sentido de que não precisamos de uma doutrina filosófica ou de outra natureza para conhecê-los, nem de procedimentos ou métodos especiais que os tornem acessíveis à nossa compreensão. Sem dúvida, Butler acredita que somente quem já tem uma teoria sistemática seria capaz de descrever nossa natureza do modo como Hobbes o fez (*cf.* Sermões I: 4, nota b (pp. 35 ss.); V: 1, nota a, pp. 93 ss.). Porém ele acredita que o equívoco de Hobbes se torna evidente ao examinarmos minuciosamente nos-

sa experiência moral comum. O que quero dizer é que não encontramos em Butler a ideia de que os fatos aceitos da experiência moral são especialmente difíceis de apurar, mesmo aceitando que o partidarismo, o orgulho etc. podem nos levar à autoilusão e ao autoengano (Sermão X: "Sobre a autoilusão"). Tudo isso dá à discussão de Butler sobre as paixões um fundo um tanto empírico e objetivo, parecido com o que acontece com a história natural. É essa característica dos *Sermões* que, apesar de seu contexto teológico, os fez adquirir tanta importância para Hume. Muito ou a maior parte do que Butler diz não depende de forma alguma desse contexto.

§ 3. A importância das compaixões como parte de nossa natureza social

(1) Definição de compaixão (com base no Sermão V: 1): compaixão é uma afeição para com o bem de nosso próximo e um deleite obtido na satisfação das afeições, além de uma inquietação com coisas contrárias a ela.

Assim, por definição, a compaixão está relacionada ao bem dos outros (diferente do ressentimento, que diz respeito a ofensas e danos). É uma afeição geral que define um tanto vagamente o grupo de pessoas nela incluídas; em certa medida, porém, ela inclui todas as pessoas humanas e, portanto, segundo Butler diz com frequência, é sinônimo de solidariedade. Nesse sentido, é distinta dos apegos – afeições para com pessoas específicas – e do amor-próprio, que é um tipo de afeição geral de um indivíduo para consigo mesmo.

A caracterização inicial que Butler faz da compaixão não é de todo correta, de modo que é importante corrigi-la a fim de compreender a teoria butleriana. No Sermão V, Butler diz: quando nos regozijamos com a prosperidade de uma pessoa e temos compaixão com suas aflições, nós, por assim dizer, nos colocamos na pele dessa pessoa, assumindo seus interesses como se fossem nossos, e tendo o mesmo prazer em sua prosperidade e a mesma tristeza com suas aflições que temos quando refletimos sobre nossa própria prosperidade e aflição (92-3). Parece óbvio, porém, que quando sentimos compaixão por uma pessoa aflita nossa aflição não é a mesma que a dela, nem sentimos o mesmo que sentiríamos se nos imaginássemos (na medida do possível) estar em sua pele. Em termos muito gerais, quando você está doente e eu sinto compaixão por você, eu não me sinto doente; porém, minha compaixão induz-me a lhe dar alguma forma de ajuda ou conforto. Além disso, minha compaixão não me faz perder tempo imaginando como eu me sentiria se estivesse doente do mesmo modo que você. Eu até poderia começar a pensar dessa forma, mas o importante é que não é isso que define meu sentimento de compaixão. Esse tipo de atitude é gerado pela minha reflexão sobre a ajuda ou conforto que eu poderia oferecer, pelos sentimentos de aflição de minha parte etc. Naturalmente, Butler sabe disso perfeitamente bem e diz corretamente no parágrafo 5 do Sermão V: "Enquanto os homens em aflição necessitam de socorro e a compaixão nos leva diretamente a socorrê-los [...]. O objeto [da compaixão] é o sofrimento imediato de outra pessoa [que necessite de] uma afeição especial pelo alívio desse sofrimento [...]. Em vez de assentar-se sobre si mesma, [a compaixão] nos leva a socorrer a quem está em aflição" (97). Nesse trecho, Butler propõe uma diferença entre a compaixão e o regozijo ao felicitarmos alguém.

CONFERÊNCIA IV

O argumento butleriano contra o egoísmo

§ 1. Introdução

Nesta conferência, discutirei o argumento de Butler contra o egoísmo, encontrado no Sermão II, o primeiro de dois sermões sobre o amor ao próximo. O termo "egoísmo", neste contexto, deve ser entendido como referência ao egoísmo psicológico de Hobbes e a seu uso em voga na época de Butler (por exemplo, em Mandeville) – pelo menos era assim que Butler claramente pensava. Tenhamos em mente que Butler estava envolvido na apologética, isto é, na defesa das doutrinas morais e virtudes do senso comum como elementos da fé cristã. Sua preocupação era demonstrar que um modo de vida inspirado por essas virtudes do senso comum não é uma vida de insensatez sem consideração para com o bem de nossa própria pessoa, mas, ao contrário, seria inteiramente coerente com esse bem quando compreendido de forma correta. Na próxima conferência, discutirei o suposto conflito entre a consciência e o amor-próprio e indicarei o modo pelo qual Butler resolve esse conflito. Nesse sentido, são importantes os Sermões XII-XIII.

No Sermão XI ("Sobre o amor ao próximo"), Butler examina quatro perguntas, que aparecem na seguinte ordem em seu texto:

(1) É provável que os interesses particulares sejam promovidos a ponto de o amor-próprio ocupar inteiramente nosso tempo e prevalecer sobre outros princípios? É no contexto dessa pergunta que Butler introduz o chamado paradoxo do egoísmo (ou paradoxo do hedonismo), isto é, a ideia de que nossa preocupação com nossos próprios interesses pessoais pode destruir de diversos modos a nossa felicidade. Essa pergunta é discutida no longo parágrafo 7, pp. 190 ss.

(2) Há alguma incompatibilidade especial entre seguir interesses públicos e seguir os interesses pessoais? Essa incompatibilidade, para Butler, é diferente e mais ampla que a incompatibilidade entre quaisquer outras afeições, sejam particulares ou gerais. Por isso, ele nota (no parágrafo 18) que, quanto mais tempo e atenção dedicarmos ao bem dos outros, menos tempo e atenção poderemos dedicar ao nosso próprio bem, e assim por diante. Em outras palavras, Butler pergunta se existe alguma incompatibilidade especial ou particular entre interesses pessoais e interesses públicos, e sua resposta pretende sustentar que não. A pergunta é discutida pela primeira vez nos parágrafos 10-1, pp. 194 ss.

(3) Qual a natureza, objeto e finalidade do amor-próprio que o distinguem de outros princípios e afeições da alma? Para Butler, a resposta a essa terceira pergunta deve ser dada antes das demais, pois dela dependem as respostas às outras perguntas, embora sejam mencionados elementos relevantes para essa pergunta à medida que a discussão avança. A primeira discussão dessa pergunta encontra-se nos parágrafos 5-8, pp. 189-92 ss.

(4) Uma vez respondidas as primeiras três perguntas na ordem (3) → (1) → (2), Butler trata da quarta, que pode ser vista como uma generalização da primeira: é provável que um modo de vida, uma devoção à benevolência, à virtude e ao bem comum se revele incompatível com um interesse natural pelo nosso bem pessoal? A resposta é que nisso não há mais incompatibilidade que a de qualquer outra afeição ou paixão. Butler vai além e enumera várias características típicas de um modo de vida caracterizado pela devoção à benevolência e à virtude que tendem a reduzir essa incompatibilidade. Essa pergunta é discutida nos parágrafos 12-5, pp. 197--200. Butler analisa uma objeção à sua resposta nos parágrafos 17-9; e os parágrafos 20-1, pp. 204-6, contêm um famoso trecho sobre o suposto conflito entre a consciência e o amor-próprio que parece admitir a supremacia do amor-próprio, em evidente contradição com a tese antes defendida por Butler sobre a supremacia da consciência. Em suas palavras: "Admitamos, embora a virtude e a retidão moral de fato consistam em afeição

e ocupação com o que é certo e bom em si, que quando sentamos em um momento de serenidade não conseguimos justificar para nós mesmos por que nos ocupamos com isto ou aquilo até que estejamos convencidos de que será para nossa felicidade ou pelo menos não contrária a ela" (206). Esse trecho e outros relacionados serão tratados na próxima conferência. A pergunta que se deve fazer é se Butler é simplesmente incoerente ou se podemos elaborar uma doutrina coerente lendo os trechos difíceis em seus contextos e tendo em vista a doutrina butleriana geral. Naturalmente, talvez tenhamos de acrescentar alguns detalhes e corrigir alguns deslizes, mas deveríamos pressupor – como, aliás, no caso de qualquer texto que estejamos prestes a ler – que é possível encontrar uma interpretação coerente.

§ 2. O argumento de Butler contra o egoísmo hedonista

Embora seu argumento contra o egoísmo hedonista (nos parágrafos 4-7, com observações complementares em outros trechos)[4] não seja de todo bem-sucedido, Butler ainda assim expõe várias ideias essenciais que preparam o caminho para uma refutação proveitosa. Essas ideias são retomadas mais tarde por outros autores (tais como Hume, na *Investigação*, Apêndice II de *Uma investigação sobre os princípios da moral*, e Bradley, em *Ethical Studies* [Estudos de ética], Ensaio VII, especialmente pp. 251-76)[5]. Creio que o argumento de Bradley é bastante conclusivo. Assim, em vez de expor e comentar esse argumento conforme apresentado pelo próprio autor, farei um breve esboço do que considero ser uma versão do argumento de Bradley, para então apontar a contribuição de Butler para esse argumento. Ao mesmo tempo, isso nos ajudará a ver em que pontos as formulações de Butler precisam de correção.

(1) Comecemos observando certas características dos atos de agentes razoáveis e racionais. Suponhamos que os agentes possam selecionar entre vários atos alternativos, a depender de suas circunstâncias e das várias restrições às quais estão sujeitos. A classe de alternativas está dentro das capacidades desses agentes: eles são capazes de realizar ou não realizar qualquer um desses atos. O ato disponível a ser realizado dependerá das crenças, desejos e avaliação das consequências dos atos possíveis de cada agente,

---

4. *Cf.* especialmente o enunciado de um princípio psicológico fundamental no parágrafo 13.
5. F. H. Bradley, *Ethical Studies* (Oxford: Oxford University Press, 1927).

conforme sua própria compreensão. Aqui, o termo "desejos" é um substituto para os apetites, afeições e paixões butlerianas, tanto gerais como particulares, e nessa categoria temos de incluir aquilo que Butler chamou, no trecho acima citado, de "afeição e ocupação com o que é certo e bom em si". Note-se que Butler chama isso de afeição.

(2) Em seguida, pensemos no *objeto de desejo* como a situação almejada por um desejo. Quando esse objeto é viabilizado, diz-se que o desejo foi *realizado*: ele cumpriu seu objetivo ao concretizar seu objeto. Digamos que um desejo é *satisfeito* quando o agente conhece, acredita razoavelmente ou vivencia que esse desejo foi realizado.

Essa definição tem de ser um pouco reformulada para incluir os desejos de participação ou envolvimento em várias atividades ou de fazer várias coisas por si mesmas. Às vezes é estranho pensar em atividades como situações, ainda que isso seja possível em determinados modos de expressão. Além disso, deve-se introduzir a noção de *desejo final* como, por exemplo, o desejo de se envolver em uma atividade ou viabilizar certa situação *por si mesma*. A cadeia de razões – quero fazer X para viabilizar Y e Y para viabilizar Z etc. – deve ter um fim, que pode ser em Z, algo que eu quero viabilizar por si mesmo. A cadeia de razões deve não apenas ser finita, como também geralmente é razoavelmente curta. Como observa Butler, se isso não for o caso, não somos estimulados pelo desejo, mas pela inquietação, uma inclinação sem propósito para realizar atividades sem razão aparente. Essa inquietação é o vazio do desejo [sem] a possibilidade de qualquer satisfação exceto o estímulo.

(3) Assim, é possível caracterizar em linhas bastante gerais a *intenção* de uma ação como as consequências de um ato que são previstas pelo agente e reconhecidas como parte da cadeia causal de eventos e processos essenciais ou necessários para viabilizar a situação que define o objeto de desejo. Outras consequências também podem ser previstas, tais como aquelas que são subsequentes à realização do objeto de desejo e cuja realização é o motivo de realizar um ato. Naturalmente, mesmo que não contemos essas consequências como parte da intenção do agente, ainda assim podemos responsabilizar o agente por elas, desde que elas sejam ou devam ser previstas. Os diferentes modos de traçar esses limites podem servir igualmente aos mesmos propósitos filosóficos.

Em seguida, digamos que o *motivo* de um ato sejam as consequências presumivelmente previstas cuja ocorrência gera a realização desse ato. Com essa descrição, é preciso distinguir o motivo do elemento psicológico que estimula o agente a agir. Esse elemento pode ser descrito de diversos modos, a depender das circunstâncias, desde o impulso até o plano deliberado cuja formulação e elaboração levam e estimulam o agente a agir. Parte dessa elaboração deliberada será dedicada à reflexão sobre as consequências previstas, isto é, àquilo a que me referi acima como o motivo.

(4) As ideias acima são assumidamente um tanto tediosas. Porém, examinar essas distinções nos coloca em posição de elaborar uma noção simples e bastante óbvia que pode quebrar o domínio do egoísmo sobre a reflexão. Essa ideia é a seguinte: a satisfação do desejo é sempre agradável, prazerosa, gratificante etc. – conforme a descrição mais conveniente. Isso, porém, não quer dizer que o *objeto* de desejo é sempre alcançar (realizar) a experiência de aprazibilidade, prazer ou gratificação. O fato de a satisfação do desejo ser sempre agradável, prazerosa ou gratificante não implica que o *motivo* é sempre o gozo, prazer ou gratificação, nem que a reflexão sobre o gozo, prazer ou gratificação seja o elemento psicológico que nos leva a agir.

Isso nos permite ver a falácia no seguinte argumento:

(1) Todos os nossos atos deliberativos e intencionais são realizados a fim de viabilizar ou tentar viabilizar algum objeto de um ou mais desejos, e esses desejos fazem parte de nossa constituição como pessoa e nos induzem a agir.
(2) Quando um desejo é realizado – isto é, quando o objeto de desejo é alcançado e temos consciência disso ou acreditamos razoavelmente ou vivenciamos esse fato –, nosso desejo é satisfeito.
(3) A satisfação do desejo é sempre agradável, prazerosa ou gratificante, enquanto a frustração do desejo é sempre desagradável etc. Logo:
(4) O objeto de todos os nossos desejos são, na verdade, os prazeres (experiências de prazer) ou o prazer que temos com a concretização reconhecida de nossos desejos.

Essa conclusão não é lícita, visto que o argumento depende de uma confusão entre o *objeto de desejo* e a *satisfação do desejo*. Os desejos têm tipos de objetos em quantidade indefinida, e seus objetos definem seu *teor*. A falácia reside na suposição de que o teor de todos os desejos são os prazeres e/ou experiência prazerosa porque a satisfação do desejo é agradável e prazerosa.

Butler ataca essa falácia em sua discussão sobre a terceira questão, nos parágrafos 4-7. Ataca também uma segunda falácia latente no argumento acima: a falácia de supor que, já que todos os nossos atos são estimulados por um ou mais desejos – Butler, Hume e Kant estão todos de acordo com isso – e a satisfação de nossos desejos é algo agradável para nós e não para outras pessoas, seria forçoso pensar que essas experiências agradáveis e prazerosas nos estimularam a agir sendo *objetos* de nosso desejo. Aqui, a ideia de que os desejos que nos estimulam a agir são *nossos* desejos e a aprazibilidade e prazer dos desejos satisfeitos são *nossas* experiências tenta-nos, de certa forma, a pressupor que é forçoso que essas nossas experiências sejam objetos de nossos desejos. Butler contesta esses equívocos afirmando: "Cada afeição particular, mesmo o amor ao próximo, é uma afeição tão nossa quanto o amor-próprio; e o prazer resultante dessa satisfação é tão nosso [prazer vivenciado por mim e não outra pessoa] quanto o prazer resultante do amor-próprio." Nessa afirmação, foi excluída uma velha cláusula, sobre cujo sentido não tenho certeza. Butler continua: "E – sendo cada afeição particular própria de cada indivíduo e o prazer resultante de sua satisfação, um prazer desse indivíduo – se [...] tal afeição particular deve ser chamada de amor-próprio, de acordo com esse modo de dizer, nenhuma criatura, seja qual for, jamais poderá agir de outra forma a não ser simplesmente com base no amor-próprio; e cada ato e cada afeição, sejam quais forem, deverão ser resumidos a esse único princípio."

Acrescenta ainda: "Porém, essa não é a linguagem da humanidade; ou, se fosse, deveríamos estar carentes de palavras para expressar a diferença entre o princípio do ato, procedente da análise serena de que estarei em vantagem, e um ato, digamos, de vingança ou de amizade, pelo qual o homem incorre em certa ruína, fazendo o mal a outrem. É evidente que os princípios desses atos são totalmente diferentes, necessitando de diferentes palavras com as quais possam ser diferenciados; o que têm em comum é que ambos procedem de uma inclinação no eu de um indivíduo e visam a satisfazer essa inclinação" (188).

Nesses importantes parágrafos (4-7), pode-se perceber que Butler está fazendo a distinção que ensaiamos acima. Um modo de expor essa ideia é dizer que o egoísmo psicológico ignora diferenças essenciais. Ou o fato de que sempre agimos com base em nossos próprios desejos, que são satisfeitos quando tais atos são bem-sucedidos, e essas satisfações de nossos desejos são *nossas* satisfações é um truísmo (nem poderia ser diferente), ou então o egoísmo psicológico é falso. Observando os fatos evidentes da experiência, nossos desejos – apetites, afeições e paixões – têm muitos diferentes objetos, um conteúdo extremamente variado formado por muito mais que prazer.

(5) Além disso, Butler pretende expor outro argumento psicológico importante: o de que é impossível, devido à nossa constituição psicológica, que o prazer ou o gozo sejam objetos de desejo. Em outras palavras: alguma coisa diferente do prazer deve ser desejada; de fato, a ênfase em prazeres e gozos como formas de amor-próprio pressupõe desejos – apetites, afeições e paixões – que têm, conforme nossa constituição, certos objetos; e esses desejos não poderiam ser satisfeitos a menos que haja uma "adequação prévia" entre esses desejos e seus objetos (parágrafo 3).

Algumas outras ideias:

(1) Quanto ao comentário acima, Butler chama esses objetos de coisas *externas*. Ele teria tido mais sucesso se dissesse que os desejos são desejos de fazer coisas que incluem ou usam coisas externas. Por exemplo, o ato de comer ou de ajudar a outrem. Isso não afeta a ideia principal de Butler.

(2) Também ajudaria a esclarecer o argumento de Butler se ele houvesse feito uma distinção mais explícita entre as diversas espécies de desejo, por exemplo:

(a) Desejos *no* eu × desejos *do* eu, e na primeira categoria:
  (i) Desejos egocêntricos: aqueles que visam à minha *própria* honra, poder, glória, saúde e sustento.
  (ii) Desejos autorreferentes: aqueles que visam à honra e ao poder de pessoas e grupos relacionados a *mim*: minha família, meus amigos, minha nação etc.

O *egoísmo* é definido pela nossa relação com esses dois desejos.

(b) As afeições pelos outros não são nem desejos egocêntricos nem autorreferentes: nesse grupo estão desejos pelo bem de outrem. O amor-próprio natural é uma afeição pelo nosso próprio bem e é totalmente diferente do egoísmo, conforme pretendo discutir na próxima conferência.

(3) Além disso, creio que Butler une duas noções um tanto distintas de amor-próprio e duas noções distintas de felicidade, a saber:

(a) A primeira tem conotações hedonistas, como na afirmação de Butler de que o objeto do amor-próprio é "de certa forma interno, nossa própria felicidade, gozo, satisfação [...] [ele] nunca busca nada externo somente por causa da coisa em si, mas apenas como um meio para a felicidade ou bem" (parágrafo 3, p. 187).

(b) A noção de um planejamento ou plano racional do amor-próprio: ordenar, planejar e organizar a concretização de desejos que visam garantir nosso próprio bem. Ver, por exemplo, a segunda frase do parágrafo 16: "A felicidade consiste na satisfação de certas afeições, apetites e paixões, cujos objetos, por sua própria natureza, a eles se adaptam. O amor-próprio pode de fato nos levar a trabalhar para satisfazer a essas afeições, apetites e paixões, mas a felicidade ou gozo não tem ligação imediata com o amor-próprio; ao contrário, ela provém somente da satisfação. O amor ao próximo é uma dessas afeições."

O problema da noção hedonista é que ela tende a absorver tudo. Isso não ocorre com a noção do planejamento, que se aplica ao ordenamento das afeições e desejos que dizem respeito mais diretamente a nós, servindo ao nosso bem natural.

(4) Além disso, Butler poderia ter invocado a distinção mencionada por Bradley entre a ideia de prazer e uma ideia prazerosa. Esta última tem implicações hedonistas e não sugere que o prazer é o objeto do desejo.

(5) Finalmente, Butler procura mostrar que uma vida dedicada à benevolência e à virtude tem compatibilidade natural com nossa *felicidade*. Ver todo o Sermão XI e a 4ª pergunta, a última a ser respondida. Não pode faltar em nós a afeição à benevolência e à virtude sem ser *desfigurada*.

CONFERÊNCIA V

O suposto conflito entre a consciência e o amor-próprio

§ 1. Introdução

Tratarei das principais questões desta conferência através do suposto conflito de incoerência que existe na teoria butleriana entre a autoridade da consciência e as solicitações do amor-próprio. Saliento que essa questão é simplesmente um modo de nos aproximarmos da questão principal que pretendo discutir, porque acredito que para Butler não há incoerência nem conflito. O importante é entender o porquê disso: de modo geral, a ideia de Butler é que quanto mais nossa natureza se aproxima da perfeição, tanto mais o amor à virtude – à justiça e à veracidade – e aquilo que Butler chama de "verdadeira benevolência" (XII: 4) se tornam a mesma e única coisa. Assim, essa benevolência é a soma das virtudes; é "um princípio presente em criaturas razoáveis e como tal deve ser dirigido pela razão" (XII: parágrafo 9, p. 223). Por isso, melhor seria dizer: a benevolência natural tem sido mais ampla e integrada quando dirigida pela razão, isto é, pela consciência ou pelo princípio da reflexão.

Por outro lado, Butler distingue diversas formas de amor-próprio. Existe o amor-próprio no sentido do chamado interesse, isto é, nosso interesse em nós mesmos sob a ótica da opinião mundana em voga. Existe o que podemos chamar de amor-próprio *estrito*, encontrado em pessoas cujos interesses são principalmente interesses *em* si mesmas: em sua honra, poder, posição, riqueza e assim por diante; são pessoas cujas afeições e apegos benevolentes naturais são fracos. Novamente, o amor-próprio difere de acordo com seu escopo: será de um modo se seus interesses forem limitados a nosso estado temporal e imperfeito, e será de outro modo se abranger também nosso estado de possível perfeição na vida futura. Se introduzirmos a noção de *amor-próprio razoável* como afeição estável pelo bem natural de nossa pessoa como criatura razoável (com a constituição moral conforme descrita nos Sermões I-III), e se considerarmos o pleno escopo do amor-próprio, que inclui o estado de nossa possível perfeição, então, segundo Butler, uma vida guiada pelo amor à virtude – pela afeição ao direito e à justiça e movida pela verdadeira benevolência – é o modo de vida que melhor promove nosso bem. Ela oferece a maior felicidade de que somos capazes, uma felicidade que podemos esperar e na qual podemos crer de modo razoável. Assim, devido a nossa natureza e a nosso lugar no mundo, não pode haver conflito ou incoerência entre a consciência, cujas sentenças sempre devemos seguir, e o amor-próprio. Aqui é preciso dizer que a consciência é a verdadeira benevolência inspirada pela razão, e o amor-próprio deve ser entendido como amor-próprio razoável interpretado como uma afeição estável pelo bem natural de nossa pessoa considerada em seu pleno escopo.

À primeira vista, essa solução pode parecer carente de profundidade filosófica. Alguém pode dizer: "É claro que, se acrescentarmos a figura de Deus à questão e partirmos do pressuposto de que somos recompensados com as bênçãos dos céus por cada virtude e punidos com o fogo dos infernos pela depravação, então não pode haver conflito entre a consciência e o amor-próprio. Nesse caso, a resposta à conhecida questão do porquê se deve agir conforme a moral é óbvia." Porém, quem interpreta a solução de Butler dessa forma ignora totalmente os Sermões XI-XIV, que contêm uma psicologia moral que expõe diversas noções diferentes de benevolência e amor-próprio e indica um modo pelo qual se pode pensar nessas diferentes noções como formas superiores ou mais aperfeiçoadas da benevolência e do amor-próprio. Isso pressupõe que a benevolência pode ser ampliada ou generalizada e, com isso, inspirada e guiada pela razão como princípio de reflexão ou consciência. Assim, essa psicologia moral permite que Butler explique o amor ao próximo e o amor a Deus de tal modo que essas formas de amor sejam extremamente congruentes com nossa verdadeira felicidade e, portanto, com a forma suprema de amor-próprio. O que se tem a aprender com Butler são os princípios da psicologia moral por ele elaborada e o fato de que eles supostamente levam a essa conclusão.

No estudo da psicologia moral de Butler, peço que se ponha de lado completamente a ideia de recompensas dos céus e punições. As noções de recompensa e punição não têm um papel essencial. Em certa medida – embora não de todo – podemos interpretar a psicologia moral de Butler em termos de analogias seculares; e quando não formos capazes de fazer isso, é preciso pensar em Deus como a perfeição da razão e do bem, e não como um distribuidor de recompensas e punições. A *Visio Dei* – visão de Deus – tem uma função importante na teoria de Butler exposta nos Sermões XIII-XIV; é a culminação de nossa verdadeira felicidade ou bem natural. Creio que, levando essa ideia seriamente ou não, os princípios da psicologia moral de Butler e seu funcionamento não são afetados.

§ 2. Por que partir do princípio de que Butler é incoerente: sobre a consciência e o amor-próprio

Analisemos aqui diversos trechos relevantes:

(1) No parágrafo 21 do Prefácio aos *Sermões*, Butler supõe que nossa felicidade é uma obrigação evidente que, ainda assim, pode conflitar com o que a consciência exige em certos casos. Ele resolve o conflito em favor da consciência, afirmando: "Na verdade, porém, não resta obrigação por parte do interesse, pois a autoridade natural do princípio da reflexão é a obrigação mais imediata e íntima, a mais certa e conhecida, enquanto a obrigação contrária quando muito poderá parecer não mais que provável. Como nenhum indivíduo pode ter *certeza*, em circunstância alguma, de que uma depravação é de seu interesse no mundo presente, terá muito menos certeza ao se opor a outra depravação, de modo que a obrigação certa suplantaria totalmente e destruiria a incerta, que, apesar disso, seria

a verdadeira força sem a primeira" (final do parágrafo 21, pp. 15-6). Esse trecho resolve a questão afirmando que a consciência é mais imediata e íntima, mais certa e conhecida. Com isso, Butler quis dizer que não se pode ter certeza, em circunstância *alguma*, de que a depravação é nosso interesse no mundo *presente*. Às vezes, porém, pode-se dizer isso. E de qualquer forma esse é dificilmente um motivo convincente ou suficientemente profundo que justifique a sempre predominante autoridade da consciência.

(2) O parágrafo 13 do Sermão III, que faz uma recapitulação, oferece uma visão semelhante. Esse parágrafo diz que o amor-próprio razoável e a consciência são, ao que parece, princípios coiguais e superiores da natureza humana.

> O amor-próprio razoável e a consciência são os princípios mais importantes ou superiores da natureza do homem, pois um ato pode ser adequado para essa natureza mesmo que todos os demais princípios sejam violados, mas se torna inadequado caso seja violado qualquer um destes. A consciência e o amor-próprio, se compreendermos nossa verdadeira felicidade, sempre nos conduzem pelo mesmo caminho. O dever e o interesse são perfeitamente coincidentes na maior parte deste mundo, mas o serão inteiramente e em qualquer circunstância se os considerarmos em relação ao futuro e como um todo; isso está implícito na noção de boa e perfeita administração das coisas. Assim, aqueles que têm sido sábios em sua geração em observar apenas seu próprio suposto interesse, à custa e mediante dano de outrem, deverão finalmente descobrir que quem renuncia a todas as vantagens do mundo presente em vez de violar sua consciência e as relações da vida faz infinitamente melhores provisões para si, garantindo seu próprio interesse e felicidade. (p. 76)

Assim, mais uma vez, parece que devemos seguir a consciência, já que o dever e o interesse são perfeitamente coincidentes; e presumivelmente a consciência é o guia mais seguro – de fato, ela tem para nós um peso impositivo.

(3) O trecho mais notável é talvez o Sermão XI: 21: "Admitamos, embora a virtude e a retidão moral de fato consistam em afeição e ocupação com o que é certo e bom em si, que quando sentamos em um momento de serenidade não conseguimos justificar para nós mesmos por que nos

ocupamos com isto ou aquilo até que estejamos convencidos de que será para nossa felicidade ou pelo menos não contrária a ela" (p. 206).

Nesse trecho, Butler pode estar tentando proteger a religião e a moral do senso comum do escárnio das doutrinas egoístas em voga. Como ele não diz aqui para qual noção do amor-próprio está apelando quando nós, por assim dizer, sentamos em um momento de serenidade, esse trecho não é incoerente com minha opinião geral exposta no início. Não creio que Butler reconsidere a ideia de que a consciência tem autoridade suprema para nós. Precisamos ter em vista o que ele diz no parágrafo 6 do Sermão III (p. 71): "A consciência não apenas oferece a si mesma para nos mostrar o caminho por onde caminhar, como também leva consigo sua própria autoridade, isto é, nosso guia natural, o guia que nos foi designado pelo Autor de nossa natureza; ele pertence, portanto, a nossa condição de ser, é nosso dever seguir por esse caminho e seguir esse guia, sem olhar para os lados para ver se não é possível renunciar a ele impunemente." Assim, a consciência é o guia que nos foi designado por Deus e é nosso dever segui-la. Lembremos ainda a *Dissertação da virtude*, em que a consciência tem um teor que não é sinônimo de felicidade máxima ou benevolência interpretadas dessa maneira. A *verdadeira* benevolência é a benevolência como afeição para o direito, justiça etc., para o bem de outrem, dentro dos limites permitidos por essas noções.

Em suma, esses trechos – embora sejam de certa forma difíceis – não são contrários à solução geral sugerida. Parte da dificuldade pode estar no fato de que o próprio Butler diz muito pouco no Prefácio aos *Sermões* sobre os Sermões XIII-XIV. Isso pode nos levar a ignorar a importância desses sermões para a doutrina butleriana. Na verdade, eles são o ponto culminante da ideia das diversas noções de benevolência, amor-próprio e felicidade e, portanto, dos princípios da psicologia moral de Butler.

§ 3. Alguns princípios da psicologia moral de Butler

(1) Comecemos com o princípio que discutimos na última conferência: "Todas as afeições particulares – sejam quais forem: ressentimento, benevolência, amor às artes – levam igualmente a um rumo visando à sua própria satisfação, isto é, à nossa própria satisfação, e a satisfação de cada um nos dá prazer; assim, é evidente que todas têm o mesmo respeito para com o interesse particular" (XI: parágrafo 14, p. 197).

Porém "essa satisfação não é o *objeto* das afeições, que *não* têm nos prazeres os seus objetos". Observemos que no Sermão XIII: 13 (pp. 239-40), Butler diz que a questão sobre se devemos amar a Deus por si só ou por algum motivo pessoal é um simples equívoco de linguagem. Sua ideia aqui é a mesma que ele expôs antes em sua refutação de Hobbes e outros sobre a questão do egoísmo. Devemos amar a Deus como o objeto supremo e natural de nossa verdadeira benevolência (conforme inspirado e guiado por nossa razão), mas é claro que o deleite que encontramos nessa forma de amor constitui a plena satisfação de nossa natureza e, portanto, é uma resposta a nosso amor-próprio razoável, que visa à nossa verdadeira felicidade. Butler usa aqui as diferenciações que discutimos em outra conferência, querendo dizer que não há conflito entre o amor perfeito a Deus e o amor a nosso bem natural.

(2) Há ainda os vários e importantes princípios psicológicos que se aplicam à benevolência como afeição pela virtude e pelo bem comum; esses princípios a distinguem das afeições em geral:

(a) Um deles é insinuado no parágrafo 16 do Sermão XI (p. 201): "O amor ao próximo [...] como um princípio virtuoso é satisfeito pela consciência do empenho em promover o bem de outrem; porém, considerado uma afeição natural, sua satisfação consiste na efetiva concretização desse empenho."

Qual é, então, a explicação desse fato? Aqui, Butler simplesmente o enuncia. É um princípio básico ou um corolário desse princípio? Uma resposta possível pode estar no Sermão XII: 23 (ver também XIII: 7-10). Nesse trecho, Butler diz: "A natureza humana é constituída de tal forma que cada afeição boa implica o amor de si, isto é, torna-se o objeto de uma nova afeição na mesma pessoa. Assim, ser virtuoso traz consigo o amor à virtuosidade; ser benevolente, o amor à benevolência; ser bom, o amor ao bem; quer essa virtude, benevolência ou esse bem sejam vistos como em nossa alma ou como na alma de outrem, o amor a Deus como ser perfeitamente bom é o amor ao bem perfeito contemplado em um ser ou pessoa" (p. 228).

Essa mesma ideia é reformulada em XIII: 3 (p. 230) e 6 (pp. 234 s.), em que Butler diz: "Ser um homem justo, bom e virtuoso obviamente traz consigo uma afeição peculiar (ou amor) pela justiça, pelo bem, pela virtuosidade, quando esses princípios são objetos de contemplação. Ora, se um indivíduo aprova ou tem uma afeição para com qualquer princípio em si e por si só, e desde que as circunstâncias permitam, esse princípio será o mesmo, quer seja visto na própria alma desse indivíduo, quer seja visto na de outrem, em si mesmo ou em seu próximo. Essa é a medida de nossa aprovação do (ou amor moral ao e afeição com o) bom caráter, que só existe em indivíduos dotados de verdadeiro bem e que discernem e observam o mesmo princípio em outros indivíduos." Chamemos isso de princípio básico da afeição reflexiva: uma boa afeição – uma afeição à virtude – gera uma afeição para si própria[6]. Isso também explica por que não podemos violar a consciência sem autocondenação: somos obrigados a detestar a depravação em nós mesmos.

(b) Em seguida, há dois princípios que geram amor: em primeiro lugar, o princípio da excelência superior, Sermão XIII: parágrafos 7-8 (pp. 234-5). Em segundo lugar, o princípio da reciprocidade: boas intenções e ações para o nosso próprio benefício e bem geram uma gratidão natural e amor recíproco (XIII: 9-11, pp. 236-8).

(c) Em seguida, há uma presunção básica: esses princípios não funcionarão – especialmente o princípio do amor reflexivo (a) – a menos que tenhamos alguma medida de bem moral, isto é, uma afeição ao bem em nossa alma e caráter: XIII: 9, p. 236.

(d) Princípio da aspiração natural: XIV: 3, p. 244, que Butler relaciona à resignação = temor-esperança-amor:

"A resignação à vontade de Deus é a plenitude da piedade: traz em si tudo o que é bom e é fonte da suprema serenidade da alma. O princípio geral da submissão faz parte de nossa natureza."

(e) Princípio da continuidade: XIII: 12, pp. 178 s.[7].

APÊNDICE: NOTAS ADICIONAIS SOBRE BUTLER

Ideias importantes em Butler

(Hobbes e Butler, as duas grandes fontes da filosofia moral moderna: Hobbes levanta o problema e é o autor a ser refutado; Butler ofereceu uma profunda resposta a Hobbes.)

---

6. Ver a afirmação feita no parágrafo 16 do Sermão XI (p. 168), citada acima. Ver o trecho selecionado imediatamente no começo da seção 2a, acima.

7. [Não está clara a natureza desse princípio. As conferências terminam abruptamente aqui, sem mais detalhes nem recapitulação. (N. do Org.)]

(1) Autoridade *versus* força

(2) Noção de RE na Dissertação = começa aqui[8]

(3) Sobre o método – último parágrafo da Dissertação sobre a identidade pessoal

(4) Egoísmo contra Hobbes: Butler sustenta que os projetos morais são parte do eu tanto quanto quaisquer outras partes do eu: nossos desejos naturais etc.; Kant aprofunda essa ideia relacionando a Lei Moral ao eu como ser racional e razoável.

(5) Na Dissertação Butler ataca a explicação que Hutcheson deu ao senso moral.

(6) O método geral de Butler é apelar para a experiência, mas há diferentes espécies de experiência: moral/não moral, memória/não memória (como na referência feita no item 3).

(7) Hume responde a Butler de duas formas:

(a) Hume tenta aceitar a diferenciação autoridade × força feita por Butler através da diferenciação entre paixões serenas e paixões violentas.

(b) Hume tenta responder à crítica de Butler ao utilitarismo (Hutcheson) no que se refere à justiça através da diferenciação entre virtudes naturais e virtudes artificiais. (Hume admite que Butler está certo ao afirmar que a justiça nem sempre é benéfica.)

(8) Butler não pretende explicar tudo, nem se aprofundar ou tampouco sistematizar os dados de nossa experiência moral. Não é seu objetivo fazer uma teoria sistemática. Sabemos suficientemente para nossa salvação; não devemos ter dúvidas sobre esse conhecimento, mas defendê-lo firmemente.

Sturgeon sobre Butler, na *Philosophical Review* (refutado por Schneewind)

No capítulo de *História da ética* sobre Butler, Whewell diz: "Butler interpretou corretamente os dados; nossa tarefa é elaborar a teoria" (citação aproximada).

(9) Relacionemos isso ao que diz Kant, inclusive à noção kantiana da crença razoável.

---

8. [RE parece referir-se ao equilíbrio reflexivo e "noção de RE na Dissertação" refere-se ao ensaio de Butler intitulado "Dissertation: Of Personal Identity", ou à própria dissertação de Rawls e à teoria inicial sobre o equilíbrio reflexivo nela elaborada e publicada em "Outline of a Decision Procedure for Ethics" (1951), em Rawls, *Collected Papers*, org. Samuel Freeman (Cambridge, Mass.: Harvard University Press, 1999), Cap. 1. (N. do Org.)]

(10) Butler propõe uma nova base para a autoridade da moral – que reside não na revelação ou vontade divina, mas na experiência moral (conforme acessível ao senso comum e à consciência).

A consciência e sua autoridade
Prefácio: 24-30, esp. 26-8; Sermão I: 8-9, II: completo
Natureza social do homem:
Sermão I: 9-13; *cf.* esp. 10, 12
    No homem não há autodepreciação nem o desejo de ferir os outros por si só, ou de injustiça, opressão, perfídia, ingratidão etc. (como em Kant).
    Prefácio: 26-28: violar a consciência é incorrer em autocondenação; não é possível agir dessa forma sem "verdadeira autoaversão".
Conflito [da] consciência *versus* amor-próprio:
Prefácio: 16-30; esp. 24; III: 9: XI: 20
Analogia: 87 e 87n
    interesse religioso e temporal do amor-próprio, *cf.* 70 s.
A consciência na *Analogia*:
    (1) Não há divergência [sem] autocondenação: 111
    (2) Os ditames da consciência são as leis de Deus como sanções inclusivas: 111
Conflito [da] consciência e amor-próprio: (trechos)
Prefácio:
    Conflito com o interesse pessoal de cada um; a felicidade fica sem solução em Shaftesbury: 26; parágrafos também relevantes: 27-30
    Conflito resolvido pela certeza epistêmica [da] consciência: 26
Sermão I:
    Parágrafo 15: parece pôr a consciência e o amor-próprio em pé de igualdade
Sermão II: (evita fazer comparação entre consciência e amor-próprio)
    O princípio da consciência situa-se no coração e é supremo: 8, 15
Sermão III: discussão 6-9:
    O egoísmo no sentido estrito nos é impossível: 6-7
    O egoísmo (imediato e temporal) como forma de maximização da satisfação em termos gerais
    Coincide com a virtude e seu caminho de vida: 8
    E assim fará na distribuição final das coisas: 8
    A consciência e o amor-próprio são compreendidos como coiguais, mas devemos sempre seguir a consciência: 9

Sermão XI: 20-1
O objetivo de Butler: nos mostrar para nós mesmos (II: 1)
Sobre a consciência:
Papel na constituição da natureza humana:
    Exposição dos elementos da natureza humana (constituição = economia): p. 14
    A supremacia da consciência define a constituição humana: p. 14
    Todos os elementos são guiados pela consciência, e isso gera a ideia da constituição ou sistema da natureza humana: p. 14. Esse sistema adaptado à virtude: p. 14
    O fato de nossa constituição ser às vezes desordenada não a torna uma constituição: p. 14
    Em virtude da consciência e de nossa constituição, somos agentes morais e responsabilizados: p. 14
    Nada mais contrário a nossa natureza que a depravação e a injustiça: p. 15
    A constituição de nossa natureza exige que nos guiemos pela consciência: p. 25
    Nossa constituição faz com que sejamos lei para nós mesmos e sujeitos à punição, mesmo quando duvidamos de que haverá sanção: p. 29
Autoridade da consciência: pp. 16-30
    A consciência como aprovação de alguns princípios, atos etc.: p. 19
    A consciência e sua autoridade é o que distingue o homem dos animais: pp. 18-24
    A consciência reivindica para si controle absoluto de nossa constituição: p. 24
    Essa reivindicação é independente da força da influência: p. 24
    O erro de Shaftesbury: ter elaborado um plano no qual a força decide: p. 26
    Por que a consciência predomina: argumento epistemológico com base na certeza e na autoridade: p. 26
    Não podemos violar nossa consciência sem autocondenação e autoaversão: p. 28
Conflito entre consciência e amor-próprio: 16-30
    Não depende da religião, mas de questões de nossa própria alma: *Analogia* I (7:11)

A consciência é necessária para guiar e regular outros elementos da natureza humana (II: 8)
Argumento com base na desproporção (II: 40)
Método e intuicionismo
Relação com Clarke etc.: p. 12
Apelo aos fatos morais como método próprio de Butler: pp. 12, 27; II: 1
Apelo à experiência moral como *sui generis*: p. 16
Apelo ao senso moral do coração e à consciência natural de cada pessoa: II: 1
(comparável ao apelo ao senso, isto é, conhecimento das coisas)
Apelo às emoções morais e ao papel que desempenham: vergonha: II: 1
Essas emoções não podem ser plenamente equivocadas: II: 1

Por que nossa natureza é social?
(1) Isso é demonstrado por apetites, afeições etc. (Sobre o ressentimento e compaixão, ver Sermões XI-XII)
(2) Demonstrado também pelo princípio geral da benevolência
(3) Pelo contexto da consciência
(4) E pelo fato de que o amor-próprio razoável nos faria seres sociais
A constituição da natureza humana real ou simplesmente ideal?
(1) Os elementos são reais, inclusive a consciência.
(2) É ideal no sentido de que pode ser desordenada; e a consciência não é seguida de modo geral.
(3) É evidente nas sentenças reais da consciência de pessoas de mentalidade imparcial, desde que estejamos em momento de serenidade.
(4) A constituição é, portanto, aquilo que seríamos em nossos atos caso seguíssemos a consciência de modo geral.
(5) Essa constituição e supremacia da consciência fazem de nós lei para nós mesmos; fazem de nós agentes morais responsáveis.
(6) Butler diria: tudo isso se baseia em fatos de nossa experiência moral.
Butler é um intuicionista, como Clarke, por exemplo?

Prefácio
A aceitação do intuicionismo de Clarke por Butler: Prefácio: 12
O método próprio de Butler: Prefácio: 12 s.
apelo às experiências e questões morais de fato: 12, 27
A constituição (ou economia) da natureza humana: Prefácio: 12 s.; 14

seus vários elementos: 14
relações dos elementos e supremacia da consciência: 14
objetivo: adotado pela virtude: 14
como relógio para contar o tempo: 14
Irrelevância das desordens: 14
A constituição de agentes responsáveis por desordens na constituição: 14
Nada mais contrário à natureza humana que a depravação e injustiça: 15
A pobreza e a dor não são motivo: 15; III: 2
O princípio do amor-próprio: 35
Paixões e apetites particulares: p. 21
Variedade das motivações humanas, como um revezamento: p. 21
Noção da autoridade da consciência: 14, 16, 19
Diferença do tipo de experiência moral conforme Harding: 16
Tem autoridade sobre outros elementos de nossa constituição: 24
Essa autoridade difere da força: 24
Essa autoridade implicada pela aprovação reflexiva: 25
Crítica a Shaftesbury, que omite essa autoridade: 26-30
Conflito entre consciência e amor-próprio racional: 26, 41; III: 5-9; XI: 20-1
Por que a consciência sempre predomina (explicação epistemológica): 26
Apelo ao interesse e amor-próprio: 28
Transgredir a consciência leva à autocondenação, à autoaversão: 28
O homem é lei para si mesmo: 29
Por que a punição de descrentes ainda assim é justa: 29
Aceita a tese de Shaftesbury: a virtude tende à felicidade, a depravação ao infortúnio: 26, 30
Como provar as obrigações; obrigações são necessárias a nossa natureza e condição: 33
Experiência moral *sui generis*: 16, 24

Sermão I
Virtude é a lei natural sob a qual todos nascemos: 2
Toda a nossa constituição é adaptada à virtude: 2
A natureza social do homem: complementaridade dos elementos de nossa constituição: 4 s.; 10
nascemos para a vida em sociedade e visando ao nosso próprio bem: 9
Princípio da benevolência: 6

Princípio do amor-próprio: 6; (amor-próprio sereno) 14; II: 10-1 *Analogia*: I: 3-7
  Coincidência entre benevolência e amor-próprio: 6; III: 9: *cf.* III: 5-9
  Superior às paixões: II: 10-1
Afeições e paixões particulares: 7
  Diferenças em relação aos princípios da benevolência e do amor-próprio: 7
  Por que são vistas como instrumentos de Deus: 7
Princípio da reflexão (consciência): 8
  Demonstrado no apelo à experiência moral: 8
Não há na natureza humana:
  Autodepreciação: 12
  Animosidade: 12
  Amor da injustiça: 12
Causa do mal e de atos de maldade: 12; generalização: 56
Natureza do homem conforme julgamento da humanidade como um todo: 13
Autoridade da consciência *versus* influência: II: 1-8, 12-4; III: 2
  Sentido no qual essa autoridade é natural: 8
  Função da consciência: II: 8; III: 2 (administrar e presidir)
  Faz com que sejamos lei para nós mesmos: II: 4, 8, 9; III: 3
  Prerrogativa da supremacia natural da consciência: 8, 9; III: 2
  Exemplo para ilustrar a conduta não natural: II: 10
  Deus incluiu a consciência em nossa constituição para ser nossa guia natural: II: 15; III: 3, 5
  O certo e o errado podem ser reconhecidos pelos indivíduos com mentalidade parcial sem benefício dos princípios e das regras (da filosofia): III: 4
  Temos dentro de nós a regra do certo: III: 4
  A consciência traz em si sua própria autoridade: a obrigação de obedecer se deve ao fato de ela ser a lei de nossa natureza: III: 5
  A consciência como voz de Deus: III: 5 (interpretação de Bernard), ver *Analogia*: I: 3: 15-6; I: 7-11; II: 1: 25; I: 3:13
Virtude como algo adequado a nossa natureza: III: 9
Apelo à experiência: II: 1, 17
O objetivo de Butler: II: 1
A consciência e o amor-próprio são da mesma categoria: III: 9

EMENTA DO CURSO

Filosofia 171:
Filosofia Política e Social – primavera de 1983

Esta disciplina tem por objetivo analisar diversas correntes contratualistas e utilitaristas que tiveram importância no desenvolvimento do liberalismo como doutrina filosófica. Será dada atenção a Marx como crítico do liberalismo e, se o cronograma permitir, a disciplina será concluída com uma discussão sobre *Uma teoria da justiça* e outras teorias contemporâneas. A disciplina terá um escopo restrito na esperança de permitir certa profundidade de compreensão.

A. Introdução
B. Duas doutrinas contratualistas (3 semanas)
    1. Hobbes:
        a. A natureza humana e a instabilidade do estado de natureza
        b. A tese hobbesiana das cláusulas da paz
        c. O papel e os poderes do Soberano
    2. Locke:
        a. Doutrina da Lei Fundamental da Natureza
        b. O contrato social e os limites da autoridade política
        c. A constituição legítima e o problema da desigualdade
C. Duas doutrinas utilitaristas (3 semanas)
    1. Hume:
        a. Crítica à doutrina do contrato social
        b. Justiça, propriedade e o princípio da utilidade
    2. J. S. Mill:
        a. Revisão do princípio da utilidade
        b. O princípio da liberdade e os direitos naturais
        c. A sujeição das mulheres e os princípios do mundo moderno
        d. A propriedade privada, mercados competitivos e o socialismo

D. Marx (2 1/2 semanas)
  a. O papel das concepções da justiça
  b. Teoria da consciência ideológica
  c. Teoria da alienação e exploração
  d. Concepção de uma sociedade humana racional
E. Conclusão: algumas teorias contemporâneas
  a. Esboço das ideias principais de *Uma teoria da justiça*
  b. Relação dessas ideias com outras teorias

Textos
Hobbes, *Leviatã*, edição organizada por MacPherson (Pelican Classics)
Locke, *Tratado sobre o governo*, edição organizada por Laslett (New American Library)
Hume, *Investigação sobre os princípios da moral* (Liberal Arts)
J. S. Mill, *Utilitarismo* e *Sobre a liberdade* (Hackett); *A sujeição das mulheres* (MIT)
Marx, *Escritos selecionados*, org. McLellan (Oxford)

Leituras
Leviatã (Parte I, esp. Capítulos 5-16; Parte II, completa); *Segundo tratado*, completo; *Investigação,* completa; *Sobre o contrato original* (Xerox); *Utilitarismo*, completo; *Sobre a liberdade*, esp. Capítulos 1-3; *A sujeição das mulheres*, completo; na edição de Marx organizada por McLellan, *Sobre a questão judaica*, n. 6; *Manuscritos econômico-filosóficos*, n. 8; *Sobre James Mill*, n. 10; *Teses sobre Feuerbach*, n. 13; *A ideologia alemã*, n. 14; *Trabalho assalariado e capital*, n. 19; Trechos selecionados de *Grundrisse*, n. 29; *O capital*; e *Crítica ao programa de Gotha*, n. 40.

As conferências serão realizadas às segundas e sextas. Haverá um exame final e um trabalho de conclusão de aproximadamente 3 mil palavras.

Índice remissivo

absolutismo, 93; sua ilegitimidade segundo Locke, 16; real, e Robert Filmer, 117; real, 117; não poderia ser objeto de contrato (Locke), 143; e o princípio da utilidade, 191

ação voluntária: sua definição em Hobbes, 68; e coerção, 78

Ackerman, Bruce, 5, 149n; ética do discurso em, 21

ações, como objeto da consciência, e a faculdade moral em Butler, 459-61

Adão, e o pecado original, 226

afeição conjugal, como interesse fundamental em Hobbes, 44-50

Agostinho, mente sombria do pensamento ocidental, 329

Alemanha: seu fracasso em conquistar a democracia, 9; seis características da Alemanha guilhermina, 9; o regime de Weimar, 10

Alembert, Jean le Rond d', 210

alienação: em relação aos outros (Rousseau), 221; em Marx, 390; quatro aspectos da (Marx), 393-4; do produto do trabalho, 383-5; da atividade produtiva do trabalho, 393; da vida--espécie, 394; em relação a outros indivíduos, 394-5

amour de soi (Rousseau), 249, 256; amor natural de si, 214, 218; *vs. amour-propre*, 215, 223; forma peculiar do, 236

amour-propre (Rousseau), 249, 252, 256; forma natural *vs.* forma não natural, 215-6; forma distinta de interesse por si próprio em sociedade, 215-7; não natural ou pervertido, 216, 218, 223; segundo Kant, 216-7; ideia abrangente de, 216-7; como desejo natural de igualdade, 217, 223; forma peculiar do, 237

amor-próprio: sua natureza em Butler, 462, 476; princípio razoável e não impositivo de nossa natureza, 465; ausência de conflito essencial entre amor-próprio razoável e autoridade da consciência, 465, 483-4; amor-próprio hedonista *vs.* noção de plano racional, 482; vários tipos de, 482-3; *vs.* consciência, 490. *Ver também amour de soi*

anarquia, e o estado de natureza hobbesiano, 93

atividades, superiores e inferiores (Mill), 334

autodesenvolvimento, e individualidade (Mill), 335-6, 339

autopreservação: como interesse fundamental (Hobbes), 51-2, 72, 77; nem sempre é o desejo mais forte, 52; sua finalidade, em Hobbes, 72; direito de, inalienável, 90; direito e dever de, segundo Locke, 128-30

autoridade: do soberano, obtida por meio de sua autorização, 88; *vs.* poder (Butler), 462-3; *vs.* influência, 465-6. *Ver também* autoridade política

autoridade da consciência: em Butler, 455, 458, 462-3, 490-1; argumentos de Butler em seu favor, 461-8. *Ver também* consciência

Índice remissivo

autoridade paterna, não pode originar poder político (Locke), 139-40, 145
autoridade política: sua natureza, em Locke, 128; critério de legitimidade da, 141-4; enquanto poder fiduciário, é um fideicomisso, 147, 150; propriedade não é base de, 158; e utilitarismo, 177; origem da (Rousseau), 220-2; origina-se no consentimento, 234-5; justificada pela vontade geral, 242
autorização: do soberano, 88; natureza da, 88-9
autorrealização: direito igual de (Marx), 373; e "seres genéricos" (Marx), 394
autorrespeito: e igualdade, 266, 268; e dignidade (Mill), 287-8

Barber, Benjamin, 2n, 4n
bem, o: essencial, em Hobbes, 61; e vantagem racional, 62; centrado no eu, segundo a interpretação de Hobbes, 64; como fim da ação voluntária, 68; a boa lei em Hobbes, 91-2; bem comum, em Hobbes, 93; inexistência de noção fixa em Hobbes, 93; e utilitarismo, 192; bem comum e vontade geral, 243, 247; como sentimento agradável (Sidgwick), 430, 433; suas características no utilitarismo, 432
bem comum: e a filosofia política, 5-6; manipulação do, 8; nenhum bem comum é reconhecido pela razão em Hobbes, 93; como objeto da vontade geral, 243-4, 247; depende de interesses comuns, 244; e a vontade geral, 263
bem público, 118n; em Hobbes, 102; não há incompatibilidade necessária com o interesse público em Butler, 475-6
benevolência: reconhecida por Hobbes, 44; e a natureza humana, 50-1; como virtude natural, 196-7; Butler e sua ideia de, 453; enquanto princípio de ordem superior (Butler), 455; e a resposta de Butler a Hutcheson, 461; princípio não impositivo de nossa natureza, 465; não é o mesmo que o princípio da utilidade, 465; diferente das afeições em geral, 486-8; e o amor à benevolência, 487
benevolência natural (Rousseau): da natureza humana, 212, 214; duas razões em favor da, 222; efeito da sociedade sobre a, 224-5, 232; Rousseau e sua doutrina da, 226-7; Rousseau contra Hobbes, 227-8
Bentham, Jeremy, 177-8, 192, 274, 303, 407, 409-10, 426, 434, 444; segundo J. S. Mill, 277-9; doutrina hedonista de, 284; e sua ideia de utilidade, 422
Bismarck, 9
Bradley, F. H., 482; e a contribuição de Butler, 477
Broad, C. D., 465
Butler, Joseph, 451-94

calvinismo, rejeitado por Mill, 336
Cambridge, Universidade de, e Sidgwick, 409, 412
capital (Marx): papel dos capitalistas na acumulação de, 356; sua natureza segundo Marx, 377; enquanto associado coigual do trabalho, 379; não possui simetria com o trabalho, 381
capitalismo (Marx): como sistema social, 348, 350; *laissez-faire*, 352; características do, 352-7; como sistema de dominação e exploração (Marx), 353, 357, 359, 363, 382; não é injusto no período de ápice (Marx), 368; e justiça, 368-9; papel histórico do, 370, 382; condenado por Marx como injusto, 372-4; propriedade, sua posição estratégica no, 378-9; leis do movimento do, 387; base estamentária do, 388; suas principais características, que levam à exploração, 396
capitalistas, seu papel social na acumulação de capital real (Marx), 356
caráter, sua formação segundo Mill, 278
caridade, princípio da, 160, 169, 324

[498]

Carlos II, rei, 26, 116, 134, 150
Carlyle, Thomas, 286
casamento, e igualdade, 324
certo, o, e o utilitarismo, 192
cidadãos: e a filosofia política, 5-6; vínculo com a justiça e o bem comum, 8-9; é necessário consentimento por adesão expresso para se tornar, 146; ativos vs. passivos em Locke, 152
cidadãos iguais: independência pessoal dos, 240-1; na visão de Rousseau, 267
Clarke, Samuel, 193-4, 453, 458-9, 467, 492
classe trabalhadora: objetivos da, 387-8; emancipação da, 388
coeficiente de Gini, medida de desigualdade, 441
Cohen, G. A., 335, 365, 372, 376; sobre a justiça em Marx, 372-4; sobre a visão libertária de Marx, 398
Cohen, Joshua, 153; sua visão sobre Locke, 168, 171
Collingwood, R. G., 113
compaixão natural: em Rousseau, 214, 217-8; em Butler, 469-70; como afeição pelo bem dos outros e solidariedade, 474
comparação interpessoal: da utilidade, 422-3, 434-7; da utilidade, duas coisas necessárias para a, 434-5; embaraços à, 437-43; pressupostos éticos por trás da, 438-40
competição: por recursos, 48-9; no estado de natureza em Hobbes, 54
comunismo: primeiro estágio do, 389; pleno, e o socialismo, 396-400; como igualitarismo radical, 400, 402; pleno, e a superação da divisão do trabalho, 400-2
concepção política: papel dos interesses fundamentais na, 51-2; quatro perguntas acerca da, 233-4, 257
concepção política liberal, três principais elementos da, 13
concepção teleológica: perfeccionismo como, 431; utilitarismo como, 431-4;

problema das noções morais na função--objetivo a maximizar, 440-3
condições, na teoria lockiana da propriedade, 162-3
conhecimento filosófico, definição do, em *Leviatã* de Hobbes, 33
consciência, 297-8; como motivação, 305; seu papel como supremo regulador em Butler, 455, 460-2; na interpretação de Butler, 457-68; não utilitarista, 458; universal, 460; acordo geral sobre os decretos da, 466; agir contra a, como forma de autocondenação perante si mesmo, 466; e as "paixões morais", 465-6; como verdadeira benevolência informada pela razão, 483; mais certa e conhecida, 484-5; e a afeição pela bondade, 487; vs. amor-próprio, 490; e a natureza humana, 491; e responsabilização, 491. *Ver também* autoridade da consciência
consciência ideológica, 11n; como falsa consciência, 372; crença ilusória na justiça do lucro, juro e renda da terra, 379-80; e percepção da justiça do capitalismo, 384; definição, 389-90; desaparece no comunismo, 389-93; dois tipos de, 390; eliminada pelo plano econômico democrático, 395-8, 404
consenso por sobreposição, 290n
consentimento: e legitimidade política em Locke, 117-8; teoria da legitimidade em Locke, 136-7; por formação vs. por adesão, diferenciação, 136-7, 187; à adesão (Locke), 145-6; expresso, enquanto base da obrigação política (Locke), 146; expresso e tácito (Locke), 146, 187; enquanto base da autoridade política, 159; tácito, para usar dinheiro (Locke), 164; não pode ser base de governo (Hume), 182-3; à adesão, criticado por Hume, 187; e legitimidade política, 189
Considerações sobre o governo representativo (Mill), 341-4

Conspiração de Rye House, 119
Constant, Henri-Benjamin de Rebecque, 207
constitucional: convenção, 94; sistema, 96-7
Constituição: como lei suprema, 94; e poder constituinte *vs.* poder ordinário, 149-50; convenção para estabelecê-la, 150. *Ver também* Constituição mista
Constituição, dos EUA, 5; preâmbulo à, 7
Constituição mista, 134-6, 143; definição, 116; é legítima (Locke), 116, 143-4
constituição moral (Butler): como natureza humana, 471; e paixão, 471-2; adaptada a condições naturais, 473
contrato: em Hobbes, 51; e vantagens relativas da negociação, 153; liberdade de estabelecer, 354, 358; como forma jurídica (Marx), 369
contrato social: e ordem política legítima, 15; características do, 14-22; como ideia de razão em Kant, 15-6; efetivo *vs.* não histórico, 15-7; diferentes visões do, 15-7; efetivo *vs.* hipotético, 16; como teste de legitimidade ou obrigação política, 17; natureza das partes no, 18-9; situações iniciais no, 17-22; conhecimento das partes no, 18; envolve normalização de interesses, 245; *vs.* utilitarismo, 433
contrato social (Hobbes): e o materialismo de Hobbes, 31-2; proporciona conhecimento filosófico em *Leviatã*, 33; interpretação hobbesiana do, 33-8; como dispositivo analítico, 31; dá poder ao soberano, 33-4; como autorização do soberano, 35, 89-91; hipotético, não efetivo, 35-6; três interpretações possíveis em Hobbes, 37; soberano não é parte do, 89-90, 101; seus termos, em Hobbes, 90-1; como pacto de submissão, 101
contrato social (Locke): seu papel em Hobbes *vs.* Locke, 118, 134, 176; renúncia ao direto natural de executar punição, 130; e lei fundamental da natureza (LFN), 131; "pacto social" em Locke, 136; unifica o povo em uma sociedade política, 136; obtenção de consentimento no, 136-7; como teste de legitimidade política, 141-2, 187-8; e a "história ideal", 141-2, 144; hipotético, mas histórico, 144; pelo povo, não com o governo, 149; interpretação lockiana da propriedade no, 152-3; e estado de classes, 165; racionalidade do estado de classes no contrato social lockiano, 168-71; ideia intuitiva de, é acordo, 175; crítica de Hume ao contrato social lockiano, 181-9; não corresponde aos fatos (Hume), 183; duas partes na interpretação de Locke, 187; critério lockiano, 190-1
contrato social (Rousseau): o primeiro foi fraudulento, 220; relação com o *Segundo discurso* de Rousseau, 224-5; problema do, 225-6, 232-3, 238-9; seus pressupostos e a vontade geral, 232-5; e concepção política da justiça, 233-4; sua ideia em Rousseau, 234-41; quatro pressupostos dos interesses, 236-8; envolve normalização de interesses, 245; obtém liberdade moral e civil, 254-5; supõe a independência social, 254, 260; interpretação atual, 254; sociedade do, pode se dar de muitos modos, 261-2; e liberdade, 261-4; e igualdade dos cidadãos, 267-8; e igualdade em nível mais elevado, 268-9
controle judicial de constitucionalidade, 5, 96
convenção: justiça baseada na, 196; em Hume, 199; como base de autoridade política, 235
cooperação: preceitos da (Hobbes), 61; e o pacto social (Rousseau), 235-6; social, necessária e mutuamente vantajosa, 237; entre iguais, 324
cooperação social: termos justos da, 22; requer soberano efetivo, 40; duas partes,

vantagem racional e termos justos, 62; difere da coordenação eficiente da atividade social, 62; e reciprocidade, 62-3; capacidades para a, 63; definição, 69-70; e reciprocidade, 97; e mutualidade, 97

corpo de cidadãos, 3; como público da filosofia política, 1

corpo político, como pessoa pública, soberano e Estado, 241

crença cristã, e Butler, 452, 468, 475

Crise da Exclusão, 116, 118, 134

critérios de preferência pessoal: Mill e seu teste de qualidade dos prazeres, 282-6; e liberdades básicas, 331; e interesses permanentes da humanidade, 332-5; e faculdades superiores, 334, 336

Cudworth, Ralph, 193-4, 428-9, 453

cultura de fundo, 5-7

cultura política pública, 7

Daniels, Norman, 20

Declaração da Independência, e o valor da igualdade, 7

deísmo inglês, resposta de Butler ao, 454

democracia: e sua filosofia política, 2; constitucional *vs.* majoritária, 5; e o problema da vontade da maioria (Mill), 309-12

democracia constitucional, algumas características da, 95-6

democracia de cidadãos-proprietários, na justiça como equidade, 349

Dent, N. J. H., 216

desejo: de "poder e mais poder" (Hobbes), 47, 65; racional, 64, 66; de ordem superior, para gerar desejos futuros, 65; satisfação do, e o utilitarismo, 192; de ordem superior, para atividades superiores (Mill), 287-8; de unidade com os outros (Mill), 305-8; gratificação do, não implica que a motivação está no prazer, 479, 486-7

desejos: dependentes do objeto, definição, 64-5; dependentes do princípio, definição, 64, 66, 68-9; razoáveis, enquanto desejos de agir a partir de princípios razoáveis, 68; apropriação dos, 337; desejos no eu *vs.* desejos *do* eu, 481; centrados *no* eu *vs.* relacionados ao eu, 481

desejos finais, em Butler, 478

desigualdade (Rousseau): natural *vs.* política, 212; origem da, 220-2; problema da, 265-6

Deus: nossa obrigação de obedecer a Ele, 48; promulga a lei natural, 119-20; sua autoridade legítima, no direito à criação, 120-1; sua autoridade baseia-se na onipotência em Hobbes, 122; as pessoas são propriedade de, 132; deveres para com, 138; e nossa constituição moral, 471; Butler pressupõe a existência e as intenções de, 470-1; Butler pode ser compreendido sem apelar para a noção de, 483; amor a, e nosso bem peculiar, 486-7

devaneios, uma forma de consciência ideológica, 391-2

dever: muitos deveres em Locke não são sujeitos a consentimento, 137-8; para com Deus, 138; natural *vs.* artificial (Hume), 185; sua justificação na utilidade (Hume), 185-6

deveres artificiais: *vs.* deveres naturais (Hume), 185; justiça, fidelidade e lealdade ao governo (Hume), 184

deveres naturais: *vs.* deveres artificiais (Hume), 185; em apoio a regime legítimo (Locke), 188-9

Diderot, Denis, 210

dignidade: princípio da (Mill), 287-8, 305, 308, 334; e valores perfeccionistas (Mill), 339

Dilema do Prisioneiro, 77; e estrutura formal do estado de natureza, 81; exemplo de, 82-3, 98-9

dinheiro, origens do (Locke), 163-4, 191
direito: à criação, segundo Locke, 121; de executar, de punir transgressores, 130; à propriedade, condicional e não absoluto (Locke), 161-2; abstrato, e Mill, 318-22. *Ver também* direitos morais; direito(s) natural(is); direitos
direito ao voto, sua abrangência em Locke, 154-6
direito igual, de autorrealização (Marx), 373
direitos: naturais, lista dos, em Locke, 130; troca de, no contrato social, 239-41; e justiça, 297; legais, dois modos de justificá-los, 301; básicos, e o duplo critério de Mill para identificá-los, 302-4; e utilidade agregada, 302-4; iguais, e Mill, 303; e utilidade, 318; naturais (abstratos), 318-22; conceito de e comparação interpessoal da utilidade, 439-40. *Ver também* direitos morais; direito(s) natural(is); direito
direitos iguais, e os interesses permanentes da humanidade, 330-1
direitos morais: noção inexistente em Hobbes, 73-4; e justiça, 296-7; e justiça e utilidade (Mill), 297-8; três características dos (Mill), 299-302; são razões de especial peso, 299-302; possuem caráter peremptório, 300; possuem força contra leis existentes, 300; e necessidades básicas dos indivíduos, 301; e o Princípio da Liberdade, 315-6; como interesses permanentes da humanidade (Mill), 327-8. *Ver também* direito(s) natural(is)
direito(s) natural(is): definição, 41; em Hobbes, 47-8; lei fundamental da natureza como fundamento dos (Locke), 129-33; derivação, 130-1; dependem de deveres prévios, 132; de propriedade e lei fundamental da natureza, 159; aos meios de preservação, 159, 160; repúdio de Mill, 319, 321-2

Discurso sobre a origem da desigualdade (Rousseau), 211-26; obra pessimista, 224-6
distribuição, não é independente das relações de produção (Marx), 389
diversidade, como um bem (Mill), 338-9
divisão do trabalho, 349, 397; superada no comunismo pleno, 400-2
Do cidadão: obra de Hobbes, 32, 43, 52; ideia de soberano difere daquela em *Leviatã*, 89, 101
Dostoiévski, Fiódor, 329
doutrina teológica, na base da visão de Locke, 132
Dworkin, Ronald, 5; véu da ignorância em, 20; sua ideia dos direitos, 300

economia, e utilitarismo, 178
economia, normas básicas da, em Hume, 195
economia das paixões: em Butler, 468; e a adaptação da constituição moral à virtude, 470
Edgeworth, P. Y., 178, 192, 407, 426; sobre a medida da utilidade cardinal, 436
eficiência (Pareto), 333
eficiência econômica, e o papel alocativo dos preços, 380
egoísmo: psicológico e ético, 428-9; argumento de Butler contra o, 475-82, 489; hedonista, argumento de Butler contra o, 477-82; psicológico, falácia do, 479-81
egoísmo racional, como método da ética (Sidgwick), 414-5
eleições, e o *gerrymandering* (redesenho de distritos eleitorais para fins de manipulação eleitoreira), 20
Elster, Jon, 19
Engels, Friedrich, 347
equidade: de termos da cooperação social, 62; e obrigação moral, 77-8; sentido da, ausente em Hobbes, 97; ideia da, em Mill, 323
equilíbrio de poderes: rejeitado por Hobbes, 96; teste de poder, 97

equilíbrio estável, no Dilema do
  Prisioneiro, 82
equilíbrio reflexivo, 489 e n
escassez de recursos, 48
escolha racional, princípios da, 62, 65-6
escravidão (segundo Marx): e
  sobretrabalho, 353-5; contrato que leva
  à, nulo no capitalismo, 370;
  incompatível com o capitalismo, 370
escravos, falta de vontade dos, 235
espectador judicioso: ideia importante na
  filosofia moral, 181; ponto de vista do,
  em Hume, 200-4, 407-9; esclarece o
  acordo no julgamento moral, 201-2;
  como "ponto de vista comum", 201-3
estabilidade: e segurança da lei, 81; da
  sociedade como papel do soberano, 81,
  87; e sua integração harmônica com a
  felicidade, 233; e vontade geral, 256; e
  motivação, 257, 260; e igualdade, 267
Estado, o, necessário para a exploração
  (Marx), 368
estado de classes: em Locke, 115; e a
  propriedade em Locke, 152-72; problema
  do, 165-7; origens do, 167-72
estado de guerra: sua natureza, segundo
  Hobbes, 54; pressupostos psicológicos
  de Hobbes, 56-9
estado de natureza, 17-8; não é efetivo
  em Hobbes, 33; e o materialismo de
  Hobbes, 33; interpretações do, 33-8;
  como estado de guerra, 35; seria
  realidade agora não fosse pela
  autoridade do soberano, 35; dois modos
  de compreendê-lo, 38; como
  comunidade dissolvida, 43; ausência de
  soberano efetivo, 54; estado de mútua
  destruição, 81; e o Dilema do
  Prisioneiro, 81-5, 99; e a promessa, 83; e
  as relações entre Estados nacionais, 85;
  o problema de nos libertarmos do, 100;
  em Locke, 124; como estado de
  liberdade e igualdade, 126-7, 141-2;
  propriedade natural no, 131, 164; em
  Rousseau, 213-4, 219, 221; três modos de
  compreendê-lo, 213; em Hobbes vs. em
  Rousseau, 223; como estado primitivo,
  não é estado de guerra (Rousseau), 227;
  contrato social de Rousseau não é feito
  no, 238
estado estacionário, em Mill, 343
Estados Unidos, cinco reformas liberais
  necessárias nos 13
estrutura básica da sociedade, 18; e
  contrato social, 234; principal tema da
  justiça, 253 e n; e Mill, 290; e exploração,
  364, 376
ética, método da, definição (Sidgwick), 413
ética do discurso, 21-2
Eva, e o pecado original, 226
experiência moral (Butler): como base da
  doutrina de Butler, 457, 459; nos
  proporciona conhecimento de nossa
  natureza, 463; e autoridade da
  consciência, 464; e o princípio
  impositivo, 466; *sui generis*, 468;
  constituição moral manifesta na, 473-4;
  como base de autoridade de sistemas
  morais, 490
exploração (Marx): e capitalismo, 353, 363;
  taxa de, 354-5, 363; existe na competição
  perfeita, 360; sua definição descritiva
  em Marx vs. seu uso como conceito
  moral, 364; depende da estrutura básica
  da sociedade, 364, 376; pressupõe
  concepção de direito e justiça, 365;
  injustiça da, 372; sua base na
  propriedade privada, 381; sua ausência
  na sociedade de produtores livremente
  associados, 394; no socialismo, 397

faculdades (capacidades), superiores *vs.*
  inferiores (Mill), 282, 284
falsa consciência. *Ver* consciência ideológica
família, como escola de despotismo, 325
felicidade: como fim último (Mill), 281-2;
  como um modo de vida, não um
  sentimento (Mill), 281-2; *vs.*

contentamento, 287; como único bem, 326; como contrapeso do prazer contra a dor no utilitarismo clássico, 410; e o princípio da utilidade, 430; nossa própria, uma obrigação manifesta, 484

feminismo, em Mill, 344

feudalismo e o sobretrabalho, 352-4

Feuerbach, Ludwig: sobre a religião, 391; tese de Marx sobre, 386

fidelidade: racional, 77; princípio da, 122-3, 139

Filmer, Robert, 117, 127-8, 130, 145, 203; poder político baseado na autoridade paterna de Adão, 139; sua ideia de obrigação política, 144-5; doutrina da sujeição natural, 144-5; resposta de Locke a, sobre a propriedade, 156-65; sobre Adão como proprietário de todo o mundo, 158

filosofia moral: definição hobbesiana da, 73-4; como ciência das Leis da Natureza, 74-6

filosofia política: público da, é o corpo de cidadãos, 1; suas pretensões de autoridade, 1-3; quatro perguntas sobre a, 1-10; visão platônica vs. visão democrática, 3-4; seus efeitos sobre a política democrática, 3-5; liberal, não platônica, 4-5; papel público da, 5; papel educativo da, 5-6; quatro papéis da, 11-2; não possui procedimento preciso de julgamento, 148

força de trabalho (Marx): independente no capitalismo, 353-5, 361; produz mais valor do que é necessário para seu próprio sustento, 355; produz mais valor do que seu valor de mercado, 362

"fórmula da trindade, a" em Marx, 378-9

free-riding (caronismo), 263

Frege, Gottlob, 208

Gauthier, David, 41

Geras, Norman, 365, 375; sobre a justiça em Marx, 372-4, 375n

gerrymandering: em eleições, 20; origens do termo, 20

Gibbon, Edward, 55

governo: um poder fiduciário, 134; absoluto, sempre ilegítimo, 137; dissolução do, em Locke, 149-51; constitucional, 149

Grote, John, 409

guerra, 235, injusta, 129

Guerra Civil Inglesa, 26, 38, 57, 454

Guilherme, o Conquistador, 183

Habermas, Jürgen, ética do discurso de, 21

Hart, H. L. A., 303

Harvard, Universidade, 412

Hegel, G. W. F., 208; e a reconciliação, 11; astúcia da razão, 392

Heidegger, Martin, 7

Hobbes, Thomas, 25-109; a moderna filosofia moral começa com, 26; ideias religiosas ortodoxas de, 26-7; duas linhas de reação a, 27; reação utilitarista a, 28, 428-9; moralismo secular de, 28-33; Butler argumentando contra, 453-4, 457, 469, 473, 489; como principal expressão de infidelidade moderna para Butler, 453; e o egoísmo psicológico, 475

humanidade, sentimento de (Rousseau), 218

Hume, David, 175-204, 453, 459, 474, 480, 489; crítica a Locke, 17, 180; resposta a Butler, 489

Hutcheson, Frances, 178, 425-6, 453, 457-8, 460, 489

igual consideração: de interesses, e o desejo de estar em unidade, 305; de interesses, não é um direito igual à felicidade (Mill), 434

igualdade: ideia de, 3; e a Declaração de Independência, 7; das mulheres, 13; de dons naturais em Hobbes, 47-8; em Locke, como direito igual a uma liberdade natural, 126; estado de natureza como estado de igualdade, em Locke, 126; ideia de, em Locke, 130, 153, 166; três aspectos básicos da, 234; de condições (Rousseau), 241; é a vontade da vontade geral, 252; essencial para a liberdade (Rousseau), 252; razões em favor da, 264-5; ideias de Rousseau sobre a, 264-9; e autorrespeito, 266, 268; nível mais elevado de, 267; sua expansão na sociedade moderna, 307; e Mill, 323, 327; entres cônjuges, 324-5; interesses permanentes da humanidade na, 331; princípio da utilidade não tem influência sobre a, 425

igualdade de oportunidade 13, 323-4

igualitarismo radical, no comunismo, 400, 402

ilusões, como forma de consciência ideológica, 390

imperativos categóricos, *vs.* imperativos hipotéticos, 72

imperativos hipotéticos: Leis da Natureza de Hobbes como, 71; *vs.* imperativos categóricos, 72

individualidade, 317; e vontade da maioria, 310; como interesse permanente do homem, 321; condições da, 330; sentido da, 335-6; como princípio psicológico, 335-9; ajudam na apropriação de crenças e plano de vida, 337

Inglaterra, liberalismo na, 12

instituições: sociais, e sua influência predominante, 224, 232; básicas, e o voto, 251

instituições sociais: não mudam a natureza humana, para Hobbes, 46; e natureza humana, 53; autocontrole razoável e equidade são essenciais para as, 97

interesse geral, da sociedade, 201-2

interesses: legítimos, em Locke, 142; particulares, e a vontade individual, 248-9; particulares, e o voto manipulado, 245-6; permanentes, do

"homem como ser progressista" (Mill), 315-8, 321-2, 327-32; permanentes, definição, 327-8. *Ver também* interesses fundamentais

interesses comuns, dados por interesses fundamentais dos cidadãos, 249

interesses fundamentais: em Hobbes, 36, 51, 61, 69, 74, 115; em autopreservação, afeição conjugal e meios para uma vida confortável (Hobbes), 46, 51, 77-8; comuns a todos, 53; limitam o contrato social, 141-2; das partes no contrato social de Rousseau, 236-7; dos cidadãos, tornam possíveis os interesses comuns da vontade geral, 244, 247, 249, 255; determinados pela natureza humana, 244-5, 247; na liberdade e independência, 263; em Mill, 315

interesses permanentes da humanidade (Mill), 327-32; nos direitos de justiça igual, 328-9; lista dos, 328-9, 331-2; na liberdade de pensamento e debate, 328-9; em sociedade como estado de igualdade, 330-1; e critério de preferência pessoal, 332-5

intuicionismo: como método da ética (Sidgwick), 407-8, 415-6; e perfeccionismo, 416; qualquer utilitarismo é superior ao (Sidgwick), 423; e a concordância de Butler com o, 467

intuicionismo racional, Butler concorda com, 459. *Ver também* intuicionismo

Jaime II, rei, 116

James, William, 412

julgamentos ponderados, o apelo de Butler a, 458

justiça: e bem comum, 5-6; manipulação da ideia de, 8; fundada em pactos em Hobbes, 92; referências em *Leviatã* de Hobbes, 105-7; e o direito ao produto do próprio trabalho (Locke), 160-1; virtude artificial da (Hume), 193-200; e

[505]

propriedade (Hume), 195; três princípios da (Hume), 195-6; baseada na utilidade pública (Hume), 196; possibilidade de, e a bondade natural (Rousseau), 225; e a obrigação política razoável, 233; é vontade da vontade geral, 251; quatro perguntas para qualquer concepção da, 257; na interpretação de Mill, 294-308; tipos diferentes de (Mill), 297-8; seu lugar na moral em geral, 296-9; sua essência segundo Mill, 299; Mill e o princípio da, 323-4; limita os planos de vida, 338; e liberdade como valor político fundamental (Mill), 339; concepção marxista da, 364-83; concepção jurídica restrita da (Marx), 365-72, 384-5; inexistência de princípios universais da (Marx), 369; não é um simples conceito legal (Marx), 373; consistência da, ideia de Marx sobre a, 384-6; por que não é discutida por Marx, 356-9; o comunismo está além dela, 402-3; na interpretação de Sidgwick, 418-21; esquema da interpretação de Sidgwick, 420

justiça como equidade (Rawls), 15, 153; papel do contrato social na, 18; e posição original, 22; e justificação, 123; contrato hipotético não histórico na, 144; na linha de Rousseau, 253, 290; e a psicologia moral, 291-3; concepção de pessoa na, 293n; e a razão pública, 321; semelhante a Mill, 340; e a crítica de Marx ao liberalismo, 348-9

justiça distributiva, oposição de Marx à ênfase exclusiva dos socialistas na, 387-8

justificação: e liberalismo, 14; em Locke vs. liberalismo político, 123

Kant, Immanuel, 208, 411, 480; sobre o contrato social, 15-6; propósito do contrato social em, 18; sobre os imperativos hipotéticos, 71-2; dois procedimentos da razão prática em, 72;

sobre o *amour-propre*, 216-7; segundo Sidgwick, não tem um método individual, 416; semelhança de Butler com, 452; e a crença razoável, 489

Laslett, Peter, sobre a publicação do *Segundo tratado*, 117n

Lasswell, Harold, 8

Lawson, George, 135, 149

legislador, o: seu papel em Rousseau, 257-61; originalmente estabelece a sociedade do contrato social (Rousseau), 261

legítima defesa, direito de, 129

legitimidade: e consentimento em Locke, 117-8; tese fundamental de Locke sobre a, 136-41; do regime, como condição necessária para a obrigação política, 147; teste da interpretação de Locke sobre a, 166; e o princípio da utilidade, 191; política, e vontade geral, 242; princípio liberal da (Rawls), 322; *Ver também* legitimidade política

legitimidade política: e contrato social, 17; na interpretação de Locke, 134-51, 176; critério de Locke para a, 141-4; e consentimento, 190. *Ver também* legitimidade

lei: boa vs. justa em Hobbes, 91, 102-3; necessariamente justa em Hobbes, 92; natureza da, 119-20; natural, é promulgada por Deus, 119-20; de Deus, é conhecida apenas por revelação, 120-1; positiva vs. natural, 121; ligada à ideia de razão, liberdade e bem geral em Locke, 126; e vontade geral, 254-6; e justiça, 296-8

Lei da Natureza (Locke), revelada pela razão, 124

lei fundamental da natureza (Locke), 119, 123-6; fundada na autoridade de Deus, 120-1; exposição da, 124; agrupa toda a humanidade em uma única comunidade natural, 124; vinculada à razão, liberdade e bem geral, 126; teor da, 128-9; como base de direitos naturais, 129-33; e o direito natural à propriedade, 130; como princípio distributivo, 132; circunscreve o poder político, 137-8; dever de salvaguardar os inocentes, 138; enquanto lei básica, 139; dois direitos naturais da, 157; e o dever de apoiar regime legítimo, 188-9

lei natural: conhece-se através das capacidades naturais racionais, 119-20; sentido da, 119-23; difere da lei de Deus, 121; enquanto princípio de direito e justiça, 121

Leis da Natureza (Hobbes): é possível compreender Hobbes sem pressupostos teológicos, 28, 41; como ditames da razão para Hobbes, 28-31; como leis de Deus, 30; como princípios razoáveis, 60, 66-7, 70-1; como termos justos da cooperação, 60-1; como leis racionais a serem seguidas quando outros também o fazem, 61; visão tradicional, como mandamentos de Deus, 70; como princípios racionais a obedecer, 71; enquanto coletivamente racionais, 71; como imperativos hipotéticos em Hobbes, 71-4; necessárias para a paz, 73-4; tornam possível a vida social, 73-4; lista hobbesiana das, 78-80; referências em *Leviatã* de Hobbes, 108-9

Lênin, Vladimir, 4

Leviatã, significado do, 25

liberalismo: e governos democráticos, 4-5; três principais origens históricas do, 12; principais ideias do, 12-4; três elementos do, 13; e liberdades fundamentais, 13; uma tese central do, 14-7; abrangente de Mill, 340; Marx como crítico do, 348-50; e propriedade privada, 349

liberalismo político, 14

liberdade: estado de natureza como estado de liberdade em Locke, 126; nossa capacidade para a (Rousseau), 237; três formas da, 239-40; quando não conflita com a igualdade, 252; e o contrato social, 261-4; Rousseau sobre ser forçado à, 262-4; de associação, 314, 330; de pensamento, 328, 331; de discussão, e a descoberta da verdade, 329; natural, crítica de Sidgwick à, 424-5

liberdade: ideia de, referências em *Leviatã* de Hobbes, 104-5; em Locke, 166; Mill e seu princípio da, 309-22, 325; negativa e positiva, 349

liberdade civil, e a sociedade do contrato social, 253

liberdade da consciência, 132, 313, 329, 331; suas diferentes interpretações em Locke e Mill, 336-9

liberdade de gostos e atividades (Mill), 330-1

liberdade de pensamento, em Mill, 319

liberdade moral (Rousseau), 269; possibilitada pelo contrato social, 226; nos torna mestres de nós mesmos, 239, 262; e vontade geral, 254-6; possível apenas em sociedade, 254-6

liberdade natural, 262

liberdades, em Hobbes, 90

liberdades básicas: iguais, lista das, 13; no princípio da liberdade em Mill, 313

liberdades políticas, 13; seu valor justo, 349

libertarianismo, 350; não liberal, 14; de direita *vs.* de esquerda, 399

Lincoln, Abraham, discurso de Gettysburg, 6

livre-arbítrio (Rousseau), 214, 233, 263; e a ação motivada por razões, 236-7; como capacidade de razão deliberativa, 242; e vontade geral, 254; e liberdade moral, 263

Locke, John, 113-72; sobre o consentimento, 15; contrato social de, 15-7; ataque a Carlos II, 16; *Segundo tratado*, 25; sobre o Direito de Criação, 48

lucro, máximo, objetivo dos capitalistas (Marx), 357

Luís XIV, rei, 116, 119
luta de classes, 387-8

MacPherson, C. B., sobre a propriedade em Locke, 153
Maine, Henry, 435n
mais-valia (Marx): é tempo de trabalho não remunerado no capitalismo, 358-9; apropriação da, como roubo, 375; sua apropriação pelos capitalistas, 375-6; extração pelos proprietários dos meios de produção, 378-9
Mandeville, Bernard, 453, 475
Mann, Thomas, 7
Marshall, Alfred, 427
Marx, Karl, 347-404
Masters, Roger, 226
materialismo, hobbesiano, 31-2
Maurice, F. D., 409
meios de produção (Marx); propriedade nos, 351; controlados por capitalistas, 352-4; reivindicação de igual acesso aos, em Marx, 382, 385
mercadorias e preços, 390
mercados: e monopólio, 267; competição, 333; livre concorrência e capitalismo, 354
merecimento: padrões diferentes de, 421; suas associações, naturais na faculdade moral (Butler), 457
metafísica, Butler tem pouco interesse na, por si mesma, 452
método da ética, critérios do (Sidgwick), 416-7
métodos da ética, Os, significado de, 409-11
Michelman, Frank, 5
Mill, J. S., 273-344; como o estudo de seu pensamento está relacionado a Locke e Rousseau, 289
Mill, James, 289-92, 427
Molina, Luis de, 25
monarca absoluto, não é legítimo, 143; segundo Filmer, 156
monopólio, e mercados injustos, 267

Montesquieu, barão de, 207, 261
Moore, G. E., 413, 431
moral: lugar da justiça na, 296-9; na definição de Mill, 296-8; enquanto ideológica (Marx), 366-7; Butler como seu defensor, 452
moral, seu sentido, em Hume, 179-80
motivação moral: segundo Mill, 305-8; fruto natural de nossa natureza (Mill), 305
mulheres: justiça igual para as, 13; direitos das, 127n; não são cidadãos ativos (Rousseau), 241n; igualdade das (Mill), 324-5
mundo social racional (Marx), 392
mutualidade, e cooperação social, 97. *Ver também* reciprocidade

naturalismo: em Hume, 180-1; da filosofia moral de Hume, 199-200
natureza humana: características desestabilizadoras da, 38-40; doutrina secular hobbesiana da, 40; tende a se desagregar, 45; fixa, 45-6; e a igualdade de poderes, 47-8; principais características da, 46-53; competitiva, 46-7; egocêntrica, mas não egoísta, 49-50; e acordo moral, 202-3; e o princípio da utilidade, 203; na visão de Rousseau, 213-9; e vida social, 222-3; sentido da bondade natural da, 224, 232; em que medida sua bondade é natural (Rousseau), 225-6; o que está em jogo no debate sobre a, 228-9; realiza-se apenas na sociedade do contrato social, 262; na interpretação egoísta de Bentham, 278; segundo Mill, 292-3; na visão de Butler, como resposta a Hobbes, 453-7; partes da, organizadas hierarquicamente, 455; fim da, é a ação virtuosa (Butler), 456-7; adaptada para a vida em sociedade, 456-7, 468-9, 490
natureza moral, como emoções morais em Butler, 459

Neuhouser, Frederick, 234n
Newton, Isaac, 27
Nietzsche, Friedrich, 208
Nozick, Robert, 133; libertarismo de, 399

objetividade moral, em Sidgwick, 414, 416
obrigação moral: noção inexistente em Hobbes, 73-4, 75-8; envolve interesse pela equidade e fidelidade, 78
obrigação política, 144-5; e contrato social, 17; em Locke, 141; dos indivíduos, base da (Locke), 144-8; requer consentimento à adesão, 144-5; para sua existência é necessário regime legítimo, 146-7
Okin, Susan, 127n
ônus do julgamento, e desacordo razoável, 148
opinião moral, geralmente não é objeto da razão e é baseada em costumes e preferências (Mill), 309-10
orgulho, distorce nossas percepções, 77
Oxford, Universidade de, 409

pacto: para autorizar o soberano em Hobbes, 89; base da justiça em Hobbes, 92
pacto social. *Ver* contrato social
pactos: rompimento dos, não justificável em Hobbes, 31; dever de cumpri-los, é racional, 75; válidos, sua violação não é racional, 75-6; não vinculantes no estado de natureza, 97
paixões: e seu papel peculiar na constituição moral, 471-2; não são más em si mesmas, 471-2; consideradas empiricamente em Butler, 474
paradoxo do hedonismo, segundo Butler, 476
Parlamento: e o direito ao voto, 154-6; e a revolução de 1688, 183
Partido Tory (conservadores), 274; visão do direito divino, 181
Partido Whig (liberais), 116, 134; rejeitou as ideias de Locke, 150; e doutrina do consentimento, 181-2

partidos políticos, como grupos de pressão na Alemanha de Bismarck, 9. *Ver também* Partido Tory (conservadores); Partido Whig (liberais)
"patife discreto", em Hume, 198, 201
pecado original, doutrina augustiniana do, 222
perfeccionismo, 192; em Mill, 292, 326, 336; seu lugar em Mill, 339-40; erroneamente assimilado ao intuicionismo em Sidgwick, 416
perfectibilidade (Rousseau): da humanidade, 214-5, 237, 252, 263, 394; como potencial para o autoaperfeiçoamento, 233; possível somente em sociedade, 255
pessoa razoável, tem interesse pela equidade, 77
pessoa(s): definição hobbesiana de, 88; livre(s) e igual(is), 118 (Locke); como ideia normativa em Rousseau, 245, 247; concepção normativa de, 293n
pessoas iguais, e o *amour-propre* no sentido peculiar, 237
pessoas livres e iguais: consentimento de, gera poder político, 139; na justiça como equidade, 293n
Pigou, Arthur, 427
plano de vida, a elaboração do próprio, 337
Platão, 4
pobreza, 254
poder: definido como meios para alcançar nosso próprio bem, 47; desejo de, em Hobbes, 47, 55-6, 64-5; definido em Hobbes, 51-2, 65; boa reputação como, 72, 101; do soberano de Hobbes, 90-2; supremo *vs.* ilimitado, 96; constituinte, do povo, 134, 136; político, como poder fiduciário, 136; político, definido em Locke, 137-8; político, uma forma de autoridade legítima, 138; constituinte *vs.* ordinário, 149-50;

vs. autoridade em Butler, 462; *Ver também* autoridade política
poder constituinte: do povo, 134, 136, 149-50; para determinar a forma de governo, 149
poder social, segundo a teoria do equilíbrio geral de Mill, 342
poderes morais, na justiça como equidade, 293n
posição original, na justiça como equidade, 22
posse (Marx): como posição estratégica que permite extração de mais-valia, 378; lucro, juro e renda da terra como remuneração pela, 378-9, 382; nos meios de produção, prerrogativa da, 396
povo, o: poder constituinte do poder do, 134; como corpo soberano de cidadãos, 241
prazer: capacidades de, e a dor, 327; não pode ser objeto de todo desejo (Butler), 481. *Ver também* prazeres
prazeres: superiores *vs.* inferiores (Mill), 277-86, 334; enquanto atividade agradável (Mill), 281-2; na visão de Bentham, 284; qualidade *vs.* quantidade (Mill), 284-5
preços, seu papel alocativo *vs.* distributivo, 380-3
preferência temporal, ausente no princípio da utilidade, 435
"pressupostos deístas", de Butler, 470, 472
princípio aristotélico, em Mill, 292, 327
princípio da diferença, 398; e Mill, 307n; seria rejeitado por Marx, 400
princípio da dignidade (Mill), 333
princípio da humanidade (Hume), 194-5; como tendência psicológica, 201-3; definição, 200; como solidariedade, 202; e ponto de vista do espectador judicioso, 408-9
Princípio da Liberdade (Mill), 309-22; como princípio da razão pública, 311-2, 314, 316; abrange liberdades fundamentais enumeradas, não a liberdade como tal, 313; quando é inaplicável, 315-6; fundado na utilidade "no sentido mais amplo", 315; exposição e explicação, 315-8; razão da inexistência de exceções ao, 316, 319-20
princípio da reflexão, de Butler, 458
princípios: do mundo moderno (Mill), 323-4; lista dos, em Butler, 486-8
princípios da justiça: proximidade entre o de Rawls e o de Mill, 289-90; exposição do de Rawls, 290n
produtividade marginal, teoria da distribuição segundo a, e Marx, 376-80
produtores livremente associados (Marx), 385-7, 386n; dois estágios da sociedade de, 390; sociedade de, 393-5; ausência de alienação, 393-5
progresso moral, em Mill, 327-8
promessa: e o Dilema do Prisioneiro, 82; no estado de natureza, 82; não entra na visão utilitarista, 177; e contratos, 196
propriedade: de Deus, 132-3; dever de respeitá-la, baseado na lei natural e não no consentimento, 138; precede o governo em Locke, mas não é base dele, 140-1; direito à, não é fundamento de poder político, 140-1, 157-61; e o estado de classes em Locke, 152-72; como pacote de direitos, 156-7; dois usos da, em Locke, 157; e o direito natural aos meios de preservação, 159; liberdade de uso no estado de natureza, 158-9; direito à, é condicional, 161; o mundo é oferecido à humanidade como um todo (Locke), 161; fundamento da (Locke), 163; sua interpretação na teoria dos dois estados de Locke, 164-5; para Locke, é convencional em sociedade, 164-5; princípio da justiça da (Hume), 195-6; regras da, 196; em Locke *vs.* Hume, 199-200, 203; origem da (Rousseau), 218; justificativa da, e democracia de cidadãos-proprietários (Rawls), 349;

nos meios de produção possibilita extração de mais-valia (Marx), 359; privada, e exploração, 380-1; privada, por que Marx a rejeita, 383. *Ver também* propriedade privada

propriedade pessoal, e liberdades fundamentais, 13

propriedade privada: direito natural à (Locke), 130; nos meios de produção, é base de exploração (Marx), 380-1, 385; por que Marx a rejeita, 383. *Ver também* propriedade

psicologia moral: interpretação humiana dos sistemas morais como, 199-203; em Rousseau, 225-6; em Mill, 287-8, 291-3, 305-8, 326-7, 335; sua importância, 340; em Butler, explica a congruência entre virtude e felicidade, 484

publicidade, de regras da justiça (Hume), 196

racional, o: e a ação em interesse próprio, 60; contrasta com o razoável, 62; desejo de ser, 64-7; ser humano racional, conforme definição de Hobbes, 68-9; e cooperação social, 69-70; como fundamento do razoável, 73. *Ver também* razão prática; escolha racional; racionalidade

racionalidade: em Locke, 141-2; coletiva, e Pareto, 168; coalizão, 168

Rashdall, Hastings, 431

razão: autoridade da, 2-3; e justificação para pessoas razoáveis e racionais, 15; seus defeitos segundo Hobbes, 39, 453; pode ser inimiga da compaixão (Rousseau), 217-20; deliberativa, e o livre-arbítrio, 242, 249, 250, 256, 263; e vontade geral, 247, 263; e opinião moral pública, 311-2

razão prática: doutrina hobbesiana da, 60-78; duas formas, racional e razoável, 60; dividida por si mesma (Sidgwick), 410-1, 414-5; e utilitarismo, 433. *Ver*

também racional; racionalidade; razão, razoável

razão pública: ideia de, origina-se em Rousseau, 250; definição, 250n; e o Princípio da Liberdade em Mill, 311-2, 316; Princípio da Liberdade como princípio da, 316-8, 322; e razões admissíveis, 321

razoabilidade: e a razão prática, 60; e o autocontrole, 97; de desejos, 97; e menores, 235; e a mentalidade imparcial (Butler), 464

razoável, o: como mentalidade imparcial, 60; e as Leis da Natureza, 60; justificada como racional em Hobbes, 61; contrasta com o racional, 62; e os princípios da justa cooperação social, 64; princípios do, 67; sua base racional em Hobbes, 68-9, 71; e cooperação social, 69-70; como coletivamente racional em Hobbes, 73; e a lei da natureza, 141-2

razões: e vontade geral, 253-4, 263; princípio da liberdade exclui certos tipos de, 316

rebelião, contrária à razão (Hobbes), 75-6

reciprocidade, 236; e termos justos, 63; e cooperação social, 63, 97; princípio da, 67; princípio da, em Rousseau, 215-6; princípio da, em Mill, 306, 331

reforma do sistema de financiamento eleitoral, 12, 20

regime absoluto, em Hobbes, 91

regra do 0-1, para agregar utilidade, 438

regras de correspondência: para agregar utilidade, 437-43; regra do 0-1, 438, 446; implicações éticas das, 438

relação salarial, não seria injusta se os trabalhadores fossem remunerados integralmente por sua força de trabalho (Marx), 370-1

relativismo, em Hobbes, 177, 428

relativismo moral, apenas aparente em Marx, 373

religião, 257; Hobbes sobre a, 42; interesse do povo na, 53; doutrina da, representa contexto para a visão lockiana da, 132-3; e individualidade, 336; guerras, 336; forma delirante de consciência ideológica, 391

renda da terra, produto da natureza usurpado pelo proprietário de terra (Marx), 377

reputação, como poder (Hobbes), 72, 101

resistência (Locke): direito à, 134-5; condições da, 147-8

respeito: e igualdade, 268; aos outros e a si próprio, 268. *Ver também* autorrespeito

ressentimento: em Butler, 469-70; não é vingança, 470; papel peculiar do, 472-3

revolução: segundo Locke, 188; da classe trabalhadora, 388

Revolução Francesa, 209

Ricardo, David, 178, 427

Robespierre, Maximilien, 209

Roemer, John, 381n, 397

Rousseau, Jean-Jacques, 207-69

saint-simonianos, 274 e n

sanções: três tipos de, 297-8; e utilidade pública, 297-8

Scanlon, T. M., 267n; contratualismo de, 138

segurança, papel do soberano em proporcionar, 87-8

Sen, Amartya, 441n, 446n

sensibilidade moral: em Hume, 193-4; e os princípios da utilidade, 203

senso de justiça: e cooperação social, 63; fato normal sobre as pessoas (Hume), 198; nossa capacidade igual de tê-lo (Rousseau), 238; em Mill, e princípio de utilidade, 294-5

Shaftesbury, conde de, 116, 118-9, 453, 457, 490

Sidgwick, Henry, 178, 192, 407-50; justificação do princípio da utilidade, 280

simpatia: e juízo moral, 181; doutrina humiana da, 194

situação inicial: do julgamento moral, 17-22; ideia generalizada, 22

Smith, Adam, 178, 427

soberano, o: único remédio para a guerra civil (Hobbes), 35-7; não muda a natureza humana, 46; elimina o medo da morte violenta, 49; seu papel e poderes em Hobbes, 61, 74-5, 81-97; direito de resistir ao, em legítima defesa, 68; enquanto pessoa artificial, 75; seu papel para a estabilização da sociedade, 81, 98, 100, 102; por instituição ou por conquista, 86; muda condições contextuais da atividade racional, 87; autorização do, 88; enquanto pessoa artificial, 88; autorizado como representante de todos, 89-90; o povo como, na democracia constitucional, 96; argumento da regressão hobbesiano em favor do soberano absoluto, 95-6; pessoal *vs.* constitucional, 96; referências em *Leviatã* de Hobbes, 115; como assembleia do povo (Rousseau), 229

sobretrabalho (Marx), exploração do, 395-6

socialismo: liberal, quatro elementos, 351; atitudes de Marx em relação à justiça e sua consequência para o, 366; uso do mecanismo de preços no, 380; ausência de exploração ou trabalho não remunerado no, 396; primeiro defeito, 397-8

socialistas utópicos, 386-7; como reacionários, 388

sociedade: possibilidade de boa regulação da (Rousseau), 228-9; necessária para a plena expressão da natureza humana (Rousseau), 237; nossa interdependência pessoal em (Rousseau), 240-1; natural e necessária para nós (Mill), 307; melhor estado de (Mill), 328

sociedade bem-ordenada, 429; da justiça como equidade, 349

sociedade civil, 136; contrato social proporciona conhecimento acerca da, 34
sociedade democrática: e sua filosofia política, 2-4; e o problema da vontade da maioria, 309-12; base da civilidade da, 322
sociedades de classes, definição, 352-3
Spencer, Herbert, 422, 425, 434
Suarez, Francisco, 25
sujeição das mulheres, A (Mill), 323-4
Suprema Corte dos EUA, e o controle judicial de constitucionalidade, 5
supremacia parlamentar, 135

Taylor, A. E., 40
teoria do valor-trabalho: em Locke, 163; objetivo da, 355-6; em Marx, 357-63; sentido da, 357-62; sem sucesso e sentido real da, 360; o trabalho, um fator especial da produção na, 379; único fator socialmente relevante da produção, 385; penetra nas ilusões do capitalismo, 390
teoria e prática (Marx), unidade de, 404
tese de Hobbes: estado de natureza como estado de guerra, 45-6, 53-4; argumento em favor da, 53-4; resumo da, 54; esboço da, 57-9
Tindal, Matthew, 454
Tocqueville, Alexis de, 207, 274, 309
Toland, John, 454
tolerância, em Locke e Mill, 336-7
tolo, argumento de Hobbes contra o, 75-6
Tolstói, Liev, 378
totalitarismo, supostamente em Rousseau, 261
trabalhadores: autoadministração (Mill), 344; papel social dos, na produção (Marx), 355
trabalho: direito ao produto do (Locke), 160-1; sobretrabalho ou trabalho não remunerado (Marx), 352; não é fonte de toda a riqueza ou valor de uso (Marx), 360; apropriado pelos capitalistas (Marx), 374; único fator de produção que tem relação com a justiça (Marx), 382-3; como necessidade atraente e primordial no comunismo, 402
trabalho forçado, relação salarial como, 374
Trinta e Nove Artigos da Igreja Anglicana, 409 e n, 412
Tucker, A. W., 81

união social, 400-2
unidade (Mill): teor do desejo de, 305; desejo de, e igual consideração de interesses, 305
utilitarismo: ataca o egoísmo de Hobbes, 28; ideia intuitiva do, é o interesse geral, 177; três maneiras pelas quais ele difere da teoria hobbesiana, 177; observações gerais acerca do, 177-81; e economia, 178; diferença em relação à doutrina lockiana do contrato social, 187-8, 190; doutrina clássica do, 192; em Hume, 203; não pode explicar a vontade geral, 248; sua justificação em Mill e Sidgwick, 280; e direitos individuais, 319; linha clássica de Bentham, Edgeworth e Sidgwick, 407; doutrina clássica, 410; como método da ética, 416; e senso comum, 419; preponderância do, 426; começa com reação a Hobbes, 428-9; definição, 430; versões não clássicas do, 432; possíveis variações e refinamentos, 432-4; sua natureza teleológica, 431-4; e pura preferência temporal, 435; argumento de Butler contra o, 459
utilidade, testada por Hume, *vs.* testada por Locke em seu contrato social, 187-8, 190; princípio da, e legitimidade política, 191; princípio da, e absolutismo, 191; e o bem, 192; e o certo, 192; princípio clássico da, 192-3, 421-2, 430-4; pública, justiça baseada na (Hume), 196; direitos derivados da (Hume), 200; princípio da,

e o espectador judicioso em Hume, 203; princípio benthamiano da, 277-8; princípio da, e princípios da justiça em Mill, 289-90, 305, 327; princípio da, argumento de Mill em favor da, 296; geral, base dos direitos morais (Mill), 298; e direitos, 302-4; princípio da, e igual consideração de interesses, 280; desejo de (Mill), 305-8; princípio da, e motivação moral, 305; princípio da, com apoio do sentimento natural (Mill), 305-8; desejo de unidade é máxima sanção do princípio da, 305; fundamenta o princípio da liberdade, 314-5; e princípios da justiça e liberdade, 325; sua maximização, requer arranjo justo e voluntário, 333-5; três diferentes noções de, 407; ideia humiana de, 408; diminuição da utilidade marginal, em Hume, 409; como é calculada, 422; princípio da, como primeiro princípio de um método racional da ética, 423-4; e igualdade, 426; medidas cardinais da, 436; medida de Von Neumann--Morgenstern não é cardinal, 436; regras de correspondência para sua agregação, 437-43; noções morais incluídas na definição da, 440-1; consciência em desacordo com os princípios da (Butler), 458

utopia realista, e o papel da filosofia política, 12

vaidade, 228; visão de Hobbes *vs.* visão de Rousseau, 223-4
valor de mercadorias (Marx), 363
valores políticos, exemplos de, 6-7
vantagem racional: e o bem de uma pessoa, 62; em Locke, 141-2
verdade: acerca da justiça e visão platônica, 3-4; interesse permanente em conhecê-la, 329; conhecimento da verdade de uma doutrina, sempre proveitoso, 329

véu da ignorância, 19, 167; diferentes visões do, 21
virtude: interpretação psicológica humiana da, 199; vida virtuosa, tem compatibilidade natural com a felicidade (Butler), 482-3; amor à, como "verdadeira benevolência", 482
virtude segundo o senso comum, vida de, consistente com o bem de nossa pessoa (Butler), 475
virtude(s) artificial(is): da justiça, 193-200; em Hume, 194-6; a justiça como, 196; *vs.* virtude natural, 196-7
Vittoria, Francisco de, 25
Voltaire, François-Marie Arouet, 210
vontade geral: e o contrato social, 241-2; sentido da, 242-56; como vontade dos cidadãos, 243; tem por vontade o bem comum, 243, 247; cinco perguntas relativas à, 243, 247; depende da existência de interesses comuns dos cidadãos, 244, 247; como forma compartilhada de razão deliberativa, 247; outras cinco perguntas relativas à, 248; ponto de vista da, 248; e o estado de direito, justiça e igualdade, 250-4; é geral quanto a seu objeto, 251; tem por vontade a justiça e a igualdade, 251-2; enquanto ponto de vista do voto, 253; e liberdade moral e civil, 254-6; e estabilidade, 254
voto: direito ao, 152, 154-6; propriedade como qualificação para o, 154-6; e a tendência a defender interesses particulares, 246; e interesses fundamentais dos cidadãos, 249-50; e leis fundamentais, 251; e vontade geral, 253-4

Waldon, Jeremy, 14n, 17n
Walzer, Michael, 2n, 7n
Warrender, Howard, tese de, 40
Whewell, William, 409
Wittgenstein, Ludwig, 208
Wood, Allen, sobre a justiça em Marx, 366-9